에듀윌과 함께 역사의 길을 따라 걷기를 시작한 여러분!

전근대부터 근현대까지, 방대한 시간의 강을 건너는
여정이 쉽지만은 않으실 거예요.
하지만 그 여정의 끝은 '자격증'뿐만 아니라,
우리의 이야기와 뿌리를 이해하게 된 여러분 자신일 거예요.

포기하고 싶을 때마다 지금까지 쌓아온
노력의 무게를 떠올려 보세요.

밑줄 그어가며 외운 핵심 개념들,
반복해서 풀었던 기출문제,
그 모든 순간은 결코 헛되지 않으며
결국 여러분을 합격이라는 목표로 이끌 거예요.

한국사를 공부한다는 것은
어제와 오늘을 이해하고 내일을 준비하는 일이에요.
여러분의 땀이 그 의미를 완성시켜 줄 것이라 믿어요.

이 책과 함께라면 당신의 합격은 반드시 현실이 됩니다.
끝까지 포기하지 마세요.
여러분은 충분히 잘하고 있습니다!

에듀윌 한국사 합격스토리

심화 1급 합격 진○○

에듀윌 2주끝장 한 권으로 100점! 1급 합격

2수끝상은 시험에 나올 핵심만을 엄선하여서 저 같은 초심자도 쉽게 공부할 수 있었고, 기출자료와 사진들의 유기적인 배치로 어떻게 시험에 출제될지 예상할 수 있었습니다. 또한 기출선지와 대표 기출문제, 핵심 요약본인 엔드노트까지 있어서 정말 책 한 권만 제대로 공부하면 자연스럽게 반복 학습이 되었습니다. 교재의 완벽한 구성 덕분에 한국사 초심자였던 제가 100점으로 손쉽게 1급에 합격하였습니다.

심화 1급 합격 서○

1주일 전에는 에듀윌 기출문제집, 시험 직전에는 2주끝장 엔드노트

에듀윌 2주끝장과 기출문제집, 그리고 에듀윌 무료강의를 듣고 97점으로 1급을 땄습니다! 특히 시험 전 일주일 동안은 에듀윌 기출문제집을 하루에 2회씩 풀었는데 오답 정리할 때 해설집이 자세히 적혀 있어서 도움이 많이 되었어요. 시험 전날 밤부터는 2주끝장의 부록인 엔드노트로 그동안 공부했던 개념들을 머릿속에 차곡차곡 쌓았는데 핵심내용들을 한 번에 정리할 수 있어서 정말 물건이구나 생각했습니다.

심화 1급 합격 최○○

에듀윌 무료강의를 만나면 역사가 재미있다고 느끼실 거예요

사실 저는 5수 만에 1급을 받았습니다. 워낙 한국사에 노베이스였고 중고등학교 때도 한국사 수업은 지루했지요. 하지만 에듀윌 무료강의를 통해 한국사 강의가 재미있다는 사실을 알았고, 처음으로 역사에 흥미가 생겼습니다. 덕분에 1급으로 합격하였습니다.

심화 1급 합격 정○○

에듀윌 교재와 무료강의는 지루하지 않아 좋았어요

군복무를 마치고 복학 전에 한능검 1급에 도전하였습니다. 에듀윌 교재는 알아보기 쉽게 정리되어 있고 지루하지 않은 무료강의도 들을 수 있어서 수업 내용이 머리에 쏙쏙 들어와 쉽게 공부하였습니다. 한국사에 대한 기본 지식 없이 에듀윌 교재와 무료강의를 통해 재미있게 공부하고 난이도가 가장 높았던 시험임에도 첫 도전에 당당히 1급에 합격하였습니다. 에듀윌 교재 최고입니다!

다음 합격의 주인공은 당신입니다!

2026 최신판

에듀윌 한국사능력검정시험
심화 한권끝장 기출 모의고사 4회분 포함
+무료특강

시험 직전 마무리 실전 연습

테마별
기출 모의고사

- 전근대 기출 모의고사
- 근현대 기출 모의고사

eduwill

2026 최신판

에듀윌 한국사능력검정시험
심화 한권끝장 기출 모의고사 4회분 포함
+무료특강

2026 최신판

에듀윌 한국사능력검정시험
심화 한권끝장 기출 모의고사 4회분 포함
+무료특강

시험 직전 마무리 실전 연습

테마별 기출 모의고사

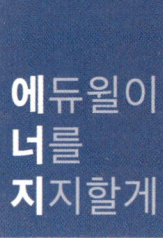

시작하는 방법은
말을 멈추고
즉시 행동하는 것이다.

– 월트 디즈니(Walt Disney)

전근대
(선사~조선)

01 (가) 시대의 생활 모습으로 옳은 것은? 〔53회 1점〕

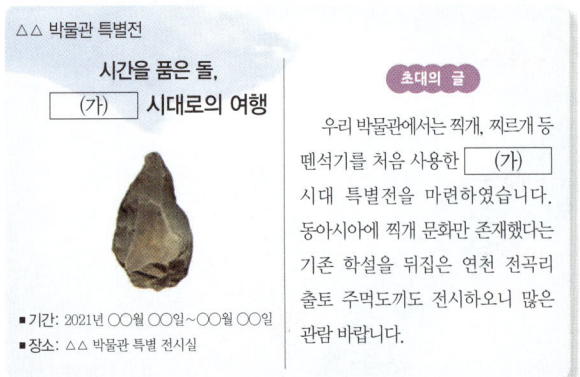

① 가락바퀴를 이용하여 실을 뽑았다.
② 반달 돌칼을 사용하여 벼를 수확하였다.
③ 많은 인력을 동원하여 고인돌을 축조하였다.
④ 거푸집을 이용하여 세형동검을 제작하였다.
⑤ 주로 동굴이나 강가의 막집에서 거주하였다.

03 (가) 시대의 생활 모습으로 옳은 것은? 〔56회 1점〕

① 고인돌, 돌널무덤 등을 만들었다.
② 거푸집을 이용하여 청동 검을 제작하였다.
③ 농경과 목축을 시작하여 식량을 생산하였다.
④ 주로 동굴에 살면서 사냥과 채집 생활을 하였다.
⑤ 쟁기, 쇠스랑 등의 철제 농기구를 써서 농사를 지었다.

02 (가) 시대의 생활 모습으로 옳은 것은? 〔55회 1점〕

① 명도전, 반량전 등의 화폐가 유통되었다.
② 반달 돌칼을 이용하여 곡식을 수확하였다.
③ 거푸집을 이용하여 세형동검을 만들었다.
④ 주로 동굴이나 강가의 막집에 거주하였다.
⑤ 빗살무늬 토기를 만들어 식량을 저장하였다.

04 (가) 시대의 생활 모습으로 옳은 것은? 54회 1점

> 경기도 김포시 신안리 유적 발굴 조사에서 총 23기의 집터가 확인되었습니다. 이 집터 내부에서 출토된 빗살무늬 토기, 갈돌, 갈판 등의 유물을 통해 정착 생활과 농경이 시작된 (가) 시대의 생활 모습을 살펴볼 수 있을 것으로 기대됩니다.

김포 신안리 집터 유적에서 빗살무늬 토기 등 출토

① 가락바퀴를 이용하여 실을 뽑았다.
② 명도전을 사용하여 중국과 교류하였다.
③ 의례 도구로 청동 방울 등을 사용하였다.
④ 거푸집을 이용하여 세형동검을 제작하였다.
⑤ 많은 인력을 동원하여 고인돌을 축조하였다.

06 (가) 시대의 생활 모습으로 옳은 것은? 49회 1점

△△ 박물관 특별전
금속이 우리의 삶으로, (가) 시대로의 여행

모시는 글
우리 박물관에서는 금속을 사용하기 시작한 (가) 시대 특별전을 마련하였습니다. 비파형 동검, 거푸집, 민무늬 토기 등 당시의 생활 모습을 엿볼 수 있는 다양한 유물들을 준비하였으니 많은 관람 바랍니다.

■ 기간: 2020. ○○. ○○. ~ ○○. ○○.
■ 장소: △△ 박물관 특별 전시실

① 주로 동굴이나 막집에서 거주하였다.
② 지배층의 무덤으로 고인돌을 축조하였다.
③ 농경과 목축을 시작하여 식량을 생산하였다.
④ 쟁기, 쇠스랑 등의 철제 농기구를 사용하였다.
⑤ 대표적인 도구로 주먹도끼, 찍개 등을 제작하였다.

05 (가) 시대의 생활 모습으로 옳은 것은? 52회 1점

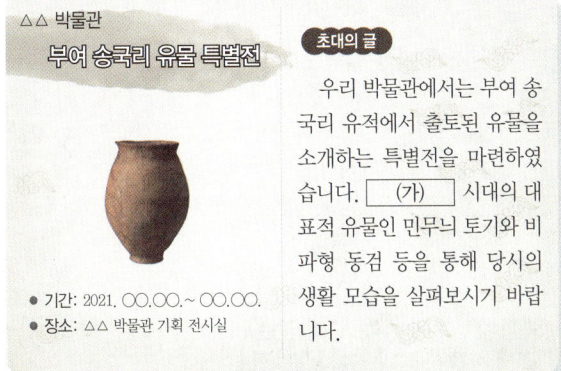

△△ 박물관
부여 송국리 유물 특별전

초대의 글
우리 박물관에서는 부여 송국리 유적에서 출토된 유물을 소개하는 특별전을 마련하였습니다. (가) 시대의 대표적 유물인 민무늬 토기와 비파형 동검 등을 통해 당시의 생활 모습을 살펴보시기 바랍니다.

• 기간: 2021. ○○. ○○. ~ ○○. ○○.
• 장소: △△ 박물관 기획 전시실

① 주로 동굴이나 강가의 막집에서 살았다.
② 계급이 없는 평등한 공동체 생활을 하였다.
③ 오수전, 화천 등의 중국 화폐로 교역하였다.
④ 실을 뽑기 위해 가락바퀴를 처음 사용하였다.
⑤ 의례 도구로 청동 거울과 청동 방울 등을 제작하였다.

07 밑줄 그은 '이 나라'에 대한 설명으로 옳은 것은?
[57회 1점]

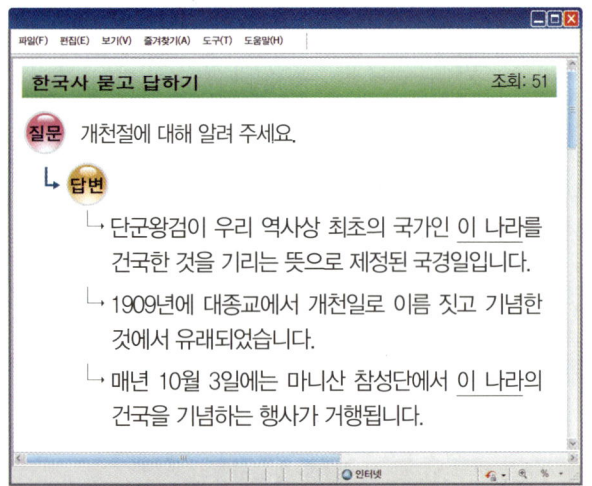

① 백제와 연합하여 금성을 공격하였다.
② 마립간이라는 왕의 칭호를 사용하였다.
③ 빈민을 구제하기 위해 진대법을 실시하였다.
④ 목지국을 압도하고 지역의 맹주로 발돋움하였다.
⑤ 살인, 절도 등의 죄를 다스리는 범금 8조가 있었다.

08 (가) 인물에 대한 설명으로 옳은 것은?
[52회 2점]

> 연(燕)의 (가) 이/가 망명하여 오랑캐의 복장을 하고 동쪽으로 패수를 건너 준왕에게 항복하였다. …… (가) 이/가 망명자들을 꾀어내어 그 무리가 점점 많아지자, 준왕에게 사람을 보내 "한의 군대가 열 갈래로 쳐들어오니 [왕궁에] 들어가 숙위하기를 청합니다."라고 속이고 도리어 준왕을 공격하였다.
> ─ 『삼국지』 동이전 ─

① 한 무제가 파견한 군대와 맞서 싸웠다.
② 진번과 임둔을 복속하여 세력을 확장하였다.
③ 빈민을 구제하기 위해 진대법을 실시하였다.
④ 지방의 여러 성에 욕살, 처려근지 등을 두었다.
⑤ 연의 장수 진개의 공격을 받아 영토를 빼앗겼다.

09 (가) 나라에 대한 설명으로 옳은 것을 |보기|에서 고른 것은?
[50회 2점]

> 아들을 거쳐 손자 우거 때 이르러서는 …… 주변의 여러 나라들이 글을 올려 천자를 알현하고자 하였으나, 또한 가로막고 통하지 못하게 하였다. …… 좌장군이 두 군대를 합하여 맹렬히 (가) 을/를 공격하였다. 상 노인, 상 한음, 니계상 참, 장군 왕협 등이 서로 [항복을] 모의하였다. …… [우거]왕이 항복하려 하지 않았다. 한음, 왕협, 노인이 모두 도망하여 한에 항복하였는데, 노인은 도중에 죽었다.
> ─ 『사기』 ─

| 보기 |
ㄱ. 22담로에 왕족을 파견하였다.
ㄴ. 빈민을 구제하기 위해 진대법을 실시하였다.
ㄷ. 진번과 임둔을 복속시켜 세력을 확장하였다.
ㄹ. 살인, 절도 등의 죄를 다스리는 범금 8조가 있었다.

① ㄱ, ㄴ ② ㄱ, ㄷ ③ ㄴ, ㄷ ④ ㄴ, ㄹ ⑤ ㄷ, ㄹ

10 (가) 나라에 대한 설명으로 옳은 것은?
[58회 2점]

> ○ 좌장군은 (가) 의 패수 서쪽에 있는 군사를 쳤으나 이를 격파해서 나가지는 못했다. …… 누선장군도 가서 합세하여 왕검성의 남쪽에 주둔했지만, 우거왕이 성을 굳게 지키므로 몇 달이 되어도 함락시킬 수 없었다.
> ○ 마침내 한 무제는 동쪽으로는 (가) 을/를 정벌하고 현도군과 낙랑군을 설치했으며, 서쪽으로는 대완과 36국 등을 병합하여 흉노 좌우의 후원 세력을 꺾었다.

① 동맹이라는 제천 행사를 열었다.
② 신지, 읍차라 불린 지배자가 있었다.
③ 도둑질한 자에게 12배로 배상하게 하였다.
④ 읍락 간의 경계를 중시하는 책화가 있었다.
⑤ 왕 아래 상, 대부, 장군 등의 관직을 두었다.

11 (가) 나라에 대한 설명으로 옳은 것은? 51회 2점

이 유물은 중국 지린성 쑹화강 유역의 둥탄산 유적에서 출토된 (가) 의 금동제 가면이다. 『삼국지』 동이전에 따르면 (가) 에는 여러 가(加)들이 별도로 관할하는 사출도가 있었으며, 사람을 죽여 순장하는 풍습이 행해졌다고 한다.

① 12월에 영고라는 제천 행사를 열었다.
② 신지, 읍차라고 불린 지배자가 있었다.
③ 제사장인 천군과 신성 지역인 소도가 존재하였다.
④ 대가들이 사자, 조의, 선인 등의 관리를 거느렸다.
⑤ 다른 부족의 영역을 침범하면 소나 말로 변상하였다.

13 다음 자료에 해당하는 나라에 대한 설명으로 옳은 것은? 54회 2점

대군장이 없고 관직으로는 후·읍군·삼로가 있다. …… 해마다 10월이면 하늘에 제사를 지내는데, 밤낮으로 술 마시고 노래 부르며 춤추니 이를 무천이라 한다. …… 낙랑의 단궁이 그 지방에서 산출되고 무늬 있는 표범이 많다. 과하마가 있으며 바다에서는 반어가 난다.
— 『후한서』 —

① 신성 지역인 소도가 존재하였다.
② 혼인 풍습으로 민며느리제가 있었다.
③ 읍락 간의 경계를 중시하는 책화가 있었다.
④ 제가 회의에서 나라의 중대사를 결정하였다.
⑤ 여러 가(加)들이 별도로 사출도를 주관하였다.

12 (가), (나) 나라에 대한 설명으로 옳은 것은? 55회 2점

(가) 여자의 나이가 열 살이 되기 전에 혼인을 약속하고, 신랑 집에서 맞이하여 장성할 때까지 기른다. 여자가 장성하면 여자 집으로 돌아가게 한다. 여자 집에서는 돈을 요구하는데, 신랑 집에서 돈을 지불한 후 다시 데리고 와서 아내로 삼는다.

(나) 읍마다 우두머리가 있어 세력이 강대하면 신지라 하고, …… 그 다음은 읍차라 하였다. 나라에는 철이 생산되는데 예(濊), 왜(倭) 등이 와서 사간다. 무역에서 철을 화폐로 사용한다.

① (가) – 신성 지역인 소도가 존재하였다.
② (가) – 삼로라 불린 우두머리가 읍락을 다스렸다.
③ (나) – 여러 가(加)들이 별도로 사출도를 주관하였다.
④ (나) – 단궁, 과하마, 반어피 등의 특산물이 유명하였다.
⑤ (가), (나) – 한 무제가 파견한 군대의 공격으로 멸망하였다.

14 (가), (나) 나라에 대한 설명으로 옳은 것은? 52회 2점

(가) 장사를 지낼 때 큰 나무 곽을 만드는데, 길이가 10여 장이나 되며 한쪽을 열어 놓아 문을 만들었다. 사람이 죽으면 모두 가매장을 해서 …… 뼈만 추려 곽 속에 안치하였다. 온 집 식구를 모두 하나의 곽 속에 넣어 두는데, 죽은 사람의 숫자대로 나무를 깎아 생전의 모습과 같이 만들었다.
— 『삼국지』 동이전 —

(나) 귀신을 믿기 때문에 국읍마다 한 사람을 세워 천신의 제사를 주관하게 하니 천군이라고 하였다. 또 나라마다 별읍이 있으니 소도라 하였다. 그곳에서는 큰 나무를 세우고 방울과 북을 매달아 놓고 귀신을 섬겼다. 그 안으로 도망쳐 온 사람들은 모두 돌려보내지 않았다.
— 『삼국지』 동이전 —

① (가) – 혼인 풍습으로 서옥제가 있었다.
② (가) – 목지국 등 많은 소국들로 이루어졌다.
③ (나) – 신지, 읍차 등의 지배자가 있었다.
④ (나) – 12월에 영고라는 제천 행사를 열었다.
⑤ (가), (나) – 여러 가(加)들이 사출도를 별도로 주관하였다.

15 (가) 왕의 업적으로 옳은 것은? 56회 2점

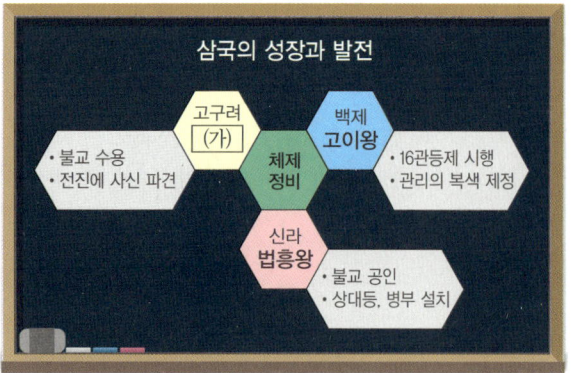

① 도읍을 국내성에서 평양으로 옮겼다.
② 태학을 설립하여 인재를 양성하였다.
③ 서안평을 공격하여 영토를 확장하였다.
④ 연가라는 독자적인 연호를 사용하였다.
⑤ 신라에 군대를 파견하여 왜를 격퇴하였다.

17 (가)~(다)를 일어난 순서대로 옳게 나열한 것은? 53회 3점

(가) 온달이 왕에게 아뢰기를, "신라가 한강 이북 땅을 빼앗아 군현으로 삼았습니다. …… 저에게 군사를 주신다면 단번에 우리 땅을 반드시 되찾겠습니다."라고 하였다.

(나) 10월에 백제 왕이 병력 3만 명을 거느리고 평양성을 공격해 왔다. 왕이 군대를 내어 막다가 날아온 화살에 맞아 이달 23일에 서거하였다.

(다) 9월에 왕이 병력 3만 명을 거느리고 백제를 침략하여 도읍 한성을 함락하였다. 백제 왕 부여경을 죽이고 남녀 8천 명을 포로로 잡아 돌아왔다.

① (가) – (나) – (다) ② (가) – (다) – (나)
③ (나) – (가) – (다) ④ (나) – (다) – (가)
⑤ (다) – (나) – (가)

16 다음 상황이 전개된 배경으로 옳은 것은? 58회 2점

① 법흥왕이 금관가야를 병합하였다.
② 장수왕이 한성을 공격하여 함락시켰다.
③ 김유신이 비담과 염종의 반란을 진압하였다.
④ 영양왕이 온달을 보내 아단성을 공격하였다.
⑤ 김춘추가 당으로 건너가 군사 동맹을 성사시켰다.

18 (가) 왕의 재위 기간에 있었던 사실로 옳은 것은? [53회 2점]

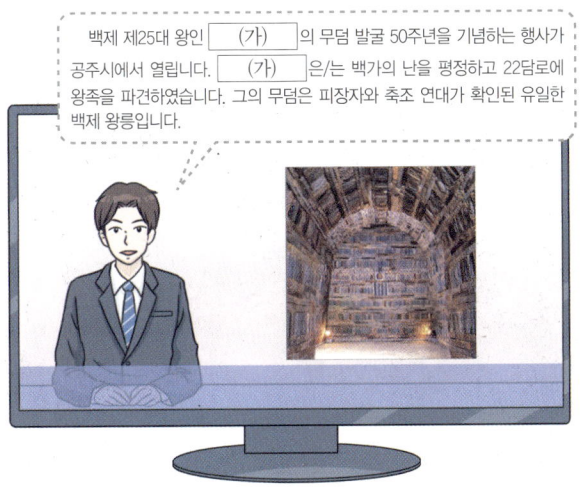

백제 제25대 왕인 (가) 의 무덤 발굴 50주년을 기념하는 행사가 공주시에서 열립니다. (가) 은/는 백가의 난을 평정하고 22담로에 왕족을 파견하였습니다. 그의 무덤은 피장자와 축조 연대가 확인된 유일한 백제 왕릉입니다.

① 익산에 미륵사를 창건하였다.
② 중국 남조의 양과 교류하였다.
③ 고흥에게 서기를 편찬하게 하였다.
④ 마라난타를 통해 불교를 수용하였다.
⑤ 사비로 천도하고 행정 조직을 재정비하였다.

19 (가) 왕의 업적으로 옳은 것은? [57회 2점]

이 동상은 여러 번 고구려를 격파하여 다시 강국이 되었다는 내용의 국서를 양나라에 보내는 (가) 의 모습을 형상화한 것입니다. 또한 동상 앞 석상은 중국 남조의 영향을 받아 벽돌로 축조한 (가) 의 무덤에서 출토된 진묘수 모형입니다.

① 익산에 미륵사를 창건하였다.
② 사비로 천도하고 국호를 남부여로 고쳤다.
③ 지방에 22담로를 두어 왕족을 파견하였다.
④ 평양성을 공격하여 고국원왕을 전사시켰다.
⑤ 동진에서 온 마라난타를 통해 불교를 수용하였다.

20 밑줄 그은 '이 왕'의 업적으로 옳은 것은? [50회 2점]

이것은 능산리 절터에서 발견된 석조 사리감입니다. 이 사리감에 새겨진 글을 통해 능산리 절터가 관산성에서 전사한 이 왕의 명복을 빌기 위하여 조성된 것임을 알 수 있습니다.

① 익산에 미륵사를 창건하였다.
② 동진으로부터 불교를 수용하였다.
③ 윤충을 보내 대야성을 함락하였다.
④ 고흥에게 서기를 편찬하게 하였다.
⑤ 진흥왕과 연합하여 한강 하류 지역을 되찾았다.

21 (가), (나) 사이의 시기에 있었던 사실로 옳은 것은?   [55회 2점]

(가) 고구려 병사는 비록 물러갔으나 성이 파괴되고 왕이 죽어서 [문주가] 왕위에 올랐다. …… 겨울 10월, 웅진으로 도읍을 옮겼다.
— 『삼국사기』 —

(나) 왕이 신라를 습격하고자 몸소 보병과 기병 50명을 거느리고 밤에 구천(狗川)에 이르렀는데, 신라 복병을 만나 그들과 싸우다가 살해되었다.
— 『삼국사기』 —

① 익산에 미륵사가 창건되었다.
② 흑치상지가 임존성에서 군사를 일으켰다.
③ 동진에서 온 마라난타를 통해 불교가 수용되었다.
④ 지방을 통제하기 위하여 22담로로 왕족이 파견되었다.
⑤ 계백이 이끄는 결사대가 황산벌에서 신라군에 맞서 싸웠다.

23 밑줄 그은 '이 왕'에 대한 설명으로 옳은 것은?   [54회 2점]

이것은 국보 제242호인 울진 봉평리 신라비로 병부를 설치하고 율령을 반포한 이 왕 때 건립되었습니다. 이 비석에는 신라 6부의 성격과 관등 체계, 지방 통치 조직과 촌락 구조 등 당시 사회상을 알려 주는 내용이 담겨 있습니다.

① 이사부를 보내 우산국을 복속하였다.
② 관료전을 지급하고 녹읍을 폐지하였다.
③ 이차돈의 순교를 계기로 불교를 공인하였다.
④ 인재 등용을 위해 독서삼품과를 시행하였다.
⑤ 거칠부에게 명하여 국사를 편찬하게 하였다.

22 밑줄 그은 '왕'의 업적으로 옳은 것은?   [51회 2점]

여러 신하들이 아뢰기를 "…… 신(新)은 '덕업이 날로 새로워진다'는 뜻이고, 라(羅)는 '사방(四方)을 망라한다'는 뜻이므로 이를 나라 이름으로 삼는 것이 마땅하다고 여겨집니다. 또 살펴보건대 옛날부터 국가를 가진 이는 모두 제(帝)나 왕(王)을 칭하였는데, 우리 시조께서 나라를 세운 지 지금 22대에 이르기까지 방언으로만 부르고 높이는 호칭을 정하지 못하였으니, 이제 여러 신하들이 한 마음으로 삼가 신라국왕(新羅國王)이라는 칭호를 올립니다."라고 하였다. 왕이 이를 따랐다.
— 『삼국사기』 —

① 병부를 설치하고 율령을 반포하였다.
② 이사부를 보내 우산국을 복속시켰다.
③ 대가야를 병합하여 영토를 확장하였다.
④ 국학을 설립하여 유학 교육을 진흥시켰다.
⑤ 자장의 건의로 황룡사 구층 목탑을 건립하였다.

24 밑줄 그은 '왕'의 업적으로 옳은 것은?   [49회 3점]

금관국의 김구해가 세 아들과 함께 나라의 보물을 가지고 와서 항복하였다고 하네.

나도 들었네. 우리 왕께서 그들을 예로써 대접하여 높은 벼슬을 주고, 그가 다스리던 금관국을 식읍으로 삼게 하였다는군.

① 관료전을 지급하고 녹읍을 폐지하였다.
② 건원이라는 독자적인 연호를 제정하였다.
③ 지방에 22담로를 두어 왕족을 파견하였다.
④ 독서삼품과를 시행하여 인재를 등용하였다.
⑤ 자장의 건의로 황룡사 구층 목탑을 건립하였다.

25 다음 검색창에 들어갈 왕에 대한 설명으로 옳은 것은?

52회 2점

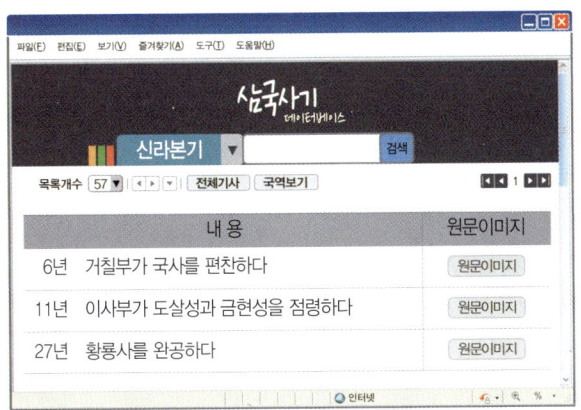

① 불국사 삼층 석탑을 건립하였다.
② 첨성대를 세워 천체를 관측하였다.
③ 마운령, 황초령 등에 순수비를 세웠다.
④ 금관가야를 복속하여 영토를 확대하였다.
⑤ 시장을 감독하는 관청인 동시전을 설치하였다.

26 (가) 나라에 대한 설명으로 옳은 것은?

50회 2점

문화재청이 김해 대성동과 양동리 고분에서 출토된 목걸이 3점에 대해 보물 지정을 예고했습니다. 이 유물은 김수로왕이 건국했다고 전해지는 (가) 의 수준 높은 공예 기술을 보여 줍니다. 또한 출토지가 명확하고 보존 상태가 온전하여 학술 및 예술적 가치가 높은 것으로 평가됩니다.

① 골품에 따라 관등 승진에 제한이 있었다.
② 만장일치제로 운영된 화백 회의가 있었다.
③ 여러 가(加)들이 별도로 사출도를 주관하였다.
④ 박, 석, 김의 3성이 교대로 왕위를 계승하였다.
⑤ 철이 많이 생산되어 낙랑과 왜 등에 수출하였다.

27 (가) 나라에 대한 탐구 활동으로 가장 적절한 것은?

58회 3점

진흥왕이 이찬 이사부에게 명령하여 (가) 을/를 공격하게 하였다. 이때 사다함은 나이가 15~16세였는데 종군하기를 청하였다. …… (가) 사람들이 뜻하지 않은 병사들의 습격에 놀라 막아 내지 못하였고, 대군이 승세를 타서 마침내 멸망시켰다.

① 안동도호부가 설치된 경위를 찾아본다.
② 22담로에 왕족이 파견된 목적을 알아본다.
③ 중앙 관제가 3성 6부로 정비된 계기를 파악한다.
④ 최고 지배자의 호칭인 이사금의 의미를 검색한다.
⑤ 고령 지역이 연맹의 중심지로 성장하는 과정을 조사한다.

28 (가), (나) 사이의 시기에 있었던 사실로 옳은 것은?

50회 3점

(가) 고구려 왕 거련(巨璉)이 군사 3만 명을 이끌고 와서 왕도인 한성을 포위하였다. 왕이 성문을 닫고서 나가 싸우지 못하였다. 고구려 군사가 네 길로 나누어 협공하고, 바람을 타고 불을 놓아 성문을 불태웠다. 사람들이 매우 두려워하여 나가서 항복하려는 자들도 있었다. 왕이 어찌할 바를 몰라 수십 명의 기병을 거느리고 성문을 나가 서쪽으로 달아나니, 고구려 군사가 추격하여 왕을 해쳤다.

(나) 여러 장수가 안시성을 공격하였다. …… 60일 동안 50만 명의 인력을 동원하여 밤낮으로 쉬지 않고 토산을 쌓았다. 토산의 정상은 성에서 몇 길 떨어져 있고 성 안을 내려다 볼 수 있었다. 도중에 토산이 허물어지면서 성을 덮치는 바람에 성벽의 일부가 무너졌다. …… 황제가 여러 장수에게 명하여 안시성을 공격하였으나, 3일이 지나도록 이길 수 없었다.

① 미천왕이 서안평을 점령하였다.
② 을지문덕이 살수에서 수의 군대를 물리쳤다.
③ 고국원왕이 백제의 평양성 공격으로 전사하였다.
④ 관구검이 이끄는 위의 군대가 고구려를 침략하였다.
⑤ 광개토 대왕이 군대를 보내 신라에 침입한 왜를 격퇴하였다.

29 (가), (나) 사이의 시기에 있었던 사실로 옳은 것은?
49회 3점

> (가) 살수에 이르러 [수의] 군대가 반쯤 건너자 을지문덕이 군사를 보내 그 후군을 공격하였다. 우둔위 장군 신세웅을 죽이니, [수의] 군대가 걷잡을 수 없이 모두 무너져 9군의 장수와 병졸이 도망쳐 돌아갔다.
> — 『삼국사기』 —
>
> (나) [신라군이] 당군과 함께 평양을 포위하였다. 고구려 왕은 먼저 연남산 등을 보내 영공(英公)에게 항복을 요청하였다. 이에 영공은 보장왕과 왕자 복남·덕남, 대신 등 20여만 명을 이끌고 당으로 돌아갔다.
> — 『삼국사기』 —

① 안승이 신라에 의해 보덕국왕에 책봉되었다.
② 미천왕이 서안평을 공격하여 영토를 넓혔다.
③ 광개토 대왕이 신라에 침입한 왜를 물리쳤다.
④ 연개소문이 정변을 일으켜 권력을 장악하였다.
⑤ 장수왕이 백제를 공격하여 한성을 함락시켰다.

30 (가), (나) 사이의 시기에 있었던 사실로 옳은 것은?
53회 3점

> (가) 고구려 왕이 "마목현과 죽령은 본래 우리나라 땅이니 만약 이를 돌려주지 않는다면 돌아가지 못하리라."라고 말하였다. 김춘추가 "국가의 영토는 신하가 마음대로 할 수 있는 것이 아니므로 신은 감히 명령을 따를 수 없습니다."라고 대답하니, 왕이 분노하여 그를 가두었다.
>
> (나) 관창이 "아까 내가 적진에 들어가서 장수를 베고 깃발을 빼앗지 못한 것이 심히 한스럽다. 다시 들어가면 반드시 성공하리라."라고 말하였다. 관창은 적진에 돌입하여 용감히 싸웠으나, 계백이 그를 사로잡아 머리를 베어 말 안장에 매달아서 돌려보냈다. 이를 본 신라군이 죽음을 각오하고 진격하니 백제 군사가 대패하였다.

① 안승이 보덕국왕으로 임명되었다.
② 신라가 당과 군사 동맹을 체결하였다.
③ 관산성 전투에서 백제 왕이 피살되었다.
④ 흑치상지가 임존성에서 군사를 일으켰다.
⑤ 부여풍이 백강에서 왜군과 함께 당군에 맞서 싸웠다.

31 (가), (나) 사이의 시기에 있었던 사실로 옳은 것은?
52회 3점

> (가) 정관 16년에 …… 여러 대신들과 건무가 의논하여 개소문을 죽이고자 하였다. 일이 누설되자 개소문은 부병을 모두 불러 모아 군병을 사열한다고 말하고 …… 왕궁으로 달려 들어가 건무를 죽인 다음 대양의 아들 장을 왕으로 세우고 스스로 막리지가 되었다.
> — 『구당서』 동이전 —
>
> (나) 건봉 원년에 …… 개소문이 죽고 아들 남생이 막리지가 되었다. 남생은 아우 남건·남산과 화목하지 못하여 각자 붕당을 만들어 서로 공격하였다. 남생은 두 아우에게 쫓겨 국내성으로 달아났다.
> — 『구당서』 동이전 —

① 을지문덕이 살수에서 대승을 거두었다.
② 당이 안동도호부를 평양에 설치하였다.
③ 신라군이 매소성에서 당군을 격파하였다.
④ 복신과 도침이 부여풍을 왕으로 추대하였다.
⑤ 안승이 신라에 의해 보덕국왕으로 임명되었다.

32 (가), (나) 사이의 시기에 있었던 사실로 옳은 것은?
54회 2점

> (가) 잔치를 크게 열어 장수와 병사들을 위로하였다. 왕과 [소]정방 및 여러 장수들은 당상(堂上)에 앉고, 의자와 그 아들 융은 당하(堂下)에 앉혔다. 때로 의자에게 술을 따르게 하니 백제의 좌평 등 여러 신하는 모두 목이 메어 울었다.
>
> (나) 사찬 시득이 수군을 거느리고 설인귀와 소부리주 기벌포에서 싸웠으나 잇달아 패배하였다. [시득은] 다시 진군하여 크고 작은 22번의 싸움에서 승리하고 4천여 명의 목을 베었다.
> — 『삼국사기』 —

① 고국원왕이 평양성에서 전사하였다.
② 성왕이 관산성 전투에서 피살되었다.
③ 김춘추가 당과의 군사 동맹을 성사시켰다.
④ 을지문덕이 살수에서 수의 군대를 물리쳤다.
⑤ 안승이 신라에 의해 보덕왕으로 임명되었다.

33 밑줄 그은 '왕'에 대한 설명으로 옳은 것은? 50회 2점

> 용이 검은 옥대를 바쳤다. …… 왕이 놀라고 기뻐하여 오색 비단·금·옥으로 보답하고, 사람을 시켜 대나무를 베어서 바다로 나오자, 산과 용은 홀연히 사라져 보이지 않았다. 왕이 감은사에서 유숙하고 …… 행차에서 돌아와 그 대나무로 피리를 만들어 월성의 천존고에 보관하였다. 이 피리를 불면 적병이 물러가고 병이 나으며, 가물 때 비가 오고 비올 때 개며, 바람이 잦아들고 파도가 평온해졌다. 이를 만파식적(萬波息笛)이라 부르고 국보로 삼았다.
> ― 『삼국유사』 ―

① 병부와 상대등을 설치하였다.
② 이사부를 보내 우산국을 복속하였다.
③ 마립간이라는 칭호를 처음 사용하였다.
④ 매소성 전투에서 당의 군대를 격파하였다.
⑤ 김흠돌을 비롯한 진골 귀족 세력을 숙청하였다.

34 다음 정책을 실시한 왕의 재위 시기에 있었던 사실로 옳은 것은? 57회 2점

○ 완산주를 다시 설치하고 용원을 총관으로 삼았다. 거열주를 나누어 청주(菁州)를 두니 처음으로 9주가 되었다. 대아찬 복세를 총관으로 삼았다.
○ 서원소경을 설치하고 아찬 원태를 사신(仕臣)으로 삼았다. 남원소경을 설치하고 여러 주와 군의 주민들을 옮겨 그곳에 나누어 살게 하였다.

① 금관가야가 멸망하였다.
② 이사부가 우산국을 복속하였다.
③ 조세를 관장하는 품주가 설치되었다.
④ 관료전이 지급되고 녹읍이 폐지되었다.
⑤ 인재 등용을 위한 독서삼품과가 실시되었다.

35 다음 검색창에 들어갈 왕의 재위 기간에 있었던 사실로 옳은 것은? 49회 1점

① 왕의 장인인 김흠돌이 반란을 도모하였다.
② 강조가 정변을 일으켜 김치양을 제거하였다.
③ 거칠부가 왕명을 받들어 국사를 편찬하였다.
④ 최치원이 왕에게 시무 10여 조를 건의하였다.
⑤ 복신과 도침 등이 부여풍을 왕으로 추대하였다.

36 (가) 시기에 있었던 사실로 옳은 것은? 51회 2점

① 이차돈의 순교로 불교가 공인되었다.
② 원종과 애노가 사벌주에서 봉기하였다.
③ 관료전을 지급하고 녹읍을 폐지하였다.
④ 거칠부가 왕명을 받들어 국사를 편찬하였다.
⑤ 최고 지배자의 칭호가 마립간으로 바뀌었다.

37 (가) 국가에 대한 설명으로 옳은 것을 |보기|에서 고른 것은? 〔53회 2점〕

〈한국사 온라인 강좌〉

우리 연구소에서는 (가) 의 역사적 의미를 조명하기 위해 온라인 강좌를 마련하였습니다. 관심 있는 분들의 많은 참여 바랍니다.

■ 강좌 주제 ■
제1강 일본에 보낸 외교 문서에 나타난 역사의식
제2강 정혜 공주 무덤의 구조로 알 수 있는 고분 양식
제3강 장문휴의 등주 공격을 통해 본 대외 인식
제4강 인안, 대흥 연호 사용에 반영된 천하관

■ 일시: 2021년 6월 매주 목요일 19:00~21:00
■ 방식: 화상 회의 플랫폼 활용
■ 주관: △△연구소

|보기|
ㄱ. 철전인 건원중보를 발행하였다.
ㄴ. 솔빈부의 말이 특산물로 거래되었다.
ㄷ. 지방관을 감찰하고자 외사정을 파견하였다.
ㄹ. 거란도, 영주도 등을 통해 주변국과 교류하였다.

① ㄱ, ㄴ　② ㄱ, ㄷ　③ ㄴ, ㄷ
④ ㄴ, ㄹ　⑤ ㄷ, ㄹ

38 (가) 국가에 대한 설명으로 옳은 것은? 〔52회 2점〕

대무예가 대장 장문휴를 보내 수군을 거느리고 등주를 공격하였다. 당 현종은 급히 대문예에게 유주의 군사를 거느리고 반격하게 하고, 태복경 김사란을 보내 신라군으로 하여금 (가) 의 남쪽을 치게 하였다. 날씨가 매우 추운 데다 눈이 한 길이나 쌓여서 군사들이 태반이나 얼어 죽으니, 공을 거두지 못하고 돌아왔다.

① 평양을 서경으로 삼아 중시하였다.
② 주자감을 설치하여 인재를 양성하였다.
③ 건원이라는 독자적 연호를 사용하였다.
④ 내신 좌평 등 6좌평의 관제를 정비하였다.
⑤ 지방관 감찰을 위해 외사정을 파견하였다.

39 (가) 국가에 대한 설명으로 옳은 것은? 〔54회 1점〕

① 광군을 창설하여 외침에 대비하였다.
② 9서당 10정의 군사 조직을 운영하였다.
③ 광덕, 준풍 등의 독자적인 연호를 사용하였다.
④ 5경 15부 62주의 지방 행정 제도를 갖추었다.
⑤ 지방관을 감찰하기 위해 외사정을 파견하였다.

40 밑줄 그은 '이 불상'으로 옳은 것은? 〔52회 1점〕

① 　② 　③

④ 　⑤ ...

①
②
③
④
⑤

41 (가)에 해당하는 문화유산으로 옳은 것은? 51회 2점

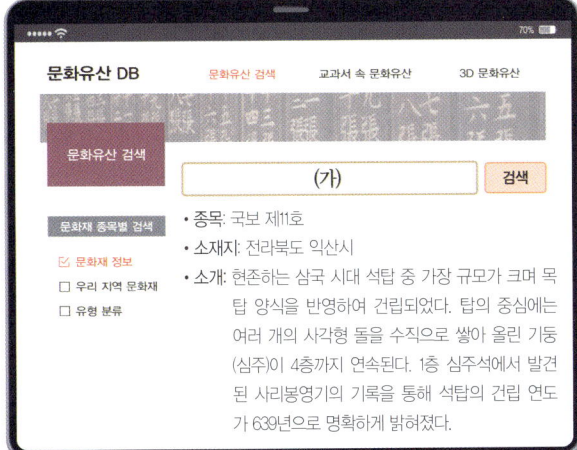

- 종목: 국보 제11호
- 소재지: 전라북도 익산시
- 소개: 현존하는 삼국 시대 석탑 중 가장 규모가 크며 목탑 양식을 반영하여 건립되었다. 탑의 중심에는 여러 개의 사각형 돌을 수직으로 쌓아 올린 기둥(심주)이 4층까지 연속된다. 1층 심주석에서 발견된 사리봉영기의 기록을 통해 석탑의 건립 연도가 639년으로 명확하게 밝혀졌다.

①    ②    ③

④    ⑤

42 (가)에 해당하는 문화유산으로 옳은 것은? 53회 2점

국보로 지정된 이 마애불은 둥근 얼굴 윤곽에 자비로운 인상을 지녀 '백제의 미소'라고 불립니다. 6세기 말에서 7세기 초, 중국을 오가던 사람들의 안녕을 기원하고자 교통로에 만들어진 것으로 보입니다.

한국의 마애불 (가)

①    ②    ③

④    ⑤

43 (가) 국가의 문화유산으로 옳은 것은? 59회 1점

메타버스 '서라벌' 오픈!
(가) 의 수도 경주의 문화유산을 아바타로 생생하게 체험해 보세요.

이벤트1 첨성대에서 별자리 찾아보기
이벤트2 포석정에서 인증샷 찍기

①    ②    ③

④    ⑤

44 (가) 국가에 대한 설명으로 옳은 것은? [56회 2점]

① 각간 대공이 반란을 일으켰다.
② 광평성 등의 정치 기구를 두었다.
③ 후당과 오월에 사신을 파견하였다.
④ 고창 전투에서 후백제군과 싸워 승리하였다.
⑤ 5경 15부 62주의 지방 행정 제도를 갖추었다.

46 다음 가상 인터뷰의 왕이 추진한 정책으로 옳은 것은? [49회 2점]

① 흑창을 설치하여 빈민을 구제하였다.
② 양현고를 두어 장학 기금을 마련하였다.
③ 노비안검법을 시행하여 재정을 확충하였다.
④ 전국에 12목을 설치하고 지방관을 파견하였다.
⑤ 전시과 제도를 마련하여 관리에게 토지를 지급하였다.

45 (가), (나) 사이의 시기에 있었던 사실로 옳은 것은? [51회 2점]

> (가) 날이 밝아오자 (여러 장수들이) 태조를 곡식더미 위에 앉히고는 군신의 예를 행하였다. 사람을 시켜 말을 달리며 "왕공(王公)께서 이미 의로운 깃발을 들어 올리셨다."라고 외치게 하였다. …… 궁예가 이 소식을 듣고는 어찌할 바를 몰라 미복(微服) 차림으로 북문을 빠져나갔다.
> ─ 『고려사절요』 ─
>
> (나) 여름 6월 견훤이 막내아들 능예와 딸 애복, 애첩 고비 등과 더불어 나주로 달아나 입조를 요청하였다. …… 도착하자 그를 상보(尙父)라 일컫고 남궁(南宮)을 객관(客館)으로 주었다. 지위를 백관의 위에 두고 양주를 식읍으로 주었다.
> ─ 『고려사』 ─

① 견훤이 후백제를 건국하였다.
② 김흠돌이 반란을 도모하였다.
③ 장보고가 청해진을 설치하였다.
④ 신숭겸이 공산 전투에서 전사하였다.
⑤ 신검이 일리천에서 고려군에게 패배하였다.

47 밑줄 그은 '이 왕'의 재위 시기에 있었던 사실로 옳은 것은? 〔57회 2점〕

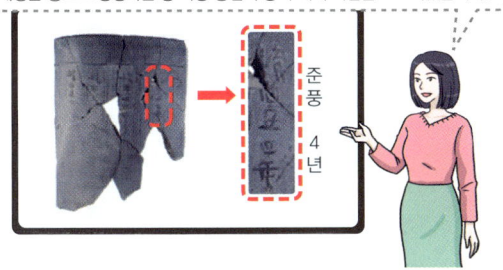

안성 망이산성에서 '준풍 4년(峻豊四年)'이라는 글씨가 새겨진 기와가 발견되었습니다. 준풍이라는 연호를 사용하였던 이 왕은 백관의 공복을 정하고 개경을 황도로 명명하는 등 국왕 중심의 통치 체제 확립을 도모하였습니다.

① 12목에 지방관이 파견되었다.
② 쌍기의 건의로 과거제가 시행되었다.
③ 대장도감에서 팔만대장경이 간행되었다.
④ 안우, 이방실 등이 홍건적을 격파하였다.
⑤ 신돈이 전민변정도감의 책임자가 되었다.

48 밑줄 그은 '왕'의 업적으로 옳은 것은? 〔54회 1점〕

왕이 "중앙의 5품 이상 관리들은 각자 봉사를 올려 시정(時政)의 잘잘못을 논하라."라고 명령하였다. 최승로가 상소하였는데 대략 다음과 같은 내용이었다. "…… 이제 앞선 5대 조정의 정치와 교화에 대해서 잘되고 잘못된 행적들을 기록하고, 거울로 삼거나 경계할 만한 것들을 삼가 조목별로 아뢰겠습니다. …… 신이 또 시무(時務) 28조를 기록하여 장계와 함께 따로 봉하여 올립니다."
– 「고려사절요」 –

① 빈민을 구제하기 위해 흑창을 처음 설치하였다.
② 왕권을 강화하기 위해 노비안검법을 실시하였다.
③ 청연각과 보문각을 두어 학문 연구를 장려하였다.
④ 권문세족을 견제하기 위해 전민변정도감을 운영하였다.
⑤ 전국의 주요 지역에 12목을 설치하여 지방관을 파견하였다.

49 다음 대화에 나타난 사건에 대한 설명으로 옳은 것은? 〔55회 2점〕

- 서경 천도와 금국 정벌을 주장하며 일어났어.
- 연호를 천개로 하는 대위국이 선포되었어.
- 신채호는 '조선 역사상 일천년래 제일 대사건'으로 평가하였어.

① 국왕이 나주까지 피란하였다.
② 초조대장경 간행의 계기가 되었다.
③ 김부식 등이 이끈 관군에 의해 진압되었다.
④ 이성계가 정권을 장악하는 결과를 가져왔다.
⑤ 여진 정벌을 위한 별무반 편성에 영향을 주었다.

50 다음 검색창에 들어갈 인물에 대한 설명으로 옳은 것은? 50회 2점

① 서경에서 난을 일으키고 국호를 대위로 하였다.
② 화약과 화포 제작을 위한 화통도감 설치를 건의하였다.
③ 삼별초를 이끌고 진도로 이동하여 대몽 항쟁을 펼쳤다.
④ 교정별감이 되어 인사, 재정 등 국정 전반을 장악하였다.
⑤ 전민변정도감의 책임자로 임명되어 권문세족을 견제하였다.

52 밑줄 그은 '이 시기'에 있었던 사실로 옳은 것은? 50회 2점

이곳은 김방경의 묘입니다. 그는 개경 환도 이후 몽골의 간섭이 본격화된 이 시기에 여·몽 연합군의 고려군 도원수로 일본 원정에 참여하였습니다.

① 삼수병으로 구성된 훈련도감이 창설되었다.
② 삼군부가 부활하여 군국 기무를 전담하였다.
③ 중서문하성과 상서성이 첨의부로 개편되었다.
④ 인재를 양성하기 위한 초계문신제가 시행되었다.
⑤ 국방 문제를 논의하기 위한 비변사가 설치되었다.

51 다음 사건 이후에 일어난 사실로 옳은 것은? 51회 1점

만적 등 6명이 북산에서 땔나무를 하다가, 공사(公私)의 노복들을 불러 모아 모의하며 말하기를, "국가에서 경인년과 계사년 이래로 높은 관직도 천예(賤隸)에서 많이 나왔으니, 장상(將相)에 어찌 씨가 있겠는가? 때가 되면 (누구나) 차지할 수 있는 것이다. 우리들이라고 어찌 뼈 빠지게 일만 하면서 채찍 아래에서 고통만 당하겠는가?"라고 하였다. 여러 노(奴)들이 모두 그렇다고 하였다. …… 가노(家奴) 순정이 한충유에게 변란을 고하자 한충유가 최충헌에게 알렸다. 마침내 만적 등 100여 명을 체포하여 강에 던졌다.

① 묘청이 서경 천도를 주장하였다.
② 쌍기가 과거제의 시행을 건의하였다.
③ 왕실의 외척인 이자겸이 난을 일으켰다.
④ 정중부가 반란을 일으켜 권력을 차지하였다.
⑤ 최우가 정방을 설치하여 인사권을 장악하였다.

53 밑줄 그은 '왕'에 대한 설명으로 옳은 것은? 49회 2점

왕이 지정(至正) 연호의 사용을 중지하고 교서를 내려 말하기를, "…… 기철 등이 군주의 위세를 빙자하여 나라의 법도를 뒤흔들었다. 자신의 기분에 따라 관리를 마음대로 임명하여 정령(政令)이 원칙 없이 바뀌었다. 남이 토지를 가지고 있으면 그것을 차지하고, 노비를 가지고 있으면 빼앗았다. …… 이제 다행히도 조종(祖宗)의 영령에 기대어 기철 등을 처단할 수 있었다."라고 하였다.
— 『고려사』 —

① 중서문하성과 상서성을 복구하였다.
② 원의 요청으로 일본 원정에 참여하였다.
③ 조준 등의 건의로 과전법을 제정하였다.
④ 이인임 일파를 축출하고 왕권을 회복하였다.
⑤ 쌍기의 건의를 받아들여 과거제를 실시하였다.

54 밑줄 그은 '이 왕'의 정책으로 옳은 것은? [53회 2점]

이곳에는 이 왕과 그의 왕비인 노국 대장 공주의 영정이 봉안되어 있습니다. 조선의 종묘에 고려 왕의 신당이 조성되었다는 점이 특이합니다. 이 왕은 기철 등 친원 세력을 숙청하고 정동행성 이문소를 폐지하였습니다.

① 만권당을 두어 원의 학자들과 교유하였다.
② 신돈을 등용하여 전민변정도감을 운영하였다.
③ 쌍기의 건의를 받아들여 과거제를 실시하였다.
④ 정계와 계백료서를 지어 관리의 규범을 제시하였다.
⑤ 최승로의 시무 28조를 받아들여 통치 체제를 정비하였다.

55 (가) 기구에 대한 설명으로 옳은 것은? [48회 1점]

역사 용어 해설

(가)

1. 개요

고려의 회의 기구로 중서문하성과 중추원의 고위 관료들이 모여 주로 국방과 군사 문제를 다루었다. 대내적인 법제와 격식을 관장하는 식목도감과 함께 합의제로 운영되었다.

2. 관련 사료

판사(判事)는 시중·평장사·참지정사·정당문학·지문하성사로 임명하였으며, 사(使)는 6추밀 및 직사 3품 이상으로 임명하였다. …… 무릇 국가에 큰 일이 있으면 사(使) 이상의 관료가 모여서 의논하였으므로 합좌라는 이름이 있었다.

- 『고려사』 -

① 수도의 치안과 행정을 담당하였다.
② 사헌부, 사간원과 함께 3사로 불렸다.
③ 원 간섭기에 도평의사사로 개편되었다.
④ 화폐와 곡식의 출납 회계를 담당하였다.
⑤ 관리 임명에 대한 서경권을 가지고 있었다.

56 다음 군사 제도를 운영한 국가에 대한 설명으로 옳은 것은? [51회 2점]

목종 5년에 6위의 직원을 마련하여 두었는데, 뒤에 응양군(鷹揚軍)과 용호군(龍虎軍)의 2군을 설치하고, 6위의 위에 있게 하였다. 뒤에 또 중방을 설치하고, 2군·6위의 상장군과 대장군이 모두 회합하게 하였다.

① 중정대를 두어 관리를 감찰하였다.
② 9주 5소경의 지방 제도를 운영하였다.
③ 고관들의 합좌 기구인 도병마사를 설치하였다.
④ 인재를 등용하기 위하여 독서삼품과를 시행하였다.
⑤ 왕족인 부여씨와 8성의 귀족이 지배층을 이루었다.

57 (가)~(라)를 일어난 순서대로 옳게 나열한 것은? [56회 3점]

(가) 양규가 무로대에서 거란군을 습격하여 2천여 명을 죽이고, 포로가 되었던 남녀 3천여 명을 되찾았다.

(나) 거란이 장차 침입하려 하므로 군사 30만 명을 선발하여 광군이라 부르고 광군사를 설치하였다.

(다) 왕이 소손녕의 봉산군 공격 소식을 듣고 서희를 보내 화의를 요청하니 소손녕이 침공을 중지하였다.

(라) 강감찬 등이 귀주에서 거란군을 맞아 싸웠다. 고려군이 맹렬하게 공격하니 거란군이 북으로 도망쳤다.

① (가) - (나) - (다) - (라)
② (가) - (나) - (라) - (다)
③ (나) - (가) - (라) - (다)
④ (나) - (다) - (가) - (라)
⑤ (다) - (라) - (나) - (가)

58 (가)에 대한 고려의 대응으로 옳은 것은? 51회 1점

이 그림은 윤관이 (가) 을/를 정벌하고 동북 9성을 설치한 후 고려의 경계를 알리는 비석을 세우는 장면을 그린 척경입비도입니다.

① 화통도감을 두어 화포를 제작하였다.
② 박위를 파견하여 근거지를 토벌하였다.
③ 연개소문을 보내어 천리장성을 축조하였다.
④ 대장도감을 설치하여 팔만대장경을 간행하였다.
⑤ 신기군, 신보군, 항마군 등으로 구성된 별무반을 조직하였다.

59 (가) 부대에 대한 설명으로 옳은 것은? 54회 2점

이곳은 오연총 장군을 모신 덕산사입니다. 원래 함경도 경성에 있던 사당을 지금의 전라남도 곡성으로 옮겨 왔습니다. 그는 신기군, 신보군, 항마군으로 편성된 (가) 의 부원수로 활약하였습니다.

① 4군 6진을 개척하여 영토를 확장하였다.
② 원의 요청으로 일본 원정에 참여하였다.
③ 여진을 정벌하여 동북 9성을 축조하였다.
④ 처인성에서 몽골 장수 살리타를 사살하였다.
⑤ 최씨 무신 정권의 군사적 기반 역할을 하였다.

60 (가)의 침입에 대한 고려의 대응으로 옳은 것은? 58회 2점

> 병마사 박서는 김중온에게 성의 동서쪽을, 김경손에게는 성의 남쪽을 지키게 하였다. (가) 의 대군이 남문에 이르자 김경손은 12명의 용맹한 군사와 여러 성의 별초를 거느리고 성 밖으로 나가려고 하였다. …… 우별초가 모두 땅에 엎드리고 응하지 않자 김경손은 그들을 성으로 돌려 보내고 12명의 군사와 함께 나아가 싸웠다.
> - 『삼국사기』 -

① 김종서를 보내 6진을 개척하였다.
② 서희를 보내 소손녕과 외교 담판을 벌였다.
③ 별무반을 조직하고 동북 9성을 축조하였다.
④ 강화도로 도읍을 옮겨 장기 항전을 준비하였다.
⑤ 화통도감을 설치하여 화약과 화포를 제작하였다.

61 다음 자료에 나타난 상황 이후에 전개된 사실로 옳은 것은? 57회 2점

> 지원(至元) 7년, 원종이 강화에서 송경(松京)으로 환도할 적에 장군 홍문계 등이 나라를 그르친 권신 임유무를 죽이고 왕이 정권을 되찾을 수 있도록 하였다. 권신의 가병, 신의군 등의 부대가 승화후(承化侯)를 옹립하고 반역을 도모하면서, 미처 강화를 떠나지 못한 신료와 군사들을 강제로 이끌고 남쪽으로 항해하여 가니 배의 행렬이 길게 이어졌다.

① 김윤후가 처인성에서 몽골군을 격퇴하였다.
② 묘청이 칭제 건원과 금국 정벌을 주장하였다.
③ 김방경의 군대가 탐라에서 삼별초를 진압하였다.
④ 최충헌이 봉사 10조를 올려 시정 개혁을 건의하였다.
⑤ 경대승이 정중부 등을 제거하고 권력을 장악하였다.

62 (가) 역사서에 대한 설명으로 옳은 것은? 〔50회 2점〕

① 단군의 건국 이야기를 수록하였다.
② 사초, 시정기 등을 바탕으로 편찬되었다.
③ 왕명에 의해 고승들의 전기를 기록하였다.
④ 본기, 열전 등 기전체 형식으로 서술되었다.
⑤ 서사시 형태로 고구려 계승 의식이 반영되었다.

63 (가)~(마)에 들어갈 내용으로 옳은 것은? 〔55회 2점〕

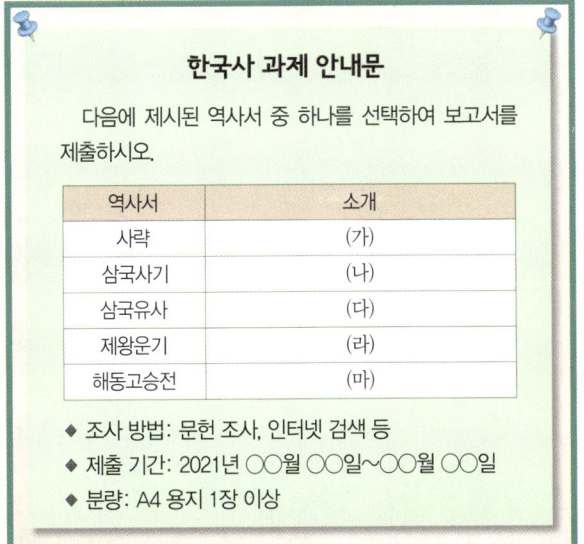

① (가) – 불교사를 중심으로 고대의 민간 설화를 수록
② (나) – 사초, 시정기 등을 바탕으로 실록청에서 편찬
③ (다) – 유교 사관에 입각하여 기전체 형식으로 구성
④ (라) – 단군부터 충렬왕까지의 역사를 서사시로 서술
⑤ (마) – 강목체로 고려 왕조의 역사를 정리

64 다음 사진전에 전시될 사진으로 적절하지 않은 것은? 〔50회 2점〕

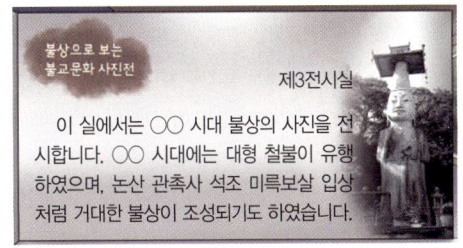

①  ②  ③

④  ⑤

65 다음 기획전에 전시될 문화유산으로 적절한 것은? 〔58회 1점〕

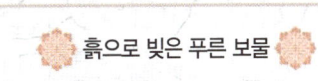

①  ②  ③

④  ⑤

66 다음 대화에 등장하는 왕에 대한 설명으로 옳은 것은?

① 금속 활자인 갑인자를 제작하였다.
② 삼수병으로 구성된 훈련도감을 창설하였다.
③ 인재 양성을 위해 초계문신제를 시행하였다.
④ 경국대전을 완성하여 통치 체제를 정비하였다.
⑤ 문하부를 폐지하고 낭사를 사간원으로 독립시켰다.

67 밑줄 그은 '전하'의 재위 기간에 있었던 사실로 옳은 것은?

> 우리 주상 전하께서는 오방의 풍토가 같지 아니하여 곡식을 심고 가꾸는 데 각기 적당한 방법이 있다고 하셨다. 이에 여러 도의 감사에게 명하기를, 주현의 나이든 농부들을 방문하여 농사지은 경험을 아뢰게 하시고 또 신(臣) 정초에게 그 까닭을 덧붙이게 하셨다. 중복된 것을 버리고, 요약한 것만 뽑아 한 편의 책으로 만들고 제목을 농사직설이라고 하였다.

① 예학을 정리한 가례집람이 저술되었다.
② 국가의 의례를 정비한 국조오례의가 완성되었다.
③ 아동용 윤리·역사 교재인 동몽선습이 간행되었다.
④ 효자, 충신 등의 사례를 제시한 삼강행실도가 편찬되었다.
⑤ 군주가 수양해야 할 덕목을 제시한 성학집요가 집필되었다.

68 밑줄 그은 '왕'의 재위 기간에 있었던 사실로 옳은 것은?

역사 신문

육조 직계제 부활하다

계유년에 황보인 등을 제거하고 권력을 장악한 이후 즉위한 왕은 강력한 왕권을 행사하고자 육조 직계제를 부활시켰다. 이번 조치는 형조의 사형수 판결을 제외한 육조의 서무를 직접 왕에게 보고하도록 한 것이다. 따라서 이전보다 더욱 강력한 육조 직계제가 시행될 것으로 예상된다.

① 주자소가 설치되어 계미자가 주조되었다.
② 조의제문이 발단이 되어 무오사화가 일어났다.
③ 통치 체제를 정비하기 위해 대전회통이 편찬되었다.
④ 제한된 범위의 무역을 허용한 계해약조가 체결되었다.
⑤ 현직 관리에게만 수조지를 지급하는 직전법이 시행되었다.

69 (가) 왕에 대한 설명으로 옳은 것은? 54회 2점

> 국악 콘서트
> **선릉에서 만나는 조선의 예와 악**
>
> [(가)]의 재위 기간에 예악 정비 사업의 일환으로 편찬된 국조오례의와 악학궤범의 의미를 살펴보는 무대를 준비하였습니다. 시민 여러분의 많은 관심과 참여 바랍니다.
>
> 1부 특별 강연: 국조오례의를 통해 본 조선의 의례
> 2부 주제 공연: 악학궤범을 바탕으로 재현한 처용무
>
> ■ 일시: 2021년 ○○월 ○○일 ○○시
> ■ 장소: 선릉 정자각 앞 특설 무대

① 상평통보를 발행하여 법화로 사용하였다.
② 법령을 정비하여 경국대전을 반포하였다.
③ 구황촬요를 간행하여 기근에 대비하였다.
④ 초계문신제를 시행하여 문신들을 재교육하였다.
⑤ 동국문헌비고를 편찬하여 역대 문물을 정리하였다.

70 (가) 사건에 대한 설명으로 옳은 것은? 57회 2점

> 김종직의 자는 계온이고 호는 점필재이며, 김숙자의 아들로 선산 사람이다. …… 효행이 있고 문장이 고결하여 당시 유학자의 으뜸으로 추앙받았는데, 후학들에게 학문을 장려하여 많은 사람이 학문을 성취하였다. 후학 중에 김굉필과 정여창 같은 이는 도학으로 명성이 있었고, 김일손, 유호인 등은 문장으로 이름을 알렸으며 그 밖에도 명성을 얻은 이가 매우 많았다. 연산군 때 유자광, 이극돈 등이 주도한 [(가)]이/가 일어났을 당시 김종직은 이미 세상을 떠났지만 화가 그의 무덤까지 미치어 부관참시를 당하였다.

① 계유정난의 배경이 되었다.
② 조의제문이 발단이 되어 일어났다.
③ 반정 공신의 위훈 삭제를 주장하였다.
④ 윤임 일파가 제거되는 결과를 가져왔다.
⑤ 동인이 남인과 북인으로 나뉘는 계기가 되었다.

71 밑줄 그은 '이 사건'에 대한 설명으로 옳은 것은? 49회 2점

이것은 능주 목사 민여로가 건립한 정암 선생 적려 유허비입니다. 정암 선생은 소격서 폐지, 현량과 실시 등을 추진하다가 이 사건으로 능주에 유배되었습니다.

① 김종직의 조의제문이 빌미가 되었다.
② 서인이 정권을 장악하는 계기가 되었다.
③ 윤임 일파가 제거되는 결과를 가져왔다.
④ 상왕의 복위를 목적으로 성삼문 등이 일으켰다.
⑤ 위훈 삭제에 대한 훈구 세력의 반발이 원인이었다.

72 (가), (나) 사이의 시기에 있었던 사실로 옳은 것은?
52회 3점

(가) 대사헌 등이 아뢰기를, "정국공신은 책봉된 지 오래 되었지만 폐주(廢主)의 총신(寵臣)도 많이 선정되었을 뿐 아니라, 그중에는 반정 때 뚜렷한 공을 세우지 못한 사람도 많습니다. 지금이라도 이런 폐단을 고치지 않는다면 나라가 바로 서지 않을 것이니 삭훈해야 마땅합니다."라고 하였다.

(나) 김효원과 심의겸의 두 당이 원수처럼 서로 공격하였다. 당초 심의겸이 김효원을 비방하자 김효원도 심의겸을 비난하여 각기 붕당이 나뉘어 대립하였다.

① 외척 간의 대립으로 윤임이 제거되었다.
② 조의제문이 발단이 되어 김일손 등이 화를 입었다.
③ 붕당의 폐해를 경계하기 위한 탕평비가 건립되었다.
④ 희빈 장씨 소생의 원자 책봉 문제로 환국이 발생하였다.
⑤ 폐비 윤씨 사사 사건의 전말이 알려져 김굉필 등이 처형되었다.

73 다음 상황 이후에 전개된 사실로 옳은 것은?
55회 3점

선전관 이용준 등이 정여립을 토벌하기 위하여 급히 전주에 내려갔다. 무리들과 함께 진안 죽도에 숨어 있던 정여립은 군관들이 체포하려 하자 자결하였다.

① 이시애가 길주를 근거지로 난을 일으켰다.
② 기축옥사로 이발 등 동인 세력이 제거되었다.
③ 양재역 벽서 사건으로 이언적 등이 화를 입었다.
④ 수양 대군이 김종서 등을 살해하고 권력을 장악하였다.
⑤ 이조 전랑 임명을 둘러싸고 사림이 동인과 서인으로 나뉘었다.

74 (가), (나) 사이의 시기에 있었던 사실로 옳은 것은?
51회 2점

(가) 양사(兩司)가 합계하기를, "영창 대군 이의(李㼁)를 왕으로 옹립하기로 했다는 설이 이미 역적의 입에서 나왔는데 이에 대해 자복(自服)한 역적만도 한두 명에 그치지 않습니다. …… 왕법은 지극히 엄한 만큼 결코 용서해주기 어려우니 유사로 하여금 법대로 적용하여 처리하게 하소서."라고 하였다.

(나) 앞서 왕에게 이괄 부자가 역적의 우두머리라고 고해바친 자가 있었다. 하지만 임금은 "필시 반역은 아닐 것이다."라고 하면서도, 이괄의 아들인 이전을 잡아오라고 명하였다. 이전은 그때 이괄의 군영에 있었고 이괄은 결국 금부도사 등을 죽이고 여러 장수들을 위협하여 난을 일으켰다.

① 국왕의 친위 부대인 장용영이 조직되었다.
② 서인이 반정을 일으켜 정권을 장악하였다.
③ 정여립 모반 사건으로 옥사가 발생하였다.
④ 허적과 윤휴 등 남인들이 대거 축출되었다.
⑤ 자의 대비의 복상 문제로 예송이 전개되었다.

75 (가), (나) 사이의 시기에 있었던 사실로 옳은 것은?
57회 3점

(가) 임금이 전교하기를, "내 생각에는 허적이 혹시 허견의 모반 사실을 알지 못했는가 하였는데, 문안(文案)을 보니 준기를 산속 정자에 숨긴 사실이 지금 비로소 드러났으니, 알고서도 엄호한 정황이 분명하여 감출 수가 없었다. 그저께 허적에게 사약을 내려 죽인 것도 이 때문이다."라고 하였다.

(나) 임금이 명하기를, "국운이 평안하고 태평함을 회복하여 중전이 복위하였으니, 백성에게 두 임금이 없는 것은 고금을 통하는 도리이다. 장씨에게 내렸던 왕후의 지위를 거두고, 옛 작호인 희빈을 내려 주도록 하라. 다만 세자가 조석으로 문안하는 것은 폐하지 말라."라고 하였다.

① 양재역 벽서 사건이 발생하였다.
② 송시열이 관작을 삭탈당하고 유배되었다.
③ 자의 대비 복상 문제로 예송이 전개되었다.
④ 정여립 모반 사건으로 기축옥사가 일어났다.
⑤ 붕당의 폐해를 막기 위해 탕평비가 세워졌다.

76 밑줄 그은 '이 왕'에 대한 설명으로 옳은 것은? `55회 1점`

이것은 이 왕이 농경을 장려하기 위해 세손과 더불어 친경(親耕)과 친잠(親蠶)을 거행하고 그 기쁨을 표현한 경잠기입니다. 그는 균역법을 제정하여 백성의 군역 부담을 줄여 주는 등 민생 안정에 많은 노력을 기울였습니다.

① 조선의 기본 법전인 경국대전을 완성하였다.
② 붕당의 폐해를 경계하기 위한 탕평비를 건립하였다.
③ 시전 상인의 특권을 축소한 신해통공을 실시하였다.
④ 전세를 1결당 4~6두로 고정하는 영정법을 제정하였다.
⑤ 각 궁방과 중앙 관서의 공노비 6만여 명을 해방하였다.

77 (가) 왕이 재위한 시기의 경제 모습으로 옳은 것은? `56회 2점`

이곳은 수원 화성 성역과 연계하여 축조된 축만제입니다. (가) 은/는 축만제 등의 수리 시설 축조와 둔전 경영을 통해 수원 화성의 수리, 장용영의 유지, 백성의 진휼을 위한 재원을 마련하였습니다.

① 금속 화폐인 건원중보가 주조되었다.
② 시장을 감독하는 동시전이 설치되었다.
③ 울산항, 당항성이 무역항으로 번성하였다.
④ 군역의 부담을 줄이기 위해 균역법이 제정되었다.
⑤ 육의전을 제외한 시전 상인의 금난전권이 폐지되었다.

78 (가), (나) 왕에 대한 설명으로 옳은 것은? `57회 2점`

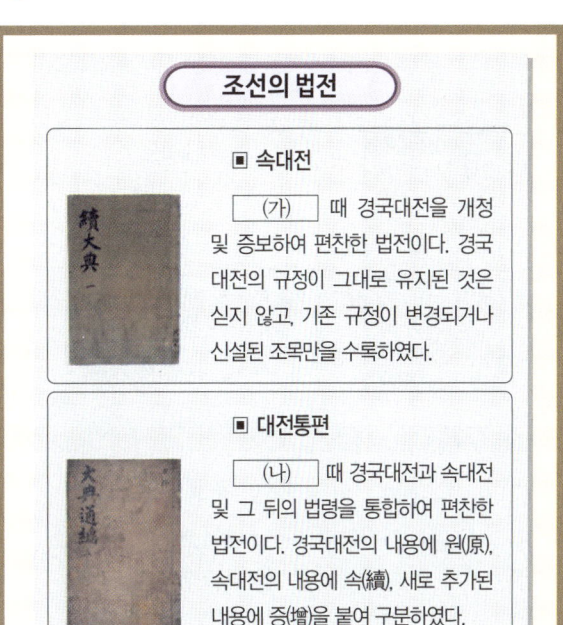

조선의 법전

■ 속대전
(가) 때 경국대전을 개정 및 증보하여 편찬한 법전이다. 경국대전의 규정이 그대로 유지된 것은 싣지 않고, 기존 규정이 변경되거나 신설된 조목만을 수록하였다.

■ 대전통편
(나) 때 경국대전과 속대전 및 그 뒤의 법령을 통합하여 편찬한 법전이다. 경국대전의 내용에 원(原), 속대전의 내용에 속(續), 새로 추가된 내용에 증(增)을 붙여 구분하였다.

① (가) – 청과의 국경을 정한 백두산정계비를 세웠다.
② (가) – 왕실의 위엄을 높이기 위해 경복궁을 중건하였다.
③ (나) – 이종무를 파견하여 대마도를 정벌하였다.
④ (나) – 국왕의 친위 부대인 장용영을 설치하였다.
⑤ (가), (나) – 나선 정벌에 조총 부대를 파견하였다.

79 (가) 사건에 대한 설명으로 옳은 것은? `49회 2점`

정주성공격도

이것은 평안도 지역에 대한 차별 등에 반발하여 일어난 (가) 을/를 진압하기 위해 관군이 정주성을 에워싸고 있는 상황을 그린 그림입니다. 이후 관군은 땅굴을 파고 성벽을 폭파하는 전술로 봉기군을 진압하였습니다.

① 홍경래, 우군칙 등이 주도하였다.
② 흥선 대원군이 다시 집권하는 결과를 가져왔다.
③ 정부가 청군의 출병을 요청하는 계기가 되었다.
④ 사건 수습을 위해 박규수가 안핵사로 파견되었다.
⑤ 폐정 개혁안 실천을 위해 집강소 설치를 요구하였다.

80 (가) 기구에 대한 설명으로 옳은 것은? 〔60회 2점〕

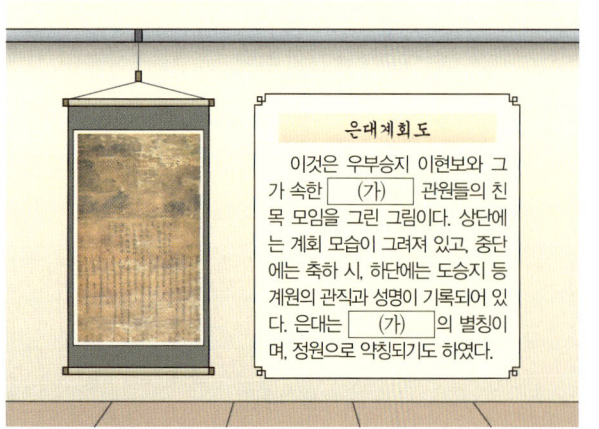

① 사간원, 홍문관과 함께 삼사로 불렸다.
② 외국으로 가는 사신의 통역을 전담하였다.
③ 천문, 지리, 기후 등에 관한 사무를 맡았다.
④ 왕명 출납을 담당하는 왕의 비서 기관이었다.
⑤ 국왕 직속 사법 기구로 반역죄 등을 처결하였다.

81 (가) 기구에 대한 설명으로 옳은 것은? 〔54회 2점〕

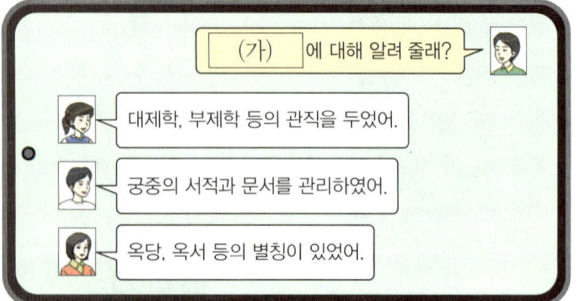

① 수도의 행정과 치안을 맡아보았다.
② 사헌부, 사간원과 함께 3사로 불렸다.
③ 을묘왜변을 계기로 상설 기구화되었다.
④ 왕의 비서 기관으로 왕명의 출납을 담당하였다.
⑤ 국왕 직속 사법 기구로 반역죄, 강상죄 등을 처결하였다.

82 (가) 기구에 대한 설명으로 옳은 것은? 〔57회 2점〕

○ 각 지역 출신 가운데 서울에 살며 벼슬하는 자들의 모임을 경재소라고 합니다. 경재소에서는 고향에 사는 유력자 중에서 강직하고 명석한 자들을 선택하여 (가) 에 두고 향리의 범법 행위를 규찰하고 풍속을 유지하였습니다.

○ (가) 을/를 설치하고 향임을 둔 것은 맡은 바를 중히 여긴 것이다. 수령은 임기가 정해져 있어 늘 바뀌니, 백성의 일에 뜻을 둔다 하여도 먼 곳까지 상세히 살필 겨를이 없다. 그러므로 각 지역에서 충성스럽고 부지런한 사람을 뽑아 그 지역의 기강을 맡도록 하여 수령의 눈과 귀로 삼았다.

① 주세붕이 처음 설립하였다.
② 좌수와 별감을 선발하여 운영하였다.
③ 중앙에서 교수와 훈도를 파견하였다.
④ 대성전을 세워 성현에 제사를 지냈다.
⑤ 흥선 대원군에 의해 대부분 철폐되었다.

83 (가)에 대한 설명으로 옳은 것은? 〔55회 2점〕

① 수원 화성에 외영을 두었다.
② 용호군과 함께 궁성을 호위하였다.
③ 후금의 침입에 대비하고자 창설되었다.
④ 포수, 사수, 살수의 삼수병으로 편제되었다.
⑤ 일본인 교관을 초빙하여 군사 훈련을 받았다.

84 (가)에 대한 조선의 정책으로 옳은 것은? [58회 2점]

이달의 인물
우리 외교를 빛낸 인물, 이예

- 생몰: 1373년~1445년
- 경력: 통신부사, 첨지중추원사, 동지중추원사

울산의 아전 출신으로 호는 학파(鶴坡), 시호는 충숙(忠肅)이다. 수십 차례 (가) 에 파견되어 외교 문제를 해결하려고 노력하였다. 특히 조선과 (가) 사이에 세견선의 입항 규모를 정한 계해약조 체결에 기여하였다.

① 하정사, 성절사 등을 파견하였다.
② 경성, 경원에 무역소를 설치하였다.
③ 광군을 조직하여 침입에 대비하였다.
④ 부산포, 제포, 염포의 삼포를 개항하였다.
⑤ 사절 왕래를 위하여 북평관을 개설하였다.

85 다음 기사에 보도된 전투 이후의 사실로 옳지 않은 것은? [55회 3점]

역사 신문
제△△호 ○○○○년 ○○월 ○○일

신립, 탄금대에서 패배

삼도 순변사 신립이 이끄는 관군이 탄금대에서 적군에게 패배, 충주 방어에 실패하였다. 신립은 탄금대에 배수진을 쳤으나, 고니시 유키나가가 이끄는 적군에게 둘러싸여 위태로운 상황에 놓였다. 신립은 종사관 김여물과 최후의 돌격을 감행하였으나 실패하자 전장에서 순절하였다.

① 김시민이 진주성에서 항쟁하였다.
② 조명 연합군이 평양성을 탈환하였다.
③ 이순신이 한산도에서 대승을 거두었다.
④ 송상현이 동래성 전투에서 항전하였다.
⑤ 권율이 행주산성에서 적군을 격퇴하였다.

86 밑줄 그은 '이 전쟁' 중에 있었던 사실로 옳지 않은 것은? [54회 2점]

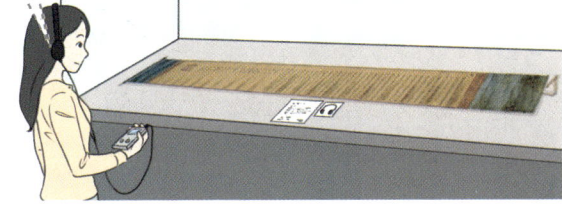

이 자료는 이 전쟁에서 공을 세운 김시민을 선무 2등 공신으로 책봉한 교서입니다. 그는 진주성 전투에서 대승을 거두어 왜군의 보급로를 끊었으며 전라도의 곡창 지대를 지키는 데 기여하였습니다.

① 임경업이 백마산성에서 항전하였다.
② 조명 연합군이 평양성을 탈환하였다.
③ 권율이 행주산성에서 크게 승리하였다.
④ 조헌이 금산에서 의병을 이끌고 활약하였다.
⑤ 이순신이 한산도 앞바다에서 학익진을 펼쳐 승리하였다.

87 (가), (나) 사이의 시기에 있었던 사실로 옳은 것은? [58회 3점]

(가) 왕에게 이괄 부자가 역적의 우두머리라고 고해바친 자가 있었다. 하지만 왕은 "반역은 아닐 것이다."라고 하면서도, 이괄의 아들인 이전을 잡아오라고 명하였다. 이에 이괄은 군영에 있던 장수들을 위협하여 난을 일으켰다.

(나) 최명길을 보내 오랑캐에게 강화를 청하면서 그들의 진격을 늦추도록 하였다. 왕이 수구문(水溝門)을 통해 남한산성으로 향했다. 변란이 창졸 간에 일어났기에 도보로 따르는 신하도 있었고 성안 백성의 통곡 소리가 하늘을 뒤흔들었다. 초경을 지나 왕의 가마가 남한산성에 도착하였다.

① 정봉수가 용골산성에서 항전하였다.
② 이순신이 명량에서 대승을 거두었다.
③ 권율이 행주산성에서 적군을 격퇴하였다.
④ 서인 세력이 폐모살제를 이유로 반정을 일으켰다.
⑤ 정여립 모반 사건을 계기로 기축옥사가 발생하였다.

88 밑줄 그은 '이 전쟁' 중에 있었던 사실로 옳은 것은? [57회 2점]

이 비각에는 홍명구 충렬비와 유림 대첩비가 나란히 세워져 있습니다. 홍명구와 유림은 이 전쟁 당시 남한산성에 피란해 있던 국왕을 구하기 위해 근왕병을 이끌고 김화에서 적을 크게 물리쳤습니다.

① 훈련도감이 설치되었다.
② 외규장각 도서가 약탈되었다.
③ 곽재우가 의령에서 의병을 일으켰다.
④ 강홍립이 이끄는 부대가 참전하였다.
⑤ 김준룡이 광교산 전투에서 승리하였다.

89 다음 왕에 대한 설명으로 옳은 것은? [52회 1점]

1/3 청에 볼모로 끌려갔다 돌아온 왕자에게는 꿈이 있었습니다.
2/3 왕이 된 그는 성곽과 무기를 정비하고 군대를 양성했습니다.
3/3 하지만 냉혹한 국내외의 현실로 북벌은 미완의 꿈으로 남았습니다.

① 나선 정벌에 조총 부대를 파견하였다.
② 왕의 친위 부대인 장용영을 설치하였다.
③ 청과의 국경을 정하는 백두산정계비를 세웠다.
④ 역대 문물을 정리한 동국문헌비고를 편찬하였다.
⑤ 수조권이 세습되던 수신전과 휼양전을 폐지하였다.

90 (가)에 들어갈 내용으로 옳지 않은 것은? [53회 2점]

〈역사 다큐멘터리 제작 기획안〉

15세기 조선, 과학을 꽃 피우다

1. 기획 의도: 조선 초, 부국강병과 민생 안정을 위해 과학 기술 분야에서 노력한 모습을 살펴본다.
2. 구성
   1부 태양의 그림자로 시간을 보는 앙부일구
   2부 (가)
   3부 외적의 침입에 대비한 신무기, 신기전과 화차

① 기기도설을 참고하여 설계한 거중기
② 국산 약재와 치료법을 소개한 향약집성방
③ 한양을 기준으로 한 역법서인 칠정산 내편
④ 활판 인쇄술의 발달을 가져온 계미자와 갑인자
⑤ 우리나라 실정에 맞는 농법을 소개한 농사직설

91 (가) 인물의 활동으로 옳은 것은? [58회 2점]

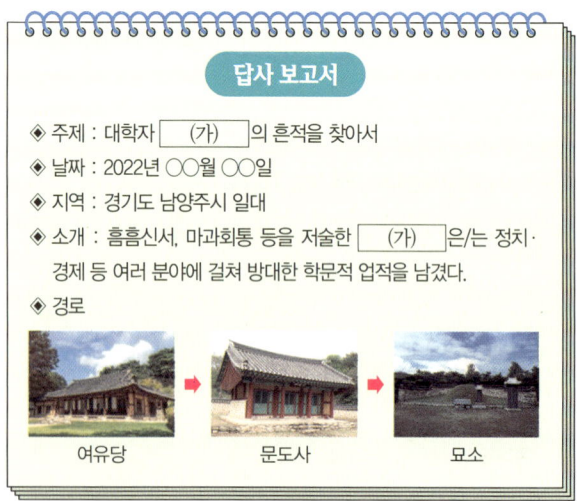

답사 보고서
◆ 주제 : 대학자 (가) 의 흔적을 찾아서
◆ 날짜 : 2022년 ○○월 ○○일
◆ 지역 : 경기도 남양주시 일대
◆ 소개 : 흠흠신서, 마과회통 등을 저술한 (가) 은/는 정치·경제 등 여러 분야에 걸쳐 방대한 학문적 업적을 남겼다.
◆ 경로
여유당 → 문도사 → 묘소

① 성호사설에서 한전론을 주장하였다.
② 양반전에서 양반의 허례와 무능을 지적하였다.
③ 의산문답에서 중국 중심의 세계관을 비판하였다.
④ 북학의에서 절약보다 적절한 소비를 권장하였다.
⑤ 경세유표에서 국가 제도의 개혁 방향을 제시하였다.

92 (가)~(마)에 들어갈 내용으로 옳은 것은? [56회 3점]

〈온라인 한국사 교양 강좌〉
인물로 보는
조선 후기 사회 개혁론

우리 학회에서는 조선 후기 학자들의 다양한 개혁론을 이해하는 교양 강좌를 마련하였습니다. 많은 분들의 관심과 참여 바랍니다.

■ 강좌 안내 ■

제1강 이익, (가)
제2강 홍대용, (나)
제3강 박지원, (다)
제4강 박제가, (라)
제5강 정약용, (마)

• 기간: 2021년 ○○월 ○○일~○○월 ○○일
  매주 화요일 16:00
• 방식: 화상 회의 플랫폼 활용
• 주최: ◇◇ 학회

① (가) - 의산문답에서 중국 중심의 세계관을 비판하다
② (나) - 목민심서에서 지방 행정의 개혁안을 제시하다
③ (다) - 열하일기에서 수레와 선박의 필요성을 강조하다
④ (라) - 성호사설에서 사회 폐단을 여섯 가지 좀으로 규정하다
⑤ (마) - 북학의에서 절약보다 적절한 소비를 권장하다

93 (가)에 대한 설명으로 옳은 것은? [54회 3점]

이번 경매 물건은 김정호가 당시 조선의 지도 제작 기술을 집대성하여 만든 (가) 입니다. 10리마다 눈금을 표시하여 거리를 알 수 있게 하였고, 개개의 산보다 산줄기를 표시하는 데 역점을 두었습니다. 또한 군현별로 다른 색이 칠해진 채색본으로는 국내에 유일하게 남아 있는 것입니다.

① 최초로 100리 척이 적용되었다.
② 전체 22첩의 목판본으로 되어 있다.
③ 우리나라에서 제작된 현존 최고(最古)의 지도이다.
④ 각 지방의 연혁, 산천, 풍속 등이 자세히 나타나 있다.
⑤ 전국의 지리 정보에 주요 인물과 역사적 사실을 병기하였다.

94 다음 그림이 그려진 시기의 문화에 대한 설명으로 옳지 않은 것은? [57회 1점]

이 그림은 김득신이 대장간의 모습을 묘사한 풍속화이다. 한 명이 화덕에서 달궈진 쇳덩어리를 방울집게로 집어 모루 위에 올려 놓자 두 명이 쇠망치로 두드리는 모습, 도리에 매어 놓은 그네에 상체를 기대고 어깨너머로 구경하는 아이의 모습 등이 생동감 있게 표현되어 있다.

① 중인들이 시사(詩社)를 조직하였다.
② 양반의 위선을 풍자한 탈춤이 공연되었다.
③ 춘향가, 흥보가 등의 판소리가 유행하였다.
④ 금속 활자본인 직지심체요절이 간행되었다.
⑤ 홍길동전, 박씨전 등의 한글 소설이 널리 읽혔다.

95 (가) 인물의 작품으로 옳은 것은? [51회 1점]

이 그림은 조선 후기 풍속화가 (가) 이/가 그린 미인도인가요?

맞아요. (가) 은/는 이 그림 외에도 양반들의 풍류와 남녀 사이의 애정을 소재로 한 작품을 많이 남겼어요.

①  ②  ③

④  ⑤

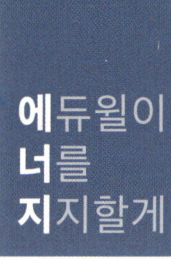

인생은 끊임없는 반복.
반복에 지치지 않는 자가 성취한다.

– 윤태호 「미생」 중

근현대
(개항기~현대)

01 밑줄 그은 '중건' 시기에 있었던 사실로 옳은 것을 |보기|에서 고른 것은? 〔55회 2점〕

경복궁 영건일기는 한성부 주부 원세철이 경복궁 중건의 시작부터 끝날 때까지의 상황을 매일 기록한 것이다. 이 일기에 광화문 현판이 검은색 바탕에 금색 글자였음을 알려 주는 '묵질금자(墨質金字)'가 적혀 있어 광화문 현판의 옛 모습을 고증하는 근거가 되었다.

|보기|
ㄱ. 비변사가 설치되었다.
ㄴ. 사창제가 실시되었다.
ㄷ. 원납전이 징수되었다.
ㄹ. 대전통편이 편찬되었다.

① ㄱ, ㄴ   ② ㄱ, ㄷ   ③ ㄴ, ㄷ
④ ㄴ, ㄹ   ⑤ ㄷ, ㄹ

03 밑줄 그은 '사건'이 일어난 시기를 연표에서 옳게 고른 것은? 〔54회 2점〕

이것은 어재연이 이끈 조선군 수비대가 로저스 제독의 함대에 맞서 광성보에서 격렬히 항전한 사건을 보도한 당시의 미국 신문 기사입니다.

1866	1868	1876	1882	1884	1894
(가)	(나)	(다)	(라)	(마)	
병인박해	오페르트 도굴 사건	강화도 조약	조미 수호 통상 조약	한성 조약	청일 전쟁

① (가)   ② (나)   ③ (다)   ④ (라)   ⑤ (마)

02 다음 사건이 일어난 배경으로 옳은 것은? 〔56회 2점〕

양헌수가 은밀히 정족산 전등사로 가서 주둔하였다. …… 산 위에서 매복하고 있다가 한꺼번에 북을 치고 나발을 불며 좌우에서 총을 쏘았다. 적장이 총에 맞아 말에서 떨어지고 서양인 10여 명이 죽었다. 달아나는 서양인들을 쫓아가니 그들은 동료의 시체를 옆에 끼고 급히 본진으로 도망갔다.

① 종로와 전국 각지에 척화비가 세워졌다.
② 오페르트가 남연군 묘 도굴을 시도하였다.
③ 위안스카이가 이끄는 군대가 조선에 상륙하였다.
④ 병인박해로 천주교 선교사와 신자들이 처형되었다.
⑤ 김홍집이 가지고 온 조선책략이 국내에 유포되었다.

04 (가), (나) 사이의 시기에 있었던 사실로 옳은 것은?

52회 2점

> (가) 대왕대비께서 전교하기를, "이번에 이렇게 만동묘를 철폐하고 다른 곳으로 옮겨 모시는 것에 대해서 선현의 혼령이 알게 되더라도 올바른 예법이라고 여기고 유감이 없을 것이다."라고 하였다.
>
> (나) 최익현이 상소를 올려 대원군의 잘못을 탄핵하기를, "만약 그 지위가 아닌데도 국정에 관여하는 자는 단지 그 지위와 녹을 중요하게 여기기 때문입니다."라고 하였다. 왕은 너그러운 비답을 내려 특별히 그를 호조 참판에 발탁하고 총애하였다.

① 신식 군대인 별기군이 창설되었다.
② 서재필 등이 독립신문을 발행하였다.
③ 종로와 전국 각지에 척화비가 세워졌다.
④ 김옥균 등 개화 세력이 정변을 일으켰다.
⑤ 조청 상민 수륙 무역 장정을 체결하였다.

06 다음 자료를 활용한 탐구 활동으로 가장 적절한 것은?

57회 2점

> 이달 20일, 함경도 관찰사로부터 보고를 받았는데, 그 내용은 다음과 같았습니다.
> "큰 수해를 당하여 조만간 여러 곡식의 피해가 클 듯한데, 콩 등은 더욱 심하여 모두 흉작이 될 것이라고 고하고 있으니, 궁핍하여 식량난을 겪을 것이 장차 불을 보듯 훤합니다. 도내(道內)의 쌀과 콩 등의 곡물에 대해서는 내년 가을걷이할 때까지를 기한으로 삼아 잠정적으로 유출을 금지하여 백성들의 식량 사정을 넉넉하게 하는 것이 마땅할까 합니다. 바라건대 통촉하시어 유출 금지 시행 1개월 전까지 일본 공사에게 알리시어, 일본의 상민들이 일체 준수하게 해주십시오."

① 화폐 정리 사업의 결과를 분석한다.
② 산미 증식 계획의 실상을 조사한다.
③ 조일 통상 장정 체결의 영향을 살펴본다.
④ 토지 조사 사업의 추진 과정을 파악한다.
⑤ 양지아문과 지계아문을 설치한 목적을 알아본다.

05 교사의 질문에 대한 학생의 답변으로 옳은 것은?

57회 2점

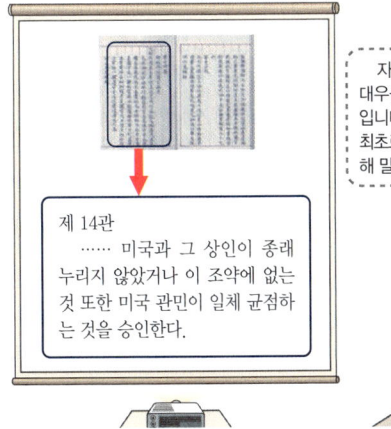

제 14관
…… 미국과 그 상인이 종래 누리지 않았거나 이 조약에 없는 것 또한 미국 관민이 일체 균점하는 것을 승인한다.

자료는 이 조약 중 최혜국 대우를 규정한 조항의 일부입니다. 조선이 서양 국가와 최초로 체결한 이 조약에 대해 말해 볼까요?

① 병인양요 발생의 배경이 되었어요.
② 갑신정변의 영향으로 체결되었어요.
③ 통감부가 설치되는 결과를 가져왔어요.
④ 거중 조정에 대한 내용이 포함되었어요.
⑤ 메가타가 재정 고문으로 부임하는 계기가 되었어요.

07 (가), (나) 사이의 시기에 있었던 사실로 옳은 것은?
54회 3점

(가) 수신사 김기수가 나와 엎드리니 왕이 말하였다. "전선, 화륜과 농기계에 관하여 들은 것은 없는가? 저 나라에서 이 세 가지 일을 제일 급하게 힘쓰고 있다고 하는데, 그러하던가?" 김기수가 "과연 그러하였습니다."라고 아뢰었다.

(나) 어윤중이 동래부 암행어사로 임명되어 왕에게서 받은 봉해진 서신을 열어보니, "일본 조정의 논의와 정국의 형세, 풍속·인물·교빙·통상 등의 대략을 염탐하는 것이 좋겠다. 그러니 너는 일본으로 건너가 크고 작은 일들을 보고 들되 시간에 구애받지 말고 낱낱이 탐지해서 별도의 문서로 조용히 보고하라."라는 내용이었다.

① 미국에 보빙사가 파견되었다.
② 통리기무아문과 12사가 설치되었다.
③ 운요호가 강화도와 영종도를 무단 침입하였다.
④ 교원 양성을 위해 한성 사범 학교가 설립되었다.
⑤ 프랑스와 조약을 체결하여 천주교 포교가 허용되었다.

08 (가) 사절단에 대한 설명으로 옳은 것은?
52회 2점

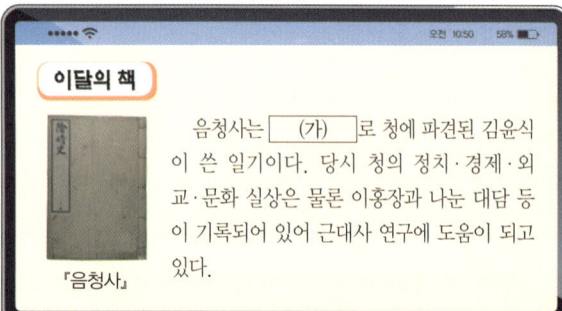

음청사는 (가) 로 청에 파견된 김윤식이 쓴 일기이다. 당시 청의 정치·경제·외교·문화 실상은 물론 이홍장과 나눈 대담 등이 기록되어 있어 근대사 연구에 도움이 되고 있다.

『음청사』

① 기기창 설립의 계기가 되었다.
② 회답 겸 쇄환사로 파견되었다.
③ 조선책략을 처음으로 소개하였다.
④ 민영익, 홍영식, 서광범 등이 참여하였다.
⑤ 개화 반대 여론으로 인해 비밀리에 출국하였다.

09 (가) 사절단에 대한 설명으로 옳은 것은?
51회 2점

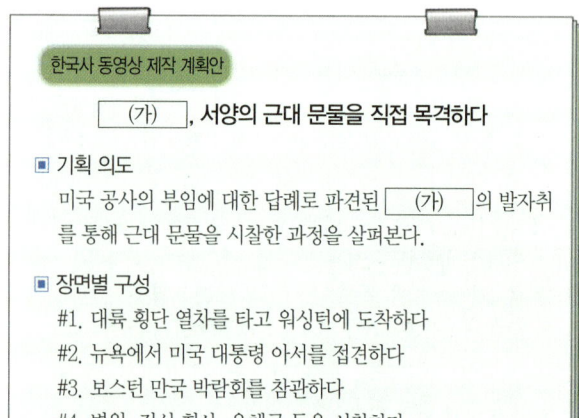

한국사 동영상 제작 계획안

(가) , 서양의 근대 문물을 직접 목격하다

■ 기획 의도
미국 공사의 부임에 대한 답례로 파견된 (가) 의 발자취를 통해 근대 문물을 시찰한 과정을 살펴본다.

■ 장면별 구성
#1. 대륙 횡단 열차를 타고 워싱턴에 도착하다
#2. 뉴욕에서 미국 대통령 아서를 접견하다
#3. 보스턴 만국 박람회를 참관하다
#4. 병원, 전신 회사, 우체국 등을 시찰하다

① 수신사라는 이름으로 보내졌다.
② 조선책략을 들여와 국내에 소개하였다.
③ 기기국에서 무기 제조 기술을 배우고 돌아왔다.
④ 개화 반대 여론을 의식하여 비밀리에 파견되었다.
⑤ 전권대신 민영익과 부대신 홍영식 등으로 구성되었다.

10 (가), (나) 문서가 작성된 사이의 시기에 있었던 사실로 옳은 것은?
50회 2점

(가) 저들이 비록 왜인이라고는 하나 실은 양적(洋賊)입니다. 화친이 한번 이루어지면 사학(邪學)의 서책과 천주의 초상이 교역하는 속에 섞여 들어오게 되고, 조금 지나면 전도사와 신도가 전수하여 사학이 온 나라에 두루 가득 차게 될 것입니다.
– 지부복궐척화의소 –

(나) 지금 조정에서는 어찌 백해무익한 일을 하여 러시아가 없는 마음을 먹게 하고, 미국이 의도하지 않았던 일을 만들어 오랑캐를 끌어들이려 하십니까? 저 황준헌이라는 자는 스스로 중국에서 태어났다고 하면서도, 일본을 위해 말하고 예수를 좋은 신이라 하며, 난적의 앞잡이가 되어 스스로 짐승과 같은 무리가 되었습니다. 고금천하에 어찌 이런 이치가 있겠습니까?
– 영남 만인소 –

① 김기수가 수신사로 일본에 파견되었다.
② 영국이 거문도를 불법으로 점령하였다.
③ 평양 관민이 제너럴셔먼호를 불태웠다.
④ 거중 조정 조항을 포함한 조약이 체결되었다.
⑤ 양헌수 부대가 정족산성에서 프랑스군을 격퇴하였다.

11 밑줄 그은 '이 사건'의 영향으로 옳은 것은? [53회 2점]

사료로 보는 한국사

제1조
이하응을 보정성성(保定省城)으로 이송하여 청하도의 옛 관서에 거주시키도록 한다. …… 이하응에게 오가는 서신 일체는 밀봉할 수 없으며 간수 위원의 검열을 거쳐야 보낼 수 있다. 밀봉되었거나 한글로 된 서신은 위원이 반송한다.

[해설] 청으로 끌려간 흥선 대원군(이하응)을 감시하기 위해 만들어진 규정의 일부이다. 개화 정책에 대한 불만과 구식 군인에 대한 차별 대우로 일어난 이 사건을 진압한 청은 그 책임을 물어 흥선 대원군을 납치해 갔다.

① 삼정이정청이 설치되었다.
② 어재연 부대가 광성보에서 항전하였다.
③ 종로와 전국 각지에 척화비가 세워졌다.
④ 조청 상민 수륙 무역 장정이 체결되었다.
⑤ 일본 군함 운요호가 영종도를 공격하였다.

12 다음 자료에 나타난 상황 이후 전개된 사실로 옳은 것은? [56회 2점]

김옥균이 일본 공사 다케조에게 국왕의 호위를 위해 일본군이 필요하다고 요청하였다. 그는 호위를 요청하는 국왕의 친서가 있으면 투입하겠다고 약속하였다. 친서는 박영효가 전달하기로 합의하였다. 다케조에는 조선에 주둔한 청군 1천 명이 공격해 들어와도 일본군 1개 중대면 막을 수 있다고 장담하였다.

① 신식 군대인 별기군이 창설되었다.
② 김기수가 수신사로 일본에 파견되었다.
③ 일본 군함 운요호가 영종도를 공격하였다.
④ 이만손이 주도하여 영남 만인소를 올렸다.
⑤ 우정총국 개국 축하연에서 정변이 일어났다.

13 다음 가상 대화의 상황이 나타난 시기를 연표에서 옳게 고른 것은? [55회 2점]

1871	1876	1884	1895	1904	1909
(가)	(나)	(다)	(라)	(마)	
신미양요	조일 수호 조규	갑신정변	삼국 간섭	한일 의정서	기유각서

① (가) ② (나) ③ (다) ④ (라) ⑤ (마)

14 (가) 시기에 전개된 동학 농민군의 활동으로 옳은 것은?

56회 2점

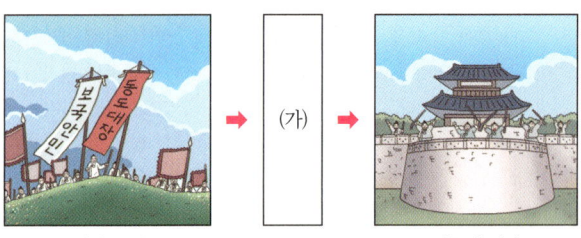

백산 봉기 → (가) → 전주성 점령

① 황토현에서 관군에 승리하였다.
② 남접과 북접이 논산에서 연합하였다.
③ 우금치에서 일본군과 관군에 맞서 싸웠다.
④ 집강소를 중심으로 폐정 개혁안을 실천하였다.
⑤ 조병갑의 탐학에 저항하여 고부 관아를 습격하였다.

15 (가)에 들어갈 내용으로 옳은 것은?

55회 2점

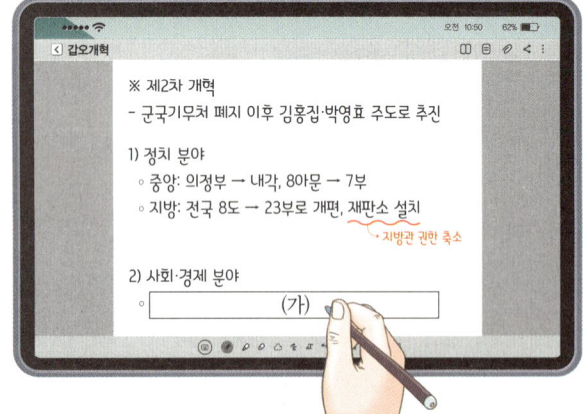

< 갑오개혁

※ 제2차 개혁
- 군국기무처 폐지 이후 김홍집·박영효 주도로 추진

1) 정치 분야
 · 중앙: 의정부 → 내각, 8아문 → 7부
 · 지방: 전국 8도 → 23부로 개편, 재판소 설치
  → 지방관 권한 축소

2) 사회·경제 분야
 ○ (가)

① 지계 발급
② 태양력 사용
③ 한성순보 발행
④ 공사 노비법 폐지
⑤ 교육입국 조서 반포

16 다음 대화에 나타난 상황 이후의 사실로 옳은 것은?

49회 3점

며칠 전 러시아, 프랑스, 독일의 압력으로 일본이 청에 랴오둥반도를 반환했다는 소식 들었는가?

들었네. 우리도 이 기회에 러시아를 이용하여 일본의 간섭에서 벗어날 방도를 찾아야 할 것이네.

① 조청 상민 수륙 무역 장정을 체결하였다.
② 건양이라는 독자적인 연호를 사용하였다.
③ 행정 기구를 6조에서 8아문으로 개편하였다.
④ 군국기무처를 설치하여 근대적 개혁을 추진하였다.
⑤ 영국이 러시아를 견제하기 위해 거문도를 점령하였다.

17 (가)~(다)를 발표된 순서대로 옳게 나열한 것은?

51회 3점

(가) 1. 문벌, 양반과 상인들의 등급을 없애고 귀천에 관계없이 인재를 선발하여 등용한다.
 1. 공노비와 사노비에 관한 법을 일체 혁파하고 사람을 사고 파는 일을 금지한다.

(나) 1. 청나라에 의존하는 생각을 끊어 버리고 자주독립의 기초를 튼튼히 세운다.
 1. 왕실 사무와 국정 사무는 반드시 분리시켜 서로 뒤섞지 않는다.

(다) 대군주 폐하께서 내리신 조칙에서 "짐이 신민(臣民)에 앞서 머리카락을 자르니, 너희들은 짐의 뜻을 잘 본받아 만국과 나란히 서는 대업을 이루라."라고 하셨다.

① (가) - (나) - (다)
② (가) - (다) - (나)
③ (나) - (가) - (다)
④ (나) - (다) - (가)
⑤ (다) - (나) - (가)

18 다음 자료에 나타난 사건이 발생한 배경으로 옳은 것은? 53회 1점

> 발신: 고무라(일본국 변리공사)
> 수신: 사이온지(일본국 외무대신)
>
> 지난 11일 새벽, 대군주는 급히 외국 공사관에 피신해야 한다는 거짓 밀고를 받았음. 대군주는 몹시 두려워하며 마침내 왕태자와 함께 궁녀들이 타는 가마를 타고 경계의 허술함을 틈타 밖으로 나와 러시아 공사관으로 이어하였으나, 조금도 이를 저지하는 사람이 없었음.

① 을미사변이 일어났다.
② 원수부가 설치되었다.
③ 러일 전쟁이 발발하였다.
④ 한일 신협약이 체결되었다.
⑤ 용암포 사건이 발생하였다.

19 (가) 단체에 대한 설명으로 옳은 것은? 57회 2점

① 만세보를 발행하여 민중 계몽에 앞장섰다.
② 고종의 강제 퇴위 반대 운동을 전개하였다.
③ 여성 권리 선언문인 여권통문을 공표하였다.
④ 독립운동 자금 마련을 위해 독립 공채를 발행하였다.
⑤ 만민 공동회를 열어 열강의 이권 침탈을 저지하였다.

20 다음 자료를 활용한 탐구 활동으로 가장 적절한 것은? 51회 2전

> 제1조 중추원은 아래에 열거한 사항을 심사하고 의정(議定)하는 곳으로 할 것이다.
> 1. 법률, 칙령의 제정과 폐지 혹은 개정하는 것에 관한 사항
> 2. 의정부에서 토의를 거쳐 임금에게 상주(上奏)하는 일체 사항
> 제3조 의장은 대황제 폐하가 글로 칙수(勅授)하고, 부의장은 중추원에서 공천에 따라 폐하가 칙수하며, 의관은 그 절반은 정부에서 나라에 공로가 있었던 사람을 회의에서 상주하여 추천하고 그 절반은 인민협회(人民協會) 중에서 27세 이상되는 사람이 정치, 법률, 학식에 통달한 자를 투표해서 선거할 것이다.

① 105인 사건의 영향을 알아본다.
② 사창제 실시의 배경을 파악한다.
③ 13도 창의군의 활동을 검색한다.
④ 헤이그에 특사를 파견한 목적을 조사한다.
⑤ 관민 공동회에서 결의한 헌의 6조 내용을 분석한다.

21 밑줄 그은 '관계'가 발급되던 시기에 볼 수 있는 모습으로 가장 적절한 것은? 51회 2점

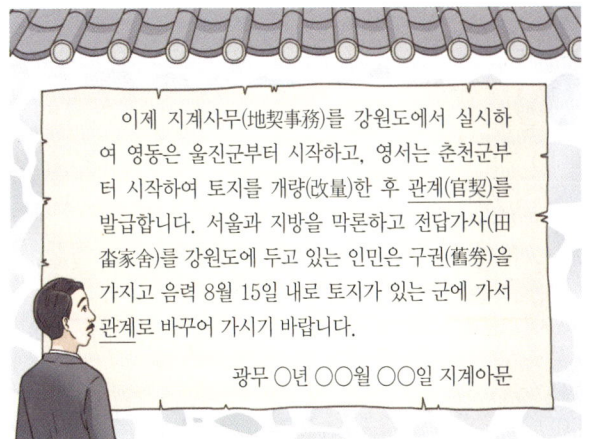

① 영남 만인소에 동참하는 유생
② 원수부에서 업무를 처리하는 관리
③ 남연군 묘를 도굴하려는 독일 상인
④ 제너럴셔먼호를 불태우는 평양 관민
⑤ 통신사를 수행해 일본으로 가는 역관

22 다음 대화 이후에 전개된 사실로 옳은 것은? 56회 2점

① 전환국이 설치되었다.
② 혜상공국이 설립되었다.
③ 보빙사가 미국에 파견되었다.
④ 조청 상민 수륙 무역 장정이 체결되었다.
⑤ 양전 사업이 실시되어 지계가 발급되었다.

23 (가) 시기에 볼 수 있는 모습으로 적절한 것은? 55회 3점

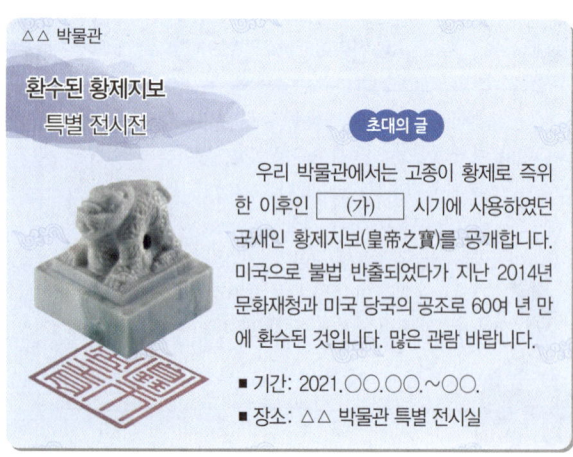

① 간도 관리사로 임명되는 관료
② 영화 아리랑을 관람하는 청년
③ 육영 공원에서 영어를 배우는 학생
④ 제너럴셔먼호를 불태우는 평양 관민
⑤ 조사 시찰단으로 일본에 파견되는 통역관

24 (가)에 대한 설명으로 옳은 것은? 51회 1점

◎ 소개
　지상 2층 지하 1층의 붉은 벽돌 건물인 중명전은 러시아 건축가 사바틴이 설계하였다. 이 건물은 황실의 도서관으로 사용되다가 1904년 경운궁의 대화재 이후 고종 황제의 집무실로 사용되었다. 이곳에서 이토 히로부미가 대한 제국의 외교권을 박탈하는 (가) 의 체결을 강요하였다.

① 아관 파천의 배경이 되었다.
② 청일 전쟁 발발의 원인이 되었다.
③ 통감부가 설치되는 결과를 가져왔다.
④ 대한 제국의 군대 해산을 규정하였다.
⑤ 천주교 포교를 허용하는 조항이 들어있다.

25 밑줄 그은 '특사'가 파견된 배경으로 가장 적절한 것은? 57회 1점

전보 제○○○호

발신인: 하야시 외무대신(도쿄)
수신인: 이토 통감(한성)

　헤이그에서 발생된 평화 회의보는 한국 전 부총리대신 이상설 외 2명이 평화 회의에 <u>특사</u>로 파견되었다고 보도함. 기사에는 우선 그 한국인이 평화 회의 위원으로 한국 황제가 파견한 자라는 것이 기재되었고, 이어서 일본이 한국 황제의 뜻을 배반하고, 병력으로 한국의 법규 관례를 유린하고 동시에 한국의 외교권을 탈취한 점, 그 결과 자신들이 한국 황제가 파견한 위원임에도 불구하고 평화 회의에 참여할 수 없음이 유감이라는 점 등이 실렸음.

① 임오군란이 일어났다.
② 집강소가 설치되었다.
③ 을사늑약이 체결되었다.
④ 조선 태형령이 제정되었다.
⑤ 대한 제국의 군대가 해산되었다.

26 (가)~(다) 학생이 발표한 내용을 일어난 순서대로 옳게 나열한 것은?

주제: 항일 의병 운동의 전개

(가) 을사늑약 체결에 반대하여 최익현, 신돌석 등이 의병을 일으켰어요.

(나) 을미사변과 단발령 시행에 반발하여 유인석, 이소응 등 유생들의 주도하에 일어났어요.

(다) 13도 창의군이 결성되어 서울 진공 작전을 펼쳤어요.

① (가) - (나) - (다)
② (가) - (다) - (나)
③ (나) - (가) - (다)
④ (나) - (다) - (가)
⑤ (다) - (나) - (가)

27 밑줄 그은 '그'에 대한 설명으로 옳은 것은?

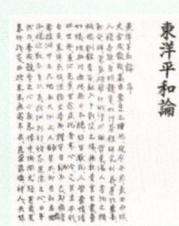

東洋平和論

이 자료는 1910년 그가 옥중에서 저술한 동양 평화론으로, 원래 5편으로 구상되었으나 사형 집행이 앞당겨져 서문과 전감(前鑑)만 집필되었다. 일제의 한국 침략에 대한 비판과 진정한 동양 평화를 위한 한중일 삼국의 대등한 연합이 주된 내용을 이룬다. 국내에서 삼흥 학교 등을 세워 인재 양성에 힘쓰던 그는 망명하여 연해주 의병의 우영장으로 국내 진공 작전을 전개하였다. 1910년 뤼순 감옥에서 순국하였다.

① 봉오동 전투에서 일본군을 격파하였다.
② 베델과 함께 대한매일신보를 발간하였다.
③ 하얼빈역에서 이토 히로부미를 사살하였다.
④ 서전서숙을 설립하여 민족 교육을 실시하였다.
⑤ 고종의 밀지를 받아 독립 의군부를 조직하였다.

28 다음 자료를 활용한 탐구 주제로 가장 적절한 것은?

송수만 등 체포 경위 보고

송수만은 보안회라는 것을 설립하여 그 회장이 됨. 종로 백목전 도가에서 날마다 회원을 모집하여 집회·논의하고 있는 자임. 오늘 경부와 순사 두 사람이 출장하여 송수만에게 공사관으로 동행하기를 요구하였음. …… 이때 회원과 인민들 약 200명 정도가 떠들썩하게 모여들어 송수만의 동행을 막음.

① 시전 상인의 상권 수호 운동
② 급진 개화파의 정치 개혁 운동
③ 백정들의 사회적 차별 철폐 운동
④ 농촌 계몽을 위한 브나로드 운동
⑤ 일본의 황무지 개간권 요구에 대한 반대 운동

29 (가) 단체에 대한 설명으로 옳은 것을 |보기|에서 고른 것은?

이것은 평양에 있던 대성 학교의 교직원과 학생들을 촬영한 사진입니다. 이 학교는 안창호, 양기탁 등이 조직한 (가) 이/가 설립하였습니다.

|보기|
ㄱ. 태극 서관을 운영하였다.
ㄴ. 105인 사건으로 와해되었다.
ㄷ. 이륭양행에 교통국을 설치하였다.
ㄹ. 입헌 군주제 수립을 목표로 하였다.

① ㄱ, ㄴ
② ㄱ, ㄷ
③ ㄴ, ㄷ
④ ㄴ, ㄹ
⑤ ㄷ, ㄹ

30 밑줄 그은 ㉠ 사건 이후의 사실로 옳은 것은? 50회 3점

이 문서는 에디슨이 설립한 전기 회사가 프레이저를 자사의 조선 총대리인으로 위촉한다는 내용을 담고 있다. 이 회사는 총대리인을 통해 경복궁 내의 전등 가설 공사를 수주하였다. 이에 따라 경복궁 내에 발전 설비를 마련하고, ㉠건청궁에 조선 최초의 전등을 가설하였다.

① 알렌의 건의로 광혜원이 세워졌다.
② 박문국에서 한성순보가 발행되었다.
③ 무기 제조 공장인 기기창이 설립되었다.
④ 정부가 외국어 교육 기관인 동문학을 세웠다.
⑤ 노량진에서 제물포를 잇는 경인선이 개통되었다.

31 (가)에 해당하는 신문으로 옳은 것은? 56회 1점

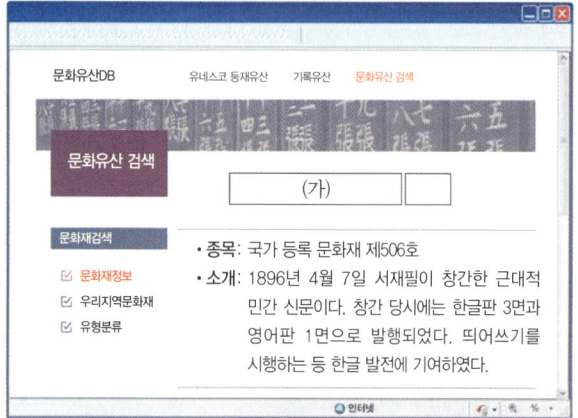

· 종목: 국가 등록 문화재 제506호
· 소개: 1896년 4월 7일 서재필이 창간한 근대적 민간 신문이다. 창간 당시에는 한글판 3면과 영어판 1면으로 발행되었다. 띄어쓰기를 시행하는 등 한글 발전에 기여하였다.

①  해조신문
②  제국신문
③ 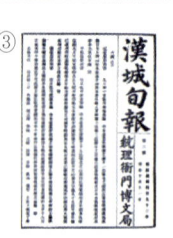 한성순보
④ 독립신문
⑤  황성신문

32 교사의 질문에 대한 학생의 답변으로 옳은 것은? 49회 2점

이것은 한성 전기 회사가 공급하는 전기를 사용하여 서대문과 청량리 사이를 운행하던 전차입니다. 전차가 개통된 이후에 도입된 근대 문물에 대해 말해 볼까요?

① 박문국이 세워졌어요.
② 경부선이 완공되었어요.
③ 기기창이 설치되었어요.
④ 한성주보가 발행되었어요.
⑤ 육영 공원이 설립되었어요.

33 밑줄 그은 '이곳'이 운영되던 시기에 볼 수 있는 모습으로 가장 적절한 것은? 53회 3점

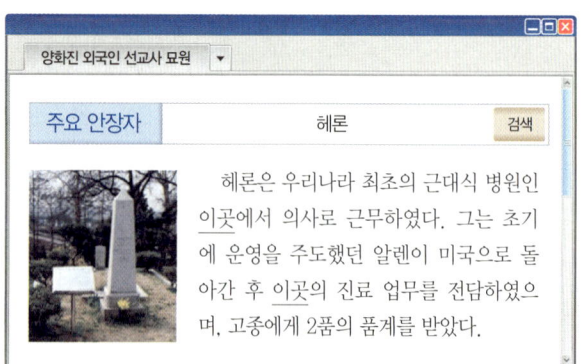
헤론은 우리나라 최초의 근대식 병원인 이곳에서 의사로 근무하였다. 그는 초기에 운영을 주도했던 알렌이 미국으로 돌아간 후 이곳의 진료 업무를 전담하였으며, 고종에게 2품의 품계를 받았다.

① 배재 학당에 입학하는 학생
② 영선사 일행으로 청에 가는 생도
③ 우정총국 개국 축하연에 참석하는 외교관
④ 연무당에서 일본과 조약을 체결하는 관리
⑤ 제너럴셔먼호의 통상 요구를 거부하는 평양 관민

34 다음 인물에 대한 설명으로 옳은 것은? 55회 2점

이달의 역사 인물

혼이 보존되면 국가는 부활할 것이다
○○○(1859~1925)

국혼을 강조하며 민족의식을 고취한 역사학자이자 독립운동가이다. 일찍부터 민족 교육의 중요성을 인식하여 서우 학회에서 애국 계몽 운동을 펼쳤으며, 국권 피탈 과정을 정리한 『한국통사』를 저술하였다. 1925년에는 대한민국 임시 정부 제2대 대통령에 취임하였다. 정부에서는 그의 공훈을 기리어 건국훈장 대통령장을 추서하였다.

① 진단 학회를 창립하고 진단학보를 발행하였다.
② 여유당전서를 간행하고 조선학 운동을 전개하였다.
③ 헤이그에서 열린 만국 평화 회의에 특사로 파견되었다.
④ 평양에서 조선 물산 장려회 발기인 대회를 개최하였다.
⑤ 실천적인 유교 정신을 강조하는 유교 구신론을 저술하였다.

35 (가) 인물에 대한 설명으로 옳은 것은? 56회 2점

이곳 심우장은 (가) 이/가 조선 총독부를 마주하지 않겠다며 북향으로 지었다고 합니다. 님의 침묵 등을 지은 (가) 은/는 일제의 탄압에도 굴하지 않다가 광복 직전 이곳에서 돌아가셨습니다.

① 우리말 큰사전 편찬 사업을 추진하였다.
② 유교 개혁을 주장하는 유교 구신론을 제창하였다.
③ 월간지 유심을 발간하여 불교 개혁 운동에 힘썼다.
④ 진단 학회를 설립하여 실증주의 사학을 발전시켰다.
⑤ 독사신론을 저술하여 민족주의 사학의 기반을 마련하였다.

36 (가), (나) 발표 사이의 시기에 있었던 사실로 옳은 것은?

[55회 1점]

> (가) • 조선에 조선 총독부를 설치한다.
> • 조선 총독부에 조선 총독을 두고 위임 범위 내에서 육해군을 통솔하고 일체의 정무를 통할하도록 한다.
> • 통감부 및 그 소속 관서는 당분간 그대로 두고 조선 총독의 직무는 통감이 행하도록 한다.

> (나) 총독 임용의 범위를 확장하고 경찰 제도를 개정하며, 또한 일반 관리나 교원 등의 복제를 폐지함으로써 시대의 흐름에 순응하고 …… 조선인의 임용과 대우 등에 관해 더욱 고려하여 …… 정치·사회상의 대우에서도 내지인과 동일한 취급을 할 궁극의 목적을 달성하고자 하는 바이다.

① 미곡 공출제가 실시되었다.
② 조선 태형령이 시행되었다.
③ 국민 징용령이 제정되었다.
④ 경성 제국 대학이 설립되었다.
⑤ 황국 신민 서사의 암송이 강요되었다.

37 다음 법령이 시행된 시기에 있었던 사실로 옳은 것은?

[51회 2점]

> 제2조 즉결은 정식 재판을 하지 않으며 피고인의 진술을 듣고 증빙을 취조한 후 곧바로 언도해야 한다.
> 제11조 제8조, 제9조에 의한 유치 일수는 구류의 형기에 산입하고, 태형의 언도를 받은 자에 대하여는 1일을 태 5로 절산하여 태 수에 산입하며, 벌금 또는 과료의 언도를 받은 자에 대하여는 1일을 1원으로 절산하여 그 금액에 산입한다.

① 박문국을 설치하여 한성순보를 발행하였다.
② 황국 중앙 총상회가 상권 수호 운동을 주도하였다.
③ 근대적 개혁 추진을 위해 군국기무처가 설치되었다.
④ 강압적 통치를 목적으로 헌병 경찰제가 실시되었다.
⑤ 일본에 진 빚을 갚자는 국채 보상 운동이 전개되었다.

38 다음 기사가 나오게 된 배경으로 적절한 것은?

[58회 1점]

> 총독의 임용 범위를 확장하고, 지방 자치 제도를 실시한다. ……
> 이로써 관민이 서로 협력 일치하여 조선에서 문화적 정치의 기초를 확립한다.

(말풍선) 아무리 그럴듯하게 내세워도 이러한 통치 방식은 결국 우리 조선인을 기만하는 거야.

① 3·1 운동이 전국적으로 전개되었다.
② 조선 사상범 예방 구금령이 시행되었다.
③ 브나로드 운동이 동아일보를 중심으로 추진되었다.
④ 조선 노동 총동맹과 조선 농민 총동맹이 설립되었다.
⑤ 내선일체를 강조한 황국 신민 서사의 암송이 강요되었다.

39 다음 기사가 보도된 이후의 사실로 옳은 것은?

53회 2점

역사신문

제△△호 ○○○○년 ○○월 ○○일

조선 관세령 폐지되다

오늘 총독부가 조선 관세령 폐지를 발표하였다. 당국은 일선 융화를 위해 내린 조처라 말하지만, 앞으로 조선인들의 부담이 늘어날 것은 뻔한 이치이다. 일본산 상품이 조선에 물밀듯 밀려와 시장을 독점하여 자본과 기술에서 열세에 놓여 있는 조선의 공업을 흔적도 없게 만들 우려가 크기 때문이다. 이번 조치로 인해 조선의 제조업자들이 심각한 타격을 받을 것으로 예상된다.

① 동양 척식 주식회사가 설립되었다.
② 물산 장려 운동이 전국으로 확산되었다.
③ 메가타의 주도로 화폐 정리 사업이 실시되었다.
④ 회사 설립을 허가제로 하는 회사령이 공포되었다.
⑤ 황국 중앙 총상회의 상권 수호 운동이 전개되었다.

41 밑줄 그은 '시기'에 볼 수 있는 모습으로 적절한 것은?

52회 2점

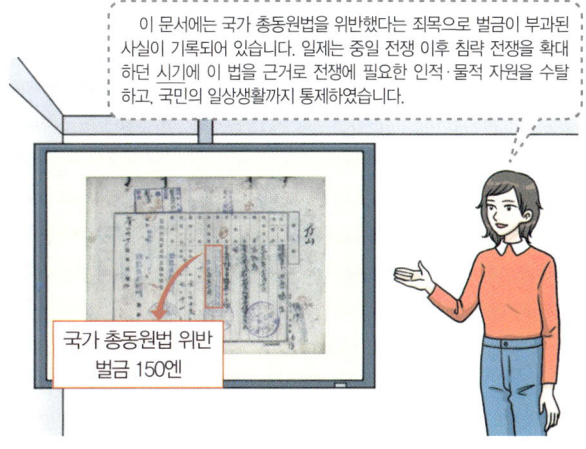

이 문서에는 국가 총동원법을 위반했다는 죄목으로 벌금이 부과된 사실이 기록되어 있습니다. 일제는 중일 전쟁 이후 침략 전쟁을 확대하던 시기에 이 법을 근거로 전쟁에 필요한 인적·물적 자원을 수탈하고, 국민의 일상생활까지 통제하였습니다.

국가 총동원법 위반 벌금 150엔

① 원산 총파업에 참여하는 노동자
② 조선 태형령 실시를 관보에 게재하는 직원
③ 조선어 학회 사건으로 탄압받는 한글 학자
④ 조선 민립 대학 기성회 창립 총회에 참석하는 교사
⑤ 경성 제국 대학 설립 업무를 수행하는 조선 총독부 관리

40 밑줄 그은 '시기'에 볼 수 있는 모습으로 옳은 것은?

56회 2점

사진 속 만삭의 임산부가 바로 저입니다. 일제는 중일 전쟁 이후 침략 전쟁을 확대하던 시기에 많은 여성을 전쟁터로 끌고 가 일본군 '위안부'로 삼았습니다. 저는 가까스로 연합군에 의해 구출되었지만 그곳에서 죽임을 당한 여성도 참 많았지요.

특집 다큐멘터리
고(故) 박영심 할머니 생전 인터뷰

① 태형을 집행하는 헌병 경찰
② 원산 총파업에 동참하는 노동자
③ 회사령을 공포하는 총독부 관리
④ 신사 참배에 강제 동원되는 학생
⑤ 암태도 소작 쟁의에 참여하는 농민

42. (가) 단체에 대한 설명으로 옳은 것은? [61회 2점]

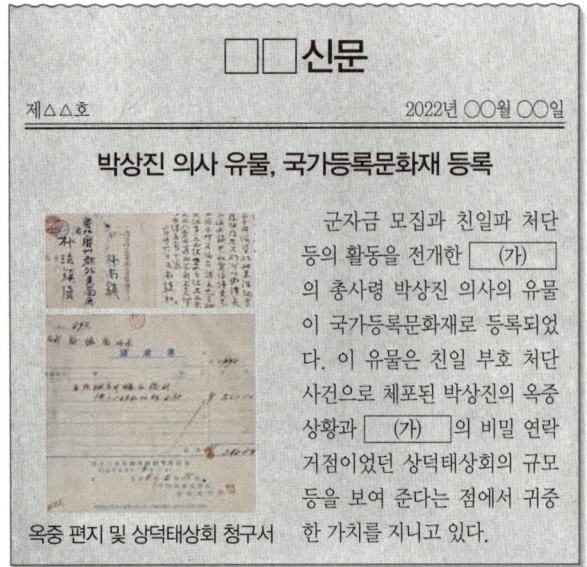

□□신문

제△△호 2022년 ○○월 ○○일

박상진 의사 유물, 국가등록문화재 등록

군자금 모집과 친일파 처단 등의 활동을 전개한 (가) 의 총사령 박상진 의사의 유물이 국가등록문화재로 등록되었다. 이 유물은 친일 부호 처단 사건으로 체포된 박상진의 옥중 상황과 (가) 의 비밀 연락 거점이었던 상덕태상회의 규모 등을 보여 준다는 점에서 귀중한 가치를 지니고 있다.

옥중 편지 및 상덕태상회 청구서

① 고종 강제 퇴위 반대 운동을 전개하였다.
② 공화정체의 국민 국가 수립을 목표로 삼았다.
③ 파리 강화 회의에 독립 청원서를 제출하였다.
④ 미군과 연합하여 국내 진공 작전을 계획하였다.
⑤ 만민 공동회를 개최하여 민권 신장을 추구하였다.

43. (가) 지역에서 있었던 민족 운동으로 옳은 것은? [51회 2점]

사진은 제물포에서 (가) (으)로 수차례에 걸쳐 이민자를 수송한 갤릭호와 이민자의 여권입니다. 1902년 사탕수수 농장에 노동자로 첫 이민자 백여 명이 떠난 이후 3년간 약 7천 명이 넘는 한국인이 (가) 에 이주하였습니다.

갤릭호   집조(여권)

① 일왕이 탄 마차에 폭탄을 투척하였다.
② 한인 자치 단체인 권업회를 조직하였다.
③ 민족 교육을 위해 서전서숙을 설립하였다.
④ 독립군 양성을 위해 신흥 강습소를 세웠다.
⑤ 대조선 국민군단을 조직하여 무장 투쟁을 준비하였다.

44. (가) 지역에서 있었던 민족 운동으로 옳은 것은? [53회 2점]

이 사진은 1905년 (가) 의 유카탄반도로 계약 노동 이민자들을 수송했던 일포드호입니다. 주택 무료 임대, 높은 임금 등을 내건 모집 광고를 믿고 이 화물선을 탄 천여 명의 한국인들은 한 달 넘게 걸려 에네켄 농장에 도착했습니다. 이들은 광고와 달리 사실상 노예와 다름 없는 생활을 하였습니다.

① 권업회의 기관지로 권업신문이 발간되었다.
② 독립군 양성을 위한 숭무 학교가 설립되었다.
③ 북로 군정서가 조직되어 무장 투쟁을 실시하였다.
④ 주권 재민을 천명한 대동단결 선언서가 작성되었다.
⑤ 유학생들이 중심이 되어 2·8 독립 선언서를 발표하였다.

45 (가) 민족 운동에 대한 설명으로 옳은 것은? 〔56회 1점〕

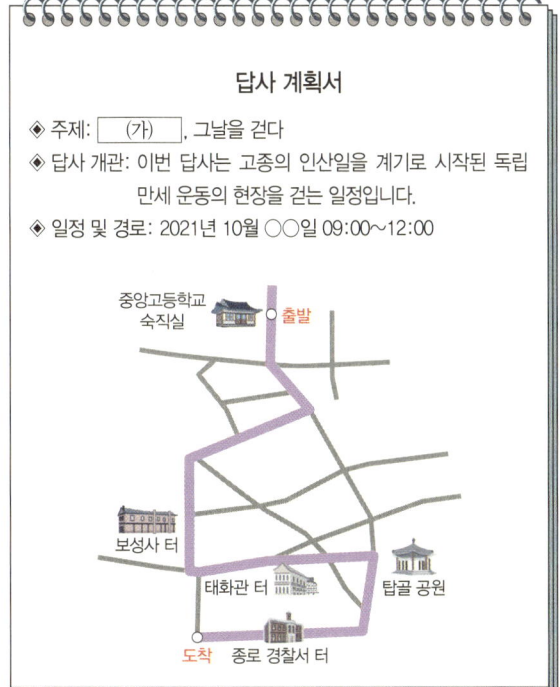

① 통감부의 방해와 탄압으로 중단되었다.
② 러시아의 절영도 조차 요구를 저지하였다.
③ 민족 대표 33인 명의의 독립 선언서가 발표되었다.
④ 대한매일신보의 후원을 받아 전국으로 확산되었다.
⑤ 한국인 학생과 일본인 학생 간의 충돌에서 비롯되었다.

46 (가) 전투에 대한 설명으로 옳은 것은? 〔50회 2점〕

① 중국 호로군과 협력하여 진행되었다.
② 미국 전략 정보국(OSS)의 지원을 받았다.
③ 대한민국 임시 정부 수립에 영향을 주었다.
④ 조국 광복회의 지원 아래 유격전으로 전개되었다.
⑤ 대한 독립군, 대한 국민군 등이 연합하여 참여하였다.

47 (가)~(다) 학생이 발표한 내용을 일어난 순서대로 옳게 나열한 것은? 〔56회 3점〕

① (가) – (나) – (다)   ② (가) – (다) – (나)
③ (나) – (가) – (다)   ④ (나) – (다) – (가)
⑤ (다) – (나) – (가)

48 다음 자료에 나타난 사건의 영향으로 적절한 것은? [57회 2점]

판결문

피고인: 이선호 외 10명
주 문: 피고인들을 각 징역 1년에 처한다.
이 유
　피고인들은 이왕(李王) 전하 국장 의식을 거행할 즈음, 이를 봉송하기 위하여 지방에서 다수 조선인이 경성부로 모이는 기회를 이용하여 조선 독립운동을 선동하는 불온 문서를 비밀리에 인쇄하여 국장 당일 군중 가운데 살포하여 조선 독립 만세를 소리 높여 외쳐 조선 독립의 희망을 달성하고자 기도하였다.

① 13도 창의군이 서울 진공 작전을 전개하였다.
② 복벽주의를 내세운 독립 의군부가 조직되었다.
③ 김광제 등의 발의로 국채 보상 운동이 일어났다.
④ 통상 수교 거부 의지를 담은 척화비가 건립되었다.
⑤ 민족 유일당 운동의 일환으로 신간회가 창립되었다.

49 밑줄 그은 '이 운동'에 대한 설명으로 옳은 것은? [55회 1점]

이것은 '학생의 날' 기념우표이다. 학생의 날은 1929년 한일 학생 간 충돌을 계기로 광주에서 일어나 전국으로 확산된 이 운동을 기리기 위해 1953년에 제정되었다. 우표는 이 운동의 기념탑과 당시 학생들의 울분을 함께 형상화하여 도안되었다. 학생의 날은 2006년부터 '학생 독립 운동 기념일'로 명칭이 변경되었다.

① 조선 형평사를 중심으로 전개되었다.
② 순종의 인산일을 기회로 삼아 추진되었다.
③ 대한민국 임시 정부 수립에 영향을 주었다.
④ 국내에서 민족 유일당 운동이 시작되는 계기가 되었다.
⑤ 신간회 중앙 본부가 진상 조사단을 파견하여 지원하였다.

50 (가) 단체에 대한 설명으로 옳은 것은? [55회 2점]

〈영화 제작 기획안〉

청년 김상옥

■ 기획 의도
　김상옥의 주요 활동을 영화로 제작하여 독립운동가의 치열했던 삶과 항일 투쟁의 역사적 의미를 되새겨 본다.

■ 대본 개요
1. 혁신공보를 발행하며 계몽 운동에 힘쓰다.
2. 김원봉이 조직한 　(가)　 의 일원이 되다.
3. 종로 경찰서에 폭탄을 투척하다.
4. 일제 경찰과 총격전을 벌이다.

① 조선 혁명 선언을 행동 강령으로 삼았다.
② 비밀 행정 조직으로 연통제를 실시하였다.
③ 고종의 밀지를 받아 결성된 비밀 단체이다.
④ 도쿄에서 일어난 이봉창 의거를 계획하였다.
⑤ 신흥 무관 학교를 세워 무장 투쟁을 준비하였다.

51 밑줄 그은 '의거'를 일으킨 단체에 대한 설명으로 옳은 것은? [51회 1점]

이 사진은 1945년 9월 2일 일왕을 대신하여 일본의 외무 대신이 연합군 앞에서 항복 문서에 서명하는 장면입니다.

서명하는 인물은 시게미쓰 마모루인데, 그는 윤봉길의 상하이 훙커우 공원 의거 당시 폭탄에 맞아 다리를 다쳤습니다.

① 신채호의 조선 혁명 선언을 활동 지침으로 삼았다.
② 김구를 단장으로 하여 활발한 의열 활동을 펼쳤다.
③ 조선 총독을 저격한 강우규가 단원으로 활동하였다.
④ 이상재 등의 주도로 민립 대학 설립 운동을 전개하였다.
⑤ 진상 조사단을 파견하여 광주 학생 항일 운동을 지원하였다.

52 (가)의 활동으로 옳은 것을 |보기|에서 고른 것은?

57회 2점

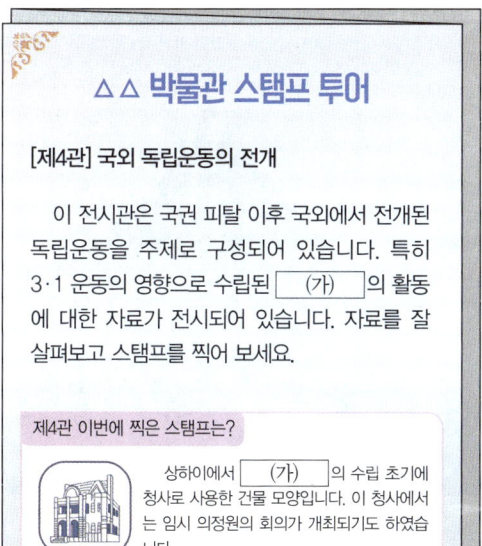

|보기|
ㄱ. 민족 교육을 위해 대성 학교를 설립하였다.
ㄴ. 광주 학생 항일 운동에 진상 조사단을 파견하였다.
ㄷ. 외교 독립 활동을 위해 구미 위원부를 설치하였다.
ㄹ. 임시 사료 편찬회를 두어 한일 관계 사료집을 간행하였다.

① ㄱ, ㄴ   ② ㄱ, ㄷ   ③ ㄴ, ㄷ   ④ ㄴ, ㄹ   ⑤ ㄷ, ㄹ

53 밑줄 그은 '회의'가 개최된 시기를 연표에서 옳게 고른 것은?

54회 2점

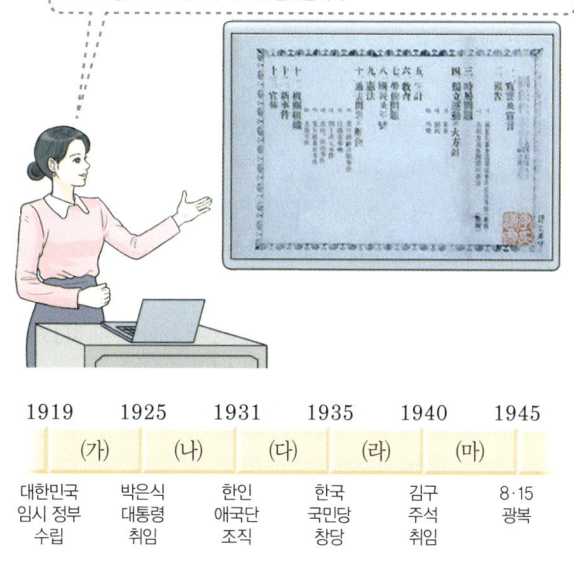

1919	1925	1931	1935	1940	1945
	(가)	(나)	(다)	(라)	(마)
대한민국 임시 정부 수립	박은식 대통령 취임	한인 애국단 조직	한국 국민당 창당	김구 주석 취임	8·15 광복

① (가)   ② (나)   ③ (다)   ④ (라)   ⑤ (마)

54 (가) 단체의 활동으로 옳은 것은?

56회 2점

접견 기록

■ 날짜 및 장소
  1943년 7월 26일, 중국 군사 위원회 접견실

■ 참석 인물
  • (가) : 주석 김구, 외무부장 조소앙 등
  • 중국: 위원장 장제스 등

■ 주요 내용
  • 장제스: 한국의 완전한 독립을 실현하는 과정은 쉽지 않을 것입니다. 그러나 한국 혁명 동지들이 진심으로 단결하고 협조하여 함께 노력한다면 광복의 뜻을 이룰 수 있을 것입니다.
  • 김구·조소앙: 우리의 독립 주장이 이루어질 수 있도록 귀국이 지지해 주기를 희망합니다.

① 좌우 합작 7원칙을 발표하였다.
② 개벽, 신여성 등의 잡지를 간행하였다.
③ 조선 혁명 선언을 활동 지침으로 삼았다.
④ 한글 맞춤법 통일안과 표준어를 제정하였다.
⑤ 삼균주의를 기초로 하는 건국 강령을 선포하였다.

55 (가) 단체에 대한 설명으로 옳은 것은? 〔54회 2점〕

> [(가)]의 총사령 양세봉, 참모장 김학규 등은 일부 병력을 이끌고 중국 의용군 부대와 합세하였다. 일본군과 만주군이 신빈현성의 고지대를 거점으로 삼아 먼저 공격했으나 아군이 응전하여 이를 탈취하였다. 아군은 승세를 몰아 적들을 추격한 끝에 당일 오후 3시경 영릉가성을 점령하였다. 5일간의 격렬한 전투에서 한중 연합군은 신빈현 일대 여러 곳을 점령하는 등 커다란 수확을 거두었다.

① 흥경성 전투에서 승리하였다.
② 자유시 참변 이후 세력이 약화되었다.
③ 중국 팔로군에 편제되어 항일 전선에 참여하였다.
④ 영국군의 요청으로 인도·미얀마 전선에서 활동하였다.
⑤ 북만주 지역에서 활동한 한국 독립당의 산하 부대였다.

56 (가) 군사 조직에 대한 설명으로 옳은 것은? 〔57회 2점〕

이달의 독립운동가

| 윤세주(1901~1942)
▶ 훈격: 건국훈장 독립장
▶ 서훈 연도: 1982년

공훈록(요약)
경남 밀양 출생. 1919년 11월 만주에서 김원봉과 함께 의열단을 조직하였다. 국내에 들어온 그는 의열 투쟁을 계획하다 체포되어 수년간 옥고를 치렀다. 이후 중국 관내에서 결성된 최초의 한인 무장 조직인 [(가)]의 주요 간부로 활약하였다. 1942년 타이항산에서 전사하였다.

① 홍범도가 총사령관으로 활약하였다.
② 영릉가 전투에서 일본군을 격퇴하였다.
③ 대원 일부가 한국광복군에 합류하였다.
④ 도쿄에서 2·8 독립 선언을 계획하였다.
⑤ 상하이에서 대동단결 선언을 발표하였다.

57 (가) 군대에 대한 설명으로 옳은 것은? 〔52회 1점〕

> 이곳은 독립운동가 조성환이 태어난 여주의 보통리 고택입니다. 그는 1940년 대한민국 임시 정부 산하의 [(가)] 창설을 주도하고, 군무부장으로 활동하였습니다. 이 가옥은 그의 아버지가 독립운동 자금을 마련하기 위해 매각하였다고 전해지며, 국가 민속 문화재 제126호로 지정되었습니다.

① 숭무 학교를 설립하여 독립군을 양성하였다.
② 쌍성보 전투에서 한중 연합 작전을 전개하였다.
③ 중국 팔로군과 함께 호가장 전투에서 활약하였다.
④ 국내 정진군을 조직하여 국내 진공 작전을 추진하였다.
⑤ 중국 관내(關內)에서 결성된 최초의 한인 무장 부대였다.

58 (가) 단체의 활동으로 옳은 것은? 〔50회 1점〕

[역사 다큐멘터리 기획안]

[(가)], 좌우가 힘을 합쳐 창립하다

■ 기획 의도
일제 강점기 최대 규모의 사회단체인 [(가)]에 대한 다큐멘터리를 제작하여 그 역사적 의미를 살펴본다.

■ 장면별 구성 내용
- 정우회 선언을 작성하는 장면
- 이상재가 회장으로 추대되는 장면
- 전국 주요 도시에 지회가 설립되는 장면
- 순회 강연단을 조직하고 농민 운동을 지원하는 장면

① 평양에 자기 회사를 설립하였다.
② 2·8 독립 선언서를 작성하여 발표하였다.
③ 제국신문을 발행하여 민중 계몽에 힘썼다.
④ 어린이날을 제정하고 잡지 어린이를 간행하였다.
⑤ 광주 학생 항일 운동에 진상 조사단을 파견하였다.

59 (가) 민족 운동에 대한 설명으로 옳은 것은?

이것은 경성 방직 주식회사의 광목 신문 광고야. '우리가 만든 것 우리가 쓰자.'라는 문구가 인상적이야.

그래. 이 광고는 민족 기업을 육성해 경제적 자립을 이루려는 (가) 중에 등장했지.

① 통감부의 탄압으로 중단되었다.
② 국채 보상 기성회를 중심으로 전개되었다.
③ 자작회, 토산 애용 부인회 등이 활동하였다.
④ 한성 은행, 대한 천일 은행 등이 설립되는 계기가 되었다.
⑤ 일본, 프랑스 등지의 노동 단체로부터 격려 전문을 받았다.

60 (가), (나) 발표 사이의 시기에 있었던 사실로 옳은 것은?

(가) 제1조 조선에 있어 조선인의 교육은 본령에 의한다.
     제9조 보통학교의 수업 연한은 4년으로 한다. 단, 지방 실정에 따라 1년을 단축할 수 있다.

(나) 제2조 총장은 조선 총독의 감독을 받아 경성 제국 대학 일반 사무를 담당하며 소속 직원을 통독(統督)한다.
     제4조 경성 제국 대학에 예과를 둔다.

① 육영 공원이 설립되었다.
② 국문 연구소가 설치되었다.
③ 교육입국 조서가 반포되었다.
④ 국민 교육 헌장이 발표되었다.
⑤ 조선 민립 대학 기성회가 창립되었다.

61 (가) 단체에 대한 설명으로 옳은 것은?

【이달의 독립운동가】
민족 독립과 여성 해방을 꿈꾼
박차정(朴次貞)
(1910~1944)

부산 동래 출신. 1927년 신간회의 자매단체로 결성된 (가) 의 중앙 집행 위원으로 활동하였다. 광주 학생 항일 운동에 동조하여 서울에서 시위를 주도하였다가 불구속으로 나온 후 중국으로 망명하였다. 1938년 조선 의용대의 부녀 복무 단장이 되어 남편 김원봉과 함께 무장 투쟁을 활발히 전개하였다. 이듬해 쿤룬산 전투에서 부상을 당해 후유증으로 순국하였다.

① 상하이에서 대동단결 선언을 발표하였다.
② 일제의 황무지 개간권 요구를 저지하였다.
③ 여성 교육을 위해 배화 학당을 설립하였다.
④ 조선 여성의 단결과 지위 향상을 목표로 하였다.
⑤ 어린이 등의 잡지를 발간하여 소년 운동을 주도하였다.

62 밑줄 그은 '이 운동'에 대한 설명으로 옳은 것은?

진주에 있는 이곳은 독립운동가 강상호 선생의 묘입니다. 그는 '공평은 사회의 근본이요, 애정은 인류의 본령'이라는 취지 아래 백정에 대한 권익 보호를 목적으로 전개된 이 운동에 앞장섰습니다.

① 어린이날을 정하고 잡지 어린이를 발간하였다.
② 조선 형평사를 조직하여 사회적 차별에 맞섰다.
③ 계몽 서적의 보급을 위해 태극 서관을 설립하였다.
④ 일제가 이른바 문화 통치를 실시하는 결과를 가져왔다.
⑤ 라이징 선 석유 회사의 조선인 구타 사건을 계기로 시작되었다.

63 (가) 종교 단체의 활동으로 옳은 것은? 52회 2점

① 박중빈을 중심으로 새생활 운동을 펼쳤다.
② 중광단을 조직하여 무장 투쟁을 전개하였다.
③ 배재 학당을 세워 신학문 보급에 기여하였다.
④ 어린이날을 제정하고 소년 운동을 추진하였다.
⑤ 경향신문을 발행하여 민중 계몽을 위해 노력하였다.

64 밑줄 그은 '투쟁' 이후의 사실로 옳은 것은? 49회 2점

최근 개통된 천사대교를 건너면 일제 강점기 대표적인 소작 쟁의가 전개된 암태도를 만날 수 있습니다. 당시 암태도의 농민들은 고율의 소작료를 징수하는 지주 문재철에 맞서 목포까지 나가 단식을 벌이는 등 약 1년에 걸친 투쟁으로 소작료를 낮추는 성과를 거두었습니다.

① 회사령이 제정되었다.
② 농광 회사가 설립되었다.
③ 토지 조사 사업이 실시되었다.
④ 조선 농민 총동맹이 결성되었다.
⑤ 함경도에서 방곡령이 선포되었다.

65 (가) 단체에 대한 설명으로 옳은 것은? 55회 2점

이것은 (가) 이/가 1933년에 만든 한글 맞춤법 통일안의 총론입니다. (가) 은/는 기관지 한글을 간행하고 외래어 표기법 통일안을 마련하는 등 우리말을 지키기 위해 노력하였습니다. 그러나 일제가 1942년에 치안 유지법 위반 명목으로 회원들을 구속하면서 활동이 중단되었습니다.

총론
1. 한글 마춤법(綴字法)은 표준말을 그 소리대로 적되, 어법에 맞도록 함으로써 원칙을 삼는다.
2. 표준말은 대체로 현재 중류 사회에서 쓰는 서울말로 한다.
3. 문장의 각 단어는 띄어 쓰되, 토는 그 웃 말에 붙여 쓴다.

① 우리말 큰사전 편찬을 시도하였다.
② 한글 신문인 제국신문을 간행하였다.
③ 최초로 한글에 띄어쓰기를 도입하였다.
④ 우리말 음운 연구서인 언문지를 저술하였다.
⑤ 한글 연구를 목적으로 학부 아래에 설립되었다.

66 (가) 종교에 대한 설명으로 옳은 것은? 55회 2점

> 공의 이름은 인영(寅永)인데, 뒤에 철(喆)로 고쳤다. …… 보호 조약이 체결된 뒤에 동지와 함께 오적(五賊)의 처단을 모의하였는데, 1907년에 계획이 새어 나가 일을 그르쳤다. 뒤에 (가) 을/를 제창하고 교주를 자임하였는데, 이를 바탕으로 국민을 진흥하려고 하였다. 일찍이 북간도에 가서 그의 무리와 함께 발전을 도모하였다. …… 그의 문인(門人)들은 그를 숭상하여 오백 년 이래 다시 없는 대종사로 여겼다.
> – 『유방집』 –

① 사찰령 폐지 운동을 추진하였다.
② 개벽, 신여성 등의 잡지를 발행하였다.
③ 중광단을 결성하여 무장 투쟁을 전개하였다.
④ 배재 학당을 세워 신학문 보급에 기여하였다.
⑤ 박중빈을 중심으로 새생활 운동을 추진하였다.

67 (가) 인물의 활동으로 옳은 것은? 〔57회 3점〕

도시샤 대학에 있는 이 시비는 민족 문학가인 (가) 을/를 기리기 위해 세워졌습니다. 비석에는 '죽는 날까지 하늘을 우러러'로 시작되는 그의 작품인 서시가 새겨져 있습니다. 북간도 출신인 그는 일본 유학 중 치안 유지법 위반 혐의로 체포되어 옥중에서 순국하였습니다.

① 조선상고사를 저술하였다.
② 소설 상록수를 신문에 연재하였다.
③ 저항시 광야, 절정 등을 발표하였다.
④ 영화 아리랑의 제작과 감독을 맡았다.
⑤ 별 헤는 밤, 참회록 등의 시를 남겼다.

68 다음 인물의 활동으로 옳은 것은? 〔51회 3점〕

이달의 독립운동가
민족을 이끌 초인을 염원한 ○○○
· 생몰년: 1904~1944
· 생애 및 활동
본명은 이원록으로 경상북도 안동에서 태어났다. 1927년 조선은행 대구 지점 폭파 사건에 연루되어 옥고를 치른 그는 1932년 중국으로 건너가 김원봉이 세운 조선 혁명 군사 정치 간부 학교 제1기생으로 입교하여 독립운동에 힘썼다. 대한민국 정부는 그의 공훈을 기려 1990년 건국훈장 애국장을 추서하였다.

① 종로 경찰서에 폭탄을 투척하였다.
② 저항시 광야, 절정 등을 발표하였다.
③ 친일파 이완용을 습격하여 중상을 입혔다.
④ 영화 아리랑의 제작, 감독, 주연을 맡았다.
⑤ 조선 국혼을 강조하는 한국통사를 저술하였다.

69 (가)에 들어갈 내용으로 옳은 것은? 〔53회 2점〕

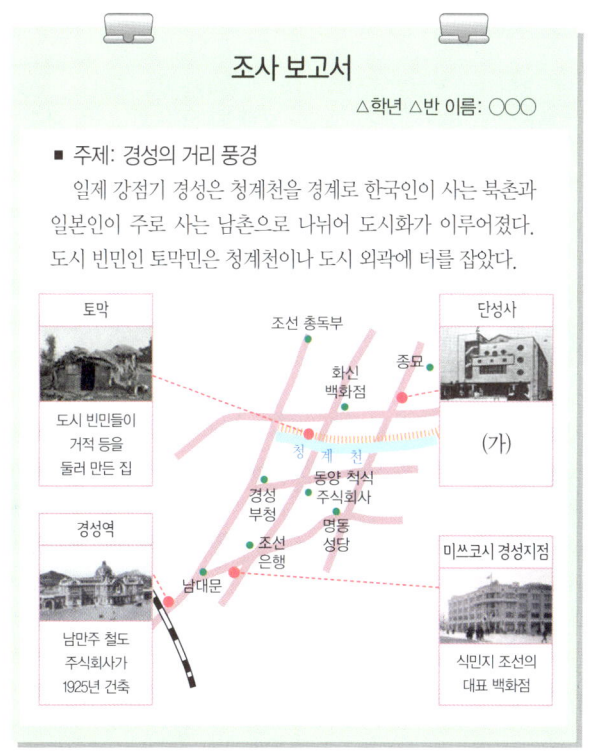

조사 보고서
△학년 △반 이름: ○○○

■ 주제: 경성의 거리 풍경
일제 강점기 경성은 청계천을 경계로 한국인이 사는 북촌과 일본인이 주로 사는 남촌으로 나뉘어 도시화가 이루어졌다. 도시 빈민인 토막민은 청계천이나 도시 외곽에 터를 잡았다.

① 나운규의 아리랑이 개봉된 장소
② 기미 독립 선언서가 인쇄된 장소
③ 조선 형평사 창립 대회가 개최된 장소
④ 전형필이 수집한 문화재가 전시된 장소
⑤ 강우규가 일본 총독에게 폭탄을 던진 장소

70 다음 성명이 발표된 이후에 있었던 사실로 옳지 않은 것은?

> 북위 38도 이남의 조선에는 오직 한 정부가 있을 뿐이다. …… 자천자임(自薦自任)한 관리라든가 경찰이라든가 국민 전체를 대표하였노라는 대소 회합이라든가 조선 인민 공화국이라든지 조선 인민 공화국 내각은 권위와 세력과 실재가 전혀 없는 것이다.
> — 미군정 장관 육군 소장 아놀드 —

① 조선 건국 동맹이 결성되었다.
② 좌우 합작 7원칙이 발표되었다.
③ 유엔 한국 임시 위원단이 설치되었다.
④ 반민족 행위 특별 조사 위원회가 출범하였다.
⑤ 귀속 재산 처리를 위해 신한 공사가 설립되었다.

71 (가), (나) 발표 사이의 시기에 있었던 사실로 옳은 것은?

> (가) 우리는 다음 달에 입국할 유엔 한국 임시 위원단을 환영하는 동시에, 그들로 하여금 우리가 원하는 자주독립의 통일 정부를 수립하는 임무를 완수하도록 최선을 다하여야 할 것이다. 우리는 어떠한 경우든지 단독 정부는 절대 반대할 것이다.
>
> (나) 올해 10월 19일 제주도 사건 진압 차 출동하려던 여수 제14연대 소속 3명의 장교 및 40여 명의 하사관들은 각 대대장의 결사적 제지에도 불구하고 남로당 계열 분자 지도하에 반란을 일으켰다. 동월 20일 8시 여수를 점령하는 한편, 좌익 단체 및 학생들을 인민군으로 편성하여 동일 8시 순천을 점령하였다.

① 제1차 미소 공동 위원회가 결렬되었다.
② 모스크바 삼국 외상 회의가 개최되었다.
③ 좌우 합작 위원회에서 좌우 합작 7원칙이 발표되었다.
④ 유상 매수, 유상 분배 원칙의 농지 개혁법이 시행되었다.
⑤ 우리나라 최초의 보통 선거인 5·10 총선거가 실시되었다.

72 교사의 질문에 대한 학생의 답변으로 옳은 것을 |보기|에서 고른 것은?

이것은 국군과 유엔군이 인천 상륙 작전 이후 10여 일 만에 서울을 수복한 사실을 알리는 전단지입니다. 뒷면에는 맥아더 장군이 서울을 탈환하여 적의 보급선을 끊었으며, 앞으로 힘을 합쳐 공산군을 끝까지 몰아내자는 내용이 있습니다. 이 서울 수복 이후에 있었던 사실을 말해 볼까요?

| 보기 |
ㄱ. 애치슨 선언이 발표됐어요.
ㄴ. 흥남 철수 작전이 전개됐어요.
ㄷ. 소련의 제안으로 정전 회담이 개최됐어요.
ㄹ. 국군이 다부동 전투에서 북한군의 공세를 방어했어요.

① ㄱ, ㄴ ② ㄱ, ㄷ ③ ㄴ, ㄷ ④ ㄴ, ㄹ ⑤ ㄷ, ㄹ

73 (가), (나) 사이의 시기에 있었던 사실로 옳은 것은?
51회 2점

(가) 북한군의 공격에 밀려 낙동강 방어선으로 후퇴한 제1사단은 다부동 일대에서 북한군 제2군단의 공세에 맞서 8월 3일부터 9월 2일까지 치열한 전투를 벌였다. 이 전투에서 제1사단 12연대는 특공대를 편성, 적 전차 4대를 파괴하는 등 중요한 역할을 수행하며 전투를 승리로 이끌었다.

(나) 개성에서 열린 첫 정전 회담에서 UN군 대표단은 어떠한 정치적 또는 경제적 문제의 논의를 단호히 거부하는 동시에 침략 재발의 방지를 보장하는 화평만이 전쟁을 종식시킬 수 있다고 공산군 대표단에게 경고하였다.

① 애치슨 선언이 발표되었다.
② 흥남 철수 작전이 전개되었다.
③ 여수·순천 10·19 사건이 일어났다.
④ 한미 상호 방위 조약이 체결되었다.
⑤ 부산에서 발췌 개헌안이 통과되었다.

75 다음 뉴스가 보도된 정부 시기의 사실로 옳지 않은 것은?
53회 3점

독립운동가이자 유학자인 김창숙 선생이 오늘 기자 회견을 열었습니다. 회견에서 선생은 자유당이 강도적으로 통과시킨 보안법은 무효이며, 과거 부산 정치 파동 때와 같이 반독재 구국 범국민 투쟁을 전개해야 한다며 여생을 민주주의를 위하여 바치겠다는 결의를 표명하였습니다.

① 평화 통일론을 주장한 진보당의 조봉암을 제거하였다.
② 인민 혁명당 재건위 사건을 조작해 관련자를 탄압하였다.
③ 정부에 비판적인 경향신문을 폐간하는 등 언론을 통제하였다.
④ 여당 부통령 후보 당선을 위해 3·15 부정 선거를 자행하였다.
⑤ 반민 특위를 이끌던 국회 의원들에게 간첩 혐의를 씌워 체포하였다.

74 (가)에 들어갈 내용으로 옳은 것은?
56회 2점

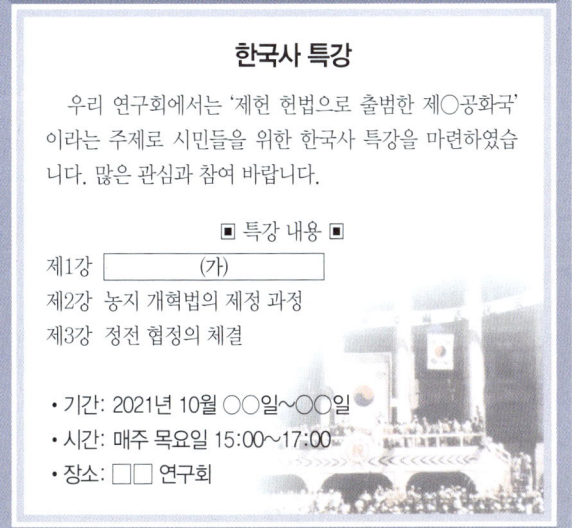

한국사 특강

우리 연구회에서는 '제헌 헌법으로 출범한 제○공화국'이라는 주제로 시민들을 위한 한국사 특강을 마련하였습니다. 많은 관심과 참여 바랍니다.

■ 특강 내용 ■
제1강 (가)
제2강 농지 개혁법의 제정 과정
제3강 정전 협정의 체결

• 기간: 2021년 10월 ○○일~○○일
• 시간: 매주 목요일 15:00~17:00
• 장소: □□ 연구회

① 삼청 교육대의 설치
② 새마을 운동의 추진
③ 한일 기본 조약의 비준
④ 지방 자치제의 전면 실시
⑤ 반민족 행위 처벌법의 제정

76 (가) 민주화 운동에 대한 설명으로 옳은 것은? 50회 2점

이것은 대전 지역의 고등학생들이 장면 부통령 후보 유세를 기회로 삼아 시작한 3·8 민주 의거를 기리는 탑입니다. 3·8 민주 의거는 대구의 2·28 민주 운동, 마산의 3·15 의거와 더불어 (가) 이/가 전국적으로 확산되는 계기가 되었습니다.

① 한·일 국교 정상화에 반대하여 일어났다.
② 호헌 철폐와 독재 타도 등의 구호를 내세웠다.
③ 대학교수단이 대통령 퇴진을 요구하며 시위행진을 벌였다.
④ 3·1 민주 구국 선언을 통해 긴급 조치 철폐 등을 요구하였다.
⑤ 5년 단임의 대통령 직선제 개헌이 이루어지는 계기가 되었다.

78 밑줄 그은 '선거' 이후의 사실로 옳은 것은? 55회 3점

김대중 후보는 이번 선거에서 정권 교체를 못하면 박정희 후보가 영구 집권하는 총통 시대가 온다고 말했다네.

장충단 유세에서 박정희 후보는 자신을 한 번 더 뽑아달라는 정치 연설은 이번이 마지막이라며 지지를 호소했다더군.

① 정부 형태가 내각 책임제로 바뀌었다.
② 평화 통일을 주장한 진보당의 조봉암이 처형되었다.
③ 대통령의 3선 연임을 허용하는 개헌안이 통과되었다.
④ 한일 국교 정상화에 반대하는 6·3 시위가 전개되었다.
⑤ 국회 해산과 헌법의 일부 효력 정지를 담은 유신이 선포되었다.

77 밑줄 그은 '개헌안'이 발표된 이후의 사실로 옳은 것은? 62회 3점

이번에 여야 합의로 내각 책임제 개헌안이 통과되었군.

이 개헌안에 따라 허정 과도 정부가 총선을 실시하면 정국에 많은 변화가 있을 것 같네.

① 반민족 행위 처벌법이 제정되었다.
② 제2차 미소 공동 위원회가 결렬되었다.
③ 국회가 민의원과 참의원의 양원제로 운영되었다.
④ 평화 통일론을 주장한 진보당의 조봉암이 구속되었다.
⑤ 유상 매수, 유상 분배 원칙의 농지 개혁법이 제정되었다.

79 다음 판결이 있었던 정부 시기의 사실로 옳은 것은? 57회 2점

○ 김○○ 씨가 모 다방에서 동석한 사람들에게 "정부가 물가 조정한다고 하면서 물가가 오르기만 하니 정부가 국민을 기만하는 것이 아니냐.", "중앙정보부에서 모 대학교수를 잡아 조사를 하다 죽이고서는 자살하였다고 거짓 발표하였다." 등의 발언을 하여 유언비어를 유포했다는 이유로 징역 5년을 선고받았다.

○ 사상계 전 대표 장준하, 백범 사상 연구소 소장 백기완이 함석헌, 계훈제 등과 개헌 청원 100만 인 서명 운동에 대해 논의하고 긴급 조치를 비판하였다는 이유로 각각 징역 및 자격 정지 15년, 12년을 선고받았다.

① 한일 월드컵 축구 대회가 개최되었다.
② 농촌 근대화를 표방하는 새마을 운동이 추진되었다.
③ 외환 위기 극복을 위한 금 모으기 운동이 전개되었다.
④ 금융 거래 투명성을 실현하고자 금융 실명제가 시행되었다.
⑤ 한미 자유 무역 협정(FTA) 체결에 반대하는 시위가 벌어졌다.

80 다음 사건 이후의 사실로 옳은 것은? 52회 3점

시사만화로 보는 현대사

이 만화는 민생고 해결을 외치는 여성 노동자들이 경찰에게 과잉 진압되는 모습을 풍자하고 있다.

가발 생산 공장의 여성 노동자 180여 명이 업주의 폐업 조치에 맞서 신민당사에서 농성을 하자, 1천여 명의 무장 경찰이 폭력적으로 진압하였다. 이후 이 사건은 'YH 무역 사건'으로 역사에 기록되었다.

① 부마 민주 항쟁이 일어났다.
② 3·1 민주 구국 선언이 발표되었다.
③ 민의원과 참의원의 양원제 국회가 출범하였다.
④ 6·3 시위가 전개되고 비상계엄령이 선포되었다.
⑤ 전태일이 근로 기준법 준수를 외치며 분신하였다.

81 (가) 민주화 운동에 대한 설명으로 옳은 것은? 51회 2점

노래로 읽는 한국사

임을 위한 행진곡

사랑도 명예도 이름도 남김없이
한평생 나가자던 뜨거운 맹세
동지는 간데없고 깃발만 나부껴
새날이 올 때까지 흔들리지 말자
세월은 흘러가도 산천은 안다
깨어나서 외치는 뜨거운 함성
앞서서 나가니 산 자여 따르라

[해설]
이 곡은 (가) 당시 계엄군에 맞서 시민군으로 활동하다 희생된 고(故) 윤상원과 광주에서 야학을 운영하다 사망한 고 박기순의 영혼결혼식에 헌정된 노래이다. 1997년 (가) 기념일이 정부 기념일로 지정된 이후 기념식에서 제창되었다.

① 3·1 민주 구국 선언이 발표되었다.
② 4·13 호헌 조치 철폐를 요구하였다.
③ 장면 내각이 출범하는 계기가 되었다.
④ 시위 도중 대학생 이한열이 희생되었다.
⑤ 신군부의 비상계엄 확대와 무력 진압에 저항하였다.

82 (가) 정부 시기에 볼 수 있는 모습으로 적절한 것은? 52회 2점

사진으로 보는 (가) 정부

프로야구 6개 구단 창단 | 언론 통제 보도 지침 | 호헌 철폐 국민 대회

① 7·4 남북 공동 성명 발표를 취재하는 기자
② 개성 공단 착공식에 참석하고 있는 정부 관료
③ 금강호를 타고 금강산 관광을 떠나는 단체 여행객
④ 한반도 비핵화 공동 선언문을 발표하는 외교부 당국자
⑤ 최초의 이산가족 상봉 행사에 참여하는 남북 고향 방문단

83 (가) 민주화 운동에 대한 설명으로 옳은 것은? 58회 1점

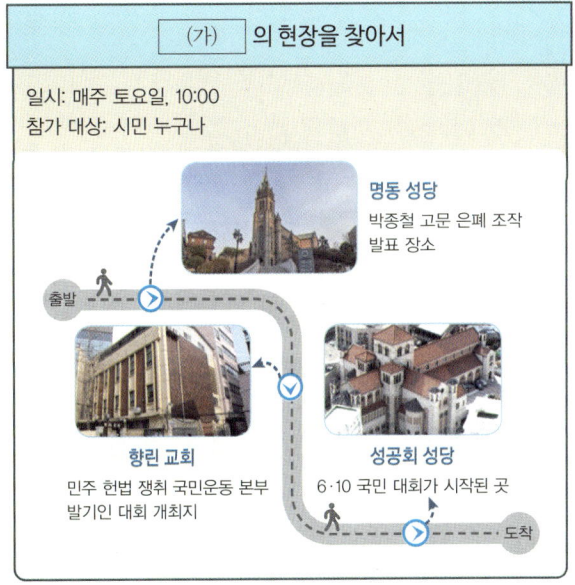

(가) 의 현장을 찾아서

일시: 매주 토요일, 10:00
참가 대상: 시민 누구나

명동 성당 - 박종철 고문 은폐 조작 발표 장소
향린 교회 - 민주 헌법 쟁취 국민운동 본부 발기인 대회 개최지
성공회 성당 - 6·10 국민 대회가 시작된 곳

① 신군부의 비상계엄 확대가 원인이 되어 일어났다.
② 관련 기록물이 유네스코 세계 기록 유산으로 등재되었다.
③ 3·15 부정 선거에 항의하며 시위대가 경무대로 행진하였다.
④ 3·1 민주 구국 선언을 통해 긴급 조치 철폐 등을 요구하였다.
⑤ 호헌 철폐와 독재 타도 등의 구호를 내세운 시위가 확산되었다.

84 (가) 정부의 통일 노력으로 옳은 것은? 51회 3점

□□신문

제△△호 ○○○○년 ○○월 ○○일

대한민국 대통령, 중국 최초 방문

9월 27일부터 30일까지 (가) 대통령이 대한민국 대통령으로는 최초로 중국을 공식 방문하였다. 베이징에서 진행된 회담에서 양국 정상은 지난달 성사된 한중 수교의 의의를 높이 평가하면서 우호 협력 관계를 발전시키자고 하였다. 또한 양국 정상은 한반도의 긴장 완화가 한국 국민의 이익에 부합될 뿐 아니라 동북아시아 평화와 안정에 유익하며, 이와 같은 추세가 계속 발전해 나가야 한다는 데 합의하였다.

① 남북 기본 합의서를 채택하였다.
② 7·4 남북 공동 성명을 발표하였다.
③ 남북 정상 회담을 처음으로 성사시켰다.
④ 이산가족 고향 방문을 최초로 실현하였다.
⑤ 경제 협력을 위한 개성 공단 건설을 추진하였다.

85 다음 뉴스가 보도된 정부 시기에 있었던 사실로 옳은 것은? 54회 2점

① 경제 협력 개발 기구(OECD)에 가입하였다.
② 칠레와 자유 무역 협정(FTA)을 체결하였다.
③ 양성평등의 실현을 위해 호주제가 폐지되었다.
④ 5년 단임의 대통령 직선제 개헌안이 통과되었다.
⑤ 굴욕적인 대일 외교에 반대하는 6·3 시위가 일어났다.

86 다음 문서가 작성된 이후의 사실로 옳은 것은? 52회 2점

미셸 캉드쉬 총재 귀하

1. 첨부된 경제 계획 각서에는 향후 3년 이상 한국이 실행할 정책이 요약되어 있습니다. 이 정책은 현재의 재정적 어려움을 초래한 근본 원인을 해결하여 시장의 신뢰를 회복하며, 한국 경제를 강력하고 지속 가능한 성장의 길로 이끌 수 있을 것입니다. 이 경제 계획을 지원하기 위해 한국 정부는 향후 3년간 특별 인출권(SDR) 155억 달러 규모의 국제 통화 기금(IMF) 대기성 차관을 요청합니다.

① 전국 민주 노동조합 총연맹이 창립되었다.
② 저유가, 저금리, 저달러의 3저 호황이 있었다.
③ 제2차 석유 파동으로 경제 불황이 심화되었다.
④ 대통령 긴급 명령으로 금융 실명제가 실시되었다.
⑤ 대통령 직속 자문 기구인 노사정 위원회가 구성되었다.

87 밑줄 그은 '정부' 시기의 사실로 옳은 것은? 50회 3점

① 호주제가 폐지되었다.
② 대학 졸업 정원제가 시행되었다.
③ 노인 장기 요양 보험법이 제정되었다.
④ 국민 기초 생활 보장법이 실시되었다.
⑤ 중학교 무시험 진학 제도가 시작되었다.

88 다음 명령을 실행한 정부의 경제 정책으로 옳은 것은?

이것은 경제 관련 긴급 명령을 발표하는 사진입니다. 경부 고속 도로 개통 등으로 경제 발전에 힘쓰던 당시 정부는 사채에 허덕이는 기업을 구제하기 위해 사채 신고를 독려하고 그 상환을 동결시켜 주었습니다. 이로써 기업의 재무 구조가 개선되었으나 정경 유착이 심해지는 계기가 되기도 하였습니다.

① 제3차 경제 개발 5개년 계획을 추진하였다.
② 미국과 자유 무역 협정(FTA)을 체결하였다.
③ 귀속 재산 처리를 위해 신한 공사를 설립하였다.
④ 최저 임금 결정을 위한 최저 임금 위원회를 설치하였다.
⑤ 금융 거래의 투명성을 확보하고자 금융 실명제를 실시하였다.

89 다음 담화문을 발표한 정부 시기의 경제 상황으로 옳은 것은?

헌법 제76조 제1항의 규정에 의거하여 「금융실명거래 및 비밀보장에 관한 대통령 긴급재정경제명령」을 반포합니다. …… 금융실명제 없이는 건강한 민주주의도, 활력이 넘치는 자본주의도 꽃피울 수가 없습니다. 정치와 경제의 선진화를 이룩할 수가 없습니다. 금융 실명제는 '신한국'의 건설을 위해서 그 어느 것보다도 중요한 제도 개혁입니다.

① 경부 고속 도로를 준공하였다.
② 제1차 경제 개발 5개년 계획이 추진되었다.
③ 경제 협력 개발 기구(OECD)에 가입하였다.
④ 미국과 자유 무역 협정(FTA)을 체결하였다.
⑤ 귀속 재산 처리를 위해 신한 공사가 설립되었다.

90 다음 뉴스가 보도된 시기 정부의 통일 노력으로 옳은 것은?

오늘 대통령은 경의선 복원 사업의 일환으로 건설된 도라산역을 미국의 부시 대통령과 함께 방문하였습니다. 정부는 이 역의 준공으로 우리나라가 유라시아와 태평양을 연결하는 물류의 중심지로 도약할 수 있을 것이라 밝혔습니다.

① 민족 자존과 통일 번영을 위한 7·7 선언을 발표하였다.
② 최초의 이산가족 고향 방문과 예술 공연단 교환을 실현하였다.
③ 남북 정상 회담을 개최하고 6·15 남북 공동 선언을 채택하였다.
④ 7·4 남북 공동 성명을 실천하기 위한 남북 조절 위원회를 구성하였다.
⑤ 남북 사이의 화해와 불가침 및 교류·협력에 관한 합의서를 교환하였다.

91 (가)~(다) 학생이 발표한 내용을 일어난 순서대로 옳게 나열한 것은?

① (가) – (나) – (다)
② (가) – (다) – (나)
③ (나) – (가) – (다)
④ (나) – (다) – (가)
⑤ (다) – (가) – (나)

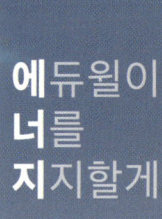

한계는 없다.
도전을 즐겨라.

– 칼리 피오리나(Carly Fiorina)

정답해설

전근대(선사~조선) P. 4~29

01	⑤	02	④	03	③	04	①	05	⑤
06	②	07	⑤	08	②	09	⑤	10	⑤
11	①	12	②	13	③	14	③	15	②
16	②	17	④	18	②	19	③	20	⑤
21	④	22	②	23	③	24	②	25	③
26	⑤	27	⑤	28	②	29	④	30	⑤
31	④	32	⑤	33	⑤	34	④	35	④
36	⑤	37	④	38	⑤	39	②	40	⑤
41	③	42	④	43	③	44	②	45	④
46	①	47	②	48	⑤	49	⑤	50	④
51	⑤	52	⑤	53	①	54	②	55	⑤
56	⑤	57	④	58	⑤	59	③	60	④
61	③	62	⑤	63	④	64	②	65	③
66	⑤	67	④	68	⑤	69	②	70	⑤
71	⑤	72	③	73	②	74	②	75	②
76	②	77	⑤	78	④	79	①	80	④
81	②	82	⑤	83	②	84	④	85	⑤
86	①	87	①	88	⑤	89	⑤	90	①
91	⑤	92	⑤	93	②	94	④	95	②

근현대(개항기~현대) P. 32~57

01	③	02	④	03	②	04	③	05	④
06	③	07	②	08	①	09	⑤	10	①
11	④	12	⑤	13	③	14	①	15	⑤
16	②	17	①	18	②	19	⑤	20	⑤
21	②	22	⑤	23	①	24	②	25	②
26	③	27	④	28	⑤	29	①	30	⑤
31	④	32	⑤	33	①	34	⑤	35	⑤
36	②	37	④	38	①	39	②	40	④
41	②	42	④	43	⑤	44	②	45	①
46	⑤	47	④	48	⑤	49	⑤	50	①
51	②	52	⑤	53	①	54	②	55	①
56	③	57	④	58	④	59	②	60	⑤
61	②	62	⑤	63	④	64	⑤	65	⑤
66	③	67	⑤	68	②	69	①	70	⑤
71	⑤	72	③	73	⑤	74	②	75	②
76	⑤	77	④	78	⑤	79	④	80	②
81	⑤	82	⑤	83	⑤	84	②	85	①
86	⑤	87	④	88	①	89	④	90	③
91	③								

전근대(선사~고조선과 여러 나라의 성장)

01	⑤	02	④	03	③	04	①	05	⑤
06	②	07	⑤	08	②	09	⑤	10	⑤
11	①	12	②	13	⑤	14	③		

01 구석기 시대의 생활 모습   정답 ⑤

키워드 문제분석   찍개 + 주먹도끼 + 연천 전곡리 = **구석기 시대**

구석기 시대 사람들은 돌을 깨뜨리거나 떼어 내어 만든 뗀석기를 도구로 사용하였어요. 주먹도끼, 찍개, 슴베찌르개가 대표적인 뗀석기예요.

① 신석기 시대부터 가락바퀴를 이용하여 뽑은 실로 옷이나 그물을 만들었어요.
② 청동기 시대에는 간석기인 반달 돌칼을 이용하여 곡물을 수확하였어요.
③ 청동기 시대에는 지배자의 무덤으로 추정되는 고인돌을 축조하였어요.
④ 청동기 시대와 철기 시대에는 거푸집을 이용하여 청동 검을 만들었어요. 세형동검은 우리나라 청동기 문화의 발전을 보여 주는 대표적인 유물로, 철기 시대에 제작되었어요.
⑤ 구석기 시대 사람들은 이동 생활을 하였으며, 주로 동굴이나 강가의 막집에서 거주하였어요.

02 구석기 시대의 생활 모습   정답 ④

키워드 문제분석   공주 석장리 + 주먹도끼 + 찍개 = **구석기 시대**

구석기 시대 사람들은 뗀석기인 주먹도끼, 찍개, 슴베찌르개 등을 도구로 사용하였어요. 공주 석장리 유적은 우리나라의 대표적인 구석기 시대 유적이에요.

① 철기 시대 유적에서 명도전, 반량전 등 중국 화폐가 출토되어 당시 한반도와 중국이 활발하게 교역하였음을 알 수 있어요.
② 청동기 시대에는 곡물을 수확하는 도구로 반달 돌칼을 이용했어요.
③ 철기 시대에는 거푸집을 이용하여 세형동검을 만들었어요.
④ 구석기 시대 사람들은 주로 동굴이나 막집, 바위 그늘에 거주하였어요.
⑤ 신석기 시대에는 빗살무늬 토기를 만들어 식량을 저장하고 음식을 조리하였어요.

03 신석기 시대의 생활 모습   정답 ③

키워드 문제분석   제주 고산리 + 이른 민무늬 토기 = **신석기 시대**

제주 고산리 유적은 부산 동삼동 유적 등과 더불어 우리나라의 대표적인 신석기 시대 유적이에요. 신석기 시대에는 이른 민무늬 토기, 빗살무늬 토기 등 토기를 만들어 사용하기 시작하였어요.

① 청동기 시대에는 고인돌, 돌널무덤 등의 무덤을 만들었어요.
② 청동기 시대와 철기 시대에는 거푸집을 이용하여 청동 검을 제작하였어요.
③ 신석기 시대부터 농경과 목축이 시작되어 한곳에 정착하여 살기 시작하였어요.
④ 구석기 시대 사람들은 주로 동굴에 살면서 사냥과 채집을 통해 식량을 얻었어요.
⑤ 철기 시대부터 쟁기, 쇠스랑 등의 철제 농기구가 농사짓는 데 사용되어 농업 생산력이 크게 늘었어요.

04 신석기 시대의 생활 모습   정답 ①

키워드 문제분석
빗살무늬 토기 + 갈돌, 갈판 = **신석기 시대**

신석기 시대 사람들은 토기를 만들어 식량을 저장하는 데 이용하기 시작했어요. 그중 대표적인 토기가 빗살무늬 토기예요. 갈돌과 갈판은 신석기 시대에 곡물의 껍질을 벗기거나 곡식을 가는 데 사용된 간석기예요.

① 신석기 시대에 처음으로 실을 뽑기 위한 도구로 가락바퀴를 만들어 사용하였어요.
② 철기 시대에는 명도전, 반량전, 오수전 등 중국 화폐를 사용하여 중국과 교류하였어요.
③ 청동기 시대와 철기 시대에는 의례 도구로 청동 방울, 청동 거울 등을 만들어 사용하였어요.
④ 철기 시대에 청동기를 만드는 틀인 거푸집을 이용하여 세형동검을 제작하였어요.
⑤ 청동기 시대에는 계급이 발생하여 지배층의 무덤으로 고인돌을 축조하였어요.

05 청동기 시대의 생활 모습   정답 ⑤

키워드 문제분석
부여 송국리 + 민무늬 토기 + 비파형 동검
= **청동기 시대**

부여 송국리 유적은 우리나라의 대표적인 청동기 시대 유적이에요. 이곳에서 청동기 시대의 토기인 민무늬 토기, 청동 검인 비파형 동검이 출토되었어요. 비파형 동검은 청동기 시대에 만들어졌던 청동 검으로, 중국의 악기인 비파의 모양을 닮아 이름 붙여졌어요. 민무늬 토기는 청동기 시대의 대표적인 토기예요.

① 구석기 시대 사람들은 이동 생활을 하였으며, 주로 동굴이나 강가의 막집에 살았어요.
② 구석기 시대와 신석기 시대에는 계급이 없는 평등한 공동체 생활을 하였어요. 계급은 사유 재산이 발생한 청동기 시대에 생겨났어요.
③ 철기 시대에는 오수전, 화천 등 중국 화폐를 사용하여 중국과 교역하였어요.
④ 신석기 시대에는 가락바퀴로 뽑은 실을 뼈바늘로 엮어 옷과 그물을 만들기 시작하였어요.
⑤ 청동기 시대와 철기 시대에는 의례 도구로 청동 방울, 청동 거울 등을 제작하였어요.

06 청동기 시대의 생활 모습   정답 ②

키워드 문제분석
비파형 동검 + 민무늬 토기 = **청동기 시대**

청동기 시대 사람들은 구리와 주석의 합금인 청동으로 도구를 만들어 사용하였어요. 그러나 청동은 구하기가 어렵고 다루기도 어려운 금속이었기 때문에 농기구 등 생활 도구는 여전히 돌로 만든 것을 사용하였어요. 또한 청동기 시대에는 민무늬 토기가 만들어졌어요.

① 구석기 시대에 사람들은 이동 생활을 하며 식량을 얻었고, 주로 동굴이나 막집에 거주하였어요.
② 청동기 시대에는 계급이 등장하여 지배층의 무덤으로 많은 인력을 동원한 고인돌을 축조하였어요.
③ 신석기 시대부터 농경과 목축을 통해 식량을 생산하였어요.
④ 철기 시대에는 쟁기, 쇠스랑, 호미, 낫 등의 철제 농기구를 사용하였어요.
⑤ 구석기 시대에는 뗀석기인 주먹도끼, 찍개, 슴베찌르개 등을 도구로 사용하였어요.

07 고조선   정답 ⑤

키워드 문제분석
단군왕검 + 우리 역사상 최초의 국가 = **고조선**

우리 역사상 최초의 국가는 기원전 2333년에 단군왕검이 세운 고조선이에요. 일본에 의해 나라가 위태롭던 1909년에 단군왕검을 민족의 시조로 모시는 대종교가 만들어졌어요.

① 가야는 신라를 압박하기 위해 백제, 왜와 연합하여 신라의 수도 금성을 공격하였어요.
② 신라 내물 마립간부터 마립간이라는 왕의 칭호를 사용하였어요.
③ 고구려 고국천왕 때 을파소의 건의를 받아들여 빈민을 구제하기 위한 진대법을 실시하였어요.
④ 백제가 고대 국가로 성장하면서 마한의 맹주국이었던 목지국을 압도하고 한반도 남부 지역의 맹주로 발돋움하였어요.
⑤ 고조선에는 사회 질서를 유지하기 위해 살인, 절도 등의 죄를 다스리는 범금 8조(8조법)가 있었어요.

08 위만의 활동   정답 ②

키워드 문제분석
준왕에게 항복 + 준왕을 공격 = **위만**

위만은 중국의 연에서 무리를 이끌고 와 준왕에게 항복한 인물이에요. 준왕의 신임을 얻은 위만은 서쪽 변방의 수비를 담당하며 힘을 키워 준왕을 몰아내고 왕위에 올랐어요. 이때부터를 위만 조선이라고 하며, 위만 조선 때부터 고조선은 철기 문화를 본격적으로 수용하였어요.

① 위만의 손자인 우거왕은 한 무제가 파견한 대규모 군대에 맞서 싸웠으나 결국 패하였어요. 이로써 고조선은 멸망하였어요.
② 위만은 고조선 주변의 진번과 임둔을 복속시켜 세력을 확장하였어요.

③ 고구려 고국천왕은 빈민 구제를 위해 진대법을 실시하였어요.
④ 고구려는 지방의 여러 성에 욕살(녹살), 처려근지 등의 관리를 두어 다스렸어요.
⑤ 고조선은 기원전 3세기에 중국 연의 장수인 진개의 침략을 받아 서쪽 영토를 빼앗겼어요.

09 위만 조선 정답 ⑤

키워드 문제분석
우거왕 + 한에 항복 = 고조선

고조선은 중국의 한과 한반도 남부의 진(辰) 사이의 중계 무역을 통해 성장하였어요. 고조선이 중계 무역의 이득을 독점하고 흉노와 연합하여 한나라를 압박하자, 한 무제는 대규모의 군대를 파견하여 고조선을 공격하게 하였어요. 우거왕은 한나라군에게 약 1년여 간 항전했으나 결국 항복하였고, 이로써 고조선은 멸망하였어요.

ㄱ. 백제는 지방의 거점에 22담로를 설치하고 왕족을 파견하였어요.
ㄴ. 고구려는 빈민 구제 정책으로 춘궁기에 곡식을 빌려주었다가 수확한 이후에 갚게 하는 진대법을 실시하였어요.
ㄷ. 고조선의 위만은 주변 지역인 진번과 임둔을 복속시켜 세력을 확장하였어요.
ㄹ. 고조선에는 살인, 절도 등의 죄를 다스리는 사회 규범인 범금 8조가 있었어요.

10 고조선 정답 ⑤

키워드 문제분석
왕검성 + 우거왕 = 고조선

고조선은 위만이 집권한 이후부터 본격적으로 철기 문화를 수용하였고, 중국의 한과 한반도 남부의 진(辰) 사이에서 중계 무역의 이득을 독점하여 경제력을 키웠어요. 그러나 한의 공격을 받아 수도 왕검성이 함락되면서 멸망하였어요.

① 고구려는 매년 10월에 동맹이라는 제천 행사를 열었어요.
② 삼한에는 세력 크기에 따라 신지, 읍차 등으로 불린 정치 지배자가 있었어요.
③ 부여에는 도둑질한 자에게 12배로 배상하게 하는 법(1책 12법)이 있었어요.
④ 동예에는 다른 읍락의 경계를 침범하면 노비나 소, 말 등으로 변상하게 하는 풍습인 책화가 있었어요.
⑤ 기원전 3세기경 고조선은 왕의 힘이 커져 상, 대부, 장군 등의 관직을 두었어요.

11 부여 정답 ①

키워드 문제분석
사출도 + 순장 = 부여

부여에서는 마가, 저가, 우가, 구가 등의 대가들이 왕이 다스리는 중앙 지역을 제외한 지역인 사출도를 관할하였어요. 또한 부여에는 지배층이 죽었을 때 순장하는 풍습이 있었어요.

① 부여는 매년 12월에 영고라는 제천 행사를 열었어요.
② 삼한에는 정치 지배자인 신지, 읍차 등이 있었어요.
③ 삼한에는 정치 지배자와는 별도로 종교의식을 주관하는 제사장인 천군과 신성 지역인 소도가 존재하였어요.
④ 상가, 고추가 등으로 불린 고구려의 대가들은 사자, 조의, 선인 등의 관리를 거느렸어요.
⑤ 동예는 부족 간의 경계를 중시해서 다른 부족의 영역을 침범하면 소, 말 등으로 변상하게 하는 책화라는 풍습이 있었어요.

12 옥저와 삼한 정답 ②

키워드 문제분석
• 여자아이와 혼인을 약속하고 기름 = (가) 민며느리제(옥저)
• 신지, 읍차 + 철 생산 = (나) 삼한

(가) 옥저에는 신부가 될 여자아이를 신랑 집에서 데려가 기른 후 신부가 성장하면 신부 집으로 돌아가게 하는 민며느리제라는 혼인 풍습이 있었어요.
(나) 삼한에는 정치 지배자와 종교 지배자(제사장)가 각각 존재했어요. 그중 정치 지배자는 세력 크기에 따라 신지, 읍차 등으로 불렸어요.

① 삼한에는 천군이 다스리는 신성 지역으로 소도를 두었어요.
② 옥저와 동예에서는 읍군, 삼로 등으로 불린 군장이 읍락을 다스렸어요.
③ 부여에서는 왕이 중앙을 다스리고 여러 가(加)들이 별도로 사출도를 주관하였어요.
④ 동예는 책화라는 풍습이 있었고, 단궁, 과하마, 반어피가 특산물로 유명하였어요.
⑤ 고조선은 우거왕 때 한 무제가 파견한 군대의 공격을 받아 멸망하였어요.

13 동예 정답 ③

키워드 문제분석
무천 + 단궁, 과하마 = 동예

동예는 강원도 북부 해안 지방에 위치하였던 고대 국가로, 후·읍군·삼로라 불린 군장이 사람들을 다스렸어요. 동예에는 매년 10월에 하늘에 제사를 지내는 무천이라는 행사가 있었어요. 또한 동예는 단궁(짧은 활)과 과하마(키가 작은 말), 반어피(바다표범 가죽)가 많이 나서 특산물로 유명하였어요.

① 삼한에는 신성 지역인 소도와 제사장인 천군이 있었어요.
② 옥저에는 여자가 어렸을 때 신랑 집에 데려와 키운 후 성인이 되면 정식으로 혼인하는 민며느리제라는 풍습이 있었어요.
③ 동예에는 다른 읍락의 경계를 침범하면 소나 말, 노비 등으로 갚게 하는 책화라는 풍습이 있었어요.
④ 고구려에서는 대가들이 모인 제가 회의에서 나라의 중요한 일을 결정하였어요.
⑤ 부여에서는 왕이 중앙을 다스리고, 여러 가(加)들이 별도로 사출도를 주관하였어요.

14 옥저와 삼한 정답 ③

- 식구를 한 곽에 안치 = **(가) 가족 공동 무덤(옥저)**
- 천군 + 소도 = **(나) 삼한**

(가) 옥저에는 가족이 죽으면 가매장을 해두었다가 나중에 뼈만 추려서 가족 공동 무덤에 안치하는 풍습이 있었어요.
(나) 삼한에는 종교 지배자(제사장)인 천군과 그가 관할하는 신성 지역인 소도가 있었어요.

① 고구려에는 일종의 데릴사위제인 서옥제라는 혼인 풍습이 있었어요.
② 삼한은 힘이 강했던 목지국을 비롯하여 많은 소국들로 이루어졌어요.
③ 삼한은 세력 크기에 따라 신지, 읍차 등으로 불린 족장이 나라를 다스렸어요.
④ 부여는 매년 12월에 하늘에 제사를 지내는 영고라는 행사를 열었어요.
⑤ 부여에서는 왕 아래의 대가들이 사출도를 주관하였어요.

전근대(고대)

15	②	16	②	17	④	18	②	19	③
20	⑤	21	④	22	②	23	③	24	②
25	③	26	⑤	27	⑤	28	②	29	④
30	②	31	④	32	⑤	33	⑤	34	④
35	④	36	②	37	④	38	②	39	④
40	②	41	③	42	④	43	③		

15 고구려 소수림왕의 업적 정답 ②

고구려 + 불교 수용 = **고구려 소수림왕**

고구려 소수림왕은 백제와의 전투에서 사망한 고국원왕의 뒤를 이어 즉위하였어요. 소수림왕은 국가의 위기를 극복하기 위해 노력하였어요. 중국의 전진으로부터 불교를 수용하였고, 율령을 반포하여 중앙 집권적 국가 체제를 정비하였어요.

① 장수왕은 도읍을 국내성에서 평양성으로 옮기고 남진 정책을 본격적으로 추진하였어요.
② 소수림왕은 유학 교육 기관인 태학을 설립하여 인재를 양성하였어요.
③ 미천왕은 서안평을 공격하여 영토를 확장하였어요.
④ 안원왕 때 독자적 연호인 '연가'를 사용한 것으로 추정되어요.
⑤ 광개토 태왕은 신라 내물 마립간의 요청에 따라 신라에 군대를 파견하여 왜를 격퇴하였어요.

16 고구려 장수왕의 정책 정답 ②

동성왕의 혼인 요청 + 마립간이 이벌찬의 딸을 보냄 = **백제와 신라의 혼인 동맹(493)**

고구려 장수왕은 427년에 수도를 국내성에서 평양으로 옮기고, 남진 정책을 추진하였어요. 그러자 백제 비유왕과 신라 눌지 마립간은 433년에 동맹을 체결하였어요(나·제 동맹). 이후 475년 장수왕의 공격으로 백제 개로왕이 전사하고 한성이 함락되자, 백제 문주왕은 웅진으로 천도하였어요. 그리고 백제 동성왕은 493년에 신라 소지 마립간과 혼인 동맹을 맺어 고구려의 세력 확대에 맞서려고 하였어요.

① 신라 법흥왕이 금관가야를 병합한 것은 532년이에요.
② 고구려 장수왕의 공격으로 백제의 수도 한성이 함락되자, 백제와 신라는 장수왕의 남진에 대항하기 위해 혼인을 통해 나·제 동맹을 강화하였어요.
③ 김유신이 비담과 염종의 반란을 진압한 것은 신라 선덕 여왕 때인 647년이에요.
④ 고구려 장군 온달이 영양왕의 명령으로 신라가 차지한 한강 유역을 되찾기 위해 아단성을 공격한 것은 590년이에요.
⑤ 김춘추가 당으로 건너가 신라와 당의 군사 동맹(나·당 동맹)을 성사시킨 것은 648년이에요.

17 고구려와 백제의 대립 정답 ④

키워드 문제분석
- 온달 + 한강 이북 땅 = (가) 아단성 전투(590)
- 백제 왕 + 평양성 공격 = (나) 고국원왕 전사(371)
- 한성 함락 + 백제 왕 죽음 = (다) 한성 함락(475)

(나) 371년 백제 근초고왕은 평양성을 공격하여 고구려 고국원왕을 전사시켰어요.
(다) 고구려 장수왕은 남진 정책을 추진하였고, 475년 백제의 수도 한성을 공격하여 백제 개로왕을 전사시켰어요.
(가) 고구려 영양왕은 신라 진흥왕에게 한강 유역을 빼앗기자 이를 되찾기 위하여 온달을 아단성 전투에 출전시켰으나, 온달은 전사하였어요.

④ (나) 고국원왕 전사(371) → (다) 한성 함락(475) → (가) 아단성 전투(590)

18 백제 무령왕의 업적 정답 ②

키워드 문제분석
22담로에 왕족 파견 = 백제 무령왕

백제는 고구려 장수왕에게 수도 한성을 빼앗기고 문주왕 때 웅진으로 천도하였어요. 이후 무령왕은 정치적 불안을 안정시키기 위해 아버지 동성왕을 시해한 주범인 백가를 제거하고 22담로에 왕족을 파견하여 중앙 정부의 지방 통제력을 강화하였어요.

① 무왕은 익산에 미륵사를 창건하였어요.
② 무령왕은 중국 남조의 양에 사신을 파견하여 선진 문물을 받아들였어요. 그의 무덤 또한 중국 남조의 영향을 받아 벽돌로 축조되었어요.
③ 근초고왕은 고흥에게 역사서인 《서기》를 편찬하게 하였어요.
④ 침류왕은 동진의 마라난타를 통해 불교를 수용하였어요.
⑤ 성왕은 사비로 천도하고 국호를 '남부여'라고 하였어요.

19 백제 무령왕의 업적 정답 ③

키워드 문제분석
양나라 + 벽돌무덤 = 백제 무령왕

백제 무령왕은 정치적 안정과 귀족 세력 견제를 위해 22담로에 왕족을 파견함과 동시에 중국 남조의 양과 활발히 교류하여 대외 관계의 안정을 꾀하였어요. 무령왕릉은 중국 남조의 영향을 받아 벽돌로 축조한 벽돌무덤 양식이에요.

① 무왕은 익산에 미륵사를 창건하였어요.
② 성왕은 백제의 중흥을 위해 수도를 웅진에서 사비로 옮기고 국호를 '남부여'로 고쳤어요.
③ 무령왕은 22담로에 왕족을 파견하여 지방에 대한 통제력을 강화하였어요.
④ 근초고왕은 평양성을 공격하여 고구려 고국원왕을 전사시켰어요.
⑤ 침류왕은 동진의 마라난타를 통해 불교를 수용하였어요.

20 백제 성왕의 업적 정답 ⑤

키워드 문제분석
관산성에서 전사 = 백제 성왕

백제 성왕은 웅진에서 사비로 천도하고, 국호를 '남부여'로 고쳐 백제의 중흥을 꾀하였어요. 또한 신라와 연합하여 한강 하류 유역을 일시적으로 회복하였다가 진흥왕에게 빼앗겼고, 한강 유역을 되찾기 위해 관산성 전투에서 신라와 싸우다가 전사하였어요.

① 무왕은 익산에 미륵사를 창건하였어요.
② 침류왕은 동진의 마라난타를 통해 불교를 수용하였어요.
③ 의자왕은 윤충을 보내 신라의 대야성을 함락하였어요.
④ 근초고왕은 고흥에게 역사서 《서기》를 편찬하게 하였어요.
⑤ 성왕은 신라 진흥왕과 연합하여 한강 하류 지역을 일시적으로 되찾았다가, 진흥왕의 공격으로 빼앗겼어요.

21 5~6세기 백제의 정세 정답 ④

키워드 문제분석
- 문주 + 웅진 = (가) 백제의 웅진 천도(475)
- 신라 병사에게 왕이 살해 = (나) 관산성 전투(554)

(가) 고구려 장수왕의 침입으로 한성을 빼앗기고 백제 개로왕이 사망하자, 개로왕의 아들 문주왕은 475년에 웅진(오늘날 공주)으로 천도하였어요.
(나) 백제 성왕은 신라 진흥왕과 함께 수복하였던 한강 유역을 진흥왕의 배신으로 잃었어요. 이로 인해 나·제 동맹이 결렬되고 성왕은 한강 유역을 되찾기 위해 554년에 관산성 전투를 일으켰으나, 이 전투에서 신라군에 의해 전사하였어요.
따라서 백제의 웅진 천도(475)와 관산성 전투(554) 사이 시기의 사실을 골라야 해요.

① 익산에 미륵사가 창건된 것은 백제 무왕 때로, (나) 이후의 사실이에요.
② 흑치상지가 임존성에서 군사를 일으킨 것은 백제 멸망(660) 후인 백제 부흥 운동 때로, (나) 이후의 사실이에요.
③ 동진의 마라난타를 통해 백제가 불교를 수용한 것은 백제 침류왕 때로, (가) 이전의 사실이에요.
④ 웅진으로 천도한 이후 즉위한 백제 무령왕은 왕권을 강화하기 위하여 22담로에 왕족을 파견해 지방 세력에 대한 통제를 강화하였어요. 무령왕 이후 성왕이 백제의 중흥을 위해 노력하였어요.
⑤ 계백의 황산벌 전투는 백제 멸망 직전인 660년으로, (나) 이후의 사실이에요.

22 신라 지증왕의 업적 정답 ②

키워드 문제분석
국호 '신라' + '왕' 칭호 = 신라 지증왕

신라 지증왕은 통치자의 칭호를 '마립간'에서 '왕'으로 바꾸고, 국호도 '신라'로 정하였어요. 또한 우경을 장려하였으며, 시장인 동시를 열고 시장을 감독하는 관청인 동시전을 설치하였어요.

① 법흥왕은 병부와 상대등을 설치하고 율령을 반포하였어요.
② 지증왕은 이사부를 보내 우산국(울릉도)을 정벌하였어요.
③ 진흥왕은 한강 유역을 차지하고 대가야를 복속하여 영토를 확장하였어요.
④ 신문왕은 유학 교육 기관으로 국학을 설립하였어요.
⑤ 선덕 여왕은 승려 자장의 건의를 받아들여 나라를 지키고자 하는 염원을 담아 황룡사 9층 목탑을 건립하였어요.

23 신라 법흥왕의 업적   정답 ③

키워드 문제분석: 병부 설치 + 율령 반포 = **신라 법흥왕**

신라 법흥왕은 병부를 설치하고 율령을 반포하여 중앙 집권적 통치 체제를 갖추어 나갔어요. 또한 '건원'이라는 독자적 연호를 사용하였고, 금관가야를 멸망시켜 영토를 확대하였어요.

① 지증왕은 이사부를 보내 울릉도 일대인 우산국을 복속하였어요.
② 신문왕은 진골 세력을 견제하기 위해 관료전을 지급하고 녹읍을 폐지하였어요.
③ 법흥왕은 이차돈의 순교를 계기로 불교를 공인하였어요.
④ 원성왕은 인재 등용을 위해 유교 경전의 이해에 따라 관리를 채용하는 독서삼품과를 시행하였어요.
⑤ 진흥왕은 거칠부에게 명하여 《국사》를 편찬하게 하였어요.

24 신라 법흥왕의 업적   정답 ②

키워드 문제분석: 금관국 항복 = **신라 법흥왕**

신라 법흥왕은 병부를 설치하고 율령을 반포하는 등 국가 통치의 기틀을 마련하였어요. 또한 고구려 광개토 태왕의 공격을 받고 세력이 약화된 금관가야를 병합하여 영토를 확장하였어요.

① 신라 신문왕은 귀족 세력을 견제하기 위해 관료전을 지급하고 녹읍을 폐지하였어요.
② 신라 법흥왕은 관등제를 정비하고 '건원'이라는 독자적 연호를 제정하였어요.
③ 백제 무령왕은 지방에 대한 통제력을 강화하기 위해 22담로에 왕족을 파견하였어요.
④ 신라 원성왕은 유교 경전의 이해를 평가하여 관리를 등용하는 독서삼품과를 시행하였어요.
⑤ 신라 선덕 여왕은 자장의 건의를 받아들여 황룡사 9층 목탑을 건립하였어요.

25 신라 진흥왕의 업적   정답 ③

키워드 문제분석: 거칠부가 《국사》 편찬 = **신라 진흥왕**

6세기 중반 신라 진흥왕은 백제 성왕과 함께 고구려를 공격하여 한강 상류 유역을 점령한 후 백제를 공격하여 한강 하류 유역까지 차지하였어요. 한편 진흥왕은 거칠부에게 명하여 《국사》를 편찬하고, 황룡사를 건립하기도 하였어요.

① 경주 불국사 3층 석탑은 통일 신라 시기인 경덕왕 때 세워진 것으로 추정되어요.
② 선덕 여왕은 천체를 관측하기 위하여 첨성대를 세웠어요.
③ 진흥왕은 대가야를 정복하여 낙동강 일대까지 진출하고 북쪽으로는 함흥평야까지 진출하였는데, 함흥평야까지 영토를 확장한 것을 기념하고자 마운령, 황초령 등에 순수비를 세웠어요.
④ 법흥왕은 532년에 금관가야를 병합하여 영토를 확대하였어요.
⑤ 지증왕은 우경을 장려하고 동시전을 설치하여 시장을 감독하였어요.

26 금관가야의 발전   정답 ⑤

키워드 문제분석: 김해 대성동 + 김수로왕 = **금관가야**

김수로왕이 건국한 김해 지역의 금관가야는 전기 가야 연맹을 이끄는 맹주국이었어요. 그러나 고구려 광개토 태왕이 신라에 침입한 왜를 격퇴하면서 가야 연맹까지 공격하여 금관가야는 쇠퇴하였고, 이후 법흥왕에 의해 신라에 병합되었어요.

① 신라는 골품에 따라 관등 승진뿐만 아니라 일상생활에도 제한을 두는 골품제를 시행하였어요.
② 신라에는 만장일치제로 운영되는 귀족 회의인 화백 회의가 있었어요.
③ 부여에서는 왕이 중앙을 다스리고 마가·우가·저가·구가 등이 별도로 사출도를 주관하였어요.
④ 신라는 건국 초기에 박, 석, 김 3성이 교대로 왕위를 계승하다가 내물 마립간 때 김씨의 왕위 세습이 확립되었어요.
⑤ 금관가야에서는 질 좋은 철이 많이 생산되어 낙랑과 왜 등에 수출하며 번성하였어요.

27 대가야의 발전   정답 ⑤

키워드 문제분석: 진흥왕의 공격 + 사다함의 활약 = **대가야**

고구려 광개토 태왕의 공격을 받은 금관가야가 약화되자, 고령 지역의 대가야가 가야 연맹을 이끌었어요. 하지만 백제와 신라의 견제로 점차 약화되어 신라 진흥왕에 의해 멸망하였고, 이때 신라의 화랑인 사다함이 전쟁에서 큰 공을 세웠어요.

① 당은 고구려 멸망 이후 평양에 안동도호부를 설치하여 한반도를 지배하려 하였어요.
② 백제 무령왕은 지방의 22담로에 왕족을 파견하여 지방에 대한 통제력을 강화하려 하였어요.
③ 발해 문왕은 당의 제도를 수용하여 중앙 행정 기구를 3성 6부로 정비하였으나, 기구의 명칭과 운영에서는 독자성을 유지하였어요.
④ 이사금은 신라의 최고 지배자를 뜻하였던 칭호 중 하나로, '연장자'의 의미가 있어요.
⑤ 고구려 광개토 태왕의 공격으로 전기 가야 연맹을 주도하던 김해의 금관가야가 약화되자, 고령의 대가야가 가야의 주도 세력으로 성장하였어요. 하지만 신라 진흥왕에 의해 멸망하였어요.

28 7세기 고구려의 정세   정답 ②

- 거련(장수왕) + 한성 포위 = **(가) 한성 함락(475)**
- 안시성 공격 = **(나) 안시성 전투(645)**

(가) 고구려 장수왕(거련)은 427년 평양으로의 천도 이후 475년에 백제 수도 한성을 공격하여 백제 개로왕을 죽게 하였어요. 이후 백제는 문주왕 때 수도를 웅진으로 옮겼어요.
(나) 7세기 초 고구려가 수의 대규모 침입을 막아 낸 이후 당이 수를 멸망시켰어요. 이후 당 태종이 연개소문의 정변을 구실로 고구려를 침략해 오자, 645년 안시성에서 고구려군과 백성들이 당의 대군을 물리쳤어요(안시성 전투).
따라서 장수왕의 한성 함락(475)과 안시성 전투(645) 사이 시기의 사실을 골라야 해요.

① 고구려 미천왕이 서안평을 점령한 것은 311년으로, (가) 이전의 사실이에요.
②(○) 을지문덕은 612년에 수의 대군을 살수에서 크게 물리쳤어요(살수 대첩). 이후 수가 멸망하고 당이 세워졌어요.
③ 고구려 고국원왕이 백제 근초고왕의 평양성 공격으로 전사한 것은 371년으로, (가) 이전의 사실이에요.
④ 위의 장수 관구검이 고구려를 침략한 것은 3세기 고구려 동천왕 때로, (가) 이전의 사실이에요.
⑤ 고구려 광개토 태왕이 군대를 보내 신라에 침입한 왜를 격퇴한 것은 400년으로, (가) 이전의 사실이에요.

29 7세기 고구려의 정세   정답 ④

- 살수 + 을지문덕 = **(가) 살수 대첩(612)**
- 고구려 왕 항복 = **(나) 고구려 멸망(668)**

(가) 중국을 통일한 수가 대군을 이끌고 고구려를 침략하였으나, 고구려 장수 을지문덕이 612년 살수에서 수의 군대를 막아 냈어요(살수 대첩).
(나) 수를 멸망시킨 당은 신라와 동맹을 맺어 660년에 백제를, 668년에 고구려를 차례로 멸망시켰어요.
따라서 살수 대첩(612)과 고구려 멸망(668) 사이 시기의 사실을 골라야 해요.

① 고구려 왕족인 안승이 신라 문무왕에 의해 금마저에 머무르고 보덕국왕에 책봉된 것은 674년으로, (나) 이후의 사실이에요.
② 고구려 미천왕이 서안평을 공격한 것은 311년으로, (가) 이전의 사실이에요.
③ 고구려 광개토 태왕이 신라에 침입한 왜를 물리친 것은 400년으로, (가) 이전의 사실이에요.
④(○) 당이 고구려를 압박하자 고구려는 천리장성을 축조하였고, 천리장성 축조를 감독한 연개소문은 642년에 정변을 일으켜 권력을 장악하였어요. 이후 당은 연개소문의 정변을 구실로 고구려를 침략하였어요.
⑤ 고구려 장수왕이 남진 정책을 추진하기 위해 평양으로 천도(427)한 후 백제를 공격하여 개로왕을 전사시키고 한성을 함락시킨 것은 475년으로, (가) 이전의 사실이에요.

30 신라의 삼국 통일 과정   정답 ②

- 고구려 + 김춘추 = **(가) 김춘추, 고구려 도움 요청**
- 계백 = **(나) 황산벌 전투(660)**

(가) 642년에 백제 의자왕이 신라의 대야성을 함락시키자, 신라는 김춘추를 고구려에 보내 도움을 요청하였으나 거절당하였어요.
(나) 신라와 당은 동맹을 맺고 연합군을 결성하여 백제를 공격하였어요. 계백은 660년에 김유신이 이끄는 신라군의 공격에 맞서 결사대를 이끌고 황산벌에서 싸웠으나 패배하였고(황산벌 전투), 백제는 멸망하였어요.
따라서 김춘추가 고구려에 도움을 요청한 642년과 황산벌 전투가 일어난 660년 사이 시기의 사실을 골라야 해요.

① 고구려 왕족 안승이 신라 문무왕에 의해 보덕국왕으로 임명된 것은 674년으로, (나) 이후의 사실이에요.
②(○) 신라는 고구려에 도움 요청을 거절당하자, 648년 김춘추를 당으로 보내 동맹을 체결하였어요(나·당 동맹).
③ 백제 성왕이 전사한 관산성 전투는 554년으로, (가) 이전의 사실이에요.
④ 흑치상지가 임존성에서 백제 부흥 운동을 일으킨 것은 660년 백제 멸망 이후로, (나) 이후의 사실이에요.
⑤ 백제의 부여풍이 왜군과 함께 백강에서 나·당 연합군에 맞서 싸운 것(백강 전투)은 663년으로, (나) 이후의 사실이에요.

31 백제 부흥 운동   정답 ④

- 개소문 + 막리지 = **(가) 연개소문의 정변(642)**
- 개소문 사망 = **(나) 연개소문 죽음(666)**

(가) 천리장성 축조를 감독하며 군사력을 손에 넣게 된 연개소문은 642년에 정변을 일으켜 영류왕을 폐하고 보장왕을 세운 뒤 대막리지가 되어 정권을 장악하였어요.
(나) 666년에 연개소문이 죽고 아들들 간의 권력 다툼이 일어나자 고구려는 분열되었어요. 이후 668년에 나·당 연합군의 공격을 받고 멸망하였어요.
따라서 연개소문의 정변(642)과 연개소문의 죽음(666) 사이 시기의 사실을 골라야 해요.

① 고구려의 을지문덕이 살수에서 대승을 거둔 것(살수 대첩)은 612년으로, (가) 이전의 사실이에요.
② 당이 고구려를 멸망시킨 후 평양에 안동도호부를 설치한 것은 668년으로, (나) 이후의 사실이에요.
③ 신라가 매소성 전투에서 당군을 격파한 것은 675년으로, (나) 이후의 사실이에요.
④(○) 660년에 백제가 멸망하자, 복신과 도침 등은 왕자 부여풍을 왕으로 추대하고 주류성에서 부흥 운동을 전개하였어요.
⑤ 고구려 왕족 안승이 신라 문무왕에 의해 보덕국왕으로 임명된 것은 674년으로, (나) 이후의 사실이에요.

32 신라의 삼국 통일 과정   정답 ⑤

키워드 문제분석
- (소)정방 + 의자(왕) = (가) 백제 멸망(660)
- 기벌포 = (나) 기벌포 전투(676)

(가) 백제는 의자왕 때인 660년에 당의 장수 소정방이 이끄는 나·당 연합군의 공격을 받고 멸망하였어요.
(나) 백제와 고구려 멸망 이후 당이 한반도 전체를 지배하려고 하자 신라는 당과 전쟁을 시작하였고, 675년 매소성 전투와 676년 기벌포 전투에서 승리하며 삼국을 통일하였어요.
따라서 백제 멸망(660)과 기벌포 전투(676) 사이 시기의 사실을 골라야 해요.

① 고구려 고국원왕이 백제 근초고왕에 맞서 싸우다가 평양성에서 전사한 것은 371년으로, (가) 이전의 사실이에요.
② 백제 성왕이 관산성 전투에서 신라 진흥왕에 맞서 싸우다가 피살된 것은 554년으로, (가) 이전의 사실이에요.
③ 신라의 김춘추가 고구려와의 동맹 체결 실패 후 나·당 동맹을 성사시킨 것은 648년으로, (가) 이전의 사실이에요.
④ 고구려의 장수 을지문덕이 살수 대첩에서 수의 군대를 물리친 것은 612년으로, (가) 이전의 사실이에요.
⑤ 신라 문무왕은 674년에 투항해 온 고구려 왕족 안승을 금마저(오늘날 익산)에 안치시키고, 보덕국의 왕으로 임명하였어요.

33 신라 신문왕의 업적   정답 ⑤

키워드 문제분석
감은사 + 만파식적 = 신라 신문왕

신라 신문왕은 아버지 문무왕의 뜻을 잇기 위해 감은사를 지었어요. 만파식적은 신문왕과 관련된 설화에 등장하는 피리예요.

① 법흥왕은 병부와 상대등을 설치하였어요.
② 지증왕은 이사부를 보내 우산국(울릉도) 일대를 복속하였어요.
③ 내물 마립간은 최고 지배자의 칭호를 '마립간'으로 바꾸었어요.
④ 문무왕은 매소성 전투에서 당군을 격파하였어요.
⑤ 신문왕은 즉위 초에 장인인 김흠돌의 난을 진압하고 진골 귀족 세력을 숙청하여 왕권을 강화하였어요.

34 신라 신문왕의 업적   정답 ④

키워드 문제분석
9주 + 소경 = 신라 신문왕

신라 신문왕은 지방을 9주 5소경으로 편제하여 중앙 집권 체제를 강화하고, 군사 조직으로는 9서당 10정을 편성하였어요.

① 법흥왕에 의해 금관가야가 멸망하였어요.
② 지증왕은 이사부를 보내 우산국(울릉도)을 복속하였어요.
③ 진흥왕은 조세를 관장하는 품주를 설치하였어요.
④ 신문왕은 귀족 견제를 위해 관료전을 지급하고 녹읍을 폐지하였어요.
⑤ 원성왕은 유교적 소양을 갖춘 인재를 등용하기 위해 독서삼품과를 실시하였어요.

35 신라 말의 혼란   정답 ④

키워드 문제분석
원종과 애노 + 적고적 = 신라 말(진성 여왕)

신라 말에는 왕위 쟁탈전으로 인해 지배층이 분열되고 농민들의 몰락이 심화되어 농민 봉기가 많이 일어났어요. 대표적으로 진성 여왕 때 일어난 원종과 애노의 난, 적고적의 난 등이 있어요.

① 신라 신문왕은 장인인 김흠돌의 난을 진압하여 진골 귀족 세력을 숙청하였어요.
② 고려 목종 때 강조가 정변을 일으켜 김치양을 제거하고, 현종을 왕으로 세웠어요.
③ 신라 진흥왕 때 거칠부가 왕명을 받들어 《국사》를 편찬하였어요.
④ 신라 진성 여왕 때 당에서 유학하고 돌아온 6두품 최치원이 왕에게 시무 10여 조를 건의하였으나 받아들여지지 않았어요.
⑤ 백제 멸망 이후 복신과 도침 등은 부여풍을 왕으로 추대하여 백제 부흥 운동을 주도하였어요.

36 신라 말의 혼란   정답 ②

키워드 문제분석
- 김헌창의 난 = 신라 헌덕왕 때(822)
- 시무 10조 + 최치원 = 신라 진성 여왕 때(894)

신라는 8세기 말부터 진골 귀족 간의 왕위 쟁탈전이 심화되었어요. 헌덕왕 때인 822년에 왕위 계승에 불만을 품은 김헌창이 난을 일으켰으나 진압되었어요. 이후 진성 여왕 때인 894년에 당에서 유학하고 돌아온 최치원이 시무 10여 조를 올렸으나 진골 귀족들의 반대로 받아들여지지 않았어요.
따라서 김헌창의 난이 일어난 822년과 최치원이 진성 여왕에게 시무 10여 조를 올린 894년 사이 시기의 사실을 골라야 해요.

① 법흥왕은 527년에 이차돈의 순교를 계기로 불교를 공인하였어요.
② 신라 말 재정이 궁핍해진 중앙 정부가 조세를 독촉하자, 889년 사벌주(상주)에서 일어난 원종과 애노의 난을 비롯하여 전국 각지에서 농민 봉기가 일어났어요.
③ 신문왕은 7세기 후반에 진골 귀족의 힘을 억누르고자 관료전을 지급하고 녹읍을 폐지하였어요.
④ 진흥왕은 545년에 거칠부로 하여금 역사서인 《국사》를 편찬하게 하였어요.
⑤ 내물 마립간은 4세기 후반에 최고 지배자의 칭호를 '마립간'으로 바꾸었어요.

37 발해의 특징   정답 ④

키워드 문제분석
정혜 공주 + 장문휴 + 인안, 대흥 = 발해

발해는 대조영이 동모산 부근에서 건국한 나라예요. 무왕 때는 장문휴를 보내 당의 등주를 선제공격하는 등 당과 대립하였으나 문왕 때부터 친선 관계로 전환하였어요. 발해는 무왕 때 '인안', 문왕 때 '대흥', 선왕 때 '건흥'이라는 독자적 연호를 사용하였어요.

ㄱ. 고려 성종 때 최초의 주조 화폐인 건원중보를 발행하였어요.
ⓛ 솔빈부의 말은 발해의 대표적 특산물이었어요.
ㄷ. 신라 문무왕 때 지방관을 감찰하기 위해 외사정을 파견하였어요.
ⓔ 발해는 거란도, 영주도, 일본도, 신라도 등을 통해 주변국과 교류하였어요.

38 발해의 특징   정답 ②

키워드 문제분석   장문휴 + 등주 공격 = **발해**

발해 무왕(대무예)은 당이 발해 주변 세력인 흑수 말갈에 접근하려 하자 장문휴를 보내 당의 등주를 선제공격하였어요. 무왕 시기 발해는 당과 대립하며 성장하였으나, 문왕 때부터는 당과 친선 관계를 맺고 당의 문물을 수용하여 나라를 안정시켜 갔어요.

① 고려는 평양을 서경으로 삼아 북진 정책의 전진 기지로써 중시하였어요.
② 발해는 문왕 때 최고 교육 기관인 주자감을 설치하여 인재를 양성하였어요.
③ 신라는 법흥왕 때 '건원'이라는 독자적 연호를 사용하였어요.
④ 백제는 내신 좌평, 위사 좌평 등 6좌평의 관제를 두었어요.
⑤ 신라는 문무왕 때 외사정을 파견하여 지방관을 감찰하였어요.

39 발해의 특징   정답 ④

키워드 문제분석   해동성국 = **발해**

발해는 선왕 무렵에 전성기를 맞이하여 중국으로부터 '해동성국'이라 불렸고, '건흥'이라는 독자적 연호를 사용하였어요.

① 고려 정종은 거란의 침입에 대비하여 광군을 창설하였어요.
② 신라 신문왕은 중앙군으로 옛 고구려인, 옛 백제인, 말갈인을 포함한 9서당을, 지방군으로 10정을 운영하였어요.
③ 고려 광종은 '광덕', '준풍' 등의 독자적 연호를 사용하였어요.
④ 발해 선왕은 지방 행정 구역을 5경 15부 62주로 정비하였어요.
⑤ 신라는 문무왕 때 외사정을 파견하여 지방관을 감찰하였어요.

40 삼국 시대의 불상   정답 ②

키워드 문제분석   고구려 + 연가 7년 = **금동 연가 7년명 여래 입상**

금동 연가 7년명 여래 입상은 고구려의 불상으로, 불상의 광배 뒷면에 남아 있는 글을 통해 고구려의 불상임을 알 수 있어요.

① 고려 말에서 조선 초에 제작된 것으로 추정되는 금동 관음보살 좌상이에요.
② 금동 연가 7년명 여래 입상은 신라 고분에서 출토된 고구려의 불상이에요.
③ 발해의 대표적 문화유산인 이불병좌상이에요.
④ 통일 신라 초기에 제작된 경주 구황동 금제 여래 좌상이에요.
⑤ 삼국 시대에 제작된 금동 미륵보살 반가사유상이에요.

41 삼국 시대의 석탑   정답 ③

키워드 문제분석   익산 + 목탑 양식의 석탑 = **익산 미륵사지 석탑**

익산 미륵사지 석탑은 전라북도 익산시 미륵사지에 있는 백제의 석탑으로, 목탑 양식이 반영된 석탑이에요. 탑을 보수하는 과정에서 금제 사리 봉영기가 발견되었는데, 이를 통해 미륵사의 창건 목적과 석탑의 건립 연대가 밝혀졌어요.

① 백제의 탑인 부여 정림사지 5층 석탑이에요.
② 통일 신라의 탑인 경주 불국사 다보탑이에요.
③ 백제의 탑인 익산 미륵사지 석탑이에요.
④ 발해의 영광탑이에요.
⑤ 고려의 탑으로 추정되는 익산 왕궁리 5층 석탑이에요.

42 백제의 불상   정답 ④

키워드 문제분석   마애불 + 백제의 미소 = **서산 용현리 마애여래 삼존상**

서산 용현리 마애여래 삼존상은 '백제의 미소'라고 불리는 백제의 대표적인 불상으로, 국보로 지정되었어요.

① 고려 초기의 불상인 안동 이천동 마애여래 입상이에요.
② 통일 신라의 불상인 경주 남산 칠불암 마애불상군이에요.
③ 통일 신라 또는 고려의 불상으로 추정되는 영암 월출산 마애여래 좌상이에요.
④ 서산 용현리 마애여래 삼존상은 백제를 대표하는 불상이에요.
⑤ 고려의 불상인 파주 용미리 마애이불 입상이에요.

43 통일 신라의 문화유산   정답 ③

키워드 문제분석   서라벌 + 경주 + 첨성대 = **신라**

서라벌은 경주의 옛 이름으로, 신라의 수도였어요. 신라의 대표적인 문화유산으로는 선덕 여왕 때 건립된 첨성대가 있어요.

① 가야의 판갑옷과 투구예요.
② 발해의 이불병좌상이에요.
③ 통일 신라 시기에 조성된 경주 석굴암 본존불이에요.
④ 백제의 금동 대향로예요.
⑤ 고려의 평창 월정사 8각 9층 석탑이에요.

전근대(고려)

44	②	45	④	46	①	47	②	48	⑤
49	③	50	④	51	⑤	52	③	53	①
54	④	55	③	56	③	57	④	58	⑤
59	③	60	④	61	③	62	①	63	④
64	②	65	③						

44 후고구려의 특징 정답 ②

키워드 문제분석 철원 + 궁예 = 후고구려

궁예는 후고구려를 세운 인물이에요. 궁예는 북원의 호족인 양길의 부하였다가 세력을 키워 양길을 몰아내고 901년 송악을 도읍으로 후고구려를 세웠어요. 이후 궁예는 국호를 마진, 태봉으로 바꾸고 도읍을 철원으로 옮겼어요.

① 신라 혜공왕 때 각간 대공의 반란이 일어났어요.
②광평성은 궁예가 설치한 후고구려의 최고 정치 기구로, 고려 초기까지 존속하다가 중서문하성으로 바뀌었어요.
③ 후백제의 견훤은 중국의 후당과 오월에 사신을 파견하고 오월의 왕으로부터 검교태보의 직을 받았어요.
④ 고려 태조(왕건)는 고창 전투(930)에서 후백제군을 격파하면서 후삼국 간의 항쟁에서 주도권을 장악하였어요.
⑤ 발해 선왕은 전국을 5경 15부 62주로 편성하였어요.

45 후삼국 통일 과정 정답 ④

키워드 문제분석
- 태조 + 궁예 도주 = (가) 고려 건국(918)
- 견훤의 입조 = (나) 견훤 귀순(935)

(가) 918년에 궁예는 폭정으로 인해 신하들에게 축출되었고, 왕건은 왕위에 올라 국호를 '고려'로 바꿨어요.
(나) 935년에 견훤은 아들 신검에 의해 금산사에 유폐되었다가 달아나 고려 태조에게 귀순하였어요. 이후 태조는 일리천 전투(936)에서 승리하여 후삼국 통일을 완수하였어요.
따라서 고려 건국(918)과 견훤의 고려 귀순(935) 사이 시기의 사실을 골라야 해요.

① 견훤이 완산주를 수도로 삼아 후백제를 건국한 것은 900년으로, (가) 이전의 사실이에요.
② 김흠돌이 반란을 도모했다가 신라 신문왕에게 진압된 것은 681년으로, (가) 이전의 사실이에요.
③ 장보고가 청해진을 설치한 것은 신라 흥덕왕 때인 828년으로, (가) 이전의 사실이에요.
고려 태조는 즉위 이후 927년 공산 전투에서 후백제에게 패배하였는데, 이 전투에서 신숭겸이 전사하였어요. 하지만 930년 고창 전투에서 승리하면서 후삼국 통일의 주도권을 잡았어요.
⑤ 신검이 이끈 후백제군이 일리천 전투에서 고려를 상대로 패배한 것은 936년으로, (나) 이후의 사실이에요.

46 고려 태조의 정책 정답 ①

키워드 문제분석 김부 투항 + 사심관 = 고려 태조(왕건)

고려 태조는 후백제가 신라를 공격하자 신라를 도와 신라인들의 신망을 얻었어요. 935년에는 신라 경순왕이 고려에 항복하였고, 이후 태조는 경순왕(김부)을 경주의 사심관으로 임명하였어요.

태조는 흑창을 설치하여 춘궁기에 백성에게 곡식을 나누어 주고 가을에 되갚게 하였어요.
② 예종은 관학 진흥을 위해 장학 재단인 양현고를 설치하였어요.
③ 광종은 노비안검법을 실시하여 본래 양인이었다가 불법적으로 노비가 된 자들을 해방시켰어요.
④ 성종은 최승로의 시무 28조를 받아들여 12목을 설치하고 지방관을 파견하였어요.
⑤ 경종 때 처음으로 전시과 제도가 마련되었어요.

47 고려 광종의 업적 정답 ②

키워드 문제분석 준풍 연호 + 공복 제정 = 고려 광종

고려 광종은 왕권을 강화하기 위해 스스로 황제라 칭하고 '광덕', '준풍' 등의 독자적 연호를 사용하였고, 공복을 제정하였으며 호족 세력을 약화시키기 위해 노비안검법을 실시하였어요.

① 성종은 최승로의 건의를 받아들여 12목을 설치하고 지방관을 파견하였어요.
②광종은 쌍기의 건의를 받아들여 과거제를 시행해 신진 관료를 등용하였어요.
③ 고종 때 몽골의 침입으로 인해 강화로 천도하였고, 대장도감을 설치하여 팔만대장경을 간행하였어요.
④ 공민왕 때 안우, 이방실 등이 홍건적을 격파하였어요.
⑤ 공민왕은 신돈을 전민변정도감의 책임자로 임명하였어요.

48 고려 성종의 업적 정답 ⑤

키워드 문제분석 최승로 + 시무 28조 = 고려 성종

고려 성종은 최승로의 시무 28조를 수용하여 유교 이념을 바탕으로 정치를 펼쳤어요. 성종은 2성 6부 정비, 유학 교육을 위한 국자감 설치, 12목에 지방관 파견 등의 정책을 시행하였어요.

① 태조는 흑창을 설치하여 빈민을 구제하였어요.
② 광종은 호족 세력을 견제하고 왕권을 강화하기 위해 노비안검법을 실시하였어요.
③ 예종은 학문 연구를 장려하기 위해 청연각과 보문각을 설치하고, 일종의 장학 재단인 양현고를 두었어요.
④ 전민변정도감은 원 간섭기에 여러 차례 설치되었는데, 대표적으로 공민왕이 신돈을 등용하여 전민변정도감을 운영하였어요.
성종은 최승로의 건의를 받아들여 전국의 주요 지역에 12목을 설치하고 지방관을 파견하였어요.

정답해설 **69**

49 묘청의 서경 천도 운동 정답 ③

키워드 문제분석
서경 천도 + 금국 정벌 + 대위국
= **묘청의 서경 천도 운동**

고려 인종 때 이자겸의 난이 진압된 이후 묘청, 정지상 등은 서경 천도와 칭제 건원, 금국 정벌 등을 주장하였으나 받아들여지지 않았어요. 그러자 묘청은 1135년에 서경에서 국호를 '대위', 연호를 '천개'라고 하여 난을 일으켰으나 1년 만에 진압되었어요.

① 현종은 거란의 제2차 침입 때 나주까지 피란하였어요.
② 현종은 부처의 힘으로 거란을 물리치고자 초조대장경을 간행하였어요.
③ 묘청 등은 서경에서 난을 일으켰으나 김부식이 이끄는 관군에 의해 진압되었어요.
④ 이성계는 고려 말 우왕 때인 1388년 위화도 회군을 계기로 정권을 장악하였어요.
⑤ 숙종은 여진의 침략에 대응하기 위해 윤관의 건의를 받아들여 기병을 중심으로 한 별무반을 편성하였어요. 이후 예종 때 여진을 정벌하여 동북 9성을 축조하였어요.

50 최충헌의 활동 정답 ④

키워드 문제분석
이의민 제거 + 봉사 10조 = **최충헌**

1170년 무신 정변 이후 정중부, 이의민 등 집권자가 계속 바뀌다가 최충헌이 이의민을 제거하고 권력을 잡았어요. 최충헌은 봉사 10조를 올려 시정 개혁을 건의하고, 자신의 권력을 위해 사병인 도방을 확대하였어요.

① 묘청 등 서경 세력은 고려 인종 때 서경 천도가 좌절되자, 서경에서 난을 일으키고 국호를 '대위'라고 하였어요.
② 최무선은 고려 우왕 때 화약과 화포 제작을 위한 화통도감의 설치를 건의하였고, 화통도감에서 제작한 화약 무기를 이용하여 진포에서 왜구를 크게 물리쳤어요(진포 대첩).
③ 배중손은 고려 정부가 몽골과 강화를 맺고 개경으로 환도하자 삼별초를 이끌고 진도로 이동하여 대몽 항쟁을 펼쳤어요.
④ 최충헌은 최고 권력 기구로 교정도감을 설치하고 자신은 교정별감이 되어 국정 전반을 장악하였어요.
⑤ 신돈은 고려 공민왕 때 전민변정도감의 책임자로 임명되어 권문세족을 견제하였어요.

51 무신 정권기의 봉기 정답 ⑤

키워드 문제분석
만적 = **만적의 난(1198)**

최충헌 집권기인 1198년, 사노비였던 만적은 개경에서 봉기를 계획하였으나 사전에 발각되어 죽임을 당하였어요. 무신 정권기에는 만적의 난 외에 망이·망소이의 난, 김사미·효심의 난 등 많은 봉기가 일어났어요.

① 묘청의 서경 천도 운동은 1135년으로, 무신 정권기 이전이에요.
② 쌍기가 과거제 시행을 건의한 것은 고려 광종 때로, 무신 정권기 이전이에요.
③ 이자겸의 난은 고려 인종 때인 1126년으로, 무신 정권기 이전이에요.
④ 정중부가 반란을 일으킨 무신 정변은 1170년으로, 최충헌 집권 이전이에요.
⑤ 최충헌의 아들 최우는 1225년에 정방을 설치하여 인사권을 장악하였고, 이후 몽골이 침입하자 강화 천도를 단행하였어요.

52 원 간섭기의 사실 정답 ③

키워드 문제분석
개경 환도 이후 + 몽골의 간섭 = **원 간섭기**

고려는 몽골과 강화를 맺고 개경으로 환도한 이후 원 황실의 부마국이 되어 원으로부터 내정 간섭을 받았어요. 이 시기를 '원 간섭기'라고 하는데, 이때 고려의 관제가 격하되었으며, 원의 일본 원정을 위한 정동행성이 설치되었어요. 한편 지배층을 중심으로 몽골의 풍습인 변발과 호복이 유행하기도 하였어요.

① 조선 시대인 임진왜란 도중 포수, 살수, 사수의 삼수병으로 구성된 훈련도감이 창설되었어요.
② 조선 고종 때 흥선 대원군에 의해 세도 정치의 권력 기반이었던 비변사의 기능이 축소되고 삼군부가 부활하였어요.
③ 원 간섭기에는 고려의 관제가 격하되어 중서문하성과 상서성이 첨의부로, 6부가 4사로 바뀌었어요.
④ 조선 정조 때 젊고 유능한 관리를 선발하여 재교육하는 초계문신제가 시행되었어요.
⑤ 조선 중종 때 3포 왜란을 계기로 국방 문제를 논의하는 임시 기구인 비변사가 설치되었어요.

53 고려 공민왕의 업적 정답 ①

키워드 문제분석
기철 처단 = **고려 공민왕**

고려 공민왕은 원·명 교체기를 틈타 반원 자주 정책을 펼쳤어요. 공민왕은 기철 등 친원 세력을 숙청하고 쌍성총관부를 공격하여 철령 이북의 땅을 수복하였어요. 또한 정동행성 이문소를 폐지하였고, 격하되었던 관제를 복구하였으며, 변발과 호복을 금지하였어요.

① 공민왕은 첨의부로 격하되었던 중서문하성과 상서성을 복구하였어요.
② 충렬왕 때 고려는 원의 요청으로 일본 원정에 참여하였어요. 이때 설치된 정동행성은 원정이 실패한 이후에도 부속 기구인 이문소를 통해 고려의 내정에 간섭하였어요.
③ 공양왕 때인 1391년, 조준 등의 건의로 신진 사대부의 경제적 기반을 마련하기 위한 과전법이 제정되었어요.
④ 우왕 때 최영, 이성계 등에 의해 이인임 일파가 축출되었어요.
⑤ 광종은 쌍기의 건의로 과거제를 실시하여 신진 관료를 등용하고자 하였어요.

54 고려 공민왕의 정책 정답 ②

키워드 문제분석: 기철 등 친원 세력 숙청 + 정동행성 이문소 폐지 = **고려 공민왕**

고려 공민왕은 원의 간섭에서 벗어나기 위해 반원 자주 정책으로 기철 등 친원 세력 숙청, 정동행성 이문소 폐지, 격하되었던 관제 복구, 쌍성총관부 수복 등의 정책을 펼쳤어요. 한편 왕권 강화를 위해 정방을 폐지하고 전민변정도감을 설치하였어요.

① 충선왕은 왕위에서 물러난 뒤 원의 연경에 만권당을 설치하였고, 이곳에서 이제현 등 고려 학자와 원 학자가 교유하였어요.
② 공민왕은 신돈을 책임자로 전민변정도감을 설치하여 권문세족이 강탈한 토지와 억울하게 노비가 된 자들을 되돌려 놓았어요.
③ 광종은 쌍기의 건의를 받아들여 과거제를 실시하였어요.
④ 태조는 《정계》와 《계백료서》를 지어 관리의 규범을 제시하였어요.
⑤ 성종은 최승로의 시무 28조를 받아들여 유교 정치 이념을 바탕으로 통치 체제를 정비하였어요.

55 고려의 중앙 정치 기구 정답 ③

키워드 문제분석: 고려의 회의 기구 + 국방과 군사 문제 = **도병마사**

도병마사는 식목도감과 함께 고위 관료인 중서문하성의 재신과 중추원의 추밀이 참여한 고려의 독자적인 회의 기구예요. 도병마사는 주로 국방과 군사 문제를 다루었어요.

① 조선의 한성부는 수도의 치안과 행정을 담당하였어요.
② 조선의 홍문관은 사헌부, 사간원과 함께 3사로 불렸어요.
③ 도병마사는 원 간섭기인 충렬왕 때 도평의사사로 개편된 후 국정 전반에 걸쳐 영향력을 행사하는 최고 권력 기구가 되었어요.
④ 고려의 삼사는 화폐와 곡식의 출납 회계를 담당하였어요.
⑤ 중서문하성의 낭사와 어사대 관원은 대간으로 불렸는데, 고려와 조선의 대간은 관리 임명에 대한 서경권을 가지고 있었어요.

56 고려의 군사 제도 정답 ③

키워드 문제분석: 2군 6위 + 중방 = **고려**

고려의 중앙군은 국왕 친위 부대인 2군(응양군, 용호군)과 수도 경비와 국경 방어를 담당한 6위로 구성되었어요. 그리고 중앙군 지휘관들의 합좌 기구를 중방이라 하였는데, 중방은 무신 정변 이후 최고 권력 기구로 부상하였어요.

① 발해는 관리 감찰을 위해 중앙에 중정대를 설치하였어요.
② 신라는 통일 후 신문왕 때 9주 5소경의 지방 제도를 정비하였어요.
③ 도병마사는 고려 시대에 고위 관료인 중서문하성의 재신과 중추원의 추밀이 모여 국방 문제를 논의한 합좌 기구예요.
④ 신라 원성왕 때 유교적 소양을 갖춘 인재를 등용하기 위해 독서삼품과를 시행하였어요.
⑤ 백제의 지배층은 왕족인 부여씨와 8성의 귀족으로 구성되었어요.

57 거란의 침입과 고려의 대응 정답 ④

키워드 문제분석:
- 양규 + 거란군 = (가) 거란의 제2차 침입(1010)
- 광군 + 광군사 = (나) 광군 설치(947)
- 소손녕 + 서희 = (다) 거란의 제1차 침입(993)
- 강감찬 + 귀주 = (라) 귀주 대첩(1019)

(나) 고려 정종은 947년 거란의 침입에 대비하여 광군과 광군사를 설치하였어요.
(다) 고려 성종 때인 993년, 거란의 제1차 침입이 일어나자 서희는 거란 장수 소손녕을 상대로 외교 담판을 벌여 강동 6주를 획득하였어요.
(가) 강조의 정변(1009)이 구실이 되어 1010년에 거란의 제2차 침입이 일어나자, 양규의 활약으로 거란군을 물리쳤어요.
(라) 1018년에 거란이 제3차 침입을 일으키자, 1019년에 강감찬이 귀주에서 이를 크게 물리쳤어요(귀주 대첩).

④ (나) 광군 설치(947) → (다) 거란의 제1차 침입(993) → (가) 거란의 제2차 침입(1010) → (라) 귀주 대첩(1019)

58 별무반의 특징 정답 ⑤

키워드 문제분석: 윤관 + 동북 9성 = **별무반**

천리장성 북쪽에 살던 여진이 부족 통합을 이룬 후 국경 지대에서 무력 충돌을 일으키자 고려는 윤관을 보내 맞섰으나 패하였어요. 윤관은 기병 중심인 여진에 맞서기 위해 숙종에게 별무반의 편성을 건의하였고, 이후 별무반을 이끌고 여진을 정벌하여 동북 지역에 9성을 쌓았어요. 그러나 여진의 끊임없는 요청과 관리의 어려움 등을 이유로 1년 후 여진에게 9성을 돌려주었어요.

① 고려 우왕 때 최무선의 건의에 따라 화통도감이 설치되어 화포와 화약을 제작하였고, 이는 왜구 격퇴에 활용되었어요.
② 고려 창왕 때 박위가 왜구의 근거지인 쓰시마섬(대마도)을 토벌하였어요.
③ 고구려는 당의 침입에 대비하기 위해 연개소문에게 감독을 맡겨 부여성에서 비사성까지 이르는 천리장성을 축조하였어요.
④ 고려는 몽골이 침입해 오자 대장도감을 설치하여 팔만대장경을 간행하였어요.
⑤ 고려 숙종 때 기병 중심의 여진 부대에 대항하고자 윤관의 건의를 받아들여 신기군, 신보군, 항마군 등으로 구성된 별무반을 조직하였어요.

59 여진의 침입과 고려의 대응 정답 ③

키워드 문제분석: 신기군, 신보군, 항마군 = **별무반**

여진이 부족을 통합하고 계속 고려를 침입하자, 고려 숙종은 윤관의 건의를 받아들여 별무반을 조직하였어요. 별무반은 기병인 신기군, 보병인 신보군, 승병인 항마군으로 구성되었어요.

① 조선 세종 때 최윤덕과 김종서가 4군 6진을 개척하였어요.
② 고려는 원 간섭기 때 원의 요청에 의해 일본 원정에 두 차례 참여하였어요.
③ 윤관은 별무반을 이끌고 여진을 정벌한 후 동북 9성을 쌓았다가 1년 후 여진에 돌려줬어요. 이후 여진이 금을 건국하고 사대를 요구하자 당시 고려의 실권자였던 이자겸이 이를 받아들였어요.
④ 고려의 장수 김윤후는 몽골의 제2차 침입 당시 처인성 전투에서 몽골 장수 살리타를 사살하였어요.
⑤ 삼별초는 최우가 조직한 사병 부대로, 최씨 무신 정권의 군사적 기반 역할을 하였어요. 삼별초는 고려가 몽골과 강화하고 개경 환도를 결정하자 근거지를 옮겨 가며 몽골에 항전하였어요.

60 몽골의 침입과 고려의 대응 정답 ④

키워드 문제분석: 박서 + 우별초(삼별초) = **몽골의 침략**

저고여 피살 사건(1225)을 구실로 몽골의 제1차 침략(1231)이 발생하자 박서는 김경손과 함께 귀주성에서 몽골군을 격퇴하였어요. 그러나 몽골이 재차 고려를 침략하자 당시 집권자였던 최우는 강화로 천도하고 이후 고려는 김윤후의 처인성 전투, 충주성 전투 등 항쟁을 이어 나갔어요. 하지만 결국 몽골과의 강화가 결정되었고, 개경으로 환도하였어요. 우별초는 삼별초 중 하나의 군대로, 삼별초는 좌별초·우별초·신의군으로 구성되었어요.

① 조선 세종은 최윤덕을 파견하여 4군을, 김종서를 파견하여 6진을 개척하였어요.
② 고려 성종 때 거란의 소손녕이 고려를 침략하자(거란의 제1차 침입, 993) 서희는 소손녕과 외교 담판을 벌여 강동 6주를 획득하였어요.
③ 고려 숙종은 윤관의 건의로 별무반을 편성하여 여진을 정벌하고 동북 9성을 축조하였어요.
④ 몽골이 고려를 계속 침략하자 1232년 최우는 강화로 천도하고 항쟁을 이어 나갔어요. 하지만 전쟁이 계속되자 몽골과의 강화가 결정되었고 고려는 1270년에 개경으로 환도하였어요.
⑤ 고려 우왕 때 최무선의 건의로 왜구를 격퇴하기 위해 화통도감을 설치하여 화약과 화포를 제작하였어요.

61 삼별초의 항쟁 정답 ③

키워드 문제분석: 송경(개경) 환도 + 승화후 옹립 + 신의군 = **삼별초의 항쟁**

고려는 몽골의 침략으로 강화로 천도하였지만, 전쟁이 길어지자 결국 몽골과의 강화를 결정하고 1270년 개경으로 환도하였어요. 하지만 최씨 무신 정권의 사병 집단인 삼별초는 이에 반발하여 항쟁을 이어 나갔어요. 배중손 등이 왕족 승화후 '온'을 왕으로 추대하여 진도, 제주도로 근거지를 옮기며 투쟁하였지만 결국 여·몽 연합군에 의해 진압되었어요.

① 김윤후는 몽골의 제2차 침입(1232) 때 처인성에서 몽골군을 격퇴하였어요.
② 고려 인종 때인 1135년, 묘청 세력은 칭제 건원과 금국 정벌, 서경 천도를 주장하다 받아들여지지 않자 서경에서 반란을 일으켰어요.
③ 개경 환도 이후인 1273년에 김방경은 탐라(제주도)에서 대몽 항쟁을 전개하던 삼별초를 진압하였어요.
④ 고려 명종 때인 1196년, 최충헌은 일종의 사회 개혁책인 봉사 10조를 올렸어요.
⑤ 무신 정변 이후 무신 간의 권력 쟁탈이 일어났는데, 1179년에 경대승이 정중부 등을 제거하고 권력을 장악하였어요.

62 고려의 역사서 정답 ①

키워드 문제분석: 일연이 저술 = **《삼국유사》**

원 간섭기인 고려 충렬왕 때 일연이 저술한 《삼국유사》는 불교사를 비롯하여 삼국의 건국 설화, 민간 설화 등을 담고 있어요.

① 《삼국유사》는 《제왕운기》와 함께 단군의 고조선 건국 이야기를 수록한 역사서예요.
② 《조선왕조실록》은 사초, 시정기 등을 바탕으로 편년체로 편찬되었어요.
③ 각훈의 《해동고승전》은 왕명에 의해 고승들의 전기를 기록한 책이에요.
④ 고려 인종 때 김부식이 왕명을 받아 편찬한 《삼국사기》는 기전체 형식으로 서술된 대표적인 역사서로 본기, 연표, 지, 열전 등으로 구성되었어요.
⑤ 이규보의 〈동명왕편〉은 고구려의 건국 서사시로 고구려 계승 의식이 반영되었으며, 《동국이상국집》에 실려 있어요.

63 고려의 역사서 정답 ④

(가) 이제현의 《사략》은 성리학적 유교 사관을 담고 있어요.
(나) 김부식의 《삼국사기》는 왕명을 받아 기전체로 쓰여졌으며 현존하는 우리나라 최고(最古)의 역사서예요.
(다) 일연의 《삼국유사》는 불교사를 중심으로 민간 설화, 단군의 고조선 건국 이야기 등을 수록하였어요.
(라) 이승휴의 《제왕운기》는 우리나라와 중국의 역사를 서사시로 서술하였어요.
(마) 각훈의 《해동고승전》은 왕명을 받아 우리나라 고승들의 전기를 수록하였어요.

① 불교사를 중심으로 민간 설화를 수록한 역사서는 《삼국유사》예요.
② 사초, 시정기 등을 바탕으로 편찬된 역사서는 《조선왕조실록》이에요.
③ 유교 사관에 입각하여 본기, 지, 연표, 열전 등 기전체 형식으로 구성된 역사서는 《삼국사기》예요.
④ 이승휴가 저술한 《제왕운기》는 단군부터 충렬왕까지의 역사가 서사시로 서술되어 있고, 단군의 고조선 건국 이야기가 수록되었어요.

⑤ 강목체로 고려 왕조의 역사를 정리한 역사서는 《본국편년강목》이에요.

64 고려의 불상 정답 ②

키워드 문제분석
대형 철불 유행 + 논산 관촉사 석조 미륵보살 입상
= **고려**

① 고려의 불상인 하남 하사창동 철조 석가여래 좌상이에요.
②통일 신라의 불상인 경주 석굴암 본존불이에요.
③ 고려의 불상인 안동 이천동 마애여래 입상이에요.
④ 고려의 불상인 영주 부석사 소조 여래 좌상이에요.
⑤ 고려의 불상인 하남 교산동 마애약사여래 좌상이에요.

65 고려의 문화유산 정답 ③

키워드 문제분석
고려 + 상감 청자 = **청자 상감 운학문 매병**

고려의 도자기 중 가장 유명한 것은 비취색이 나는 청자예요. 특히 음각한 부분에 백토나 흑토를 채우는 상감 기법이 개발되면서 상감 청자가 유행하였어요.

① 통일 신라 시대의 도기 연유인화문 항아리예요.
② 고려 시대의 청동 은입사 포류수금문 정병이에요.
③청자 상감 운학문 매병은 상감 기법으로 제작된 대표적인 고려 청자예요.
④ 조선 시대의 백자 청화 매죽문 항아리예요.
⑤ 조선 시대의 분청사기 상감 구름용무늬 항아리예요.

전근대(조선)

66	⑤	67	④	68	⑤	69	②	70	②
71	⑤	72	①	73	②	74	②	75	②
76	②	77	⑤	78	④	79	①	80	②
81	②	82	②	83	④	84	④	85	④
86	①	87	①	88	⑤	89	①	90	①
91	⑤	92	③	93	②	94	④	95	④

66 조선 태종의 업적 정답 ⑤

키워드 문제분석
하륜 + 6조 직계 = **조선 태종**

두 차례 왕자의 난 이후 왕위에 오른 태종은 왕권 강화를 위해 노력하였어요. 특히 6조 직계제를 시행하여 의정부의 힘을 약화시켰고, 사병을 없애 국왕의 친위 군사를 늘렸어요. 또한 양전 사업과 호패법을 시행하여 세금과 군역을 확보하기 위해 노력하였어요. 한편 문화 측면에서는 주자소를 설치하여 계미자를 주조하고 세계 지도인 〈혼일강리역대국도지도〉를 제작하였어요.

① 세종 때 금속 활자인 갑인자를 제작하였어요.
② 임진왜란 중인 선조 때 유성룡의 건의로 포수·사수·살수의 삼수병으로 구성된 훈련도감을 창설하였어요.
③ 정조는 인재 양성을 위하여 젊고 유능한 문신을 재교육하는 초계문신제를 시행하였어요.
④ 성종은 《경국대전》을 완성하여 통치 체제를 정비하였어요.
⑤태종은 문하부에 소속되어 있던 낭사를 언론 기관인 사간원으로 독립시켜 대신들을 견제하였어요.

67 조선 세종의 업적 정답 ④

키워드 문제분석
정초 + 《농사직설》 = **조선 세종**

조선 세종 때 정초 등이 농민들의 실제 경험을 종합하여 우리 실정에 맞는 농업 기술 서적인 《농사직설》을 편찬하였고, 한양을 기준으로 한 역법서 《칠정산》이 편찬되었어요. 한편 세종은 계해약조를 체결하여 일본과 제한된 형태의 무역을 허용하였어요.

① 선조 때 유학자 김장생은 《가례집람》을 저술하여 예학을 정리하였어요. 《가례집람》은 숙종 때 간행되었어요.
② 성종 때 국가의 의례를 정비한 《국조오례의》가 완성되었어요.
③ 중종 때 유학자 박세무는 아동용 윤리·역사 교재인 《동몽선습》을 간행하였어요.
④세종 때 백성들에게 유교 윤리를 보급하기 위해 충신, 효자, 열녀 등의 사례를 글과 그림으로 정리한 《삼강행실도》가 편찬되었어요.
⑤ 선조 때 유학자 이이는 《성학집요》를 저술하여 군주가 수양해야 할 덕목과 지식을 제시하였어요.

68 조선 세조 재위 시기의 사실 정답 ⑤

키워드 문제분석

6조 직계제 부활 + 계유년 + 황보인 제거
= **조선 세조**

조선 세조는 수양 대군 시절에 어린 조카 단종이 즉위하고 김종서·황보인 등 재상이 권력을 장악하자, 계유정난을 일으켜 김종서 등을 제거하고 정권을 장악한 후 세조로 즉위하였어요. 세조는 왕권을 강화하기 위해 6조 직계제를 부활시키고, 집현전과 경연을 폐지하였어요.

① 태종은 주자소를 설치하여 금속 활자인 계미자를 주조하였어요.
② 연산군 때 김종직이 저술한 〈조의제문〉을 사관 김일손이 사초에 올린 것이 발단이 되어 무오사화(1498)가 일어났어요.
③ 고종 때 흥선 대원군의 주도로 조선의 역대 법전을 집대성한 《대전회통》을 편찬하였어요.
④ 세종 때 조선과 일본 사이에 제한된 범위의 무역을 허용한 계해약조(1443)가 체결되었어요.
⑤ 세조 때 현직 관리에게만 수조지를 지급하는 직전법을 시행하고, 수신전과 휼양전을 폐지하였어요.

69 조선 성종의 업적 정답 ②

키워드 문제분석

《국조오례의》 + 《악학궤범》 = **조선 성종**

조선 성종은 집현전을 계승한 홍문관을 설치하고 경연을 강화하였어요. 또한 조선의 의궤와 악보를 집대성한 《악학궤범》과 국가 의례를 정비한 《국조오례의》 등을 편찬하여 문물을 정비하였어요. 이 외에도 성종 때 서거정이 저술한 역사서 《동국통감》과 지리서 《동국여지승람》이 편찬되었어요.

① 상평통보는 인조 때 처음 주조되었다가, 숙종 때부터 본격적으로 법화로써 사용되었어요.
② 성종은 세조 때 편찬을 시작한 《경국대전》을 완성·반포하여 유교적 통치 체제를 정비하였어요.
③ 명종 때 기근에 대비하고자 《구황촬요》가 간행되었어요.
④ 정조는 인재 양성을 위해 젊고 유능한 문신을 재교육하는 초계문신제를 시행하였어요.
⑤ 영조는 홍봉한 등에게 명하여 《동국문헌비고》를 편찬해 역대 문물을 정리하였어요.

70 무오사화 정답 ②

키워드 문제분석

김종직 + 김일손 + 연산군 = **무오사화(1498)**

조선 연산군 때 사관 김일손이 김종직이 쓴 〈조의제문〉을 사초에 실었는데, 이 글이 세조의 왕위 찬탈을 비판하였다는 훈구의 공격을 받아 1498년에 무오사화가 발생하였어요. 이 사건으로 김일손 등 수많은 사림이 피해를 입었고, 김종직은 부관참시를 당하였어요.

① 계유정난(1453)은 단종 때 수양 대군(세조)이 김종서 등을 제거하고 정권을 장악한 사건이에요.
② 무오사화는 김종직의 〈조의제문〉이 발단이 되어 일어났어요.
③ 기묘사화(1519)는 중종 때 조광조가 반정 공신의 위훈 삭제를 주장하면서 일어났어요.
④ 을사사화(1545)는 명종 때 윤임 일파(대윤)와 윤원형 일파(소윤)의 대립으로 인해 발생하였으며, 윤임 일파가 제거되었어요.
⑤ 선조 때의 정여립 모반 사건, 정철의 건저의 사건 등으로 인해 동인이 남인과 북인으로 나뉘었어요.

71 기묘사화 정답 ⑤

키워드 문제분석

소격서 폐지 + 현량과 실시 = **조광조**

조선 중종 때의 사림인 조광조는 현량과 실시, 소격서 폐지, 위훈 삭제 등의 개혁을 추진하였어요. 조광조의 급진적 개혁 정치는 중종 및 훈구 세력과 갈등을 빚었고 결국 조광조는 1519년에 기묘사화로 제거되었어요.

① 김종직이 쓴 〈조의제문〉을 제자인 김일손이 사초에 올린 것이 원인이 되어 연산군 때 무오사화(1498)가 일어났어요.
② 서인은 인조반정(1623)을 주도하여 정권을 장악하였어요.
③ 명종 때 외척 사이에 벌어진 권력 다툼으로 을사사화(1545)가 일어나 윤원형 일파(소윤)가 윤임 일파(대윤)를 제거하였어요.
④ 세조 때 성삼문 등은 단종을 복위시키기 위한 계획을 꾸몄어요.
⑤ 조광조는 중종반정에서 공이 없는데 공신으로 책정된 사람들을 공신 목록에서 삭제(위훈 삭제)할 것을 건의하여 훈구의 반발을 샀고, 결국 조광조는 기묘사화로 제거되었어요.

72 사화와 붕당 정치 정답 ①

키워드 문제분석

- 반정 + 삭훈 = **조광조의 위훈 삭제 주장(1519)**
- 김효원 + 심의겸 + 붕당 = **동인과 서인 분당(1575)**

(가) 조선 중종 때 조광조는 중종반정 과정에서 공이 없는데도 공신으로 책정된 이들을 공신 목록에서 삭제(위훈 삭제)할 것을 건의하다가 1519년 기묘사화로 제거되었어요.
(나) 조선 선조 때인 1575년, 사림은 김효원의 동인과 심의겸의 서인으로 나뉘었어요.
따라서 조광조가 위훈 삭제를 주장한 1519년부터 동인과 서인이 분당된 1575년 이전까지의 사실을 골라야 해요.

명종 때인 1545년, 외척 간의 대립으로 을사사화가 발생하여 윤임 일파가 제거되었어요.
② 연산군 때인 1498년에 김종직의 〈조의제문〉이 발단이 되어 김일손 등 사림이 화를 입었어요(무오사화).
③ 영조는 1742년에 붕당의 폐해를 경계하기 위해 탕평비를 건립하였어요.
④ 숙종 때인 1689년, 희빈 장씨 소생의 원자 책봉 문제로 기사환국이 발생하여 서인 세력이 축출되었어요.

⑤ 연산군 때인 1504년, 폐비 윤씨 사사 사건의 전말이 알려져 훈구와 사림 모두 피해를 입은 갑자사화가 발생하였어요.

73 붕당 정치의 전개 정답 ②

키워드 문제분석: 정여립 토벌 = **정여립 모반 사건(1589)**

조선 선조 때인 1589년, 동인이었던 정여립이 역모를 꾀하였다는 고변을 계기로 기축옥사가 일어나 동인 세력이 피해를 입었어요. 이후 서인이었던 정철이 광해군을 왕세자로 책봉할 것을 건의하자 선조가 이에 반발하는 사건(정철의 건저의 사건)이 일어나 동인이 집권하게 되었어요. 이 과정에서 동인은 서인에 대한 처리 문제를 두고 남인(온건파)과 북인(강경파)으로 분화되었어요.

① 세조 때인 1467년, 이시애가 함경도 길주를 근거지로 난을 일으켰어요.
② 정여립 모반 사건을 계기로 1589년에 기축옥사가 발생하였고, 이발 등 동인 세력이 다수 제거되었어요.
③ 명종 때인 1547년, 윤원형 일파는 양재역 벽서 사건을 빌미로 자신의 정적들을 제거하였는데, 이때 이언적 등이 화를 입었어요.
④ 1453년에 수양 대군이 김종서 등을 살해하여 권력을 장악한 계유정난을 일으켰고, 이후 수양 대군은 세조로 즉위하였어요.
⑤ 선조 때인 1575년에 사림이 척신 정치의 잔재 처리 문제와 이조 전랑 임명 등을 둘러싸고 김효원 중심의 동인과 심의겸 중심의 서인으로 나뉘었어요.

74 인조반정 정답 ②

키워드 문제분석:
- 영창 대군 옹립 시도 = **(가) 조선 광해군 때(1613)**
- 이괄의 난 = **(나) 조선 인조 때(1624)**

(가) 조선 광해군 때인 1613년에 광해군의 이복동생인 영창 대군이 역모에 연루되어 이듬해 사사되었어요.
(나) 인조반정 이후인 1624년에 공신 책봉 문제로 불만을 품은 이괄이 난을 일으켰어요.
따라서 광해군 때 영창 대군이 역모에 연루된 1613년 이후부터 인조 때 이괄의 난이 일어난 1624년 이전까지의 사실을 골라야 해요.

① 장용영이 조직된 것은 조선 정조 때로, (나) 이후의 사실이에요.
 1623년, 서인은 광해군의 중립 외교 정책과 폐모살제(인목 대비 유폐, 영창 대군 살해) 등을 빌미로 인조반정을 일으켜 광해군과 북인을 몰아냈어요.
③ 정여립 모반 사건으로 기축옥사가 발생한 것은 조선 선조 때인 1589년으로, (가) 이전의 사실이에요.
④ 허적과 윤휴 등 남인들이 축출된 경신환국은 조선 숙종 때인 1680년으로, (나) 이후의 사실이에요.
⑤ 자의 대비의 복상 문제로 서인과 남인 사이에 예송이 전개된 것은 조선 현종 때인 1659년과 1674년으로, (나) 이후의 사실이에요.

75 환국의 전개 정답 ②

키워드 문제분석:
- 허적에게 사약 = **경신환국(1680)**
- 중전(인현 왕후) 복위 = **갑술환국(1694)**

(가) 조선 숙종 때 남인의 영수 허적이 왕실의 물건(천막)을 함부로 사용한 것과 허적의 아들 허견이 역모를 꾸몄다는 서인의 고발이 원인이 되어 남인이 축출되었어요(경신환국, 1680).
(나) 기사환국으로 폐위된 인현 왕후가 복위하고 희빈 장씨가 강등되면서 남인이 축출되고 서인이 다시 권력을 잡았어요(갑술환국, 1694).
따라서 경신환국이 일어난 1680년 이후부터 갑술환국이 일어난 1694년 이전까지의 사실을 골라야 해요.

① 양재역 벽서 사건은 조선 명종 때인 1547년에 윤원형 세력이 반대파를 숙청하기 위해 일으킨 사건으로, (가) 이전의 사실이에요.
 1689년의 기사환국 당시 서인의 송시열은 희빈 장씨 소생 왕자의 원자 책봉을 반대하다가 축출되었고, 이후 남인이 집권하게 되었어요.
③ 자의 대비 복상 문제로 예송이 전개된 것은 조선 현종 때인 1659년과 1674년으로, (가) 이전의 사실이에요.
④ 정여립 모반 사건으로 기축옥사가 일어난 것은 조선 선조 때인 1589년으로, (가) 이전의 사실이에요.
⑤ 탕평비가 세워진 것은 조선 영조 때인 1742년으로, (나) 이후의 사실이에요.

76 조선 영조의 업적 정답 ②

키워드 문제분석: 균역법 제정 = **조선 영조**

조선 영조는 붕당 간의 갈등을 완화시키고자 탕평책을 펼쳤어요. 이 과정에서 탕평비를 건립하고 붕당의 근거지인 서원을 정리하였어요. 또한 민생 안정을 위해 균역법을 제정하여 1년에 2필씩 걷던 군포를 1필씩 걷고, 준천사를 설치하여 청계천을 정비하였어요. 한편 《경국대전》에서 누락된 내용을 보충하고 사회의 변화에 따른 법 내용 수정을 통해 법전 체계를 정리하여 《속대전》을 편찬하였어요.

① 성종은 세조 때부터 편찬을 시작한 《경국대전》을 완성하고 반포하였어요.
② 영조는 탕평 정치 추진의 의지를 드러내기 위해 성균관 입구에 붕당의 폐해를 경계하는 내용의 탕평비를 건립하였어요.
③ 정조는 신해통공을 단행하여 육의전을 제외한 시전 상인의 금난전권을 폐지하였어요.
④ 인조는 영정법을 제정하여 전세를 1결당 4~6두로 고정하였어요.
⑤ 순조는 창덕궁 돈화문 밖에서 궁궐과 관서 소속의 공노비 문서를 불태우도록 하여 이들을 해방시켰어요.

77 조선 정조 재위 시기의 사실   정답 ⑤

키워드 문제분석: 수원 화성 + 장용영 = **조선 정조**

조선 정조는 아버지인 사도 세자를 추숭하고 수원 화성을 건설하였어요. 또한 정조는 초계문신제를 통해 젊고 유능한 관리들을 재교육하였고, 학술 연구 기관으로 규장각을 설치하였어요. 그리고 왕의 친위대 성격인 장용영을 설치하여 왕권을 군사적으로 뒷받침하였어요.

① 고려 성종은 금속 화폐인 건원중보를 주조하였어요.
② 신라 지증왕은 수도에 시장인 동시를 열고, 동시전을 설치하여 시장을 감독하였어요.
③ 통일 신라 시기에 울산항과 당항성이 무역항으로 번성하였어요.
④ 조선 영조는 백성들의 군역 부담을 줄여 주기 위하여 균역법을 제정하였어요.
⑤ 조선 정조는 신해통공을 단행하여 육의전을 제외한 시전 상인의 금난전권을 폐지하였어요.

78 조선 영조와 정조의 업적   정답 ④

키워드 문제분석:
- 《속대전》 = (가) **조선 영조**
- 《대전통편》 = (나) **조선 정조**

(가) 조선 영조는 통치 체제를 정비하기 위해서 《속대전》을 편찬하였고, 우리나라의 역대 문물을 정리하기 위하여 홍봉한 등에게 명해 《동국문헌비고》를 편찬하였어요.
(나) 조선 정조는 왕조의 통치 규범을 재정비한 《대전통편》을 편찬하였고, 훈련 교범인 《무예도보통지》를 편찬하였어요.

① 숙종은 백두산정계비를 세워 청과의 국경을 확정하였어요.
② 고종 때 흥선 대원군의 주도로 경복궁이 중건되었어요.
③ 세종 때 이종무를 파견하여 대마도(쓰시마섬)를 정벌하였어요.
④ 정조는 왕권 강화를 위해 친위 부대인 장용영을 설치하였어요.
⑤ 효종은 청의 요청에 따라 두 차례의 나선 정벌에 조총 부대를 파견하였어요.

79 홍경래의 난   정답 ①

키워드 문제분석: 평안도 차별 + 정주성 = **홍경래의 난(1811)**

홍경래 등은 세도 정치와 평안도(서북 지방)에 대한 차별에 반발하여 1811년에 난을 일으켰어요. 이들은 한때 청천강 이북 지역을 거의 장악하였으나 관군에 의해 정주성에서 진압되었어요.

홍경래, 우군칙 등은 영세 농민, 중소 상인, 광산 노동자들을 모아 봉기하였어요(홍경래의 난).
② 임오군란이 일어나자 수습을 위해 흥선 대원군이 일시적으로 집권하였으나, 청군에 의해 군란이 진압되고 흥선 대원군은 청으로 압송되었어요.
③ 임오군란과 동학 농민 운동으로 인해 조선 정부는 청에 원병을 요청하였어요.
④ 임술 농민 봉기가 발생하자 정부는 박규수를 안핵사로 파견하고 삼정이정청을 설치하였어요.
⑤ 동학 농민 운동 당시 농민군은 정부와 전주 화약을 체결하고 집강소를 설치하여 폐정 개혁안의 실천을 추진하였어요.

80 승정원   정답 ④

키워드 문제분석: 승지 + 은대 = **승정원**

조선의 승정원은 왕명의 출납을 담당하던 기구로, 6명의 승지를 두었으며 최고 관직은 도승지였어요. 승정원은 은대, 정원, 후원으로 불리기도 하였어요.

① 사헌부는 관리를 감찰하는 기구로 사간원, 홍문관과 함께 3사로 불렸어요. 최고 관직으로는 대사헌을 두었어요.
② 사역원에서 사신의 통역과 외국어 교육을 담당하였어요.
③ 관상감은 천문, 지리, 기후 등에 관한 사무를 맡았어요.
④ 승정원은 왕의 비서 기관으로 왕명 출납을 담당하였어요.
⑤ 의금부는 국왕 직속의 특별 사법 기구로, 강상죄·반역죄 등을 처결하였어요.

81 홍문관   정답 ②

키워드 문제분석: 대제학 + 궁중 서적·문서 관리 + 옥당 = **홍문관**

홍문관은 조선 시대에 궁중의 서적과 문서 관리 및 왕의 각종 자문에 응하는 일을 담당하였던 기구예요. 옥당, 옥서 등의 별칭이 있었고 최고 관직으로 대제학을 두었어요.

① 한성부는 조선 시대에 수도 한양의 행정과 치안을 맡았어요.
② 홍문관은 사헌부, 사간원과 함께 3사로 불리며 언론 기능을 담당하였어요.
③ 중종 때의 3포 왜란을 계기로 설치된 비변사는 명종 때의 을묘왜변을 계기로 상설 기구화되었어요. 이후 임진왜란을 거치며 국정 전반의 일을 맡았어요.
④ 승정원은 왕의 비서 기관으로 왕명의 출납을 담당하였어요.
⑤ 의금부는 국왕 직속 사법 기구로 반역죄, 강상죄 등을 저지른 중죄인을 처결하였어요.

82 유향소   정답 ②

키워드 문제분석: 경재소에서 선택 + 향리 규찰 + 향임 = **유향소**

조선의 지방 양반은 향촌 자치를 실현하기 위해 유향소를 설치하였어요. 유향소는 향회를 소집하여 여론을 수렴하였으며, 향리를 감찰하여 향촌 사회의 풍속을 교화하였어요. 정부는 경재소를 두어 현직 관료에게 연고지의 유향소를 통제하게 하였어요.

① 풍기 군수 주세붕이 안향을 추모하기 위해 백운동 서원을 세운 것이 서원의 시초예요.
②유향소는 좌수와 별감을 선발하여 자율적으로 규약을 만들어 운영하였어요.
③ 조선의 지방 교육 기관인 향교에는 중앙에서 교수나 훈도가 교관으로 파견되었어요.
④ 성균관과 향교는 성현에 제사를 지내는 대성전과 강학 공간인 명륜당 등으로 구성되었어요.
⑤ 고종 때 흥선 대원군은 47개의 서원을 제외한 나머지를 철폐하였어요.

83 조선의 군사 조직 정답 ④

키워드 문제분석
5군영 중 가장 먼저 설치 + 상비군 = **훈련도감**

훈련도감은 임진왜란 중인 1593년에 유성룡의 건의로 설치되었어요. 훈련도감은 조선 후기 중앙군인 5군영 중 가장 먼저 설치된 부대로, 군사 훈련·국왕 호위·궁성과 서울의 방위 등을 담당하였어요.

① 조선 정조가 설치한 장용영은 내영과 외영으로 나뉘었는데 도성에 내영을, 수원에 외영을 두었어요.
② 응양군은 고려의 중앙군인 2군 중 하나로, 용호군과 함께 궁성을 호위하였어요.
③ 조선 인조는 후금의 침입에 대비하고자 5군영 중 하나인 어영청을 창설하였어요. 이후 효종 때 어영청을 중심으로 북벌이 추진되었어요.
④훈련도감은 조선 후기 중앙군인 5군영 중 하나로, 포수·사수·살수의 삼수병으로 조직되었어요. 훈련도감의 군인들은 대부분 급료를 받는 상비군(직업 군인)이었어요.
⑤ 별기군은 1881년에 개화 정책의 하나로 설치된 신식 군대로, 일본인 교관으로부터 군사 훈련을 받았어요.

84 조선의 대일본 정책 정답 ④

키워드 문제분석
계해약조 = **일본**

조선은 세종 때인 1443년에 일본과 계해약조를 체결하여 제한된 범위의 무역을 허용하였어요. 한편 조선 정부는 동평관을 설치하여 일본 사신을 접대하기도 하였어요.

① 조선은 명, 청에 하정사, 성절사 등의 사절을 파견하였어요.
② 조선은 경성, 경원에 무역소를 설치하여 여진과 교역하였어요.
③ 고려 정종은 광군을 조직하고 광군사를 설치하여 거란의 침입에 대비하였어요.
④조선 세종 때 부산포, 제포(진해), 염포(울산) 등 3포를 개항하고, 계해약조를 체결하여 일본에 제한된 형태의 무역을 허용하였어요.
⑤ 조선은 한양에 북평관을 설치하여 여진 사절을 접대하였어요.

85 임진왜란의 전개 정답 ④

키워드 문제분석
신립 + 탄금대
= **탄금대 전투(1592. 4.)**

1592년 4월, 조선을 침략한 일본군은 부산진성을 시작으로 동래성까지 함락하였어요. 이에 조선 정부는 신립을 충주에 파견하여 일본군을 저지하고자 하였지만 탄금대에서 신립이 패하면서 실패로 돌아갔고, 선조는 의주로 피난하여 명에 원군을 요청하였어요.

① 1592년 10월, 김시민은 진주성에서 일본군을 크게 격퇴하였어요(진주 대첩).
② 1593년 1월, 조·명 연합군이 평양성을 일본군으로부터 탈환하였어요.
③ 1592년 7월, 이순신이 한산도에서 일본 수군을 대파하였어요(한산도 대첩).
④탄금대 전투 이전인 1592년 4월, 송상현은 동래성에서 일본군과 싸우다가 순절하였어요.
⑤ 1593년 2월, 권율과 백성들이 행주산성에서 일본군을 크게 물리쳤어요(행주 대첩).

86 임진왜란의 전개 정답 ①

키워드 문제분석
김시민 + 진주성 전투 + 왜군
= **임진왜란**

김시민의 진주성 전투는 임진왜란 중에 있었던 전투예요. 1592년에 일본군이 조선을 침략하여 부산진성과 동래성이 함락되자, 조선 정부는 신립을 삼도순변사로 임명하고 탄금대에서 일본군에 맞서게 하였으나 패하였어요. 일본군은 한양을 향해 진격하였고, 선조는 의주로 피란길을 떠나는 한편 명에 지원군을 요청하였어요. 이후 이순신을 비롯한 조선 수군, 의병의 활약과 김시민의 진주 대첩·권율의 행주 대첩, 조·명 연합군의 평양성 탈환으로 전세가 역전되었어요. 하지만 강화 회담이 결렬되고 정유재란이 발발하여 1598년에 전쟁이 끝났어요.

①병자호란이 일어나자 임경업은 백마산성에서 청군을 상대로 항전하였어요.
② 1593년 1월, 조·명 연합군이 일본군으로부터 평양성을 탈환하였어요.
③ 1593년 2월, 권율이 행주산성에서 일본군을 격퇴하였어요.
④ 1592년 7~8월에 조헌이 의병을 이끌고 금산에서 활약하였어요. 임진왜란 때는 조헌 외에도 곽재우, 고경명 등 많은 의병이 활약하였어요.
⑤ 1592년 7월, 이순신이 한산도에서 일본 수군을 크게 물리쳤어요(한산도 대첩).

87 호란의 전개   정답 ①

키워드 문제분석
- 이괄 + 난 = (가) 이괄의 난(1624)
- 왕 + 남한산성 = (나) 병자호란(1636)

(가) 이괄은 인조 즉위 직후인 1624년에 공신 책봉에 불만을 품고 난을 일으켰어요.
(나) 인조반정 이후 서인이 친명배금 정책을 추진하자 후금은 정묘호란(1627)을 일으켰고, 화의를 맺고 돌아갔어요. 이후 후금은 국호를 청으로 고치고 다시 병자호란(1636)을 일으켰어요. 인조는 남한산성으로 피난하여 청군에 맞섰으나 결국 청에 굴복하고 말았어요.
따라서 이괄의 난이 일어난 1624년 이후부터 병자호란이 일어난 1636년 이전까지의 사실을 골라야 해요.

① 정묘호란(1627) 당시 정봉수는 의병을 일으켜 용골산성에서 항전하였어요.
② 이순신이 명량에서 대승을 거둔 것은 정유재란(1597) 때로, (가) 이전의 사실이에요.
③ 권율이 행주산성에서 적군을 격퇴한 것은 임진왜란 중인 1593년으로, (가) 이전의 사실이에요.
④ 서인 세력이 폐모살제를 이유로 인조반정을 일으킨 것은 1623년으로, (가) 이전의 사실이에요.
⑤ 정여립 모반 사건을 계기로 기축옥사가 발생한 것은 1589년으로, (가) 이전의 사실이에요.

88 병자호란의 전개   정답 ⑤

키워드 문제분석
남한산성 피란 = 병자호란

인조반정 이후 조선이 친명배금 정책을 추진하자 후금은 조선을 침략하였다가 일단 화의를 맺고 돌아갔어요(정묘호란, 1627). 후금은 국호를 '청'으로 고친 후 다시 침입해 왔고, 이때 인조는 남한산성으로 피란하여 항전하였지만 결국 청에 항복하였어요(병자호란, 1636).

① 5군영 중 하나인 훈련도감은 임진왜란 중인 1593년에 유성룡의 건의로 설치되었어요.
② 병인양요(1866) 때 프랑스군은 강화도 외규장각에 보관 중이던 도서와 문화유산을 약탈하였어요.
③ 곽재우는 임진왜란 당시 경상남도 의령에서 처음으로 의병을 일으켰어요. 곽재우는 붉은 옷을 입고 싸워 '홍의 장군'이라고도 불렸어요.
④ 조선 광해군은 강홍립을 명과 후금 사이에 일어난 사르후 전투에 파견하여 상황에 따라 대처하도록 하는 중립 외교 정책을 펼쳤어요.
⑤ 병자호란 당시 전라도 병마사 김준룡은 남한산성에 고립되어 있던 인조를 구하기 위해 광교산에서 청군과 싸워 승리하였어요. 하지만 김준룡 부대는 무기와 식량이 떨어져 수원으로 철수하였어요.

89 조선 효종의 정책   정답 ①

키워드 문제분석
청에 볼모 + 북벌 = 조선 효종

조선 효종은 대군 시절에 청의 볼모로 끌려갔다 돌아왔어요. 왕으로 즉위한 이후에는 송시열 등 서인 세력과 함께 명에 대한 의리를 지키고 청에 복수하자는 북벌 운동을 펼쳤어요. 하지만 북벌은 효종의 죽음으로 큰 성과를 거두지 못한 채 중단되었어요.

① 효종은 청의 요청에 따라 두 차례의 나선 정벌에 조총 부대를 파견하였어요.
② 정조는 국왕의 친위 부대인 장용영을 설치하였어요.
③ 숙종은 청과의 국경을 정하는 백두산정계비를 세웠어요.
④ 영조 때 홍봉한 등이 왕명을 받들어 조선의 문물제도를 정리한 《동국문헌비고》를 편찬하였어요.
⑤ 세조는 직전법을 실시하여 과전법 체제에서 지급되던 수신전과 휼양전을 폐지하였어요.

90 조선 전기의 과학 기술   정답 ①

키워드 문제분석
앙부일구 + 신기전과 화차 = 조선 전기

① 조선 후기인 정조 때 정약용은 《기기도설》을 참고하여 거중기를 설계하였어요. 거중기는 수원 화성 건설에 활용되었어요.
② 세종 때 국산 약재와 치료법을 소개한 《향약집성방》이 편찬되었어요.
③ 세종 때 이순지 등이 왕명을 받아 한양을 기준으로 한 역법서인 《칠정산》 내·외편을 편찬하였어요.
④ 태종 때 주자소가 설치되어 계미자가 주조되었고, 세종 때는 갑인자가 주조되어 활판 인쇄술이 발전하였어요.
⑤ 세종 때 정초 등이 왕명을 받아 우리나라 실정에 맞는 농법을 소개한 《농사직설》을 편찬하였어요.

91 정약용의 활동   정답 ⑤

키워드 문제분석
《흠흠신서》 + 《마과회통》 = 정약용

조선 후기 실학자인 정약용은 지방 행정 개혁에 관한 《목민심서》와 형법에 관한 《흠흠신서》, 홍역에 관한 의학 지식을 정리한 《마과회통》 등을 저술하였어요. 또한 토지 제도 개혁론으로 일종의 공동 농장 제도인 여전론과 정전제를 주장하였어요.

① 이익은 《성호사설》에서 한전론을 주장하였어요.
② 박지원은 〈양반전〉과 〈허생전〉, 〈호질〉 등의 한문 소설에서 양반의 허례와 무능을 지적하였어요.
③ 홍대용은 《의산문답》에서 무한우주론과 지전설을 주장하며 중국 중심의 세계관을 비판하였어요.
④ 박제가는 《북학의》에서 소비를 우물에 비유하며 권장하였어요.
⑤ 정약용은 《경세유표》에서 국가 제도의 개혁 방향을 제시하였어요.

92 조선 후기 실학자 정답 ③

① 《의산문답》에서 무한우주론과 지전설을 주장하여 중국 중심의 세계관을 비판한 학자는 홍대용이에요.
② 《목민심서》에서 지방 행정의 개혁안을 제시한 학자는 정약용이에요. 정약용은 《기기도설》을 참고하여 거중기를 고안하기도 하였어요.
③ 박지원은 청에 다녀온 뒤 《열하일기》를 지어 수레의 사용뿐만 아니라 도로 시설의 중요성 등을 이야기하였어요.
④ 《성호사설》에서 양반 문벌제도, 노비 제도, 과거 제도 등의 사회 폐단을 여섯 가지 좀으로 규정한 학자는 이익이에요. 이익은 토지 제도 개혁론으로 한전론을 주장하였어요.
⑤ 《북학의》에서 절약보다 적절한 소비를 권장한 학자는 박제가예요.

93 김정호의 활동 정답 ②

키워드 문제분석 김정호 + 10리마다 눈금 = 〈대동여지도〉

조선 후기의 지리학자 김정호는 전국 지도인 〈대동여지도〉를 제작하였어요. 김정호는 지도의 도로에 10리마다 눈금을 표시하여 거리를 알 수 있게 하였어요.

① 최초로 100리 척이 적용된 지도는 조선 후기에 정상기가 만든 〈동국지도〉예요.
② 〈대동여지도〉는 22첩의 병풍식 전국 지도로, 목판에 새겨 대량으로 제작될 수 있게 하였어요.
③ 우리나라에서 제작된 현존 최고(最古)의 지도는 조선 태종 때 제작된 세계 지도인 〈혼일강리역대국도지도〉예요.
④ 각 지방의 연혁, 산천, 풍속 등이 자세히 나타나 있는 지리서는 조선 후기 이중환이 저술한 《택리지》예요.
⑤ 전국의 지리 정보에 주요 인물과 역사적 사실을 병기한 지도는 조선 후기에 김수홍이 만든 〈조선팔도고금총람도〉예요.

94 조선 후기의 문화 정답 ④

키워드 문제분석 김득신의 풍속화 = 조선 후기

① 조선 후기에는 역관 등의 중인들이 시사를 조직하여 문예 활동을 전개하였어요.
② 조선 후기에는 서민 문화가 발달하여 장시 등 사람들이 모여드는 곳에서 양반의 위선을 풍자한 탈춤이 공연되었어요.
③ 조선 후기에는 춘향가, 흥보가, 심청가 등의 판소리가 유행하였어요.
④ 고려 시대인 1377년에 청주 흥덕사에서 간행된 《직지심체요절》은 현존하는 세계 최고(最古)의 금속 활자본이에요.
⑤ 조선 후기에는 《홍길동전》, 《박씨전》 등의 한글 소설이 유행하여 책을 전문적으로 읽어 주는 전기수의 활동이 활발하였어요.

95 조선 후기의 회화 정답 ④

키워드 문제분석 조선 후기 풍속화가 + 혜원 + 〈미인도〉 = 신윤복

조선 후기에는 우리의 자연을 사실적으로 묘사한 진경 산수화가 발달하였고, 생활 모습을 표현한 풍속화가 유행하였어요. 대표적인 풍속화가로는 단원 김홍도와 혜원 신윤복이 있어요. 김홍도는 서민들의 일상생활을 주된 소재로 삼은 반면, 신윤복은 양반들의 풍류와 남녀 사이의 애정을 많이 묘사하였어요.

① 조선 후기의 화가 김홍도의 〈씨름〉이에요.
② 조선 전기의 화가 강희안의 〈고사관수도〉예요.
③ 조선 후기의 화가 김득신의 〈파적도(야묘도추)〉예요.
④ 신윤복의 〈월하정인〉으로, 젊은 남녀의 분위기를 묘사하고 있어요.
⑤ 조선 후기의 화가 강세황이 그린 진경 산수화인 〈영통동구도〉예요.

근현대(개항기)							
01	③	02	④	03	②	04	③	05	④
06	③	07	②	08	①	09	⑤	10	①
11	④	12	⑤	13	③	14	①	15	⑤
16	②	17	①	18	①	19	⑤	20	⑤
21	②	22	⑤	23	①	24	③	25	③
26	③	27	③	28	⑤	29	①	30	⑤
31	④	32	②	33	①	34	⑤	35	③

01 흥선 대원군 집권 시기의 사실   정답 ③

키워드 문제분석
경복궁 중건 = 흥선 대원군 집권 시기

경복궁 중건은 조선 고종 때 흥선 대원군이 집권하던 시기인 1865년부터 1868년에 추진되었어요.

ㄱ. 비변사는 조선 중종 때 3포 왜란을 계기로 처음 설치되었어요. 이후 국정 최고 기구의 역할을 하였다가 흥선 대원군 집권 시기에 철폐되었어요.
ㄴ. 흥선 대원군은 환곡의 폐단을 시정하고자 사창제를 전국적으로 실시하였어요.
ㄷ. 흥선 대원군은 경복궁 중건 비용을 마련하기 위해 기부금이라는 명목으로 원납전을 징수하였어요.
ㄹ. 《대전통편》은 이전에 편찬된 법령집을 통합하여 조선 정조 때 편찬되었어요.

02 병인양요   정답 ④

키워드 문제분석
양헌수 + 정족산성 = 병인양요

러시아가 연해주를 차지하면서 조선은 러시아와 국경을 마주하게 되었어요. 이에 흥선 대원군은 프랑스를 끌어들여 러시아의 남하를 저지하려 하였으나 무산되었어요. 그러자 9명의 프랑스 선교사를 포함한 8,000여 명의 천주교도를 절두산에서 처형하였어요(병인박해, 1866). 프랑스는 이를 구실로 조선을 침략하였어요(병인양요, 1866). 문수산성에서 한성근이, 정족산성에서 양헌수가 활약하면서 프랑스군을 격퇴하였고 프랑스군은 퇴각하면서 《의궤》를 비롯한 외규장각의 문화유산을 약탈하였어요.

① 신미양요 직후인 1871년, 흥선 대원군은 전국 각지에 척화비를 세워 통상 수교 거부 의지를 널리 알렸어요.
② 1868년, 독일 상인 오페르트는 통상 요구를 거부당하자 흥선 대원군의 아버지인 남연군의 묘를 도굴하려고 하였어요(오페르트 도굴 사건).
③ 1882년, 임오군란이 발생하자 청의 위안스카이는 군대를 이끌고 조선에 들어왔어요.
④ 1866년, 프랑스 극동 함대 사령관 로즈 제독은 병인박해를 구실로 군함을 이끌고 강화도를 침략하였어요(병인양요).
⑤ 1880년, 제2차 수신사로 일본에 파견되었던 김홍집은 《조선책략》을 국내에 들여와 고종에게 바쳤어요.

03 신미양요   정답 ②

키워드 문제분석
어재연 + 광성보 = 신미양요

미국은 제너럴셔먼호 사건(1866)을 빌미로 로저스 제독이 이끄는 함대를 강화도에 파견하여 초지진과 덕진진을 점령하고 광성보를 공격하였어요(신미양요, 1871). 조선군은 어재연을 중심으로 결사 항전하였지만, 광성보를 미군에게 점령당하였어요. 패전에도 불구하고 조선 정부는 항전의 의지를 강하게 밝혔고, 조선을 개항시키는 것이 어렵다고 판단한 미군은 퇴각하였어요.

② 1866년에 병인박해와 병인양요가 일어나고, 1868년에는 남연군 묘에 대한 오페르트 도굴 사건이 일어났어요. 1871년에는 미국이 제너럴셔먼호 사건(1866)을 구실로 강화도를 침략하였어요(신미양요). 같은 해에 흥선 대원군이 척화비를 세워 통상 거부 의지를 밝혔지만 1876년에 일본과의 강화도 조약이 체결되었어요.

04 흥선 대원군의 정책   정답 ③

키워드 문제분석
• 만동묘 철폐 = (가) 만동묘 철폐(1865)
• 최익현, 대원군 탄핵 = (나) 흥선 대원군 탄핵(1873)

(가) 만동묘는 임진왜란 때 조선을 도와준 명의 신종을 제사 지내는 사당이에요. 조선 고종 때 흥선 대원군은 1865년 만동묘를 철폐하고 서원은 47개소만 남기고 정리하였어요.
(나) 최익현은 1873년 계유상소를 올려 흥선 대원군의 개혁을 비판하였어요. 최익현의 상소는 친정을 원했던 고종의 뜻과도 일치해 흥선 대원군의 하야에 영향을 주었어요.
따라서 만동묘가 철폐된 1865년 이후부터 최익현이 계유상소를 올린 1873년 이전까지의 사실을 골라야 해요.

① 별기군은 개화 정책의 일환으로 (나) 이후인 1881년에 창설된 신식 군대예요.
② 독립신문은 (나) 이후인 1896년에 서재필이 창간한 우리나라 최초의 민간 신문으로, 독립 협회에서 발간하였어요.
③ 흥선 대원군은 신미양요 이후 1871년에 전국 각지에 척화비를 건립하여 통상 수교 거부 의지를 널리 알렸어요.
④ 김옥균 등의 급진 개화파는 (나) 이후인 1884년에 우정총국 개국 축하연을 기회로 삼아 갑신정변을 일으켰어요.
⑤ (나) 이후인 1882년에 임오군란의 영향으로 조선과 청 사이에 조·청 상민 수륙 무역 장정이 체결되었어요.

05 조·미 수호 통상 조약   정답 ④

키워드 문제분석
최혜국 대우 + 미국 + 서양 국가와 최초 체결
= 조·미 수호 통상 조약

강화도 조약 체결 이후 김홍집이 일본에서 가져온 《조선책략》이 유포되면서 미국에 대한 관심이 커졌어요. 이에 조선은 청의 알선으로 1882년에 미국과 조·미 수호 통상 조약을 체결하였어요.

① 1866년 병인박해를 계기로 병인양요가 일어났어요.
② 1884년 갑신정변을 계기로 한성 조약, 톈진 조약이 체결되었어요.
③ 1905년 을사늑약을 계기로 1906년 통감부가 설치되었어요.
④ 조·미 수호 통상 조약에는 거중 조정 조항과 더불어 영사 재판권, 최혜국 대우 조항도 포함되었어요.
⑤ 1904년 체결된 제1차 한·일 협약을 근거로 대한 제국의 재정 고문으로 메가타가, 외교 고문으로 스티븐스가 부임하였어요.

06 방곡령 정답 ③

키워드 문제분석 함경도 + 곡물 유출 금지 + 1개월 전 일본에 통보 = 방곡령

1883년에 체결된 조·일 통상 장정에서 방곡령이 규정되었는데, 함경도 등 조선의 지방관들이 방곡령을 선포하자 일본은 1개월 전 문서 통보 규정을 내세워 이를 철회시켰어요.

① 1905년의 화폐 정리 사업의 결과로 일본은 대한 제국의 금융과 재정을 장악하게 되었어요.
② 일제 강점기 산미 증식 계획에 따라 많은 쌀이 일본으로 반출되어 한국의 식량 사정이 악화되었어요.
③ 1883년에 체결된 조·일 통상 장정에는 일본 상품에 대한 관세 부과, 방곡령, 최혜국 대우 등이 규정되었어요.
④ 일제는 1910년에 임시 토지 조사국을 설치하고 1912년에 토지 조사령을 공포하여 본격적으로 토지 조사 사업을 시행하였어요.
⑤ 대한 제국은 근대적 토지 소유권 제도를 확립하고자 양지아문과 지계아문을 설치하고 양전 사업과 지계 발급을 추진하였어요.

07 개화 정책의 추진 정답 ②

키워드 문제분석
· 수신사 김기수 = (가) 제1차 수신사(1876)
· 어윤중, 일본 염탐 = (나) 조사 시찰단(1881)

(가) 조선 정부는 강화도 조약 체결 이후 일본의 요청에 따라 1876년에 김기수를 제1차 수신사로 파견하였어요.
(나) 1881년에 박정양, 어윤중 등은 조사 시찰단의 일원으로 일본에 파견되었어요. 조사 시찰단은 당시 부정적인 여론을 의식하여 암행어사의 형태로 비밀리에 파견되었어요.
따라서 제1차 수신사가 파견된 1876년 이후부터 조사 시찰단이 파견된 1881년 이전까지의 사실을 골라야 해요.

① 조선은 조·미 수호 통상 조약 체결 이후 미국 공사의 부임에 대한 답례로 (나) 이후인 1883년 미국에 보빙사를 파견하였어요.
② 조선 정부는 1880년에 개화 정책 추진을 총괄하는 통리기무아문과 산하 기구인 12사를 신설하였어요.
③ 일본은 (가) 이전인 1875년에 군함 운요호를 파견하여 강화도와 영종도를 공격하였어요(운요호 사건).
④ 조선 정부는 (나) 이후인 1895년에 교원 양성을 위한 한성 사범 학교를 설립하였어요.
⑤ 조선은 (나) 이후인 1886년에 프랑스와 조·프 수호 통상 조약을 체결하여 천주교 포교를 허용하였어요.

08 영선사 정답 ①

키워드 문제분석 청에 파견 + 김윤식 = 영선사

조선 정부는 1881년 영선사 김윤식을 대표로 유학생, 기술자를 청에 파견하였어요. 이들은 청의 기기국에서 근대식 무기 제조 기술을 습득하고 돌아왔어요.

① 영선사 파견을 계기로 근대식 무기 제조 공장인 기기창이 설립되었어요.
② 회답 겸 쇄환사는 왜란 때 일본으로 끌려간 조선인을 데려오기 위해 조선에서 파견한 사절단이에요.
③ 1880년에 제2차 수신사로 일본에 파견되었던 김홍집은 《조선책략》을 국내에 들여와 소개하였어요.
④ 민영익, 홍영식, 서광범 등은 미국 공사 부임에 대한 답방으로 1883년에 보빙사로 미국에 파견되었어요.
⑤ 조사 시찰단은 문물 시찰을 위해 1881년 일본에 비밀리에 파견되었어요.

09 보빙사 정답 ⑤

키워드 문제분석 미국 공사 부임에 대한 답례로 파견 = 보빙사

조선은 조·미 수호 통상 조약 체결 이후 미국 공사 내한에 대한 답례로 1883년에 전권대신 민영익 등을 보빙사로 미국에 파견하였어요.

① 조선은 강화도 조약 체결 이후 일본에 제1차 수신사로 김기수, 제2차 수신사로 김홍집을 파견하였어요.
② 제2차 수신사로 일본에 파견되었던 김홍집은 《조선책략》을 들여왔어요.
③ 조선은 청에 김윤식을 영선사로 파견해 무기 제조 기술을 배워 오게 한 후 근대식 무기 제조 공장인 기기창을 설치하였어요.
④ 조선은 일본에 박정양을 중심으로 한 조사 시찰단을 암행어사 형태로 비밀리에 파견하였어요.
⑤ 조선 정부는 미국 공사 부임에 대한 답례로 1883년에 민영익 등을 보빙사로 미국에 파견하였어요.

10 개화 정책의 추진과 위정척사 운동 정답 ①

키워드 문제분석
· 최익현의 개항 반대 = (가) 1876년
· 영남 만인소 = (나) 1881년

(가) 최익현은 1876년에 일본과 교역하게 될 경우 조선에게 불리한 점을 언급하며 개항에 반대하는 〈지부복궐척화의소〉를 올렸어요.
(나) 제2차 수신사로 일본에 다녀온 김홍집이 가져온 《조선책략》이 국내에 유포되자 이에 반발하며 1881년에 영남 지방의 유생들이 만인소를 올렸어요.
따라서 최익현이 〈지부복궐척화의소〉를 올린 1876년 이후부터 영남 만인소가 올라간 1881년 이전까지의 사실을 골라야 해요.

① 김기수는 강화도 조약이 체결된 직후인 1876년에 제1차 수신사로 일본에 다녀왔어요.
② 영국은 러시아의 남하를 견제한다는 구실로 1885년부터 1887년까지 거문도를 불법으로 점령하였어요(거문도 사건).
③ 평양 관민이 대동강을 거슬러 올라와 통상을 요구하며 약탈을 자행한 제너럴셔먼호를 불태운 것은 1866년의 사실이에요.
④ 1882년 거중 조정이 포함된 조·미 수호 통상 조약이 체결되었어요.
⑤ 양헌수 부대가 정족산성에서 프랑스군을 격퇴한 것은 1866년 병인양요 때의 사실이에요.

11 임오군란   정답 ④

키워드 문제분석   구식 군인 차별 대우 = 임오군란

조선 정부는 1881년 신식 군대인 별기군을 창설하였어요. 구식 군대의 군인들은 신식 군대인 별기군에 비하여 차별 대우를 받자 분개하여 폭동을 일으켰어요(임오군란, 1882). 청은 군대를 파견하여 난을 진압하였고, 사건의 책임을 물어 흥선 대원군을 청으로 압송하였어요.

① 조선 정부는 임술 농민 봉기(진주 농민 봉기, 1862)를 계기로 삼정의 문란을 바로잡기 위해 삼정이정청을 설치하였어요.
② 신미양요(1871) 당시 어재연 부대는 광성보에서 미군의 강화도 침략에 끝까지 항전하였어요.
③ 신미양요(1871) 직후 흥선 대원군은 전국 각지에 척화비를 세워 통상 수교 거부 의지를 널리 알렸어요.
④ 청은 임오군란(1882)을 진압한 이후 조선과 조·청 상민 수륙 무역 장정을 체결하여 청 상인의 이권을 인정받았어요.
⑤ 일본은 조선을 강제로 개항시키기 위하여 운요호 사건(1875)을 일으켰어요. 이후 강화도 조약이 체결되었어요.

12 갑신정변   정답 ⑤

키워드 문제분석   김옥균 + 일본 공사 + 박영효 = 갑신정변

김옥균 등 급진 개화파는 급진적 개혁을 추구하여 일본의 지원 약속 아래 우정총국 개국 축하연을 기회로 갑신정변을 일으켰어요(1884). 급진 개화파는 새 정부를 구성한 후 14개조의 개혁 정강을 발표하였어요. 그러나 청군이 개입하면서 정변은 3일 만에 실패로 돌아가고 말았어요.

① 1881년에 조선 정부는 개화 정책의 일환으로 신식 군대인 별기군을 창설하였어요.
② 김기수는 강화도 조약 체결 직후인 1876년에 제1차 수신사로 일본에 파견되었어요.
③ 1875년에 일본 운요호가 강화도에 접근하여 무력시위를 벌였어요(운요호 사건).
④《조선책략》의 유포로 미국과의 수교 필요성이 대두되자 1881년 이만손 중심의 영남 유생들이 만인소를 올려 반대하였어요.
⑤ 우정총국 개국 축하연을 기회로 김옥균, 홍영식, 박영효 등 급진 개화파가 갑신정변을 일으켰어요.

13 거문도 사건   정답 ③

키워드 문제분석   영국군이 점령 + 러시아 남진 저지 구실 = 거문도 사건

갑신정변 이후 청의 내정 간섭이 더욱 심해지자, 고종이 러시아와 비밀 협약을 추진하였어요. 이에 영국은 러시아의 남진을 막는다는 명분을 내세워 1885년 거문도를 불법 점령하였어요. 이후 영국은 청의 중재로 조선의 영토를 점령하지 않겠다는 러시아의 약속을 받고 1887년 거문도에서 철수하였어요.

③ 갑신정변(1884) 이후 영국은 러시아의 남진을 막는다는 명분을 내세워 동양 함대를 파견하여 1885년부터 1887년까지 거문도를 불법 점령하였으므로, 대화의 상황이 나타난 시기는 (다)예요.

14 동학 농민 운동   정답 ①

키워드 문제분석   백산 봉기 → (가) 황토현 전투, 황룡촌 전투 → 전주성 점령

1894년 1월에 전봉준이 고부 군수 조병갑의 학정에 대항하여 봉기를 일으키고 고부 관아를 점령하였어요(고부 농민 봉기). 이 봉기는 안핵사 이용태의 횡포로 인해 제1차 동학 농민 봉기로 확대되었으며, 농민군은 황토현과 황룡촌에서 관군을 격파하고 전주성을 점령하였어요. 농민군은 정부와 전주 화약을 체결하고 개혁을 추진하였으나, 일본군이 경복궁을 점령하고 조선 정부를 무력화하였어요. 이에 남접과 북접을 중심으로 한 농민군이 논산에서 연합하여 제2차 봉기를 일으켰지만, 공주 우금치 전투에서 관군·일본군의 연합군에게 패배하였어요.

① 동학 농민군은 제1차 봉기 때인 1894년 4월, 황토현 전투와 황룡촌 전투 등에서 승리하고 전주성을 점령하였어요.
② 동학 농민군의 남접과 북접은 전주성 점령 이후 논산에서 연합하여 재차 봉기하였어요.
③ 동학 농민군이 공주 우금치에서 패한 우금치 전투는 동학 농민군의 제2차 봉기 때로, 전주성 점령 이후예요.
④ 동학 농민군이 정부와 전주 화약을 체결하고 집강소를 설치하여 폐정 개혁안을 실천한 것은 전주성 점령 이후예요.
⑤ 전봉준이 주도한 고부 농민 봉기가 일어난 시기는 백산 봉기 이전이에요.

15 제2차 갑오개혁   정답 ⑤

키워드 문제분석   김홍집·박영효 + 23부 + 재판소 = 제2차 갑오개혁

청·일 전쟁에서 우위를 점한 일본은 갑오개혁에 적극 개입하여 김홍집·박영효 연립 내각을 출범시키고, 군국기무처를 폐지하였어요. 제2차 갑오개혁에서는 의정부를 내각으로 고치고 그 아래 7부를 두었으며, 8도를 23부로 개편하였어요. 또한 사법권의 독립을 위해 재판소를 설치하였어요.

① 근대적 토지 소유 증명서인 지계는 광무개혁 때 발급되었어요.
② 태양력은 을미개혁 때부터 사용되었어요.
③ 한성순보는 1883년부터 1884년까지 박문국에서 발간되었어요.
④ 공사 노비법의 폐지는 제1차 갑오개혁 때 이루어졌어요.
⑤ 제2차 갑오개혁 당시 교육입국 조서가 반포되어 근대적 교육 제도가 마련되었어요.

16 을미개혁 정답 ②

키워드 문제분석
러·프·독 + 랴오둥반도 반환 이후
= 삼국 간섭(1895)

일본은 청·일 전쟁에서 승리하고 랴오둥반도를 획득하였지만, 러시아·프랑스·독일의 삼국 간섭으로 청에 랴오둥반도를 반환하게 되었고, 이로 인해 러·일 간의 갈등이 본격화되었어요. 민씨 정권이 친러 정책을 펼치자 일본은 같은 해 을미사변을 일으켜 조선 정부를 장악하고 김홍집 내각을 구성하여 단발령 실시, 태양력 사용 등의 을미개혁을 추진하였어요.

① 청 상인의 내륙 진출을 허용한 조·청 상민 수륙 무역 장정은 1882년 임오군란 직후 체결되었어요.
② 조선 정부는 을미개혁으로 '건양'이라는 연호를 사용하였어요.
③ 조선 정부는 제1차 갑오개혁(1894) 때 행정 기구를 6조에서 8아문으로 개편하였어요.
④ 군국기무처를 중심으로 제1차 갑오개혁(1894)이 추진되었어요.
⑤ 거문도 사건(1885~1887)은 조선에 접근하는 러시아를 영국이 견제하면서 발생하였어요.

17 갑오·을미개혁 정답 ①

키워드 문제분석
• 노비에 관한 법 혁파 = (가) 제1차 갑오개혁
• 청나라에 의존하는 생각 × = (나) 홍범 14조
• 짐이 머리카락을 자르니 = (다) 을미개혁

(가) 제1차 갑오개혁으로 신분 제도가 폐지되고 공사 노비법이 혁파되었어요.
(나) 1895년 1월 고종은 제2차 갑오개혁의 개혁 방향을 담은 홍범 14조를 반포하였어요.
(다) 1895년 11월 을미개혁 시기 고종은 머리카락을 자르고 신민들도 잘 본받으라고 하며 단발령을 시행하였어요.

 갑오·을미개혁은 1894년 7월부터 1896년 2월까지 추진되었던 일련의 개혁 운동이에요. 제1차 갑오개혁은 김홍집 내각에서 군국기무처의 주도로 전개되었는데, 신분제가 폐지되는 등의 성과를 거두었어요. 이후 군국기무처가 폐지되고 홍범 14조를 중심으로 재판소 제도 도입, 교육입국 조서 반포 등 제2차 갑오개혁이 진행되었어요. 1895년에는 일본이 을미사변을 일으켜 조선 정부를 장악하고 친일 내각을 구성하여 단발령 실시, 태양력 사용 등의 을미개혁을 추진하였어요.

18 아관 파천 정답 ①

키워드 문제분석
러시아 공사관으로 피신 = 아관 파천

을미사변(1895)으로 신변의 위협을 느낀 고종은 일본군이 의병 진압을 위해 지방으로 파견된 틈을 타 러시아 공사관으로 거처를 옮겼어요(아관 파천, 1896). 이후 조선 정부에서는 친러 성향의 내각이 수립되었고, 러시아의 정치적 간섭이 심화되었어요.

① 명성 황후가 일본을 견제하기 위해 친러 정책을 추진하자, 일본은 명성 황후를 시해하는 만행을 저질렀고(을미사변, 1895), 이 사건은 아관 파천(1896)의 배경이 되었어요.
② 1899년, 대한 제국 시기에 황제 직속의 군 통수 기관인 원수부가 설치되었어요.
③ 1904년에 한반도와 만주에서의 이권을 놓고 러시아와 일본 간의 전쟁(러·일 전쟁)이 발발하였어요.
④ 1907년에 각 부처에 일본인 차관을 두는 한·일 신협약(정미 7조약)이 체결되었어요.
⑤ 1903년 러시아가 용암포 일대를 불법으로 점령하고 이권을 요구한 용암포 사건이 발생하였어요.

19 독립 협회의 활동 정답 ⑤

키워드 문제분석
서재필 + 독립문 건설 = 독립 협회

서재필의 주도로 설립된 독립 협회는 독립문을 건설하고 독립신문을 간행하였으며, 토론회와 강연회를 개최하여 민권 의식과 자주 의식을 고취하였어요. 또한 러시아의 이권 침탈에 반대하며 만민 공동회를 개최하고, 관민 공동회에서 헌의 6조를 결의하고 의회 설립 운동을 추진하기도 하였습니다.

① 만세보는 천도교에서 창간한 신문이에요.
② 대한 자강회는 고종의 강제 퇴위 반대 운동을 전개하였다가 통감부에 의해 강제 해산되었어요.
③ 서울 북촌의 양반 여성들은 1898년에 한국 최초의 여성 권리 선언서인 여권통문을 발표하였어요.
④ 대한민국 임시 정부는 독립 공채를 발행하여 독립운동 자금을 마련하고자 하였어요.
⑤ 독립 협회는 만민 공동회를 개최하여 러시아를 비롯한 열강의 이권 침탈을 저지하였어요.

20 독립 협회의 활동 정답 ⑤

키워드 문제분석
중추원 + 법률 제정 = 의회 설립 운동

독립 협회는 국정의 기본 방향을 협의하기 위해 개최된 관민 공동회에서 헌의 6조를 결의하여 고종의 재가를 얻었고, 의회 설립을 위해 중추원 관제를 반포하였어요. 그러나 보수파 관료들이 독립 협회가 공화정을 실시하려 한다며 모함하여 독립 협회가 해체되었어요.

정답해설 **83**

① 신민회는 일제가 조작한 105인 사건을 계기로 해체되었어요.
② 조선 고종 때 흥선 대원군이 환곡 운영의 문제점을 해결하고자 사창제를 실시하였어요.
③ 정미의병 당시 전국의 의병 부대들은 13도 연합 의병 부대(13도 창의군)를 결성하여 서울 진공 작전을 전개하였으나 실패하였어요.
④ 고종은 을사늑약의 부당함을 국제 사회에 호소하고자 네덜란드 헤이그에서 열린 만국 평화 회의에 이상설, 이준, 이위종을 특사로 파견하였어요.
⑤ 독립 협회는 의회 설립 운동을 추진하고, 관민 공동회를 개최하여 헌의 6조를 결의하였어요.

21 대한 제국 시기의 모습 정답 ②

키워드 문제분석 지계 + 광무 = 대한 제국

대한 제국은 1898년부터 1904년까지 양전 사업을 추진하여 근대적 토지 제도와 지세 제도를 수립하고자 하였어요. 이때 근대적 토지 소유 증명서인 지계를 발급하였어요.

① 《조선책략》의 유포로 미국과의 수교 필요성이 대두되자 1881년 이만손을 중심으로 한 영남 유생들이 만인소를 올렸어요.
② 원수부는 대한 제국 시기인 1899년, 고종이 황제의 군 통수권을 강화하기 위해 세운 기관이에요.
③ 독일 상인 오페르트는 1868년 흥선 대원군의 아버지인 남연군 묘를 도굴하고자 하였어요.
④ 1866년, 통상을 요구하며 대동강을 거슬러 평양까지 올라온 미국의 제너럴셔먼호를 박규수를 비롯한 평양 관민들이 불태웠어요(제너럴셔먼호 사건).
⑤ 조선은 임진왜란 이후부터 1811년까지 일본에 통신사를 파견하였어요.

22 대한 제국 시기의 사실 정답 ⑤

키워드 문제분석 환구단 + 황제 즉위 + 국호 '대한' = 대한 제국

아관 파천 이후 러시아 등 열강들의 이권 침탈이 심화되자 고종의 환궁을 요구하는 상소가 이어졌어요. 이에 고종은 1년여 만에 경운궁(덕수궁)으로 환궁하였고, 환구단에서 황제 즉위식을 거행하고 대한 제국의 수립을 선포하였어요(1897). 대한 제국 시기에는 구본신참을 기본 방침으로 하는 광무개혁이 이루어졌어요.

① 전환국은 근대 화폐의 주조를 위해 1883년에 설치된 기구예요.
② 혜상공국은 1883년에 보부상을 보호하기 위해 설치된 기구예요.
③ 보빙사는 조·미 수호 통상 조약 체결 이후 미국 공사 부임에 대한 답방으로 1883년에 미국에 파견된 사절단이에요.
④ 조·청 상민 수륙 무역 장정은 1882년 임오군란 이후 조선과 청 사이에 체결된 조약이에요.
⑤ 대한 제국은 1898년부터 1904년까지 양전 사업을 추진하여 근대적 토지 제도와 지세 제도를 수립하고자 하였어요. 이 과정에서 근대적 토지 소유 증명서인 지계를 발급하였어요.

23 대한 제국 시기의 모습 정답 ①

키워드 문제분석 고종 황제 즉위 이후 = 대한 제국 시기

고종은 1897년에 환구단에서 황제 즉위식을 거행하고 대한 제국의 수립을 선포하였으며, 독자적인 연호인 '광무'를 사용하였어요.

① 대한 제국 정부는 1903년 이범윤을 간도 관리사로 임명하였어요.
② 나운규가 제작한 영화 '아리랑'은 1926년에 개봉하였어요.
③ 정부가 양반층 자제를 중심으로 근대 교육을 실시하기 위해 설립한 육영 공원은 최초의 근대식 관립 교육 기관으로, 1886년부터 1894년까지 운영되었어요.
④ 평양 관민이 대동강을 거슬러 올라와 약탈을 자행한 제너럴셔먼호를 불태운 사건(제너럴셔먼호 사건)은 1866년에 일어났어요.
⑤ 조사 시찰단은 일본의 문물을 파악하기 위해 1881년에 비밀리에 파견되었어요.

24 을사늑약 정답 ③

키워드 문제분석 이토 히로부미 + 외교권 박탈 = 을사늑약

일본은 러·일 전쟁 승리 이후 황제와 대신들을 위협하여 대한 제국의 외교권을 박탈하는 을사늑약을 체결하였어요(1905). 이에 따라 일제는 통감부를 설치해 대한 제국의 외교 업무를 관장하였고, 초대 통감으로 이토 히로부미가 부임하였어요.

① 을미사변으로 신변의 위협을 느낀 고종은 일본을 피해 러시아 공사관으로 거처를 옮겼어요(아관 파천, 1896).
② 조선을 둘러싼 청·일 간의 경쟁은 청·일 전쟁(1894)으로 이어졌어요.
③ 을사늑약이 체결됨에 따라 1906년에 통감부가 설치되었고, 이토 히로부미가 초대 통감으로 부임해 내정과 외교를 장악하였어요.
④ 일본은 한·일 신협약의 부수 비밀 각서를 강제로 체결하여 대한 제국의 군대를 해산하였어요(1907).
⑤ 조·프 수호 통상 조약(1886)이 체결되면서 조선에서의 천주교 포교가 허용되었어요.

25 을사늑약 체결에 대한 저항 정답 ③

키워드 문제분석 헤이그 + 이상설 + 특사 = 헤이그 특사

일제는 1905년에 러·일 전쟁 승리 이후 무력으로 대한 제국을 압박하여 을사늑약 체결을 강요하였고, 대한 제국의 외교권을 강탈하였어요. 이에 고종은 1907년에 이준, 이상설, 이위종을 네덜란드 헤이그에서 열린 만국 평화 회의에 특사로 파견하였어요. 하지만 일제의 방해와 강대국의 외면으로 특사 파견은 실패하였고, 일제에 의해 고종이 강제로 퇴위당하고 말았어요.

① 임오군란(1882)은 조선 정부의 구식 군인에 대한 차별이 계기가 되어 발생하였어요.

② 동학 농민군은 조선 정부와 전주 화약(1894)을 체결한 후 집강소를 설치하고 개혁을 추진하였어요.
③ 고종은 을사늑약이 무효임을 알리기 위해 헤이그에 특사를 파견하였어요(1907).
④ 일제는 조선 태형령(1912)을 제정하여 한국인에 한해서만 태형을 적용하였어요.
⑤ 일제는 한·일 신협약(1907)을 맺고, 부수 비밀 각서로 대한 제국의 군대를 강제로 해산하였어요.

26 항일 의병 운동의 전개   정답 ③

키워드 문제분석
- 을사늑약 체결에 반발 = (가) 을사의병
- 을미사변과 단발령에 반발 = (나) 을미의병
- 13도 창의군, 서울 진공 작전 = (다) 정미의병

(나) 1895년, 을미사변과 단발령 시행에 반발하여 유인석, 이소응 등 유생들이 을미의병을 일으켰어요.
(가) 1905년, 을사늑약이 체결되자 민종식, 최익현, 신돌석 등은 이에 반발하여 을사의병을 일으켰어요.
(다) 1907년, 일본이 고종을 강제로 퇴위시키고 대한 제국의 군대를 강제로 해산하자 의병 투쟁이 전국적으로 확산되었고, 해산 군인이 의병에 가담하였어요. 이들은 13도 창의군을 결성하여 1908년 서울 진공 작전을 전개하였어요.

③ (나) 을미의병(1895) → (가) 을사의병(1905) → (다) 정미의병(1907)

27 안중근의 활동   정답 ③

키워드 문제분석
《동양 평화론》 + 뤼순 감옥 = 안중근

안중근은 1909년 만주 하얼빈역에서 을사늑약 체결을 강요한 초대 통감 이토 히로부미를 사살하였어요. 이후 체포된 안중근은 뤼순 감옥에 투옥되었고, 1910년에 순국하였어요. 안중근은 뤼순 감옥에서 《동양 평화론》을 집필하였어요.

① 홍범도 등은 봉오동 전투에서 일본군을 격파하였어요.
② 양기탁은 영국인 베델과 함께 대한매일신보를 발간하였어요.
③ 안중근은 만주 하얼빈역에서 을사늑약 체결을 강요하였던 초대 통감 이토 히로부미를 사살하였어요.
④ 이상설 등은 북간도 용정에 서전서숙을 설립하였어요.
⑤ 임병찬은 고종의 밀지를 받고 독립 의군부를 조직하였어요.

28 보안회의 활동   정답 ⑤

키워드 문제분석
보안회 = 일본의 황무지 개간권 요구 반대 운동

보안회는 1904년에 서울에서 조직된 애국 계몽 운동 단체예요. 러·일 전쟁 중 일본이 대한 제국 정부에 황무지 개간권을 요구하자 대중 집회를 열어 일본의 요구를 철회시켰어요.

① 시전 상인들은 외국 상인들의 내륙 진출에 대항하여 철시 투쟁을 전개하였어요.
② 김옥균 등의 급진 개화파는 일본의 지원을 약속 받고 1884년에 갑신정변을 일으켰어요.
③ 백정들은 일제 강점기인 1923년부터 형평 운동을 전개하여 백정에 대한 사회적 차별을 철폐하고자 하였어요.
④ 동아일보는 1931년~1934년에 브나로드 운동이라는 이름으로 농촌 계몽 운동을 펼쳤어요.
⑤ 보안회는 대중 집회를 열어 일본의 황무지 개간권 요구를 철회시켰어요.

29 신민회의 활동   정답 ①

키워드 문제분석
대성 학교 + 안창호 + 양기탁 = 신민회

신민회는 1907년에 안창호, 양기탁 등의 주도로 조직된 항일 비밀 결사예요. 다른 애국 계몽 운동 단체와는 다르게 실력 양성뿐만 아니라 무장 투쟁에도 중점을 두었어요. 태극 서관과 자기 회사 등 민족 기업을 설립하였고, 대성 학교와 오산 학교를 세워 민족 교육에 힘썼으며, 만주에 신흥 강습소(신흥 무관 학교로 발전)를 세워 독립군을 양성하였어요.

ㄱ. 신민회는 민족 산업을 육성하기 위해 태극 서관과 자기 회사를 운영하였어요.
ㄴ. 신민회는 일제가 조작한 105인 사건(1911)을 계기로 와해되었어요.
ㄷ. 조지 루이스 쇼가 중국에 설립한 회사인 이륭양행은 대한민국 임시 정부의 교통국으로 활용되었어요.
ㄹ. 입헌 군주제 수립을 추구한 단체는 독립 협회, 헌정 연구회 등이에요. 신민회는 공화정 수립을 추구하였어요.

30 근대 문물의 수용   정답 ⑤

키워드 문제분석
경복궁 + 최초의 전등 가설 = 1887년

경복궁 건청궁에 최초로 전등이 가설된 시기는 1887년이에요.

① 알렌의 건의로 광혜원이 세워진 것은 1885년이에요.
② 박문국에서 한성순보가 발행된 것은 1883년이에요.
③ 근대식 무기 제조 공장인 기기창이 설립된 것은 1883년이에요.
④ 정부가 외국어 교육 기관인 동문학을 세운 것은 1883년이에요.
⑤ 노량진(서울)과 제물포(인천)를 잇는 경인선이 개통된 것은 1899년이에요.

31 독립신문   정답 ④

키워드 문제분석
서재필 창간 + 한글판·영문판 = 독립신문

미국에서 돌아온 서재필은 정부로부터 지원을 받아 1896년에 독립신문을 창간하였어요. 독립신문은 한글판과 영문판 두 종류로 발행되었으며, 정부 고위 관리들의 부정부패를 고발하고 열강의 이권 침탈을 비판하였어요.

① 해조신문은 1908년에 최봉준 등이 연해주의 블라디보스토크에서 창간한 교민 신문이에요.
② 제국신문은 1898년 이종일이 창간한 신문으로, 순 한글로 발행되어 서민층과 부녀자에게 큰 호응을 얻었어요.
③ 한성순보는 1883년부터 1884년까지 박문국에서 발행된 우리나라 최초의 근대 신문이에요.
④ 독립신문은 갑신정변 실패 후 미국으로 망명하였던 서재필이 귀국한 후 창간한 신문으로, 우리나라 최초의 민간 신문이에요.
⑤ 황성신문은 1898년에 남궁억 등이 중심이 되어 창간한 신문으로, 을사늑약 직후 장지연의 〈시일야방성대곡〉을 게재하였어요.

32 근대 문물의 수용 정답 ②

키워드 문제분석: 전차 개통 = 1899년

서대문과 청량리 사이를 운행하는 전차는 한성 전기 회사의 주도로 1899년에 개통되었어요.

① 박문국은 1883년에 설립된 최초의 근대식 인쇄소로 한성순보, 한성주보를 발간하였어요.
② 경성(서울)과 부산을 잇는 경부선은 일본에 의해 1904년에 완공되어 1905년에 개통되었어요.
③ 기기창은 영선사 복귀 이후 근대식 무기를 제조하기 위해 1883년에 설치되었어요.
④ 한성주보는 한성순보를 계승하여 1886년부터 1888년까지 발행되었으며, 최초로 상업 광고를 게재하였어요.
⑤ 육영 공원은 조선 정부가 양반층 자제를 중심으로 근대식 교육을 실시하기 위해 1886년에 설립한 학교예요.

33 근대 문물의 수용 정답 ①

키워드 문제분석: 최초의 근대식 병원 + 알렌 = 광혜원

광혜원은 1885년에 조선 정부가 설립한 우리나라 최초의 근대식 병원이에요. 미국인 선교사인 알렌이 갑신정변 당시 중상을 입은 민영익을 서양 의술로 살린 것이 설립의 계기가 되었어요. 설립 직후 제중원으로 명칭이 변경되었어요.

① 배재 학당은 1885년 미국인 선교사인 아펜젤러가 서울시 중구 정동에 세운 근대식 중등 교육 기관이에요.
② 조선이 청에 영선사를 파견하였던 시기는 1881~1882년이에요.
③ 갑신정변이 일어난 우정총국 개국 축하연이 열린 시기는 1884년이에요.
④ 강화도 연무당에서 일본과 강화도 조약이 체결되었던 시기는 1876년이에요.
⑤ 미국 상선 제너럴셔먼호가 통상을 요구하며 행패를 부리자 박규수가 평양 관민과 함께 제너럴셔먼호를 불태웠던 시기는 1866년이에요.

34 박은식의 활동 정답 ⑤

키워드 문제분석: 국혼 강조 + 《한국통사》 = 박은식

박은식은 민족주의 사학자이자 독립운동가예요. 그는 일본의 침략 과정을 서술한 《한국통사》와 우리 민족의 독립 투쟁 과정을 정리한 《한국독립운동지혈사》를 저술하였어요. 이승만 탄핵 이후 1925년에 대한민국 임시 정부의 제2대 대통령으로 추대되기도 하였어요.

① 손진태, 이병도는 1934년에 진단 학회를 창립하고 《진단학보》를 발행하였어요.
② 정인보, 안재홍, 문일평은 정약용의 문집인 《여유당전서》를 간행하고 조선학 운동을 전개하였어요.
③ 이상설, 이준, 이위종은 1907년에 네덜란드 헤이그에서 열린 만국 평화 회의에 특사로 파견되어 을사늑약의 부당함을 국제 사회에 호소하고자 하였어요.
④ 조만식 등은 1920년에 평양에서 조선 물산 장려회를 조직하고 물산 장려 운동을 추진하였어요.
⑤ 박은식은 실천적 유교 정신을 통해 유교계의 개혁을 주장하는 논문인 〈유교 구신론〉을 저술하였어요.

35 한용운의 활동 정답 ③

키워드 문제분석: 《님의 침묵》 = 한용운

한용운은 독립운동가이자 승려, 시인이에요. 1910년에 《조선 불교 유신론》을 저술하여 불교의 개혁과 현실 참여를 주장하였는데, 이 책은 1913년에 간행되었어요. 1926년에는 시집 《님의 침묵》을 발간하여 저항 문학에 앞장섰어요.

① 최현배, 이윤재 등을 중심으로 1931년에 결성된 조선어 학회는 《우리말(조선말) 큰사전》 편찬을 준비하였으며, 한글 맞춤법 통일안과 표준어를 제정하였어요.
② 박은식은 독립운동가이자 민족주의 사학자로, 유교계의 개혁을 촉구하는 〈유교 구신론〉을 발표하였어요.
③ 한용운은 1918년에 불교의 대중화와 민족의식 고취를 위해 불교 잡지인 《유심》을 발간하였어요.
④ 손진태, 이병도 등은 1934년에 진단 학회를 창립하고, 《진단학보》를 발간하는 등 실증주의 사학을 발전시켰어요.
⑤ 신채호는 독립운동가이자 민족주의 사학자로, 〈독사신론〉·《조선상고사》·《조선사연구초》 등을 저술하여 민족주의 사학의 토대를 마련하였어요.

근현대(일제 강점기)

36	②	37	④	38	①	39	②	40	④
41	③	42	②	43	⑤	44	②	45	③
46	⑤	47	④	48	⑤	49	⑤	50	①
51	②	52	⑤	53	①	54	⑤	55	①
56	③	57	④	58	⑤	59	③	60	⑤
61	④	62	②	63	④	64	④	65	①
66	③	67	⑤	68	②	69	①		

36 1910년대 무단 통치   정답 ②

키워드 문제분석
- 조선 총독부 설치 = (가) 1910년
- 총독 임용 범위 확장 + 경찰 제도 개정 = (나) 1920년대

(가) 일제는 한국을 강제 병합(1910)한 직후 식민 통치의 중추 기구로 조선 총독부를 설치하였어요.
(나) 1919년 사이토 마코토가 조선 총독으로 취임하면서 '시정 방침 훈시'를 발표하였어요. 이는 기존의 폭력적인 무단 통치 방식 대신 이른바 '문화 통치'로 통치 방식을 바꾸겠다는 내용이었지만, 사실상 친일파를 양성하여 우리 민족을 분열시키려는 기만적인 통치 방침에 대한 것이었어요.

① 미곡 공출제는 민족 말살 통치 시기인 1939년에 실시되었어요.
② 한국인을 대상으로 한 조선 태형령은 1912년에 제정되어 1920년에 폐지되었어요.
③ 국민 징용령은 민족 말살 통치 시기인 1939년에 제정되었어요.
④ 일제는 1924년에 경성 제국 대학을 설립하여 우리 민족의 대학 설립을 억제하였어요.
⑤ 황국 신민 서사 암송은 민족 말살 통치 시기인 1937년 이후부터 강요되었어요.

37 1910년대 무단 통치   정답 ④

키워드 문제분석
즉결 처분 + 태형 = 1910년대 무단 통치

일제는 1910년에 범죄 즉결례를 제정하여 헌병 경찰이 재판 없이도 한국인을 처벌할 수 있도록 하였고, 1912년부터 조선 태형령을 실시하여 한국인에게만 태형을 적용할 수 있도록 하였어요.

① 박문국은 인쇄와 출판 사무를 관장하기 위하여 1883년에 설치되었다가 1888년에 폐지되었어요.
② 서울의 시전 상인들은 외국 상인의 침투에 대항하여 1898년에 황국 중앙 총상회를 조직하고 상권 수호 운동을 전개하였어요.
③ 제1차 갑오개혁을 주도한 군국기무처는 1894년에 설립되어 제2차 갑오개혁 시작 전에 폐지되었어요.
④ 일제는 1910년대에 무단 통치를 실시하여 헌병에게 일반 경찰 업무를 담당하게 하고 일반 행정 업무까지도 관여하도록 하였어요.
⑤ 국채 보상 운동은 대구에서 서상돈, 김광제 등의 발의로 시작되어 1907년부터 1908년까지 전개되었어요.

38 1920년대 문화 통치   정답 ①

키워드 문제분석
총독 임용 범위 확장 + 문화적 정치 = 1920년대 이른바 '문화 통치'

3·1 운동에서 드러난 한국인의 반발에 충격을 받은 일제는 통치 방식을 무단 통치에서 이른바 '문화 통치'로 바꾸었어요. 일제는 한국인을 위한 통치를 표방하며 문관 총독 임용, 보통 경찰제 실시, 언론 활동 허용 등 유화책을 실시하였어요. 그러나 실제로 문관 총독은 임명되지 않았고, 경찰 수와 예산은 큰 폭으로 증가하였으며, 언론에 대한 검열과 탄압이 이어졌어요. 또한 일제는 적극적으로 각계각층에서 친일파를 육성하여 민족 분열을 꾀하였어요.

① 3·1 운동에 충격을 받은 일제는 통치 방식을 무단 통치에서 이른바 '문화 통치'로 변경하였어요.
② 조선 사상범 예방 구금령은 1941년에 독립운동가를 탄압하기 위해 제정되었어요.
③ 1930년대 초 전개된 문맹 퇴치 운동인 브나로드 운동은 동아일보의 주도로 추진되었어요.
④ 농민 운동과 노동 운동의 연합 단체인 조선 노농 총동맹은 일제의 탄압과 내부 분열로 활동이 어려워지자 1927년에 조선 노동 총동맹과 조선 농민 총동맹으로 단체를 분리·설립하였어요.
⑤ 일제는 1937년 중·일 전쟁을 일으킨 이후 한국인의 정체성을 말살하기 위해 황국 신민화 정책을 추진하였어요.

39 1920년대 일제의 경제 침탈   정답 ②

키워드 문제분석
조선 관세령 폐지 = 1923년

제1차 세계 대전을 거치며 경제적으로 크게 성장한 일본은 본격적으로 일본 자본을 한반도로 진출시키기 위해 1920년에 회사령을 폐지하고 신고제로 전환하였으며, 1923년에는 관세까지 폐지하였어요.

① 동양 척식 주식회사가 설립된 시기는 일제 강점기 이전인 1908년이에요.
② 한·일 간 관세 철폐 움직임이 나타나 일본의 자본과 상품이 한반도에 밀려 들어올 조짐이 보이자 1920년대 조만식, 이상재 등은 국산품 애용을 통한 민족 산업 육성을 목표로 물산 장려 운동을 전개하였어요.
③ 대한 제국의 재정 고문인 메가타의 주도로 화폐 정리 사업이 시작된 시기는 일제 강점기 이전인 1905년이에요.
④ 회사 설립을 허가제로 하는 회사령이 공포된 시기는 1910년이에요.
⑤ 시전 상인들이 황국 중앙 총상회를 조직하여 상권 수호 운동을 전개한 시기는 일제 강점기 이전인 1898년이에요.

40 1930년대 후반 이후 민족 말살 통치 정답 ④

키워드 문제분석

중·일 전쟁 이후 + 일본군 '위안부'
= 1930년대 후반 이후 민족 말살 통치

중·일 전쟁을 일으킨 일제는 전쟁에 필요한 인력과 물자를 한반도에서 효율적으로 동원하기 위해 1938년 국가 총동원법을 제정하고 본격적으로 수탈을 자행하였어요. 일제는 약 20여만 명으로 추정되는 여성들을 중국, 동남아시아, 태평양 제도 등의 전선에 강제로 동원하여 일본군 '위안부'로 삼았어요.

① 한국인에 한하여 태형을 적용하는 조선 태형령은 1912년에 제정되어, 3·1 운동 이후인 1920년에 폐지되었어요.
② 문평 라이징 선 석유 회사의 일본인 감독이 한국인 노동자를 구타한 사건이 계기가 되어 원산 총파업(1929)이 발생하였어요.
③ 회사령은 1910년에 공포되어 1920년에 폐지되며 신고제로 전환되었어요.
④ 1930년대 후반 이후 민족 말살 통치 시기 일제는 한국인의 정체성을 말살하기 위한 황국 신민화 정책을 추진하였어요.
⑤ 전남 신안 암태도 소작 쟁의는 지주 문재철의 횡포와 고액의 소작료에 반발하여 1923~1924년에 일어났어요.

41 1930년대 후반 이후 민족 말살 통치 정답 ③

키워드 문제분석

국가 총동원법 + 중·일 전쟁
= 1930년대 후반 이후 민족 말살 통치

일제는 중·일 전쟁(1937)을 일으킨 이후 대륙 침략을 본격화하고 조선에 대한 감시와 탄압을 강조하였어요. 내선일체를 강조하고, 황국 신민 서사 암송과 신사 참배를 강요하는 등 황국 신민화 정책을 본격적으로 추진하였어요. 한편 일제는 전쟁이 확대되자 국가 총동원법을 제정하여 미곡·금속 공출을 실시하였으며, 국민 징용령과 징병제를 공포하고, 일본군 '위안부'를 동원하는 등 인적·물적 자원을 수탈하였어요.

① 문평 라이징 선 석유 회사의 일본인 감독이 한국인 노동자를 폭행한 사건을 계기로 1929년에 원산 지역에서 대대적인 파업이 전개되었어요(원산 총파업).
② 일제는 1912년에 한국인에 한해 적용하는 조선 태형령을 제정하였어요. 이후 조선 태형령은 1920년에 폐지되었어요.
③ 1942년에 일제는 한글 연구 단체인 조선어 학회 관련자들을 치안 유지법 위반으로 몰아 강제 연행하고 재판에 회부하였어요. (조선어 학회 사건).
④ 1923년에 이상재 등의 주도로 조직된 조선 민립 대학 기성회는 민립 대학 설립을 위한 모금 운동을 전개하였어요. 하지만 일제의 탄압과 모금 저조 등으로 실패하였어요.
⑤ 일제는 1924년에 경성 제국 대학을 설립하여 우리 민족의 민립 대학 설립을 억제하였어요.

42 대한 광복회 정답 ②

키워드 문제분석

박상진 + 군자금 모금, 친일파 처단 = 대한 광복회

박상진이 중심이 되어 결성한 국내 항일 비밀 결사 단체는 대한 광복회예요. 대한 광복회는 군대식 조직으로 공화정 수립을 추구하고 군자금 모금, 친일 부호 처단의 활동을 수행하였어요.

① 대한 자강회는 고종 강제 퇴위 반대 운동을 전개하였어요.
② 대한 광복회는 공화 정체의 국민 국가 수립을 목표로 하였어요.
③ 김규식이 결성한 신한 청년당은 파리 강화 회의에 독립 청원서를 제출하였어요.
④ 대한민국 임시 정부의 정규군인 한국광복군은 미국 전략 정보국(OSS)의 지원을 받고 미군과 연합해 국내 진공 작전을 계획하였으나, 일제의 항복으로 실행에 옮기지는 못하였어요.
⑤ 독립 협회는 만민 공동회를 개최하여 민권 신장을 추구하고, 러시아 등 열강의 이권 침탈을 규탄하고 이를 저지하는 활동을 벌였어요.

43 하와이 지역의 독립운동 정답 ⑤

키워드 문제분석

이민 + 사탕수수 농장 = 미국 하와이

대한 제국 시기부터 하와이, 미국 본토, 멕시코 등의 지역으로 이주가 시작되었어요. 이주민들은 사탕수수 농장, 철도 공사장 등에서 중노동을 하며 점차 한인 사회를 형성하였어요.

① 한인 애국단 소속의 이봉창은 일본 도쿄에서 일왕의 마차에 폭탄을 던졌어요.
② 최재형, 이종호 등은 연해주에서 항일 독립운동 단체인 권업회를 조직하고 기관지로 권업신문을 발간하였어요.
③ 이상설 등은 북간도 용정촌에 민족 교육 기관인 서전서숙을 설립하였어요.
④ 신민회 회원들은 서간도 삼원보에 신흥 강습소를 세웠어요.
⑤ 대한인 국민회 하와이 지방 총회는 박용만을 중심으로 대조선 국민군단을 조직하였어요.

44 멕시코 지역의 독립운동 정답 ②

키워드 문제분석

이민자 + 에네켄 농장 = 멕시코

한인들은 1905년 멕시코로 이주하였어요. 멕시코 한인의 다수는 유카탄반도의 특산물인 용설란, 즉 '에네켄'을 재배하는 농장에서 가혹한 노동에 시달렸어요. 에네켄을 현지인들의 발음 그대로 표기하여 '애니깽'이라고도 하는데, 동명의 영화가 제작되어 멕시코 이민 1세대를 현실적으로 그려냈어요. 한인들은 열악한 노동 환경 속에서도 성금을 모아 독립운동을 지원하였어요.

① 러시아 블라디보스토크(연해주)에 설립된 한인 자치 단체인 권업회는 기관지로 권업신문을 발간하였어요.
② 이근영은 멕시코에서 숭무 학교를 설립하여 독립군을 양성하였어요.

③ 북간도에서 대종교도 중심의 무장 독립운동 단체인 중광단이 조직되었고 북로 군정서로 조직이 확대되었어요.
④ 1917년 신규식 등은 중국 상하이에서 주권 재민을 천명한 대동 단결 선언서를 발표하였어요.
⑤ 1919년 일본 도쿄의 한인 유학생들이 중심이 되어 2·8 독립 선언서를 발표하였어요.

45 3·1 운동　　정답 ③

키워드 문제분석　고종 인산일 + 만세 운동 + 탑골 공원 = **3·1 운동**

3·1 운동은 일제의 무단 통치에 대항하여 일어난 우리 민족 최대 규모의 만세 운동으로, 1919년에 윌슨의 민족 자결주의 선언, 국외 독립 선언, 고종의 갑작스러운 죽음 등에 영향을 받아 일어났어요. 민족 대표 33인이 태화관에서 독립 선언서를 발표한 것을 시작으로 탑골 공원(파고다 공원)에서 독립 선언서가 낭독되었고, 비슷한 시기에 전국 주요 도시로 확산되었어요. 이후 농촌과 산골까지 시위가 확산되었는데, 초기에는 비폭력 평화 시위의 원칙을 표방하였으나, 제암리 학살로 대변되는 일제의 잔인한 탄압으로 인해 농촌 지역으로의 시위 확대 이후에는 폭력 투쟁으로 변모하였어요.

① 통감부는 1910년 조선 총독부가 설치되며 폐지되었어요. 국채 보상 운동이 통감부의 탄압으로 중단된 대표적인 민족 운동이에요.
② 독립 협회는 만민 공동회를 개최하여 러시아의 절영도 조차 요구를 저지하였어요.
③ 3·1 운동 당시 민족 대표 33인은 서울 태화관에서 독립 선언서를 발표한 후 자진 체포되었어요.
④ 국채 보상 운동은 대한매일신보 등 언론의 후원을 받아 전국으로 확산되었어요.
⑤ 광주 학생 항일 운동(1929)은 한·일 학생 간의 충돌에서 비롯되었어요.

46 청산리 대첩　　정답 ⑤

키워드 문제분석　백운평, 어랑촌 + 북로 군정서 = **청산리 대첩**

1920년 10월, 김좌진이 이끄는 북로 군정서와 홍범도의 대한 독립군 등 독립군 연합 부대는 청산리 일대인 백운평, 어랑촌, 고동하 등지에서 일본군을 크게 격퇴하였어요(청산리 대첩).

① 한국 독립군은 1930년대 전반 만주에서 중국 호로군과 연합하여 쌍성보, 사도하자, 대전자령 등지에서 일본군을 격파하였어요.
② 한국광복군은 미국 전략 정보국(OSS)의 지원을 받아 국내 진공 작전을 추진하였어요.
③ 3·1 운동은 대한민국 임시 정부 수립의 계기가 되었어요.
④ 조국 광복회의 지원으로 전개된 대표적인 전투는 보천보 전투(1937)예요.
⑤ 봉오동 전투 이후 전개된 청산리 대첩에는 북로 군정서 이외에 대한 독립군, 대한 국민군 등이 연합하여 참여하였어요.

47 1920년대 무장 독립운동　　정답 ④

키워드 문제분석
- 3부 성립 = (가) 1923~1925년
- 대한 독립군, 봉오동 = (나) 봉오동 전투(1920. 6.)
- 북로 군정서, 청산리 = (다) 청산리 대첩(1920. 10.)

3·1 운동 이후 만주 지역을 중심으로 무장 독립 투쟁이 본격적으로 전개되었어요. 1920년에는 봉오동 전투와 청산리 대첩에서 독립군이 일본군을 격파하였어요. 일제는 이에 대한 보복으로 같은 해 간도 지역의 한인을 무참히 학살하였어요(간도 참변). 독립군은 밀산에서 집결하여 전열을 가다듬고 소련 영내의 자유시로 이동하였지만, 소련 적색군의 무장 해제 요구를 거부하여 많은 독립군이 희생되었어요(자유시 참변, 1921). 큰 시련을 겪은 독립군은 만주로 돌아와 조직을 재정비하였고, 그 결과 참의부·정의부·신민부가 조직되었어요.

④ (나) 봉오동 전투(1920. 6.) → (다) 청산리 대첩(1920. 10.) → (가) 3부 성립(1923~1925)

48 6·10 만세 운동　　정답 ⑤

키워드 문제분석　이왕 전하 국장 의식 = **6·10 만세 운동**

1926년, 순종이 승하하자 천도교 중심의 민족주의 계열과 조선 공산당 중심의 사회주의 계열은 인산일에 만세 시위를 계획하였어요. 계획이 사전에 발각되어 큰 타격을 받았지만, 시위 당일인 6월 10일에 학생들은 격문을 뿌리고 만세 시위를 주도적으로 전개하였어요.

① 1907년에 고종이 강제로 퇴위당하고 군대가 해산되자, 의병들은 13도 창의군을 결성하고 이듬해 서울 진공 작전을 전개하였어요.
② 임병찬은 1912년 고종의 밀지에 따라 복벽주의를 내세운 독립 의군부를 조직하였어요.
③ 대한 제국이 일본으로부터 도입한 차관을 갚지 못하여 경제적으로 예속되자 1907년에 김광제, 서상돈 등의 국채 보상 운동이 일어났어요.
④ 두 번의 양요를 겪은 흥선 대원군은 1871년 척화비를 세워 통상 수교 거부 의지를 밝혔어요.
⑤ 6·10 만세 운동의 준비 과정에서 민족주의 진영과 사회주의 진영이 협력하면서 신간회 결성의 토대가 마련되었어요.

49 광주 학생 항일 운동　　정답 ⑤

키워드 문제분석　한·일 학생 간 충돌 + 광주 = **광주 학생 항일 운동**

1929년 전라남도 광주로 통학하는 열차에서 일본 남학생이 한국 여학생을 희롱한 사건을 계기로 한·일 학생 사이에 충돌이 일어났어요. 그런데 경찰과 교육 당국이 일본인 학생만 두둔하자 광주 등지의 학생들은 민족 차별 중지와 식민지 교육 제도 철폐를 요구하며 궐기하였고, 전국 규모의 항일 투쟁으로 확대되었어요.

① 조선 형평사는 백정에 대한 사회적 차별 철폐를 목표로 경남 진주에서 형평 운동을 전개하였어요.
② 1926년 민족주의 진영, 사회주의 진영, 학생 단체가 순종의 인산일을 기회로 삼아 6·10 만세 운동을 계획하였어요.
③ 1919년 3·1 운동을 계기로 중국 상하이에 대한민국 임시 정부가 수립되었어요.
④ 6·10 만세 운동의 영향으로 국내에서 민족 유일당 운동이 추진되었어요.
⑤ 신간회는 광주 학생 항일 운동을 지원하기 위해 진상 조사단을 파견하고 민중 대회를 개최하고자 하였어요.

③ 강우규는 1919년에 노인단 소속으로 제3대 총독으로 부임하는 사이토 마코토가 탄 마차를 향해 폭탄을 던졌어요.
④ 이상재 등은 한국인의 고등 교육 필요성을 인식하고 조선 민립 대학 기성회를 조직(1923)하여 민립 대학 설립 운동을 전개하였어요.
⑤ 신간회는 광주 학생 항일 운동(1929)이 일어나자 진상 조사단을 파견하고 민중 대회를 개최하고자 하였어요.

50 의열단   정답 ①

키워드 문제분석 김상옥 의거 + 김원봉이 조직 = 의열단

3·1 운동 이후 무력 투쟁의 필요성이 증대되면서 만주 지린성에서 김원봉, 윤세주 등이 의열단을 결성하였어요(1919). 의열단은 일제 요인 암살과 식민 통치 기관 파괴에 주력하였어요. 박재혁은 부산 경찰서에, 김익상은 조선 총독부에 폭탄을 던졌고, 김상옥은 종로 경찰서에 폭탄을 투척하여 많은 일본 경찰을 살상하였으며, 나석주는 조선 식산 은행과 동양 척식 주식회사에 폭탄을 던졌어요.

① 의열단은 신채호가 작성한 〈조선 혁명 선언〉을 행동 강령으로 삼았어요.
② 대한민국 임시 정부는 국내 비밀 행정 조직으로 연통제를 두었어요.
③ 임병찬은 고종의 밀지를 받아 항일 비밀 결사인 독립 의군부를 결성하였어요.
④ 한인 애국단원인 이봉창은 일본 도쿄에서 일왕의 마차를 향해 폭탄을 던졌으나 일왕 암살에는 실패하였어요.
⑤ 신민회 회원들을 중심으로 서간도(남만주) 삼원보에 신흥 강습소가 세워졌고, 신흥 강습소는 이후 신흥 무관 학교로 발전하였어요.

51 한인 애국단   정답 ②

키워드 문제분석 윤봉길 + 훙커우 의거 = 한인 애국단

대한민국 임시 정부는 1923년 국민대표 회의 결렬 이후 세력이 흩어지며 침체 상태를 면치 못하였어요. 이에 김구는 1931년에 한인 애국단을 조직하여 의열 투쟁을 전개하고 임시 정부에 활력을 불어넣고자 하였어요. 한인 애국단 소속의 윤봉길은 중국 상하이 훙커우 공원에서 열린 상하이 사변 전승 기념식 및 일왕의 생일 축하 행사에 참가한 일본 고위 관료와 장교에게 폭탄을 던졌어요.

① 김원봉의 주도로 결성된 의열 투쟁 단체인 의열단은 신채호가 작성한 〈조선 혁명 선언〉을 활동 지침으로 삼았어요.
② 김구가 1931년에 중국 상하이에서 조직한 한인 애국단은 의열 투쟁을 통해 우리 민족의 독립운동에 활력을 불어넣었어요.

52 대한민국 임시 정부   정답 ⑤

3·1 운동 영향 + 상하이에 수립 = 대한민국 임시 정부

3·1 운동을 계기로 국내외 민족 운동이 활성화되면서 각지의 임시 정부가 중국 상하이의 임시 정부로 통합되었고, 이로써 1919년에 대한민국 임시 정부가 수립되었어요.

ㄱ. 신민회는 대성 학교, 오산 학교를 설립하여 민족 교육에 힘썼어요.
ㄴ. 신간회는 광주 학생 항일 운동이 일어나자 진상 조사단을 파견하여 지원하였어요.
ㄷ. 대한민국 임시 정부는 미국에 구미 위원부를 설치하여 외교 활동을 전개하였어요.
ㄹ. 대한민국 임시 정부는 임시 사료 편찬회를 두어 한·일 관계의 역사를 통해 우리 민족의 독립을 주장하려고 《한·일 관계 사료집》을 간행하였어요.

53 국민대표 회의   정답 ①

키워드 문제분석 임시 정부 침체 해결 모색 + 창조파와 개조파 = 국민대표 회의(1923)

1920년대 초 비밀 연락망인 연통제와 교통국이 일제에 발각되고, 외교 활동이 성과를 거두지 못하자 독립운동의 방법을 둘러싸고 대한민국 임시 정부 내에서 갈등이 발생하였어요. 이에 새로운 활로를 모색하고자 중국 상하이에서 국민대표 회의가 열렸어요. 회의는 대한민국 임시 정부를 해산하고 새로운 정부를 세우자는 창조파(신채호·김규식 등)와 대한민국 임시 정부를 개혁하여 존속시키자는 개조파(안창호·이동휘 등)로 나누어 대립하다가 별다른 성과를 거두지 못하고 끝이 났어요.

① 1919년 대한민국 임시 정부 수립 이후 대한민국 임시 정부의 침체를 극복하고자 한 국민대표 회의는 1923년에 개최되었지만 별다른 성과를 내지 못하고 결렬되었어요. 1925년에는 1919년에 임시 정부의 초대 대통령인 이승만이 국제 연맹에 한국의 위임 통치를 청원하는 문서를 보낸 사실이 문제가 되어 탄핵당하였어요. 그리고 박은식이 임시 정부의 제2대 대통령으로 선출되어 국무령 중심제 개헌을 추진하였어요. 따라서 국민대표 회의가 개최된 시기는 대한민국 임시 정부 수립(1919)과 박은식 대통령 취임(1925) 사이의 시기인 (가)예요.

54 대한민국 임시 정부 정답 ⑤

키워드 문제분석: 주석 김구 + 외무부장 조소앙 = 대한민국 임시 정부

3·1 운동을 계기로 1919년 중국 상하이에 대한민국 임시 정부가 수립되었어요. 1940년 충칭에 정착한 대한민국 임시 정부는 헌법을 개정하여 김구 주석 중심의 단일 지도 체제를 마련하였고, 정규군인 한국광복군을 창설하여 본격적인 항일 전쟁을 준비하였어요.

① 광복 이후 여운형, 김규식을 중심으로 좌우 합작 위원회가 조직되었고, 위원회는 좌우 합작 7원칙을 발표하였어요.
② 천도교는 《개벽》, 《신여성》, 《어린이》 등의 잡지를 발행하였어요.
③ 의열단은 신채호가 작성한 〈조선 혁명 선언〉을 활동 지침으로 삼아 일제 요인 암살과 식민 통치 기관 파괴에 주력하였어요.
④ 조선어 연구회를 계승한 조선어 학회는 한글 맞춤법 통일안과 표준어 및 외래어 표기법을 제정하였어요.
⑤ 대한민국 임시 정부는 1941년에 조소앙의 삼균주의를 기초로 하는 건국 강령을 발표하였어요.

55 조선 혁명군 정답 ①

키워드 문제분석: 양세봉 + 영릉가 전투 = 조선 혁명군

1930년대 전반, 일제의 만주 침략(만주 사변, 1931)을 계기로 중국 내 항일 감정이 고조되면서 한·중 연합 작전이 전개되었어요. 양세봉이 이끈 조선 혁명군은 중국 의용군과 함께 남만주의 영릉가와 흥경성 등지에서 일본군을 격파하였어요.

① 조선 혁명군은 남만주 영릉가와 흥경성 등지에서 일본군을 격파하였어요.
② 서일이 이끈 대한 독립군단 등 만주의 독립군 부대들은 일제의 공격을 피해 소련 영내의 자유시로 이동하였으나, 소련 적색군과의 갈등으로 큰 희생을 치렀어요(자유시 참변).
③ 조선 의용대 화북 지대는 1942년에 조선 의용군으로 개편되어 중국 팔로군에 편성되었어요.
④ 한국광복군은 영국군의 요청에 따라 인도·미얀마 전선에서 포로 심문, 전단 살포 등의 활동을 전개하였어요.
⑤ 지청천이 이끈 한국 독립군은 한국 독립당의 산하 부대로, 쌍성보·사도하자·대전자령 전투 등에서 일본군을 격파하였어요.

56 조선 의용대 정답 ③

키워드 문제분석: 중국 관내 최초의 한인 무장 조직 = 조선 의용대

조선 의용대는 1938년 김원봉의 주도로 중국 우한에서 창설되었어요. 이후 분화되어 일부는 화북 지역으로 이동하여 중국 공산당과 연합 작전(호가장 전투, 반소탕전)을 전개하였으며, 김원봉을 중심으로 한 일부 세력은 한국광복군에 편입되었어요.

① 홍범도는 대한 독립군 총사령관으로 봉오동 전투에서 일본군을 물리쳤어요.
② 조선 혁명군은 양세봉을 총사령관으로 하여 영릉가, 흥경성 등지에서 일본군을 격퇴하였어요.
③ 김원봉을 중심으로 한 조선 의용대 일부 세력은 훗날 한국광복군에 편입되었어요.
④ 1919년 일본 도쿄에서 재일 한인 유학생을 중심으로 결성된 조선 청년 독립단이 2·8 독립 선언을 발표하였어요.
⑤ 1917년 신규식과 박은식 등은 중국 상하이에서 국민 주권 원칙을 천명한 대동단결 선언을 발표하였어요.

57 한국광복군 정답 ④

키워드 문제분석: 대한민국 임시 정부 산하 조직 = 한국광복군

1940년 충칭에 정착한 대한민국 임시 정부는 정규군인 한국광복군을 창설하여 본격적인 항일 전쟁을 준비하였어요. 태평양 전쟁이 일어나자 일제에 선전 포고를 하고 한국광복군을 연합군의 일원으로 참전시켰어요. 한국광복군은 영국군의 협조 요청에 따라 인도·미얀마 전선에 파견되어 선전 활동, 포로 심문 등을 담당하였고, 미국과 연합하여 국내 진공 작전을 계획하였어요.

① 숭무 학교는 1910년에 이근영 등이 멕시코에 건립한 무관 양성 학교예요.
② 지청천이 이끌었던 한국 독립군은 중국 호로군과 함께 쌍성보 전투(1932)에서 일본군을 격퇴하였어요.
③ 조선 의용대 화북 지대는 중국 호가장에서 일본군의 습격에 맞서 싸웠어요.
④ 한국광복군은 미국 전략 정보국(OSS)과 협력하여 국내 정진군을 편성하고 국내 진공 작전을 계획하였어요.
⑤ 1938년에 우한에서 중국 관내 최초의 한인 무장 부대인 조선 의용대가 창설되었어요.

58 신간회 정답 ⑤

키워드 문제분석: 좌우 합작 + 최대 규모 사회단체 = 신간회

1920년대 중반 좌우 합작을 통한 민족 유일당 운동이 전개되었어요. 이 과정에서 사회주의 세력이 민족주의 세력과 협력할 것임을 담은 정우회 선언 등이 발표되었고, 이에 1927년에 일제 강점기 최대 규모의 사회단체인 신간회가 결성되었어요. 신간회는 초대 회장으로 이상재를 선출하고 전국 각지의 노동 운동, 여성 운동 등을 지원하였어요.

① 민족 산업의 육성을 위해 평양에 자기 회사를 설립한 것은 신민회예요.
② 2·8 독립 선언서를 작성한 것은 일본 도쿄의 한인 유학생들이 중심이 된 조선 청년 독립단이에요.
③ 순 한글 신문인 제국신문을 발행하여 민중 계몽에 힘쓴 것은 이종일이에요.
④ 김기전, 방정환 등이 주도한 천도교 소년회는 어린이날을 제정하고, 잡지 《어린이》를 간행하는 등 소년 운동을 전개하였어요.
⑤ 신간회는 1929년에 광주 학생 항일 운동이 일어나자 진상 조사단을 파견하였어요.

59 물산 장려 운동 정답 ③

키워드 문제분석: 우리가 만든 것 우리가 쓰자 = **물산 장려 운동**

일제는 1920년에 일본 자본의 한국 침투를 원활하게 하기 위해 회사령을 폐지하였고, 이어서 한·일 양국 간의 관세를 철폐하려고 하였어요. 이에 조만식 등은 1920년 민족 기업 육성과 토산품 애용을 목표로 평양에서 조선 물산 장려회를 조직하고 물산 장려 운동을 추진하였어요.

① 통감부는 1910년에 해체되었어요. 통감부의 탄압으로 중단된 대표적인 운동은 국채 보상 운동이에요.
② 국채 보상 기성회는 1907년에 대구에서 시작되어 전국으로 확대된 국채 보상 운동을 주도하였던 단체예요.
③ 물산 장려 운동은 전국으로 확대되어 서울에서도 조선 물산 장려회가 조직되고 자작회, 토산 애용 부인회 등이 조직되었어요.
④ 개항 이후 일본 은행이 국내에 진출하자 조선 정부와 상인들이 민족 자본으로 한성 은행, 대한 천일 은행 등을 설립하였어요.
⑤ 1929년에 원산 총파업이 일어나자 해외의 노동 단체들은 파업에 참여한 이들에게 격려 전문을 보냈어요.

60 일제의 식민지 교육 정책 정답 ⑤

키워드 문제분석:
- 보통학교 수업 연한 4년 = (가) **제1차 조선 교육령(1911)**
- 경성 제국 대학 설립 = (나) **1924년**

일제는 1911년에 제1차 조선 교육령을 발표하여 보통 교육과 실업 교육 위주로 편성하고, 고등 교육의 기회는 거의 제공하지 않았어요. 한국인들은 이러한 일제의 식민지 우민화 교육에 불만을 가졌고, 1923년 이상재를 중심으로 조선 민립 대학 설립 기성회를 조직하여 모금 운동을 전개하였어요. 하지만 일제의 방해와 홍수·가뭄 등으로 모금에 실패하였고, 일제는 한국인의 불만을 무마하고자 1924년에 경성 제국 대학을 설립하였어요.

① 육영 공원은 1886년에 설립된 최초의 근대식 관립 학교예요.
② 국문 연구소는 1907년에 학부 안에 설치된 국어 연구 기관이에요.
③ 교육입국 조서는 제2차 갑오개혁 시기인 1895년에 반포되었어요.
④ 국민 교육 헌장은 박정희 정부 시기인 1968년에 발표되었어요.
⑤ 일제의 식민지 우민화 교육에 불만을 품은 한국인들은 1923년 조선 민립 대학 기성회를 조직하고 민립 대학 설립 운동을 전개하였어요.

61 근우회 정답 ④

키워드 문제분석: 신간회의 자매단체 = **근우회**

비타협적 민족주의 계열과 사회주의 계열의 여성 인사들은 1927년 신간회 결성에 자극을 받아 근우회를 결성하였어요.

① 대동단결 선언은 1917년 중국 상하이에서 신규식, 신채호, 조소앙 등이 발표한 선언으로, 임시 정부 수립을 주장하였어요.
② 1904년에 조직된 보안회는 일제의 황무지 개간권 요구를 저지하였어요.
③ 미국인 개신교 선교사인 캠벨은 1898년에 배화 학당을 설립하였어요.
④ 근우회는 '조선 여자의 공고한 단결 도모', '조선 여자의 지위 향상' 등을 목표로 활동하였어요.
⑤ 방정환이 이끌었던 천도교 소년회는 어린이날을 제정하고 잡지 《어린이》를 발간하는 등 소년 운동을 주도하였어요.

62 형평 운동 정답 ②

키워드 문제분석: 진주 + 백정 권익 보호 = **형평 운동**

1894년 갑오개혁으로 법적인 신분 제도는 폐지되었으나 백정에 대한 사회적 편견이나 차별은 여전하였어요. 이에 백정들은 신분 차별과 멸시를 타파하고자 경상남도 진주에서 조선 형평사를 조직하여(1923) 형평 운동을 전개하였어요. 그 후 조선 형평사는 전국으로 조직을 확대하고, 다른 사회 운동 단체와 연대하여 파업과 소작 쟁의에도 참여하였어요.

① 방정환은 천도교 소년회를 중심으로 어린이날을 정하고 잡지 《어린이》를 발간하는 등 소년 운동을 전개하였어요.
② 백정들은 진주에서 조선 형평사를 조직하고 형평 운동을 전개하였어요.
③ 태극 서관은 이승훈 등이 서적 출판과 공급을 목적으로 설립한 서점으로, 신민회의 산하 기관으로 활용되었어요.
④ 3·1 운동(1919)을 계기로 일제는 통치 방식을 무단 통치에서 이른바 '문화 통치'로 바꾸었어요.
⑤ 1929년 문평 라이징 선 석유 회사의 일본인 감독이 조선인 노동자를 구타한 사건이 계기가 되어 원산 총파업이 발생하였어요.

63 소년 운동 정답 ④

키워드 문제분석: 《개벽》, 《별건곤》 발행 = **천도교**

천도교는 방정환을 중심으로 천도교 소년회를 조직하고 어린이날을 제정하는 등 소년 운동에 힘을 기울였어요. 한편 잡지 《개벽》, 《별건곤》, 《신여성》 등을 발행하여 민중 계몽에 힘쓰기도 하였어요.

① 박중빈이 창시한 원불교는 허례허식 폐지, 근검절약 등을 통해 경제적 자립을 이루어 내자는 새생활 운동을 펼쳤어요.
② 대종교 인사들은 국권 피탈 이후 간도로 교단을 옮기고 중광단을 조직하여 무장 투쟁을 전개하였어요.
③ 1885년에 미국인 선교사 아펜젤러는 배재 학당을 세웠어요.
④ 천도교 소년회는 어린이날을 제정하고 소년 운동을 추진하였어요.
⑤ 천주교는 경향신문을 발행하여 민중 계몽을 위해 노력하였고, 만주에서 무장 부대인 의민단을 조직하였어요.

64 암태도 소작 쟁의 정답 ④

키워드 문제분석: 전남 신안 암태도 소작 쟁의 = 1923~1924년

일제 강점기 시기의 농민들은 1920년대부터 소작료 인하, 소작권 이전 반대 등의 권리를 주장하며 쟁의를 일으켰는데, 특히 1923년 전남 신안의 암태도 소작 쟁의는 1년여 동안 투쟁을 벌여 소작료를 낮추는 성과를 거둔 농민 운동이에요.

① 일제는 1910년에 회사 설립의 허가제를 규정한 회사령을 제정하였어요.
② 농광 회사는 1904년에 설립되어 자국민 스스로의 개간 사업을 추진하였어요.
③ 토지 조사 사업은 1910년부터 1918년까지 진행되었어요.
④ 조선 노농 총동맹이 분리되어 1927년에는 조선 농민 총동맹이 결성되었어요.
⑤ 1889년에 함경도에서 방곡령이 선포되었어요.

65 조선어 학회 정답 ①

키워드 문제분석: 한글 맞춤법 통일안 + 기관지 《한글》 = 조선어 학회

조선어 연구회는 1931년에 조선어 학회로 개편되었어요. 조선어 학회는 《우리말 큰사전》 편찬을 당면 과제로 삼았고, 한글 맞춤법 통일안과 표준어, 외래어 표기법을 제정하였어요.

① 조선어 학회는 《우리말 큰사전》 편찬에 착수하였으나, 조선어 학회 사건으로 단체가 해산되어 완성하지 못하다가 광복 이후에 완성하였어요.
② 제국신문은 대한 제국 시기에 발행된 신문이에요.
③ 영국인 선교사 존 로스는 《조선어 첫걸음》에서 최초로 한글에 띄어쓰기를 도입하였어요.
④ 《언문지》는 조선 후기에 유희가 저술한 한글 연구서예요.
⑤ 대한 제국은 한글 연구를 위해 국문 연구소를 설립하였어요.

66 대종교 정답 ③

키워드 문제분석: 나철 + 오적 처단 모의 = 대종교

나철은 을사늑약 체결 직후에 자신회를 조직하여 을사오적 암살을 시도하였어요. 1909년에는 단군을 모시는 단군교를 창시하였고, 이후 교명을 대종교로 개칭하였어요.

① 불교계는 사찰령 폐지 운동을 추진하여 일제의 불교 탄압에 저항하였어요.
② 천도교는 《개벽》, 《신여성》 등의 잡지를 발간하였어요.
③ 대종교는 북간도에서 서일을 단장으로 하는 중광단을 조직(1911)하여 무장 투쟁을 전개하였어요.
④ 개신교 선교사들은 배재 학당, 이화 학당 등을 세워 신학문 보급에 기여하였어요.
⑤ 박중빈이 창시한 원불교는 허례허식 폐지, 금연, 절약 등을 통한 새생활 운동을 추진하였어요.

67 윤동주의 활동 정답 ⑤

키워드 문제분석: 〈서시〉 = 윤동주

윤동주는 일제 강점기에 활동한 시인이에요. 〈자화상〉, 〈서시〉, 〈쉽게 쓰여진 시〉, 〈별 헤는 밤〉 등의 작품을 남겼어요. 1943년 치안 유지법 위반 혐의로 일본 경찰에 검거되어 2년 형을 선고받은 뒤 광복을 앞두고 28세의 나이로 형무소에서 순국하였어요.

① 신채호는 역사학자이자 독립운동가로, 《조선상고사》를 저술하였어요.
② 심훈은 독립운동가이자 소설가로, 《상록수》 등의 작품을 남겼어요.
③ 이육사는 독립운동가이자 시인으로, 〈광야〉·〈절정〉 등의 작품을 남겼어요.
④ 나운규는 민족의 정서를 담은 영화 '아리랑'을 제작하였어요.
⑤ 윤동주는 일제 강점기에 활동한 시인으로, 〈별 헤는 밤〉 등의 작품을 남겼어요.

68 이육사의 활동 정답 ②

키워드 문제분석: 본명이 이원록 = 이육사

이육사는 일제 강점기에 활동한 시인이자 독립운동가예요. 의열단에 가입하여 폭탄 의거와 연루되어 투옥되었고, 이후 광주 학생 항일 운동에 연루되어 옥고를 치렀어요. 이육사는 본명인 이원록 대신 수감 번호를 자신의 이름으로 사용하였어요.

① 의열단원인 김상옥은 종로 경찰서에 폭탄 의거를 거행하였어요.
② 이육사는 〈청포도〉, 〈광야〉, 〈절정〉 등의 저항시를 남겼어요.
③ 이재명은 명동 성당 앞에서 이완용을 습격하여 중상을 입혔어요.
④ 나운규는 영화 '아리랑'을 제작하였어요.
⑤ 박은식은 《한국통사》를 저술하여 '국혼'을 강조하고 국권 상실의 과정을 담아냈어요.

69 1920년대 사회·문화 정답 ①

키워드 문제분석: 단성사 = 나운규의 영화 '아리랑' 개봉

단성사는 전통 연희를 위한 공연장으로 사용되다가, 이후 영화관으로 활용되었어요. 1926년 10월 단성사에서 나운규의 무성 영화 '아리랑'이 개봉되었어요.

① 단성사에서 나운규의 무성 영화 '아리랑'이 개봉되었어요.
② 서울시 종로구에 위치하였던 보성사에서 기미 독립 선언서가 인쇄되었어요.
③ 경상남도 진주시 대안동의 진주 청년 회관에서 조선 형평사 창립 대회가 개최되었어요.
④ 서울시 성북구에 위치한 간송 미술관에는 전형필이 수집한 문화재가 전시되어 있어요.
⑤ 강우규는 1919년 서울 남대문 일대에서 제3대 조선 총독으로 부임하는 사이토 마코토가 탄 마차에 폭탄을 던졌어요.

근현대(현대)									
70	①	71	⑤	72	③	73	②	74	⑤
75	②	76	③	77	③	78	⑤	79	②
80	①	81	⑤	82	⑤	83	⑤	84	①
85	①	86	⑤	87	④	88	①	89	③
90	③	91	③						

70 미군정기의 사실   정답 ①

키워드 문제분석: 조선 인민 공화국 부정 + 미군정 = **미군정기**

1945년 8월 15일, 한국이 광복을 맞자 미군은 9월 초에 한반도에 진주하여 군정청을 설치하고 북위 38도선 이남 지역에 대한 직접 통치를 선포하였어요. 그로 인해 대한민국 임시 정부는 물론 여운형이 독립 직후 만든 조선 인민 공화국 등 정부 형태의 조직은 그 어떤 자격도 인정받지 못하였어요.

① 여운형 등은 광복에 대비하기 위해 1944년에 비밀리에 조선 건국 동맹을 결성하였어요.
② 좌우 합작 위원회는 1946년 10월에 신탁 통치 문제, 토지 개혁 문제 등을 담은 좌우 합작 7원칙을 발표하였어요.
③ 유엔 총회에서 인구 비례에 의한 남북한 총선거가 결의되어 1947년 11월에 유엔 한국 임시 위원단이 설치되었어요.
④ 반민족 행위 특별 조사 위원회(반민특위)는 제헌 국회에서 제정된 반민족 행위 처벌법에 근거하여 1948년 10월에 출범하였어요.
⑤ 미군정은 일제가 남기고 간 재산, 즉 귀속 재산의 처리를 위해 1946년 3월에 신한 공사를 설립하였어요.

71 대한민국 정부 수립 과정   정답 ⑤

키워드 문제분석:
- 단독 정부 절대 반대 = (가) 김구의 단독 정부 수립 반대 성명(1947. 12.)
- 제주도 사건 진압 + 여수, 반란 = (나) 여수·순천 10·19 사건(1948. 10.)

(가) 1947년 12월, 김구는 5·10 총선거를 감독하기 위한 유엔 한국 임시 위원단의 방문을 앞에 두고 단독 선거에 반대한다는 성명을 발표하였어요.
(나) 이승만 정부가 여수에 주둔하던 국방 경비대를 제주로 파견하여 제주 4·3 사건을 진압하려 하자, 1948년 10월 여수 주둔 병력 내의 좌익 세력이 제주 출동 반대와 통일 정부 수립을 주장하며 무장봉기를 일으켰어요.
따라서 1947년 12월과 1948년 10월 사이의 사실을 골라야 해요.

① 1946년 3월 제1차 미·소 공동 위원회가 서울에서 개최되었으나, 임시 정부 수립 참가 단체를 둘러싼 미·소 간의 입장 차이로 약 2개월 만에 결렬되었어요.

② 1945년 12월 미국·영국·소련은 한반도 문제를 처리하기 위해 모스크바 3국 외상 회의를 개최하였어요.
③ 1946년 10월 좌우 합작 위원회가 좌우 합작 7원칙을 발표하였어요.
④ 1949년 6월 제헌 국회에서 유상 매수·유상 분배 원칙의 농지 개혁법이 제정되었고, 이듬해부터 본격 시행되었어요.
⑤ 1947년 11월 유엔 총회는 남북한 총선거를 통한 정부 수립을 결의하였으나 소련이 이를 거부하자, 다시 소총회를 열어 선거 감시가 가능한 지역(남한)에서만 선거를 실시할 것을 결의하였어요. 이에 따라 1948년 5월, 우리나라 최초의 보통 선거인 5·10 총선거가 실시되었어요.

72 6·25 전쟁   정답 ③

키워드 문제분석: 인천 상륙 작전 + 서울 수복 = **1950년 9월**

미국 국무 장관 애치슨은 미국의 방위선에서 한반도를 제외한다는 애치슨 선언을 발표하였는데, 북한은 이러한 국제 정세를 이용하여 1950년 6월 25일에 남한을 침략하였어요. 북한군이 3일 만에 서울을 함락하고 낙동강 부근까지 진출하였어요. 미국은 유엔 안전 보장 이사회를 소집하고 유엔군을 결성하여 참전하였고, 국군은 다부동 전투에서 승리하여 낙동강 방어선을 사수하였어요. 9월 15일에는 국군과 유엔군의 인천 상륙 작전이 성공하면서 전세가 역전되었어요. 9월 28일에는 서울을 수복하였고, 10월에는 압록강에 이르렀어요. 그러나 유엔군의 만주 진출을 우려한 중국군이 전쟁에 개입하여 전세가 역전되었어요. 결국 국군과 유엔군은 1950년 12월, 흥남 부두에서 해상으로 철수하였어요(흥남 철수).

ㄱ. 1950년 1월 미국은 태평양 지역 방위선에서 한국과 타이완을 제외한다는 내용을 담은 애치슨 선언을 발표하였어요.
ㄴ. 중국군의 개입으로 국군과 유엔군은 1950년 12월 흥남 부두에서 해상으로 철수하였어요.
ㄷ. 1951년에 소련의 제안으로 정전 회담이 개최되었어요.
ㄹ. 1950년 8월 국군은 다부동에서 북한군과 치열한 전투를 벌여 그들의 공세를 방어하였어요.

73 6·25 전쟁   정답 ②

키워드 문제분석:
- 낙동강 방어선 + 다부동 = (가) 다부동 전투(1950. 8.)
- 정전 회담 시작 = (나) 1951년 7월

(가) 1950년 8월에 국군은 다부동 일대의 전투에서 낙동강 방어선을 성공적으로 방어하였어요.
(나) 흥남 철수 작전 이후인 1951년 서울을 다시 북한군에게 빼앗겼으나 국군과 유엔군은 전열을 가다듬어 서울을 다시 탈환하였어요. 이후 북위 38도선 부근에서 공방전이 지속되었어요. 이러한 가운데 1951년 7월에 첫 번째 정전 회담이 시작되었고, 1953년 7월 27일에 정전 협정이 조인되었어요.
따라서 다부동 전투가 일어난 1950년 8월과 첫 번째 정전 회담이 시작된 1951년 7월 사이의 사실을 골라야 해요.

① 미국의 국무 장관 애치슨은 1950년 1월에 미국의 태평양 방어선에서 한반도를 제외한다는 애치슨 선언을 발표하였어요.
② 1950년 12월 중국군의 반격에 밀린 국군과 유엔군은 흥남 철수 작전을 전개하였어요.
③ 여수 지역 군 내의 좌익 세력이 1948년 10월에 이승만 정부의 제주 4·3 사건 진압 명령을 거부하면서 여수·순천 10·19 사건이 발생하였어요.
④ 1953년 10월에 한·미 상호 방위 조약이 체결되었어요.
⑤ 6·25 전쟁이 일어나면서 임시 수도가 된 부산에서 1952년 7월에 대통령 직선제를 골자로 하는 발췌 개헌안이 통과되었어요.

74 제헌 국회의 활동   정답 ⑤

키워드 문제분석
제헌 헌법 + 농지 개혁법 + 정전 협정
= 이승만 정부

1948년에 2년 임기의 국회 의원을 선출하는 5·10 총선거가 치러졌어요. 선거를 통해 선출된 국회 의원들은 제헌 국회를 구성하였고, 제헌 국회에서 이승만을 대한민국 정부의 초대 대통령으로 선출하였어요. 제헌 국회는 1948년 9월에 반민족 행위 처벌법을 제정하고, 1949년 6월에 유상 매수·유상 분배 원칙의 농지 개혁법을 제정하였어요.

① 삼청 교육대를 설치(1980)한 것은 전두환이 이끈 신군부예요. 삼청 교육대는 전두환 정부의 대표적인 인권 탄압 정책이에요.
② 1970년부터 도시와 농촌 간 균형 발전을 목표로 '근면, 자조, 협동'의 구호를 내걸고 새마을 운동을 추진한 것은 박정희 정부예요.
③ 1965년 한·일 기본 조약(한·일 협정)의 비준으로 일본과의 국교를 정상화한 것은 박정희 정부예요.
④ 지방 자치제의 전면 실시는 김영삼 정부 시기인 1995년에 이루어졌어요.
⑤ 이승만 정부 시기인 1948년에 반민족 행위 처벌법이 제정되었고, 이 법에 따라 반민족 행위 특별 조사 위원회가 구성되었어요.

75 이승만 정부 시기의 사실   정답 ②

키워드 문제분석
보안법 + 부산 정치 파동 = 이승만 정부

1956년 제3대 정·부통령 선거에서 민주당의 장면이 부통령에 당선되고, 조봉암이 평화 통일을 외치며 돌풍을 일으키자, 이승만 정부는 조봉암에게 국가 보안법 위반과 간첩 혐의를 씌워 처형하였어요. 한편 여당 단독으로 국가 보안법을 개정하고, 정부에 비판적이던 경향신문을 폐간하는 등 언론을 탄압하였어요.

① 이승만 정부는 1958년에 평화 통일론을 주장한 진보당의 조봉암에게 국가 보안법 위반과 간첩 혐의를 씌워 이듬해 사형시켰어요(진보당 사건).
② 박정희 정부는 1974년 인민 혁명당 재건위 사건을 조작한 후, 이듬해 1975년 인민 혁명당이라는 간첩단을 조직하였다는 누명을 쓴 사람들을 사형시켰어요(제2차 인민 혁명당 사건).
③ 이승만 정부는 1959년 내란선동 혐의 등으로 경향신문을 폐간시켰어요.
④ 이승만 정부는 1960년 제4대 정·부통령 선거에서 여당 부통령 후보였던 이기붕을 당선시키기 위해 3·15 부정 선거를 자행하였어요.
⑤ 이승만 정부는 1949년 반민족 행위 특별 조사 위원회(반민특위)의 국회 의원들에게 간첩 혐의를 씌워 체포하였어요.

76 4·19 혁명   정답 ③

키워드 문제분석
2·28 민주 운동 + 3·8 민주 의거 = 4·19 혁명

1960년 이승만 정부는 여당(자유당) 부통령 후보인 이기붕을 당선시키기 위해 부정 선거를 자행하였어요. 이에 학생들을 중심으로 부정 선거 반대 운동이 전개되어 2월 28일 대구에서 민주 의거가 일어났고, 이어서 3월 8일 대전, 3월 15일 마산에서도 민주 의거가 일어났어요. 이러한 민주화 시위는 4·19 혁명이 전국적으로 확산되는 계기가 되었어요.

① 한·일 국교 정상화에 반대하여 일어난 시위는 1964년의 6·3 시위로, 박정희 정부 시기의 사실이에요.
② '호헌 철폐'와 '독재 타도' 등의 구호를 외친 것은 1987년의 6월 민주 항쟁으로, 전두환 정부 시기의 사실이에요.
③ 4·19 혁명은 1960년, 3·15 부정 선거에 맞서 일어난 민주화 운동이에요. 시민과 학생들이 부정 선거에 항의하는 대규모 시위를 전개하였고, 이후 대학교수단도 대통령의 퇴진을 요구하며 시위행진을 벌였어요.
④ 1976년의 3·1 민주 구국 선언은 박정희 유신 체제에 저항한 대표적인 사건이에요.
⑤ 1987년 6월 민주 항쟁의 결과로 5년 단임의 대통령 직선제 개헌(제9차 개헌)이 이루어졌어요.

77 제3차 개헌   정답 ③

키워드 문제분석
내각 책임제 + 허정 과도 정부
= 제3차 개헌(4·19 혁명 이후)

1960년 4·19 혁명으로 이승만 대통령이 하야하고 허정 과도 정부가 수립되어 내각 책임제와 양원제 국회 구성을 골자로 한 제3차 개헌이 이루어졌어요. 새로 구성된 국회는 윤보선을 대통령으로 선출하였고, 윤보선이 지명한 장면이 국무총리에 취임하여 내각을 이끌었어요.

① 대한민국 정부가 수립된 후 제헌 국회에서 반민족 행위 처벌법이 제정되고, 반민족 행위 특별 조사 위원회가 구성되었어요.
② 1947년 제2차 미·소 공동 위원회가 결렬된 이후 미국은 한반도 문제를 유엔으로 이관하였어요.
③ 1960년에 이루어진 제3차 개헌에 따라 내각 책임제가 도입되었고, 국회가 민의원과 참의원의 양원제로 구성·운영되었어요.
④ 1958년 이승만 정부는 진보당의 조봉암을 간첩죄로 몰아 구속하였어요.
⑤ 1949년 제헌 국회에서 유상 매수, 유상 분배 원칙의 농지 개혁법이 제정되었어요.

78 1970년대 박정희 정부 시기의 사실   정답 ⑤

키워드 문제분석
김대중 + 박정희 + 민주 공화당
= **1971년 제7대 대통령 선거**

1969년 박정희 정부는 대통령 3회 연임을 허용하는 개헌안을 통과시켰어요(3선 개헌). 이어 1971년에 치러진 대통령 선거에서 박정희는 야당의 대통령 후보였던 김대중을 꺾고 당선되었는데, 후보 간 표차가 제6대 대통령 선거에 비해 상당히 줄어들었어요. 이러한 상황에서 닉슨 독트린으로 냉전 체제가 약화되고 경기 침체에 따른 국민의 불만이 거세어지자, 1972년 박정희는 비상계엄을 선포하고 10월 유신을 단행하였으며, 대통령의 권한을 강화하고 영구 집권이 가능하도록 한 유신 헌법을 공포하였어요.

① 1960년의 제3차 개헌을 통해 정부 형태가 내각 책임제로 바뀌었고, 장면 내각이 등장하였어요.
② 이승만 정부 시기인 1958년에 조봉암을 비롯한 진보당의 간부들이 북한의 간첩들과 접선하고 북한의 통일 방안을 주장하였다는 혐의로 체포되었고, 이듬해 조봉암이 처형되었어요.
③ 박정희 정부 시기인 1969년에 대통령의 연임을 3회에 한하는 3선 개헌안이 통과되었어요.
④ 박정희 정부 시기인 1964년에 한·일 국교 정상화에 반대하는 6·3 시위가 전개되었어요.
⑤ 제7대 대선에서 당선된 박정희는 1972년 10월에 비상계엄을 선포하고 10월 유신을 단행하였어요.

79 유신 체제에 대한 저항   정답 ②

키워드 문제분석
개헌 청원 100만 인 서명 운동 + 긴급 조치
= **박정희 정부**

박정희 정부의 3선 개헌과 유신 헌법 제정은 국민의 반발을 불러일으켰어요. 유신 반대 운동은 1973년 중앙정보부가 일본에서 유신 체제를 비판하던 김대중을 납치한 사건을 계기로 활발해져, 개헌 청원 100만 인 서명 운동과 3·1 민주 구국 선언 등으로 이어졌어요. 박정희 정부는 긴급 조치를 발표하여 이를 억압하였으나, 야당과 종교계, 학생들의 유신 반대 운동은 계속되었어요.

① 김대중 정부 시기인 2002년에 한·일 월드컵 축구 대회가 개최되었어요.
② 박정희 정부는 1970년부터 도시와 농촌 간 균형 발전을 목표로 '근면, 자조, 협동'이라는 구호를 내걸고 새마을 운동을 추진하였어요.
③ 김대중 정부 시기에 외환 위기 극복을 위한 금 모으기 운동이 전개되었어요.
④ 김영삼 정부는 1993년에 금융 거래에 실명을 사용하게 하는 금융 실명제를 전격 실시하였어요.
⑤ 노무현 정부 시기에 한·미 자유 무역 협정(FTA) 체결에 반대하는 시위가 전개되었어요.

80 유신 체제의 붕괴   정답 ①

키워드 문제분석
YH 무역 사건 = **박정희 정부**

YH 무역 노동자들은 1979년에 사측의 일방적인 폐업 조치에 맞서 야당인 신민당사에서 농성을 벌였어요. 박정희 정부는 경찰을 동원하여 농성을 강제 진압하였고, 야당인 신민당 총재 김영삼을 국회에서 제명시켰어요. 이에 부산과 마산, 창원 등에서 유신 철폐와 독재 체제를 반대하는 시위가 격렬하게 전개되었어요(부·마 민주 항쟁). 부·마 민주 항쟁에 대한 해결 방안을 놓고 박정희 정부 내부에서 갈등이 벌어졌고, 이 과정에서 박정희가 피살되면서 박정희 유신 체제는 막을 내렸어요(10·26 사태).

① YH 무역 사건에 대한 박정희 정부의 폭력적인 대응에 불만을 품은 부산과 마산 일대의 시민들은 유신 철폐와 독재 체제 타도를 요구하는 시위를 전개하였어요(부·마 민주 항쟁).
② 1976년 3월 일부 재야 정치인들과 신부, 목사, 교수 등이 유신 체제에 반대하는 '민주 구국 선언문'을 발표하였어요.
③ 1960년 4·19 혁명 이후의 제3차 개헌을 통해 양원제 국회가 출범하였어요.
④ 1964년 박정희 정부의 한·일 국교 정상화 추진에 반대하여 6·3 시위가 일어났어요.
⑤ 1970년 서울 평화 시장의 노동자 전태일이 근로 기준법 준수를 요구하며 분신하였어요.

81 5·18 민주화 운동   정답 ⑤

키워드 문제분석
계엄군 + 시민군 + 광주 = **5·18 민주화 운동**

전두환을 중심으로 한 신군부 세력은 12·12 사태(1979)로 정권을 장악한 후, 계엄령을 전국으로 확대하였어요. 이에 5월 18일 광주에서 비상계엄 확대와 휴교령에 반대하는 시위가 일어났어요. 공수 부대가 투입되어 시위 중이던 전남대 학생들을 무자비하게 진압하자 분노한 시민들이 합류하면서 시위가 확산되었어요. 이후 신군부는 진압 과정에서 시민들을 향하여 발포하였고, 이에 광주 시민들은 시민군을 조직하여 대항하였지만, 5월 27일 계엄군에 의해 진압되었어요.

① 윤보선, 김대중 등은 1976년 3월 1일에 명동 성당에서 박정희 유신 체제를 비판하는 3·1 민주 구국 선언을 발표하였어요.
② 6월 민주 항쟁에 참가한 시민들은 전두환 정부의 4·13 호헌 조치에 대한 철폐를 요구하였어요.
③ 3·15 부정 선거를 계기로 일어난 4·19 혁명을 통해 이승만이 대통령 자리에서 물러나고, 국무총리 장면을 행정 수반으로 하는 장면 내각이 수립되었어요(1960).
④ 연세대 학생 이한열은 1987년 6월에 6·10 국민 대회 출정을 위한 총궐기 대회에 참여하였다가 머리에 최루탄을 맞고 쓰러졌어요.
⑤ 5·18 민주화 운동 당시 전라남도 광주 시민들은 신군부의 비상계엄 확대와 휴교령에 반대하는 시위를 전개하였고, 신군부의 무력 진압에 시민군을 조직하여 저항하였어요.

82 전두환 정부 시기의 사실 정답 ⑤

키워드 문제분석: 프로야구 창단 + 호헌 철폐 = **전두환 정부**

전두환 정부는 학원 자율화, 교복 자율화, 해외여행 자유화, 야간 통행금지 해지, 프로야구 출범 등과 같은 유화 정책을 펴는 한편, 중앙정보부를 국가 안전 기획부로 개칭하고 민주화 운동을 강하게 탄압하였으며, 보도 지침을 통해 언론을 통제하였어요.

① 박정희 정부 시기인 1972년에 7·4 남북 공동 성명이 발표되었어요.
② 노무현 정부 시기인 2003년에 개성 공단 착공식이 열렸어요.
③ 김대중 정부 시기인 1998년부터 금강산 해로 관광이 시작되었어요.
④ 노태우 정부 시기인 1991년에 남북한은 한반도 비핵화 공동 선언을 채택하였어요.
⑤ 전두환 정부 시기인 1985년에 서울과 평양에서 최초의 이산가족 상봉 행사가 열렸어요.

83 6월 민주 항쟁 정답 ⑤

키워드 문제분석: 박종철 + 6·10 국민 대회 = **6월 민주 항쟁**

전두환 정부 시기인 1987년, 서울대 학생 박종철이 경찰의 고문으로 죽음에 이르는 사건이 세상에 알려져 국민의 분노를 자아냈어요. 국민들은 대통령 직선제를 요구하였지만 전두환 정부는 4·13 호헌 조치로 이를 받아들이지 않았고, 결국 이는 대대적인 민주화 운동으로 이어졌어요.

① 신군부의 비상계엄 확대는 5·18 민주화 운동이 일어난 원인 중 하나였어요.
② 5·18 민주화 운동 관련 기록물은 유네스코 세계 기록 유산으로 등재되었어요.
③ 4·19 혁명 당시 시위대는 대통령 집무실이 있는 경무대로 행진하여 3·15 부정 선거에 항의하였어요.
④ 박정희 정부 시기에 재야 인사들은 유신 체제에 저항하여 3·1 민주 구국 선언을 발표하였어요.
⑤ 6월 민주 항쟁에 참여한 시민들은 '호헌 철폐'와 '독재 타도' 등의 구호를 내세워 시위를 전개하였어요.

84 노태우 정부 시기의 사실 정답 ①

키워드 문제분석: 한·중 수교 = **노태우 정부**

노태우 정부는 소련, 중국 등 공산주의 국가와 외교 관계를 맺어 교류를 확대하는 북방 외교를 추진하였어요.

① 노태우 정부는 1991년 남북한 유엔 동시 가입과 '남북한 사이의 화해와 불가침 및 교류 협력에 관한 합의서(남북 기본 합의서)'를 채택하는 성과를 이루었어요.
② 박정희 정부 시기인 1972년에 7·4 남북 공동 성명이 서울과 평양에서 동시에 발표되었어요.
③ 김대중 정부 시기인 2000년 6월에 대통령이 평양을 방문하면서 분단 이후 최초로 남북 정상 회담이 개최되었어요.
④ 전두환 정부 시기인 1985년에 최초의 이산가족 고향 방문과 예술 공연단 교환이 실현되었어요.
⑤ 김대중 정부 시기의 6·15 남북 공동 선언(2000)에 따라 남북한 경제 협력 사업으로 개성 공단 조성 사업이 합의되었고, 노무현 정부 시기인 2003년 6월 착공식이 이루어졌어요.

85 김영삼 정부 시기의 사실 정답 ①

키워드 문제분석: 조선 총독부 철거 = **김영삼 정부**

김영삼 정부는 12·12 사태와 5·18 민주화 운동을 무력으로 진압한 것에 대한 책임을 물어 전두환, 노태우 두 전직 대통령을 구속하고, 조선 총독부 건물을 철거하는 등 역사 바로 세우기 운동을 추진하였어요.

① 우리나라는 김영삼 정부 시기인 1996년에 경제 협력 개발 기구(OECD)에 가입하였어요.
② 노무현 정부 출범 직전인 2003년 김대중 정부 시기에 칠레와 자유 무역 협정(FTA)을 체결하였어요.
③ 노무현 정부 시기인 2005년에 양성평등의 실현을 제도적으로 뒷받침하기 위해 호주제가 폐지되었어요.
④ 전두환 정부 시기인 1987년에 6월 민주 항쟁의 결과로 5년 단임의 대통령 직선제 개헌안이 통과되었어요(제9차 개헌).
⑤ 박정희 정부 시기인 1964년에 굴욕적 대일 외교에 반대하는 6·3 시위가 일어났어요.

86 김대중 정부 시기의 사실 정답 ⑤

키워드 문제분석: 국제 통화 기금에 차관 요청 = **외환 위기(1997)**

외환 위기 가운데 출범한 김대중 정부는 경제 위기를 벗어나기 위해 기업 구조 조정과 부실기업 정리, 금융 개혁 등을 단행하였어요. 이 과정에서 노동자들의 지위와 처우가 열악해질 수 있기 때문에, 김대중 정부는 대통령의 직속 자문 기구로 노사정 위원회를 구성하여 각종 현안 문제의 해결 방안을 논의하였어요.

① 김영삼 정부 시기인 1995년에 전국 민주 노동조합 총연맹(민주 노총)이 창립되었어요.
② 1980년대 중·후반에 국제적으로 나타난 저금리·저유가·저달러로 인한 호황, 이른바 '3저 호황'으로 우리나라는 제2차 석유 파동을 극복하고 경제가 활성화되었어요.
③ 박정희 정부 시기인 1970년대 후반에 제2차 석유 파동이 일어나 그 여파로 경제 불황이 심화되었어요.
④ 김영삼 정부 시기에 대통령의 긴급 명령으로 금융 실명제가 전격 실시되었어요(1993).
⑤ 김대중 정부 시기에 외환 위기 극복을 위해 대통령 직속 자문 기구인 노사정 위원회가 구성되었어요(1998).

87 김대중 정부 시기의 사실   정답 ④

키워드 문제분석: 월드컵 + 부산 아시안 게임 = 김대중 정부

김대중 정부 시기인 2002년에 한국과 일본이 공동으로 월드컵을 개최하였어요. 같은 해에 제14회 아시아 경기 대회인 부산 아시안 게임도 개최되었어요.

① 호주제가 폐지된 것은 노무현 정부 때예요.
② 대학 졸업 정원제가 시행된 것은 전두환 정부 때예요.
③ 노인 장기 요양 보험법이 제정된 것은 노무현 정부 때예요.
④ 외환 위기 이후 사회 안전망의 정비가 사회의 중심 과제로 대두되었고, 이를 계기로 김대중 정부 시기에 어려운 국민의 최저 생활 보장을 위한 국민 기초 생활 보장법이 제정되었어요.
⑤ 추첨을 통해 중학교에 진학하는 중학교 무시험 진학 제도가 시작된 것은 박정희 정부 때예요.

88 박정희 정부의 경제 정책   정답 ①

키워드 문제분석: 경부 고속 도로 개통 = 박정희 정부

박정희 정부 시기에는 국가 주도로 산업화와 경제 개발이 이루어졌어요. 1962년부터 5년 단위로 4차에 걸쳐 경제 개발 계획을 추진하였어요. 1970년에는 경부 고속 도로가 개통되었고, 1973년에는 이전 해부터 시작된 제3, 4차 경제 개발 5개년 계획의 성과를 바탕으로 포항 제철소 1기 설비가 준공되었어요.

① 박정희 정부는 중화학 공업화를 목표로 1972년부터 1976년까지 제3차 경제 개발 5개년 계획을 추진하였어요.
② 노무현 정부 때 우리나라는 미국과 자유 무역 협정(FTA)을 체결하였지만 국회 비준에 실패하였고, 이후 이명박 정부 때 국회 비준에 성공하여 발효되었어요.
③ 미군정은 귀속 재산의 처리를 위해 신한 공사를 설립하였어요.
④ 전두환 정부 시기에 최저 임금 결정을 위한 최저 임금 위원회가 설치되었어요.
⑤ 김영삼 정부는 대통령의 긴급 명령으로 금융 실명제를 실시하였어요.

89 김영삼 정부의 경제 정책   정답 ③

키워드 문제분석: 금융 실명제 = 김영삼 정부

1993년에 출범한 김영삼 정부는 그해에 대통령 긴급 명령으로 금융 실명제를 전격 시행하였고, 1996년에는 경제 협력 개발 기구(OECD)에 가입하였어요. 하지만 1997년 외환 위기가 도래하면서 국제 통화 기금(IMF)의 구제 금융을 지원받는 대신 재정 긴축, 금융권 구조 조정 등을 약속했어요.

① 박정희 정부 시기인 1970년에 경부 고속 도로가 준공되었어요.
② 박정희 정부는 1962년부터 1966년까지 제1차 경제 개발 5개년 계획을 추진하였어요.
③ 우리나라는 김영삼 정부 시기인 1996년에 경제 협력 개발 기구(OECD)에 가입하였어요.
④ 노무현 정부 시기에 한·미 자유 무역 협정(FTA)이 체결되었으나 국회 비준에 실패하였고, 이명박 정부 시기에 발효되었어요.
⑤ 미군정은 1946년에 신한 공사를 설립하여 귀속 재산을 관리하였어요.

90 김대중 정부의 통일 노력   정답 ③

키워드 문제분석: 경의선 복원 사업 = 김대중 정부

김대중 정부는 남북 관계 개선을 위한 대북 화해 협력 정책(햇볕 정책)을 적극 추진하였어요. 그 일환으로 처음으로 남북 정상 회담을 개최하고, 6·15 남북 공동 선언을 발표하였어요(2000). 이에 따라 남북한 교류 협력을 위한 개성 공단 조성 사업이 합의되었고, 경의선 복원 사업도 추진되었어요.

① 노태우 정부는 1988년 7월 7일에 민족자존과 통일 번영의 시대를 열어 나갈 것을 천명한 선언문(7·7 선언)을 발표하였어요.
② 전두환 정부 시기에 이산가족 고향 방문이 최초로 실현되었어요.
③ 김대중 정부는 제1차 남북 정상 회담을 개최하고, 6·15 남북 공동 선언을 발표하였어요.
④ 박정희 정부는 7·4 남북 공동 성명을 실천하기 위해 남북 조절 위원회를 설치하여 통일 방안을 논의하였어요.
⑤ 노태우 정부는 1991년에 남북 사이의 화해와 불가침 및 교류·협력에 관한 합의서(남북 기본 합의서)를 북한과 교환하였어요.

91 역대 정부의 통일 노력   정답 ③

키워드 문제분석:
- 7·7 선언 = (가) 노태우 정부
- 이산가족 최초 상봉 = (나) 전두환 정부
- 개성 공단 조성 합의 = (다) 김대중 정부

(나) 전두환 정부 시기인 1985년에 최초의 남북 이산가족 상봉과 예술 방문단 교환이 이루어졌어요.
(가) 7·7 선언은 1988년에 노태우 대통령이 통일 외교 정책의 기본 방향을 담아 발표한 것으로, 남북 간 교류 확대, 이산가족 문제 해결 등의 내용이 담겨 있어요.
(다) 김대중 정부 시기인 2000년에 남북한은 6·15 남북 공동 선언에 따라 개성 공단 조성에 합의하였어요.

③ (나) 전두환 정부 → (가) 노태우 정부 → (다) 김대중 정부

에듀윌이
너를
지지할게
ENERGY

능력 때문에 성공한 사람보다
끈기 때문에 성공한 사람이 더 많습니다.

– 조정민, 『인생은 선물이다』, 두란노

MEMO

MEMO

MEMO

MEMO

MEMO

시험 직전 마무리 실전 연습

테마별
기출 모의고사

2026 최신판

에듀윌 한국사능력검정시험 심화 한권끝장 기출 모의고사 4회분 포함
+무료특강

고객의 꿈, 직원의 꿈, 지역사회의 꿈을 실현한다

에듀윌 도서몰
book.eduwill.net
- 부가학습자료 및 정오표: 에듀윌 도서몰 > 도서자료실
- 교재 문의: 에듀윌 도서몰 > 문의하기 > 교재(내용, 출간) / 주문 및 배송

책갈피 한 달 플래너

✂ 가위로 잘라서 책갈피로 사용하세요

전근대

		공부 범위	공부한 날	완료
1일	01강	❶ 우리 역사의 시작	_월 _일	☐
		❷ 고조선의 성립과 여러 나라의 성장		
2일	02강	❶ 고구려의 성장과 발전	_월 _일	☐
		❷ 백제의 발전과 중흥		
3일		❸ 신라의 성장과 발전	_월 _일	☐
		❹ 가야의 발전·삼국의 통치 체제		
4일	03강	❶ 고구려의 대외 항쟁과 신라의 삼국 통일	_월 _일	☐
		❷ 삼국의 경제·사회·학문·종교·과학 기술		
		❸ 삼국의 문화		
5일	04강	❶ 통일 신라의 발전	_월 _일	☐
		❷ 발해의 성립과 발전		
6일	05강	❶ 신라 말의 혼란과 후삼국의 성립	_월 _일	☐
		❷ 남북국의 경제·사회·문화		
7일	06강	❶ 고려의 건국과 국가 기틀 마련	_월 _일	☐
		❷ 통치 체제의 정비		
		❸ 문벌 사회와 무신 정권		
8일	07강	❶ 고려의 대외 관계	_월 _일	☐
		❷ 공민왕의 개혁 정치와 고려의 멸망		
9일	08강	❶ 고려의 경제	_월 _일	☐
		❷ 고려의 사회		
10일		❸ 고려의 학문과 사상	_월 _일	☐
		❹ 고려의 과학 기술·문화유산		
11일	09강	❶ 조선의 건국과 국가 기틀 마련	_월 _일	☐
		❷ 통치 체제의 정비		
		❸ 사림의 대두와 붕당 정치의 성립		
12일	10강	❶ 조선 전기의 경제와 사회	_월 _일	☐
		❷ 조선 전기의 문화		
		❸ 조선 전기의 대외 관계와 양 난		
13일	11강	❶ 조선 후기의 정치 변화	_월 _일	☐
		❷ 조선 후기의 경제 변화		
14일	12강	❶ 조선 후기의 사회 변화	_월 _일	☐
		❷ 조선 후기의 사상과 문화		
15일	[테마별 기출 모의고사] 전근대 풀기		_월 _일	☐

근현대

		공부 범위	공부한 날	완료
16일	13강	❶ 흥선 대원군 집권 시기의 정치	_월 _일	☐
		❷ 개항과 서양 각국과의 조약 체결		
		❸ 근대적 개혁의 추진과 반발		
17일	14강	❶ 임오군란과 갑신정변	_월 _일	☐
		❷ 동학 농민 운동		
18일		❸ 갑오개혁·을미개혁	_월 _일	☐
		❹ 독립 협회와 대한 제국		
19일	15강	❶ 일제의 침략과 국권 피탈	_월 _일	☐
		❷ 의병 항쟁과 애국 계몽 운동		
20일		❸ 외세의 경제적 침탈과 경제적 구국 운동	_월 _일	☐
		❹ 근대 문물의 발달		
21일	16강	❶ 일제의 식민 통치	_월 _일	☐
		❷ 일제의 경제 침탈		
22일	17강	❶ 1910년대의 민족 운동	_월 _일	☐
		❷ 3·1 운동과 대한민국 임시 정부		
23일		❸ 1920년대 무장 독립 전쟁과 의열 투쟁	_월 _일	☐
		❹ 1930~1940년대 무장 독립 전쟁		
24일	18강	❶ 실력 양성 운동과 학생 항일 운동	_월 _일	☐
		❷ 민족 유일당 운동과 사회적 민족 운동		
		❸ 민족 문화 수호 운동		
25일	19강	❶ 8·15 광복과 통일 정부 수립 노력	_월 _일	☐
		❷ 대한민국 정부 수립과 6·25 전쟁		
26일	20강	❶ 이승만 정부~장면 내각	_월 _일	☐
		❷ 박정희 정부		
27일		❸ 전두환 정부~현재	_월 _일	☐
		❹ 통일을 위한 노력과 사회 변화		
28일	개념+	❶ 독도와 간도, 지역사	_월 _일	☐
		❷ 세시 풍속, 민속놀이, 조선의 궁궐		
		❸ 유네스코 등재 세계 유산		
29일	[테마별 기출 모의고사] 근현대 풀기		_월 _일	☐
30일	[특급부록] 회차별 2회분 풀기		_월 _일	☐

매일 조금씩 천천히 준비하는

내가 쓰는 책갈피 플래너

✂ 가로로 잘라서 책갈피로 사용하세요

전근대

	공부 범위	공부한 날	완료
01강	❶ 우리 역사의 시작	__월 __일	☐
	❷ 고조선의 성립과 여러 나라의 성장	__월 __일	☐
02강	❶ 고구려의 성장과 발전	__월 __일	☐
	❷ 백제의 발전과 중흥	__월 __일	☐
	❸ 신라의 성장과 발전	__월 __일	☐
	❹ 가야의 발전·삼국의 통치 체제	__월 __일	☐
03강	❶ 고구려의 대외 항쟁과 신라의 삼국 통일	__월 __일	☐
	❷ 삼국의 경제·사회·학문·종교·과학 기술	__월 __일	☐
	❸ 삼국의 문화	__월 __일	☐
04강	❶ 통일 신라의 발전	__월 __일	☐
	❷ 발해의 성립과 발전	__월 __일	☐
05강	❶ 신라 말의 혼란과 후삼국의 성립	__월 __일	☐
	❷ 남북국의 경제·사회·문화	__월 __일	☐
06강	❶ 고려의 건국과 국가 기틀 마련	__월 __일	☐
	❷ 통치 체제의 정비	__월 __일	☐
	❸ 문벌 사회와 무신 정권	__월 __일	☐
07강	❶ 고려의 대외 관계	__월 __일	☐
	❷ 공민왕의 개혁 정치와 고려의 멸망	__월 __일	☐
08강	❶ 고려의 경제	__월 __일	☐
	❷ 고려의 사회	__월 __일	☐
	❸ 고려의 학문과 사상	__월 __일	☐
	❹ 고려의 과학 기술·문화유산	__월 __일	☐
09강	❶ 조선의 건국과 국가 기틀 마련	__월 __일	☐
	❷ 통치 체제의 정비	__월 __일	☐
	❸ 사림의 대두와 붕당 정치의 성립	__월 __일	☐
10강	❶ 조선 전기의 경제와 사회	__월 __일	☐
	❷ 조선 전기의 문화	__월 __일	☐
	❸ 조선 전기의 대외 관계와 양 난	__월 __일	☐
11강	❶ 조선 후기의 정치 변화	__월 __일	☐
	❷ 조선 후기의 경제 변화	__월 __일	☐
12강	❶ 조선 후기의 사회 변화	__월 __일	☐
	❷ 조선 후기의 사상과 문화	__월 __일	☐

근현대

	공부 범위	공부한 날	완료
13강	❶ 흥선 대원군 집권 시기의 정치	__월 __일	☐
	❷ 개항과 서양 각국과의 조약 체결	__월 __일	☐
	❸ 근대적 개혁의 추진과 반발	__월 __일	☐
14강	❶ 임오군란과 갑신정변	__월 __일	☐
	❷ 동학 농민 운동	__월 __일	☐
	❸ 갑오개혁·을미개혁	__월 __일	☐
	❹ 독립 협회와 대한 제국	__월 __일	☐
15강	❶ 일제의 침략과 국권 피탈	__월 __일	☐
	❷ 의병 항쟁과 애국 계몽 운동	__월 __일	☐
	❸ 외세의 경제적 침탈과 경제적 구국 운동	__월 __일	☐
	❹ 근대 문물의 발달	__월 __일	☐
16강	❶ 일제의 식민 통치	__월 __일	☐
	❷ 일제의 경제 침탈	__월 __일	☐
17강	❶ 1910년대의 민족 운동	__월 __일	☐
	❷ 3·1 운동과 대한민국 임시 정부	__월 __일	☐
	❸ 1920년대 무장 독립 전쟁과 의열 투쟁	__월 __일	☐
	❹ 1930~1940년대 무장 독립 전쟁	__월 __일	☐
18강	❶ 실력 양성 운동과 학생 항일 운동	__월 __일	☐
	❷ 민족 유일당 운동과 사회적 민족 운동	__월 __일	☐
	❸ 민족 문화 수호 운동	__월 __일	☐
19강	❶ 8·15 광복과 통일 정부 수립 노력	__월 __일	☐
	❷ 대한민국 정부 수립과 6·25 전쟁	__월 __일	☐
20강	❶ 이승만 정부~장면 내각	__월 __일	☐
	❷ 박정희 정부	__월 __일	☐
	❸ 전두환 정부~현재	__월 __일	☐
	❹ 통일을 위한 노력과 사회 변화	__월 __일	☐
개념+	❶ 독도와 간도, 지역사	__월 __일	☐
	❷ 세시 풍속, 민속놀이, 조선의 궁궐	__월 __일	☐
	❸ 유네스코 등재 세계 유산	__월 __일	☐
테마별 기출 모의 고사	전근대	1~43번까지 풀기	__월 __일	☐
		44~95번까지 풀기	__월 __일	☐
	근현대	1~35번까지 풀기	__월 __일	☐
		36~69번까지 풀기	__월 __일	☐
		70~91번까지 풀기	__월 __일	☐
[특급부록] 회차별 1회 풀기		__월 __일	☐
[특급부록] 회차별 2회 풀기		__월 __일	☐

에듀윌
한국사능력검정시험
심화 한권끝장

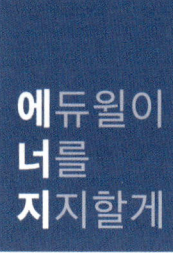

시작하라. 그 자체가 천재성이고,
힘이며, 마력이다.

– 요한 볼프강 폰 괴테(Johann Wolfgang von Goethe)

한국사능력검정시험이란?

① 응시 정보

- 주관 및 시행 기관: 국사편찬위원회
- 시험 접수: 한국사능력검정시험 홈페이지(http://www.historyexam.go.kr)에서 접수(사진 등록 필수)
- 시행 횟수: 심화(1~3급) 연 4회 / 기본(4~6급) 연 2회
- 시험 시간: 심화 80분 / 기본 70분
- 응시료: 심화 27,000원 / 기본 22,000원
- 성적 인정 유효 기간: 국가에서 지정한 별도의 유효 기간은 없으나 국가 기관·기업체마다 인정하는 기간이 상이하므로 각 기관 및 기업 채용 가이드라인 확인이 필요함

※ 이 정보는 주최측의 사정상 변경될 수 있습니다. 시험 접수 전 한국사능력검정시험 홈페이지를 확인하시기 바랍니다.

② 평가 등급

구분	인증 등급			문항 수
심화	1급(80점 이상)	2급(70점~79점)	3급(60점~69점)	50문항(5지 택1)
기본	4급(80점 이상)	5급(70점~79점)	6급(60점~69점)	50문항(4지 택1)

③ 시험 일정

구분	시험 일시	합격자 발표
A회	매년 2월경	시험 일시 2주 후
B회	매년 4~5월경	
C회	매년 8월경	
D회	매년 10월경	

※ 이 일정은 주최측의 사정상 변경될 수 있습니다. 시험 접수 전 한국사능력검정시험 홈페이지를 확인하시기 바랍니다.
※ 기본 급수는 연 2회 시행됩니다.

④ 시험 TO DO 리스트

시험 준비
- 에듀윌 한능검 한권끝장과 무료특강으로 개념 공부하기
- 기출 모의고사로 실전 점검하기

시험 D - DAY
- 시험장 준비물 챙기기(수험표, 신분증, 컴퓨터용 수성사인펜, 수정테이프)
- 시험 당일 08:30부터 09:59까지 지정된 시험실 입실하기

합격자 발표일
- 한국사능력검정시험 홈페이지에서 합격 여부 확인하기
- 성적 통지서와 인증서 출력하기(한국사능력검정시험 홈페이지, 정부 24)

GUIDE | 교재 활용법

기초부터 탄탄히 강의를 책에 담다

❶ 핵심 키워드 연표

해당 주제의 주요 인물이나 사건을 한눈에 볼 수 있도록 연표를 구성하였습니다.

❷ 최빈출 핵심 선지

최신 3개년 기출문제의 빈출 선지만 빠르게 파악할 수 있습니다.

❸ 시험에 나오는 사료·자료

시험에 등장했던 사료와 자료 중 알아야 할 내용을 정리하여 보여줍니다.

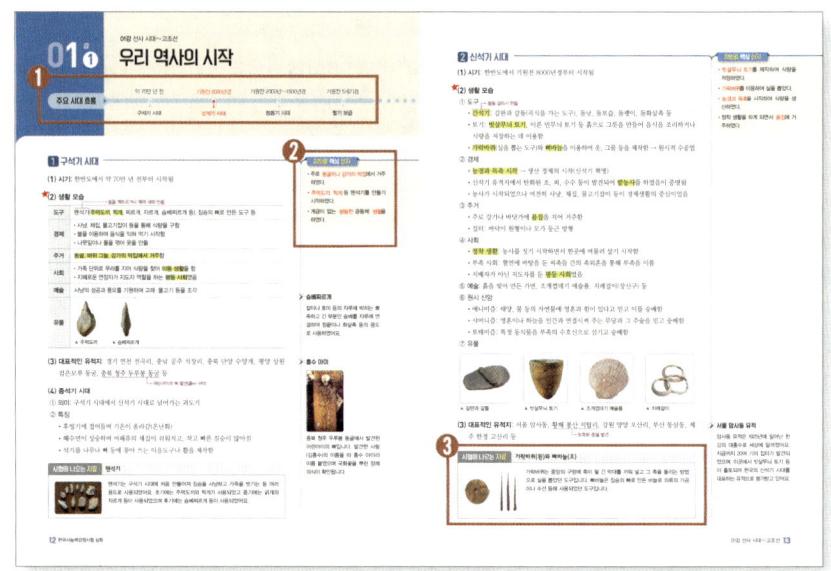

꼭 풀어야 할 단원별 단골 기출

❶ 대표기출문제

시험에 자주 나오는 문제 유형을 엄선하여 수록하였습니다. 최신 기출문제를 포함한 다양한 문제를 통해 한능검의 대표적인 유형을 파악할 수 있습니다.

❷ 대표기출해설

문제를 풀어본 후 선택지 첨삭 해설과 함께 정답을 바로 확인할 수 있습니다.

시험 전 최종 점검 테마별 기출 모의고사

❶ 전근대 테마
선사 시대부터 조선 시대 범위에서 자주 출제되는 유형의 기출문제를 선별하여 수록하였습니다.

❷ 근현대 테마
개항기부터 현대 범위에서 자주 출제되는 유형의 기출문제를 선별하여 수록하였습니다.

❸ 키워드 해설
각 문제의 키워드를 분석하고 상세한 정오답 해설을 수록하였습니다.

특별제공

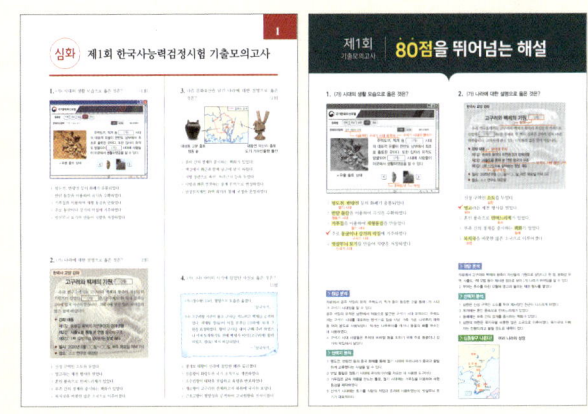

❶ [무료특강] 한능검 한권끝장 심화 시대별 흐름특강
한능검 개념 완성을 위해 교재에 딱 맞춘 20강의 시대별 흐름특강을 무료로 제공합니다.

※ 수강 경로: · 에듀윌 도서몰 ▶ 동영상강의실 ▶ '한권끝장 심화' 검색
· 유튜브 '에듀윌 한국사' 채널 ▶ '한권끝장 심화' 검색

❷ [온라인부록] 회차별 기출 2회분
실전 감각을 익힐 수 있도록 기출 모의고사 2회분과 상세한 첨삭해설을 제공합니다.

※ 이용 경로: 에듀윌 도서몰 ▶ 도서자료실 ▶ 부가학습자료 ▶ '한권끝장 심화' 검색

CONTENTS | 차례

※본 교재는 20강으로 구성되어 있습니다.

01강 | 선사 시대~고조선

❶ 우리 역사의 시작 12
❷ 고조선의 성립과 여러 나라의 성장 15

02~05강 | 삼국 시대~남북국 시대

2강
❶ 고구려의 성장과 발전 28
❷ 백제의 발전과 중흥 31
❸ 신라의 성장과 발전 34
❹ 가야의 발전·삼국의 통치 체제 37

3강
❶ 고구려의 대외 항쟁과 신라의 삼국 통일 40
❷ 삼국의 경제·사회·학문·종교·과학 기술 43
❸ 삼국의 문화 47

4강
❶ 통일 신라의 발전 51
❷ 발해의 성립과 발전 54

5강
❶ 신라 말의 혼란과 후삼국의 성립 57
❷ 남북국의 경제·사회·문화 60

06~08강 | 고려 시대

6강
- ❶ 고려의 건국과 국가 기틀 마련 ... 92
- ❷ 통치 체제의 정비 ... 95
- ❸ 문벌 사회와 무신 정권 ... 97

7강
- ❶ 고려의 대외 관계 ... 100
- ❷ 공민왕의 개혁 정치와 고려의 멸망 ... 103

8강
- ❶ 고려의 경제 ... 106
- ❷ 고려의 사회 ... 109
- ❸ 고려의 학문과 사상 ... 112
- ❹ 고려의 과학 기술·문화유산 ... 115

09~10강 | 조선 전기

9강
- ❶ 조선의 건국과 국가 기틀 마련 ... 140
- ❷ 통치 체제의 정비 ... 144
- ❸ 사림의 대두와 붕당 정치의 성립 ... 147

10강
- ❶ 조선 전기의 경제와 사회 ... 151
- ❷ 조선 전기의 문화 ... 153
- ❸ 조선 전기의 대외 관계와 양 난 ... 156

11~12강 | 조선 후기

11강
- ❶ 조선 후기의 정치 변화 ... 176
- ❷ 조선 후기의 경제 변화 ... 180

12강
- ❶ 조선 후기의 사회 변화 ... 184
- ❷ 조선 후기의 사상과 문화 ... 188

CONTENTS | 차례

13~15강 | 근대 사회

13강
① 흥선 대원군 집권 시기의 정치 ········ 204
② 개항과 서양 각국과의 조약 체결 ········ 207
③ 근대적 개혁의 추진과 반발 ········ 210

14강
① 임오군란과 갑신정변 ········ 213
② 동학 농민 운동 ········ 216
③ 갑오개혁·을미개혁 ········ 219
④ 독립 협회와 대한 제국 ········ 222

15강
① 일제의 침략과 국권 피탈 ········ 225
② 의병 항쟁과 애국 계몽 운동 ········ 228
③ 외세의 경제적 침탈과 경제적 구국 운동 ········ 231
④ 근대 문물의 발달 ········ 234

16~18강 | 일제 강점기

16강
① 일제의 식민 통치 ········ 264
② 일제의 경제 침탈 ········ 267

17강
① 1910년대의 민족 운동 ········ 270
② 3·1 운동과 대한민국 임시 정부 ········ 273
③ 1920년대 무장 독립 전쟁과 의열 투쟁 ········ 278
④ 1930~1940년대 무장 독립 전쟁 ········ 281

18강
① 실력 양성 운동과 학생 항일 운동 ········ 284
② 민족 유일당 운동과 사회적 민족 운동 ········ 287
③ 민족 문화 수호 운동 ········ 291

19~20강 | 현대 사회

19강
❶ 8·15 광복과 통일 정부 수립 노력 ········· 316
❷ 대한민국 정부 수립과 6·25 전쟁 ········· 319

20강
❶ 이승만 정부~장면 내각 ········· 322
❷ 박정희 정부 ········· 325
❸ 전두환 정부~현재 ········· 328
❹ 통일을 위한 노력과 사회 변화 ········· 331

개념+ 테마 한국사

❶ 독도와 간도, 지역사 ········· 350
❷ 세시 풍속, 민속놀이, 조선의 궁궐 ········· 354
❸ 유네스코 등재 세계 유산 ········· 357

01강 선사 시대 ~ 고조선

01강
① 우리 역사의 시작
② 고조선의 성립과 여러 나라의 성장

약 70만 년 전
구석기 시대

기원전 8000년경
신석기 시대

기원전 2333년
고조선

기출로 보는 키워드	3개년 평균 출제 비중
1위 동굴이나 막집	
2위 천군, 소도	**2.2**문항
3위 가락바퀴	4.4%
4위 책화	
5위 사출도	

기원전 2000년~기원전 1500년경
청동기 시대

기원전 400년경
철기 문화 보급

기원전 194년
위만의 이주

기원전 108년
고조선 멸망

01강 ① 우리 역사의 시작

01강 선사 시대~고조선

주요 시대 흐름

약 70만 년 전	기원전 8000년경	기원전 2000년~1500년경	기원전 5세기경
구석기 시대	신석기 시대	청동기 시대	철기 보급

1 구석기 시대

(1) 시기: 한반도에서 약 70만 년 전부터 시작됨

★ **(2) 생활 모습**

도구	뗀석기(**주먹도끼**, **찍개**, 찌르개, 자르개, 슴베찌르개 등), 짐승의 뼈로 만든 도구 등 ─ 돌을 깨뜨리거나 떼어 내어 만듦
경제	• 사냥, 채집, 물고기잡이 등을 통해 식량을 구함 • 불을 이용하여 음식을 익혀 먹기 시작함 • 나뭇잎이나 풀을 엮어 옷을 만듦
주거	<mark>동굴, 바위 그늘, 강가의 막집에서 거주</mark>함
사회	• 가족 단위로 무리를 지어 식량을 찾아 <mark>이동 생활</mark>을 함 • 지혜로운 연장자가 지도자 역할을 하는 <mark>평등 사회</mark>였음
예술	사냥의 성공과 풍요를 기원하며 고래·물고기 등을 조각
유물	  ▲ 주먹도끼　▲ 슴베찌르개

(3) 대표적인 유적지: 경기 연천 전곡리, 충남 공주 석장리, 충북 단양 수양개, 평양 상원 검은모루 동굴, 충북 청주 두루봉 동굴 등
└→ 어린아이의 뼈 발견(흥수 아이)

(4) 중석기 시대
① 의미: 구석기 시대에서 신석기 시대로 넘어가는 과도기
② 특징
　• 후빙기에 접어들며 기온이 올라감(온난화)
　• 해수면이 상승하며 어패류의 채집이 쉬워지고, 작고 빠른 짐승이 많아짐
　• 석기를 나무나 뼈 등에 꽂아 쓰는 이음도구나 활을 제작함

> **시험에 나오는 자료** — 뗀석기
>
>
>
> 뗀석기는 구석기 시대에 처음 만들어져 짐승을 사냥하고 가죽을 벗기는 등 여러 용도로 사용되었어요. 초기에는 주먹도끼와 찍개가 사용되었고 중기에는 긁개와 자르개 등이 사용되었으며 후기에는 슴베찌르개 등이 사용되었어요.

최빈출 핵심 선지

• 주로 <mark>동굴이나 강가의 막집</mark>에서 거주하였다.
• <mark>주먹도끼</mark>, <mark>찍개</mark> 등 뗀석기를 만들기 시작하였다.
• 계급이 없는 <mark>평등한</mark> 공동체 생활을 하였다.

▶ **슴베찌르개**
칼이나 호미 등의 자루에 박히는 뾰족하고 긴 부분인 슴베를 자루에 연결하여 창끝이나 화살촉 등의 용도로 사용하였어요.

▶ **흥수 아이**

충북 청주 두루봉 동굴에서 발견된 어린아이의 뼈입니다. 발견한 사람(김흥수)의 이름을 따 흥수 아이라 이름 붙였으며 국화꽃을 뿌린 장례 의식이 확인됩니다.

2 신석기 시대

(1) 시기: 한반도에서 기원전 8000년경부터 시작됨

⭐(2) 생활 모습

① 도구 ┌─ 돌을 갈아서 만듦
- **간석기**: 갈판과 갈돌(곡식을 가는 도구), 돌낫, 돌보습, 돌괭이, 돌화살촉 등
- 토기: **빗살무늬 토기**, 이른 민무늬 토기 등 흙으로 그릇을 만들어 음식을 조리하거나 식량을 저장하는 데 이용함
- **가락바퀴**(실을 뽑는 도구)와 **뼈바늘**을 이용하여 옷, 그물 등을 제작함 → 원시적 수공업

② 경제
- **농경과 목축 시작** → 생산 경제의 시작(신석기 혁명)
- 신석기 유적지에서 탄화된 조, 피, 수수 등이 발견되어 **밭농사**를 하였음이 증명됨
- 농사가 시작되었으나 여전히 사냥, 채집, 물고기잡이 등이 경제생활의 중심이었음

③ 주거
- 주로 강가나 바닷가에 **움집**을 지어 거주함
- 집터: 바닥이 원형이나 모가 둥근 방형

④ 사회
- **정착 생활**: 농사를 짓기 시작하면서 한곳에 머물러 살기 시작함
- 부족 사회: 혈연에 바탕을 둔 씨족들 간의 족외혼을 통해 부족을 이룸
- 지배자가 아닌 지도자를 둔 **평등 사회**였음

⑤ 예술: 흙을 빚어 만든 가면, 조개껍데기 예술품, 치레걸이(장신구) 등

⑥ 원시 신앙
- 애니미즘: 태양, 물 등의 자연물에 영혼과 힘이 있다고 믿고 이를 숭배함
- 샤머니즘: 영혼이나 하늘을 인간과 연결시켜 주는 무당과 그 주술을 믿고 숭배함
- 토테미즘: 특정 동식물을 부족의 수호신으로 섬기고 숭배함

⑦ 유물

▲ 갈판과 갈돌

▲ 빗살무늬 토기

▲ 조개껍데기 예술품

▲ 치레걸이

(3) 대표적인 유적지: 서울 암사동, 황해 봉산 지탑리, 강원 양양 오산리, 부산 동삼동, 제주 한경 고산리 등
 └─ 탄화된 좁쌀 발견

시험에 나오는 자료 — 가락바퀴(왼)와 뼈바늘(오)

가락바퀴는 중앙의 구멍에 축이 될 긴 막대를 끼워 넣고 그 축을 돌리는 방법으로 실을 뽑았던 도구입니다. 뼈바늘은 짐승의 뼈로 만든 바늘로 의류의 가공이나 수선 등에 사용되었던 도구입니다.

최빈출 핵심 선지

- **빗살무늬 토기**를 제작하여 식량을 저장하였다.
- **가락바퀴**를 이용하여 실을 뽑았다.
- **농경과 목축**을 시작하여 식량을 생산하였다.
- 정착 생활을 하게 되면서 **움집**에 거주하였다.

서울 암사동 유적

암사동 유적은 1925년에 일어난 한강의 대홍수로 세상에 알려졌어요. 지금까지 20여 기의 집터가 발견되었으며, 이곳에서 빗살무늬 토기 등이 출토되어 한국의 신석기 시대를 대표하는 유적으로 평가받고 있어요.

3 청동기 시대·철기 시대

★ (1) 청동기 시대

시기	기원전 2000년~기원전 1500년경 한반도에 청동기 보급 시작
도구 (청동기 제작 틀)	• 청동기: 비파형 동검, 거친무늬 거울, 청동 방울 등 → 의례 도구로 사용 • 석기: 반달 돌칼(곡식 수확용) 등과 같이 생활 도구는 여전히 돌이나 나무로 만들어 사용함 • 거푸집: 한반도에 독자적인 청동기 문화가 발전하였음을 추측할 수 있음
토기	민무늬 토기, 미송리식 토기, 붉은 간 토기
무덤	고인돌(지배자의 무덤), 돌널무덤, 돌무지무덤
사회	• 계급 발생: 농경의 발달에 따른 농업 생산력 증가 → 잉여 생산물 발생 → 사유 재산 등장, 빈부 격차 발생 → 계급의 분화(불평등 사회) • 군장(지배자)의 등장 → 정치와 제사 모두 주관(제정일치) • 선민사상 대두 → 하늘의 자손을 표방하는 등 선택된 민족임을 내세움
경제	조·보리·콩 등 밭농사 중심, 일부 저습지에서 벼농사 시작
유물	▲ 비파형 동검 ▲ 반달 돌칼 ▲ 민무늬 토기 ▲ 미송리식 토기 └→ 중국의 악기인 비파 모양을 닮아 이름이 붙여짐

(2) 철기 시대 → 초기 철기 시대는 후기 청동기 시대에 해당함

시기	기원전 5세기경부터 한반도에 철기 보급
도구	• 철제 농기구 사용(쟁기, 쇠스랑 등): 농업 생산량 증가, 인구 증가 • 철제 무기 사용: 부족 간의 전쟁 증가 • 청동기: 세형동검(한국식 동검), 잔무늬 거울
토기	민무늬 토기, 덧띠 토기, 검은 간 토기
무덤	• 널무덤: 땅에 네모난 구덩이를 파고 나무널을 묻은 형태 • 독무덤: 두 개의 독(항아리)을 옆으로 이어 붙인 형태
사회	• 지배층, 피지배층의 계층 분화가 가속화됨 • 부여·고구려 등 연맹 왕국이 등장함
경제	벼농사의 발전, 목축 성행
유물	▲ 세형동검 ▲ 철제 농기구 └→ 비파형 동검의 영향을 받아 만들어진 한국식 동검

(3) 철기 시대 중국과의 활발한 교류

① 중국 화폐 출토: 철기 시대 무덤에서 철기와 함께 명도전, 반량전, 오수전, 화천 등이 출토되어 중국과의 교류를 확인할 수 있음 → 반량전은 진시황제 때, 오수전은 한 무제 때의 화폐임

② 한자 사용: 경남 창원 다호리 유적에서 출토된 붓을 통해 한자가 전래되어 사용되었음을 짐작할 수 있음

최빈출 핵심 선지

[청동기 시대]
• 거푸집을 이용하여 비파형 동검을 제작하였다.
• 의례 도구로 청동 방울 등을 제작하였다.
• 반달 돌칼을 이용하여 곡식을 수확하였다.
• 대표적인 토기로 미송리식 토기가 있다.
• 지배층의 무덤으로 고인돌을 축조하였다.

[철기 시대]
• 쟁기, 쇠스랑 등의 철제 농기구를 사용하였다.
• 거푸집을 이용하여 세형동검을 제작하였다.
• 중국 화폐인 명도전, 반량전이 널리 사용되었다.

▶ 고인돌

청동기 시대에는 군장이 죽으면 고인돌이나 돌널무덤을 만들어 청동기 등과 함께 묻었어요. 고인돌은 당시 군장의 권력을 보여 줬어요.

▶ 명도전

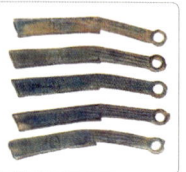

중국 전국 시대 연나라 일대에서 사용되던 화폐입니다.

01강 고조선의 성립과 여러 나라의 성장

01강 선사 시대~고조선

주요 사건 흐름

- 기원전 2333년: 고조선 건국
- 기원전 3세기 초: 연 장수 진개의 공격
- 기원전 194년: 위만 조선 성립
- 기원전 108년: 한 무제에 의해 멸망

1 고조선의 성립과 발전

(1) 성립
① 건국: 기원전 2333년에 단군왕검이 아사달을 도읍으로 건국하였다고 전해짐
② 의의: 청동기 문화를 바탕으로 성립된 우리 역사상 최초의 국가

(2) 단군왕검의 고조선 건국 이야기: 『삼국유사』, 『제왕운기』, 『동국여지승람』 등에 기록됨

시험에 나오는 사료 『삼국유사』의 단군왕검 기록

> 옛날 환인의 아들 환웅이 천부인 3개와 3,000여 명의 무리를 이끌고 신단수 밑에 내려왔는데 이곳을 신시라
> └ 하늘의 자손임을 내세운 선민사상을 가진 유이민의 이주
> 하였다. 그는 풍백, 우사, 운사로 하여금 인간의 360여 가지의 일을 주관하게 하였는데 그중에서도 곡식, 생
> └ 농경 사회   └ 농경 사회
> 명, 질병, 형벌, 선악 등 다섯 가지 일이 가장 중요한 것이었다. 이로써 인간 세상을 교화시키고 인간을 널리
> 이롭게 하였다. 이때 곰과 호랑이가 사람이 되기를 원하므로 환웅은 쑥과 마늘을 주고 이것을 먹으면서 100일
> └ 홍익인간의 건국 이념   └ 곰과 호랑이를 각각 수호신으로 삼은 토착 부족의 존재(토테미즘)
> 간 빛을 보지 않는다면 사람이 될 것이라고 하였다. 곰은 금기를 지켜 21일 만에 여자로 태어났고 환웅과 혼인
> 하여 아들을 낳았다. 이가 곧 단군왕검이다.
>   └ 단군은 제사장, 왕검은 정치적 군장을
>   의미하는 제정일치의 지배자

(3) 고조선의 발전
① 문화 범위: 랴오닝(요령) 지방을 중심으로 성장하여 한반도 북부까지 세력 확대 → 비파형 동검과 탁자식 고인돌 등을 통해 문화 범위를 추정할 수 있음
② 왕위 세습: 기원전 3세기경 부왕, 준왕과 같은 강력한 왕이 등장하여 왕위를 세습함
③ 관직 설치: 왕 아래 ==상, 대부, 장군 등의 관직== 설치
④ 연나라와 대립: 중국의 연나라와 대립할 만큼 성장 → ==기원전 3세기 초 연나라 장수 진개의 공격==을 받아 서쪽의 영토를 상실하고 수도를 왕검성으로 옮김

★(4) 위만 조선

성립	중국 진·한 교체기에 위만과 유이민들이 고조선으로 이주 → 위만이 준왕을 몰아내고 왕이 됨(기원전 194)
발전	• **철기 문화**를 본격적으로 수용 • 중국의 한(漢)과 한반도 남부의 진국(辰國) 사이에서 **중계 무역**으로 경제적 이득을 독점 • **진번과 임둔을 복속**시켜 세력 확장
멸망	중계 무역의 이득 독점, 흉노와 연결하여 한나라를 압박 → **우거왕** 때 **한 무제**의 고조선 침입으로 멸망(기원전 108) → 한이 4개의 군현을 설치 └ 낙랑, 진번, 임둔, 현도군 └ 지배층의 내분으로 조선상 역계경이 무리를 이끌고 남쪽의 진국으로 남하

최빈출 핵심 선지

• 기원전 3세기 초 연의 장수 **진개의 공격**을 받아 영토를 빼앗겼다.
• 위만 집권 이후 **진번**과 **임둔을 복속**하여 세력을 확장하였다.
• 위만 집권 이후 **중계 무역**으로 이익을 독점하였다.
• 우거왕 때 **한 무제**의 공격으로 멸망하였다.
• 사회 질서를 유지하기 위해 **범금 8조**를 만들었다.

▶ 고조선의 문화 범위

시험에 나오는 사료 위만의 이주

연(燕)의 위만이 망명하여 오랑캐의 복장을 하고 동쪽으로 패수를 건너 준왕에게 항복하였다. …… 위만이 망명자들을 꾀어내어 그 무리가 점점 많아지자, 준왕에게 사람을 보내 "한의 군대가 열 갈래로 쳐들어오니 [왕궁에] 들어가 숙위하기를 청합니다."라고 속이고 도리어 준왕을 공격하였다.
― 『삼국지』 동이전 ―

시험에 나오는 사료 고조선의 멸망(기원전 108)

아들을 거쳐 손자 우거 때 이르러서는 …… 주변의 여러 나라들이 글을 올려 천자를 알현하고자 하였으나, 또한 가로막고 통하지 못하게 하였다. …… 좌장군이 두 군대를 합하여 맹렬히 고조선을 공격하였다. 조선상 노인, 상 한음, 니계상 참(삼), 장군 왕협 등이 서로 [항복을] 모의하였다. …… [우거]왕이 항복하려 하지 않았다. 한음, 왕협, 노인이 모두 도망하여 한에 항복하였는데, 노인은 도중에 죽었다.
― 『사기』 ―

(5) 고조선의 사회

★ ① **범금 8조(8조법)**: 농경 사회, 신분제 사회, 노동력과 사유 재산 중시 등
② **고조선 사회의 변화**: 고조선 멸망 이후 한 군현의 억압과 수탈 → 60여 조로 늘어난 법 조항 → 풍속이 각박해짐

시험에 나오는 사료 고조선의 8조법 → 현재 3가지 조항만 전해짐

- 사람을 죽인 자는 즉시 죽이고, 남에게 상처를 입힌 자는 곡식으로 갚는다. → 노동력 중시, 농업 중심 사회, 형벌 존재
- 도둑질을 한 자는 노비로 삼는다. → 사유 재산 중시, 계급 분화(신분 존재)
- 용서받고자 하는 자는 50만 전을 내야 한다.

2 부여

(1) 위치: 만주 쑹화강 유역의 넓은 평야 지대에서 성장함

★ **(2) 정치**

연맹 왕국	• 여러 부족의 연맹으로 국가 형성 → 왕권 미약 • 왕 아래 가축의 이름을 딴 마가, 우가, 저가, 구가 등의 대가가 존재함 • 대가들은 저마다 독립된 행정 구역 기능을 한 사출도를 다스림
왕권 미약	• 대가들이 왕을 추대하기도 하고, 흉년 시 왕에게 책임을 묻기도 함 → 흉년이 들면 왕을 죽이거나 내쫓기도 함 • 국가 중요 정책은 대가들이 모여 결정함
대외 관계	1세기 초 왕호 사용, 중국과 외교 관계, 3세기 말 선비족의 침입으로 쇠퇴
멸망	5세기 말 고구려에 흡수, 연맹 왕국 단계에서 멸망함

(3) 경제: 농경과 목축(반농반목)을 주로 하였고, 특산물로는 말·주옥·모피 등이 유명함

(4) 사회: 1책 12법(남의 물건을 훔쳤을 때 물건 값의 12배를 배상하도록 함)

최빈출 핵심 선지

- 여러 가(加)들이 각각 사출도를 주관하였다.
- 남의 물건을 훔쳤을 때는 12배로 갚게 하였다.
- 12월에 영고라는 제천 행사를 열었다.

▶ **부여의 가(加)**

가(加)는 우두머리를 뜻하는 말이에요. 부여는 가축의 이름을 딴 마가·우가·저가·구가가 사출도를 지배하였어요.

(5) 풍속

제천 행사	12월에 영고라는 제천 행사를 개최함
순장	왕이 죽으면 많은 사람들을 껴묻거리와 함께 묻음
형사취수혼	형이 죽으면 동생이 형수와 결혼하여 함께 생활함
우제점법	소의 발굽이 갈라지는 모양을 보고 길흉을 점침

(6) 역사적 의미: 고구려와 백제의 건국 세력이 부여의 한 계통임을 자처함

> **시험에 나오는 사료** 부여
>
> - 나라에는 군왕이 있다. 가축의 이름으로 관명을 정하여 마가·우가·저가·구가·대사·대사자·사자가 있다. 읍락에는 호민이 있으며 하호라 불리는 백성은 모두 노복과 같았다. 제가들은 별도로 사출도를 주관하는데, 큰 곳은 수천 가이며 작은 곳은 수백 가였다.
>   － 『삼국지』 위서 동이전 －
> - 12월 제천 행사 때에는 연일 크게 모여서 먹고 마시며 노래하고 춤추니, 그 이름을 영고라 한다. 이때에는 형옥(刑獄)을 판단하여 죄수를 풀어 준다. 전쟁을 할 때에도 하늘에 제사를 지내고 소를 잡아서 그 발굽을 가지고 길흉을 점친다. ← 우제점법
>   － 『후한서』 －

> **여러 나라의 성장**
>
>

---

3 고구려

(1) 위치: 압록강의 지류인 동가강 유역의 졸본 지방에서 성장함
└ 주몽 집단이 부여에서 내려와 졸본에 도읍하여 나라를 세웠다고 전해짐

(2) 정치 ┌ 계루부 출신 고씨가 왕위 계승
① 연맹 왕국: 계루부, 절노부, 소노부, 관노부, 순노부가 연합한 연맹 왕국
② 대가: 왕 아래 상가, 고추가 등의 대가들이 존재하였고, 각기 사자, 조의, 선인 등의 관리를 거느림
③ 제가 회의: 대가들이 모여 국가의 중대사를 결정하는 귀족 회의
④ 지방 통치: 욕살, 처려근지 등을 지방관으로 파견

(3) 경제
① 약탈 경제: 산악 지대에 위치하여 농사에 불리 → 주변 부족을 약탈함
② 부경: 집집마다 부경이라는 창고를 만들어 곡식을 저장함

(4) 사회: 중앙 집권적 고대 국가로 발전하여 백제, 신라와 삼국을 이룸

★**(5) 풍속**

제천 행사	• 10월에 동맹이라는 제천 행사를 개최함 • 국동대혈에서 왕과 신하들이 건국 시조인 주몽과 유화 부인 등에게 제사를 지냄
서옥제	남자가 혼인하여 신부 집 뒤편에 작은 별채(서옥)를 지어 생활하다가 자식이 자라면 처자식을 데리고 자기 집으로 돌아가는 혼인 풍습
형사취수혼	부여와 마찬가지로 형이 죽으면 동생이 형수를 아내로 삼아 함께 생활함

> **최빈출 핵심 선지**
> - 제가 회의에서 나라의 중요한 일을 결정하였다.
> - 집집마다 부경이라는 창고가 있었다.
> - 서옥제라는 혼인 풍습이 있었다.
> - 10월에 동맹이라는 제천 행사를 개최하였다.

> **시험에 나오는 사료** 고구려
>
> - 그 풍속은 혼인할 때 구두로 미리 정하고, 여자의 집 본채 뒤편에 작은 별채를 짓는데, 그 집을 서옥이라 부른다. …… 아들을 낳아서 장성하면 남편은 아내를 데리고 자기 집으로 돌아간다.
> - 백성들은 노래와 춤을 좋아하여 촌락마다 밤이 되면 남녀가 무리지어 모여 서로 노래하며 즐긴다. …… 10월에 지내는 제천 행사는 국중대회(國中大會)로서 동맹이라 부른다.
>
> — 『삼국지』 위서 동이전 —

4 옥저와 동예

(1) 위치
① 옥저: 함경도 동해안 지방
② 동예: 강원도 북부 동해안 지방

(2) 정치와 경제

구분	옥저	동예
정치	• 군장 국가: 읍군, 삼로 등의 군장이 통치함 → 왕 × • 고구려의 압박과 동해안에 치우친 지리적 여건 등을 이유로 선진 문물 수용에 불리하여 연맹 왕국으로 발전하지 못함	
경제	해산물 풍부, 토지 비옥 → 고구려에 공납을 바침	
특산품	–	단궁, 과하마, 반어피 └ 고대 우리나라에서 생산된 활

★(3) 사회

구분	옥저	동예
혼인	민며느리제: 어린 신부를 신랑의 집으로 미리 데려온 후, 신부가 성장하면 신랑이 신부의 집에 혼인 자금을 주고 정식으로 혼인하는 풍습	족외혼: 같은 씨족이 아닌 다른 씨족과 혼인하는 제도
제천 행사	–	10월에 무천이라는 제천 행사를 거행함
풍속	가족 공동 무덤: 사람이 죽으면 가매장을 한 뒤 뼈만 추려 가족 공동 무덤인 목곽에 안치	• 책화: 다른 부족의 생활권을 침범하면 노비나 소·말 등으로 변상함 • 철(凸)자형, 여(呂)자형 집터 발견

> **시험에 나오는 사료** 옥저와 동예
>
> - 죽은 자는 모두 가매장을 하는데 형체만 겨우 덮어 두었다가 피부와 살이 다 썩으면 곧바로 뼈를 거두어 곽 안에 둔다. 온 가족을 모두 한 곽에 넣으며, 살아있을 때의 모습과 같이 나무를 깎는데 죽은 사람의 수와 같다. → 옥저의 가족 공동 무덤
> - 산천마다 각각의 구분이 있어 함부로 서로 건너거나 들어갈 수 없었다. …… 읍락이 서로 침범하면 항상 생구(生口)·우마(牛馬)로 죄를 처벌하도록 하였는데, 이를 이름하여 책화(責禍)라고 한다. → 동예의 책화
>   └ 노비 └ 소, 말
>
> — 『삼국지』 위서 동이전 —

최빈출 핵심 선지
- 옥저의 혼인 풍습으로 민며느리제가 있었다.
- 동예는 단궁, 과하마, 반어피 등이 특산물로 유명하였다.
- 동예는 읍락 간의 경계를 중시하는 책화가 있었다.

> **과하마, 반어피**
> 과하마는 말을 타고 과일나무 밑을 지날 수 있다는 데서 유래한 것으로, 키가 작은 말을 뜻해요. 반어피는 바다표범의 가죽을 말합니다.

> **동예의 집터**

5 삼한

(1) 성립: 한강 이남 지역에서 진(辰)이 성장함 → 삼한(마한·진한·변한) 성립

마한	• 지금의 천안·익산·나주 지역을 중심으로 하여 경기·충청·전라도 지방에서 발전함 • 54개 소국으로 구성(예 목지국, 백제국)
진한	• 대구·경주 지역을 중심으로 발전함 • 12개 소국으로 구성(예 사로국)
변한	• 김해·창원 지역을 중심으로 발전함 • 12개 소국으로 구성(예 구야국)

★**(2) 정치**
① 주도 세력: 마한의 소국인 목지국의 지배자가 진왕으로 추대되어 삼한 전체를 주도함
② 정치적 지배자: 신지·견지, 부례, 읍차 등의 군장이 각 소국을 다스림
③ 제정 분리: 제사장인 천군이 신성 지역인 소도를 다스림
  └→ 죄인이 소도로 도망을 가면 군장이라도 함부로 잡아갈 수 없음

(3) 경제
                          ┌→ 예 벽골제, 의림지
① 벼농사 발달: 철제 농기구 사용, 저수지 축조
② 철 생산: 변한 지역은 철이 많이 생산되어 철을 낙랑·왜(일본) 등지에 수출함
  └→ 낙동강 하류 지역, 이후 가야로 발전

(4) 풍속

제천 행사	씨를 뿌리는 5월과 추수하는 10월에 계절제를 개최함
두레	농경을 위한 공동 조직
토실	마한에서는 초가지붕이 있는 토실(흙방)에 거주하였음
문신	남녀가 몸에 문신을 새기는 풍습이 있었음

시험에 나오는 사료 　삼한

• 국읍마다 한 사람을 세워서 천신에 대한 제사를 주관하게 하고 천군이라 불렀다. 또한 나라마다 별읍이 있는데, 소도라고 불렀다. 큰 나무를 세우고, 방울과 북을 매달아 귀신을 섬겼다.
• 해마다 5월이면 씨뿌리기를 마치고 귀신에게 제사를 지낸다. 무리 지어 모여서 노래와 춤을 즐긴다. 술을 마시고 노는데 밤낮을 가리지 않는다. 춤은 수십 명이 모두 일어나서 뒤를 따라가고, 땅을 밟고 몸을 구부렸다 펴면서 손과 발로 장단을 맞추며 춘다. …… 10월에 농사일을 마치고 나서도 이렇게 한다. → 계절제
　　　　　　　　　　　　　　　　　　　　　　　　　　　　　- 『삼국지』 위서 동이전 -

최빈출 핵심 선지

• 신지, 읍차 등으로 불리는 군장이 다스렸다.
• 제사장인 천군과 신성 지역인 소도가 존재하였다.
• 변한에서는 철이 많이 생산되어 낙랑과 왜에 수출하였다.

01강 선사 시대~고조선

01강 ① 우리 역사의 시작

대표기출문제

01 (가) 시대의 생활 모습으로 옳은 것은? [심화 50회]

> 공주 석장리에서 남한 최초로 (가) 시대의 유물인 찍개, 주먹도끼 등의 뗀석기가 출토되었습니다. 이번 발굴로 우리나라에서도 (가) 시대가 존재했다는 사실이 입증되었습니다.

① 반달 돌칼로 벼를 수확하였다.
② 주로 동굴이나 막집에서 거주하였다.
③ 거푸집을 이용하여 청동 무기를 제작하였다.
④ 빗살무늬 토기를 제작하여 식량을 저장하였다.
⑤ 가락바퀴와 뼈바늘을 이용하여 옷을 만들었다.

02 (가) 시대의 생활 모습으로 옳은 것은? [심화 54회]

> 경기도 김포시 신안리 유적 발굴 조사에서 총 23기의 집터가 확인되었습니다. 이 집터 내부에서 출토된 빗살무늬 토기, 갈돌, 갈판 등의 유물을 통해 정착 생활과 농경이 시작된 (가) 시대의 생활 모습을 살펴볼 수 있을 것으로 기대됩니다.

① 가락바퀴를 이용하여 실을 뽑았다.
② 명도전을 사용하여 중국과 교류하였다.
③ 의례 도구로 청동 방울 등을 사용하였다.
④ 거푸집을 이용하여 세형 동검을 제작하였다.
⑤ 많은 인력을 동원하여 고인돌을 축조하였다.

03 (가) 시대의 생활 모습으로 옳은 것은? [심화 57회]

> 김해 구산동의 무게 350톤 규모의 초대형 고인돌에서 매장 주체부가 발굴되어 무덤으로 확인되었습니다. 이 고인돌은 그 규모와 출토 유물을 통해서 사유 재산과 계급이 발생한 (가) 시대의 모습을 살펴볼 수 있는 중요한 유적으로 평가되고 있습니다.

① 소를 이용한 깊이갈이가 일반화되었다.
② 주로 동굴이나 강가의 막집에서 살았다.
③ 반달 돌칼을 사용하여 곡식을 수확하였다.
④ 실을 뽑기 위해 가락바퀴를 처음 사용하였다.
⑤ 주먹도끼, 찍개 등의 뗀석기를 만들기 시작하였다.

04 (가) 시대의 생활 모습에 대한 설명으로 옳은 것은? [심화 68회]

사진으로 만나는 고창 고인돌 유적

우리 박물관에서는 2000년 유네스코 세계유산으로 등재된 고창 고인돌 유적을 소개하는 특별전을 마련하였습니다. 고인돌은 계급이 발생한 (가) 시대를 대표하는 무덤입니다. 사진을 통해 다양한 고인돌의 형태를 살펴보시기 바랍니다.

- 기간: 2023년 ○○월 ○○일~○○월 ○○일
- 장소: △△박물관 기획 전시실

① 반달 돌칼로 벼를 수확하였다.
② 소를 이용하여 깊이갈이를 하였다.
③ 주로 동굴이나 강가의 막집에서 살았다.
④ 오수전, 화천 등의 중국 화폐로 교역하였다.
⑤ 옷을 만들 때 가락바퀴와 뼈바늘을 이용하기 시작하였다.

01 구석기 시대

자료에서 공주 석장리에서 찍개, 주먹도끼 등의 뗀석기가 출토되었다는 사실을 통해 (가) 시대가 구석기 시대임을 알 수 있다.

> **선지분석**

① **반달 돌칼**로 벼를 수확하였다.
  ➡ **청동기 시대**에 대한 설명이다.
✓ 주로 **동굴이나 막집**에서 거주하였다.
  ➡ **구석기 시대**에는 무리를 지어 이동 생활을 하였으며, 주로 동굴이나 막집에서 거주하였다.
③ **거푸집**을 이용하여 **청동 무기**를 제작하였다.
  ➡ **청동기 시대**와 **철기 시대**에는 거푸집을 이용하여 청동 검을 제작하였다. 세형동검은 철기 시대에 만들어진 대표적인 청동 검이다.
④ **빗살무늬 토기**를 제작하여 식량을 저장하였다.
  ➡ **신석기 시대**에 대한 설명이다.
⑤ **가락바퀴**와 **뼈바늘**을 이용하여 옷을 만들었다.
  ➡ **신석기 시대**에 대한 설명이다.

02 신석기 시대

자료에서 빗살무늬 토기, 갈돌, 갈판, 정착 생활과 농경의 시작 등을 통해 (가) 시대가 신석기 시대임을 알 수 있다.
신석기 시대부터 사람들은 농경과 목축을 시작하였으며, 사냥과 채집을 통해 식량을 확보하기도 하였다. 이에 빗살무늬 토기를 만들어 음식물을 조리하거나 저장하였고, 갈돌과 갈판을 사용하였다.

> **선지분석**

✓ **가락바퀴**를 이용하여 실을 뽑았다.
  ➡ **신석기 시대**에 대한 설명이다.
② **명도전**을 사용하여 중국과 교류하였다.
  ➡ **철기 시대**에 대한 설명이다.
③ 의례 도구로 **청동 방울** 등을 사용하였다.
  ➡ **청동기 시대**부터 청동 방울 등을 의례 도구로 사용하였다.
④ **거푸집**을 이용하여 **세형 동검**을 제작하였다.
  ➡ 청동기 시대와 철기 시대에는 거푸집을 이용하여 청동 검을 제작하였다. 세형동검은 **철기 시대**에 제작된 청동 검이다.
⑤ 많은 인력을 동원하여 **고인돌**을 축조하였다.
  ➡ **청동기 시대**에 대한 설명이다.

03 청동기 시대

자료에서 고인돌, 사유 재산과 계급 발생 등을 통해 (가) 시대가 청동기 시대임을 알 수 있다.
청동기 시대에는 생산력이 높아짐에 따라 사유 재산이 발생하고 계급이 나타났다. 청동기 시대의 지배 세력은 고인돌을 조성하고, 청동 거울 등으로 자신들의 권위를 과시하였다.

> **선지분석**

① **소를 이용한 깊이갈이**가 **일반화**되었다.
  ➡ **고려 시대**에 대한 설명이다.
② 주로 **동굴이나 강가의 막집**에서 살았다.
  ➡ **구석기 시대**에 대한 설명이다.
✓ **반달 돌칼**을 사용하여 곡식을 수확하였다.
  ➡ **청동기 시대**에는 반달 돌칼을 사용하여 농작물을 수확하였다.
④ 실을 뽑기 위해 **가락바퀴**를 처음 사용하였다.
  ➡ **신석기 시대**에 대한 설명이다.
⑤ **주먹도끼**, **찍개** 등의 **뗀석기**를 만들기 시작하였다.
  ➡ **구석기 시대**에 대한 설명이다.

04 청동기 시대

자료에서 고인돌, 계급 발생 등을 통해 (가) 시대가 청동기 시대임을 알 수 있다.

> **선지분석**

✓ **반달 돌칼**로 벼를 수확하였다.
  ➡ **청동기 시대**에는 곡물을 수확하기 위해 반달 모양으로 생긴 돌칼을 사용하였다.
② **소**를 이용하여 **깊이갈이**를 하였다.
  ➡ 소를 이용한 깊이갈이(우경)는 **신라** 지증왕 때 우리나라의 기록에 처음 등장하였고, **고려 시대**에 일반화되었다.
③ 주로 **동굴**이나 강가의 **막집**에서 살았다.
  ➡ **구석기 시대** 사람들은 식량을 찾아 이동 생활을 하였으며, 주로 동굴이나 강가의 막집, 바위 그늘에서 거주하였다.
④ **오수전**, **화천** 등의 **중국 화폐**로 **교역**하였다.
  ➡ 오수전, 화천, 명도전, 반량전 등은 우리나라의 **철기 시대** 유적에서 발견되는 중국 화폐로, 이를 통해 당시 중국과 교역하였음을 짐작할 수 있다.
⑤ 옷을 만들 때 **가락바퀴**와 **뼈바늘**을 이용하기 시작하였다.
  ➡ **신석기 시대**에는 가락바퀴를 이용하여 실을 뽑고, 뼈바늘로 엮어 옷이나 그물 등을 만들었다.

> **정답** 01 ② 02 ① 03 ③ 04 ①

01강 고조선의 성립과 여러 나라의 성장

01 (가) 인물에 대한 설명으로 옳은 것은? [심화 52회]

> 연(燕)의 (가) 이/가 망명하여 오랑캐의 복장을 하고 동쪽으로 패수를 건너 준왕에게 항복하였다. …… (가) 이/가 망명자들을 꾀어내어 그 무리가 점점 많아지자, 준왕에게 사람을 보내 "한의 군대가 열 갈래로 쳐들어오니 [왕궁에] 들어가 숙위하기를 청합니다."라고 속이고 도리어 준왕을 공격하였다.
> ― 『삼국지』 동이전 ―

① 한 무제가 파견한 군대와 맞서 싸웠다.
② 진번과 임둔을 복속하여 세력을 확장하였다.
③ 빈민을 구제하기 위해 진대법을 실시하였다.
④ 지방의 여러 성에 욕살, 처려근지 등을 두었다.
⑤ 연의 장수 진개의 공격을 받아 영토를 빼앗겼다.

02 (가) 나라에 대한 설명으로 옳은 것은? [심화 56회]

> (가) 왕 해부루가 늙도록 아들이 없자 산천에 제사 지내어 대를 이을 자식을 구하였다. 그가 탄 말이 곤연에 이르러 큰 돌을 보더니 마주 대하며 눈물을 흘렸다. 왕이 이를 괴상히 여겨 사람을 시켜 그 돌을 옮기니 어린아이가 있었는데 금색의 개구리 모양이었다. …… 이름을 금와라 하고, 장성하자 태자로 삼았다.
> ― 『삼국사기』 ―

① 혼인 풍습으로 서옥제가 있었다.
② 12월에 영고라는 제천 행사를 열었다.
③ 정사암에 모여 국가의 중대사를 논의하였다.
④ 철이 많이 생산되어 낙랑과 왜에 수출하였다.
⑤ 특산물로 단궁, 과하마, 반어피가 유명하였다.

03 (가), (나) 나라에 대한 설명으로 옳은 것은? [심화 55회]

> (가) 여자의 나이가 열 살이 되기 전에 혼인을 약속하고, 신랑 집에서 맞이하여 장성할 때까지 기른다. 여자가 장성하면 여자 집으로 돌아가게 한다. 여자 집에서는 돈을 요구하는데, 신랑 집에서 돈을 지불한 후 다시 데리고 와서 아내로 삼는다.
> (나) 읍마다 우두머리가 있어 세력이 강대하면 신지라 하고, …… 그 다음은 읍차라 하였다. 나라에는 철이 생산되는데 예(濊), 왜(倭) 등이 와서 사 간다. 무역에서 철을 화폐로 사용한다.

① (가) - 신성 지역인 소도가 존재하였다.
② (가) - 삼로라 불린 우두머리가 읍락을 다스렸다.
③ (나) - 여러 가(加)들이 별도로 사출도를 주관하였다.
④ (나) - 단궁, 과하마, 반어피 등의 특산물이 유명하였다.
⑤ (가), (나) - 한 무제가 파견한 군대의 공격으로 멸망하였다.

04 (가) 나라에 대한 설명으로 옳은 것은? [심화 70회]

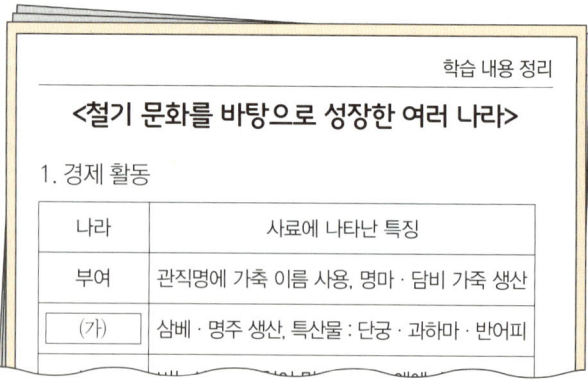

나라	사료에 나타난 특징
부여	관직명에 가축 이름 사용, 명마·담비 가죽 생산
(가)	삼베·명주 생산, 특산물: 단궁·과하마·반어피

① 신지, 읍차 등의 지배자가 있었다.
② 혼인 풍습으로 민며느리제가 있었다.
③ 10월에 무천이라는 제천 행사를 열었다.
④ 여러 가(加)들이 각각 사출도를 주관하였다.
⑤ 제가 회의에서 나라의 중대사를 결정하였다.

대표기출해설

01 고조선의 성립과 발전

자료에서 연(燕) 출신으로 망명하여 준왕에게 항복하였다는 점, 이후 준왕을 공격하였다는 점 등을 통해 (가) 인물이 위만임을 알 수 있다.

▶ **선지분석**
① 한 무제가 파견한 군대와 맞서 싸웠다.
  ➡ 고조선 우거왕에 대한 설명이다.
② 진번과 임둔을 복속하여 세력을 확장하였다.
  ➡ 위만은 왕으로 즉위한 이후 진번, 임둔 등을 복속시켜 영토를 확장하였다.
③ 빈민을 구제하기 위해 진대법을 실시하였다.
  ➡ 고구려 고국천왕에 대한 설명이다.
④ 지방의 여러 성에 욕살, 처려근지 등을 두었다.
  ➡ 고구려에 대한 설명이다.
⑤ 연의 장수 진개의 공격을 받아 영토를 빼앗겼다.
  ➡ 기원전 3세기 초로, 위만의 이주 이전의 설명이다.

02 부여

자료의 '해부루', '금와' 등을 통해 (가) 나라가 부여임을 알 수 있다. 해부루는 부여의 국왕으로 금와왕의 아버지이다. 부여는 만주 한복판의 쑹화강 유역을 중심으로 성장하였으며, 왕 아래에는 가축의 이름을 딴 여러 가(加)와 사자 등의 관리가 있었다. 왕은 중앙의 직할령만 다스렸고, 여러 가들이 사출도라 불린 지역을 각각 다스렸다.

▶ **선지분석**
① 혼인 풍습으로 서옥제가 있었다.
  ➡ 고구려에 대한 설명이다.
② 12월에 영고라는 제천 행사를 열었다.
  ➡ 부여는 매년 12월에 영고라는 제천 행사를 열었다.
③ 정사암에 모여 국가의 중대사를 논의하였다.
  ➡ 백제에 대한 설명이다.
④ 철이 많이 생산되어 낙랑과 왜에 수출하였다.
  ➡ 변한, 금관가야에 대한 설명이다.
⑤ 특산물로 단궁, 과하마, 반어피가 유명하였다.
  ➡ 동예에 대한 설명이다.

03 옥저와 동예, 삼한

(가) 여자가 어린 나이에 혼인을 약속한 남자 집에 가서 살다가 성장한 후에 남자가 돈을 지불하고 혼인한다는 점을 통해 (가) 나라가 옥저임을 알 수 있다.
(나) 우두머리의 명칭이 신지·읍차라는 점, 철이 생산되어 예·왜 등과 교역하고 철을 화폐처럼 사용한다는 점을 통해 (나) 나라가 삼한(변한)임을 알 수 있다.

▶ **선지분석**
① (가) - 신성 지역인 소도가 존재하였다.
  ➡ 삼한에 대한 설명이다.
② (가) - 삼로라 불린 우두머리가 읍락을 다스렸다.
  ➡ 옥저와 동예는 읍군, 삼로라는 군장이 나라를 다스렸다.
③ (나) - 여러 가(加)들이 별도로 사출도를 주관하였다.
  ➡ 부여에 대한 설명이다.
④ (나) - 단궁, 과하마, 반어피 등의 특산물이 유명하였다.
  ➡ 동예에 대한 설명이다.
⑤ (가), (나) - 한 무제가 파견한 군대의 공격으로 멸망하였다.
  ➡ 고조선에 대한 설명이다.

04 동예

자료에서 특산물이 단궁, 과하마, 반어피임을 통해 (가) 나라가 동예임을 알 수 있다.
동예는 해산물이 풍부하였고 박달나무로 만든 활인 단궁, 키가 작은 말인 과하마, 바다표범 가죽인 반어피 등이 특산물로 유명하였다.

▶ **선지분석**
① 신지, 읍차 등의 지배자가 있었다.
  ➡ 삼한에는 세력 크기에 따라 신지, 읍차 등으로 불린 정치 지배자가 있었다.
② 혼인 풍습으로 민며느리제가 있었다.
  ➡ 옥저에는 혼인을 약속한 여자아이를 남자 집에서 데려다 키운 후, 나이가 차면 여자 집에 예물을 주고 정식으로 혼인하는 풍습인 민며느리제가 있었다.
③ 10월에 무천이라는 제천 행사를 열었다.
  ➡ 동예는 해마다 10월에 무천이라는 제천 행사를 열어 하늘에 풍년을 기원하였다.
④ 여러 가(加)들이 각각 사출도를 주관하였다.
  ➡ 부여는 왕이 중앙을 다스렸고, 마가·우가·구가·저가 등의 여러 가(加)들이 별도로 사출도라고 불린 지역을 주관하였다.
⑤ 제가 회의에서 나라의 중대사를 결정하였다.
  ➡ 고구려는 제가 회의를 열어 나라의 중대한 일을 결정하였다.

▶ **정답** 01 ② 02 ② 03 ② 04 ③

단원 마무리 — 01강 선사 시대~고조선

구석기 시대

도구	뗀석기(주먹도끼, 찍개, 찌르개, 슴베찌르개 등), 뼈 도구
경제	• 사냥, 채집, 물고기잡이 중심 • 불을 이용하여 음식을 익혀 먹기 시작
주거	동굴, 바위 그늘, 막집에 거주
사회	이동 생활, 평등 사회
예술	고래와 물고기 등을 조각하여 사냥감의 번성을 빎
유적지	경기 연천 전곡리, 충남 공주 석장리, 충북 단양 수양개, 평양 상원 검은모루 동굴, 충북 청주 두루봉 동굴 등
유물	▲ 주먹도끼 ▲ 슴베찌르개

신석기 시대

도구	간석기(갈판과 갈돌, 돌보습, 돌낫 등), 가락바퀴, 뼈바늘
토기	빗살무늬 토기 등
경제	• 농경과 목축의 시작 • 여전히 사냥, 채집, 물고기잡이 등이 중심
주거	강가나 바닷가에 움집을 지어 거주
사회	• 정착 생활 • 평등 사회
예술	조개껍데기 예술품, 치레걸이
신앙	애니미즘, 샤머니즘, 토테미즘
유적지	서울 암사동, 황해 봉산 지탑리, 강원 양양 오산리, 제주 한경 고산리 등
유물	▲ 갈판과 갈돌 ▲ 빗살무늬 토기 ▲ 가락바퀴 ▲ 뼈바늘

청동기 시대와 철기 시대

구분	청동기 시대	철기 시대
시기	기원전 2000년~기원전 1500년경 시작	기원전 5세기경 시작
도구	• 청동기: 무기, 제기, 장신구 등(청동 방울) • 석기: 농기구 등 생활 도구에 사용(반달 돌칼)	• 철제 농기구 및 무기의 사용 • 한반도의 독자적 청동기 문화 발전(세형 동검)
토기	민무늬 토기, 미송리식 토기 등	민무늬 토기, 덧띠 토기, 검은 간 토기 등
무덤	고인돌, 돌널무덤, 돌무지무덤	널무덤, 독무덤
경제	벼농사 시작, 밭농사 중심	벼농사의 발전, 목축 성행
유물	비파형 동검, 반달 돌칼, 거친무늬 거울	세형동검, 잔무늬 거울, 명도전, 창원 다호리 유적 출토 붓

고조선의 성립과 발전

건국	• 기원전 2333년 단군왕검이 아사달을 도읍으로 건국하였다고 전해짐 • 청동기 문화를 바탕으로 한 우리 역사상 최초의 국가
성장	• 랴오닝(요령) 지방에서 성장 → 한반도 북부까지 세력 확대 • 기원전 3세기경 부왕, 준왕 등 강력한 왕 등장 • 상, 대부, 장군 등의 관직 설치 • 중국 연나라와 대립(진개의 침입)
위만 조선	• 성립: 중국의 진·한 교체기에 위만의 이주 → 위만의 준왕 축출 • 발전: 철기 문화 본격 수용, 진번·임둔 복속, 중계 무역을 통해 이득 독점 • 멸망: 한 무제의 침입으로 멸망
사회	범금 8조(8조법) → 한 군현 설치 후 60여 조로 증가

여러 나라의 성장

구분	위치	정치	경제	풍속	제천 행사
부여	만주 쑹화강 유역	• 연맹 왕국 • 사출도	• 농경·목축 • 말, 주옥, 모피	• 순장 • 1책 12법	영고(12월)
고구려	압록강 지류 졸본 지방	• 연맹 왕국 • 제가 회의	• 약탈 경제 • 부경	서옥제	동맹(10월)
옥저	함경도 동해안 지방	읍군·삼로 등의 군장이 통치	해산물, 소금 풍부	• 민며느리제 • 가족 공동 무덤	-
동예	강원도 북부 동해안 지방		단궁, 과하마, 반어피	• 족외혼 • 책화	무천(10월)
삼한	한강 이남	• 신지·읍차 등의 군장이 통치 • 제정 분리	변한의 철 생산 → 낙랑과 왜에 수출	• 두레 • 문신	계절제 (5월, 10월)

02~05강
삼국~남북국 시대

02강
1. 고구려의 성장과 발전
2. 백제의 발전과 중흥
3. 신라의 성장과 발전
4. 가야의 발전 · 삼국의 통치 체제

03강
1. 고구려의 대외 항쟁과 신라의 삼국 통일
2. 삼국의 경제 · 사회 · 학문 · 종교 · 과학 기술
3. 삼국의 문화

04강
1. 통일 신라의 발전
2. 발해의 성립과 발전

05강
1. 신라 말의 혼란과 후삼국의 성립
2. 남북국의 경제 · 사회 · 문화

기원전 37
고구려 건국

기원전 18
백제 건국

42
금관가야 건국

660
백제 멸망

668
고구려 멸망

| 기출로 보는 키워드 | 3개년 평균 출제 비중 |

1위 22담로
2위 청해진
3위 독서삼품과
4위 진대법
5위 동시전

7.3문항
14.6%

676
신라, 삼국 통일

681
김흠돌의 난

698
발해 건국

900
후백제 건국

901
후고구려 건국

935
신라 멸망

02강 ① 고구려의 성장과 발전

02~05강 삼국 시대~남북국 시대

주요 왕과 업적

고국천왕	소수림왕	광개토 대왕	장수왕
진대법 실시 (194)	불교 수용 (372)	신라 구원 (400)	평양 천도 (427)

1 고구려의 성장

> 고구려의 시조인 동명성왕, 알에서 태어났다는 건국 이야기가 전해짐

(1) 성립: 부여에서 남하한 이주민 세력(주몽)과 압록강 유역 졸본 지방의 토착 세력이 연합하여 건국(기원전 37) → 졸본에서 국내성으로 천도(1세기 초, 유리왕)

(2) 발전 과정

① 태조왕(1세기 후반~2세기 초)
- 중앙 집권적 고대 국가로의 기틀을 마련함
- 계루부 고씨의 왕위 독점 세습이 확립됨
- 영토 확장: 요동 공격, 옥저 복속
- 5부 체제로 발전함

② 고국천왕(2세기 후반)
- 왕위의 부자 상속이 확립됨
- 부족적 성격의 5부를 행정적 성격의 5부로 개편함 → 중앙 집권 강화
- 을파소의 건의를 받아들여 빈민 구제 제도인 진대법을 실시함(194)

③ 동천왕(3세기 중엽)
- 중국 위나라 장수 관구검이 고구려를 침입해 환도성이 함락됨
- 고구려의 세력이 위축됨

④ 미천왕(4세기 초)
- 서안평 점령: 압록강 하류의 서안평을 점령함
- 낙랑군·대방군 축출: 대동강 이남 지역까지 확보함
- 요동으로 세력을 확대하여 전연과 대립함

⑤ 고국원왕(4세기 중엽)
- 전연(모용황)의 침략으로 수도(국내성)가 함락됨
- 백제 근초고왕의 공격을 받아 평양성에서 전사함(371) → 국가적 위기

★ ⑥ 소수림왕(4세기 후반)
- 중앙 집권적 고대 국가를 완성함
- 불교 수용: 전진의 순도를 통해 불교를 수용하여 사상적 통일에 기여함
- 태학 설립: 최고 교육 기관인 태학을 설립하여 인재를 양성함
- 율령 반포: 국가 조직과 체제를 정비하여 중앙 집권 체제를 강화함

최빈출 핵심 선지

- 태조왕 때 옥저를 정복하고 동해안으로 진출하였다.
- 고국천왕은 빈민을 구제하기 위해 진대법을 실시하였다.
- 동천왕 때 관구검이 이끄는 위의 군대가 고구려를 침략하였다.
- 미천왕 때 낙랑군과 대방군을 축출하여 영토를 확장하였다.
- 고국원왕이 백제 근초고왕의 평양성 공격으로 전사하였다.
- 소수림왕은 태학을 설립하고, 율령을 발표하였다.

> **율령**
> 형벌 법규와 행정 법규를 함께 이르는 말이에요. '율'은 사회 질서를 유지하기 위한 형벌에 관한 법규이며, '영'은 행정 체계를 바로잡기 위한 법령입니다.

> **시험에 나오는 사료** 고국원왕과 소수림왕
>
> - 백제 왕이 병력 3만 명을 거느리고 평양성을 공격해 왔다. 왕이 군대를 내어 막다가 날아오는 화살에 맞아 서거하였다. → 고국원왕 전사
>   (근초고왕 / 고국원왕)
> - 진나라 왕 부견이 사신과 승려인 순도를 파견하여 불상과 경문을 보내 왔다. 왕이 사신을 보내 답례로 토산물을 바쳤다. …… 처음으로 초문사를 창건하여 순도에게 이 절을 맡겼다. 또한 이불란사를 창건하여 아도에게 절을 맡기니, 이것이 해동 불법의 시초가 되었다. → 소수림왕의 불교 수용
>   (전진 / 소수림왕)
>
>   — 『삼국사기』 —

2 고구려의 발전

★(1) 광개토 대왕(4세기 말 ~ 5세기 초)

① 영토 확장
- 후연·숙신·거란을 정벌하는 등 요동을 비롯한 만주의 대부분을 확보함 → 백제(아신왕)를 공격하여 한강 이북 지역까지 차지함
- 신라 내물 마립간의 요청으로 군대를 파견하여 <mark>신라에 침입한 왜군을 격퇴</mark>하고 가야 지역까지 진출함(400) → 신라에 대한 영향력을 확대함
  (금관가야 쇠퇴)

② 연호 사용: '<mark>영락</mark>'이라는 독자적 연호 사용 → 강력한 왕권과 자주성의 표현

▲ 5세기 고구려의 영토 확장

③ 광개토 대왕릉비: 아들 장수왕이 광개토 대왕의 업적을 기리기 위해 건립함

> **시험에 나오는 사료** 광개토 대왕릉비 기록
>
> 18세에 왕위에 올라 영락 대왕이라 하였다. …… 영락 10년(400)에 왕이 보병과 기병 도합 5만 명을 보내어 신라를 구원하게 하였다. 남거성을 거쳐 신라성에 이르렀는데, 그곳에 왜적이 가득하였다. 고구려군이 도착하자 왜적이 퇴각하였다. → 신라에 침입한 왜 격퇴, 가야까지 진출

(2) 장수왕(5세기)

★① <mark>남진 정책</mark>
- 중국과의 교류: 중국의 남북조와 우호 관계를 맺음 → 본격적인 남진 정책 추진
- <mark>평양 천도</mark>(427): 국내성에 기반을 둔 귀족 세력을 약화시키고, 백제와 신라를 압박하고자 함 → 국내성에서 평양으로 천도하고 남진 정책을 추진함 → 신라와 백제는 군사 동맹(나·제 동맹)으로 고구려에 저항함
- 백제 공격: 백제의 <mark>한성을 함락</mark>하고 개로왕을 죽임(475) → <mark>한강 유역 차지</mark>
  (이후 백제는 웅진(공주)으로 천도)

② 확장된 영토: 아산만에서 죽령, 경북 동해안을 연결하는 지역까지 영토 확장 → 충주 고구려비에서 확인됨

최빈출 핵심 선지

- 광개토 대왕이 군대를 보내 신라에 침입한 왜를 격퇴하였다.
- 광개토 대왕은 영락이라는 독자적 연호를 사용하였다.
- 장수왕은 국내성에서 평양으로 천도하고 남진 정책을 본격화하였다.

▶ 광개토 대왕릉비

▶ 호우명 그릇

경주 호우총에서 발견된 그릇으로, 밑바닥에 '광개토지호태왕'이라는 단어가 새겨져 있습니다. 이 유물을 통해 5세기경 고구려가 신라에 대한 영향력을 확대하였음을 짐작할 수 있어요.

▶ 충주 고구려비

> **시험에 나오는 사료** 장수왕의 한성 함락
>
> 고구려 왕 거련(巨璉)이 군사 3만 명을 이끌고 와서 왕도인 한성을 포위하였다. 왕이 성문을 닫고서 나가 싸우지 못하였다. 고구려 군사가 네 길로 나누어 협공하고, 바람을 타고 불을 놓아 성문을 불태웠다. 사람들이 매우 두려워하여 나가서 항복하려는 자들도 있었다. 왕이 어찌할 바를 몰라 수십 명의 기병을 거느리고 성문을 나가 서쪽으로 달아나니, 고구려 군사가 추격하여 왕을 해쳤다.
> (거련 → 장수왕, 왕 → 개로왕)
> – 『삼국사기』 –

(3) 문자명왕(5세기 말 ~ 6세기 초)
① 부여 병합(494): 부여 멸망 후 부여의 왕과 일족이 고구려로 투항해 옴
② 신라·백제와의 항쟁: 나·제 동맹을 맺은 신라·백제와 일진일퇴(一進一退)를 거듭함

(4) 고구려의 독자적 세계관

배경	소수림왕의 체제 정비, 광개토 대왕·장수왕의 영토 확장 등 → 5세기에 이르러 만주와 한반도 중부에 이르는 강대국으로 성장함
세계관	• 왕을 '태왕'이라 부르고, 독자적인 연호를 사용함 • 고구려를 천하의 중심으로 여기며 중국과 대등한 나라라는 자부심을 가짐

(5) 6세기 정세
신라(진흥왕)와 백제(성왕)의 공격으로 한강 유역을 상실함(551) → 영토 회복을 위해 노력함(온달의 활약)

> **시험에 나오는 사료** 온달의 활약
>
> 온달이 왕에게 아뢰기를 "신라가 한강 이북의 우리 땅을 빼앗아 군현으로 삼았습니다. 그곳 백성들이 안타까워하며 여전히 부모의 나라를 잊지 못하고 있습니다. 원컨대 대왕께서는 저를 어리석다 마시고 군사를 주신다면 단번에 우리 땅을 반드시 되찾겠습니다."라고 하였다.
> (한강 이북의 우리 땅 → 신라 진흥왕이 빼앗은 영토)
> – 『삼국사기』 –

02강 ② 백제의 발전과 중흥

02~05강 삼국 시대~남북국 시대

주요 왕과 업적

근초고왕 — 고구려 평양성 공격
침류왕 — 불교 수용 (384)
무령왕 — 22담로에 왕족 파견
성왕 — 사비 천도 (538)

1 백제의 성립과 발전

(1) 건국(기원전 18): 부여와 고구려계 유이민 세력(온조)과 한강 유역의 토착 세력이 힘을 합쳐 한강 유역의 위례성(한성)에서 건국함

시험에 나오는 자료 — 고구려와 백제의 관계

▲ 장군총(고구려)

▲ 서울 석촌동 고분(백제)

고구려의 장군총은 돌무지무덤 형식입니다. 서울 석촌동에 위치한 백제 한성 시기의 계단식 돌무지무덤과 그 양식이 유사하다는 것을 알 수 있습니다. 이를 통해 백제를 건국한 중심 세력이 고구려와 같은 계통이라는 것을 짐작할 수 있습니다.

(2) 성장
① 비옥한 한강 유역을 중심으로 농경 문화와 철기 문화가 발달함
② 바닷길을 통해 중국의 선진 문물 수용에 유리함

(3) 고이왕(3세기)
① 중앙 집권 체제
  - 왕권 확립: 형제 상속으로 왕위 계승이 이루어짐
  - 체제 확립: 6좌평제·16관등 마련, 백관의 공복 제정
② 대외 관계
  - 마한 목지국 공격, 중국 군현(낙랑·대방) 공격 → 한강 유역 대부분을 장악함
  - 중국과의 교류를 통해 발전된 문물을 수용함

시험에 나오는 사료 — 고이왕의 관제 정비

내신좌평을 두어 왕명 출납을, 내두좌평은 물자와 창고를, 내법좌평은 예법과 의식을, 위사좌평은 숙위 병사를, 조정좌평은 형벌과 송사를, 병관좌평은 지방의 군사에 관한 일을 각각 맡게 한다. …… 왕이 영(令)을 내려 6품 이상은 자줏빛 옷을 입고 은 꽃으로 장식하고, 11품 이상은 붉은 옷을, 16품 이상은 푸른 옷을 입게 하였다.
— 『삼국사기』 —

(→ 6좌평, 공복 제정)

최빈출 핵심 선지

- 고이왕은 공복을 제정하고 6좌평 관제를 마련하였다.
- 근초고왕은 평양성 전투에서 고국원왕을 전사시켰다.
- 근초고왕은 고흥에게 서기를 편찬하게 하였다.
- 침류왕 때 동진에서 온 마라난타를 통해 불교를 수용하였다.

▶ 백제의 계통

백제가 부여·고구려 계통의 이주민 집단에 의해 건국되었음은 왕족의 성을 부여씨로 하였다는 점, 온조의 건국 설화, 고구려의 돌무지무덤 양식과 유사한 서울 석촌동 고분 등을 통해 추정할 수 있어요.

(4) 근초고왕(4세기)

① 왕권 강화: 부자 상속에 의한 왕위 계승을 확립함

② 영토 확장
- 마한의 남은 세력 통합 → 영토가 전라도 남해안까지 이름
- 고구려 평양성 공격 → 고구려 고국원왕을 전사시킴(371), 황해도 일부 지역까지 차지함
- 가야에 영향력을 행사하여 왜로 가는 교통로를 확보함

③ 대외 관계
- 막강한 수군력을 바탕으로 중국의 남조와 교류함(선진 문물 수용)
- 일본 규슈 지방과 활발히 교류함(칠지도)

④ 역사서 편찬: 고흥이 역사서 『서기』를 편찬함

(5) 침류왕(4세기 말): 동진으로부터 불교를 수용함(384)
└ 마라난타가 전파

▲ 4세기 백제의 발전

▶ 칠지도

백제 근초고왕 때 일본에 만들어 보냈다고 추정되는 것으로, 백제와 왜의 교류 관계를 보여 줍니다.

2 백제의 중흥 노력

(1) 백제의 위기

① 한강 이북의 상실: 4세기 후반부터 고구려 광개토 대왕의 공격을 받음 → 왜, 가야의 원조를 받으며 저항함 → 고구려에 항복, 한강 이북 지역을 상실함
└ 백제 비유왕과 신라 눌지 마립간

② 한성의 함락: 5세기 고구려 장수왕의 남진 정책에 대항하여 신라와 나·제 동맹(433)을 결성함 → 장수왕의 침입으로 한성이 함락되고 개로왕은 살해됨(475), 한강 유역을 완전히 상실함
└ 472년 중국의 북위에 국서를 보내 구원 요청했으나 실패

시험에 나오는 사료 | 백제의 한성 함락

└ 장수왕의 남진 정책
- 개로왕 18년(472), 북위에 사신을 보내 다음과 같은 표문을 올렸다. "제가 동쪽 끝에 나라를 세웠으나, 이리와 승냥이 같은 고구려가 길을 막고 있습니다. …… 속히 장수를 보내 우리나라를 구해 주소서." → 백제
- 고구려가 침입해 와 한성을 포위하였다. 개로왕이 성문을 굳게 닫고 직접 방어하며, 태자 문주를 신라에 보내어 구원을 요청하였다. 문주가 신라 병력 1만 명을 얻어 돌아왔다. 고구려 군사는 비록 물러갔으나 한성이 파괴되고 개로왕이 사망하여, 마침내 문주왕이 즉위하였다. …… 10월에 웅진으로 도읍을 옮겼다.
└ 문주왕 – 『삼국사기』 –

③ 웅진 천도: 개로왕의 뒤를 이어 즉위한 문주왕에 의해 웅진(지금의 공주)으로 천도함

(2) 웅진 시대

① 문주왕(5세기)
- 웅진(공주)으로 천도함(475) → 왕권이 약화되고 귀족이 중심이 되어 국정을 주도함
- 대외적으로 세력이 위축되어 무역 활동도 침체기에 빠짐

② 동성왕(5세기): 나·제 동맹을 강화함
- 신라와 혼인 동맹을 맺음으로써 나·제 동맹을 강화함(493)
- 신진 세력 등용을 통해 왕권 강화를 꾀하였으나 왕의 피살로 실패함
└ 신라 소지 마립간 때 이벌찬 비지의 딸과 혼인

최빈출 핵심 선지

- 고구려의 공격으로 한성이 함락된 후 문주왕은 웅진으로 천도하였다.
- 무령왕은 지방의 22담로에 왕족을 파견하였다.
- 성왕은 사비로 천도하고 국호를 남부여로 고쳤다.
- 성왕은 신라와의 관산성 전투에서 전사하였다.
- 의자왕이 윤충을 보내 신라의 대야성을 함락하였다.

③ **무령왕**(6세기): 중흥의 기틀을 마련함
  • 지방 세력을 통제하기 위하여 지방의 22담로에 왕족을 파견함
  • 중국 남조(양)와 활발히 교류함 → 무령왕릉은 남조의 영향을 받은 벽돌무덤 양식으로 지어짐

(3) 사비 시대

① **성왕**(6세기)
  • 사비(지금의 충남 부여)로 도읍을 옮기고(538) 국호를 '남부여'로 변경함
  • 중앙 관청을 22부로 확대·재편하고, 지방 제도를 5부(수도)·5방(지방)으로 정비함
  • 중국 남조 및 왜와 교류함
  • 노리사치계가 왜에 건너가 불경과 불상을 전해 줌
  • 신라 진흥왕과 힘을 합쳐 고구려를 공격 → 한강 유역을 일시적으로 회복함(551) [백제는 한강 하류, 신라는 한강 상류 차지] → 진흥왕의 기습 공격을 받아 한강 유역을 신라에게 빼앗기고, 나·제 동맹이 결렬됨(553) → 성왕은 관산성 전투에서 전사함(554)

> **시험에 나오는 사료** 관산성 전투(554)
> 왕이[성왕] 신라를 습격하고자 몸소 보병과 기병 50명을 거느리고 밤에 구천(狗川)에 이르렀는데, 신라 복병을 만나 그들과 싸우다가 살해되었다. 시호를 성(聖)이라 하였다.
> – 『삼국사기』 –

② **무왕**(7세기): 미륵사 건립(익산)[금마저], 서동요 설화의 주인공 [서동(훗날 무왕)이 신라 선화 공주를 차지하기 위해 퍼뜨렸다는 노래]

③ **의자왕**(7세기): 즉위 후 적극적인 공세로 윤충을 보내 대야성을 점령하는 등 신라의 40여 성을 점령함 → 나·당 연합군의 공격으로 멸망함(660)

> **시험에 나오는 사료** 대야성 전투(642)
> 백제의 장군 윤충이 군사를 거느리고 대야성을 공격하여 함락하였다. 이때 도독인 이찬 품석과 사지(舍知) 죽죽, 용석 등이 죽었다.
> – 『삼국사기』 –

시험에 나오는 자료 백제의 천도

한성 (한강 유역)	• 농업·철기 문화 발달 • 선진 문화 수용에 유리
웅진 (공주)	고구려 장수왕의 공격으로 한강 유역을 상실하고 천도
사비 (부여)	성왕 때 왕권 강화 및 백제의 중흥 도모를 위해 천도

> **공주 무령왕릉**
>
>
>
> **사비 천도**
> 사비는 수로 교통이 편리하여 경제적으로 유리하였고, 바닷길을 통한 해외 진출에도 용이하였어요.

02강 신라의 성장과 발전

02~05강 삼국 시대~남북국 시대

주요 왕과 업적

내물 마립간	지증왕	법흥왕	진흥왕
고구려의 도움으로 왜의 침입 격퇴(400)	우산국 복속 (512)	이차돈의 순교로 불교 공인(527)	대가야 정복 (562)

1 신라의 성장

(1) 성립

① 사로국: 신라는 진한의 소국 중 하나인 사로국에서 출발함 → 알에서 태어난 박혁거세가 신라를 건국했다고 전해짐
② 건국 및 성장: 경주 지역의 토착 세력과 남하한 유이민 세력이 경주 일대를 중심으로 건국함(기원전 57) → 점차 주변의 진한 세력을 복속시키며 성장함

(2) 초기 신라의 발전

① 6부족 연맹체: 6부의 대표들이 회의를 통해 국가를 운영함
② 왕권의 미약
  • 박·석·김의 3성이 교대로 왕위를 계승함
  • 왕의 칭호: 왕이 아닌 거서간, 차차웅, 이사금, 마립간 등으로 불림
③ 불리한 지리적 여건: 한반도 동남쪽에 치우친 불리한 지리적 여건으로 인해 중국의 선진 문물을 수용하기 어려움
④ 여러 세력 집단의 연합: 체제 정비와 국가 통합이 늦음

(3) 중앙 집권 국가로의 성장

① 내물 마립간(4세기 후반)
  • 낙동강 동쪽의 진한 지역 대부분을 차지하여 고대 국가의 기틀을 마련함
  • 김씨에 의한 왕위 계승권을 확립함 → 부자 상속에 의한 왕위 계승은 눌지 마립간 때 확립
  • 김씨의 왕위 계승을 확립하면서 왕의 칭호도 대군장을 뜻하는 '마립간'으로 고침
  • 고구려 광개토 대왕의 도움으로 가야·왜의 침입을 격퇴(400)하였으나 이후 고구려의 정치적 간섭이 심화됨
② 자주성 회복을 위한 노력

나·제 동맹(433)	눌지 마립간 때 고구려의 간섭에서 벗어나고자 백제와 나·제 동맹을 맺음
혼인 동맹(493)	소지 마립간 때 백제와 혼인 동맹을 체결하여 나·제 동맹을 강화함

시험에 나오는 사료 신라와 백제의 혼인 동맹

백제왕 모대가 사신을 보내 혼인하기를 청하였다. [신라] 왕은 이벌찬 비지의 딸을 보냈다.
└→ 동성왕   └→ 소지 마립간   - 『삼국사기』 -

최빈출 핵심 선지

• 최고 지배자의 호칭인 **이사금**의 의미를 검색한다.
• 내물 마립간 때 **마립간**이라는 최고 지배자 칭호를 사용하였다.
• 내물 마립간 때 신라가 **고구려의 도움**으로 **왜**를 **격퇴**하였다.

▶ 신라의 왕호 변천

칭호	의미
거서간 (박혁거세)	군장·우두머리
차차웅 (남해)	무당, 제사장
이사금 (유리~흘해)	연장자
마립간 (내물~소지)	대군장
왕 (지증~경순)	중국식 '왕' 칭호

2 신라의 발전

(1) 지증왕(6세기 초): 체제 정비
① 국호·왕호 변경: 국호를 '신라'로 정하고, 왕호를 '마립간'에서 '왕'으로 고침
② 우산국 정벌: 이사부를 보내 우산국(울릉도, 독도)을 정벌함(512)
③ 지방 제도 정비: 전국을 주·군·현으로 나누고 관리를 파견함
④ 순장을 금지시킴
⑤ 생산력 증대 ─ 소를 이용해 밭을 가는 것
  - 우경을 장려하여 농업 생산력이 증대됨
  - 수도에 동시(시장)를 열고 시장을 감독하는 관청인 동시전을 설치함 → 상업 발달

> **시험에 나오는 사료** 지증왕의 체제 정비
>
> - 여러 신하들이 아뢰기를 "…… 신(新)은 '덕업이 날로 새로워진다'라는 뜻이고, 라(羅)는 '사방(四方)을 망라한다'라는 뜻이므로 이를 나라 이름으로 삼는 것이 마땅하다고 여겨집니다. …… 이제 여러 신하들이 한 마음으로 삼가 신라국왕(新羅國王)이라는 칭호를 올립니다."라고 하였다. 왕이 이를 따랐다.
> - 영을 내려서 순장을 금지하였다. 이전에는 국왕이 죽으면 남녀 각각 다섯 명씩 순장하였는데, 이때에 이르러 금지하였다.
> - 주주(州主)와 군주(郡主)에게 각각 명하여 농사를 권장케 하였고, 처음으로 소를 부려서 농사를 지었다.
> └ 우경 -『삼국사기』-

★(2) 법흥왕(6세기 전반): 중앙 집권 체제 강화
① 체제 정비 ┌ 중국과 대등한 나라임을 나타냄 ┌ 국왕이 직접 군사 지휘권 장악
  - 독자적 연호 사용(건원), 병부 설치, 율령 반포(520)
  - 관등제 정비: 관리의 등급을 17관등으로 구분하고 관복을 제정함
  - 상대등 설치: 귀족 회의의 대표자인 상대등이 회의를 주관함
  - 골품제(지배층의 신분제)를 정비함
② 불교 공인: 이차돈의 순교를 계기로 불교를 공인(527)하여 신라인의 사상 통합을 꾀함
③ 영토 확장: 금관가야를 병합(532)하여 낙동강 하류 지역까지 차지함

> **시험에 나오는 사료** 법흥왕의 불교 공인(527)
>
> ┌ 법흥왕
> 불법을 처음으로 행하였다. …… 이때에 이르러 왕이 불교를 일으키려 하였으나 여러 신하들이 믿지 않고 불평을 많이 하였으므로 근심하였다. 이차돈이 아뢰기를, "바라건대 신의 목을 베어 여러 사람들의 논의를 진정시키십시오."라고 하였다. …… 이차돈의 목을 베자 잘린 곳에서 피가 솟구쳤는데, 그 색이 우윳빛처럼 희었다. 여러 사람들이 괴이하게 여겨 다시는 불교를 헐뜯지 않았다.
> -『삼국사기』-

★(3) 진흥왕(6세기 중반): 영토 확장
① 대내적 기반 구축

화랑도 개편	청소년 집단 '화랑도'를 국가적 조직으로 개편하여 유능한 인재 양성
불교 진흥	황룡사 건립, 불교 집회 등을 통해 나라의 통합과 발전을 기원

최빈출 핵심 선지

- 지증왕은 이사부를 보내 우산국을 정벌하였다.
- 법흥왕은 건원이라는 연호를 사용하고, 병부와 상대등을 설치하였다.
- 법흥왕 때 이차돈의 순교를 계기로 불교를 공인하였다.
- 진흥왕은 화랑도를 국가 조직으로 개편하였다.
- 진흥왕은 한강 유역 전체를 차지하였다.
- 진흥왕은 대가야를 정복하여 영토를 확장하였다.

▶ 화랑도

화랑을 우두머리로 한 신라의 청소년 수련 단체였어요. 교육과 군사 및 사교 단체의 역할을 하였지요. 원화에 기원을 둔 화랑도는 진흥왕 때 국가적 조직으로 개편되었어요.

② 대외 팽창 활동

한강 유역 장악	• 백제(성왕)와 연합 → 한강 상류 지역 차지 • 백제로부터 한강 하류 지역을 빼앗아 옴 → **한강 유역을 모두 장악** ┐ 서울 북한산 신라 진흥왕 순수비(북한산비)
대가야 병합	후기 가야 연맹의 맹주인 고령의 **대가야 정복** (562) → 낙동강 유역 전체 장악
북진	동해안을 따라 함흥평야까지 진출함 → 마운령비, 황초령비 건립 ┐ 함경도 지방
순수비 건립	단양 신라 적성비 및 4개의 진흥왕 순수비(북한산비, 창녕비, 황초령비, 마운령비) 건립

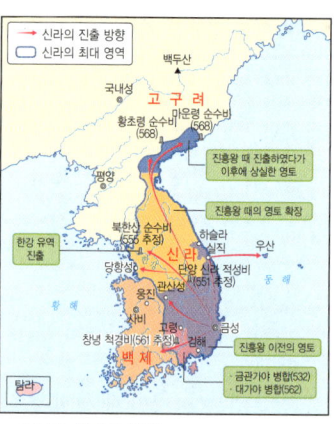
▲ 6세기 신라의 팽창

▲ 단양 신라 적성비

▲ 서울 북한산 신라 진흥왕 순수비(북한산비)

③ 자주 의식: 왕권 강화와 강해진 국력 과시
- 개국, 태창 등 독자적 연호를 사용함
- **거칠부**로 하여금 역사서 『**국사**』를 편찬하도록 함

④ 신라의 한강 유역 차지가 의미하는 것
- 삼국 항쟁의 주도권을 차지하는 계기를 마련함
- **당항성**을 통해 **중국과의 직접 교역로를 확보**하여 지리적 한계를 극복함
- 농사에 유리한 비옥한 토지를 확보하여 경제 기반을 확충함

(4) 7세기의 정세

진평왕	**원광**에게 고구려를 치기 위해 수나라에 군사를 청하는 글인 **걸사표**를 짓게 함
선덕 여왕	• 여성으로서 처음으로 신라 왕위에 오름 • **자장의 건의**로 **황룡사 9층 목탑 건립**, 분황사 모전석탑 건립 • **첨성대** 건립 ┐ 고려 시대 몽골의 침입으로 소실 • 백제 의자왕의 공격으로 대야성을 비롯한 40여 개 성 함락 → 김춘추가 고구려에 동맹 요청(실패)
진덕 여왕	• 삼국 통일의 토대 마련 ┐ 경덕왕 때 시중으로 개칭 • **집사부 설치** → 장관을 중시라고 칭함 • 친당 외교 강화 → **김춘추를 파견하여 나·당 동맹 체결(648)**

> **순수비**
> 진흥왕은 자신이 확장한 국경을 살펴보고 순수비를 세웠어요. '순수(巡狩)'는 임금이 나라 안을 두루 돌아다니며 산천에 제사를 지내고 나라 곳곳의 민심을 살피던 풍습을 뜻합니다.

> **한강 유역의 변천**
>
> | 백제 | 건국 초기 |
> |---|---|
> | 고구려 | 5세기 |
> | 신라 | 6세기 |
>
> 삼국 시대에 한강 유역을 지배한 나라는 삼국의 전성기 순서와 일치합니다. 한강 유역은 비옥한 토지, 편리한 교통, 중국의 선진 문물 유입 등의 장점이 있어요.

02강 ④ 가야의 발전 · 삼국의 통치 체제

02~05강 삼국 시대~남북국 시대

가야의 성립과 쇠퇴

서기 전후	고구려군의 공격	금관가야 멸망	대가야 멸망
가야 연맹 형성	금관가야 쇠퇴	법흥왕에 의해 멸망 (532)	진흥왕에 의해 멸망 (562)

1 가야의 성립과 발전

(1) 전기 가야 연맹

① **성립**: 2세기 이후 낙동강 하류의 변한 지역에서 철기 문화를 토대로 한 여러 정치 세력들이 통합되기 시작함 → 김해의 금관가야가 전기 가야 연맹을 주도함
  └ 시조: 김수로왕

★ ② **발전**

우수한 철기 문화	우수한 철이 풍부하게 생산됨 → 철제 무기와 도구 생산, 덩이쇠를 만들어 화폐처럼 사용함
활발한 교역 활동	• 바닷길을 통해 낙랑과 왜에 철(덩이쇠)을 수출하고 중계 무역을 주도함 • 4세기 이후 백제 · 왜와 교역

▲ 가야 연맹의 중심지 이동

③ **쇠퇴**: 4세기 말 백제 · 왜를 도와 신라 공격 → 신라는 침입해 온 왜를 물리치고자 고구려에 구원 요청 → 신라를 구원하러 온 고구려군의 공격으로 금관가야는 큰 타격을 입고, 연맹의 주도권 상실 → 낙동강 서쪽 일대로 세력권 축소
  └ 광개토 대왕의 5만 군사

> **시험에 나오는 사료** 가야의 건국 이야기(금관가야)
>
> 북쪽 구지봉에 신비한 기운이 있어 사람들이 모이니 하늘에서 나라를 세워 임금을 모시라는 소리가 들렸다. 얼마 후 하늘에서 붉은 보자기에 싸인 금으로 만든 상자가 내려와 열어 보니 황금 알 여섯 개가 있었다. 여섯 알은 얼마 후 어린아이가 되었는데 첫 번째 아이를 왕으로 모셨다. 세상에 처음 나타났다고 하여 이름을 수로(首露)라고 하였다.

(2) 후기 가야 연맹

① **형성**: 금관가야 쇠퇴 이후 고령의 대가야가 후기 가야 연맹을 주도함
  └ 시조: 이진아시왕

② **발전**

세력 확장	• 철기 문화 발전 → 갑옷과 무기 제작, 금동관 제작 • 5세기 후반 섬진강 하류 일대와 소백산맥 서쪽까지 세력을 확장함
대외 교류	• 신라와 혼인 동맹 • 중국 남조 · 왜와 교류

③ **쇠퇴**: 각 소국들이 독자적인 정치 기반 유지 → 백제와 신라의 압박 → 연맹 쇠퇴
  └ 힘을 하나로 모으지 못함

최빈출 핵심 선지

• 금관가야는 철이 풍부하여 덩이쇠를 화폐처럼 사용하였다.
• 금관가야는 낙랑과 왜를 연결하는 중계 무역으로 번성하였다.
• 고구려 광개토 대왕의 침략을 받아 가야 연맹의 중심지가 대가야로 이동하였다.
• 신라 법흥왕 때 금관가야가 멸망하였다.
• 신라 진흥왕 때 대가야가 멸망하였다.

▶ **덩이쇠**

(3) 가야 연맹의 멸망
① 연맹 왕국 단계: 소국들의 독자적 기반이 오래 유지되어 중앙 집권 국가로 발전하지 못하고 연맹 왕국 단계에 머무름
② 지리적 한계: 백제와 신라의 사이에 위치하여 두 나라의 세력 다툼 속에 점차 쇠퇴함
★ ③ 멸망: 금관가야가 신라 법흥왕 때 멸망(532), 대가야가 신라 진흥왕 때 멸망(562) → 가야 연맹 해체
  - 김무력(김유신의 조부) 등 가야 왕족 일부가 신라 진골로 편입

> **시험에 나오는 사료** 대가야 멸망(562)
>
> 진흥왕이 이찬 이사부에게 명령하여 대가야를 공격하게 하였다 이 때 사다함은 나이가 15~16세였는데 종군하기를 청하였다. …… 대가야 사람들이 뜻하지 않은 병사들의 습격에 놀라 막아 내지 못하였고, 대군이 승세를 타서 마침내 멸망시켰다.
> - 『삼국사기』 -

> **가야 왕족의 신라 편입**
> 금관가야의 마지막 왕인 김구해는 세 아들과 함께 신라 법흥왕에게 항복하였고, 그 일족은 진골로 편입되어 식읍을 받았어요. 김구해의 아들인 김무력은 김유신의 할아버지랍니다.

(4) 가야의 문화
신라 문화에 영향	진흥왕에게 투항한 대가야 출신 우륵이 가야금과 가야 음악을 신라에 전함
일본 문화에 영향	가야의 일부 세력이 왜에 진출하여 일본 고대 문화 발전에 기여함

(5) 가야의 문화유산

▲ 김해 대성동 고분군 출토 판갑옷(금관가야)

▲ 고령 지산동 32호분 출토 판갑옷과 투구(대가야)

▲ 고령 지산동 32호분 출토 금동관(대가야)

▲ 도기 바퀴장식 뿔잔

▲ 도기 기마인물형 뿔잔

▲ 김해 대성동 고분군
  └ 금관가야

▲ 고령 지산동 고분군
  └ 대가야

> **금관가야의 판갑옷**
> 김해 대성동 고분군에서 출토된 금관가야의 판갑옷은 당시 가야의 철기 제작 수준이 매우 높았음을 보여 주는 유물입니다.

2 삼국의 통치 체제

(1) 건국 초의 모습
① 부족적 성격: 각 부의 귀족들은 독자적으로 관리를 거느리고 자신의 영역을 다스림 → 각 부의 지도자들이 중심이 되어 국정을 운영함
★ ② 귀족 회의: 국가의 중요한 일은 귀족 회의에서 결정함

고구려	백제	신라
제가 회의	**정사암 회의**	**화백 회의**
• 국가의 중대사를 심의·의결 • 수장: 대대로(또는 막리지)	• 정사암에 모여 국가 중대사 의논 • 재상을 투표로 선발 • 수장: 상좌평	• 만장일치제로 국정 운영 • 수장: 상대등

> **최빈출 핵심 선지**
> • 백제는 정사암 회의에서 국가의 중대사를 결정하였다.
> • 백제는 지방의 22담로에 왕족을 파견하였다.
> • 신라는 골품제를 두어 골품에 따라 관등 승진에 제한이 있었다.

★(2) 중앙 집권 체제 형성

① 고구려
- 관등: 10여 관등(~형, ~사자)
- 왕족인 계루부 고씨를 비롯한 5부 출신의 귀족이 정치를 주도함
- 대대로(또는 막리지)가 국정을 총괄하였으며 관리를 10여 관등으로 구분하여 국정을 운영함
- 행정 구역
  - 수도 5부, 지방 5부
  - 지방 장관으로 욕살, 처려근지 등을 두어 행정과 군사 업무를 담당하게 함

② 백제
- 관등: 16관등(~솔, ~덕)
- 부여씨(왕족)와 8성의 귀족이 정치를 주도함
- 상좌평이 국정을 총괄하였으며 6좌평과 16관등으로 구분한 관리들이 국정을 운영함
  - → 고이왕 때 정비
- 행정 구역
  - 수도 5부, 지방 5방
  - 지방 통제를 강화하기 위하여 지방의 22담로에 왕족을 파견함
    - → 무령왕

> **6좌평제**
> 내신좌평, 위사좌평 등 좌평을 맡은 직무에 따라 6가지로 구분한 제도예요.

시험에 나오는 자료 　백제의 정사암　→ 정사암 회의

천정대는 백제의 귀족들이 모여 국가의 중대사를 논의하였던 정사암(政事岩)으로 추정되는 장소입니다. 「삼국유사」에는 '재상(宰相)을 선출할 때 3~4명의 후보자 이름을 적어 상자에 넣어 밀봉한 뒤 정사암에 놓아두었다가 얼마 후에 상자를 열어 이름 위에 표시가 있는 사람을 재상으로 삼았다.'라고 기록되어 있어요.

③ 신라: 삼국 중 가장 늦게 정비(6세기 이후)
- 관등: 17관등
- 진골 귀족의 대표인 상대등이 화백 회의를 주관하여 국정을 총괄하였고, 이벌찬 이하 17관등으로 구분된 관리들이 국정을 나누어 담당함
- 행정 구역: 수도 6부, 지방 5주
- 골품제: 신라의 폐쇄적 신분 제도로, 진골 귀족의 특권을 보장하고 골품에 따라 관직 진출과 일상생활까지 제한함
  - → 집과 수레 크기 등을 제한

> **신라의 골품제**
> 개인의 혈통에 따라 신분의 높고 낮음을 정하는 폐쇄적인 신분 제도를 말해요. 성골·진골·6두품~1두품 등 골품에 따라 관직 진출과 일상생활까지 제한을 두었던 신라만의 독특한 신분 제도랍니다.

03강 ① 고구려의 대외 항쟁과 신라의 삼국 통일

02~05강 삼국 시대~남북국 시대

7세기 삼국의 정세

- 612 을지문덕의 살수 대첩
- 660 백제 멸망
- 668 고구려 멸망
- 676 신라의 삼국 통일

1 고구려의 대외 항쟁

(1) 6~7세기 동아시아 정세의 변화
① 수의 중국 통일: 수가 남북조를 통일하고 세력을 확대함
② 신라의 대응
  - 수에 적극적으로 도움을 요청함
  - 진평왕은 수에 군사를 청하는 걸사표를 보냄 (원광이 지음)
③ 고구려의 대응: 수에 위협을 느낀 고구려는 북방 유목 민족인 돌궐과 연합하여 수에 대응하고, 백제와 연합하여 신라에 대항함
④ 백제의 대응: 고구려·왜와 연합하여 신라의 낙동강 유역을 공격함
⑤ 6세기 말 이후 연합의 형성과 대립: 남북 세력(고구려, 백제, 왜, 돌궐) ↔ 동서 세력(신라, 수·당)

▲ 6세기 말~7세기의 동아시아 국제 정세

(2) 고구려와 수의 전쟁
① 고구려의 선제공격: 수에 위기감을 느낀 고구려가 요서 지방을 선제공격(598) — 영양왕
② 수 문제의 침입: 수 문제가 30만 대군으로 고구려를 침략하였으나 실패함
★ ③ 수 양제의 침입: 수 양제가 113만 대군을 이끌고 침입함 → 고구려의 요동성을 공격하였으나 쉽게 함락되지 않자 30만의 별동대로 하여금 평양성을 공격하도록 함 → 을지문덕이 살수에서 수의 별동대에게 대승을 거둠(살수 대첩, 612) → 수 양제의 고구려 원정 역시 실패함
④ 수 멸망: 수는 연이은 고구려 원정의 실패로 국력이 소모되었고, 반란을 진압하지 못한 채 멸망함 → 당 건국(618)

> **시험에 나오는 사료** 을지문덕의 살수 대첩(612)
>
> 살수에 이르러 [수의] 군대가 반쯤 건너자 을지문덕이 군사를 보내 그 후군을 공격하였다. 우둔위 장군 신세웅을 죽이니, [수의] 군대가 걷잡을 수 없이 모두 무너져 9군의 장수와 병졸이 도망쳐 돌아갔다.
> — 『삼국사기』 —

최빈출 핵심 선지
- 을지문덕이 이끄는 고구려군이 살수에서 수의 군대를 크게 물리쳤다.
- 영류왕 때 연개소문이 정변을 일으켜 권력을 장악하였다.
- 고구려는 당 태종이 침입하자 안시성에서 당의 군대를 물리쳤다.

(3) 고구려와 당의 전쟁

① 고구려와 당의 관계: 수를 멸망시킨 당은 건국 초기에는 고구려와 친선 관계를 유지하였으나 당 태종 즉위 이후 적극적인 팽창 정책을 추진하며 고구려를 압박함

② 천리장성 축조: 고구려는 당의 침략에 대비하여 국경 주변에 천리장성을 축조함
  └▸ 부여성 ~ 비사성

③ 연개소문의 정변(642)
  - 연개소문은 천리장성의 축조를 감독하면서 요동 지방의 군사력을 장악함
  - 군사력을 앞세운 연개소문이 정변을 일으켜 영류왕을 제거하고 보장왕을 세움 → 연개소문은 스스로 대막리지가 되어 권력 장악 → 신라와 당에 대해 강경책을 고수하였고, 백제와 연합하여 신라를 공격함
    └▸ 고구려의 마지막 왕
    └▸ 신라 김춘추의 동맹 제안을 거절

④ 당의 침입
  - 당 태종 즉위 후 적극적인 팽창 정책 아래 고구려를 압박함
  - 연개소문의 정변을 구실로 고구려를 침략함 → 고구려의 요동성·백암성 등이 함락됨
  - 안시성 전투(645): 당의 황제가 직접 군사를 이끌고 공격하였으나 치열한 공방전 끝에 고구려가 승리하고 당은 철수함

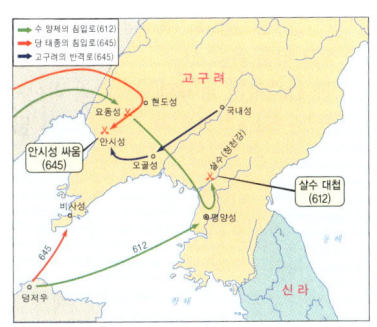
▲ 고구려와 수·당 전쟁

시험에 나오는 사료 안시성 전투(645)

> 여러 장수가 안시성을 공격하였다. …… 60일 동안 50만 명의 인력을 동원하여 밤낮으로 쉬지 않고 토산을 쌓았다. 토산의 정상은 성에서 몇 길 떨어져 있고 성 안을 내려다 볼 수 있었다. 도중에 토산이 허물어지면서 성을 덮치는 바람에 성벽의 일부가 무너졌다. …… 황제가 여러 장수에게 명하여 안시성을 공격하였으나, 3일이 지나도록 이길 수 없었다.
> └▸ 안시성 싸움
> - 『삼국사기』 -

2 신라의 삼국 통일

(1) 백제와 고구려의 멸망

① 나·당 동맹(648)
  - 신라가 백제 의자왕의 공격으로 40여 개 성을 빼앗김 → 신라는 위기감을 느끼고 김춘추를 고구려에 파견하여 도움을 요청하였으나 거절당함
  - 김춘추는 당으로 건너가 군사 동맹을 제의 → 나·당 연합군이 결성됨(648)

② 백제 멸망(660)
  - 김유신의 신라군은 황산벌로, 당군은 금강 하구로 동시에 백제를 침입함
  - 계백이 이끄는 백제군은 김유신의 신라군에 맞서 황산벌에서 결사 항전하였으나 결국 패배함(황산벌 전투) → 백제의 수도 사비성이 함락되며 멸망함(660)
    └▸ 오늘날의 충남 논산 지역

시험에 나오는 사료 황산벌 전투(660)

> └▸ 백제 마지막 왕
> 의자왕은 당과 신라 군사들이 이미 백강과 탄현을 지났다는 소식을 듣고 장군 계백을 시켜 결사대 5천 명을 거느리고 황산으로 가서 신라 군사와 싸우게 하였다. → 김유신이 이끄는 신라군에게 패배
> - 『삼국사기』 -

최빈출 핵심 선지

- 김춘추는 당과 군사 동맹을 체결하였다.
- 복신과 도침 등이 부여풍을 왕으로 추대하고 백제 부흥을 꾀하였다.
- 고구려의 검모잠은 안승을 왕으로 하여 고구려 부흥 운동을 전개하였다.
- 고구려 멸망 후 안승이 신라에 의해 보덕국왕으로 임명되었다.
- 신라는 문무왕 때 당의 군대에 맞서 매소성·기벌포 전투에서 승리하여 삼국 통일을 완성하였다.

③ 고구려 멸망(668)
- 고구려는 수·당과의 연이은 전쟁으로 국력이 많이 소모된 상태였음
- 연개소문 사후 지배층의 권력 쟁탈로 인해 혼란이 커져 갔고, 이 틈을 탄 나·당 연합군의 공격으로 평양성이 함락되며 멸망함(668) — 연개소문이 죽고 아들들이 권력 다툼을 벌임

★ **(2) 백제와 고구려의 부흥 운동**

→ 의자왕의 아들

백제	• 복신, 도침 등은 왕자 부여풍을 왕으로 추대하여 백제 부흥 운동을 주도함 • 복신과 도침은 부여풍을 데리고 주류성에서, 흑치상지는 임존성에서 저항함 • 왜가 백제 부흥군을 지원하기 위해 수군을 이끌고 옴 → 백강 전투에서 패배(663) • 지배층의 분열로 백제 부흥 운동 실패
고구려	• 검모잠 등이 한성(황해도 재령)에서 안승을 왕으로 추대함 • 고연무 등이 오골성을 근거로 삼고 부흥 운동 전개 • 신라 문무왕이 당을 견제하기 위해 안승에게 금마저(오늘날의 익산)에 보덕국을 세우게 하고, 보덕국의 왕으로 임명함 → 신라는 고구려의 부흥 운동 세력을 당 세력 축출에 이용함

> **백제와 고구려의 부흥 운동**

시험에 나오는 사료 백강 전투(663)

→ 문무왕

손인사, 유인원과 신라왕 김법민은 육군을 거느려 나아가고, 유인궤와 부여융은 수군과 군량을 실은 배를 거느리고 …… 백강으로 가서 육군과 합세하여 주류성으로 갔다. 백강 어귀에서 왜의 군사를 만나 …… 그들의 배 4백 척을 불살랐다.

- 『삼국사기』 -

(3) 신라의 삼국 통일 완성

① 당의 한반도 지배 야욕: 당은 옛 백제 땅에 웅진 도독부(공주)를, 옛 고구려 땅에 안동 도호부(평양)를, 신라에는 계림 도독부(경주)를 설치하여 한반도 전체에 대한 지배권을 확보하려 함

② 정면 대결: 신라는 백제·고구려 유민과 연합하여 당과 정면 대결함

③ 나·당 전쟁

→ 오늘날 전북 익산

신라의 대응	• 금마저에 보덕국을 세우고 안승을 왕으로 추대하여 고구려 부흥 운동 지원 • 백제 땅에 대한 지배권 확보 → 웅진 도독부가 요동으로 이동
대당 전투	• 매소성 전투(675)에서 당의 대군을 격파하며 주도권 쟁취 • 기벌포 전투(676)에서 당의 수군을 격파하고 안동 도호부를 요동 지역으로 쫓아냄 → 삼국 통일 완성(676)

시험에 나오는 사료 기벌포 전투(676)

사찬 시득이 수군을 거느리고 소부리주 기벌포에서 설인귀와 싸웠는데 연이어 패배하였다. 그러나 이후 크고 작은 22번의 싸움에서 승리하여 4천여 명을 죽였다.

- 『삼국사기』 -

03강 ② 삼국의 경제·사회·학문·종교·과학 기술

02~05강 삼국 시대~남북국 시대

주요 왕과 업적

- 고구려 고국천왕: 진대법 실시 (194)
- 백제 침류왕: 불교 수용 (384)
- 신라 법흥왕: 이차돈의 순교로 불교 공인(527)
- 신라 진흥왕: 거칠부, 『국사』 편찬

1 삼국의 경제

(1) 수취 제도

① 초기: 주변 소국을 정복하여 공물을 수취함 → 전쟁 포로를 귀족이나 병사에게 노비로 지급, 공을 세운 이에게는 일정 지역의 토지와 농민을 식읍으로 지급함 (공물 → 특산물)

② 수취 제도의 정비
- 조세: 재산 정도에 따라 호를 나누어 곡물과 포 징수
- 공납: 각 지역의 특산물 징수
- 역: 15세 이상 남자의 노동력 동원

(2) 농업과 상업

① 생산력 증대 노력: 철제 농기구 보급, **우경** 확대(신라 지증왕 때 장려, 깊이갈이가 가능해짐), 황무지 개간 권장, 저수지 축조

② 구휼 정책: 흉년에 곡식을 나누어 주거나 빌려줌 → **진대법 실시(고구려 고국천왕)**

③ 상업
- 시장의 설치 및 감독: 신라의 동시·**동시전**, 백제의 도시부(都市部)
- 무역: 공무역 형태의 대외 무역이 주를 이룸

시험에 나오는 사료 — 진대법 실시(194)

> 겨울 10월에 왕이(고국천왕) 질산 남쪽에서 사냥을 하다가 …… 흉년이 들어 부모를 섬길 수 없다며 우는 사람을 보고 다음과 같은 명령을 내렸다. "아아! 내가 백성의 부모가 되어 백성들을 이 지경에 이르게 했으니, 이는 나의 죄다. …… 매년 봄 3월부터 가을 7월까지 관의 곡식을 내어 …… 빌려주었다가 겨울 10월에 갚게 하는 것을 일정한 법으로 삼도록 하라."
> — 『삼국사기』 —

(3) 신분에 따른 경제생활

① 귀족: 토지와 노비를 소유하였고, 국가로부터 식읍과 녹읍 등을 제공받음(노동력 징발 가능) → 대토지를 소유하고 노비·농민을 동원하여 경작함

② 농민: 자기 소유의 땅을 경작할 수 있었으나, 대부분 부유한 자의 땅을 빌려서 경작함

최빈출 핵심 선지

- 고구려 **고국천왕**은 빈민을 구제하기 위해 **진대법**을 실시하였다.
- 신라 **지증왕** 때 시장을 감독하는 관청인 **동시전**이 설치되었다.
- 삼국은 수조권 외에 **노동력을 징발**할 수 있는 권한을 주었다.

▶ 진대법

고구려 고국천왕 때 실시한 빈민 구제 제도입니다. 3~7월에 관청의 곡식을 빌려 주었다가 추수한 뒤 갚도록 했어요.

▶ 동시, 동시전

동시는 신라의 수도 금성(경주)에 설치한 시장이며, 동시전은 동시를 관리 감독하기 위해 설치한 관청이에요. 모두 지증왕 때 설치되었어요.

▶ 식읍과 녹읍

식읍은 왕족이나 공신에게 지급되었고, 녹읍은 관료에게 지급되었어요.

2 삼국의 사회

(1) 신분제 사회의 성립

귀족	왕족을 비롯한 각 부의 지배 세력으로 구성되어 정치·사회·경제적 특권을 가졌으며 지위를 세습함
평민	대부분 농민으로 구성됨 → 조세 납부 및 노동력 징발, 군역의 의무를 지님
신라	피정복민, 범죄자, 고리대를 갚지 못한 사람은 노비로 전락함

(2) 삼국의 사회 모습

① 고구려
- 형벌: 반역자·적에게 항복하거나 패한 자·살인자는 사형에 처함
- 혼인 풍습: 지배층은 형사취수혼·서옥제 등으로 혼인하고 평민의 경우 자유로운 교제를 통해 혼인함
  └ 형이 죽은 뒤에 동생이 형수와 결혼하는 혼인 제도

② 백제
- 일찍부터 중국과 교류하여 선진 문화를 수용함
- 형벌: 고구려처럼 반역자·전쟁에서 패한 자·살인자는 사형에 처함, 도둑질한 자는 귀양과 함께 2배로 배상, 관리의 뇌물 수수나 공금 횡령 시 3배를 배상하게 하고 죽을 때까지 금고형에 처함
- 지배층인 왕족(부여씨)과 8성의 귀족은 능숙하게 한문을 구사하고, 투호·바둑·장기 등을 즐김

★ ③ 신라
- **화백 회의**: **만장일치제**로 운영됨 → 왕권 견제 역할을 함
- **화랑도**: 원시 사회의 청소년 집단(원화)에서 기원하며 **진흥왕 때 국가적 조직으로 개편**됨, 인재 양성과 계층 간의 대립·갈등을 조절하는 역할을 하였고 **원광의 세속 5계**를 행동 규범으로 제시함
- **골품제**: 골품에 따라 정치적 활동과 개인의 사회생활 범위가 결정되는 **폐쇄적 신분 제도**, 관등 승진뿐만 아니라 집·수레 크기 등의 일상생활에서도 차등을 둠

> **시험에 나오는 사료** 화랑도
>
> - 진흥왕 37년 봄에 처음으로 원화(源花)를 받들었다. …… 그 후 다시 아름다운 남자들을 뽑아서 곱게 단장하고 화랑(花郎)이라 이름하여 이를 받들게 하였는데 그 무리들이 구름같이 모여들었다.
> - (귀산 등이 이르자) 원광 법사가 말하기를 "지금 세속 5계가 있으니, 첫째는 임금을 충성으로 섬기는 것이요, 둘째는 부모를 효성으로 섬기는 것이요, 셋째는 벗을 신의로 사귀는 것이요, 넷째는 전쟁에 임하여 물러서지 않는 것이요, 다섯째는 살아있는 것을 죽일 때는 가려서 죽여야 한다는 것이니. 그대들은 이를 실행함에 소홀하지 말라."라고 하였다. → 화랑도의 세속 5계
>
> — 『삼국사기』 —

최빈출 핵심 선지

- 백제는 왕족인 부여씨와 8성의 귀족이 지배층을 이루었다.
- 신라의 화백 회의는 귀족들로 구성되어 만장일치제로 운영되었다.
- 신라의 화랑도는 원광의 세속 5계를 행동 규범으로 삼았다.
- 신라의 골품제는 개인의 정치 활동뿐만 아니라 일상생활까지 규제한 폐쇄적인 신분제였다.

▶ 신라의 골품제

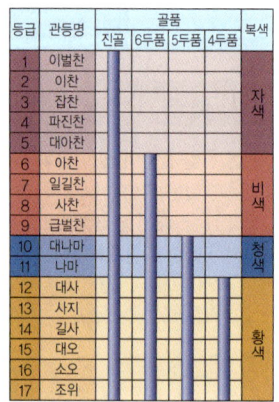

3 삼국의 학문

(1) 한자의 보급과 유학
① 한자의 사용: 철기 시대부터 한자를 도입하여 사용함 → 이두를 만들어 학문의 토착화를 위한 독자적 노력을 기울임
② 학문(유학)

고구려	• 수도에 **태학**을 세워 유교 경전과 역사를 교육함(소수림왕) • 지방에 **경당**을 세워 글과 무술을 가르침
백제	오경박사(유학), 역박사(천문·역법), 의박사(의학) 등이 유교 경전과 기술을 교육함
신라	신라의 비석인 임신서기석을 통해 청소년들이 유교 경전을 공부했음을 알 수 있음

시험에 나오는 자료 — 임신서기석

임신서기석의 내용은 신라 두 청년이 효(孝)를 지켜 과실이 없고, 나라가 위급할 때 충(忠)으로 행할 것을 맹세하며, 『시경』, 『상서』, 『예기』, 『춘추좌씨전』을 습득할 것을 서약한다는 것입니다. 이것은 국가 정신에 투철한 두 맹우 간에 이루어진 것으로서, 진평왕 34년(612) 임신년에 세워진 것으로 추정돼요. 서약문의 구절마다 반드시 '서(誓)' 자를 기입하여 서약임을 강조하였는데, 이는 그들의 서약 정신이 강렬하였음을 보여 줍니다.

★(2) 역사서 편찬

고구려	『유기』 100권을 이문진이 간추려 영양왕 때 『신집』 5권 완성
백제	근초고왕 때 **고흥이 『서기』**를 편찬
신라	진흥왕 때 **거칠부가 『국사』**를 편찬

> **최빈출 핵심 선지**
> • 고구려는 교육 기관으로 수도에 **태학**을, 지방에는 **경당**을 두었다.
> • 백제의 **고흥**은 근초고왕의 명을 받아 **서기**를 편찬하였다.
> • 신라의 **거칠부**는 진흥왕의 명을 받아 **국사**를 편찬하였다.

> **오경**
> 유교의 다섯 가지 경전으로 『시경』, 『서경』, 『역경』, 『예기』, 『춘추』를 가리켜요.

4 삼국의 종교

★(1) 불교
① 시기: 중앙 집권 체제의 확립과 지방 세력의 통합에 힘쓰던 4세기에 불교를 수용함
② 역할: 새로운 국가 정신 확립에 기여하고 왕권을 이념적으로 뒷받침함
　　　　　　　　　　　　　└ 불교의 교리인 왕즉불 사상('왕이 곧 부처')
③ 삼국의 불교 수용

고구려	**소수림왕** 때 중국 전진의 승려 순도를 통해 수용(372)
백제	**침류왕** 때 중국 동진의 승려 마라난타를 통해 수용(384)
신라	• 고구려에서 민간으로 전해졌으나 귀족들의 반대로 공인되지 못하였음 • **법흥왕** 때 **이차돈의 순교**를 계기로 공인(527)

④ 신라의 불교
• 법흥왕에서 진덕 여왕에 이르기까지 불교식 왕명을 사용함
• 승려 **원광**은 젊은이들에게 **세속 5계**를 가르치고, 진평왕의 명을 받아 **걸사표**를 지음
• 호국적 성격: 선덕 여왕 때 승려 **자장**은 **황룡사 9층 목탑 건립**을 건의함

> **최빈출 핵심 선지**
> • 고구려는 **소수림왕** 때, 백제는 **침류왕** 때 불교를 수용하였다.
> • 신라는 **법흥왕** 때 **이차돈의 순교**를 계기로 불교를 공인하였다.
> • 백제 금동 대향로에서는 **불교**와 **도교**가 융합된 모습을 볼 수 있다.

(2) 도교

① 기능: 귀족 사회를 중심으로 성행함 → 산천 숭배·신선 사상과 결합하여 불로장생과 현세 구복을 추구함
② 발달: 고구려의 연개소문은 정치적인 이유(귀족 세력 견제)로 도교를 장려함, 백제의 귀족 사택지적이 세운 비석(사택지적비)에도 도교적인 색채가 나타남
③ 대표적인 유물: 고구려 강서대묘의 사신도, 백제의 산수무늬 벽돌·백제 금동대향로·사택지적비 등

> **사신도**
> 동서남북의 방위를 상징하는 동물을 그린 것으로 동쪽에는 청룡, 서쪽에는 백호, 남쪽에는 주작, 북쪽에는 현무를 그렸어요. 주로 무덤의 수호와 사악함을 쫓는 목적으로 장식했습니다.

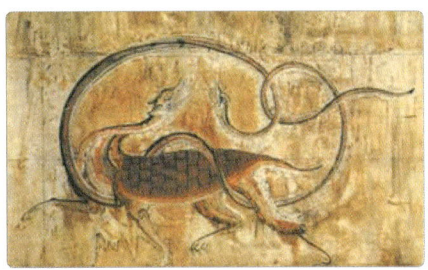
▲ 고구려 강서대묘의 사신도 중 현무도

▲ 백제 산수무늬 벽돌

▲ 백제 금동대향로

5 삼국의 과학 기술

(1) 천문학의 발달

고구려	• 별자리를 그린 천문도 및 고분 벽화의 별자리 그림이 확인됨 • 조선 태조 때의 「천상열차분야지도」 제작에 영향을 줌
백제	역박사(역법 전문가), 일관(천체·기상 관측) 등의 기술관이 배치됨
신라	선덕 여왕 때 천문 관측을 위한 첨성대 건립 ← 동양에서 가장 오래된 천문 관측대

> **최빈출 핵심 선지**
> • 신라는 선덕 여왕 때 첨성대를 세워 천체를 관측하였다.
> • 금동 대향로와 칠지도는 백제의 수준 높은 공예 기술을 보여 준다.

> **신라의 경주 첨성대**
>

(2) 금속 기술의 발달

고구려	풍부한 철광석, 우수한 철제 무기와 수레바퀴 등의 도구 제작 → 철 생산이 국가적 산업
백제	• 높은 수준의 금속 공예 기술을 보유함 • 칠지도: 4세기 후반 백제에서 만들어 일본에 보낸 칼로, 강철 위에 상감 기법을 사용하여 금으로 글자를 새겨 넣음 • 백제 금동대향로: 부여 능산리 절터에서 출토된 백제의 향로로, 뛰어난 공예 기술을 확인할 수 있음
신라	화려한 금관 등을 통해 금 세공 기술이 발달했음을 확인할 수 있음

▲ 백제 칠지도

▲ 신라 금관총 금관

▲ 신라 천마총 금제 관식

▲ 신라 천마총 관모

03강 ③ 삼국의 문화

02~05강 삼국 시대~남북국 시대

주요 사건 흐름

- 백제 근초고왕 — 왜에 칠지도 보냄
- 6세기 전반 — 백제 무령왕릉 건립
- 백제 무왕 — 미륵사 건립
- 신라 선덕 여왕 — 황룡사 9층목탑 건립

1 삼국의 고분과 고분 벽화

(1) 고분 양식의 종류

① **돌무지무덤**: 돌을 쌓아올려 만든 무덤으로, 청동기 시대부터 삼국 시대까지 널리 만들어졌으며 고구려와 백제 초기에 주로 만들어짐 ─ 서울 석촌동 고분군이 대표적
② **굴식 돌방무덤**: 돌로 외부에서 이어지는 널길과 널방을 만들고, 방 안에 널(시체를 넣는 관)을 안치한 뒤 그 위를 흙으로 덮어 봉분을 만듦 ─ 벽화가 남아 있음
③ **벽돌무덤**: 널방을 벽돌로 쌓고 그 위에 봉분을 만든 무덤 양식으로, 중국 남조의 영향을 받아 만들어짐
④ **돌무지덧널무덤**: 땅 위 또는 지하에 시신과 껴묻거리를 넣은 나무 덧널을 넣고 그 위에 돌을 쌓아 덮은 뒤, 돌 위를 다시 흙으로 덮어 만든 무덤(신라의 대표적 무덤 양식)으로 도굴이 어려워 다수의 껴묻거리가 출토됨

(2) 고분 형태의 변천

구분		양식	대표적인 고분	특징
고구려	초기	돌무지무덤	장군총 등	장군총: 7층의 계단식 돌무지무덤
	후기	굴식 돌방무덤	강서대묘, 무용총, 각저총 등	벽화 존재(강서대묘의 사신도, 무용총의 무용도·수렵도·접객도, 각저총의 씨름도 등), 모줄임천장 구조
백제	한성 시대	돌무지무덤	서울 석촌동 고분	고구려와 유사한 형식으로 백제의 건국 세력이 고구려 계통임을 보여 줌
	웅진 시대	굴식 돌방무덤	공주 송산리 고분 (1~5호분)	• 웅진 도읍기 왕과 왕족들의 무덤 • 큰 규모에 비해 화려하지 않음
		벽돌무덤	공주 송산리 6호분, 공주 무령왕릉	• 공주 송산리 6호분: 중국 남조의 영향, 벽화 존재 • 공주 무령왕릉: 중국 남조의 영향, 무덤의 주인을 알 수 있는 지석이 발견됨
	사비 시대	굴식 돌방무덤	부여 능산리 고분군	• 벽화 존재, 작은 규모, 세련됨 • 백제 금동대향로 출토
신라		돌무지덧널무덤	황남대총, 천마총, 호우총 등	• 도굴이 어렵고 벽화 없음 • 황남대총: 유리병, 유리잔 등 서역과의 교역을 보여 주는 유물 출토 • 천마총: 천마도 출토(벽화 ×) ─ 말의 안장에 부속된 말다래에 그려진 그림 • 호우총: 호우명 그릇 출토

최빈출 핵심 선지

- 고구려의 장군총과 백제의 서울 석촌동 고분은 **돌무지무덤**이다.
- **굴식 돌방무덤**에는 천장과 벽에 벽화가 남겨져 있기도 한다.
- 공주의 **무령왕릉**은 중국 남조의 영향을 받은 **벽돌무덤**이다.
- 신라의 **돌무지덧널무덤**은 구조상 도굴이 어려워 많은 껴묻거리가 출토되었다.

고분의 구조

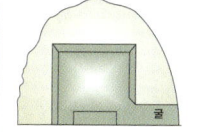

▲ 굴식 돌방무덤

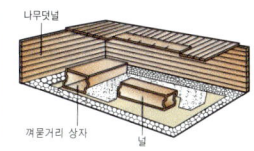

▲ 돌무지덧널무덤

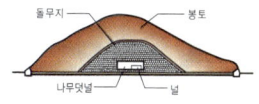

▲ 돌무지덧널무덤

▲ 장군총

▲ 서울 석촌동 고분

▲ 공주 무령왕릉

▲ 경주 황남대총

▲ 무용총 무용도

▲ 각저총 씨름도

▲ 천마도

> **시험에 나오는 자료** 공주 무령왕릉에서 출토된 유물들
>
> - 벽돌무덤은 중국 남조에서 유행하던 양식으로 백제와 남조의 교류 사실을 알게 해 줍니다.
> - 중국의 화폐인 오수전, 무덤 주인의 신원을 확인할 수 있는 지석, 백제의 금제 관장식, 석수 등 많은 유물이 출토되었어요.

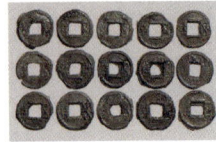
▲ 오수전

▲ 지석

▲ 금제 관장식

▲ 무령왕릉 석수

2 건축과 탑, 불상, 비석

최빈출 핵심 선지
- 백제 무왕은 익산에 미륵사를 창건하였다.
- 신라에서는 자장의 건의로 황룡사 9층 목탑이 건립되었다.

(1) 건축

고구려	• 평양 안학궁: 장수왕 때 평양에 세운 궁궐 • 가옥: 안악 3호분의 벽화를 통해 고구려의 가옥 형태를 추정할 수 있음
백제	• 공주 공산성(웅진 시기의 산성), 부여 궁남지(인공 연못) • 익산 미륵사지: 7세기 무왕 때 세운 백제 최대의 사찰로, 중앙의 목조탑을 사이에 두고 동·서로 석탑을 배치한 독특한 구조 → 백제의 조경 수준을 보여 줌
신라	경주 황룡사지: 6세기 진흥왕이 건립한 거대한 사찰

★(2) 탑

구분	대표적인 탑	특징
고구려	–	주로 목탑을 건립하여 현존하는 탑이 없음
백제	익산 미륵사지 석탑	• 목탑 양식을 계승하여 건립한 석탑 • 금제 사리 봉영기 등 많은 유물이 발굴됨
	부여 정림사지 5층 석탑	• 목탑 양식을 계승 • 백제 멸망 후 1층 탑신에 당의 장수 소정방이 글귀를 새겨 평제탑이라고도 불림

신라	경주 분황사 모전석탑	• 석재를 벽돌 모양으로 다듬어 쌓은 모전석탑 • 현존하는 신라의 석탑 중 가장 오래됨
	경주 황룡사 9층 목탑	• 선덕 여왕 때 <mark>자장의 건의</mark>로 건립 • 신라를 위협하는 주변 아홉 세력을 부처님의 힘을 빌려 물리치고자 하는 소망을 담아 만든 목탑 → 호국 불교 • 고려 시대 몽골의 침입 때 불에 타 소실됨

▲ 익산 미륵사지 석탑   ▲ 부여 정림사지 5층 석탑   ▲ 경주 분황사 모전석탑

★ (3) 불상

구분	대표적인 불상	특징
고구려	<mark>금동 연가 7년명 여래 입상</mark>	불상 뒷면의 명문을 통해 고구려 불상임을 알 수 있음
백제	<mark>서산 용현리 마애여래삼존상</mark>	• 절벽에 새겨진 마애불상 • 부드러운 자태와 온화한 미소가 특징으로 '백제의 미소'라 불림
신라	경주 배동 석조여래삼존입상	살찐 뺨과 다정한 얼굴, 푸근한 자태가 특징

▲ 금동 연가 7년명 여래 입상   ▲ 서산 용현리 마애여래삼존상   ▲ 경주 배동 석조여래삼존입상

시험에 나오는 자료 미륵보살반가사유상

▲ 삼국 시대의 금동미륵보살 반가사유상   ▲ 일본 고류사 목조미륵보살반가사유상

• 왼쪽 무릎 위에 오른쪽 다리를 걸치고 오른쪽 손가락을 뺨에 댄 채 생각에 잠긴 모습을 한 불상인 반가사유상은 삼국 시대를 대표하는 불상입니다.
• 일본에는 한반도의 금동미륵보살반가사유상과 모습이 흡사한 고류사 목조미륵보살반가사유상이 있어요.

(4) 비석

구분	대표적인 비석	특징
고구려	광개토 대왕릉비	• <mark>장수왕</mark>이 아버지 광개토 대왕을 기리기 위해 건립 • 고구려의 건국 과정, 광개토 대왕의 영토 확장과 왜군 격퇴 과정 등을 기록함

고구려	충주 고구려비 (장수왕 때로 추정)	• 국내에 유일하게 남아 있는 고구려의 비 • 고구려의 남한강 유역 진출을 확인할 수 있음 • 신라를 '동이'로, 신라왕을 '매금'으로 표현함
백제	부여 사택지적비	• 의자왕 때의 귀족 사택지적이 절을 짓고 세운 비 • 도교적 표현이 실려 있음(인생무상)
신라	포항 냉수리 신라비	• 지증왕 때의 비 • 한 인물의 재산 소유와 사후 상속 문제를 기록함
	울진 봉평리 신라비	• 법흥왕 때의 비 • 법흥왕 때 율령이 실제로 행해졌음을 증명해 줌 • 신라 6부의 성격과 관등 체계, 지방 통치 조직 등 당시 사회상을 알 수 있음
	단양 신라 적성비	• 진흥왕 때 한강 상류로 진출했음을 알려 줌 • 정복한 지역의 백성을 회유하고 위로하는 내용을 기록함
	서울 북한산 신라 진흥왕 순수비	• 진흥왕이 새롭게 정복한 한강 유역을 돌아본 후 세움 • 조선 후기 김정희가 『금석과안록』에서 진흥왕 순수비임을 밝힘

▶ 부여 사택지적비

3 일본으로 건너간 우리 문화

(1) 고구려
① 승려 담징은 일본에 종이와 먹의 제조법을 전수하였음
② 승려 혜자는 쇼토쿠 태자의 스승으로 활동함
③ 일본의 다카마쓰 고분 벽화는 고구려의 수산리 고분 벽화와 유사함(고구려의 영향)

▲ 고구려 수산리 고분 벽화(왼쪽)와 일본 다카마쓰 고분 벽화(오른쪽)

→ 6세기 후반 나라 지방에서 발달한 일본의 고대 문화

(2) 백제: 야마토 조정 성립과 아스카 문화 형성에 가장 많은 영향을 미침
① 아직기가 일본의 태자에게 한자를 교육하고, 왕인은 『천자문』과 『논어』를 전함
② 근초고왕 때 왜왕에게 보냈다고 추정되는 칠지도를 통해 왜와의 교류를 확인할 수 있음
③ 6세기 성왕 때 노리사치계가 불경과 불상을 전함

(3) 신라: 조선술과 축제술(제방 쌓는 기술)을 전파함 → 신라의 기술로 만들어진 연못을 '한인의 연못'이라 부름

(4) 가야: 토기 제작 기술이 일본 스에키(토기) 형성에 영향을 미침

최빈출 핵심 선지

• 고구려의 승려 담징은 일본에 종이와 먹 제조 기술을 전파하였다.
• 고구려의 승려 혜자는 일본으로 건너가 쇼토쿠 태자의 스승이 되었다.
• 백제의 학자 왕인은 일본에 천자문과 논어를 전파하였다.
• 가야의 토기 제작 기술이 일본에 전해져 스에키(토기) 제작에 영향을 주었다.
• 삼국의 문화는 일본의 아스카 문화 형성에 영향을 끼쳤다.

04강 ① 통일 신라의 발전

02~05강 삼국 시대~남북국 시대

주요 왕과 업적

무열왕	문무왕	신문왕	신문왕
백제 멸망	삼국 통일	김흠돌의 난 진압	관료전 지급, 녹읍 폐지

1 삼국 통일 이후의 상황

무열왕 (재위 654~661) →김춘추	• 최초의 진골 출신 왕으로 직계 자손의 왕위 세습을 확립하여 왕권 안정에 기여함 • 상대등 세력의 견제를 위해 집사부와 그 책임자인 중시의 기능을 강화함 • 당과 연합하여 백제를 멸망시킴 → 통일의 기초 마련
문무왕 (재위 661~681)	• 당과 연합하여 고구려를 멸망시킴 • 외사정 파견: 지방관 감찰의 목적 • 매소성 전투(675), 기벌포 전투(676)에서 당에게 승리함 → 당을 한반도에서 몰아내고 삼국 통일을 완성함(676) └ 나·당 전쟁의 대표적인 전투
신문왕 (재위 681~692)	• 장인이었던 김흠돌의 난을 진압(681)하고, 진골 귀족 세력을 숙청하여 왕권 강화에 노력함 • 9주 5소경 설치: 지방 행정 조직을 완성하여 중앙 집권적 통치 체제를 마련함 • 관료전 지급, 녹읍 폐지: 귀족들의 경제적 기반 약화의 목적 ┌ 귀족의 경제적 기반 • 국학 설립: 유교 정치 이념의 확립과 유학적 소양을 갖춘 인재 양성의 목적 • 군사 조직: 중앙군 9서당, 지방군 10정으로 편성함 └ 최고 교육 기관 • 신문왕 재위 기간 동안 진골 귀족의 세력이 약화되고, 6두품 세력이 성장함 • 문무왕의 뜻을 이어 감은사를 창건함(만파식적 설화)
성덕왕 (재위 702~737)	• 당과의 관계를 회복하기 위하여 빈번하게 사신을 파견함 • 정전 지급: 국가의 토지 지배력 강화 및 재정의 안정적 확보를 위하여 백성에게 지급(722)
경덕왕 (재위 742~765)	• 집사부의 장관인 중시의 명칭을 시중으로 변경함 • 한화 정책 추진: 중국식 제도를 도입하여 체제 정비 및 왕권 확립을 도모함, 9주를 비롯한 군현의 명칭과 중앙 관부의 관직명을 중국식으로 변경함 • 국학의 명칭을 태학감으로 바꾸고, 박사와 조교 등을 두어 유학 교육을 강화함 • 성덕대왕신종의 제작에 착수 → 혜공왕 때 완성함 • 전제 왕권에 대한 귀족 세력의 반발로 녹읍이 부활함(757)

시험에 나오는 사료 9주 5소경 설치

• 완산주를 다시 설치하고 용원을 총관으로 삼았다. 거열주를 나누어 청주(靑州)를 두니 처음으로 9주가 되었다. 대아찬 복세를 총관으로 삼았다.
• 서원소경을 설치하고 아찬 원태를 사신(仕臣)으로 삼았다. 남원소경을 설치하고 여러 주와 군의 주민들을 옮겨 그곳에 나누어 살게 하였다.
  － 『삼국사기』 －

최빈출 핵심 선지

• 문무왕은 나·당 전쟁에서 승리하여 삼국 통일을 이룩하였다.
• 신문왕은 김흠돌의 난을 진압하고 진골 귀족 세력을 숙청하였다.
• 신문왕은 관리들에게 관료전을 지급하고, 녹읍을 폐지하였다.
• 신문왕은 유학 교육을 위해 국학을 설치하였다.

▶ 무열왕계의 왕위 계승

무열왕 이후 혜공왕까지 약 126년간 무열왕의 직계 자손들이 왕위를 독점하였어요.

| 시험에 나오는 사료 | 만파식적 |

용이 검은 옥대를 바쳤다. …… 왕이 놀라고 기뻐하여 오색 비단·금·옥으로 보답하고, 사람을 시켜 대나무를 베어서 바다로 나오자, 산과 용은 홀연히 사라져 보이지 않았다. 왕이 감은사에서 유숙하고 …… 행차에서 돌아와 그 대나무로 피리를 만들어 월성의 천존고에 보관하였다. 이 피리를 불면 적병이 물러가고 병이 나으며, 가물 때 비가 오고 비올 때 개며, 바람이 잦아들고 파도가 평온해졌다. 이를 만파식적(萬波息笛)이라고 부르고 국보로 삼았다.

– 『삼국유사』 –

※ 신문왕

2 통일 신라의 통치 체제 정비

(1) 중앙 통치 제도
① **집사부 기능 강화**: 왕명을 수행하고 기밀 사무를 수행하던 집사부와 집사부의 장관인 시중의 기능을 강화함 → 귀족 세력의 약화가 목적임
  └→ 경덕왕 때 명칭을 중시에서 시중으로 변경
② **여러 관부의 설치**: 위화부를 비롯한 13부(14부)를 설치함
③ **감찰 기구 설치**: 관리들을 감찰하는 사정부를 설치함

★(2) 지방 제도 정비
① **9주 5소경 제도**: 신문왕 때 설치
  • 9주
    – 옛 고구려·백제·신라의 땅을 나누어 9주를 설치함
    – 주의 밑에는 군·현을 두어 중앙에서 관리를 파견하고, 군·현의 밑인 촌은 토착 세력인 촌주를 임명하여 행정을 맡김
  • 5소경: 수도 금성(지금의 경주)이 동쪽으로 치우쳐 있는 약점을 보완하고자 군사와 행정상의 요지에 5소경을 설치함
② **특수 행정 구역 설치**: 반란을 일으킨 지역이나 정복지에 향·부곡을 설치함
  └→ 소는 고려 시대에 나타남
③ **상수리 제도**: 지방 세력을 견제하기 위해 지방 세력 또는 그의 자제를 수도에 머물게 함 → 이후 고려의 기인 제도로 이어짐
  └→ 일종의 인질 제도

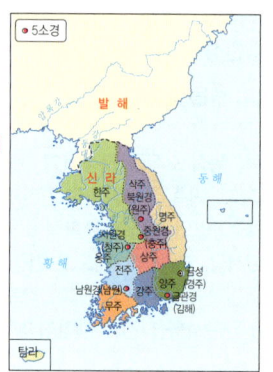
▲ 통일 신라의 9주 5소경

| 시험에 나오는 사료 | 상수리 제도 |

(거득공이) 거사의 차림으로 도성을 떠나 …… 무진주를 순행하니, 주의 향리 안길이 그를 정성껏 대접하였다. …… 이튿날 아침 거득공이 떠나면서 말하기를 "…… 도성에 올라오면 찾아오라." 하였고, 서울로 돌아와 재상이 되었다. 나라의 제도에 해마다 외주(外州)의 향리 한 사람을 도성에 있는 여러 관청에 올려보내 지키게 하였다. 지금의 기인이다. 안길이 올라가 지킬 차례가 되어 도성으로 왔다.

– 『삼국유사』 –
└→ 고려 시대의 기인 제도, 『삼국유사』의 편찬 시기는 고려

④ **외사정 파견**: 지방관을 감찰하기 위해 감독관으로 외사정을 파견함
  └→ 문무왕 때 설치

최빈출 핵심 선지
• 통일 이후 신라는 9주 5소경으로 지방 행정 제도를 정비하였다.
• 신라는 상수리 제도를 시행하여 지방 세력을 견제하였다.
• 통일 이후 신라는 군사 조직으로 9서당 10정을 편성하였다.
• 원성왕 때 인재 등용을 위해 독서삼품과를 실시하였다.

▶ **5소경**
5소경에는 서원경(청주), 남원경(남원), 북원경(원주), 중원경(충주), 금관경(김해)이 있어요.

▶ **향·부곡**
특수 행정 구역인 향이나 부곡에 사는 사람들은 일반 군현의 농민들보다 많은 공물 부담을 안고 있어 형편이 어려웠어요.

(3) 군사 조직 개편: 9서당 10정
① 중앙군(9서당)
- 민족 융합 정책의 일환으로 신라인과 함께 옛 고구려인, 옛 백제인, 말갈인 등도 편성함
- 옷깃 색을 기준으로 9개의 부대 구별

② 지방군(10정): 9주에 1정씩을 두고, 국경 지대인 한주(漢州)는 관할 구역이 넓고 군사적으로 중요했기 때문에 2개의 정을 설치함

(4) 민족 융합 정책 실시
① 옛 고구려와 백제의 관리들을 골품제 안으로 흡수하였고, 군사 제도를 정비하는 과정에서 중앙군(9서당)에 옛 고구려인, 옛 백제인, 말갈인도 포함하여 편성함
② 옛 삼국의 위치를 고려하여 9주 5소경을 편성함

(5) 유교 정치 이념의 강화
① 국학 설립: 신문왕 때 최고 교육 기관인 국학을 설립하고 박사와 조교를 두어 『논어』, 『효경』 등 유교 경전을 가르침
② 독서삼품과 실시: 원성왕 때 인재를 등용하기 위해 유학에 대한 이해 수준에 따라 관리를 채용하는 독서삼품과를 실시함
└ 진골 귀족들의 반발로 실패

> **시험에 나오는 사료** 독서삼품과
>
> 『춘추좌씨전』과 『예기』, 『문선』을 읽어서 그 뜻에 능통하고, 겸하여 『논어』와 『효경』에 밝은 자를 상품으로 하고, 『곡례』와 『논어』, 『효경』을 읽은 자를 중품으로 하고, 『곡례』와 『효경』을 읽은 자를 하품으로 하였다.
> – 『삼국사기』 –

▶ **독서삼품과**
국학의 학생들을 유교 경전의 이해 수준에 따라 3등급으로 구분하여 관리로 채용하는 제도였어요. 이 제도는 골품제의 폐쇄성 때문에 제 기능을 발휘하지 못했지만, 유학을 보급하는 데 기여하였습니다.

04강② 발해의 성립과 발전

02~05강 삼국 시대~남북국 시대

주요 왕과 업적

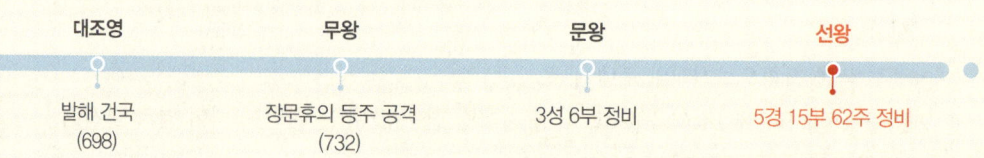

대조영	무왕	문왕	선왕
발해 건국 (698)	장문휴의 등주 공격 (732)	3성 6부 정비	5경 15부 62주 정비

1 발해의 건국과 발전

(1) 발해의 건국

① **고구려 멸망 이후**: 당은 많은 고구려 유민을 당의 이곳저곳으로 이주시킴 → 고구려 유민들은 곳곳에서 저항을 이어 감

② **건국(698)**: 고구려 출신 대조영(고왕)이 고구려 유민과 말갈 집단을 이끌고 동모산 지역에 정착하여 발해를 건국함
  └ 중국 지린성

③ **세력**: 신라와 함께 남북국의 형세를 이루고, 영역을 확대하여 옛 고구려 땅의 대부분을 차지함

▲ 발해의 영역

시험에 나오는 사료 남북국 시대

┌백제 ┌고구려 ┌신라   ┌발해
부여씨가 망하고 고씨가 망하자 김씨가 그 남쪽을 영유하였고, 대씨가 그 북쪽을 영유하여 발해라 하였다. 이것을 남북국이라 부르는 것으로 마땅히 남북국사가 있어야 했음에도 고려가 이를 편찬하지 않은 것은 잘못된 일이다. 무릇 대씨가 누구인가? 바로 고구려 사람이다. 그가 소유한 땅은 누구의 땅인가? 바로 고구려 땅이다.
— 『발해고』 —

★ (2) 발해의 발전

① **무왕(8세기 전반)** → 대무예

- 대조영(고왕)의 뒤를 이어 즉위함
- 중국과 대등한 지위에 있음을 과시하기 위해 독자적 연호인 '인안'을 사용함 ┌ 발해의 역대 왕들은 독자적인 연호를 사용함
- 동북방의 여러 세력을 복속하여 만주 대부분과 연해주까지 세력을 확장함
- 돌궐·일본 등과 교류하며 당과 신라를 견제함
- 대문예로 하여금 흑수 말갈을 정벌하게 함
- **장문휴**의 수군으로 **당**의 산동 지방 **등주를 선제공격**함(732)

시험에 나오는 사료 장문휴의 등주 공격(무왕)

┌무왕
대무예가 대장 장문휴를 보내 수군을 거느리고 등주를 공격하였다. 당 현종은 급히 대문예에게 유주의 군사를 거느리고 반격하게 하고, 태복경 김사란을 보내 신라군으로 하여금 발해의 남쪽을 치게 하였다. 날씨가 매우 추운 데다 눈이 한 길이나 쌓여서 군사들이 태반이나 얼어 죽으니, 공을 거두지 못하고 돌아왔다.
— 『구당서』 —

최빈출 핵심 선지

- 대조영이 고구려 유민을 이끌고 동모산에서 발해를 건국하였다.
- 무왕은 장문휴를 보내 당의 등주를 공격하였다.
- 무왕은 인안, 문왕은 대흥, 선왕은 건흥이라는 독자적인 연호를 사용하였다.

▶ **말갈족**
중국 동북방의 이민족에 대한 총칭이자 고구려 변방 주민들에 대한 낮춤말로 사용되는 경우가 많았어요.

▶ **남북국 시대**
조선 후기 실학자 유득공의 『발해고』에서 '남북국'이라는 용어가 처음 사용되었어요.

② 문왕(8세기 중·후반) → 대흥무
- 독자적 연호인 '대흥'을 사용함
- 당과 우호를 맺고 친선 관계를 유지하며 문물을 받아들이고 체제를 정비함
- 당의 3성 6부제를 기반으로 중앙 정치 조직을 정비하였지만 그 운영과 명칭은 독자적이었음
- 신라와의 관계 개선: 상설 교통로인 신라도를 개설하였고 신라도 외에 거란도, 영주도 등을 통해 주변 국가와 교류함
  - 발해 상경에서 시작하여 동해안을 따라 신라로 이어지는 길
- 수도를 중경 현덕부에서 상경 용천부로 옮김
  - 이후 동경으로 옮겼으나 성왕 때 다시 상경으로 돌아옴
- 일본에 보낸 외교 문서에서 고려(고구려) 국왕임을 표방하여 고구려와 부여를 계승했음을 나타냄

③ 선왕(9세기 전반)
- 독자적 연호인 '건흥'을 사용함
- 만주와 연해주, 요동, 남으로 대동강 이북까지 확장하여 가장 넓은 영토를 확보함
- 5경 15부 62주의 지방 통치 체제를 완비함
- 전성기를 맞이하여 이 무렵 중국으로부터 '해동성국'으로 불림
  - 바다 동쪽의 번성한 나라

(3) 발해의 멸망(926): 거란의 침입으로 멸망

2 발해의 통치 체제 정비

★**(1) 중앙 정치 조직 정비**

① 3성 6부
- 당의 제도를 수용하여 3성 6부제를 운영함
- 운영과 명칭의 독자성: 정당성의 최고 집행 기구화(정당성의 장관인 대내상이 국정 총괄), 이원적 운영(좌사정·우사정), 6부에 유교적 명칭 사용(충·인·의·지·예·신부)

② 중정대: 관리의 비리 감찰을 담당한 기구

③ 주자감: 발해의 최고 교육 기관으로 유학을 가르치고, 당에 유학생을 보내기도 함

④ 문적원: 책과 문서 관리, 각종 문서 작성 등을 담당함

> **시험에 나오는 사료** 발해의 3성 6부제
>
> [그 나라의] 관제에는 선조성이 있는데, 좌상·좌평장사·시중·좌상시·간의가 소속되어 있다. 중대성에는 우상·우평장사·내사·조고사인이 소속되어 있다. 정당성에는 대내상 1명을 좌·우상의 위에 두었고, 좌·우사정 각 1명을 좌·우평장사의 아래에 배치하였다.
> – 『신당서』 –

(2) 지방 행정 구역: 선왕 때 5경 15부 62주 완비

① 5경: 전략적 요충지에 상경 용천부, 중경 현덕부, 동경 용원부, 남경 남해부, 서경 압록부 등 5경을 설치함

② 15부 62주: 부·주, 그 아래의 현에 지방관을 파견

③ 촌락: 가장 낮은 단위의 촌락의 경우 토착 세력에게 관리를 맡김

(3) 군사 조직: 중앙군으로 10위를 조직하여 도성의 방어를 담당하게 하고, 지방군은 각 지의 지방관이 지휘하도록 함

최빈출 핵심 선지
- 정당성의 장관인 대내상이 국정을 총괄하였다.
- 중정대를 두어 관리를 감찰하였다.
- 유학 교육 기관으로 주자감을 두었다.
- 5경 15부 62주의 지방 행정 제도를 갖추었다.

▶ 발해의 중앙 정치 조직

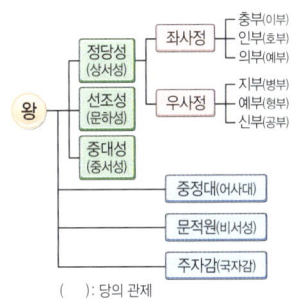
( ): 당의 관제

3 발해의 대외 관계

(1) 당과의 관계

건국 초	건국 초기에는 고구려 계승 의식으로 인해 당과 대립 관계를 형성함
무왕	• 당의 압박에 맞서 장문휴로 하여금 수군을 이끌고 산둥 지방의 등주를 선제공격함 • 일본과 교류하며 당과 신라를 견제함
문왕 이후	당과 관계 개선에 집중함 → 당에 사신과 유학생을 파견하고, 당 문물을 수입하는 등 활발하게 교류함 └당의 빈공과에 합격하기도 함

(2) 신라와의 관계

시기	관계	내용
건국 초	우호	발해 건국 후 신라에 사신을 파견함 → 신라는 대조영에게 17관등 중 다섯째인 대아찬을 수여하며 우호 관계를 다짐
무왕	적대	무왕 때 발해가 당을 공격하자 신라는 당과 함께 발해를 공격함
문왕	우호	신라도를 설치하여 교류
문왕 이후	적대	쟁장 사건, 등제 서열 사건

(3) 일본과의 관계: 당과 신라를 견제하기 위해 일본과 우호적인 관계를 유지함

> **최빈출 핵심 선지**
> • 무왕은 장문휴를 보내 당의 등주를 선제공격하였다.
> • 신라도를 통하여 신라와 교류하였다.

> **쟁장 사건**
> 당에 간 발해의 사신이 신라에서 온 사신보다 윗자리에 앉을 것을 요청했다가 거절당한 사건을 말해요.

> **등제 서열 사건**
> 당의 빈공과 합격자 서열에서 신라의 최언위가 발해의 오광찬보다 앞서자 당에 사신으로 와 있던 오광찬의 아버지 오소도가 아들의 석차를 올려 달라고 요청했다가 거절당한 사건이에요.

4 발해의 성격

(1) 고구려 계승 의식

① 건국 이후 고구려와 부여를 계승했음을 뚜렷이 내세움 → 발해와 일본 간에 주고 받은 국서에서 '고려 국왕'이라는 명칭을 사용하였고, 신라의 발해 관련 기록에도 발해를 고구려 계승 국가로 인식하였음 (당시에 고구려를 고려라고도 칭함)
② 주민 구성: 지배층의 대다수가 옛 고구려계로 구성됨
③ 고구려와 문화와의 유사성: 고분 양식, 온돌, 연꽃무늬 수막새, 석등 등

(2) 독자적 천하관

① 독자적 연호의 사용: 천통(대조영), 인안(무왕), 대흥·보력(문왕), 건흥(선왕) 등 전 시기에 걸쳐 독자적으로 연호를 사용함으로써 중국과 대등한 국가임을 표방함
② 황제국 체제 표방: 문왕의 딸인 정혜 공주와 정효 공주의 묘비에 황상이라는 표현을 사용함

> **최빈출 핵심 선지**
> • 인안, 대흥 등의 연호를 사용하였다.

> **발해의 온돌 유적**
>
> 전형적인 고구려식 온돌로, 이를 통해 발해가 고구려를 계승한 국가임을 알 수 있어요.

시험에 나오는 자료 발해 문화의 고구려 계승

▲ 고구려(왼쪽)와 발해(오른쪽)의 수막새

▲ 고구려(왼쪽)와 발해(오른쪽)의 온돌

05강 ① 신라 말의 혼란과 후삼국의 성립

02~05강 삼국 시대~남북국 시대

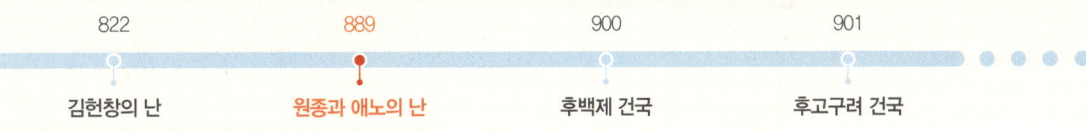

주요 사건 흐름
- 822 김헌창의 난
- 889 원종과 애노의 난
- 900 후백제 건국
- 901 후고구려 건국

1 신라 말의 사회 동요

(1) 신라의 지방 통제력 약화
① 왕위 쟁탈전: 8세기 후반 혜공왕 즉위 후 진골 귀족들의 권력 다툼이 심화됨 → 혜공왕이 피살된 후 155년간 20명의 왕이 교체되는 혼란이 거듭됨 ┌ 대공의 난 등
② 연이은 반란 ┌ 무열왕계 왕위 세습 끝
  - **김헌창의 난(822)**: 아버지 김주원이 원성왕에 밀려 왕위 다툼에서 패배하자 아들 웅천주(지금의 공주) 도독 김헌창이 반란을 일으킴 → 한때 큰 세력을 형성하였으나 정부군에 의해 진압됨
  - **장보고의 난(846)** ┌ 신무왕 즉위에 기여
    - 청해진을 거점으로 해상권을 장악하고 권력을 키운 장보고가 왕위 다툼에 관여함
    - 자신의 딸을 왕비로 앉히려던 계획이 무산되자 반란을 일으켰으나 실패함

> **시험에 나오는 사료** 김헌창의 난(822)
> 웅천주 도독 헌창은 그의 아버지 주원이 임금이 되지 못하였다는 이유로 반란을 일으켜 국호를 장안이라 하고, 연호를 세워 경운 원년이라 하였다.
> - 『삼국사기』 -

★(2) 신라 말 농민의 봉기
① 배경: 왕권 약화, 녹읍의 부활, 갈수록 심해지는 귀족들의 사치 등으로 국가 재정이 궁핍해짐 → 부족한 재정의 보충을 위해 농민들에게 과중한 세금이 부과되었고, 수탈을 견디지 못한 일부 농민은 유랑을 떠나거나 초적이 됨
② 봉기 발생: 전국 각지에서 농민 봉기 발생 → 진성 여왕 때 **원종과 애노의 난**(889), **적고적의 난**(896) 등이 일어남 ┌ 난을 일으킨 농민군을 의미 / 사벌주에서 봉기 / 붉은 바지를 입은 도적
③ 결과: 왕권이 약해진 가운데 중앙 정부의 통제력 약화가 더욱 심화됨

> **시험에 나오는 사료** 원종과 애노의 난(889)
> ┌ 진성 여왕
> 나라 안의 여러 주군(州郡)에서 공부(貢賦)를 바치지 않으니 창고가 비어 버리고 나라의 쓰임이 궁핍해졌다. 왕이 사신을 보내어 독촉하자, 이로 말미암아 곳곳에서 도적이 벌떼처럼 일어났다. 이때 원종과 애노 등이 사벌주를 근거로 반란을 일으켰다.
> └ 지금의 상주
> - 『삼국사기』 -

최빈출 핵심 선지
- 웅천주 도독 **김헌창**이 **반란**을 일으켰다.
- 신라 말에 **장보고**가 청해진을 거점으로 **반란**을 도모하였다.
- **원종**과 **애노**가 사벌주에서 **반란**을 일으켰다.

▶ 신라 말의 극심한 혼란

▶ 원종과 애노의 난
진성 여왕 때(889) 신라 사벌주(지금의 상주)에서 일어난 농민 봉기입니다. 국가 재정이 궁핍해지자 정부가 세금 납부를 독촉하는 데 반발하여 봉기하였어요. 신라 말 농민 봉기의 선구적 역할을 하였으며, 이후 지방 세력의 형성 및 성장에도 큰 영향을 주었답니다.

2 신라 말 새로운 세력의 성장

(1) 호족의 성장
① 배경: 신라 말 <mark>진골 귀족 간의 왕위 쟁탈전</mark>으로 인해 중앙 정부의 지방 통제력이 약화 → 지방에서 세력을 형성한 호족이 등장함 → 자신의 근거지에 성을 쌓아 사병을 보유하고, 성주나 장군을 자칭하며 그 지방의 징세권, 행정·군사권 등 실질적인 지배권을 행사함
② 성장: 6두품 출신 유학자, 선종 승려와 손잡고 신라 정부에 대항하였고, 새로운 사회를 모색하며 반(半)독립적 세력으로 성장하여 신라 말 고려 초에 활동함

(2) 6두품의 반신라화
① 배경: 능력보다 신분을 중시하는 골품제의 한계로 관직 승진이 제한되자 불만이 증대됨
② 문제 제기: <mark>최치원</mark>이 <mark>진성 여왕에게 시무책 10여 조</mark>를 올리는 등 6두품 세력은 골품제의 모순을 비판하고 유학에 바탕을 둔 새로운 정치 이념을 제시하며 개혁을 주장함 → 진골 귀족들의 거부로 좌절됨 (실패)
③ 결과: 신라 말 반(反)신라적 태도를 보이며 호족들과 결탁하여 새로운 사회를 추구함

> **시험에 나오는 자료** 최치원
>
>
> 최치원은 당으로 유학을 떠나 빈공과에 합격하여 당의 관리가 되었어요. 당에서 황소의 난이 일어났을 때 주도자인 황소에게 항복을 권하는 「토황소격문」을 써서 보내기도 했어요. 최치원은 885년에 신라로 돌아와 관리가 되었고, 진성 여왕에게 시무책 10여 조를 올려 신라 말의 혼란을 바로잡고자 하였으나 진골들의 견제로 관직에서 물러나게 되었답니다. 그는 『계원필경』, 「해인사 묘길상탑기」 등을 저술하였어요.

(3) 새로운 사상의 유행

선종	교리와 경전을 중시하는 전통적 권위를 부정하고(교종), <mark>참선과 수행</mark>을 통해 깨달음을 얻으면 누구나 부처가 될 수 있다고 주장하는 선종이 널리 확산됨 → 호족과 농민들의 호응, 호족의 후원을 받아 선종의 9개 종파인 <mark>9산 선문이 성립</mark>됨
풍수지리설	• 지리적 환경이 인간 생활의 길흉화복에 영향을 끼친다는 인문 지리학 • 도선을 중심으로 널리 보급됨 → 지방의 중요성을 자각하게 되는 계기가 됨 → 호족의 사상적 기반으로 작용함
미륵 신앙	• 현재의 고통을 해결해 줄 미륵불이 나타나 중생을 구원하고, 이상적 세계인 불국토를 건설한다는 사상 → 사회가 혼란스러울 때 유행함 • 새로운 세상을 열 것이라는 미륵불 숭배

> **시험에 나오는 자료** 선종의 9산 선문
>
> 선종 관련 종파 가운데 대표적인 9개 선종을 9산 선문이라고 해요. 사원은 호족의 근거지와 가까운 곳에 위치했지요. 지방 호족들은 선종 세력을 자신의 세력 강화에 이용했답니다. 9산 선문으로는 가지산문, 사굴산문 등이 있어요.

최빈출 핵심 선지

- 신라 말 왕권이 약해지면서 지방에서 <mark>호족</mark> 세력이 성장하였다.
- 신라 말에 <mark>6두품</mark>은 호족과 연계하여 사회 개혁을 추구하기도 하였다.
- 신라 말에 <mark>최치원</mark>이 진성 여왕에게 <mark>시무책 10여 조</mark>를 올렸다.
- 체징이 <mark>9산 선문</mark> 중 하나인 가지산문을 개창하였다.

교종과 선종의 비교

구분	교종	선종
특징	불교 교리와 경전 연구 중시	정신 수양을 통한 해탈 중시
후원	왕실, 귀족	호족, 백성
시기	삼국 통일 후 안정기	신라 말

3 후삼국의 성립

(1) 후백제
① 건국(900): 상주 출신의 군인 견훤이 전라도 지역에서 세력을 키운 뒤, 완산주(지금의 전주)에 도읍을 정하고 후백제를 건국함
② 확장: 전라도 전역과 충청도 일부를 장악하고, 중국의 후당·오월과도 외교 관계를 맺음
  └ 검교태보의 직을 받음
③ 한계
  - 견훤이 신라 금성을 습격해 경애왕을 죽게 함
  - 농민에게 과도한 세금을 부과하고 호족 세력 포섭에 실패함

시험에 나오는 사료 견훤

> 견훤은 상주 가은현 사람이다. …… [왕의] 총애를 받던 측근들이 정권을 마음대로 휘둘러 기강이 문란해졌다. 기근까지 겹쳐 백성들이 떠돌아다니고, 여러 도적들이 봉기하였다. 이에 견훤이 몰래 [왕위를] 넘겨다보는 마음을 갖고 …… 드디어 무진주를 습격하여 스스로 왕이 되었으나, 아직 감히 공공연하게 왕을 칭하지는 못하였다. …… 서쪽으로 순행하여 완산주에 이르니 그 백성들이 환영하였다.
> — 『삼국사기』 —

★(2) 후고구려
① 건국(901): 북원(원주)의 양길 세력 밑에 있던 궁예가 양길을 몰아내고 세력을 키움 → 송악(지금의 개성)에 도읍을 정하고 후고구려 건국 → 국호를 마진으로 바꾸고(연호: 무태) 철원으로 천도함 → 국호를 태봉으로 변경함
  (신라 왕족의 후예라 전해짐)
② 확장: 한강 유역 차지 후 경상북도 상주 일대까지 세력을 확장함 → 궁예의 밑에 있던 왕건이 후백제의 배후를 쳐 금성(지금의 나주)을 점령함
  └ 경주(금성) 아님
③ 관제 개편
  - 최고 중앙 관부인 광평성을 설치하여 내정을 총괄하게 하고 아래에 여러 관부를 설치하여 사무를 분담
  - 광치나, 서사 등의 관원을 둠
④ 한계: 조세를 지나치게 수취하고, 궁예 스스로 미륵불이라 칭하며 주변 인물들을 숙청하고 전제 정치를 강화함 → 왕건이 궁예를 몰아내고 신하들의 추대 속에 고려를 건국함(918)

▲ 후삼국의 성립

시험에 나오는 사료 궁예

> - 궁예가 스스로 왕이라 칭하며 말하기를, "지난날 신라가 당에 군사를 청하여 고구려를 격파하였다. 그래서 평양 옛 도읍은 잡초만 무성하게 되었으니, 내가 반드시 그 원수를 갚겠다."라고 하였다.
> - 궁예가 미륵불을 자칭하였다. 머리에 금책(金幘)을 쓰고 몸에는 가사를 걸쳤으며 큰아들을 청광보살, 막내아들을 신광보살이라고 불렀다.
> — 『삼국사기』 —

최빈출 핵심 선지

- 견훤이 완산주를 도읍으로 후백제를 건국하였다.
- 견훤은 후당과 오월에 사신을 파견하였다.
- 궁예는 송악을 도읍으로 후고구려를 건국하였다.
- 궁예는 국호를 마진으로 바꾸고 철원으로 천도하였다.
- 궁예는 광평성을 비롯한 각종 정치 기구를 마련하였다.

05강 ② 남북국의 경제·사회·문화

02~05강 삼국 시대~남북국 시대

주요 사건 흐름

- 682 신문왕, 국학 설립
- 788 원성왕, 독서삼품과 실시
- 828 장보고, 청해진 설치
- 894 최치원, 시무 10여조 작성

1 남북국의 경제

(1) 통일 신라의 경제 정책

① 수취 제도의 정비
- 조세: 농업 생산량의 10분의 1 정도를 수취함
- 공납: 촌락 단위로 지역의 특산물을 징수함
- 역: 군역(전쟁에 동원)과 요역(건설 등의 노동)을 15~60세의 남자에게 부과함

② **민정 문서(신라 촌락 문서)**: 조세 수취를 위해 촌주가 매년 촌락의 호구(남녀별, 연령별), 논밭의 면적, 가축 및 과실 나무의 수 등의 변동 사항을 조사하였으며 **3년마다 문서로 작성**함

시험에 나오는 자료 민정 문서(신라 촌락 문서)

서원경 부근 4개 촌락의 인구수, 토지 종류와 면적, 소와 말의 수 등을 기록한 문서로, 1933년 일본 도다이사 쇼소인에서 발견되었다. 문서의 내용을 통해 신라가 촌락의 경제 상황 등을 세밀하게 파악하였음을 알 수 있다. 문서에 나오는 촌주위답(토지)은 이 문서를 작성한 촌주에게 지급된 것으로 추정된다.

③ 토지 제도

신문왕	관료들에게 **관료전을 지급하고 녹읍을 폐지**함 → 왕권 강화
성덕왕	백성들에게 안정적인 생활을 위해 **정전을 지급**함 → 귀족을 견제하여 왕권을 강화하고 농민 경제의 안정을 추구하려는 목적하에 진행함
경덕왕	귀족의 반발로 인해 녹읍이 부활하고 정전이 유명무실화됨

(2) 통일 신라의 경제 활동

① 상업: 통일 이전의 동시 외에 서시와 남시가 설치됨
② 수공업: 왕실과 귀족이 사용하는 물품을 전문으로 제작·공급하는 관청을 정비함
③ 국제 무역
- 당과의 무역: 공무역과 사무역이 발달함(**당항성** 등)
- 이슬람과의 무역: 신라 최대의 국제 무역항인 **울산항**에 이슬람 상인들이 왕래함

★ ④ **장보고의 활동**: 9세기 초 장보고가 **완도에 청해진을 설치**하여 해적을 소탕하고, 동아시아의 해상 무역을 장악함

최빈출 핵심 선지

- 일본 도다이사 쇼소인에서 발견된 **민정 문서**는 서원경 인근 4개 촌의 정보를 담고 있다.
- 신라 신문왕 때 관리에게 **관료전**이 **지급**되고 **녹읍**이 **폐지**되었다.
- 신라 성덕왕은 백성에게 **정전**을 지급하였다.
- 통일 신라 때 **당항성**, **영암**이 국제 무역항으로 번성하였다.
- **장보고**는 완도에 **청해진**을 설치하여 해상 무역을 전개하였다.
- 발해의 특산품으로 **솔빈부의 말**이 유명하였다.

⑤ 중국 진출: 당과의 교류가 활발해지면서 당의 산둥반도와 양쯔강(창장강) 하류에 신라방·신라촌(신라인 거주지), 신라소(신라인을 다스리는 자치 기구), 신라관(여관), 신라원(절) 등이 생김

→ 장보고가 산둥 지방에 설치한 적산 법화원이 대표적

> **시험에 나오는 사료** 장보고의 활약상
>
> - 오시(午時)에 북서풍이 불었으므로 돛을 올리고 나아갔다. 미시(未時)와 신시(申時) 사이에 적산의 동쪽 언저리에 도착하여 배를 정박하였다. 북서풍이 더욱 세차게 불었다. 이곳 적산은 바위로만 이루어진 우뚝 솟은 산으로, 문등현 청녕향 적산촌이 위치하고 있다. 산에는 적산 법화원이라는 절이 있는데, 본래 장보고가 처음으로 세운 것이다.
> – 『입당구법순례행기』 –
>
> - 장보고가 살아 있을 때 당나라 물건을 사기 위해 비단을 주고 그 대가로 물건을 얻을 수 있었는데, 그 수가 적지 않았다. 이제 장보고가 죽어 물건을 얻을 수 없게 되었다.
> – 『속일본후기』 –

(3) 발해의 경제 발달

★ ① 산업의 발달
- 농업: 밭농사가 주로 이루어졌고, 일부 지역에서 벼농사를 지음
- 목축 발달: ==말(솔빈부)이 주요 수출품==
- 수렵: 모피·녹용·사향 등을 생산하여 수출함
- 상업: 금속 가공업·직물업·도자기업 등이 발달함

② 대외 무역

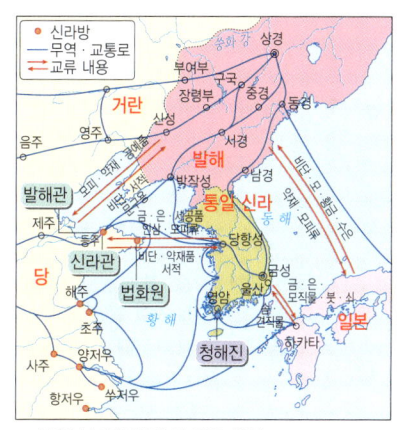
▲ 통일 신라와 발해의 무역 활동

신라와의 관계	문왕 때부터 신라도를 통해 교류
당과의 관계	• 해로와 육로를 이용하여 무역 • 당이 등주(덩저우)에 발해관 설치 • ==영주도==, 조공도 등을 통해 교류
일본과의 관계	친선 관계 유지, 많은 사신 왕래
거란과의 관계	==거란도==를 통해 교류

→ 당이 발해 사신이 이용할 수 있도록 산둥반도의 등주에 설치한 여관

2 남북국의 사회

(1) 통일 후 신라 사회의 변화

① 민족 통합 노력: 고구려와 백제의 지배층에게 신라의 관등을 수여하고, 수도의 치안과 방위를 담당하는 9서당에 고구려와 백제의 유민을 함께 편성함

② 골품제의 변화
- 진골 귀족 중심
  - 중앙과 지방의 장관직을 독점하고 정치적·경제적 특권을 향유함
  - 귀족 간의 합의를 통해 국가 중대사를 결정함
  - 시간이 지날수록 진골 귀족 간 갈등이 격화됨

> **최빈출 핵심 선지**
> - 신라 말에 **6두품**은 호족과 연계하여 사회 개혁을 추구하기도 하였다.
> - 신라 말 왕권이 약해지면서 지방에서 **호족** 세력이 성장하였다.
> - 신라 말에 **원종**과 **애노**가 사벌주에서 **반란**을 일으켰다.
> - 신라 말에 **최치원**이 진성 여왕에게 **시무책 10여 조**를 올렸다.
> - 통일 신라와 발해는 **당**에 **유학생**을 파견하였고, 이들은 **빈공과**에 응시하여 당의 관리가 되기도 하였다.

- 6두품의 성장
  - 학문적 식견과 실무 능력을 바탕으로 국왕을 보좌하며 정치 활동에 적극적으로 나섬
  - 골품제의 신분적 제약으로 승진에 한계가 존재함
  - 신라를 떠나 당의 빈공과에 응시하기도 함(최치원이 대표적)
- 골품제 변화: 3두품~1두품은 점차 평민화되어 감

> **시험에 나오는 사료** 신라 말의 사치 풍조
>
> 사람은 상하가 있고, 지위는 높낮이가 있어서 명분이 같지 않고, 의복 또한 다르다. 풍속이 점차 경박해지고 백성들이 사치를 다투어 외국 물건의 진기함만 숭상하고 국산품을 촌스럽다고 싫어하니, 예절은 분수를 잃고 풍속은 무질서하게 되었다.
> └→ 골품제
> – 『삼국사기』 –

> **빈공과**
> 당나라에서 외국인을 위해 실시한 과거 시험이에요. 신라인과 발해인이 많이 합격하여 당의 관리가 되기도 하였고, 두 나라 사람 간에 수석을 다투기도 했답니다.

(2) 발해의 사회 구조

① 고구려 유민과 말갈인으로 구성
- 지배층: 왕족 대씨, 귀족 고씨 등 대부분이 고구려 유민으로 구성됨
- 피지배층: 대부분 말갈인이며, 말갈인 중 일부는 지배층으로 편입되었고, 그중 촌락의 우두머리인 수령은 국가 행정을 보조하는 역할을 수행함

> **시험에 나오는 자료** 발해의 지배층 구성
>
> 발해의 지배층 구성은 당시 사람들의 성씨에 관한 기록을 통해 파악해 볼 수 있어요. 발해 지배층의 다수를 차지하는 성씨는 대씨로 약 35%에 달하고, 이들은 5품 이상의 관직을 갖고 있었어요. 다음으로 많은 성씨는 고씨이고, 이들 역시 대씨와 같이 고위층을 이루고 있었답니다. 이처럼 발해 지배층의 성씨를 통해 고구려 유민들이 발해의 지배층을 이루고 있었음을 알 수 있어요.

② 당과 활발히 교류
- 당에 유학생을 파견하였고, 많은 발해인들이 빈공과에 응시하여 합격함
- 당은 산둥반도의 등주에 발해인이 이용할 수 있도록 발해관을 설치함

③ 사회 모습: 고구려와 말갈 사회의 전통 생활 모습을 유지함

(3) 신라 말의 사회 모순

① 중앙의 혼란: 중앙 귀족 간의 왕위 쟁탈전과 대토지 소유 확대로 인해 국가 경제가 파탄에 이름

② 호족의 등장: 사병을 육성하여 지방에서 힘을 키운 세력가들이 등장함

③ 농민의 봉기: 조세 부담 가중 → 9세기 말 농민 봉기 확산으로 이어짐(원종과 애노의 난, 적고적의 난 등)

3 남북국의 학문

★(1) 통일 신라의 학문

① 교육
- 국학 설립: 신문왕 때 설치하였고, 경덕왕 때 이름을 태학감으로 변경함 → 박사와 조교를 두어 『논어』와 『효경』 등 유교 경전을 가르침 (→ 혜공왕 때 다시 국학으로 변경)
- 독서삼품과 실시: 원성왕 때 유교 경전에 대한 이해 수준을 관리 채용의 기준으로 제시함 → 귀족들의 반발로 제 기능을 발휘하지는 못하였으나 학문과 유학 보급에 기여함

② 대표적인 학자
- 김대문(진골): 『화랑세기』(→ 화랑의 역사 기록), 『계림잡전』, 『고승전』, 『한산기』 등을 저술
- 강수(6두품): 외교 문서 작성에 뛰어남(『청방인문표』 작성) (→ 당에 김인문의 석방을 요청)
- 설총(6두품): 이두를 정리하여 유학 연구 발전에 기여하였고, 화왕계를 지음 (→ 유교적 도덕 정치 강조)
- 최치원(6두품): 당에서 활동하며 명문장가로 이름을 날림(『토황소격문』), 귀국 후 당에서 쓴 글을 모아 『계원필경』을 저술하였으며, 진성 여왕에게 개혁안인 시무책 10여 조를 건의했으나 수용되지 않자 은둔 생활을 하며 저술 활동에 전념함 (→ 빈공과 합격)

(2) 발해의 학문

① 교육
- 주자감: 중앙 교육 기관인 주자감을 설치하여 유교 경전을 가르침
- 도당 유학생: 당과 관계 개선 후 많은 유학생을 파견하였고, 빈공과에서 신라 유학생과 경쟁하기도 함

② 한문학 발달
- 정혜 공주 묘와 정효 공주 묘의 묘지석에서 세련된 사륙변려체의 문장을 구사함 (→ 중국 육조와 당나라 때 성행한 한문 문체 중 하나)
- 외교 사신이나 승려 중에도 한시에 능한 사람이 많음

최빈출 핵심 선지
- 신라 신문왕은 유교 경전을 교육하기 위해 국학을 설치하였다.
- 설총은 화왕계를 지어 신문왕에게 조언하였다.
- 설총은 이두를 체계적으로 정리하였다.
- 최치원은 당의 빈공과에 합격하였으며, 계원필경을 지었다.

▶ **이두**
한자의 음과 훈을 빌려 우리말을 적는 표기법이에요.

---

4 남북국의 사상과 종교

(1) 불교 사상의 발달

★① 통일 신라

구분	저술	내용	특징
원효	『금강삼매경론』, 『대승기신론소』	불교 이론 정리 후 이해 기준을 마련	아미타 신앙 전파, 무애가 등을 지어 불교의 대중화에 힘씀 (→ 원효가 지어 백성에게 가르쳤다고 전해지는 불교 가요)
	『십문화쟁론』	일심 사상, 화쟁 사상을 주장 → 종파 간 사상적 대립의 해소, 통합 (→ 모든 것이 한마음에서 나온다)	
의상	『화엄일승법계도』 (→ 의상이 화엄 사상의 핵심을 서술한 그림시)	모든 존재가 서로 의존적인 존재이며, 조화를 이룬다는 화엄 사상 정립	• 현세의 고난에서 구원받고자 하는 관음 신앙 강조 • 영주에 부석사 건립 (→ 자비로 중생의 괴로움을 구제한다는 불교의 관세음보살을 믿는 신앙)
혜초	『왕오천축국전』	인도와 중앙아시아를 순례 후 저술한 서역 기행문	

최빈출 핵심 선지
- 원효는 무애가를 지어 불교 대중화에 기여하였다.
- 의상은 화엄일승법계도를 지어 화엄 사상을 정리하였다.
- 혜초는 인도와 중앙아시아를 순례한 후 왕오천축국전을 남겼다.

▶ **아미타 신앙**
원효는 누구나 '나무아미타불'만 열심히 외우면 극락에 왕생할 수 있다고 가르쳤어요.

② 발해: 왕실과 귀족을 중심으로 불교가 발전함 → 수도 상경에서 많은 절터가 발굴됨

> **우리나라 화엄종의 개조, 의상**
> 의상은 19세 때 출가 후 당에 유학하여 화엄 사상을 공부했어요. 귀국 후에는 양양 낙산사와 영주 부석사 등을 창건하였고, 화엄 사상을 바탕으로 조화를 강조하면서 많은 제자를 양성하였어요.

시험에 나오는 사료 원효와 의상의 사상

- 일심이란 사람의 마음, 즉 사람의 주관적인 의식을 가리키지 않는다. 그것은 세계의 원을 이루면서 자연과 사회와 사람을 뛰어넘는 절대적인 정신 실체를 가리킨다. → 원효
  - 『십문화쟁론』 -
- 하나 속에 모두가 있고 모든 것 속에 하나가 있다. 하나가 곧 모두이며, 모두가 곧 하나이다. 한 작은 티끌 속에 우주 만물을 머금고 티끌 속이 또한 이와 같다. → 의상
  - 「화엄일승법계도」 -

(2) 선종과 풍수지리설

① 선종 ┌ 신라 말 유행
- 특징: 실천 수행 강조 → 정신 수양을 통해 마음속에 내재된 깨달음을 얻을 수 있음, 참선 중시
- 발전: 지방의 호족 세력과 결탁하여 각 지방에 근거지 마련 → 9산 선문 성립
  └ 신라 말 호족의 지원을 받아 확산된 선종 불교의 대표적인 9개 종파
- 영향: 지방 문화의 근거지 역할, 고려 건국의 사상적 바탕 마련

② 풍수지리설
- 신라 말 도선 등 선종 승려들에 의해 중국에서 유행한 풍수지리설이 전래됨
- 산세와 수세를 살펴 도읍, 주택, 묘지 등을 선정하는 이론으로, 경주 중심의 지리 개념에서 탈피하는 계기가 됨

5 남북국의 문화유산

(1) 과학 기술의 발달

① 목판 인쇄술: 경주 불국사 3층 석탑(석가탑)에서 발견된 「무구정광대다라니경」(8세기 제작)
  └ 현존 세계 최고(最古)의 목판 인쇄물
② 금속 기술: 성덕대왕 신종, 상원사 동종 등 뛰어난 범종이 제작됨

(2) 고분

① 통일 신라
- 불교 사상의 발전으로 화장이 유행함 → 문무왕릉(호국적 성격, 수중릉)
- 굴식 돌방무덤(둘레돌, 12지신상)이 주로 만들어짐 → 김유신 묘, 경주 원성왕릉(괘릉)

② 발해
- 정혜 공주 묘: 굴식 돌방무덤, 모줄임천장 구조, 돌사자상 → 고구려 양식 계승
- 정효 공주 묘: 벽돌무덤 양식·벽화(당의 영향), 묘지석의 도교적 표현, 고구려 양식의 천장 구조

> **최빈출 핵심 선지**
> - 경주 불국사 3층 석탑에서 현존 최고(最古)의 목판 인쇄물인 무구정광대다라니경이 발견되었다.
> - 신라의 굴식 돌방무덤인 김유신 묘의 둘레돌에 12지 신상이 새겨져 있다.
> - 발해의 정혜 공주 묘는 굴식 돌방무덤이다.
> - 발해의 정효 공주 묘는 벽돌무덤으로 만들어졌다.
> - 신라는 통일 이후 불국토를 만들고자 한 염원을 담아 불국사와 석굴암을 건립하였다.
> - 발해의 수도 상경성은 당의 수도 장안을 본떠 만들었는데, 주작대로가 있었다.

(3) 건축과 탑

① 통일 신라 ─ 경덕왕 때 김대성이 건립
- 불국사·석굴암: 이상적인 불국토의 모습을 표현함, 유네스코 세계 유산
- 동궁과 월지(안압지): 월지는 문무왕 때 조성된 것으로 추정되는 인공 연못, 나무로 만든 14면체 주사위가 출토됨
- 석탑: 경주 감은사지 동·서 3층 석탑, 경주 불국사 3층 석탑(석가탑), 경주 불국사 다보탑, 구례 화엄사 4사자 3층 석탑, 안동 법흥사지 7층 전탑
- 신라 말: 기단·탑신에 부조로 불상을 새긴 탑이 등장함(양양 진전사지 3층 석탑), 승탑과 탑비 유행(선종의 영향, 화순 쌍봉사 철감선사탑이 대표적) ─ 궁궐의 남문과 외성의 남문을 직선으로 연결하는 큰 길

② 발해: 영광탑(벽돌탑), 당의 수도인 장안을 모방하여 상경 건설(주작 대로)

▲ 경주 감은사지 3층 석탑

▲ 경주 불국사 3층 석탑(석가탑)

▲ 경주 불국사 다보탑

▲ 구례 화엄사 4사자 3층 석탑

▲ 안동 법흥사지 7층 전탑

▲ 양양 진전사지 3층 석탑

▲ 화순 쌍봉사 철감선사탑

▲ 발해 영광탑

(4) 불상과 공예

① 통일 신라: 석굴암(본존불상, 보살상), 경산 팔공산 관봉 석조여래좌상, 법주사 쌍사자 석등, 성덕대왕신종의 비천상, 상원사 동종 ─ 경주 토함산에 만든 인공 석굴 사원

② 발해: 이불병좌상, 벽돌과 기와 무늬(고구려 영향), 발해 석등, 돌사자상, 발해 치미
  └ 두 부처가 나란히 앉아 있는 모습의 불상

▲ 경주 석굴암 본존불상

▲ 경산 팔공산 관봉 석조여래좌상

▲ 발해 이불병좌상

▲ 발해 석등

▲ 발해 돌사자상

▲ 발해 치미

02~05강 삼국 시대~남북국 시대

02강 ① 고구려의 성장과 발전

대표기출문제

01 (가) 왕의 업적으로 옳은 것은? [심화 56회]

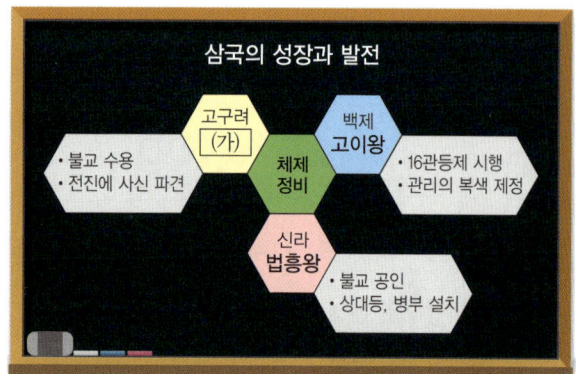

① 도읍을 국내성에서 평양으로 옮겼다.
② 태학을 설립하여 인재를 양성하였다.
③ 서안평을 공격하여 영토를 확장하였다.
④ 연가라는 독자적인 연호를 사용하였다.
⑤ 신라에 군대를 파견하여 왜를 격퇴하였다.

02 (가), (나) 사이의 시기에 있었던 사실로 옳은 것은? [고급 45회]

> (가) 왕이 태자와 함께 정예군 3만 명을 거느리고 고구려를 침범하여 평양성을 공격하였다. 고구려 왕 사유(斯由)가 필사적으로 항전하다가 날아오는 화살에 맞아 죽었다. 왕이 병사를 이끌고 물러났다.
> - 『삼국사기』 -
>
> (나) 고구려 왕 거련(巨璉)이 병사 3만 명을 거느리고 와서 한성을 포위하였다. …… 왕은 상황이 어렵게 되자 어찌할 바를 모르다가 기병 수십 명을 거느리고 성문을 나가 서쪽으로 달아났는데, 고구려 병사가 추격하여 왕을 살해하였다.
> - 『삼국사기』 -

① 신라의 법흥왕이 불교를 공인하였다.
② 백제의 문주왕이 웅진으로 천도하였다.
③ 고구려의 태조왕이 옥저를 복속시켰다.
④ 고구려의 광개토 대왕이 백제를 공격하였다.
⑤ 백제와 고구려가 동맹을 맺고 신라에 대항하였다.

03 다음 상황이 전개된 배경으로 옳은 것은? [심화 58회]

① 법흥왕이 금관가야를 병합하였다.
② 장수왕이 한성을 공격하여 함락시켰다.
③ 김유신이 비담과 염종의 반란을 진압하였다.
④ 영양왕이 온달을 보내 아단성을 공격하였다.
⑤ 김춘추가 당으로 건너가 군사 동맹을 성사시켰다.

04 (가)~(다)를 일어난 순서대로 옳게 나열한 것은? [심화 53회]

> (가) 온달이 왕에게 아뢰기를, "신라가 한강 이북 땅을 빼앗아 군현으로 삼았습니다. …… 저에게 군사를 주신다면 단번에 우리 땅을 반드시 되찾겠습니다."라고 하였다.
>
> (나) 10월에 백제 왕이 병력 3만 명을 거느리고 평양성을 공격해 왔다. 왕이 군대를 내어 막다가 날아온 화살에 맞아 이달 23일에 서거하였다.
>
> (다) 9월에 왕이 병력 3만 명을 거느리고 백제를 침략하여 도읍 한성을 함락하였다. 백제 왕 부여경을 죽이고 남녀 8천 명을 포로로 잡아 돌아왔다.

① (가) - (나) - (다)   ② (가) - (다) - (나)
③ (나) - (가) - (다)   ④ (나) - (다) - (가)
⑤ (다) - (나) - (가)

01 고구려의 성장

자료의 '불교 수용', '전진에 사신 파견' 등을 통해 (가) 왕이 고구려 소수림왕임을 알 수 있다.
소수림왕은 중국의 전진으로부터 불교를 수용하였고, 유학 교육 기관인 태학을 설립하여 인재를 양성하였다. 또한 율령을 반포하여 중앙 집권적 국가 체제를 정비하였다.

> **선지분석**

① 도읍을 국내성에서 평양으로 옮겼다.
  ➡ 장수왕에 대한 설명이다.
✓ 태학을 설립하여 인재를 양성하였다.
  ➡ 소수림왕은 중앙에 유학 교육 기관인 태학을 설립하여 인재를 양성하였다.
③ 서안평을 공격하여 영토를 확장하였다.
  ➡ 미천왕에 대한 설명이다.
④ 연가라는 독자적인 연호를 사용하였다.
  ➡ 안원왕의 연호로 추정된다.
⑤ 신라에 군대를 파견하여 왜를 격퇴하였다.
  ➡ 광개토 대왕에 대한 설명이다.

02 고구려의 발전

(가) 고구려왕 사유(고국원왕)가 평양성에서 전사하였다는 것을 통해 4세기 백제 근초고왕이 고국원왕을 전사시킨 것과 관련된 것임을 알 수 있다.
(나) 한성을 공격한 고구려왕 거련(장수왕)에 의해 왕이 살해당했다는 것을 통해 5세기 고구려 장수왕이 한성을 공격하여 백제 개로왕을 전사시킨 것과 관련된 것임을 알 수 있다.

> **선지분석**

① 신라의 법흥왕이 불교를 공인하였다.
  ➡ 6세기의 사실이다.
② 백제의 문주왕이 웅진으로 천도하였다.
  ➡ 5세기 장수왕의 공격 이후의 사실이다.
③ 고구려의 태조왕이 옥저를 복속시켰다.
  ➡ 1세기의 사실이다.
✓ 고구려의 광개토 대왕이 백제를 공격하였다.
  ➡ 고구려 장수왕의 아버지인 광개토 대왕은 4세기 말 백제를 공격하였다.
⑤ 백제와 고구려가 동맹을 맺고 신라에 대항하였다.
  ➡ 7세기의 사실이다.

03 고구려의 발전

자료의 '동성왕', '혼인' 등을 통해 신라와 백제의 혼인 동맹에 대한 자료임을 알 수 있다.
장수왕이 427년 평양으로 천도하면서 남진 정책을 추진하자, 백제와 신라는 433년에 동맹을 체결하였다. 그러나 475년, 장수왕의 공격으로 백제 개로왕이 전사하고 수도 한성도 함락되어 문주왕은 웅진으로 천도하였다. 이후 백제 동성왕은 493년에 신라와 혼인 동맹을 맺었다.

> **선지분석**

① 법흥왕이 금관가야를 병합하였다.
  ➡ 532년의 사실이다.
✓ 장수왕이 한성을 공격하여 함락시켰다.
  ➡ 고구려 장수왕의 남진에 대항하여 백제와 신라는 혼인 동맹을 맺었다.
③ 김유신이 비담과 염종의 반란을 진압하였다.
  ➡ 647년의 사실이다.
④ 영양왕이 온달을 보내 아단성을 공격하였다.
  ➡ 590년의 사실이다.
⑤ 김춘추가 당으로 건너가 군사 동맹을 성사시켰다.
  ➡ 648년의 사실이다.

04 고구려의 발전

(가) '온달', '한강 이북의 땅을 되찾겠습니다'를 통해 6세기 고구려가 백제와 신라에게 한강 유역을 빼앗긴 후의 사료임을 알 수 있다.
(나) '백제 왕이 평양성을 공격', '왕이 서거' 등을 통해 4세기 백제 근초고왕의 공격으로 고구려 고국원왕이 전사한 상황에 대한 사료임을 알 수 있다.
(다) '백제를 침략하여 한성을 함락', '백제 왕 부여경을 죽이고'를 통해 5세기 고구려 장수왕의 한강 공격과 백제 개로왕의 죽음에 대한 사료임을 알 수 있다.

> **선지분석**

① (가) – (나) – (다)
② (가) – (다) – (나)
③ (나) – (가) – (다)
✓ (나) – (다) – (가)
  ➡ 일어난 순서대로 나열하면 (나) – (다) – (가)이다.
⑤ (다) – (나) – (가)

> **정답** 01 ② 02 ④ 03 ② 04 ④

02강 ② 백제의 발전과 중흥

01 (가) 왕의 업적으로 옳은 것은? [심화 57회]

① 익산에 미륵사를 창건하였다.
② 사비로 천도하고 국호를 남부여로 고쳤다.
③ 지방에 22담로를 두어 왕족을 파견하였다.
④ 평양성을 공격하여 고국원왕을 전사시켰다.
⑤ 동진에서 온 마라난타를 통해 불교를 수용하였다.

02 (가) 왕의 재위 기간에 있었던 사실로 옳은 것은? [심화 53회]

① 익산에 미륵사를 창건하였다.
② 중국 남조의 양과 교류하였다.
③ 고흥에게 서기를 편찬하게 하였다.
④ 마라난타를 통해 불교를 수용하였다.
⑤ 사비로 천도하고 행정 조직을 재정비하였다.

03 (가), (나) 사이의 시기에 있었던 사실로 옳은 것은? [심화 55회]

(가) 고구려 병사는 비록 물러갔으나 성이 파괴되고 왕이 죽어서 [문주가] 왕위에 올랐다. …… 겨울 10월, 웅진으로 도읍을 옮겼다.
– 『삼국사기』 –

(나) 왕이 신라를 습격하고자 몸소 보병과 기병 50명을 거느리고 밤에 구천(狗川)에 이르렀는데, 신라 복병을 만나 그들과 싸우다가 살해되었다.
– 『삼국사기』 –

① 익산에 미륵사가 창건되었다.
② 흑치상지가 임존성에서 군사를 일으켰다.
③ 동진에서 온 마라난타를 통해 불교가 수용되었다.
④ 지방을 통제하기 위하여 22담로에 왕족이 파견되었다.
⑤ 계백이 이끄는 결사대가 황산벌에서 신라군에 맞서 싸웠다.

04 밑줄 그은 '이 왕'의 업적으로 옳은 것은? [심화 50회]

① 익산에 미륵사를 창건하였다.
② 동진으로부터 불교를 수용하였다.
③ 윤충을 보내 대야성을 함락하였다.
④ 고흥에게 서기를 편찬하게 하였다.
⑤ 진흥왕과 연합하여 한강 하류 지역을 되찾았다.

01 백제의 중흥 노력

자료의 '양나라에 국서', '남조의 영향을 받아 벽돌로 축조한 무덤'을 통해 (가) 왕이 백제 무령왕임을 알 수 있다.
무령왕은 전국 22담로에 왕족을 파견하여 지방에 대한 통제력을 강화하고 왕권을 안정시켰다. 또한 중국 남조의 양과도 활발히 교류하였다.

▶ 선지분석

① 익산에 미륵사를 창건하였다.
　➡ 무왕에 대한 설명이다.
② 사비로 천도하고 국호를 남부여로 고쳤다.
　➡ 성왕에 대한 설명이다.
✓ 지방에 22담로를 두어 왕족을 파견하였다.
　➡ 무령왕은 22담로에 왕족을 파견하여 지방에 대한 통제력을 강화하였다.
④ 평양성을 공격하여 고국원왕을 전사시켰다.
　➡ 근초고왕에 대한 설명이다.
⑤ 동진에서 온 마라난타를 통해 불교를 수용하였다.
　➡ 침류왕에 대한 설명이다.

02 백제의 중흥 노력

자료에서 '백제 제25대 왕'이라고 한 점, 이 왕이 '22담로에 왕족을 파견'하였다고 한 점 등을 통해 (가) 왕이 백제 무령왕임을 알 수 있다.

▶ 선지분석

① 익산에 미륵사를 창건하였다.
　➡ 무왕에 대한 설명이다.
✓ 중국 남조의 양과 교류하였다.
　➡ 무령왕은 중국 남조의 양에 사신을 파견하여 선진 문물을 받아들이고 대외 관계의 안정을 꾀하였다.
③ 고흥에게 서기를 편찬하게 하였다.
　➡ 근초고왕에 대한 설명이다.
④ 마라난타를 통해 불교를 수용하였다.
　➡ 침류왕에 대한 설명이다.
⑤ 사비로 천도하고 행정 조직을 재정비하였다.
　➡ 성왕에 대한 설명이다.

03 백제의 중흥 노력

(가) 웅진으로 도읍을 옮겼다는 점을 통해 백제의 웅진 천도(475)와 관련된 사료임을 알 수 있다.
(나) 왕이 신라를 습격하려다 신라 복병을 만나 살해되었다는 점을 통해 관산성 전투(554)와 관련된 사료임을 알 수 있다.

▶ 선지분석

① 익산에 미륵사가 창건되었다.
　➡ 7세기 전반에 무왕은 오늘날 익산 지역인 금마저에 미륵사를 창건하였다. (나) 이후의 사실이다.
② 흑치상지가 임존성에서 군사를 일으켰다.
　➡ 660년에 백제가 멸망한 이후 흑치상지는 임존성에서 군사를 일으켜 백제 부흥 운동을 전개하였다. (나) 이후의 사실이다.
③ 동진에서 온 마라난타를 통해 불교가 수용되었다.
　➡ 4세기 후반에 침류왕은 동진에서 온 마라난타를 통해 불교를 수용하였다. (가) 이전의 사실이다.
✓ 지방을 통제하기 위하여 22담로에 왕족이 파견되었다.
　➡ 6세기 전반에 무령왕은 22담로에 왕족을 파견하여 지방에 대한 통제력을 강화하고자 하였다.
⑤ 계백이 이끄는 결사대가 황산벌에서 신라군에 맞서 싸웠다.
　➡ 7세기 중반 백제 의자왕 때 계백은 군대를 이끌고 황산벌에서 김유신이 이끄는 신라군에 맞서 결사 항전하였다(황산벌 전투, 660). 이 전투에서 패한 백제는 사비성이 함락되면서 멸망하였다. (나) 이후의 사실이다.

04 백제의 중흥 노력

자료에서 능산리 절터가 관산성에서 전사한 왕의 명복을 빌기 위하여 조성되었다는 것임을 알 수 있다고 한 점을 통해 밑줄 그은 '이 왕'이 백제 성왕임을 알 수 있다.

▶ 선지분석

① 익산에 미륵사를 창건하였다.
　➡ 무왕에 대한 설명이다.
② 동진으로부터 불교를 수용하였다.
　➡ 침류왕에 대한 설명이다.
③ 윤충을 보내 대야성을 함락하였다.
　➡ 의자왕에 대한 설명이다.
④ 고흥에게 서기를 편찬하게 하였다.
　➡ 근초고왕에 대한 설명이다.
✓ 진흥왕과 연합하여 한강 하류 지역을 되찾았다.
　➡ 성왕에 대한 설명이다.

▶ 정답　01 ③　02 ②　03 ④　04 ⑤

02~05강 삼국 시대~남북국 시대

02③ 신라의 성장과 발전

대표기출문제

01 밑줄 그은 '왕'의 업적으로 옳은 것은? [심화 51회]

> 여러 신하들이 아뢰기를 "…… 신(新)은 '덕업이 날로 새로워진다'는 뜻이고, 라(羅)는 '사방(四方)을 망라한다'는 뜻이므로 이를 나라 이름으로 삼는 것이 마땅하다고 여겨집니다. 또 살펴보건대 옛날부터 국가를 가진 이는 모두 제(帝)나 왕(王)을 칭하였는데, 우리 시조께서 나라를 세운 지 지금 22대에 이르기까지 방언으로만 부르고 높이는 호칭을 정하지 못하였으니, 이제 여러 신하들이 한마음으로 삼가 신라국왕(新羅國王)이라는 칭호를 올립니다."라고 하였다. 왕이 이를 따랐다.
> ― 『삼국사기』 ―

① 병부를 설치하고 율령을 반포하였다.
② 이사부를 보내 우산국을 복속시켰다.
③ 대가야를 병합하여 영토를 확장하였다.
④ 국학을 설립하여 유학 교육을 진흥시켰다.
⑤ 자장의 건의로 황룡사 9층 목탑을 건립하였다.

03 다음 검색창에 들어갈 왕에 대한 설명으로 옳은 것은? [심화 52회]

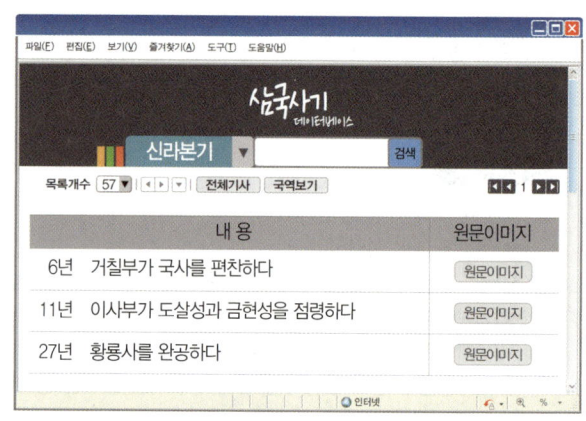

① 불국사 삼층 석탑을 건립하였다.
② 첨성대를 세워 천체를 관측하였다.
③ 마운령, 황초령 등에 순수비를 세웠다.
④ 금관가야를 복속하여 영토를 확대하였다.
⑤ 시장을 감독하는 관청인 동시전을 설치하였다.

02 밑줄 그은 '왕'의 업적으로 옳은 것은? [심화 49회]

금관국의 김구해가 세 아들과 함께 나라의 보물을 가지고 와서 항복하였다고 하네.

나도 들었네. 우리 왕께서 그들을 예로써 대접하여 높은 벼슬을 주고, 그가 다스리던 금관국을 식읍으로 삼게 하였다는군.

① 관료전을 지급하고 녹읍을 폐지하였다.
② 건원이라는 독자적인 연호를 제정하였다.
③ 지방에 22담로를 두어 왕족을 파견하였다.
④ 독서삼품과를 시행하여 인재를 등용하였다.
⑤ 자장의 건의로 황룡사 9층 목탑을 건립하였다.

04 밑줄 그은 '왕'의 재위 시기에 있었던 사실로 옳은 것은? [심화 47회]

> ○ 왕이 다시 명령을 내려 좋은 가문 출신의 남자로서 덕행이 있는 자를 뽑아 명칭을 고쳐서 화랑이라고 하였다. 처음으로 설원랑을 받들어 국선(國仙)으로 삼으니, 이것이 화랑 국선의 시초이다.
> ― 『삼국유사』 ―
>
> ○ 왕이 이찬 이사부에게 명령하여 가라국(加羅國)을 습격하게 하였다. 이때 사다함은 나이가 15~16세였는데 종군하기를 청하였다. …… 그 나라 사람들은 뜻하지 않은 병사들의 습격에 놀라 막아내지 못하였다. 대군이 승세를 타서 마침내 그 나라를 멸망시켰다.
> ― 『삼국사기』 ―

① 거칠부가 국사를 편찬하였다.
② 김헌창이 웅천주에서 반란을 일으켰다.
③ 이차돈의 순교를 계기로 불교가 공인되었다.
④ 최고 지배자의 호칭이 마립간으로 바뀌었다.
⑤ 자장의 건의로 황룡사 9층 목탑이 건립되었다.

01 신라의 발전

자료에서 신라를 나라 이름으로 정했다는 점, '신라국왕'이라는 칭호를 올린다는 점을 통해 밑줄 그은 '왕'이 신라 지증왕임을 알 수 있다.

> **선지분석**

① 병부를 설치하고 율령을 반포하였다.
   ➡ 법흥왕에 대한 설명이다.
✓ 이사부를 보내 우산국을 복속시켰다.
   ➡ 지증왕은 이사부를 보내 우산국을 정벌하였다.
③ 대가야를 병합하여 영토를 확장하였다.
   ➡ 진흥왕에 대한 설명이다.
④ 국학을 설립하여 유학 교육을 진흥시켰다.
   ➡ 신문왕에 대한 설명이다.
⑤ 자장의 건의로 황룡사 9층 목탑을 건립하였다.
   ➡ 선덕 여왕에 대한 설명이다.

02 신라의 발전

자료의 '금관국', '김구해' 등을 통해 금관가야가 신라 법흥왕에게 항복한 사건에 대한 대화임을 알 수 있다. 따라서 밑줄 그은 '왕'이 신라 법흥왕임을 알 수 있다.

> **선지분석**

① 관료전을 지급하고 녹읍을 폐지하였다.
   ➡ 신문왕에 대한 설명이다.
✓ 건원이라는 독자적인 연호를 제정하였다.
   ➡ 법흥왕은 이차돈의 순교를 계기로 불교를 공인하였다. 또한, 율령을 반포하였고 '건원'이라는 독자적인 연호를 사용하였다.
③ 지방에 22담로를 두어 왕족을 파견하였다.
   ➡ 무령왕에 대한 설명이다.
④ 독서삼품과를 시행하여 인재를 등용하였다.
   ➡ 원성왕에 대한 설명이다.
⑤ 자장의 건의로 황룡사 9층 목탑을 건립하였다.
   ➡ 선덕 여왕에 대한 설명이다.

03 신라의 발전

자료에서 거칠부가 국사를 편찬하였다는 점, 황룡사를 완공하였다는 점 등을 통해 검색창에 들어갈 왕이 신라 진흥왕임을 알 수 있다.

진흥왕은 백제와 함께 고구려를 공격하여 한강 상류 지역을 점령하였고, 이어서 한강 하류 지역까지 차지하였다. 나아가 대가야를 정복하고 북쪽으로는 함흥평야까지 진출하였다.

> **선지분석**

① 불국사 삼층 석탑을 건립하였다.
   ➡ 경덕왕 때 세워진 것으로 추정된다.
② 첨성대를 세워 천체를 관측하였다.
   ➡ 선덕 여왕에 대한 설명이다.
✓ 마운령, 황초령 등에 순수비를 세웠다.
   ➡ 진흥왕은 함흥평야까지 진출한 것을 기념하고자 마운령, 황초령 등지에 순수비를 세웠다.
④ 금관가야를 복속하여 영토를 확대하였다.
   ➡ 법흥왕에 대한 설명이다.
⑤ 시장을 감독하는 관청인 동시전을 설치하였다.
   ➡ 지증왕에 대한 설명이다.

04 신라의 발전

자료에서 왕이 화랑을 뽑았다는 점, 이사부로 하여금 가라국(가야)를 공격하여 멸망시켰다는 점을 통해 밑줄 그은 '왕'이 신라 진흥왕임을 알 수 있다.

> **선지분석**

✓ 거칠부가 국사를 편찬하였다.
   ➡ 진흥왕은 거칠부로 하여금 『국사』를 편찬하게 하였다.
② 김헌창이 웅천주에서 반란을 일으켰다.
   ➡ 헌덕왕 때의 설명이다.
③ 이차돈의 순교를 계기로 불교가 공인되었다.
   ➡ 법흥왕에 대한 설명이다.
④ 최고 지배자의 호칭이 마립간으로 바뀌었다.
   ➡ 내물 마립간에 대한 설명이다.
⑤ 자장의 건의로 황룡사 9층 목탑이 건립되었다.
   ➡ 선덕 여왕에 대한 설명이다.

> **정답**   01 ②   02 ②   03 ③   04 ①

02~05강 삼국 시대~남북국 시대

02강 ④ 가야의 발전·삼국의 통치 체제

대표기출문제

01 (가) 나라에 대한 설명으로 옳은 것은? [심화 50회]

문화재청이 김해 대성동과 양동리 고분에서 출토된 목걸이 3점에 대해 보물 지정을 예고했습니다. 이 유물은 김수로왕이 건국했다고 전해지는 [(가)] 의 수준 높은 공예 기술을 보여 줍니다. 또한 출토지가 명확하고 보존 상태가 온전하여 학술 및 예술적 가치가 높은 것으로 평가됩니다.

대성동과 양동리 출토 목걸이, 보물로 지정 예고

① 골품에 따라 관등 승진에 제한이 있었다.
② 만장일치제로 운영된 화백 회의가 있었다.
③ 여러 가(加)들이 별도로 사출도를 주관하였다.
④ 박, 석, 김의 3성이 교대로 왕위를 계승하였다.
⑤ 철이 많이 생산되어 낙랑과 왜 등에 수출하였다.

02 (가) 나라에 대한 탐구 활동으로 가장 적절한 것은? [심화 54회]

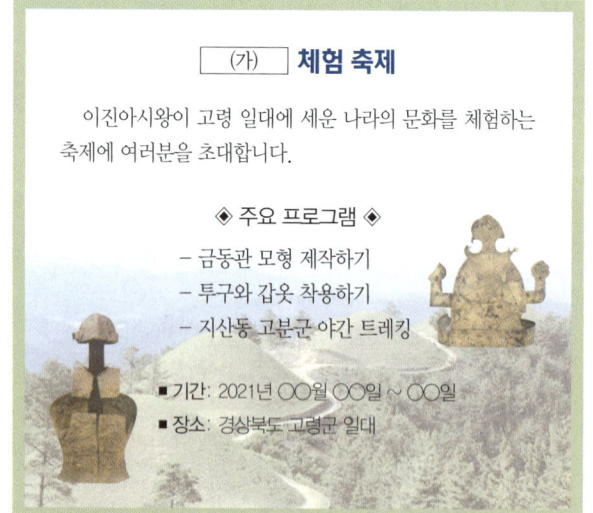

[(가)] 체험 축제

이진아시왕이 고령 일대에 세운 나라의 문화를 체험하는 축제에 여러분을 초대합니다.

◆ 주요 프로그램 ◆
- 금동관 모형 제작하기
- 투구와 갑옷 착용하기
- 지산동 고분군 야간 트레킹

■ 기간: 2021년 ○○월 ○○일 ~ ○○일
■ 장소: 경상북도 고령군 일대

① 범금 8조의 의미를 살펴본다.
② 임신서기석의 내용을 분석한다.
③ 안동도호부가 설치된 경위를 찾아본다.
④ 22담로에 왕족이 파견된 목적을 알아본다.
⑤ 가야 연맹의 중심지가 이동한 과정을 조사한다.

03 (가)에 해당하는 나라에 대한 설명으로 옳은 것은? [심화 52회]

문화재청은 [(가)] 고분군의 유네스코 세계 유산 등재를 추진한다고 밝혔습니다. 여기에는 김해 대성동, 고령 지산동, 함안 말이산 등 7개 고분군이 포함되어 있습니다.

[(가)] 고분군, 유네스코 세계 유산 등재 추진

① 22담로에 왕족을 파견하였다.
② 집사부를 비롯한 14부를 두었다.
③ 집집마다 부경이라는 창고가 있었다.
④ 백강에서 왜군과 함께 당군에 맞서 싸웠다.
⑤ 철이 많이 생산되어 낙랑, 왜 등에 수출하였다.

04 (가), (나) 국가의 사회 모습에 대한 설명으로 옳은 것은? [심화 63회]

(가) 왕의 성은 부여씨이고, [왕을] '어라하'라고 하며 백성들은 '건길지'라고 부른다. 모두 중국 말로 왕이라는 뜻이다. …… 도성에는 1만 가(家)가 거주하며 5부로 나뉘는데 상부·전부·중부·하부·후부라고 하며, 각각 5백 명의 군사를 거느린다. [지방의] 5방에는 각기 방령 1인을 두는데 달솔로 임명하고, 군에는 군장(郡將) 3인이 있으니 덕솔로 임명한다.
- 『주서』 -

(나) 60개의 주현이 있으며, 큰 성에는 녹살 1인을 두는데 도독과 비슷하다. 나머지 성에는 처려근지를 두는데 도사라고도 하며, 자사와 비슷하다. …… [수도는] 5부로 나뉘어 있다.
- 『신당서』 -

① (가) - 사회 질서를 유지하기 위해 범금 8조를 두었다.
② (가) - 거란도, 일본도 등을 통해 주변 국가와 교류하였다.
③ (나) - 태학과 경당을 두어 인재를 양성하였다.
④ (나) - 정사암 회의에서 국가 중대사를 논의하였다.
⑤ (가), (나) - 골품에 따라 관등 승진에 제한이 있었다.

01 가야의 성립과 발전

자료에서 김해 대성동과 양동리 고분에서 유물이 출토되었다는 점, 김수로왕이 건국하였다고 전해지는 나라라는 점 등을 통해 (가) 나라가 금관가야임을 알 수 있다.
전기 가야 연맹의 맹주국인 금관가야는 풍부한 철 생산과 해상 교역에 유리한 위치를 바탕으로 낙랑과 왜 사이의 중계 무역을 통해 번성하였다.

▶ 선지분석
① 골품에 따라 관등 승진에 제한이 있었다.
  ➡ 신라에 대한 설명이다.
② 만장일치제로 운영된 화백 회의가 있었다.
  ➡ 신라에 대한 설명이다.
③ 여러 가(加)들이 별도로 사출도를 주관하였다.
  ➡ 부여에 대한 설명이다.
④ 박, 석, 김의 3성이 교대로 왕위를 계승하였다.
  ➡ 신라에 대한 설명이다.
✓ 철이 많이 생산되어 낙랑과 왜 등에 수출하였다.
  ➡ 금관가야는 질 좋은 철이 많이 생산되어 철을 낙랑과 왜에 수출하였다.

02 가야의 성립과 발전

자료에서 이진아시왕이 고령 일대에 세운 나라라는 점, 지산동 고분군과 여러 철제 유물이 제시된 점을 통해 (가) 나라가 대가야임을 알 수 있다.
금관가야가 고구려의 공격을 받아 연맹의 주도권을 상실하자 대가야가 가야 연맹을 주도하였다. 하지만 신라 진흥왕의 공격으로 562년에 멸망하였다.

▶ 선지분석
① 범금 8조의 의미를 살펴본다.
  ➡ 고조선에 대한 주제이다.
② 임신서기석의 내용을 분석한다.
  ➡ 신라에 대한 주제이다.
③ 안동도호부가 설치된 경위를 찾아본다.
  ➡ 당이 옛 고구려 땅에 설치했던 안동도호부에 대한 주제이다.
④ 22담로에 왕족이 파견된 목적을 알아본다.
  ➡ 백제에 대한 주제이다.
✓ 가야 연맹의 중심지가 이동한 과정을 조사한다.
  ➡ 400년 고구려 광개토 대왕의 공격으로 금관가야(김해)가 타격을 입자, 가야 연맹의 중심지가 대가야(고령)로 이동하였다.

03 가야의 성립과 발전

자료에서 김해 대성동 고분군, 고령 지산동 고분군이 제시된 점 등을 통해 (가)에 해당하는 나라가 가야임을 알 수 있다.

▶ 선지분석
① 22담로에 왕족을 파견하였다.
  ➡ 백제에 대한 설명이다.
② 집사부를 비롯한 14부를 두었다.
  ➡ 신라에 대한 설명이다.
③ 집집마다 부경이라는 창고가 있었다.
  ➡ 고구려에 대한 설명이다.
④ 백강에서 왜군과 함께 당군에 맞서 싸웠다.
  ➡ 백제 부흥 세력에 대한 설명이다.
✓ 철이 많이 생산되어 낙랑, 왜 등에 수출하였다.
  ➡ 가야는 질 좋은 철이 많이 생산되어 낙랑과 왜 등지에 수출하였다.

04 삼국의 통치 체제

부여씨를 통해 (가) 국가는 백제임을, 녹살, 처려근지, 5부를 통해 (나) 국가는 고구려임을 알 수 있다.

▶ 선지분석
① (가) - 사회 질서를 유지하기 위해 범금 8조를 두었다.
  ➡ 고조선은 범금 8조(8조법)를 두어 사회 질서를 유지하였다.
② (가) - 거란도, 일본도 등을 통해 주변 국가와 교류하였다.
  ➡ 발해는 거란도, 영주도, 일본도, 신라도 등의 교통로를 통해 주변 국가들과 교류하였다.
✓ (나) - 태학과 경당을 두어 인재를 양성하였다.
  ➡ 고구려는 교육 기관으로 수도에 태학, 지방에 경당을 두어 인재를 양성하였다.
④ (나) - 정사암 회의에서 국가 중대사를 논의하였다.
  ➡ 백제에서는 귀족들이 정사암 회의를 열어 국가 중대사를 논의하였다.
⑤ (가), (나) - 골품에 따라 관등 승진에 제한이 있었다.
  ➡ 신라의 골품제는 골품에 따라 관등 승진에 제한을 두고 일상생활까지도 규제하는 폐쇄적인 신분 제도였다.

▶ 정답   01 ⑤   02 ⑤   03 ⑤   04 ③

02~05강 삼국 시대~남북국 시대

03강 ① 고구려의 대외 항쟁과 신라의 삼국 통일

대표기출문제

01 (가), (나) 사이의 시기에 있었던 사실로 옳은 것은?
[심화 50회]

> (가) 고구려 왕 거련(巨璉)이 군사 3만 명을 이끌고 와서 왕도인 한성을 포위하였다. 왕이 성문을 닫고서 나가 싸우지 못하였다. 고구려 군사가 네 길로 나누어 협공하고, 바람을 타고 불을 놓아 성문을 불태웠다. 사람들이 매우 두려워하여 나가서 항복하려는 자들도 있었다. 왕이 어찌할 바를 몰라 수십 명의 기병을 거느리고 성문을 나가 서쪽으로 달아나니, 고구려 군사가 추격하여 왕을 해쳤다.
>
> (나) 여러 장수가 안시성을 공격하였다. …… 60일 동안 50만 명의 인력을 동원하여 밤낮으로 쉬지 않고 토산을 쌓았다. 토산의 정상은 성에서 몇 길 떨어져 있고 성 안을 내려다 볼 수 있었다. 도중에 토산이 허물어지면서 성을 덮치는 바람에 성벽의 일부가 무너졌다. …… 황제가 여러 장수에게 명하여 안시성을 공격하였으나, 3일이 지나도록 이길 수 없었다.

① 미천왕이 서안평을 점령하였다.
② 을지문덕이 살수에서 수의 군대를 물리쳤다.
③ 고국원왕이 백제의 평양성 공격으로 전사하였다.
④ 관구검이 이끄는 위의 군대가 고구려를 침략하였다.
⑤ 광개토 대왕이 군대를 보내 신라에 침입한 왜를 격퇴하였다.

02 (가), (나) 사이의 시기에 있었던 사실로 옳은 것은?
[심화 58회]

> (가) 백제의 남은 적군이 사비성으로 진입하여 항복해 살아남은 사람들을 붙잡아 가려고 하였으므로, 유수(留守) 유인원이 당과 신라 사람들을 보내 이를 쳐서 쫓아냈다. …… 당 황제가 좌위중랑장 왕문도를 웅진도독으로 삼았다.
>
> (나) 손인사, 유인원과 신라왕 김법민은 육군을 거느려 나아가고, 유인궤와 별수(別帥) 두상과 부여융은 수군과 군량을 실은 배를 거느리고 백강으로 가서 육군과 합세하여 주류성으로 갔다. 백강 어귀에서 왜국 군사를 만나 …… 그들의 배 4백척을 불살랐다.

① 사찬 시득이 기벌포에서 당군을 격파하였다.
② 의자왕이 윤충을 보내 대야성을 함락시켰다.
③ 복신과 도침이 부여풍을 왕으로 추대하였다.
④ 계백이 이끄는 군대가 황산벌에서 항전하였다.
⑤ 안승이 신라에 의해 보덕국왕으로 책봉되었다.

03 (가), (나) 사이의 시기에 있었던 사실로 옳은 것은?
[심화 54회]

> (가) 잔치를 크게 열어 장수와 병사들을 위로하였다. 왕과 [소]정방 및 여러 장수들은 당상(堂上)에 앉고, 의자와 그 아들 융은 당하(堂下)에 앉혔다. 때로 의자에게 술을 따르게 하니 백제의 좌평 등 여러 신하는 모두 목이 메어 울었다.
>
> (나) 사찬 시득이 수군을 거느리고 설인귀와 소부리주 기벌포에서 싸웠으나 잇달아 패배하였다. [시득은] 다시 진군하여 크고 작은 22번의 싸움에서 승리하고 4천여 명의 목을 베었다.
>
> - 『삼국사기』 -

① 고국원왕이 평양성에서 전사하였다.
② 성왕이 관산성 전투에서 피살되었다.
③ 김춘추가 당과의 군사 동맹을 성사시켰다.
④ 을지문덕이 살수에서 수의 군대를 물리쳤다.
⑤ 안승이 신라에 의해 보덕왕으로 임명되었다.

04 (가), (나) 사이의 시기에 있었던 사실로 옳은 것은?
[심화 56회]

> (가) 왕은 당과 신라 군사들이 이미 백강과 탄현을 지났다는 소식을 듣고 장군 계백에게 결사대 5천 명을 거느리고 황산으로 가서 신라 군사와 싸우게 하였다. 계백은 4번 싸워서 모두 이겼으나 군사가 적고 힘이 모자라서 마침내 패하였다.
>
> (나) 사찬 시득이 수군을 거느리고 소부리주 기벌포에서 설인귀와 싸웠는데 연이어 패배하였다. 그러나 이후 크고 작은 22번의 싸움에서 승리하여 4천여 명을 죽였다.

① 김흠돌이 반란을 꾀하다 처형되었다.
② 의자왕이 신라를 공격하여 대야성을 함락시켰다.
③ 을지문덕이 살수에서 수의 군대를 크게 물리쳤다.
④ 대조영이 고구려 유민을 이끌고 동모산에서 건국하였다.
⑤ 검모잠이 안승을 왕으로 추대하고 부흥 운동을 전개하였다.

대표기출해설

01 고구려의 대외 항쟁

- (가) 고구려의 왕 거련(장수왕)이 한성을 공격하여 백제의 왕(개로왕)을 해쳤다는 점을 통해 장수왕의 백제 공격(475)과 관련된 상황임을 알 수 있다.
- (나) 여러 장수가 안시성을 공격하였다는 점을 통해 안시성 전투(645)임을 알 수 있다.

> **선지분석**

① 미천왕이 서안평을 점령하였다.
  ➡ 311년(4세기)의 사실이다.
✓ 을지문덕이 살수에서 수의 군대를 물리쳤다.
  ➡ 을지문덕이 살수에서 수의 군대를 물리친 살수 대첩은 612년의 사실이다.
③ 고국원왕이 백제의 평양성 공격으로 전사하였다.
  ➡ 371년(4세기)의 사실이다.
④ 관구검이 이끄는 위의 군대가 고구려를 침략하였다.
  ➡ 3세기의 사실이다.
⑤ 광개토 대왕이 군대를 보내 신라에 침입한 왜를 격퇴하였다.
  ➡ 400년의 사실이다.

02 신라의 삼국 통일

- (가) '백제', '사비성', '웅진도독부' 등을 통해 나·당 동맹군에 의한 백제 멸망(660)에 대한 사료임을 알 수 있다.
- (나) '백강', '주류성', '왜국' 등을 통해 백제 부흥 운동 세력과 왜가 연합하여 백강에서 나·당 동맹군에 맞서 싸우고 있는 상황(663)임을 알 수 있다.

> **선지분석**

① 사찬 시득이 기벌포에서 당군을 격파하였다.
  ➡ 기벌포 전투(676)에 대한 설명이다.
② 의자왕이 윤충을 보내 대야성을 함락시켰다.
  ➡ 백제의 대야성 함락(642)에 대한 설명이다.
✓ 복신과 도침이 부여풍을 왕으로 추대하였다.
  ➡ 백제 부흥 운동(661)에 대한 설명이다.
④ 계백이 이끄는 군대가 황산벌에서 항전하였다.
  ➡ 황산벌 전투(660)에 대한 설명이다.
⑤ 안승이 신라에 의해 보덕국왕으로 책봉되었다.
  ➡ 고구려 멸망 후 신라의 고구려 부흥 운동 지원(674)에 대한 설명이다.

03 신라의 삼국 통일

- (가) 소정방, 의자(왕) 등을 통해 백제 멸망(660) 이후의 상황임을 알 수 있다.
- (나) 설인귀, 기벌포 등을 통해 신라가 기벌포 전투(676)에서 당군을 격파한 상황임을 알 수 있다.

> **선지분석**

① 고국원왕이 평양성에서 전사하였다.
  ➡ 371년의 사실이다.
② 성왕이 관산성 전투에서 피살되었다.
  ➡ 554년의 사실이다.
③ 김춘추가 당과의 군사 동맹을 성사시켰다.
  ➡ 648년의 사실이다.
④ 을지문덕이 살수에서 수의 군대를 물리쳤다.
  ➡ 612년의 사실이다.
✓ 안승이 신라에 의해 보덕왕으로 임명되었다.
  ➡ 674년의 사실이다.

04 신라의 삼국 통일

- (가) '당과 신라 군사', '계백', '황산' 등을 통해 황산벌 전투(660)에 대한 사료임을 알 수 있다.
- (나) '사찬 시득', '기벌포' 등을 통해 기벌포 전투(676)에 대한 사료임을 알 수 있다.

> **선지분석**

① 김흠돌이 반란을 꾀하다 처형되었다.
  ➡ 681년의 사실이다.
② 의자왕이 신라를 공격하여 대야성을 함락시켰다.
  ➡ 642년의 사실이다.
③ 을지문덕이 살수에서 수의 군대를 크게 물리쳤다.
  ➡ 612년의 사실이다.
④ 대조영이 고구려 유민을 이끌고 동모산에서 건국하였다.
  ➡ 698년의 사실이다.
✓ 검모잠이 안승을 왕으로 추대하고 부흥 운동을 전개하였다.
  ➡ 고구려 멸망 후인 670년, 검모잠은 안승을 왕으로 추대하고 부흥 운동을 전개하였다.

> **정답**   01 ②   02 ③   03 ⑤   04 ⑤

02~05강 삼국 시대~남북국 시대

03강② 삼국의 경제·사회·학문·종교·과학 기술

대표기출문제

01 (가)에 들어갈 내용으로 가장 적절한 것은? [심화 64회]

지금 보시는 자료는 안악 3호분 벽화 중 일부로, 무덤 주인공과 호위 군사 등의 행렬 모습을 자세히 보여 줍니다. 이 벽화를 남긴 나라에 대하여 알고 있는 내용을 대화창에 올려 주세요.

대화창
- 책을 읽고 활쏘기를 익히는 경당을 설치하였어요.
- 제가 회의에서 국가 중대사를 결정하였어요.
- (가)

① 연의 장수 진개의 공격을 받았어요.
② 골품에 따른 신분 차별이 엄격하였어요.
③ 빈민을 구제하기 위해 진대법을 실시하였어요.
④ 사회 질서를 유지하기 위한 범금 8조가 있었어요.
⑤ 왕족인 부여씨와 8성의 귀족이 지배층을 이루었어요.

02 강연자의 질문에 대한 청중의 답변으로 가장 적절한 것은? [심화 70회]

화면에 보이는 고구려의 사신도와 백제 산수무늬 벽돌은 신선 사상을 기반으로 불로장생을 추구하는 이 종교의 내용이 잘 표현된 문화유산입니다. 이 종교와 관련된 역사적 사실은 무엇이 있을까요?

강서대묘 사신도 중 현무도   산수무늬 벽돌

① 간경도감에서 경전이 간행되었습니다.
② 연개소문이 당에 도사 파견을 요청하였습니다.
③ 과거 시험의 교재로 사서집주가 채택되었습니다.
④ 범일이 9산 선문 중 하나인 사굴산문을 개창하였습니다.
⑤ 주요 경전의 이름이 새겨진 임신서기석이 만들어졌습니다.

03 다음 설명에 해당하는 문화유산으로 옳은 것은? [심화 47회]

이 문화유산은 국보로 부여 능산리 절터에서 출토되었습니다. 백제 왕실의 의례에 사용한 것으로 추정되는 이 유물은 도교와 불교의 요소가 복합적으로 표현된 걸작입니다.

①
②
③
④
⑤

01 삼국의 사회

자료의 '경당', '제가 회의' 등을 통해 (가)에는 고구려에 대한 내용이 들어가야 한다.

> **선지분석**

① 연의 장수 진개의 공격을 받았어요.
  ➡ 고조선은 기원전 4~3세기경 중국의 연과 대립할 정도로 성장하였고, 이 과정에서 연의 장수인 진개의 공격을 받기도 하였다.
② 골품에 따른 신분 차별이 엄격하였어요.
  ➡ 신라의 골품제는 골품에 따라 관등 승진에 제한을 두고 일상생활까지도 규제하는 폐쇄적인 신분 제도였다.
③ 빈민을 구제하기 위해 진대법을 실시하였어요. ✓
  ➡ 고구려 고국천왕은 을파소의 건의를 받아들여 빈민을 구제하기 위한 진대법을 시행하였다.
④ 사회 질서를 유지하기 위한 범금 8조가 있었어요.
  ➡ 고조선은 범금 8조(8조법)를 두어 사회 질서를 유지하였다.
⑤ 왕족인 부여씨와 8성의 귀족이 지배층을 이루었어요.
  ➡ 백제의 지배층은 왕족인 부여씨와 8성의 귀족으로 이루어졌다.

02 삼국의 종교

자료의 '사신도', '산수무늬 벽돌', '신선 사상을 기반으로 불로장생을 추구' 등을 통해 도교에 대한 내용임을 알 수 있다.

> **선지분석**

① 간경도감에서 경전이 간행되었습니다.
  ➡ 조선 전기에 세조는 불경의 번역과 판각을 관장하는 기관으로 간경도감을 설치하여 경전을 간행하는 등 불교를 후원하였다.
② 연개소문이 당에 도사 파견을 요청하였습니다. ✓
  ➡ 고구려 보장왕 때 연개소문은 도교의 발전을 위해 당에 도사 파견을 요청하였다.
③ 과거 시험의 교재로 사서집주가 채택되었습니다.
  ➡ 고려 후기에 보급된 성리학을 기반으로 세워진 조선은 과거 시험의 교재로 《사서집주》를 채택하였다.
④ 범일이 9산 선문 중 하나인 사굴산문을 개창하였습니다.
  ➡ 9산 선문은 신라 말 호족의 지원을 받아 확산된 선종 불교의 대표적인 9개 종파이다. 범일은 9산 선문 중 하나인 사굴산문을 개창하였다.
⑤ 주요 경전의 이름이 새겨진 임신서기석이 만들어졌습니다.
  ➡ 신라의 임신서기석에는 두 청년이 유교 경전 공부에 힘쓸 것을 다짐하는 내용이 새겨져 있어 신라에서 유학 교육이 실시되었음을 짐작할 수 있다.

03 삼국의 과학 기술

자료에서 부여 능산리 절터에서 출토되었다는 점, 도교와 불교의 요소가 복합적으로 표현되어 있다는 점 등을 통해 해당 문화유산이 백제 금동 대향로임을 알 수 있다.

> **선지분석**

① 백제 금동대향로 ✓
  ➡ 백제 금동대향로의 상단부에는 도교의 이상향을 만들어 놓았고, 하단부에는 용이 연꽃을 물고 있는 모양이 묘사되어 있어 도교와 불교의 요소가 혼합되어 있는 모습을 보여 준다.
② 도마 기마인물형 뿔잔
  ➡ 가야의 문화유산이다.
③ 무령왕릉 석수
  ➡ 백제의 문화유산이다.
④ 발해 돌사자상
  ➡ 발해의 문화유산이다.
⑤ 금관총 금관 및 금제 관식
  ➡ 신라의 문화유산이다.

> **정답** 01 ③   02 ②   03 ①

02~05강 삼국 시대~남북국 시대

03강③ 삼국의 문화

대표기출문제

01 밑줄 그은 '이 국가'의 벽화로 옳지 않은 것은? [심화 54회]

이 국가의 고분 벽화는 도읍이었던 지안과 평양 일대에 주로 남아 있는데, 일상생활과 풍속, 신앙과 의례를 묘사한 것으로 유명합니다. 이제 벽화 사진을 바탕으로 제작한 영상을 생생하게 만나 보세요.

①  ②  ③
④  ⑤

02 (가)에 해당하는 문화유산으로 옳은 것은? [심화 51회]

문화유산 DB / 문화유산 검색 / 교과서 속 문화유산 / 3D 문화유산

문화유산 검색: (가) [검색]

- 소재지: 전라북도 익산시
- 소개: 현존하는 삼국 시대 석탑 중 가장 규모가 크며 목탑 양식을 반영하여 건립되었다. 탑의 중심에는 여러 개의 사각형 돌을 수직으로 쌓아 올린 기둥(심주)이 4층까지 연속된다. 1층 심주석에서 발견된 사리봉영기의 기록을 통해 석탑의 건립 연도가 639년으로 명확하게 밝혀졌다.

①  ②  ③
④  ⑤

03 밑줄 그은 '이 불상'으로 옳은 것은? [심화 57회]

삼산관을 쓰고 깊은 생각에 빠져 있는 모습의 이 불상을 가상 박물관에서 볼 수 있다니 너무 신기하다.

나도 그래. 다음 전시실에는 이 불상과 재료만 다를 뿐 모습이 매우 닮은 일본 교토 고류사의 불상이 있다고 해. 그것도 보러 가자.

①  ②  ③
④  ⑤

04 (가)에 해당하는 문화유산으로 옳은 것은? [심화 53회]

국보로 지정된 이 마애불은 둥근 얼굴 윤곽에 자비로운 인상을 지녀 '백제의 미소'라고 불립니다. 6세기 말에서 7세기 초, 중국을 오가던 사람들의 안녕을 기원하고자 교통로에 만들어진 것으로 보입니다.

한국의 마애불 — (가)

①  ②  ③
④  ⑤

01 삼국의 고분과 고분 벽화

자료에서 지안과 평양이 도읍이었다는 점 등을 통해 밑줄 그은 '이 국가'가 고구려임을 알 수 있다.
고구려 초기의 무덤 양식은 주로 돌무지무덤이었으나, 점차 돌로 방을 만든 굴식 돌방무덤으로 바뀌었다. 돌방의 벽과 천장에는 당시 사람들의 생활 모습 등을 담은 고분 벽화가 그려져 있다.

> **선지분석**

① 수산리 고분 「교예도」
  ➡ 고구려의 벽화이다.
② 무용총 「접객도」
  ➡ 고구려의 벽화이다.
③ 강서대묘 「현무도」
  ➡ 고구려의 벽화이다.
④ 각저총 「씨름도」
  ➡ 고구려의 벽화이다.
✓ 밀양 박익 벽화묘의 벽화
  ➡ 조선의 벽화이다.

02 건축과 탑, 불상, 비석

자료의 '익산', '목탑 양식' 등을 통해 (가)가 익산 미륵사지 석탑임을 알 수 있다.

> **선지분석**

① 부여 정림사지 5층 석탑
  ➡ 부여에 있는 백제의 탑이다.
② 경주 불국사 다보탑
  ➡ 통일 신라의 탑이다.
✓ 익산 미륵사지 석탑
  ➡ 익산에 있는 백제 무왕 시기의 탑으로, 목탑 양식을 보여 주고 있다. 탑을 보수하는 과정에서 금제 사리 봉영기가 발견되었는데, 이를 통해 미륵사의 창건 목적과 석탑의 건립 연대가 밝혀졌다.
④ 발해 영광탑
  ➡ 발해의 탑이다.
⑤ 익산 왕궁리 5층 석탑
  ➡ 고려 시대의 것으로 추정되는 탑이다.

03 건축과 탑, 불상, 비석

자료의 '깊은 생각에 빠져 있는 모습', '고류사의 불상'을 통해 밑줄 그은 '이 불상'이 금동미륵보살반가사유상임을 알 수 있다. 금동미륵보살반가사유상은 삼국 시대에 제작된 것으로 추정된다. 일본 교토 고류사에 있는 목조반가사유상과 양식상 매우 유사하나 얼굴 표정, 주름 표현 등에서 약간의 차이가 있다.

> **선지분석**

① 경주 구황동 금제여래입상
  ➡ 통일 신라 시기의 불상이다.
✓ 금동미륵보살반가사유상
  ➡ 삼국 시대를 대표하는 불상이다.
③ 발해 이불병좌상
  ➡ 발해의 불상이다.
④ 금동연가7년명여래입상
  ➡ 고구려의 불상이다.
⑤ 하남 하사창동 철조석가여래좌상
  ➡ 고려의 불상이다.

04 건축과 탑, 불상, 비석

자료의 '마애불', '백제의 미소' 등을 통해 (가) 문화유산이 서산 용현리 마애여래삼존상임을 알 수 있다.

> **선지분석**

① 안동 이천동 마애여래입상
  ➡ 고려 초기의 불상이다.
② 경주 남산 칠불암 마애불상군
  ➡ 통일 신라의 불상이다.
③ 영암 월출산 마애여래좌상
  ➡ 통일 신라 또는 고려 시대에 제작된 것으로 추정되는 불상이다.
✓ 서산 용현리 마애여래삼존상
  ➡ 백제를 대표하는 불상이다.
⑤ 파주 용미리 마애이불입상
  ➡ 고려 시대의 불상이다.

> **정답** 01 ⑤   02 ③   03 ②   04 ④

04강 ① 통일 신라의 발전

01 (가) 왕의 재위 기간에 있었던 사실로 옳은 것은? [심화 48회]

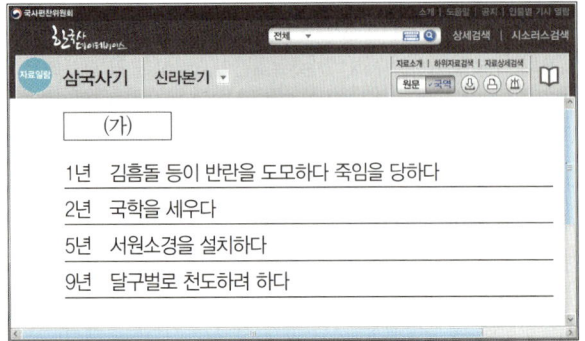

① 이사부를 보내 우산국을 복속하였다.
② 화랑도를 국가 조직으로 개편하였다.
③ 관료전을 지급하고 녹읍을 폐지하였다.
④ 최고 지배자의 칭호를 마립간으로 하였다.
⑤ 이차돈의 순교를 계기로 불교를 공인하였다.

02 밑줄 그은 '왕'에 대한 설명으로 옳은 것은? [심화 50회]

> 용이 검은 옥대를 바쳤다. …… 왕이 놀라고 기뻐하여 오색 비단·금·옥으로 보답하고, 사람을 시켜 대나무를 베어서 바다로 나오자, 산과 용은 홀연히 사라져 보이지 않았다. 왕이 감은사에서 유숙하고 …… 행차에서 돌아와 그 대나무로 피리를 만들어 월성의 천존고에 보관하였다. 이 피리를 불면 적병이 물러가고 병이 나으며, 가물 때 비가 오고 비올 때 개며, 바람이 잦아들고 파도가 평온해졌다. 이를 만파식적(萬波息笛)이라 부르고 국보로 삼았다.
> — 「삼국유사」 —

① 병부와 상대등을 설치하였다.
② 이사부를 보내 우산국을 복속하였다.
③ 마립간이라는 칭호를 처음 사용하였다.
④ 매소성 전투에서 당의 군대를 격파하였다.
⑤ 김흠돌을 비롯한 진골 귀족 세력을 숙청하였다.

03 교사의 질문에 대한 학생의 답변으로 옳은 것은? [심화 47회]

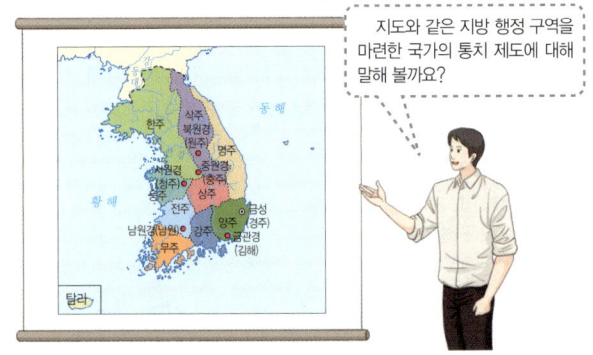

지도와 같은 지방 행정 구역을 마련한 국가의 통치 제도에 대해 말해 볼까요?

① 중앙군을 2군 6위로 조직했습니다.
② 지방관으로 안찰사를 파견했습니다.
③ 중앙 관제를 3성 6부로 정비했습니다.
④ 관리 감찰을 위해 사정부를 두었습니다.
⑤ 유학 교육 기관으로 주자감을 설치했습니다.

04 지도와 같이 행정 구역을 정비한 국가에 대한 설명으로 옳은 것을 보기 에서 고른 것은? [심화 56회]

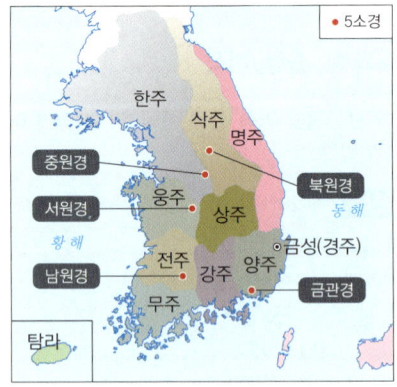

보기
ㄱ. 9서당 10정의 군사 조직을 운영하였다.
ㄴ. 욕살, 처려근지 등을 지방관으로 파견하였다.
ㄷ. 상수리 제도를 실시하여 지방 세력을 견제하였다.
ㄹ. 북계에 병마사를 파견하여 적의 침입에 대비하였다.

① ㄱ, ㄴ   ② ㄱ, ㄷ   ③ ㄴ, ㄷ
④ ㄴ, ㄹ   ⑤ ㄷ, ㄹ

대표기출해설

01 삼국 통일 이후의 상황

자료에서 '김흠돌 등이 반란을 도모', '국학을 세우다' 등을 통해 (가) 왕이 신문왕임을 알 수 있다.
신문왕은 즉위 이후 전제 왕권 강화에 힘썼다. 유교적 소양을 갖춘 인재를 육성하기 위해 국학을 설치하였고, 9주 5소경을 설치하여 지방 제도를 정비하였다.

▶ 선지분석

① 이사부를 보내 우산국을 복속하였다.
　➡ 지증왕에 대한 설명이다.
② 화랑도를 국가 조직으로 개편하였다.
　➡ 진흥왕에 대한 설명이다.
✓ 관료전을 지급하고 녹읍을 폐지하였다.
　➡ 신문왕은 진골 귀족의 경제적 기반을 약화시키고자 관료전을 지급하고 녹읍을 폐지하였다.
④ 최고 지배자의 칭호를 마립간으로 하였다.
　➡ 내물 마립간에 대한 설명이다.
⑤ 이차돈의 순교를 계기로 불교를 공인하였다.
　➡ 법흥왕에 대한 설명이다.

02 삼국 통일 이후의 상황

자료에서 왕이 감은사에 머무를 때 용에게 대나무를 받았고, 행차에서 돌아와 그 대나무로 피리를 만들어 '만파식적'이라 불렀다는 점 등을 통해 밑줄 그은 '왕'이 신라 신문왕임을 알 수 있다. 경주 감은사는 신문왕이 창건한 사찰이고, 만파식적은 신문왕과 관련된 만파식적 설화에 등장하는 피리이다.

▶ 선지분석

① 병부와 상대등을 설치하였다.
　➡ 법흥왕에 대한 설명이다.
② 이사부를 보내 우산국을 복속하였다.
　➡ 지증왕에 대한 설명이다.
③ 마립간이라는 칭호를 처음 사용하였다.
　➡ 내물 마립간에 대한 설명이다.
④ 매소성 전투에서 당의 군대를 격파하였다.
　➡ 문무왕에 대한 설명이다.
✓ 김흠돌을 비롯한 진골 귀족 세력을 숙청하였다.
　➡ 신문왕은 즉위 초 김흠돌의 난을 진압하고 진골 귀족 세력을 숙청하여 왕권을 강화하였다.

03 통일 신라의 통치 체제 정비

자료에서 한주와 삭주, 명주 등 9주가 제시되었고 중원경, 서원경 등 5소경이 제시된 것으로 보아 통일 이후 신라의 지방 행정 구역인 9주 5소경임을 알 수 있다.

▶ 선지분석

① 중앙군을 2군 6위로 조직했습니다.
　➡ 고려에 대한 설명이다.
② 지방관으로 안찰사를 파견했습니다.
　➡ 고려에 대한 설명이다.
③ 중앙 관제를 3성 6부로 정비했습니다.
　➡ 발해에 대한 설명이다.
✓ 관리 감찰을 위해 사정부를 두었습니다.
　➡ 신라는 관리 감찰을 위하여 사정부를 두었다. 사정부는 신라의 삼국 통일 직전에 설립된 것으로, 통일 이후에도 이어졌다.
⑤ 유학 교육 기관으로 주자감을 설치했습니다.
　➡ 발해에 대한 설명이다.

04 통일 신라의 통치 체제 정비

자료의 서원경, 북원경 등을 통해 지도의 국가가 9주 5소경으로 행정 구역을 정비한 통일 신라임을 알 수 있다.

▶ 선지분석

✓ ㄱ. 9서당 10정의 군사 조직을 운영하였다.
　➡ 통일 신라는 9서당 10정의 군사 조직을 운영하였다.
ㄴ. 욕살, 처려근지 등을 지방관으로 파견하였다.
　➡ 고구려에 대한 설명이다.
✓ ㄷ. 상수리 제도를 실시하여 지방 세력을 견제하였다.
　➡ 신라는 상수리 제도를 통해 지방 세력을 견제하였다.
ㄹ. 북계에 병마사를 파견하여 적의 침입에 대비하였다.
　➡ 고려에 대한 설명이다.

▶ 정답　01 ③　02 ⑤　03 ④　04 ②

04강② 발해의 성립과 발전

01 (가) 국가에 대한 설명으로 옳은 것은? [심화 50회]

① 9서당 10정의 군사 조직을 갖추었다.
② 정당성의 대내상이 국정을 총괄하였다.
③ 지방관을 감찰하기 위해 외사정을 파견하였다.
④ 위화부 등 13부를 두어 행정 업무를 분담하였다.
⑤ 마진이라는 국호와 무태라는 연호를 사용하였다.

02 (가) 국가에 대한 설명으로 옳은 것을 보기에서 고른 것은? [심화 53회]

〈한국사 온라인 강좌〉

우리 연구소에서는 (가) 의 역사적 의미를 조명하기 위해 온라인 강좌를 마련하였습니다. 관심 있는 분들의 많은 참여 바랍니다.

■ 강좌 주제 ■
제1강 일본에 보낸 외교 문서에 나타난 역사의식
제2강 정혜 공주 무덤의 구조로 알 수 있는 고분 양식
제3강 장문휴의 등주 공격을 통해 본 대외 인식
제4강 인안, 대흥 연호 사용에 반영된 천하관

- 일시: 2021년 6월 매주 목요일 19:00~21:00
- 방식: 화상 회의 플랫폼 활용
- 주관: △△연구소

〈보기〉
ㄱ. 철전인 건원중보를 발행하였다.
ㄴ. 솔빈부의 말이 특산물로 거래되었다.
ㄷ. 지방관을 감찰하고자 외사정을 파견하였다.
ㄹ. 거란도, 영주도 등을 통해 주변국과 교류하였다.

① ㄱ, ㄴ   ② ㄱ, ㄷ   ③ ㄴ, ㄷ
④ ㄴ, ㄹ   ⑤ ㄷ, ㄹ

03 밑줄 그은 '이 국가'에 대한 설명으로 옳은 것은? [심화 48회]

① 중정대를 두어 관리를 감찰하였다.
② 건원이라는 독자적인 연호를 사용하였다.
③ 군사 조직을 9서당 10정으로 편성하였다.
④ 골품에 따라 관직 승진에 제한을 두었다.
⑤ 상수리 제도를 시행하여 지방 세력을 견제하였다.

04 (가) 국가에 대한 설명으로 옳은 것은? [심화 55회]

① 왜에 칠지도를 만들어 보냈다.
② 2군 6위의 군사 조직을 운영하였다.
③ 신라도를 통하여 신라와 교류하였다.
④ 광평성 등의 정치 기구를 마련하였다.
⑤ 9주 5소경의 지방 행정 제도를 갖추었다.

01 발해의 성립과 발전

자료에서 '남북국 시대를 열다'라는 제목이 제시된 점, 동모산을 도읍으로 세워졌으며 당의 등주를 공격하였다는 점, 일본에 국서를 보내 '고려 국왕'이라 칭하였다는 점을 통해 (가) 국가가 발해임을 알 수 있다.

발해는 일본에 보낸 국서에서 스스로 '고려(고구려) 국왕'을 칭하는 등 대외적으로 고구려를 계승한 국가임을 내세웠다.

▶ 선지분석

① **9서당 10정**의 군사 조직을 갖추었다.
  ➡ **신라**에 대한 설명이다.
② **정당성**의 **대내상**이 국정을 총괄하였다. ✓
  ➡ **발해**는 3성 중 하나인 정당성의 장관 대내상이 국정을 총괄하였다.
③ 지방관을 감찰하기 위해 **외사정**을 파견하였다.
  ➡ **신라**에 대한 설명이다.
④ **위화부 등 13부**를 두어 행정 업무를 분담하였다.
  ➡ **신라**에 대한 설명이다.
⑤ **마진**이라는 국호와 **무태**라는 연호를 사용하였다.
  ➡ **후고구려**에 대한 설명이다.

02 발해의 성립과 발전

자료에서 '정혜 공주 무덤', '장문휴의 등주 공격', '인안, 대흥 연호' 등을 통해 (가) 국가가 발해임을 알 수 있다.

▶ 선지분석

ㄱ. 철전인 **건원중보**를 발행하였다.
  ➡ **고려**에 대한 설명이다.
ㄴ. **솔빈부의 말**이 특산물로 거래되었다. ✓
  ➡ 솔빈부의 말은 **발해**의 대표적인 특산물이다.
ㄷ. 지방관을 감찰하고자 **외사정**을 파견하였다.
  ➡ **신라**에 대한 설명이다.
ㄹ. **거란도, 영주도** 등을 통해 주변국과 교류하였다. ✓
  ➡ **발해**는 거란과의 교류에 활용한 거란도와 당과의 교류에 활용한 영주도를 비롯한 5개의 교역로를 통해 주변국과 교류하였다.

03 발해의 성립과 발전

자료에서 '고려', '고구려를 계승한 것으로 인식' 등을 통해 밑줄 그은 '이 국가'가 발해임을 알 수 있다.

발해가 일본에 보낸 국서에는 발해의 왕이 스스로를 '고려왕'으로 칭하고 있는데, 이는 발해가 고구려를 계승한 나라임을 잘 보여 준다. 이외에도 발해의 고분 형식, 기와, 온돌 등에서 고구려와의 연관성을 찾아볼 수 있다.

▶ 선지분석

① **중정대**를 두어 관리를 감찰하였다. ✓
  ➡ **발해**는 관리의 비리를 감찰하기 위하여 중정대를 설치하였다.
② **건원**이라는 독자적인 연호를 사용하였다.
  ➡ **신라 법흥왕**에 대한 설명이다.
③ 군사 조직을 **9서당 10정**으로 편성하였다.
  ➡ **신라**에 대한 설명이다.
④ **골품**에 따라 **관직 승진**에 **제한**을 두었다.
  ➡ **신라 골품제**에 대한 설명이다.
⑤ **상수리 제도**를 시행하여 지방 세력을 견제하였다.
  ➡ **신라**에 대한 설명이다.

04 발해의 성립과 발전

자료에서 5경 중 하나인 동경 용원부, 이불병좌상 등을 통해 (가) 국가가 발해임을 알 수 있다.

발해의 대표적인 문화유산인 이불병좌상은 두 부처가 나란히 앉은 형태의 불상이다.

▶ 선지분석

① 왜에 **칠지도**를 만들어 보냈다.
  ➡ **백제**에 대한 설명이다.
② **2군 6위**의 군사 조직을 운영하였다.
  ➡ **고려**에 대한 설명이다.
③ **신라도**를 통하여 신라와 교류하였다. ✓
  ➡ **발해**는 '신라도'라는 상설 교통로를 통하여 신라와 교류하였다.
④ **광평성** 등의 정치 기구를 마련하였다.
  ➡ 궁예가 세운 태봉에 대한 설명이다.
⑤ **9주 5소경**의 지방 행정 제도를 갖추었다.
  ➡ **신라**에 대한 설명이다.

▶ 정답 01 ② 02 ④ 03 ① 04 ③

02~05강 삼국 시대~남북국 시대

05강 ❶ 신라 말의 혼란과 후삼국의 성립

대표기출문제

01 다음 검색창에 들어갈 왕의 재위 기간에 있었던 사실로 옳은 것은? [심화 49회]

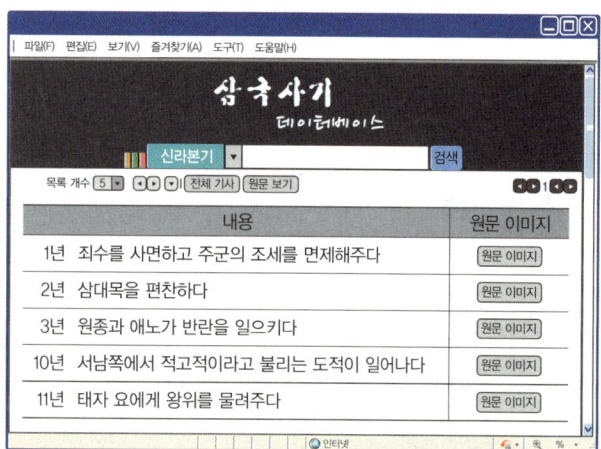

① 왕의 장인인 김흠돌이 반란을 도모하였다.
② 강조가 정변을 일으켜 김치양을 제거하였다.
③ 거칠부가 왕명을 받들어 국사를 편찬하였다.
④ 최치원이 왕에게 시무 10여 조를 건의하였다.
⑤ 복신과 도침 등이 부여풍을 왕으로 추대하였다.

02 다음 가상 대화 이후에 있었던 사실로 옳은 것은? [심화 53회]

① 궁예가 국호를 태봉으로 바꾸었다.
② 독서삼품과가 처음으로 실시되었다.
③ 왕의 장인인 김흠돌이 반란을 일으켰다.
④ 무열왕의 직계 자손이 왕위를 세습하였다.
⑤ 혜공왕이 귀족 세력에게 죽임을 당하였다.

03 (가) 인물에 대한 설명으로 옳은 것을 보기 에서 고른 것은? [심화 50회]

> (가) 은/는 상주 가은현 사람이다. …… [왕의] 총애를 받던 측근들이 정권을 마음대로 휘둘러 기강이 문란해졌다. 기근까지 겹쳐 백성들이 떠돌아다니고, 여러 도적들이 봉기하였다. 이에 (가) 이/가 몰래 [왕위를] 넘겨다 보는 마음을 갖고 …… 드디어 무진주를 습격하여 스스로 왕이 되었으나, 아직 감히 공공연하게 왕을 칭하지는 못하였다. …… 서쪽으로 순행하여 완산주에 이르니 그 백성들이 환영하였다.
> — 『삼국사기』 —

보기
ㄱ. 후당, 오월에 사신을 파견하였다.
ㄴ. 광평성을 비롯한 각종 정치 기구를 마련하였다.
ㄷ. 신라의 금성을 습격하여 경애왕을 죽게 하였다.
ㄹ. 정계와 계백료서를 지어 관리의 규범을 제시하였다.

① ㄱ, ㄴ　② ㄱ, ㄷ　③ ㄴ, ㄷ
④ ㄴ, ㄹ　⑤ ㄷ, ㄹ

04 다음 대화에 나타난 인물에 대한 설명으로 옳은 것은? [심화 49회]

① 후당, 오월에 사신을 보냈다.
② 금산사에 유폐된 후 고려에 귀부하였다.
③ 지방관을 감찰하고자 외사정을 파견하였다.
④ 청해진을 설치하여 해상 무역을 전개하였다.
⑤ 마진이라는 국호와 무태라는 연호를 사용하였다.

대표기출해설

01 신라 말의 사회 동요

자료에서 '원종과 애노가 반란', '적고적' 등을 통해 신라 진성 여왕 시기임을 유추할 수 있다.
신라 말 중앙에서는 진골 귀족 간의 치열한 왕위 쟁탈전이 전개되었으며, 지방에서는 호족이 성장하였다. 또한 진골 귀족의 토지 확대로 농민들이 몰락하였고, 이에 따라 국가 재정은 악화되어 원종과 애노의 난 등 전국적인 농민 봉기가 발생하였다.

▶ 선지분석

① 왕의 장인인 김흠돌이 반란을 도모하였다.
  ➡ 신라 신문왕 때의 설명이다.
② 강조가 정변을 일으켜 김치양을 제거하였다.
  ➡ 고려 목종 때의 설명이다.
③ 거칠부가 왕명을 받들어 국사를 편찬하였다.
  ➡ 신라 진흥왕 때의 설명이다.
④ 최치원이 왕에게 시무 10여 조를 건의하였다.
  ➡ 최치원은 신라 진성 여왕에게 시무책 10여 조를 건의하였다.
⑤ 복신과 도침 등이 부여풍을 왕으로 추대하였다.
  ➡ 백제 부흥 운동에 대한 설명이다.

02 신라 말의 혼란과 후삼국의 성립

자료에서 '붉은 바지를 입은 도적(적고적)', '원종과 애노' 등을 통해 신라 말 진성 여왕 시기를 배경으로 한 가상 대화임을 알 수 있다.
사벌주(현재 상주)에서 발생한 원종과 애노의 난은 889년에 발생하였다.

▶ 선지분석

① 궁예가 국호를 태봉으로 바꾸었다.
  ➡ 911년의 사실이다.
② 독서삼품과가 처음으로 실시되었다.
  ➡ 788년의 사실이다.
③ 왕의 장인인 김흠돌이 반란을 일으켰다.
  ➡ 681년의 사실이다.
④ 무열왕의 직계 자손이 왕위를 세습하였다.
  ➡ 문무왕부터 혜공왕(661~780) 재위 시기의 사실이다.
⑤ 혜공왕이 귀족 세력에게 죽임을 당하였다.
  ➡ 780년의 사실이다.

03 후삼국의 성립

자료에서 상주 가은현 출신으로 어려운 상황 속에서 무진주를 습격하고 왕이 되었다는 점, 서쪽으로 가 완산주에 이르니 백성들이 환영하였다는 점 등을 통해 (가) 인물이 완산주에 도읍하여 후백제를 건국한 견훤임을 알 수 있다.

▶ 선지분석

ㄱ. 후당, 오월에 사신을 파견하였다.
  ➡ 견훤은 후당, 오월에 사신을 파견하는 등 외교적인 노력을 전개하였다.
ㄴ. 광평성을 비롯한 각종 정치 기구를 마련하였다.
  ➡ 후고구려를 세운 궁예에 대한 설명이다.
ㄷ. 신라의 금성을 습격하여 경애왕을 죽게 하였다.
  ➡ 견훤은 신라의 수도인 금성을 습격하여 경애왕을 죽게 하였다.
ㄹ. 정계와 계백료서를 지어 관리의 규범을 제시하였다.
  ➡ 고려 태조 왕건에 대한 설명이다.

04 후삼국의 성립

자료에서 '신라 왕족의 후예', '송악을 도읍으로 나라를 세운 인물', '미륵불을 자칭' 등을 통해 후고구려를 건국한 궁예에 대한 이야기임을 알 수 있다.

▶ 선지분석

① 후당, 오월에 사신을 보냈다.
  ➡ 견훤에 대한 설명이다.
② 금산사에 유폐된 후 고려에 귀부하였다.
  ➡ 견훤에 대한 설명이다.
③ 지방관을 감찰하고자 외사정을 파견하였다.
  ➡ 신라 문무왕에 대한 설명이다.
④ 청해진을 설치하여 해상 무역을 전개하였다.
  ➡ 장보고에 대한 설명이다.
⑤ 마진이라는 국호와 무태라는 연호를 사용하였다.
  ➡ 궁예는 904년 국호를 '마진'으로 바꾸었으며 '무태'라는 연호를 사용하였다.

▶ 정답 01 ④ 02 ① 03 ② 04 ⑤

02~05강 삼국 시대~남북국 시대

05강 ② 남북국의 경제·사회·문화

대표기출문제

01 (가) 국가의 경제 상황으로 옳은 것은? [심화 49회]

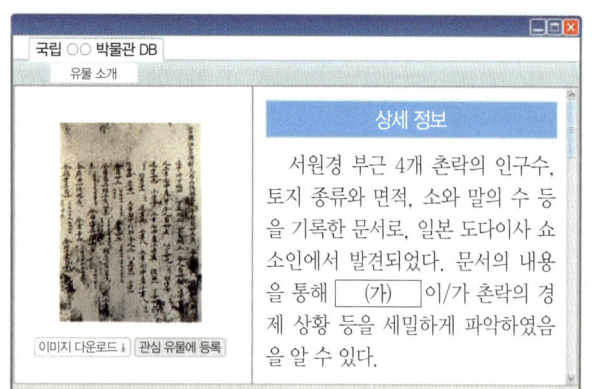

국립 ○○ 박물관 DB
유물 소개
상세 정보
서원경 부근 4개 촌락의 인구수, 토지 종류와 면적, 소와 말의 수 등을 기록한 문서로, 일본 도다이사 쇼소인에서 발견되었다. 문서의 내용을 통해 (가) 이/가 촌락의 경제 상황 등을 세밀하게 파악하였음을 알 수 있다.

① 은병이 화폐로 제작되었다.
② 집집마다 부경이라는 창고가 있었다.
③ 목화, 담배 등이 상품 작물로 재배되었다.
④ 울산항, 당항성이 무역항으로 번성하였다.
⑤ 현직 관리를 대상으로 직전법이 실시되었다.

02 (가) 국가에 대한 설명으로 옳은 것은? [심화 47회]

(가) 의 무왕이 일본에 보낸 국서

속일본기에 " (가) 의 왕 대무예가 고인의(高仁義) 등을 보내어 국서와 선물을 보냈다."라고 기록되어 있다.

…… 고인의, 덕주, 사나루 등 24명에게 서신을 가지고 가도록 하였고, 아울러 담비 가죽 300장을 정중히 보냅니다. 때때로 소식을 보내 우의를 두텁게 하고자 합니다.

- 『해동역사』 -

① 지방의 22담로에 왕족을 파견하였다.
② 교육 기관으로 태학과 경당을 두었다.
③ 골품에 따라 관등 승진에 제한이 있었다.
④ 화백 회의에서 국가의 중대사를 논의하였다.
⑤ 거란도, 영주도 등을 통해 주변 국가와 교류하였다.

03 (가) 인물에 대한 설명으로 옳은 것은? [심화 47회]

(가) 은/는 설총을 낳은 이후 속인의 옷으로 바꾸어 입고 스스로 소성거사라고 하였다. 우연히 광대들이 갖고 놀던 큰 박을 얻었는데 그 모양이 괴이하였다. 그 모양을 따라서 도구로 만들어 화엄경의 구절에서 이름을 따와 '무애(無㝵)'라고 하고, 노래를 지어 세상에 퍼뜨렸다.

① 부석사를 창건하였다.
② 백련 결사를 주도하였다.
③ 왕오천축국전을 남겼다.
④ 금강삼매경론을 저술하였다.
⑤ 신편제종교장총록을 편찬하였다.

04 밑줄 그은 '대사'의 활동으로 옳은 것은? [심화 51회]

부석사 창건 설화

당에 유학했던 대사가 공부를 마치고 귀국길에 오르자 그를 사모했던 선묘라는 여인이 용으로 변하여 귀국길을 도왔다. 신라에 돌아온 대사는 불법을 전파하던 중 자신이 원하는 절을 찾았다. 그런데 그곳은 이미 다른 종파의 무리들이 있었다. 이때 선묘룡이 나타나 공중에서 커다란 바위로 변신하여 절의 지붕 위에서 떨어질 듯 말 듯 하자 많은 무리들이 혼비백산하여 달아났다. 이러한 연유로 이 절을 '돌이 공중에 떴다'는 의미의 부석사(浮石寺)로 불렀다.

① 향가 모음집인 삼대목을 편찬하였다.
② 무애가를 지어 불교 대중화에 힘썼다.
③ 화랑도의 규범으로 세속 5계를 제시하였다.
④ 화엄일승법계도를 지어 화엄 사상을 정리하였다.
⑤ 인도와 중앙아시아를 다녀와서 왕오천축국전을 남겼다.

01 남북국의 경제

자료에서 서원경 부근 4개 촌락의 인구와 토지 등을 조사하였다는 점 등을 통해 해당 유물이 민정 문서(신라 촌락 문서)임을 알 수 있다.

▶ 선지분석

① 은병이 화폐로 제작되었다.
  ➡ 고려에 대한 설명이다.
② 집집마다 부경이라는 창고가 있었다.
  ➡ 고구려에 대한 설명이다.
③ 목화, 담배 등이 상품 작물로 재배되었다.
  ➡ 조선 후기에 대한 설명이다.
④ 울산항, 당항성이 무역항으로 번성하였다.
  ➡ 울산항과 당항성은 통일 신라 시기에 국제 무역항으로 번성하였다. 울산항에는 이슬람 상인들이 왕래하기도 하였다.
⑤ 현직 관리를 대상으로 직전법이 실시되었다.
  ➡ 조선 세조 때의 설명이다.

02 남북국의 경제

자료에서 (가) 국가의 왕 대무예가 일본에 국서와 선물을 보냈다는 점을 통해 (가) 국가가 발해임을 알 수 있다.
대무예는 발해의 제2대 국왕인 무왕이다.

▶ 선지분석

① 지방의 22담로에 왕족을 파견하였다.
  ➡ 백제 무령왕에 대한 설명이다.
② 교육 기관으로 태학과 경당을 두었다.
  ➡ 고구려에 대한 설명이다.
③ 골품에 따라 관등 승진에 제한이 있었다.
  ➡ 신라 골품제에 대한 설명이다.
④ 화백 회의에서 국가의 중대사를 논의하였다.
  ➡ 신라에 대한 설명이다.
⑤ 거란도, 영주도 등을 통해 주변 국가와 교류하였다.
  ➡ 발해는 거란도, 영주도, 신라도 등을 통해 주변 국가와 교류하였다.

03 남북국의 사상과 종교

자료에서 설총을 낳았다고 한 점, 무애가를 지어 세상에 퍼뜨렸다는 점 등을 통해 (가) 인물이 통일 신라의 승려인 원효임을 알 수 있다.

▶ 선지분석

① 부석사를 창건하였다.
  ➡ 신라의 의상에 대한 설명이다.
② 백련 결사를 주도하였다.
  ➡ 고려의 요세에 대한 설명이다.
③ 왕오천축국전을 남겼다.
  ➡ 신라의 혜초에 대한 설명이다.
④ 금강삼매경론을 저술하였다.
  ➡ 신라의 원효는 『금강삼매경론』, 『대승기신론소』 등 방대한 저술을 지어 불교 이해의 수준을 높였으며, 아미타 신앙을 널리 전파하며 불교 대중화에 힘썼다.
⑤ 신편제종교장총록을 편찬하였다.
  ➡ 고려의 의천에 대한 설명이다.

04 남북국의 사상과 종교

자료에서 '당에 유학', '부석사' 등을 통해 밑줄 그은 '대사'가 의상임을 알 수 있다.
의상은 7세기에 활동한 신라의 승려로, 당에 유학한 후 돌아와 화엄사상을 본격적으로 전하여 화엄종을 자리 잡게 하였다. 또한 관음 신앙을 확산시켜 불교 대중화에도 기여하였다.

▶ 선지분석

① 향가 모음집인 삼대목을 편찬하였다.
  ➡ 위홍, 대구화상에 대한 설명이다.
② 무애가를 지어 불교 대중화에 힘썼다.
  ➡ 원효에 대한 설명이다.
③ 화랑도의 규범으로 세속 5계를 제시하였다.
  ➡ 원광에 대한 설명이다.
④ 화엄일승법계도를 지어 화엄 사상을 정리하였다.
  ➡ 『화엄일승법계도』는 의상이 화엄 사상의 요지를 축약한 그림시이다.
⑤ 인도와 중앙아시아를 다녀와서 왕오천축국전을 남겼다.
  ➡ 혜초에 대한 설명이다.

> **정답** 01 ④　02 ⑤　03 ④　04 ④

단원 마무리

02~05강 삼국 시대~남북국 시대

삼국의 성장과 발전

구분	고구려	백제	신라
고대 국가 형성 시기	태조왕(1세기 후반)	고이왕(3세기)	내물 마립간(4세기 후반)
왕위 부자 상속	고국천왕(2세기 후반)	근초고왕(4세기)	눌지 마립간(5세기)
불교 공인	소수림왕(4세기 후반)	침류왕(4세기 말)	법흥왕(6세기)
율령 반포	소수림왕(4세기 후반)	고이왕(3세기)	법흥왕(6세기)
전성기	광개토 대왕·장수왕(5세기)	근초고왕(4세기)	진흥왕(6세기 중반)

삼국의 통치 체제

구분	고구려	백제	신라
정치 주도	왕족인 고씨(계루부)를 비롯한 5부 출신 귀족	왕족인 부여씨와 8성의 귀족	-
귀족 회의	제가 회의	정사암 회의	화백 회의
중앙 정치	대대로(또는 막리지)가 국정 총괄, 10여 관등으로 구분된 관리들이 나누어 담당	상좌평(국정 총괄)을 비롯한 6좌평과 16관등의 관리들이 나누어 담당	이벌찬 이하 17관등으로 구분된 관리들이 나누어 담당
행정 구역	수도와 전국을 각각 5부로 나눔	• 수도 5부, 지방 5방(지방에는 중앙에서 파견된 관리가 행정·군사 업무 담당) • 지방에 22담로 설치(왕족 파견)	수도 6부, 지방 5주

삼국의 문화유산

구분	고구려	백제	신라
고분	장군총, 무용총, 강서대묘 등	서울 석촌동 고분, 공주 무령왕릉 등	경주 천마총, 경주 황남대총 등
불상	금동 연가 7년명 여래 입상	서산 용현리 마애여래삼존상 등	경주 배동 석조여래삼존입상 등
탑	-	익산 미륵사지 석탑, 부여 정림사지 5층 석탑 등	경주 황룡사 9층 목탑, 경주 분황사 모전석탑 등

통일 신라의 발전

무열왕 (654~661)	• 최초의 진골 출신 왕 → 무열왕계 직계 자손의 왕위 계승 확립 • 백제를 멸망시킴
문무왕 (661~681)	• 고구려를 멸망시킴 • 매소성·기벌포 전투의 승리 → 당 세력 축출 • 삼국 통일 완성
신문왕 (681~692)	• 진골 귀족 숙청(김흠돌의 난 진압) → 왕권 강화 • 지방 행정 조직 완비: 9주 5소경 • 관료전 지급 및 녹읍 폐지 • 국학 설립 • 군사 제도 정비: 9서당(중앙군)과 10정(지방군)
성덕왕 (702~737)	• 당과 활발한 교류 추진 • 백성에게 정전 지급 → 국가의 토지 지배력 강화 목적

발해의 발전

무왕 (719~737)	• 독자적 연호 '인안' 사용 • 북만주 일대 차지 • 당·신라 견제, 일본·돌궐과 통교 • 장문휴의 수군으로 당의 산동 지방 등주(덩저우) 공격
문왕 (737~793)	• 독자적 연호 '대흥' 사용 • 당과 친선 관계, 문물 수용 • 3성 6부의 중앙 관제 정비 • 신라와 통교: 신라도 개설
선왕 (818~830)	• 독자적 연호 '건흥' 사용 • 지방 제도 정비: 5경 15부 62주 • 요동 지역에 진출하여 최대 영역 확보 • 이 무렵 중국으로부터 '해동성국'이라 불림

신라 말의 혼란

중앙 권력의 지방 통제력 약화	• 진골 귀족들의 왕위 쟁탈전 심화 → 잦은 왕위 교체 • 농민 수탈 심화 → 농민 봉기가 빈번히 일어남(원종과 애노의 난 등) • 정부의 통제력 약화
신흥 세력의 성장	• 6두품: 진골 귀족 중심 사회에 불만, 호족과 결탁 • 호족: 지방에서 스스로를 성주·장군이라 칭하며 반독립적 세력으로 성장 • 새로운 사상 대두: 선종, 풍수지리설, 미륵 신앙
후삼국 성립	• 후백제(견훤)와 후고구려(궁예)의 건국 • 신라는 경주 일대로 지배권이 축소됨

06~08강 고려 시대

06강
1. 고려의 건국과 국가 기틀 마련
2. 통치 체제의 정비
3. 문벌 사회와 무신 정권

07강
1. 고려의 대외 관계
2. 공민왕의 개혁 정치와 고려의 멸망

08강
1. 고려의 경제
2. 고려의 사회
3. 고려의 학문과 사상
4. 고려의 과학 기술·문화유산

918 고려 건국

936 후삼국 통일

993 거란의 1차 침입

1107 여진 정벌

1170 무신 정변

기출로 보는 키워드

- 1위 화통도감
- 2위 전민변정도감(신돈)
- 3위 과거제
- 4위 기철, 정동행성
- 4위 경시서

3개년 평균 출제 비중

7.1 문항
14.2%

1231 몽골의 1차 침입

1270~1273 삼별초의 항쟁

1351 공민왕 즉위

1356 쌍성총관부 수복

1377 직지심체요절 인쇄

1392 고려 멸망

06강 ① 고려의 건국과 국가 기틀 마련

06~08강 고려 시대

주요 사건 흐름

918 고려 건국 — 936 후삼국 통일 — **958 광종, 과거제 실시** — 983 성종, 12목 설치

1 고려의 후삼국 통일

(1) 고려의 건국
① 왕건의 성장: 송악의 호족 출신인 왕건은 해상 세력과 연합하여 세력을 키움 → 궁예의 밑으로 들어가 한강 유역 점령, 금성(지금의 나주) 점령 등에 큰 공을 세우고 광평성 시중에 오름 ┌ 개경(지금의 개성)
└ 마진, 태봉의 최고 행정 기관

② 고려 건국(918): 왕건은 신하들의 추대로 왕위에 오른 뒤 고구려 계승을 내세워 고려를 건국(918)하고 철원에서 송악으로 천도(919)하였으며 연호를 '천수'로 정하였음

★ (2) 고려의 후삼국 통일

900년 후백제 건국 → 901년 후고구려 건국 → 918년 고려 건국 → 927년 공산 전투 (후백제 승리)
→ 930년 고창 전투 (고려 승리) → 935년 견훤 귀순 → 935년 신라 항복 (신라 경순왕이 왕건에게 항복) → 936년 후백제 멸망

공산 전투 (927)	후백제가 신라를 침략하자 이를 돕기 위해 출전한 고려군이 공산(지금의 대구)에서 후백제군에게 패배함(신숭겸의 전사)
고창 전투 (930)	고려군이 후백제군을 고창(지금의 안동)에서 크게 격퇴함 → 이후 후백제와의 경쟁에서 우위 확보 ┌ 차전놀이의 유래가 되었다고 전함
발해 유민 포용 (934)	거란의 공격을 받아 발해가 멸망하자(926) 발해의 왕자 대광현이 발해 유민을 이끌고 고려로 귀순함(934)
견훤 귀순, 신라 항복 (935)	• 견훤 귀순: 견훤이 넷째 아들 금강에게 왕위를 물려주려 하자, 장남인 신검이 견훤을 금산사에 유폐함 → 금산사에서 탈출한 견훤이 왕건에게 귀순함 • 신라 항복: 고려는 건국 후 친신라 정책을 폄 → 신라의 마지막 왕 경순왕(김부)은 더 이상 나라를 유지할 수 없다고 판단하여 스스로 왕건에게 항복함 ┌ 경주의 사심관으로 삼음
후삼국 통일 (936)	고려군은 일리천 전투, 황산 전투에서 신검의 후백제군을 물리치고 후삼국을 통일함

최빈출 핵심 선지
- 후백제의 견훤은 공산 전투에서 고려군을 크게 무찔렀다.
- 고려 태조 왕건은 고창 전투에서 후백제군과 싸워 승리하였다.
- 고려 태조 왕건은 신라 경순왕 김부를 경주의 사심관으로 임명하였다.
- 고려 태조 왕건은 일리천 전투에서 신검의 후백제군을 격퇴하고 후삼국을 통일하였다.

▶ **후삼국의 통일**

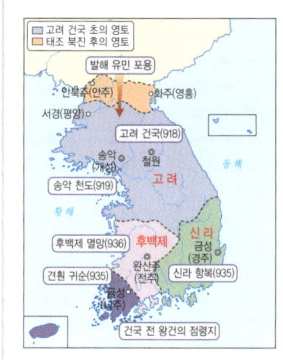

시험에 나오는 사료 | 견훤의 귀순

여름 6월 견훤이 막내아들 능예와 딸 애복, 애첩 고비 등과 더불어 나주로 달아나 입조를 요청하였다. …… 도착하자 그를 상보(尙父)라 일컫고 남궁(南宮)을 객관(客館)으로 주었다. 지위를 백관의 위에 두고 양주를 식읍으로 삼았다.

— 『고려사』 —

2 국가의 기틀 마련

(1) 태조 왕건

① 호족 회유 및 통제 정책

회유 정책	• 호족의 딸과 혼인하고(혼인 정책), 왕씨 성을 하사함(사성 정책) • **역분전 지급**: 태조가 후삼국 통일 과정에서 공을 세운 사람들에게 **공로와 인품**에 따라 나누어 준 토지로, 논공행상의 성격이 강함
통제 정책	• **사심관 제도**: 중앙의 고위 관리에게 출신 지역의 호족을 관리하게 한 제도 • **기인 제도**: 지방 호족의 자제를 수도에 파견하게 한 제도 → 실제로는 인질의 성격이 강했음

시험에 나오는 사료 — 사심관 제도와 기인 제도

- 신라왕 김부(→경순왕)가 와서 항복하자 신라국을 없애 경주라 하고, 김부를 경주의 사심(事審)으로 임명하여 부호장 이하 관직 등을 주관토록 하였다. → 사심관 제도
- 국초에 향리의 자제를 뽑아 개경에서 볼모로 삼고 또한 출신지의 일에 대한 자문에 대비하도록 하였는데, 이를 기인(其人)이라 하였다. → 기인 제도

— 『고려사』 —

② 민생 안정책: 백성의 조세 부담을 줄여 민생의 안정을 도모하고자 조세 세율을 1/10로 낮춤(→'취민유도'), 빈민 구제 기관인 **흑창**을 설치함 → 성종 때 의창으로 개칭

③ 왕권 안정책: 『**정계**』, 『**계백료서**』를 통해 관리들이 지켜야 할 규범을 제시하고, 후대 왕들이 지켜야 할 훈요 10조를 남김

④ 북진 정책: 고구려 계승 의식 → 고구려의 수도였던 **서경(평양)을 중시**하고 청천강에서 영흥만까지 이르는 국경선을 확보하였으며 반거란 정책을 폄(만부교 사건)
→ 요나라(거란)가 친선을 도모하기 위해 보낸 낙타 50필을 태조가 만부교 밑에서 굶어 죽게 한 사건

(2) 광종

① 왕권 강화 추진
- 태조가 많은 아들을 남기고 죽자 뒤를 이은 혜종, 정종 때 치열한 왕위 다툼이 일어남 → 혜종 때 왕규의 난이 대표적
- 광종은 고려 초기 치열한 왕위 다툼으로 불안정한 왕권을 강화하기 위해 중국 후주의 **쌍기**를 영입하여 개혁 정치를 추진함

★ ② 주요 정책

노비안검법	본래 양인이었으나 불법으로 노비가 된 자를 조사하여 양인으로 해방시킴 → 호족의 경제적·군사적 기반 약화, 국가 재정 확충
과거제	**쌍기의 건의**로 실시, 시험으로 관리를 선발하여 유교적 소양을 갖춘 신진 관료 등용 → 신·구 세력의 교체 도모
공복 제정	관리의 복색을 관등에 따라 구분함 → 관리의 위계질서 확립
칭제 건원	• '황제' 칭호 사용, '**광덕**', '**준풍**' 등의 독자적 연호 사용 • 수도 개경을 황도로 부름
주현공부법 실시	주·현 단위로 조세와 공물, 부역 등을 부과함 → 국가 재정의 안정 도모
제위보 설치	기금을 모아 그 이자로 빈민을 구제함 → 농민 생활 안정
숭불 정책	• 국사와 왕사 제도를 둠, 혜거를 국사로 삼고 탄문을 왕사로 삼음 • 화엄종 승려 균여를 통해 귀법사 창건

최빈출 핵심 선지

- 태조는 후삼국 통일 이후 빈민 구제를 위해 **흑창**을 설치하였다.
- 태조는 정계와 계백료서를 지어 관리의 규범을 제시하였다.
- 광종은 노비안검법을 실시하여 억울하게 노비가 된 자들을 해방하였다.
- 광종은 쌍기의 건의를 받아들여 시험을 통해 관리를 뽑는 과거제를 실시하였다.
- 광종은 광덕, 준풍 등의 독자적인 연호를 사용하였다.
- 경종은 처음으로 **전시과**를 제정하여 관리에게 전지와 시지를 지급하였다.
- 성종은 최승로의 시무 28조를 받아들여 통치 체제를 정비하였다.
- 성종은 전국에 12목을 설치하고 지방관을 파견하였다.

▶ 사심관 제도

태조는 신라 경순왕(김부)이 항복하자 신라를 통합한 뒤 경주라 하고, 경순왕을 경주의 사심관으로 임명하였어요. 사심관은 부호장 이하의 향리를 임명할 수 있는 권한을 가졌기 때문에 여러 공신이 이를 본받아 각 출신 지역의 사심관이 되었습니다.

▶ 노비안검법

본래 양인이었으나 불법으로 노비가 된 사람을 조사하여 양인 신분을 회복시켜 준 정책이에요. 노비안검법은 공신의 경제력과 군사력을 약화시키고, 국가의 기반을 강화하려는 의도에서 실시되었어요.

> **시험에 나오는 사료** 광종의 과거제 시행
>
> 왕이 한림학사 쌍기를 지공거로 임명하고, 시(詩)·부(賦)·송(頌)과 시무책을 시험하여 진사를 뽑게 하였다. 위봉루에 친히 나가 급제자를 발표하여, 갑과에 최섬 등 2명, 명경에 3명, 복업에 2명을 합격시켰다.
> - 『고려사』 -

(3) 경종
① 공신 중용을 통한 안정 추구: 공신 세력을 다시 중용하고 다소 급진적이었던 광종의 정책을 철회
② 시정 전시과: 인품과 관품을 고려하여 전·현직 관료를 대상으로 전지와 시지를 지급함

(4) 성종
① 유교 정치 이념의 확립: 유교 이념을 바탕으로 국가를 운영할 것을 주장한 최승로의 시무 28조를 받아들여 통치 체제를 정비함
② 체제 정비

중앙 정치 기구 정비	당의 3성 6부제를 기반으로 2성 6부제의 중앙 관제를 마련함
지방 통치 제도 정비	• 주요 지역에 12목을 설치하고 지방관을 파견함 • 지방 세력 통제를 위해 향직제를 정비함
유교 교육 진흥	• 개경에 최고 교육 기관인 국자감 설치 → 유학부와 기술학부로 구성 • 12목에 경학박사와 의학박사 파견, 과거 제도 정비
민생 안정	빈민 구제 기구인 의창 설치 └ 평소에 곡식을 저장해 두었다가 흉년이 들면 빈민에게 곡식을 나누어 줌

> **향직 제도(향리제) 정비**
> 지방 세력을 견제하기 위해 지방의 중소 호족을 향리로 편입하여 통제하도록 한 것이었어요.

> **시험에 나오는 사료** 최승로의 시무 28조
>
> 왕이 "중앙의 5품 이상 관리들은 각자 봉사를 올려 시정(時政)의 잘잘못을 논하라."라고 명령하였다. 최승로가 상소하였는데 대략 다음과 같은 내용이었다. "…… 이제 앞선 5대 조정의 정치와 교화에 대해서 잘되고 잘못된 행적들을 기록하고, 거울로 삼거나 경계할 만한 것들을 삼가 조목별로 아뢰겠습니다. …… 신이 또 시무(時務) 28조를 기록하여 장계와 함께 따로 봉하여 올립니다."
> - 『고려사』 -

(5) 현종
① 지방 통치 제도 확립: 전국을 경기와 5도 양계로 나누고 그 밑에 군현을 설치함 (안찰사 파견 / 북계와 동계, 병마사 파견)
② 도병마사 설치: 국방과 군사 문제 처리
③ 2군 설치: 국왕 친위 부대(응양군, 용호군)
④ 주현 공거법 실시: 향리 자제에게 과거 응시 자격을 부여

06강 ② 통치 체제의 정비

06~08강 고려 시대

통치 체제 정비

- 982 중서문하성 설치
- 983 **성종, 12목 설치**
- 1018 현종, 5도 양계 체제 정비
- 1279 도병마사가 도평의사사로 개편

1 중앙 정치 조직

(1) 정비 과정
① 초기: 태조는 태봉의 최고 정무 기관인 광평성을 비롯하여 그 관제를 일부 답습함 → 후삼국 통일 후에는 신라의 것을 절충하고, 당의 관제도 일부 수용함
② 고려의 통치 체제 정비
  - 성종이 당의 3성 6부제를 수용하여 **2성 6부제**로 정비함 (중서문하성, 상서성)
  - 당·송의 제도를 받아들이면서도 고려의 실정에 맞게 조정·운영함

★(2) 중앙 정치 조직

중서문하성	• 고려의 최고 관서로, **국정을 총괄**하며 **재신**과 **낭사**로 구성됨 • 재신: 2품 이상의 관리들로, 정책을 심의·결정함 • 낭사: 3품 이하의 관리들로, 정책을 건의하고 잘못을 비판함
상서성	6부를 통솔하여 중서문하성에서 결정된 사항을 집행함
6부	이·병·호·형·예·공부 → 행정 실무 담당
중추원	군사 기밀을 담당하는 추밀(2품 이상)과 왕명 출납을 담당하는 승선(3품 이하)으로 구성 (추신이라고도 함)
삼사	**화폐와 곡식의 출납에 대한 회계** 담당
어사대	**관리들의 비리 감찰**·풍속 교정을 담당
대간	• **중서문하성의 낭사와 어사대의 관원으로 구성** • 관리 임명에서 동의권을 행사할 수 있는 서경, 왕의 잘못을 지적할 수 있는 간쟁, 잘못된 왕명을 돌려보내는 봉박의 권리를 지님 → 정치권력의 견제와 균형 추구
도병마사	• 대외적인 국방·군사 문제 관장 • **고려 후기(원 간섭기)에 도평의사사(도당)로 개칭** → 이후 모든 정무를 관장함	• 중서문하성의 재신과 중추원의 추밀 등 2품 이상의 고위 관리들이 모여 국가 중대사를 논의함 → 고려의 귀족 정치 (재추) • 고려의 독자적 기구
식목도감	대내적인 법의 제정·격식 관장	

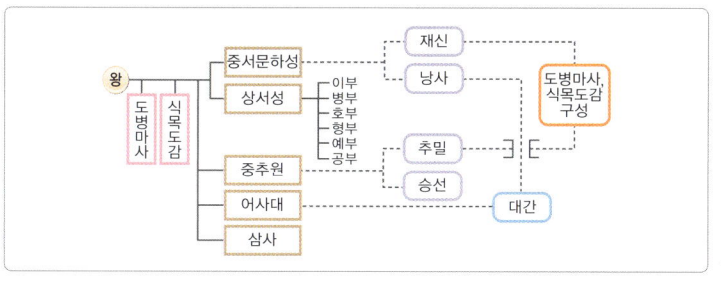
▲ 고려의 중앙 통치 조직

최빈출 핵심 선지
- 고려는 중앙 정치 조직으로 2성 6부를 두었다.
- 중서문하성은 국정을 총괄하는 최고 중앙 관서이며 수장은 문하시중이었다.
- 고려의 삼사는 화폐와 곡식의 출납과 회계를 담당하였다.
- 어사대의 관원은 중서문하성의 낭사와 함께 대간으로 불렸다.
- 어사대는 관리 감찰을 담당하였다.
- 도병마사는 원 간섭기에 도평의사사로 개편되었다.

고려와 조선의 삼사
고려의 삼사는 화폐·곡식의 출납에 대한 회계를 담당하는 기구였습니다. 이와 달리 조선의 3사(사헌부·사간원·홍문관)는 언론의 기능을 담당하여 권력의 독점과 부패를 방지하는 역할을 하였지요.

2 지방 행정 조직·군사 조직·관리 등용 제도

(1) 정비 과정
① 태조~경종: 고려 초기에는 지방 호족들의 자치권을 인정함 → 양전과 조세 징수 및 운송 등의 목적으로 관리를 파견함 ┗ 토지의 실제 경작 상황을 파악하기 위해 실시한 토지 측량 제도
② 성종: 최승로의 건의를 받아들여 지방 제도 정비 → **12목을 설치**하여 지방관을 파견함
③ 현종: 전국을 5도와 양계, 경기로 나눔 → 그 안에 3경, 4도호부, 8목을 비롯하여 군·현·진 등을 설치함

(2) 지방 행정 조직

5도	• 상설 행정 기관 없이 **안찰사**를 파견하여 순찰하도록 함 ┗ 임기는 6개월, 일정한 근무지 없이 도내를 시찰하는 관직 • 도에 주·군·현 설치
양계	북방의 국경 지대에 군사 행정 구역으로 양계(동계·북계)를 설치함 → **병마사** 파견
경기	개경 주변을 경기로 삼아 개경부에서 직접 통치함
3경	풍수지리설에 기반하여 개경, 서경(지금의 평양), 동경(지금의 경주) 설치 → 후에 동경을 제외하고 남경(지금의 서울)을 설치함
향·부곡·소	• **특수 행정 구역**: 일반 군현보다 지위는 낮고 조세는 더 많이 부담함 • 향과 부곡민은 주로 농업에 종사하였고, 소의 주민은 광업·수공업 등에 종사하였음
속현	• 고려 시대에는 모든 군현에 지방관(수령)을 파견하지 못함 • 지방관이 파견된 주현보다 파견되지 않은 속현이 더 많았음 → 속현은 향리가 지배

(3) 군사 조직

중앙군	• **2군**(국왕 친위 부대)과 **6위**(수도와 국경 방어)로 구성 ┗ 응양군, 용호군 • 직업 군인으로 편성, 복무의 대가로 군인전을 지급받음 • 중방: 2군 6위의 상장군과 대장군이 모인 군사 기구 → 무신 정권 초기 최고 정무 기관의 역할을 함
지방군	• 주진군: 양계에 주둔하는 상비군 • 주현군: 5도와 경기를 담당 → 예비군으로 평상시에는 생업에 종사

(4) 관리 등용 제도: 과거제, 음서 제도
① 과거제의 종류 ┗ 지방 향리들이 중앙 관직으로 진출하는 통로로 기능함

문과	• 제술과: 문학적 능력과 정책을 시험 ┐ • 명경과: 유교 경전의 이해 능력을 시험 ┘ → 고려 시대에는 무과는 거의 실시되지 않음
잡과	의학, 천문, 법률, 지리, 음양 등 기술관을 뽑는 시험
승과	승려를 대상으로 시행한 시험으로, 불교 경전의 이해 능력을 시험

② 과거제의 응시 자격: 법제적으로 양인 신분 이상이면 응시가 가능함 → 제술과와 명경과에는 주로 귀족·향리의 자제, 잡과에는 주로 양인이 응시함
③ 좌주 문생 관계: 과거를 주관하는 지공거와 급제자는 각각 좌주와 문생이라 하여 정치적 관계를 형성함
④ 음서 제도: 공신·종실 자손·5품 이상 고위 관료의 자손에게는 과거를 거치지 않고 관리가 될 수 있는 특권이 부여됨 ┗ 고려 사회의 귀족적 특징을 보여 주는 대표적 예

최빈출 핵심 선지

• 성종은 12목을 설치하고 지방관을 파견하였다.
• 고려의 지방은 일반 행정 구역인 5도와 군사 지역인 양계로 구성되었다.
• 고려의 중앙군은 국왕의 친위 부대인 2군과 수도를 경비하는 6위로 구성되었다.

▶ **고려의 지방 행정 조직**

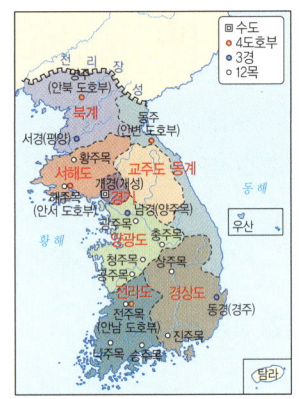

▶ **향리**

고려 시대의 향리는 과거에 응시하여 중앙 정계에 진출할 수 있었어요. 그러나 조선 시대에 이르러서는 지방의 지배자적 위치를 상실하고 관아의 행정 실무를 담당하는 중간 계층으로 전락하였습니다.

▶ **고려 시대 관리 등용 제도**

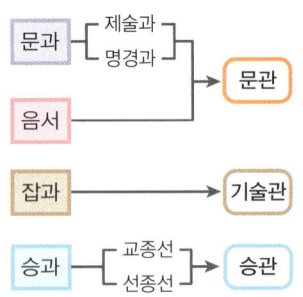

06강 ③ 문벌 사회와 무신 정권

06~08강 고려 시대

주요 사건 흐름

- 1126 이자겸의 난
- **1135 묘청의 서경 천도 운동**
- 1170 무신 정변
- 1232 강화도로 천도

1 문벌 사회의 성립과 동요

(1) 문벌 사회의 성립

① 형성 과정: 중앙 집권 체제의 확립 후 문벌이 형성되어 감 → 왕실이나 귀족들 상호 간의 폐쇄적인 혼인을 바탕으로 가문의 지위를 세습함
→ 중앙 관료화된 지방 호족과 신라 6두품 출신들이 과거와 음서를 통해 관직을 세습하며 여러 세대를 걸쳐 고위 관료 배출

② 특권: 음서를 통해 관직과 공음전을 세습하였고 권력을 이용해 불법적으로 토지를 겸병함

(2) 문벌 사회의 동요

① **이자겸의 난(1126)**

배경	• 대표적인 문벌인 경원 이씨 가문은 계속된 왕실과의 혼인으로 80여 년간 정권을 유지함 → 이자겸은 예종과 인종에게 세 명의 딸들을 시집보냄으로써 권력을 장악함 (외척의 권력이 커짐) • 이자겸 세력과 이자겸의 독점 권력에 반발하는 왕의 측근 세력 간의 대립이 심화됨
전개	이자겸에게 위협을 느낀 인종은 측근들과 함께 이자겸을 제거하려 함 → 이를 눈치챈 **이자겸이 척준경과 먼저 반란**을 일으킴(이자겸의 난) → 인종이 척준경을 이용하여 이자겸을 제거함 → 척준경이 탄핵으로 몰락함 → 이자겸의 난 실패

★ ② **묘청의 서경 천도 운동(1135)**

구분	개경파	서경파
성격	중앙의 문벌(**김부식**) └ 개경의 대표적인 문벌 세력	지방 출신의 개혁적 관리(**묘청, 정지상**)
사상	• 유교 사상 기반 → 사대 정책 • 신라 계승 의식 표방	• 풍수지리설, 전통 사상 → 북진 정책 • 고구려 계승 의식 표방 └ 왕을 황제라 칭하고, 연호를 제정
주장	• 유교 이념을 통한 사회 질서 확립 • 서경 천도 반대	• 왕권 강화와 혁신적 제도 개혁 주장 • **서경 천도, 금국 정벌, 칭제 건원** 주장 (여진족이 세운 나라)
전개	김부식 등 개경 세력의 반대로 서경 천도 실패 → **묘청 등이 서경에서 반란**을 일으킴 → **김부식이 이끄는 정부군에 의해 1년 만에 진압** (나라 이름 '대위', 연호 '천개')	

시험에 나오는 사료 묘청의 서경 천도 운동

묘청 등이 왕에게 말하기를, "신들이 보건대 서경의 임원역은 음양가들이 말하는 대화세(大華勢)이니 만약 이곳에 궁궐을 세우고 옮기시면 천하를 병합할 수 있을 것이요. 금나라가 공물을 바치고 스스로 항복할 것이며, 36개 나라들이 모두 신하가 될 것입니다."라고 하였다.

— 『고려사』 —

최빈출 핵심 선지

- 고려 시대의 문벌은 과거와 **음서**를 통해 고위 관직을 독점하였다.
- 인종 때 권력을 독점한 왕실의 외척 **이자겸**이 척준경과 함께 **반란**을 일으켰다.
- **묘청**, 정지상 등이 풍수지리설을 기반으로 **서경 천도**를 주장하였다.
- 묘청 등 서경파는 **칭제 건원**과 **금국 정벌**을 주장하였다.
- 묘청 등 서경파는 **김부식**이 이끄는 **관군**에 의해 **진압**되었다.

▶ 고려의 지배층 변천

초기	호족
중기	문벌
무신 집권기	무신
원 간섭기	권문세족
고려 말	신진 사대부

▶ 공음전

공음전은 5품 이상 고위 관료에게 지급되었던 토지로, 세습이 가능했어요.

2 무신 정권의 성립과 변천

(1) 무신 정변(1170)

① 배경
- 이자겸의 난, 묘청의 서경 천도 운동 등에 의해 문벌 사회가 크게 분열됨
- 무신에 대한 차별 대우와 군인전을 제대로 받지 못한 하급 군인들의 불만이 높아짐

② 경과: 보현원에서 정중부·이의방 등의 주도 아래 무신 정변 발생(1170) → 다수의 문신 제거 → 의종을 폐위시키고 명종 옹립 → 무신 회의 기구인 중방을 중심으로 정권 장악 → 무신들이 주요 관직을 독점하고 토지와 노비, 사병 확대 → 무신들 간의 권력 다툼 심화 → 전국 각지에서 반란이 발생함

③ 무신 간의 권력 쟁탈전: 무신 정변 후 집권자가 자주 바뀌는 혼란이 이어짐

└ 경대승이 신변 경호를 위해 만든 사병 조직

시험에 나오는 사료 무신 정변(1170)

> 왕이 보현원으로 가는 길에 5문 앞에 당도하자 시신(侍臣)들을 불러 술을 돌렸다. …… 저물녘 어가가 보현원 가까이 왔을 때, 이고와 이의방이 앞서가서 왕명을 핑계로 순검군을 집결시켰다. 왕이 막 문을 들어서고 신하들이 물러나려 하는 찰나에, 이고 등은 왕을 따르던 문관 및 높고 낮은 신하와 환관들을 모조리 살해했다. …… 정중부 등은 왕을 궁궐로 도로 데리고 왔다.
> - 「고려사」 -

★(2) 최씨 무신 정권의 성립

① 배경: 최충헌이 이의민을 제거하고 집권한 이후 4대 60여 년간 최씨 무신 정권이 이어짐
② 최충헌의 정치

교정도감	• 최고 정치 기구로 교정도감을 설치함 • 교정도감의 장관인 교정별감은 최씨 집권자들이 세습 → 권력 장악
봉사 10조	사회 개혁책으로 봉사 10조를 올림 → 군사 정변을 합리화하려는 성격이 강했으며, 실질적 개혁이 이루어지지 않음
도방의 부활	• 사병을 육성하여 경대승 때의 도방을 확대·강화함 • 삼별초와 함께 최씨 무신 정권의 군사적 기반 역할을 함

③ 최우의 정치 ┌ 최충헌의 아들

정방 설치	자신의 집에 독자적 인사 행정 기구인 정방을 설치함 → 인사권 장악
서방 설치	• 문인들의 숙위 기관으로 서방을 설치함 • 문학적 소양과 전문 지식을 갖춘 문관들을 참여시켜 자문 기능을 담당하게 함
삼별초 조직	• 유래: 최우가 치안을 위해 설치한 야별초에서 시작됨 • 야별초가 좌별초·우별초로 분리됨 → 몽골에 포로로 잡혀갔던 병사들로 조직된 신의군이 추가되어 삼별초 완성 • 무신 정권의 군사적 기반이 되었으며, 몽골 침입 당시 끝까지 저항함
대몽 항쟁	• 몽골이 침입하자 최씨 무신 정권은 강화도로 천도하여 장기 항전에 대비함 • 대장도감을 설치 → 불타버린 초조대장경을 대신할 재조대장경(팔만대장경) 조판 시작

최빈출 핵심 선지

- 무신에 대한 차별이 원인이 되어 보현원에서 정중부, 이의방 등이 무신 정변을 일으켰다.
- 무신 정변 직후 무신들의 회의 기구였던 중방이 최고 기구의 역할을 하였다.
- 최충헌은 이의민을 제거하고 정권을 장악하였다.
- 최충헌은 교정도감을 설치하고 교정별감이 되어 국정 전반을 장악하였다.
- 최충헌은 명종에게 봉사 10조를 올려 시정 개혁을 건의하였다.
- 최우는 인사 행정 기구로 정방을 설치하였다.
- 삼별초는 좌별초, 우별초, 신의군으로 구성된 군대였다.
- 삼별초는 최씨 무신 정권의 군사적 기반이었다.
- 무신 정권에 반발하여 서경 유수 조위총이 난을 일으켜 정중부 등의 제거를 도모하였다.
- 무신 정권에 반발하여 동북면 병마사 김보당이 의종의 복위를 도모하는 난을 일으켰다.
- 무신 집권기에 공주 명학소에서 망이·망소이가 가혹한 수탈에 저항하여 봉기하였다.
- 무신 집권기에 김사미와 효심이 지금의 경상도 지역에서 난을 일으켰다.
- 무신 집권기에 개경에서 사노비 만적이 노비들과 함께 신분 해방을 도모하였다.

▶ **중방**
2군 6위의 상장군과 대장군으로 구성된 무신 회의 기구였어요. 무신 정변 직후부터 최충헌의 집권 전까지 최고 권력 기구로 기능하였지요.

▶ **무신 정권에 대한 반발**
무신 정권이 들어서자 이에 반발하여 김보당의 난, 조위총의 난(서경) 등이 연이어 일어났어요.

▶ **봉사 10조**
최충헌이 명종에게 올린 10개 조의 개혁 방안으로 정변의 정당성 확보와 권력 안정을 위한 제도적 장치를 마련하는 데 기여하였어요. 이는 결과적으로 최충헌의 권력을 안정시키는 수단이 되었답니다.

(3) 농민과 천민의 봉기

① 배경
- 이의민의 집권으로 백성들 사이에서 누구나 신분이 상승할 수 있다는 기대감이 높아짐 (천민 출신으로 무신 정권의 집권자가 됨 / 신분제 동요)
- 무신들의 대농장 소유 확대 → 가혹한 수탈에 지친 백성들의 저항감이 높아짐

② 대표적인 봉기

망이·망소이의 난	• 공주 명학소의 망이·망소이 형제가 '소'의 차별에 반발하며 봉기 (특수 행정 구역) • 한때 충청도 일대까지 점령 → 정부에서 명학소를 충순현으로 승격하여 회유함
김사미·효심의 난	김사미(운문)와 효심(초전)이 신라 부흥을 외치며 봉기
만적의 난	• 개경에서 사노비 만적의 주도로 봉기를 계획함 • 누구나 '공경대부'가 될 수 있다고 주장하며 일어난 신분 해방 운동

시험에 나오는 사료 망이·망소이의 난

- 명학소의 백성 망이·망소이 등이 무리를 모아서 산행병마사라고 자칭하고는 공주를 공격하여 함락하였다.
- 망이의 고향인 명학소를 충순현으로 승격시키고 양수탁을 현령으로, 김윤실을 현위로 임명하여 그들을 달래었다.

— 『고려사』 —

시험에 나오는 사료 만적의 난

만적 등이 노비들을 불러 모아서 말하기를, "장군과 재상에 어찌 타고난 씨가 있겠는가? 때가 되면 누구나 할 수 있는 것이다."라고 하였다. …… 만적 등 100여 명이 체포되어 강에 던져졌다.

— 『고려사』 —

> **무신 정권기의 봉기**

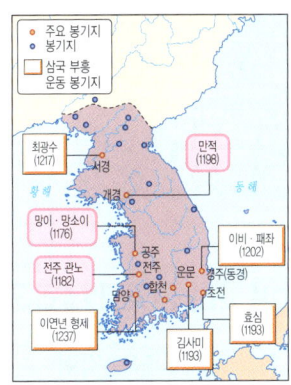

무신 정권 때에는 김사미·효심의 난 외에도 삼국의 부흥을 외치며 일어난 봉기가 더 있었어요. 대표적으로 최광수의 난(고구려 부흥), 이연년 형제의 난(백제 부흥), 이비·패좌의 난(신라 부흥) 등의 봉기가 있었답니다.

07강 ① 고려의 대외 관계

06~08강 고려 시대

주요 사건 흐름
- 993 서희의 외교 담판
- 1104 별무반 편성
- 1232 김윤후, 처인성 전투
- 1270~1273 삼별초의 항쟁

1 고려 전기의 대외 관계

(1) 거란의 침입과 격퇴

① 거란의 성장: 야율아보기가 거란의 부족을 통합한 후 요 건국 → 거란에 의해 발해 멸망(926)

② 고려의 대응 ┌ 태조 왕건은 훈요 10조에서 거란과 통교하지 말 것을 당부하였고, 만부교 사건을 일으키기도 함
- 건국 초부터 거란에 적대적인 자세를 취하였고, 송과는 친교를 맺고 북진 정책을 추진함
- 정종 때 거란의 침입에 대비하여 광군을 창설함 └ 농민으로 구성된 예비군

★ ③ 거란의 침입

1차 침입 (성종, 993)	• 거란 장수 소손녕이 침입하여 송과의 외교 단절 요구 • 서희의 외교 담판 → 송과 관계를 끊고 거란과 교류할 것을 약속하는 대신 압록강 동쪽의 강동 6주 획득 └ 압록강 동쪽 이남까지 영토 확보
2차 침입 (현종, 1010)	• 강조가 정변을 일으켜 목종을 폐위하고 현종을 옹립한 것을 구실로 거란이 침입함 → 개경이 함락되고, 현종이 나주까지 피란을 감 • 양규 등의 활약 → 거란은 현종의 친조를 조건으로 철수함
3차 침입 (현종, 1018)	• 고려가 현종의 입조 및 강동 6주 반환 요구를 거부하자 소배압이 이끄는 거란군이 침입 • 강감찬이 귀주에서 거란군을 크게 격퇴함(귀주 대첩, 1019)
결과	• 개경에 나성을 쌓고, 국경 지역(압록강~동해안 도련포) 지역에 천리장성을 축조함 • 송과 거란(요) 사이에서 세력 균형을 유지함 → 이후 거란(요)과 친선 관계 수립 • 부처의 힘으로 거란을 물리치고자 초조대장경 조판

(2) 여진 정벌과 동북 9성

① 초기 상황: 여진족은 만주와 두만강 일대에 흩어져 부족 단위로 생활하였으며, 고려를 부모의 나라로 섬김 → 고려는 귀순해 오는 여진인들을 자치주를 통해 통치함

② 여진 정벌과 동북 9성 개척

여진의 성장	12세기 초 완옌부 일족이 여진족을 통합하면서 고려 국경까지 남하하여 고려와 충돌
여진 정벌	• 윤관의 건의에 따라 기병을 보강한 별무반 편성 → 신기군(기병), 신보군(보병), 항마군(승병) • 윤관이 별무반을 이끌고 여진 정벌 추진 → 여진족을 북방으로 축출하고 동북 지방 일대에 9성을 축조함 └ 방어의 어려움과 여진의 지속적인 요구로 돌려줌(1109)
금 건국과 군신 관계	세력을 키운 여진이 금을 건국(1115)하고, 요(거란)를 멸망시킨 후 고려에 군신 관계를 요구해 옴 → 당시 고려의 집권자 이자겸은 정권 유지를 위해 금의 요구를 수용함 └ 이자겸의 사대 요구 수용은 북진 정책의 좌절을 의미함

최빈출 핵심 선지

- 거란의 1차 침입 때 서희가 외교 담판을 벌여 강동 6주를 획득하였다.
- 목종 때 강조가 정변을 일으켜 김치양 일파를 제거하고 목종을 폐위하였다.
- 거란의 3차 침입 때 강감찬은 거란군을 귀주에서 크게 격퇴하였다.
- 고려는 부처의 힘으로 거란을 물리치고자 하는 염원을 담아 초조대장경을 조판하였다.
- 숙종 때 윤관의 건의로 신기군, 신보군, 항마군으로 구성된 별무반이 편성되었다.

▶ 고려의 강동 6주

▶ 강조의 정변

천추 태후와 김치양이 왕위를 빼앗으려 하자 강조가 김치양 일파를 제거하고 목종을 폐위시킨 사건이에요.

▶ 고려에 침입한 이민족

10·11세기	거란(요)
12세기	여진(금)
13세기	몽골(원)
14세기	홍건적, 왜구

2 고려 후기의 대외 관계

(1) 몽골의 침입과 항쟁

① **몽골과의 접촉**: 몽골에게 쫓겨 내려온 거란을 고려와 몽골이 연합하여 격퇴한 사건을 통해 고려와 몽골의 첫 접촉이 이루어짐 → 몽골이 고려에 무리한 조공을 요구해 옴

② **몽골의 침입**

1차 침입 (고종, 1231)	• 저고여 피살 사건 발생: 고려 방문 이후 자기 나라로 돌아가던 몽골의 사신 저고여가 살해됨 (1225년에 발생) • '저고여 피살 사건'을 구실로 살리타가 이끄는 몽골군이 침입해 옴 → 고려는 **박서(귀주성 전투, 1231)** 등의 활약에 힘입어 몽골군을 물리침 • 몽골과 강화를 체결하고 몽골군이 철수하자 최씨 무신 정권(최우)은 **강화도로 천도**함
2차 침입 (고종, 1232)	• 고려의 개경 천도와 친조를 요구하며 살리타를 앞세워 재침입 • 처인 부곡의 결사 항전: **김윤후**가 적장 살리타를 사살하며 물리침(**처인성 전투**) → 처인현으로 승격 ↳ 5차 침입 때 충주에서 몽골군 격퇴(충주성 전투) • 초조대장경 소실: 대구 부인사에 보관 중이던 고려 최초의 대장경인 초조대장경이 소실됨
3차 침입 (고종, 1235 ~1239)	• 몽골군이 경주까지 침입하여 황룡사 9층 목탑이 소실됨 • 부처의 힘으로 몽골을 물리치고자 **팔만대장경(재조대장경) 조판 시작** ↳ 최우 집권 시기

↳ 이후에도 크게 6차까지 몽골의 침입이 있었음

시험에 나오는 사료 — 김윤후의 충주성 전투

> 몽골군이 쳐들어와 70여 일간 충주성을 포위하니 군량이 거의 바닥났다. 김윤후가 군사들을 북돋우며 말하기를, "너희들이 힘을 다해 싸운다면 귀천을 가리지 않고 모두 관작을 제수할 것이다."라고 하였다. 그리고는 관노(官奴) 문서를 불사르고, 소와 말도 나누어 주었다. 이에 모두 죽음을 무릅쓰고 싸워 몽골군을 물리쳤다.

③ **강화와 개경 환도**
- 최씨 정권의 몰락: 김준이 최의를 몰아낸 후 몽골과 강화를 추진함
- 무신 정권의 최후: 최의 이후 김준, 임연, 임유무로 이어지던 무신 정권은 원종이 임유무를 살해하면서 종료됨 → 원종은 1270년에 개경으로 환도함

④ **삼별초의 저항**

배경	• 삼별초는 무신 정권의 핵심 부대이자 몽골과의 항쟁에 주도적이었음 • 무신 정권의 붕괴와 몽골과의 강화에 불만을 가짐
전개 과정	• 배중손 등이 왕족 '승화후 온'을 왕으로 추대하여 개경 정부에 반기를 듦 • **강화도, 진도(배중손 주도), 제주도(김통정 주도)로 옮겨 가며 항쟁**
결과	고려·몽골 연합군의 공격으로 진압됨

시험에 나오는 자료 — 진도 용장산성의 궁궐 터

> 몽골군에 항복한 고려 왕실은 1270년 개경으로 환도하였다. 삼별초는 해산 명령을 받았으나 굴복하지 않고 끝까지 몽골과 싸울 것을 주장하며 진도로 근거지를 옮겼다. 이곳에서 배중손의 지도하에 궁궐과 성곽을 쌓고 몽골에 대항하였다.

최빈출 핵심 선지

- 몽골의 침입 당시 김윤후가 처인성에서 몽골 장수 살리타를 사살하였다.
- 고려는 부처의 힘으로 몽골의 침입을 막기 위해 팔만대장경을 만들었다.
- 삼별초는 강화도, 진도, 제주도로 근거지를 옮겨 가며 대몽 항쟁을 펼쳤다.
- 홍건적의 침략으로 공민왕이 안동으로 피난하였다.
- 화통도감이 설치되어 화포가 제작되었다.

▶ 귀주 대첩과 귀주성 전투

귀주 대첩은 거란의 3차 침입 때 강감찬이 거란군을 격퇴한 전투이고, 귀주성 전투는 몽골의 1차 침입 때 박서가 귀주성을 지킨 전투입니다.

▶ 삼별초의 이동

(2) 홍건적과 왜구의 침입

① 홍건적의 침입

몽골족이 중국 대륙에 세운 나라

배경	• 원·명 교체기 원의 국력 쇠퇴 → 한족 농민 반란군인 홍건적이 봉기를 일으킴 • 원에 쫓긴 홍건적이 공민왕 때 두 차례 고려를 침입함
1차 침입 (1359)	이승경·이방실 등이 격퇴
2차 침입 (1361)	• 개경 함락 → 공민왕이 복주(안동)까지 피난 • 최영·이성계·정세운·안우·이방실 등이 격퇴 → 개경 탈환

② 왜구의 침입

- 13세기 전반 처음으로 침입함 → 14세기 중반 이후 본격적으로 침입하기 시작하여 공민왕과 우왕 때 창궐했음
- 우왕: 홍산 대첩(1376, 최영) → 화통도감 설치(최무선 건의) → 진포 대첩(1380, 나세·최무선) → 황산 대첩(1380, 이성계)
- 창왕: 박위의 쓰시마섬 정벌(1389)

> **최무선과 화약**
>
> 최무선은 원나라로부터 화약 제조법을 습득하였어요. 이는 우리나라 해안에 자주 출몰하는 왜구에 대비하기 위함이었지요. 고려 정부는 화약 제조법이 일본으로 유출되지 않도록 하기 위해 생산을 강력하게 통제하였어요.

07강② 공민왕의 개혁 정치와 고려의 멸망

06~08강 고려 시대

주요 사건 흐름

- 1259 몽골과 강화
- 1356 쌍성총관부 수복
- 1388 위화도 회군
- 1391 과전법 공포

1 원 간섭기의 정치

★(1) 원의 간섭

① **부마국** 체제 성립: 몽골과 강화 후 고려는 국가 체제를 유지할 수 있었으나 내정 간섭을 받게 됨 → 왕은 원의 공주와 결혼해야 했으며, 원의 지시로 왕의 교체가 잦았음 (부마국: 사위의 나라)

② 왕실 호칭·관제 격하: 제후국의 수준에 맞게 격을 낮춰야 했음
  - 국왕 묘호에 '충'자 사용, '황제'라는 칭호가 '왕'으로 격하 → 충렬왕, 충선왕, 충목왕 등
  - 2성 6부는 1부 4사로 격하: 중서문하성과 상서성이 첨의부로 통합되고 6부가 4사로 통폐합, 중추원이 밀직사로 격하됨

③ **정동행성** 설치: 원이 **일본 원정을 위해 설치**하여 군대와 물자를 강요함 → 두 차례의 일본 원정 실패 후에도 부속 기구인 **이문소를 통해 고려 내정에 간섭**함

④ 만호부 설치: 원의 영향으로 설치된 군사 조직 → 고려 군사 조직에 영향력 행사

⑤ 다루가치 파견: 원의 관리인 다루가치를 감찰관으로 파견하여 내정을 간섭함

⑥ 영토 상실: 원이 **쌍성총관부(철령 이북)**, 동녕부(자비령 이북), 탐라총관부(제주) 설치

⑦ 원의 내정 간섭 영향 → 공물로 바친 여자를 의미하는 것으로, 원이 처녀를 공녀로 요구하자 결혼도감을 통해 공녀가 징발됨

자원 수탈	• 특산물 수탈: **응방을 설치하여 사냥용 매 수탈**, 금·은·자기·호피·인삼 등의 특산물 수탈 • 인적 수탈: **공녀**와 내시 등 차출
문화	• 고려에 **변발**, **호복**, 족두리, 연지 등의 **몽골 풍습 유행**, 원에서 고려 풍습이 유행 (몽골풍 / 고려양) • 공녀 차출을 피하기 위해 조혼 풍습이 등장함 • 성리학, 목화, 화약, 서양 문물 등 새로운 문물의 전래

시험에 나오는 사료 · 원 간섭기의 사회 모습 1

→ 원의 공주가 고려에 들어올 때 따라 온 시종

제국대장공주의 겁령구였던 인후가 갑자기 재상이 되어 나라 전체에 권력을 행사하니, 원경이 인후의 권세에 기대고자 하여 아들을 인후의 딸에게 장가보냈다. 이때부터 인후의 일파가 되어 온갖 일들을 꾸며 내어 나라에 해악이 되었다. …… 원경이 무략 장군 정동행중서성 도진무로 임명되어 금부(金符)를 찼다.
— 『고려사』 —

시험에 나오는 사료 · 원 간섭기의 사회 모습 2

왕이 이분희 등에게 변발을 하지 않았다고 책망하였더니 그들이 대답하기를 "신 등이 변발하는 것을 싫어해서가 아니라 오직 뭇 사람들이 그렇게 하여 상례(常例)가 되기를 기다렸을 뿐입니다."라고 하였다. …… 왕은 입조(入朝)하였을 때에 이미 변발하였지만, 나라 사람들이 아직 하지 않았기 때문에 이를 책망한 것이다.
— 『고려사』 —

최빈출 핵심 선지

- 원 간섭기에 중서문하성과 상서성이 **첨의부**로 격하되었다.
- **정동행성**은 일본 원정 실패 이후 고려의 **내정 간섭**에 이용되었다.
- **만권당**이 설립되어 원과 고려의 학자가 교유하였다.
- 지배층을 중심으로 **변발**과 **호복**이 유행하였다.
- 폐정 개혁을 목표로 **정치도감**을 설치하였다.

▶ 원 간섭기의 국왕

충렬왕에서 공민왕까지의 왕들은 원의 공주와 혼인하고, 태어난 왕자들은 원에서 교육을 받은 뒤 고려로 돌아와 왕위에 즉위하였어요. 또한 원의 지배를 충실히 따르라는 뜻에서 원 간섭기 6명의 국왕 묘호에는 '충'자가 붙었습니다.

▶ 왕실 호칭 격하

원 간섭 이전	원 간섭기
조, 종	왕
짐	고
폐하	전하
태자	세자

(2) 권문세족의 등장

① 등장: 기존의 문벌, 무신뿐만 아니라 몽골어를 익힌 역관이나 응방 출신, 원에 입조하는 국왕을 수행하는 공신 등이 포함됨

② 폐단
- 친원적 성향의 권문세족은 원 세력을 배경으로 <u>고위 관직을 장악</u>하였고, 다른 사람의 토지를 불법적으로 빼앗아 대농장을 경영함 └─ 도평의사사(도당) 장악
- 권문세족의 전횡은 왕권 약화, 국가 재정 궁핍, 농민 생활 빈곤 등을 야기함

> **권문세족**
> 고려 전기부터 이어져 온 가문도 있지만, 주로 원의 정치 세력과 연결된 관리, 무신 정권기에 등장한 신흥 가문, 국왕의 측근, 몽골어에 능통한 통역관, 환관 등과 같은 부류로 구성되었어요.

(3) 원 간섭기 개혁 노력

충렬왕	• 전민변정도감 설치: 권문세족이 약탈한 토지를 되돌려 주고, 강제로 노비가 된 양민을 해방시키려 함 • 동녕부·탐라총관부 회복
충선왕	• 사림원 설치(왕명 출납·신진 관료 중용, 개혁 추진), 각염법(소금 전매제) 시행 • <u>원에 만권당 설치</u>: 이제현 등 고려 유학자들이 원 유학자들과 교류함 ← 왕위에서 물러난 후 세움
충숙왕	찰리변위도감 설치: 권문세족이 불법으로 소유한 땅과 노비를 원래 주인에게 돌려줌
충목왕	• 응방 폐지 및 고리대 금지 • 정치도감 설치: 개혁 기구로서 정치·경제·사회의 개혁을 추진함

2 공민왕의 개혁 정치

(1) 반원 자주 정책

① 배경: 14세기 중엽 원의 쇠퇴 → 원·명 교체기, 신진 사대부의 성장
② 반원 정책: 친명 외교를 추진하고 <mark>기철 등의 친원 세력을 숙청</mark>하였으며 <mark>몽골풍을 금지함</mark>
 └─ 대표적인 친원 세력으로, 그의 누이동생이 원 순제의 황후인 기황후임
③ 관제 복구: 원나라에 의해 격하된 왕실 호칭과 관제를 복구함, 원 연호·<mark>정동행성 이문소 등을 폐지</mark>함
 └─ 중서문하성, 상서성 등 복구
④ 영토 수복: 유인우를 앞세워 <mark>쌍성총관부를 무력으로 탈환</mark>하여 <mark>철령 이북의 땅을 수복</mark>하고, 요동 지방을 공략함(이성계 활약)

> **최빈출 핵심 선지**
> - 공민왕은 **기철**을 비롯한 **친원 세력**을 **숙청**하였다.
> - 공민왕은 **변발**과 **호복** 등 몽골풍을 **금지**하였다.
> - 공민왕은 고려의 내정을 간섭하던 **정동행성 이문소**를 폐지하였다.
> - 공민왕은 **쌍성총관부**를 공격하여 철령 이북의 땅을 회복하였다.
> - 공민왕은 **신돈**을 등용하여 **전민변정도감**을 설치하였다.

시험에 나오는 자료 — 공민왕의 영토 수복

공민왕은 무력으로 쌍성총관부를 공격하여 철령 이북의 땅을 수복하였고, 나아가 옛 고구려의 땅을 회복하기 위해 요동 지역까지 공략하였습니다.

▲ 공민왕과 노국 대장 공주

★(2) 왕권 강화 정책

① 국내 정세: <mark>신돈 중용</mark>, <mark>정몽주·정도전 등 신진 사대부의 중앙 진출</mark>
② 유교 정치: <mark>성균관 중건</mark> 및 과거제 정비를 통하여 신진 관료를 육성함
③ <mark>정방 폐지</mark>: 최씨 무신 정권기 최우가 설치한 인사 행정 기구인 정방을 폐지함

> **정방의 설치와 폐지**
> 최우에 의해 설치되었던 인사 행정 기구인 정방은 무신 정권 몰락 이후 국가 기관화되었고, 권문세족들이 이를 장악하여 폐단이 극심해졌어요. 이에 여러 국왕들이 정방의 폐지를 위한 조처를 단행하였으나, 설치와 폐지가 반복되었습니다.

④ **전민변정도감 설치**: 권문세족의 경제적 기반을 약화시키고 국가 재정을 강화하기 위한 목적 → **신돈**을 중심으로 권문세족이 불법적으로 약탈한 토지를 원래 주인에게 돌려주고, 강제로 노비가 된 사람은 양민으로 해방시킴
  └ 전민변정도감의 책임자

(3) 실패 요인
① 대내적: 신돈의 정치적 미숙, 신진 사대부의 세력 미약, 권문세족의 반발 → 공민왕 피살
② 대외적: 원의 압력, 홍건적과 왜구의 침입으로 인한 정세 불안

3 신진 사대부의 성장과 고려의 멸망

(1) 신진 사대부의 성장
① 출신: 대부분이 지방 향리 출신으로 학문적 소양을 쌓아 **과거를 통해 중앙 관리로 진출** → 공민왕 때 개혁 정치에 힘입어 성장함
② 개혁 노력: 권문세족의 비리와 불법 행위 비판, **성리학을 수용**하고 불교의 폐단을 비판함
③ 한계: 관직 진출에 제한이 있었으며, 경제적 기반이 미약하였음 → 고려 말 온건파(정몽주 중심)와 급진파(정도전 중심)로 분열
  └ 새 왕조 건설(역성혁명)에 반대
  └ 새 왕조 건설에 찬성

★(2) 고려의 멸망
① 국제 정세의 변화
  • 원·명 교체기: 원의 세력이 쇠퇴하고 새롭게 등장한 명이 성장함
  • 외적의 침입: 홍건적과 왜구의 침입으로 인해 사회적 혼란이 심화됨
② 신흥 무인 세력의 성장: 홍건적과 왜구를 격퇴하는 과정에서 이성계 등의 신흥 무인 세력이 성장함
③ 이성계의 집권 과정: **명의 철령 이북 땅 요구** → **우왕과 최영의 요동 정벌 단행** → **이성계의 위화도 회군**(1388) → 이성계, 정권 장악(최영 숙청)
  └ 최영의 주장으로 추진되었는데, 당시 이성계는 4불가론을 내세우며 반대함

> **시험에 나오는 사료** 이성계의 4불가론
>
> 지금 요동을 정벌하는 일에는 네 가지의 옳지 못한 점이 있습니다. 작은 나라로서 큰 나라에 거역하는 것이 첫 번째 옳지 못함이요, 여름철에 군사를 동원하는 것이 두 번째 옳지 못함이요, 온 나라의 군사를 동원하여 멀리 정벌하러 가면 왜적이 그 허술한 틈을 탈 것이니 세 번째 옳지 못함이요, 이제 곧 덥고 비가 많이 올 것이므로 활의 아교가 풀어지고 많은 군사가 전염병을 앓을 것이니 네 번째 옳지 못함입니다.

④ 과전법 공포(1391): **조준 등의 건의**로 신진 사대부의 경제적 기반 마련을 위해 **과전법**을 실시함
  └ 현직 관리와 퇴직 관리에게 수조권 지급(경기 지역의 토지에 한정)
⑤ 고려의 멸망(1392)
  • 신진 사대부의 분화 → 온건파와 급진파
  • 정도전·남은 등의 급진파는 정몽주 등의 온건파를 제거하고 이성계와 결탁 → 고려 멸망 → 이성계를 왕으로 추대하여 조선 건국(1392)
    └ 정몽주가 개성 선죽교에서 이방원에 의해 피살됨

최빈출 핵심 선지

• 철령위 설치 문제로 **요동 정벌**이 추진되었다.
• **이성계**는 4불가론을 내세우며 **요동 출병**에 반대하였다.
• 이성계는 **위화도 회군**으로 정권을 장악하였다.
• 이성계 등은 조준 등의 건의로 **과전법**을 **제정**하여 토지 제도를 개혁하였다.

▶ 정몽주

08강① 고려의 경제

06~08강 고려 시대

고려의 토지 제도

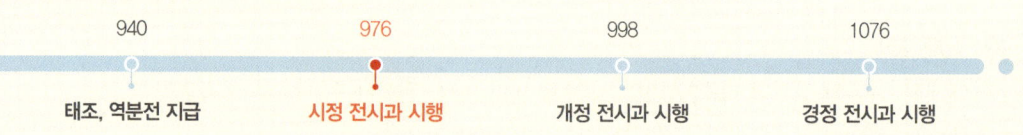

940	976	998	1076
태조, 역분전 지급	시정 전시과 시행	개정 전시과 시행	경정 전시과 시행

1 고려의 경제 정책

(1) 수취 제도와 재정 운영

① 수취 제도

운영	양안과 호적을 작성하여 조세·공물·역을 부과함
조세	• 토지를 비옥도에 따라 3등급으로 구분함 • 생산량의 10분의 1을 거둠 → 조운을 통해 개경으로 운반
공물	• 중앙에서 필요한 공물(토산물)을 주현에 부과 → 속현과 향·부곡·소에 할당 → 각 가호마다 부과·징수 • 상공(매년 징수), 별공(필요시 수시 징수) 등으로 나뉘어져 있었음
역	16~59세 남자(정남)의 노동력 징발, 군역과 요역 부과

② 재정 운영: 호부와 삼사 설치, 조세 수취와 집행은 각 관청이 담당

★(2) 전시과 제도와 토지 소유

① 정비 과정

	역분전(태조, 940)	후삼국 통일 과정의 공로자에게 **인품과 공로**에 따라 토지 지급
전시과	시정 전시과(경종, 976)	**관직과 인품**을 기준으로 **전·현직 관료**에게 전지와 시지 지급
	개정 전시과(목종, 998)	**관직만 기준**으로 **전·현직 관료**에게 지급, 지급량 재조정
	경정 전시과 (문종, 1076)	**현직 관료**에게만 지급, 지급량 감소, 무신 대우 개선

② 토지 지급: 관리들에게 나라에 봉사한 대가로 토지 지급, 관직에 따라 18등급으로 구분하여 **전지와 시지 지급**, **수조권 지급**, 죽거나 관직에서 물러날 때에는 토지를 국가에 반납하도록 함
→ 국가가 걷는 조세를 대신 거둘 수 있는 권리 (토지에 대한 소유권 ×)

시험에 나오는 사료 역분전 지급

역분전을 제정하였는데, 통일할 때의 조신(朝臣)이나 군사들은 관계(官階)를 따지지 않고 그 사람의 성품과 행동의 선악과 공로의 크고 작음을 보고 차등 있게 지급하였다.
— 『고려사』 —

최빈출 핵심 선지

• 태조는 개국 공신에게 인품과 공로에 따라 역분전을 차등 지급하였다.
• 고려 시대에는 전지와 시지를 지급하는 전시과를 실시하였다.
• 경종 때 마련된 시정 전시과에서는 전·현직 관리에게 관직과 인품을 기준으로 토지를 지급하였다.
• 목종 때 정비된 개정 전시과에서는 전·현직 관리에게 관직을 기준으로 토지를 지급하였다.
• 문종 때 정비된 경정 전시과에서는 토지의 부족으로 현직 관리에게만 전지와 시지를 지급하였다.

▶ 양전과 양안

고려·조선 시대에는 국가 재정의 기본을 이루는 조세를 정확하게 징수하기 위해 토지의 실제 경작 상황을 파악하여 토지를 측량했는데 이를 양전이라 해요. 양전(토지 조사)에 따라 작성된 장부를 양안(토지 대장)이라 하고, 여기에 토지의 소유자, 소재지, 면적 등을 기록하였습니다.

▶ 전지와 시지

전지는 곡물을 수취할 수 있는 토지, 시지는 땔감을 얻을 수 있는 토지를 말해요.

| 시험에 나오는 사료 | 전시과 제도의 변천 |

- 시정 전시과: 경종 원년, 처음으로 직관과 산관 각 품의 전시과를 제정하였다.
- 개정 전시과: 목종 원년, 문무 양반 및 군인의 전시과를 개정하였다.
- 경정 전시과: 문종 30년, 양반 전시과를 다시 고쳐 정하였다.

③ 토지 종류

과전	문무 관리에게 지급
공음전	5품 이상의 귀족 관료에게 지급, 세습 가능, 음서와 함께 귀족들의 특권적 생활 기반
한인전	6품 이하 하급 관리 자제로 관직에 오르지 못한 자에게 지급 → 관인 신분 세습이 목적
군인전	군역에 대한 대가로 군인에게 지급, 군역과 함께 세습
구분전	하급 관리, 군인의 유가족에게 생활 대책비로 지급

④ 전시과 체제의 붕괴
- 과전의 부족: 귀족들의 토지 독점 및 세습으로 지급할 땅이 부족해짐 → 관리의 생계를 위해 경기 지역의 토지를 녹과전으로 지급(1271, 원종) → 권문세족의 토지 독점 폐단을 방지하지 못함
- 권문세족의 대농장 경영: 권문세족이 불법으로 농장을 확대하고 농민을 이용하여 경영함 → 국가 재정이 악화되고 농민이 몰락함

⑤ 민전: 매매·상속·증여·임대 등이 가능한 사유지로, 귀족이나 일반 농민이 상속·매매·개간을 통해 형성함
└→ 생산량의 1/10을 조세로 납부함

> **녹과전**
> 무신 정변 이후 농장이 확대되면서 전시과 제도가 사실상 붕괴되고 국가 재정이 극도로 악화되었어요. 이로 인해 관리의 녹봉이 제대로 지급되지 못하자 관리의 생계를 위해 경기 8현의 토지를 임시로 현직 관리에게 지급했어요.

2 고려의 경제 활동

(1) 귀족의 경제생활
① 경제 기반: 대대로 상속받은 토지와 노비, 관료가 되어 받은 과전과 녹봉
② 경제 수입: 과전에서 생산량의 1/10 징수, 자기 소유지에 소작을 줄 경우 생산량의 1/2 징수, 외거 노비의 신공, 권력과 고리대를 이용해 토지 확대
└→ 농장 소유

(2) 농민의 경제생활
① 경제 활동: 민전을 경작하거나 타인 소유의 토지 경작, 품팔이를 통해 생계를 유지함
② 농업 기술

농법 개량	농기구와 종자 개량, 소를 이용한 깊이갈이 일반화, 시비법의 발달로 휴경지 감소, 문익점의 목화씨 전래·재배 └→ 논밭에 거름을 주는 방법
밭농사	2년 3작의 윤작법이 점차 보급 └→ 조선 후기에 전국적으로 보급됨
논농사	고려 말 남부 지방 일부에 모내기법(이앙법) 보급
농서	고려 후기에 이암이 중국 화북 지방의 농법을 집대성한 농서인 「농상집요」를 소개

> **최빈출 핵심 선지**
> - 고려 후기 이암이 원으로부터 화북 지방의 농법을 정리한 농상집요를 들여왔다.
> - 고려 시대에는 물가 조절을 위해 상평창이 설치되었다.
> - 숙종 때 주전도감을 설치하여 해동통보, 은병(활구) 등의 화폐를 발행하였다.
> - 고려 시대에는 예성강 하구의 벽란도가 국제 무역항으로 번성하였다.

(3) 수공업의 발달

고려 전기	• 관청 수공업: 관청에 소속된 기술자가 국가에서 필요로 하는 물품을 생산 • 소 수공업: 소 거주민이 생산한 물품을 관청에 공물로 납부
고려 후기	• 사원 수공업: 기술 좋은 승려나 노비가 물품을 생산 • 민간 수공업: 주로 농민이 가내 수공업으로 물품을 생산

★(4) 상업의 발달과 대외 무역

① 상업의 발달
- 도시: 경시서(시전을 관리·감독하는 기관)와 상평창(물가 조절 기구) 설치, 개경의 시전과 관영 상점 운영
- 지방: 행상의 활동

② 화폐
- 건원중보: 성종 때 주조된 우리나라 최초의 금속 화폐, 중국의 화폐와 구별하기 위해 뒷면에 동국이라는 글자를 새겨 넣음
- 주전도감 설치: 숙종의 동생인 의천이 화폐 유통을 건의하자 숙종이 화폐 주조 기관인 주전도감을 설치하였고, 삼한통보·해동통보·은병(활구) 등을 발행함

> **은병(활구)**
> 고려 숙종 때 발행한 고가의 화폐예요. 우리나라의 지형을 본떠서 은 1근으로 만들었어요. 백성들은 입구가 넓다 하여 활구라 불렀습니다.

시험에 나오는 자료 고려의 화폐

▲ 건원중보　　▲ 삼한통보　　▲ 해동통보　　▲ 은병(활구)

③ 대외 무역
- 고려는 송, 거란, 여진, 일본, 아라비아 등과 무역 관계를 맺음 → 송과의 무역이 가장 활발하였음
- 예성강 하구에 위치한 벽란도가 국제 무역항으로 번성

▲ 고려 전기의 대외 무역

08강 ② 고려의 사회

06~08강 고려 시대

고려의 사회 제도

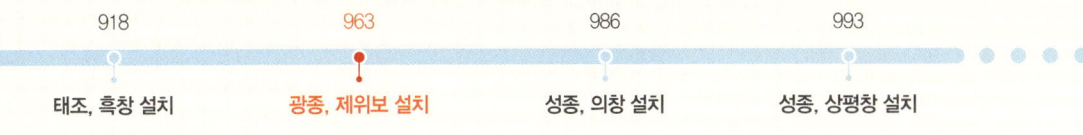

918 태조, 흑창 설치 — 963 광종, 제위보 설치 — 986 성종, 의창 설치 — 993 성종, 상평창 설치

1 고려의 신분 제도

(1) 고려의 신분 구성: 귀족, 중류층, 양민, 천민의 네 가지 신분으로 구성
  └ 2015년 개정 교육과정에서는 고려의 신분 제도를 양인(문벌+서리·향리·남반 등 중간 계층+백정·상인·수공업자·향·부곡·소 주민 등)과 천인(대부분 노비)으로 구분된 양천제라고 함

(2) 귀족

① 특징
- 왕족을 비롯하여 5품 이상의 고위 관료로 구성
- 음서나 공음전의 혜택을 받는 등 정치·경제·사회적 특권을 누림

② 지배층의 변천

시기	지배층	특징
고려 중기	문벌	대대로 고위 관직 차지, 음서·공음전의 특권, 주로 개경에 거주, 유력한 가문과 중첩된 혼인 관계를 맺음 → 특히 왕실과의 혼인을 선호함
무신 집권기	무신 세력	무신 정변으로 문벌 세력 약화 → 무신의 집권
고려 후기	권문세족	무신 정권 붕괴 이후 등장, 원 간섭기 친원 세력, 정계의 요직 장악(도평의사사 장악), 대농장 소유, 음서로 신분 세습

(3) 중류층

① 특징: 말단 행정직 담당, 직역 세습(국가에서 토지 지급)
② 부류: 잡류(중앙 관청의 말단 서리), 남반(궁중 실무 관리), 향리(지방 행정 담당, 상급 향리는 호장·부호장이 됨)
  └ 향리직의 우두머리

(4) 양민

① 일반 양민: 대대수는 농업에 종사하는 농민(백정), 조세·공납·역 부과
  └ 고려 시대에 특정한 직역을 부담하지 않고 주로 농업에 종사하던 농민층
② 향·부곡·소 주민: 향·부곡(농업), 소(수공업·광업) → 일반 양민보다 더 많은 세금을 부담, 거주 이전 금지
  └ 특수 행정 구역. 일반 군현민들이 반란을 일으킨 경우 집단적으로 처벌하여 군현을 부곡 등으로 강등하기도 함

(5) 천민

① 공노비: 국가 관청 소속
② 사노비: 개인이나 사원에 예속
③ 노비 자녀의 신분: 부모 중 한쪽이 노비면 노비로 결정(일천즉천)

최빈출 핵심 선지

- 문벌은 **공음전**을 경제적 기반으로 삼았다.
- 고려 시대 **향·부곡·소**의 주민들은 신분은 양민이었으나 거주와 세금 등에서 차별을 받았다.
- 고려 시대 천민의 대부분은 **노비**였으며, 이들은 **매매·증여·상속의 대상**이 되었다.

▶ **고려의 신분 구성**

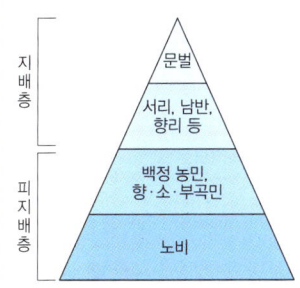

▶ **호장(戶長)**

고려 시대에는 지방관이 파견되지 않은 속현이 많았으므로 호장의 권한이 매우 컸습니다.

▶ **향·부곡·소의 승격**

향·부곡·소민은 양민이기는 하지만 국가에 대한 부세 부담이 일반 지역보다 큰 지역이었기 때문에 이들 지역 거주민들의 저항이 거셌어요. 점차 일반 군현화되는 모습을 보이다가 조선 시대에 소멸하였습니다.

2 백성의 생활 모습

(1) 농민의 공동 조직: 일상 의례와 공동 노동을 통해 공동체 의식을 함양함

① 향도의 등장: 매향 활동을 하던 불교의 신앙 조직 → 불상, 석탑, 사찰 건립에 주도적 역할

② 향도의 변화: 후기에 이르러 신앙적인 활동에서 마을 공동체 생활을 주도하는 농민 조직으로 발전함
　　└ 마을 노역, 혼례와 상장례, 마을 제사 등

★(2) 사회 제도

의창	• 평상시에 곡물을 저장하였다가 흉년에 빈민을 구제 • 고구려의 진대법과 유사, 태조 때의 흑창이 확대 개편됨
상평창	• 곡식과 베의 값이 내렸을 때 사들였다가 흉년이 들면 싸게 내다 팔아 물가 안정을 도모하였던 기관 • 개경, 서경, 12목에 설치 → 물가 안정을 위해 노력
동·서 대비원	환자 진료 및 빈민 구휼을 담당하는 의료 구제 기관, 개경의 동쪽과 서쪽에 설치함
제위보	• 기금을 마련하여 그 이자로 빈민 구제 • 광종 때 설치
기타	혜민국(의약 전담), 구제도감·구급도감(임시 기관, 각종 재해 발생 시 백성 구제)

> **시험에 나오는 사료 — 의창의 설치**
>
> 덕은 정치를 잘하는 데에 있고, 정치는 백성을 기르는 데 달려 있다고 한다. 나라는 사람을 근본으로 삼고, 사람은 먹는 것을 하늘로 여긴다고 한다. 이에 우리 태조께서 흑창을 설치하여 굶주린 백성을 진대하는 것을 불변의 법식으로 삼았다. 지금 인구가 점점 늘고 있는데, 저축된 것은 많지 않다. 쌀 1만 석을 더하고 이름도 의창으로 고치도록 하라. 또 여러 주부(州府)에도 각각 의창을 두고자 한다.
> 　　　　　　　　　　　　　　　　　　　　　　　　　　　　　　　　　　　－「고려사절요」 －

> **시험에 나오는 사료 — 구제도감**
>
> 왕이 명하기를, "개경 내의 백성들이 역질에 걸렸으니 마땅히 구제도감을 설치하여 이들을 치료하고, 또한 시신과 유골은 거두어 묻어서 비바람에 드러나지 않게 할 것이며, 관리들을 나누어 보내 동북도와 서남도의 굶주린 백성을 진휼하라."라고 하였다.
> 　　　　　　　　　　　　　　　　　　　　　　　　　　　　　　　　　　　－「고려사」 －

(3) 혼인과 여성의 지위

① 혼인: 일부일처제가 일반적, 고려 초 왕실에서는 친족 간의 혼인 성행

② 여성의 지위
- 재산 상속에서 남녀가 동등한 권리를 가짐
- 남녀 구별 없이 태어난 순서대로 호적에 기재
- 아들이 없을 경우 양자를 들이지 않고 딸이 제사를 진행함
- 사위가 처가의 호적에 입적하기도 함, 사위와 외손자에게도 음서 혜택
- 여성의 재가에 대해 자유로움, 그 소생도 사회적 차별이 없었음

최빈출 핵심 선지

- 향도는 **매향 활동** 등 불교 행사를 주관하였다가 마을 공동체 조직으로 변화하였다.
- 고려 태조는 빈민 구제를 위해 **흑창**을 설치하였는데, 후에 **의창**으로 이름이 바뀌었다.
- 고려 시대에 서민의 질병 치료 기관인 **혜민국**에서는 병자에게 의약품을 제공하였다.
- 고려 시대 **구제도감**과 **구급도감**은 재해가 발생하였을 때 설치된 임시 기구였다.

> **매향**
>
> 불교 신앙의 하나로 위기가 닥쳤을 때를 대비하여 향나무를 바닷가에 묻어 두었다가, 이를 통해 미륵을 만나 구원받고자 했던 것을 말해요.

3 고려 후기의 사회 변화

(1) 무신 집권기 농민과 천민의 봉기
① 배경: 신분제 동요, 백성에 대한 통제력 약화, 무신 권력자들의 농장 확대로 농민 수탈 심화
② 양민의 저항: 망이·망소이의 난(공주 명학소), 김사미·효심의 난(운문, 초전)
③ 신분 해방 운동: 만적의 난(개경)

(2) 몽골의 침입과 백성의 생활
① 최씨 무신 정권의 장기 항전: 강화도로 천도 → 산성이나 섬에서의 생활 대책 미흡 → 백성들의 막대한 희생 초래
② 몽골과 강화 이후: 원의 간섭과 친원 세력에 의한 피해, 일본 원정에 동원

(3) 원 간섭기의 사회 변화
① 권문세족의 등장: 전공(전쟁에서 세운 공)이 많거나 몽골 귀족과의 혼인 및 몽골어에 능숙하여 출세한 친원 세력 → 권문세족으로 성장
② 사회적 변화: 고려에 몽골풍 유행(변발, 호복(몽골식 복장), 몽골어 등), 몽골에 고려양 전파(고려의 의복, 음식, 그릇 등), 공녀 문제 대두(원의 요청으로 공녀 징발 → 조혼 유행)
③ 왜구의 침입: 14세기 중반부터 본격적 침략 → 왜구 격퇴 과정에서 신흥 무인 세력(이성계 등) 성장

최빈출 핵심 선지

- 공주 명학소에서 망이·망소이가 봉기하였다.
- 만적이 개경에서 신분 해방을 도모하였다.
- 공녀를 보내기 위해 결혼도감을 설치하였다.

몽골식 복장

▲ 철릭

▲ 족두리

08강 ③ 고려의 학문과 사상

06~08강 고려 시대

고려의 유학 교육

고려 성종	고려 문종	고려 예종	고려 공민왕
국자감 설립	최충이 9재 학당 설립	7재 설치, 양현고 설립	성균관 개편

1 고려의 학문

(1) 유학의 발달: 유교를 정치 이념으로 채택하고 과거제를 실시하며 문치주의를 표방함
① 전기
- 광종: 유교 경전을 주요 과목으로 하는 과거 제도를 실시함
- 성종: 유교 정치 사상 정립(최승로의 시무 28조), 유학 교육 기관 정비(국자감, 향교)

② 중기
- 최충: 해동공자의 칭호, 9재 학당 건립
- 김부식: 보수적·현실적 성격의 유학 대표, 유교 사관에 입각하여 『삼국사기』 저술

③ 후기
- 성리학의 전래: 충렬왕 때 안향 등이 소개 → 이제현(만권당에서 원의 학자와 교류)
  └─ 『역옹패설』, 『사략』 저술
  → 이색(성균관에서 유학 교육) → 정몽주, 정도전에게 계승
- 영향: 신진 사대부가 사회 개혁 사상으로 수용, 권문세족과 불교 비판에 활용
  └─ 정도전의 『불씨잡변』

(2) 교육 기관
① 관학: 국자감(유학부와 기술학부를 두어 관료와 기술 인력 양성), 향교(지방) 설립
② 사학: 최충의 9재 학당 등 사학 12도 융성 → 관학 교육이 위축됨
③ 관학 진흥책
- 예종: 국자감에 7재(전문 강좌) 설치, 양현고(장학 재단) 설립, 청연각·보문각 설치
  └─ 도서관 겸 학문 연구소
- 인종: 경사 6학을 중심으로 교육 제도 정비
- 공민왕: 성균관을 순수 유교 교육 기관으로 개편
  └─ 국자감이 국학 → 성균감 → 성균관으로 개칭됨

★ **(3) 역사서 편찬**

시기	역사서	특징
전기	『왕조실록』, 『7대실록』	현재 전하지 않음
중기	『삼국사기』(김부식)	• 왕명을 받아 편찬(인종) • 문벌 귀족 사회의 발달을 배경으로 신라 계승 의식 반영 • 유교적 합리주의 사관 • 기전체 사서(본기, 열전, 지, 연표 등으로 구성) • 우리나라 현존 최고(最古)의 역사서

최빈출 핵심 선지

- 고려 시대에는 유학 교육 진흥을 위해 중앙에 국자감을, 지방에는 향교를 설립하였다.
- 원 간섭기에 이제현은 만권당에서 원의 학자들과 교류하였다.
- 고려 중기에 사립 교육 기관인 사학 12도가 융성하였다.
- 최충은 문헌공도라고도 불린 9재 학당을 세워 유학 교육을 실시하였다.
- 예종 때 관학 진흥을 위해 전문 강좌인 7재를 운영하였고, 양현고를 두어 장학 기금을 마련하였다.
- 김부식은 왕명으로 유교 사관에 입각하여 기전체 형식으로 삼국사기를 저술하였다.
- 각훈은 승려들의 전기를 기록한 해동고승전을 저술하였다.
- 이규보는 고구려 건국 시조의 일대기를 서사시 형태로 서술한 동명왕편을 저술하였다.
- 일연이 불교사를 중심으로 고대의 민간 설화를 기록한 삼국유사를 저술하였다.

▶ **9재 학당**
고려 문종 때 최충이 세운 사립 학교로 문헌공도라고 불리기도 했어요. 사학 12도 중에서 가장 번성하여 명성이 높았습니다.

▶ **기전체**
역사 서술 방식의 하나로, 우리나라와 중국의 역대 왕조에서 정사(正史)를 편찬할 때 사용했어요. 본기(제왕), 세가(제후), 열전(인물), 지(주제), 표(연표) 등으로 구성되었습니다. 이와 달리 연대 순서에 따라 기록한 방식을 편년체라고 해요.

	『해동고승전』(각훈)	우리나라 승려들의 전기를 기록
후기	「동명왕편」(이규보)	이규보의 문집인 『동국이상국집』에 수록, 고구려 건국 시조인 동명왕(주몽)을 칭송한 영웅 서사시, 고구려 계승 의식
	『삼국유사』(일연)	• 불교사 중심, 고대 민간 설화 수록 • 단군왕검의 건국 이야기 수록
	『제왕운기』(이승휴)	• 단군부터 고려 충렬왕까지의 역사를 서사시로 정리 • 단군왕검의 건국 이야기 수록 • 중국사인 상권과 우리 역사인 하권으로 구성
말기	『사략』(이제현)	• 성리학적 유교 사관 • 정통 의식과 대의명분 강조

↳ 무신 정변과 원의 간섭을 배경으로 민족적 자주 의식 표현, 우리 고유의 문화와 전통 중시

> 이제현

시험에 나오는 자료 「동명왕편」

건국 영웅의 일대기를 서술한 장편 서사시로 동국이상국집에 실려있다. 왕 탄생 이전의 역사, 출생과 건국, 유리왕의 즉위 과정과 저자 이규보의 감상이 적혀있다.

시험에 나오는 사료 『삼국유사』와 『제왕운기』

• 이로 보건대 삼국의 시조가 모두 신비로운 데에서 탄생하였다고 하여 이상할 것이 없다. 이 책머리에 기이(紀異)편을 싣는 까닭도 바로 여기에 있는 것이다.
　　　　　　　　　　　　　　　　　　　　　　　↳ 고려 충렬왕　　　　－『삼국유사』－

• 중국은 반고로부터 금(金)까지이고, 우리나라는 단군으로부터 본조(本朝)까지이온데, …… 흥망성쇠의 같고 다름을 비교하여 매우 중요한 점을 간추려 운(韻)을 넣어 읊고 거기에 비평의 글을 덧붙였나이다.
　　　　　　요동에 따로 한 천지가 있으니
　　　　　　뚜렷이 중국과 구분되어 나누어져 있도다.　　　　－『제왕운기』－
　　　　　　　↳ 중국과 구별

2 불교 사상과 신앙

(1) 불교의 발전: 유교는 정치 이념, 불교는 정신적 지도 이념으로 삼음

① 전기: 왕실과 귀족들의 지원을 받으며 성장

태조	• 나라를 세운 후 개태사를 창건함 • 훈요 10조에서 불교 숭상과 연등회, 팔관회의 성대한 개최를 당부함
광종	• 승과 실시: 승과를 실시하여 승계를 수여하고 승려의 지위를 보장함 • 국사·왕사 제도 실시: 신앙적으로 승려가 국가와 왕실의 고문 역할을 담당함　↳ 승려에게 주었던 최고의 승직으로 • 균여의 화엄종 성행(귀법사)　　　　　나라의 스승이 될 만한 승려에게 내린 칭호
성종	연등회, 팔관회 중지(최승로의 시무 28조 수용)　↳ 「보현십원가」등 향가를 지어 교리 전파

② 중기
　• 화엄종과 법상종 융성: 왕실과 귀족의 지원
　• <mark>의천</mark>: 화엄종 중심으로 교종 정리 → 교종 중심의 선종 통합 → <mark>해동 천태종 창시</mark>(국청사 중심), <mark>교관겸수</mark> 제창 → 사후 교단 분열(천태종 쇠퇴, 화엄종은 분열)
　　↳ 문종의 넷째 아들, 숙종에게 화폐 주조 건의, 대각국사

최빈출 핵심 선지

• 의천은 국청사를 중심으로 <mark>해동 천태종</mark>을 개창하고, 수행 방법으로 <mark>교관겸수</mark>를 주장하였다.

• 지눌은 수선사 결사를 제창하고, 수행 방법으로 <mark>돈오점수</mark>와 <mark>정혜쌍수</mark>를 내세웠다.

• 혜심은 심신의 도야를 강조한 <mark>유불일치설</mark>을 주장하였다.

• 요세는 <mark>법화 신앙</mark>을 바탕으로 강진 만덕사에서 <mark>백련사 결사</mark>를 주도하였다.

| 시험에 나오는 자료 | 의천의 업적 |

- 교종을 중심으로 불교 통합 운동을 전개함
- 개경 흥왕사에 교장도감을 설치하고 교장을 간행함
- 『신편제종교장총록』 편찬
- 화폐를 만들어 유통시킬 것을 주장함

교관겸수

교와 관을 같이 수행해야 한다는 의미예요. 교는 불교의 이론적인 교리 체계로 교종에서 중시하고, 관은 실천적인 수행법으로 선종에서 중시했어요.

★ ③ 후기(무신 집권기) ┌→ 보조국사

지눌	• 수선사 결사 제창: 불교계 개혁 목적, 순천 송광사를 중심으로 독경과 선 수행, 노동에 고루 힘쓰자는 개혁 운동 • 정혜쌍수와 돈오점수 주장 → 선종을 중심으로 교종 통합, 선교 일치 사상의 완성
혜심	• 유불 일치설을 주장하여 유교와 불교의 조화 도모, 심성의 도야 강조 → 성리학 수용의 사상적 토대 마련 • 『선문염송집』 편찬
요세	참회를 중시하는 법화 신앙에 바탕을 둔 백련 결사 제창(강진 만덕사)

정혜쌍수와 돈오점수

- 정혜쌍수: 마음을 한곳에 집중하는 선정(禪定)과 사물을 있는 그대로 보고 판단하여 일체의 분별 작용을 없애는 지혜(智慧)를 함께 닦아야 한다는 주장입니다.
- 돈오점수: 마음이 곧 부처임을 단번에 깨우치되(돈오), 깨달은 후에도 꾸준히 수행(점수)해야 온전한 경지에 이를 수 있다는 주장이에요.

④ 원 간섭기: 권문세족과 연결되어 부패 심화 → 보우의 교단 정비 노력이 실패함, 신진 사대부가 불교를 비판함

⑤ 대장경 간행
- 초조대장경: 거란의 침입을 물리치고자 간행 → 몽골 침입 시 화재로 소실됨
- 교장(속장경): 의천이 불교 경전에 대한 주석서를 모아 편찬함
- 팔만대장경(재조대장경): 소실된 초조대장경을 대신하여 부처님의 힘으로 몽골의 침입을 물리치고자 간행

(2) 도교

① 성격: 불로장생과 현세의 구복을 추구함
② 활동: 초제 거행 → 도사의 주관하에 왕실과 국가의 번영을 기원하는 제사를 지냄
③ 민간 신앙화: 도교에 불교적인 요소와 도참사상을 수용, 교단을 성립하지 못한 채 민간 신앙 형태로 유지됨

(3) 풍수지리설: 인문 지리적 지식에 도참사상이 가미됨

① 특징: 도참사상과 혼합되어 유행함, 땅을 하나의 유기체로 파악함
② 발달: 태조는 훈요 10조에서 풍수지리를 강조, 과거 시험 중 '지리업'이라는 풍수지리 관련 과목을 채택함
③ 영향
- 서경 길지설: 북진 정책 추진, 묘청의 서경 천도 운동의 이론적 근거가 됨
- 한양 명당설: 한양을 남경으로 승격, 조선 수도 선정의 사상적 배경이 됨

08강 ④ 고려의 과학 기술·문화유산

06~08강 고려 시대

주요 문화유산
- 인쇄술: 직지심체요절
- 석탑: 평창 월정사 8각 9층 석탑
- 석탑: 개성 경천사지 10층 석탑
- 불상: 안동 이천동 마애여래입상

1 과학 기술의 발달

(1) 발달 배경: 전통 과학 기술의 계승, 중국·이슬람의 과학 기술 수용, 국자감에서 율학·서학·산학 교육, 과거에서 전문 기술관을 뽑는 잡과 실시
  └ 잡학(법률, 글씨·그림, 산수)

(2) 인쇄술의 발달

① 목판 인쇄술: 한 종류의 책을 다량으로 인쇄하는 데 적합함 → 대장경 조판
  └ 현재 인쇄본 일부가 전해짐

초조대장경	현종 때 거란의 침입을 막기 위해 제작, 대구 부인사에서 보관 중 몽골 침입 때 소실됨
교장	• 의천이 교장도감 설치, 불교 경전에 대한 주석서를 모아 편찬 • 개성 흥왕사에 보관 중 몽골 침입으로 소실됨
팔만대장경	• 재조대장경, 고려대장경이라고도 함 • 소실된 초조대장경을 대신하여 부처의 힘으로 몽골의 침입을 물리치기 위하여 대장도감 설치 후 제작 → 합천 해인사 장경판전에 보관 └ 조선 전기에 건립(유네스코 세계 문화유산)
  └ 유네스코 세계 기록 유산   └ 최씨 무신 정권(최우)의 후원

② 활판 인쇄술: 발달한 목판 인쇄술을 바탕으로 세계 최초로 금속 활자 발명 →『상정고금예문』(1234),『직지심체요절』(1377)
  └ 현존하지 않음
  └ 현존하는 세계 최고(最古)의 금속 활자본, 유네스코 세계 기록 유산

(3) 천문학·의학·화약

천문학	• 사천대(서운관) 설치: 천체·기상 관측 및 기록, 첨성대 설치 • 역법: 고려 초 당의 선명력 사용 → 후기에 원의 수시력 채용
의학	• 태의감: 의학 교육, 의료 업무, 의과 시행 • 『향약구급방』 편찬: 우리나라에 현존하는 최고(最古)의 의학 서적, 국산 약재 소개
화약	최무선이 화약 제조법을 터득하고, 화통도감 설치 건의 → 화약과 화포 제작

  └ 천체의 주기적 현상을 기준으로 달, 날짜, 시간 등을 정하는 방법

최빈출 핵심 선지

• 초조대장경은 거란을 격퇴하려는 염원을 담아 만들어졌다.
• 팔만대장경은 몽골을 격퇴하려는 염원을 담아 만들어졌다.
• 팔만대장경은 현재 합천 해인사 장경판전에 보관되어 있다.
• 현존하는 세계에서 가장 오래된 금속 활자 인쇄본인 직지심체요절은 청주 흥덕사에서 간행되었다.
• 고려 시대에 현재 전하는 가장 오래된 의학서인 향약구급방이 간행되었다.
• 고려 말 최무선의 건의로 화약과 화기 제작을 위한 화통도감이 설치되었다.

▶ **직지심체요절**

청주 흥덕사에서 간행한 현존하는 세계 최고(最古)의 금속 활자본으로, 현재는 프랑스 국립 도서관에 보관되어 있어요.

2 귀족 문화의 발달

(1) 건축과 조각

① 궁궐 건축: 경사면에 계단식으로 건물을 배치하여 웅장한 느낌을 줌
② 목조 건축: 주심포 양식에서 다포 양식으로 발전
  • 주심포 양식: 안동 봉정사 극락전, 영주 부석사 무량수전, 예산 수덕사 대웅전
  • 다포 양식: 사리원 성불사 응진전, 조선 시대에 영향
    └ 우리나라에 현존하는 가장 오래된 목조 건물

최빈출 핵심 선지

• 고려 전기에는 무늬가 없는 순청자가 많이 제작되었다.
• 고려 후기에는 독창적 기법의 상감 청자가 많이 제작되었다.
• 고려 시대에는 금속 그릇 표면에 무늬를 새기고 은실을 채워 넣어 장식하는 은입사 기술이 발달하였다.

▲ 안동 봉정사 극락전 　 ▲ 영주 부석사 무량수전 　 ▲ 예산 수덕사 대웅전 　 ▲ 사리원 성불사 응진전

③ 석탑: 다각 다층탑이 많음

평창 월정사 8각 9층 석탑	• 다각 다층탑, 송의 영향 • 문벌의 화려하고 사치스런 면모를 드러냄
개성 경천사지 10층 석탑	• 다각 다층탑, 고려 후기 원의 영향, 대리석으로 제작 • 조선 시대의 원각사지 10층 석탑으로 계승 • 현재 국립 중앙 박물관으로 이전되어 실내 전시되고 있음

↳ 승려의 사리를 모셔 두는 것으로 선종의 유행과 관련이 있음

④ 승탑: 다양한 승탑과 탑비가 제작됨 → 여주 고달사지 승탑(신라의 팔각원당형 계승), 원주 법천사지 지광국사탑 ← 사각형의 특이한 형태

▲ 평창 월정사
8각 9층 석탑 　 ▲ 개성 경천사지
10층 석탑 　 ▲ 여주 고달사지
승탑 　 ▲ 원주 법천사지
지광국사탑

⑤ 불상

- 특징: 지방색이 강하고 개성적인 불상이 등장
- 대표적인 불상: 하남 하사창동 철조석가여래좌상(대형 철불), 논산 관촉사 석조미륵보살입상(은진 미륵), 안동 이천동 마애여래입상, 파주 용미리 마애이불입상, 영주 부석사 소조여래좌상(신라 양식 계승), 하남 교산동 마애약사여래좌상 등

▲ 하남 하사창동
철조석가여래좌상 　 ▲ 논산 관촉사 석조
미륵보살입상 　 ▲ 안동 이천동 마애
여래입상 　 ▲ 파주 용미리 마애
이불입상

▲ 영주 부석사 소조
여래좌상 　 ▲ 서울 보타사 마애보
살좌상 　 ▲ 고창 선운사 동불암지
마애여래좌상 　 ▲ 하남 교산동
마애약사여래좌상

> **주심포 양식과 다포 양식**

주심포 양식은 지붕 무게를 기둥에 전달하면서 건물을 꾸미는 장치인 공포가 기둥 위에만 짜여 있는 건축 양식이에요.

다포 양식은 공포가 기둥 위뿐만 아니라 기둥 사이에도 짜여 있는 건축 양식이에요.

> **영주 부석사 소조여래좌상**

경상북도 영주에 있는 부석사는 의상이 창건한 사찰이에요. 이 사찰의 무량수전에는 흙으로 빚은 대형 소조상이 있어요. 이 불상은 통일 신라의 불상 양식을 계승하였답니다.

(2) 청자와 공예

① 고려청자

발달 배경	신라와 발해의 전통 기술을 계승하고 송의 자기 기술을 수용하여 발달함
발달 과정	11세기 순청자의 발달 → 12세기 중엽 상감 기술의 개발 및 상감 청자 생산 → 14세기 원 간섭기 이후 퇴조

> **상감 청자의 제작 기법**
> 성형한 그릇이 반건조 상태일 때 무늬를 음각한 후, 표면 전체에 백토나 흑토를 붓으로 칠하여 메우고 그 표면을 깎아 냅니다. 이후 초벌구이를 한 다음 유약을 바르고 재벌구이를 합니다.

▲ 청자 참외모양 병

▲ 청자 상감 운학문 매병

▲ 청자 동화연화문 표주박모양 주전자

▲ 청자 투각칠보문 뚜껑 향로

② 공예: 귀족의 생활 도구와 불교 도구를 중심으로 발달함
- 금속 공예: 은입사 기술 발달(청동 향로, 청동 정병) → 자기의 상감법 발달에 영향
- 나전 칠기: 옻칠한 바탕에 자개를 붙여 무늬를 새김

▲ 청동 은입사 포류수금문 정병

▲ 나전 대모 국당초문 염주합

> **은입사**
> 청동기 표면을 파내고 은을 실처럼 만들어 채워 넣으면서 무늬를 칠한 금속 공예 기법입니다.

(3) 글씨, 그림

① 글씨: 전기에 구양순체(유신)·왕희지체(탄연) 유행, 후기에 송설체(이암) 유행
  - 당나라 구양순의 굳세고 힘찬 글씨체
  - 원나라 조맹부의 유려한 글씨체

② 그림: 이령의 「예성강도」, 공민왕의 「천산대렵도」(원대 북화의 영향), 혜허의 「관음보살도」, 김우문의 「수월관음도」(불화), 사경화(불교 경전을 그림으로 설명)

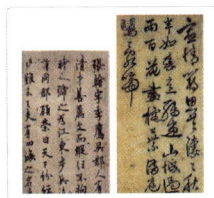
▲ 구양순체(왼쪽)와 송설체(오른쪽)

▲ 「천산대렵도」

▲ 혜허의 「관음보살도」(「양류관음도」)

▲ 「수월관음도」

06~08강 고려 시대

06① 고려의 건국과 국가 기틀 마련

대표기출문제

01 (가), (나) 사이의 시기에 있었던 사실로 옳은 것은?
[심화 51회]

(가) 날이 밝아오자 (여러 장수들이) 태조를 곡식더미 위에 앉히고는 군신의 예를 행하였다. 사람을 시켜 말을 달리며 "왕공(王公)께서 이미 의로운 깃발을 들어 올리셨다."라고 외치게 하였다. …… 궁예가 이 소식을 듣고는 어찌할 바를 몰라 미복(微服) 차림으로 북문을 빠져나갔다.
- 『고려사절요』 -

(나) 여름 6월 견훤이 막내아들 능예와 딸 애복, 애첩 고비 등과 더불어 나주로 달아나 입조를 요청하였다. …… 도착하자 그를 상보(尙父)라 일컫고 남궁(南宮)을 객관(客館)으로 주었다. 지위를 백관의 위에 두고 양주를 식읍으로 주었다.
- 『고려사』 -

① 견훤이 후백제를 건국하였다.
② 김흠돌이 반란을 도모하였다.
③ 장보고가 청해진을 설치하였다.
④ 신숭겸이 공산 전투에서 전사하였다.
⑤ 신검이 일리천에서 고려군에게 패배하였다.

03 다음 가상 인터뷰의 왕이 추진한 정책으로 옳은 것은?
[심화 49회]

김부를 경주의 사심관으로 임명하신 의도는 무엇인가요?

투항한 김부의 공을 치하하고, 부호장 이하의 관직 등에 대한 일을 맡게 하여 지방 세력을 견제하고자 한 것입니다.

① 흑창을 설치하여 빈민을 구제하였다.
② 양현고를 두어 장학 기금을 마련하였다.
③ 노비안검법을 시행하여 재정을 확충하였다.
④ 전국에 12목을 설치하고 지방관을 파견하였다.
⑤ 전시과 제도를 마련하여 관리에게 토지를 지급하였다.

02 다음 검색창에 들어갈 왕의 재위 기간에 있었던 사실로 옳은 것은?
[심화 53회]

시기	내용	원문이미지
1년	연호를 광덕으로 정하다	원문이미지
3년	후주에 토산물을 보내다	원문이미지
11년	백관의 공복을 정하다	원문이미지
19년	혜거와 탄문을 국사와 왕사로 삼다	원문이미지

① 전국에 12목을 설치하고 관리를 파견하였다.
② 주전도감을 설치하여 해동통보를 발행하였다.
③ 왕권을 강화하기 위해 노비안검법을 실시하였다.
④ 거란 침입에 대비하여 개경에 나성을 축조하였다.
⑤ 국자감에 서적포를 두어 출판을 담당하게 하였다.

04 밑줄 그은 '왕'의 업적으로 옳은 것은?
[심화 54회]

왕이 "중앙의 5품 이상 관리들은 각자 봉사를 올려 시정(時政)의 잘잘못을 논하라."라고 명령하였다. 최승로가 상소하였는데 대략 다음과 같은 내용이었다. "…… 이제 앞선 5대 조정의 정치와 교화에 대해서 잘되고 잘못된 행적들을 기록하고, 거울로 삼거나 경계할 만한 것들을 삼가 조목별로 아뢰겠습니다. …… 신이 또 시무(時務) 28조를 기록하여 장계와 함께 따로 봉하여 올립니다."
- 『고려사절요』 -

① 빈민을 구제하기 위해 흑창을 처음 설치하였다.
② 왕권을 강화하기 위해 노비안검법을 실시하였다.
③ 청연각과 보문각을 두어 학문 연구를 장려하였다.
④ 권문세족을 견제하기 위해 전민변정도감을 운영하였다.
⑤ 전국의 주요 지역에 12목을 설치하여 지방관을 파견하였다.

01 고려의 후삼국 통일

- (가) '태조', '궁예가 북문을 빠져나갔다' 등을 통해 고려 태조가 궁예를 몰아내고 왕위에 오른 시점(918)에 대한 사료임을 알 수 있다.
- (나) '견훤이 나주로 달아나 입조를 요청' 등을 통해 견훤이 고려 태조에게 귀순한 935년의 상황에 대한 사료임을 알 수 있다.

> **선지분석**

① 견훤이 후백제를 건국하였다.
  ➡ 900년의 사실이다.
② 김흠돌이 반란을 도모하였다.
  ➡ 통일 신라 때인 681년의 사실이다.
③ 장보고가 청해진을 설치하였다.
  ➡ 통일 신라 때인 828년의 사실이다.
✓ 신숭겸이 공산 전투에서 전사하였다.
  ➡ 고려 태조는 927년 공산 전투에서 후백제군에 패배하였고, 이때 고려의 신숭겸 등이 전사하였다.
⑤ 신검이 일리천에서 고려군에게 패배하였다.
  ➡ 936년의 사실이다.

02 국가의 기틀 마련

자료에서 연호를 광덕으로 정하였다는 점, 백관의 공복을 정하였다는 점 등을 통해 검색창에 들어갈 왕이 고려 광종임을 알 수 있다.

> **선지분석**

① 전국에 12목을 설치하고 관리를 파견하였다.
  ➡ 성종에 대한 설명이다.
② 주전도감을 설치하여 해동통보를 발행하였다.
  ➡ 숙종에 대한 설명이다.
✓ 왕권을 강화하기 위해 노비안검법을 실시하였다.
  ➡ 광종은 호족 세력을 견제하기 위해 불법적으로 노비가 된 사람들을 본래의 신분인 양인으로 회복시키는 노비안검법을 실시하였다.
④ 거란 침입에 대비하여 개경에 나성을 축조하였다.
  ➡ 현종에 대한 설명이다.
⑤ 국자감에 서적포를 두어 출판을 담당하게 하였다.
  ➡ 숙종에 대한 설명이다.

03 국가의 기틀 마련

자료에서 김부(신라 경순왕)를 경주의 사심관으로 임명했다는 점을 통해 가상 인터뷰의 왕이 고려 태조임을 알 수 있다.

> **선지분석**

✓ 흑창을 설치하여 빈민을 구제하였다.
  ➡ 태조는 흑창을 두어 백성에게 흉년이나 춘궁기에 곡식을 나누어 주고 가을에 되갚게 하였다.
② 양현고를 두어 장학 기금을 마련하였다.
  ➡ 예종에 대한 설명이다.
③ 노비안검법을 시행하여 재정을 확충하였다.
  ➡ 광종에 대한 설명이다.
④ 전국에 12목을 설치하고 지방관을 파견하였다.
  ➡ 성종에 대한 설명이다.
⑤ 전시과 제도를 마련하여 관리에게 토지를 지급하였다.
  ➡ 경종에 대한 설명이다.

04 국가의 기틀 마련

자료에서 '최승로', '시무 28조'를 통해 밑줄 그은 왕이 고려 성종임을 알 수 있다.
고려 성종 때 최승로가 '시무 28조'를 통해 유교 진흥과 불교 행사 억제, 전국 각지에 외관 파견 등을 제안하였다. 이에 따라 성종은 유교 정치 이념을 바탕으로 통치 체제를 정비하였다.

> **선지분석**

① 빈민을 구제하기 위해 흑창을 처음 설치하였다.
  ➡ 태조에 대한 설명이다.
② 왕권을 강화하기 위해 노비안검법을 실시하였다.
  ➡ 광종에 대한 설명이다.
③ 청연각과 보문각을 두어 학문 연구를 장려하였다.
  ➡ 예종에 대한 설명이다.
④ 권문세족을 견제하기 위해 전민변정도감을 운영하였다.
  ➡ 공민왕에 대한 설명이다.
✓ 전국의 주요 지역에 12목을 설치하여 지방관을 파견하였다.
  ➡ 성종은 최승로의 건의에 따라 전국 주요 지역에 12목을 설치하고 지방관을 파견하였다.

> **정답** 01 ④ 02 ③ 03 ① 04 ⑤

06~08강 고려 시대

06강 ❷ 통치 체제의 정비

대표기출문제

01 (가) 기구에 대한 설명으로 옳은 것은? [심화 48회]

> **역사 용어 해설**
>
> **(가)**
>
> **1. 개요**
> 　　　　고려의 회의 기구로 중서문하성과 중추원의 고위 관료들이 모여 주로 국방과 군사 문제를 다루었다. 대내적인 법제와 격식을 관장하는 식목도감과 함께 합의제로 운영되었다.
>
> **2. 관련 사료**
> 　　　　판사(判事)는 시중·평장사·참지정사·정당문학·지문하성사로 임명하였으며, 사(使)는 6추밀 및 직사 3품 이상으로 임명하였다. …… 무릇 국가에 큰 일이 있으면 사(使) 이상의 관료가 모여서 의논하였으므로 합좌라는 이름이 있었다.
> 　　　　　　　　　　　　　　　　　　　　　　　　　- 『고려사』 -

① 수도의 치안과 행정을 담당하였다.
② 사헌부, 사간원과 함께 3사로 불렸다.
③ 원 간섭기에 도평의사사로 개편되었다.
④ 화폐와 곡식의 출납 회계를 담당하였다.
⑤ 관리 임명에 대한 서경권을 가지고 있었다.

02 (가) 기구에 대한 설명으로 옳은 것은? [심화 53회]

> 　　　　시정(時政)을 논박하고 풍속을 교정하며 규찰과 탄핵 업무를 담당하였다. 국초에는 사헌대(司憲臺)라 불렸다. 성종 14년에 (가) (으)로 고쳤으며 [관원으로] 대부, 중승, 시어사, 전중(殿中)시어사, 감찰어사가 있었다.
> 　　　　　　　　　　　　　　　　　　　　　　　　　- 『고려사』 -

① 국정을 총괄하는 중앙 관서였다.
② 무신 집권기 최고 권력 기구였다.
③ 사간원, 홍문관과 함께 삼사로 불렸다.
④ 원 간섭기에 도평의사사로 명칭이 바뀌었다.
⑤ 소속 관원이 낭사와 함께 서경권을 행사하였다.

03 ㉠~㉣ 기구에 대한 설명으로 옳은 것을 | 보기 | 에서 고른 것은? [심화 67회]

> 🔍 **역사 돋보기** **왕실과의 혼인을 통한 이자겸의 출세**
>
> 　　　　음서로 관직에 진출한 이자겸은 1108년 둘째 딸이 예종의 비가 되면서 빠른 속도로 출세하였다.
> 　　　　1109년 ㉠추밀원(중추원) 부사, 1111년 ㉡어사대의 대부가 된다. 1113년에는 ㉢상서성의 좌복야에 임명되었고, 1118년 재신으로 판이부사를 맡았으며, 1122년 ㉣중서문하성 중서령에 오른다.

| 보기 |
ㄱ. ㉠ - 군사 기밀과 왕명 출납을 담당하였다.
ㄴ. ㉡ - 소속 관원이 낭사와 함께 서경권을 행사하였다.
ㄷ. ㉢ - 화폐·곡식의 출납과 회계를 담당하였다.
ㄹ. ㉣ - 원 간섭기에 도평의사사로 개편되었다.

① ㄱ, ㄴ　　② ㄱ, ㄷ　　③ ㄴ, ㄷ
④ ㄴ, ㄹ　　⑤ ㄷ, ㄹ

04 다음 군사 제도를 운영한 국가에 대한 설명으로 옳은 것은? [심화 51회]

> 　　　　목종 5년에 6위의 직원을 마련하여 두었는데, 뒤에 응양군(鷹揚軍)과 용호군(龍虎軍)의 2군을 설치하고, 6위의 위에 있게 하였다. 뒤에 또 중방을 설치하고, 2군·6위의 상장군과 대장군이 모두 회합하게 하였다.

① 중정대를 두어 관리를 감찰하였다.
② 9주 5소경의 지방 제도를 운영하였다.
③ 고관들의 합좌 기구인 도병마사를 설치하였다.
④ 인재를 등용하기 위하여 독서삼품과를 시행하였다.
⑤ 왕족인 부여씨와 8성의 귀족이 지배층을 이루었다.

01 중앙 정치 조직

자료에서 '고려의 회의 기구', '국방과 군사 문제' 등을 통해 (가) 기구가 도병마사임을 알 수 있다.
도병마사는 중서문하성의 재신과 중추원의 추밀이 참여하는 회의 기구로, 귀족 중심의 고려 정치를 잘 보여 준다.

▶ 선지분석
① 수도의 치안과 행정을 담당하였다.
  ➡ 조선의 한성부에 대한 설명이다.
② 사헌부, 사간원과 함께 3사로 불렸다.
  ➡ 조선의 홍문관에 대한 설명이다.
③ 원 간섭기에 도평의사사로 개편되었다.
  ➡ 고려의 도병마사는 원 간섭기인 충렬왕 때 도평의사사로 개칭된 후, 국정 전반에 걸쳐 영향력을 행사하는 최고 권력 기구가 되었다.
④ 화폐와 곡식의 출납 회계를 담당하였다.
  ➡ 고려의 삼사에 대한 설명이다.
⑤ 관리 임명에 대한 서경권을 가지고 있었다.
  ➡ 고려 중서문하성의 낭사와 어사대의 관원은 함께 대간으로서 서경권을 행사하는 등 권력의 견제와 균형을 담당하였다.

02 중앙 정치 조직

자료에서 '풍속을 교정', '규찰과 탄핵 업무' 등을 통해 (가) 기구가 어사대임을 알 수 있다.
고려의 중앙 정치 기구인 어사대는 정치의 잘잘못을 논의하고 풍속을 교정하며, 백관을 규찰하고 탄핵하는 일을 담당하였다.

▶ 선지분석
① 국정을 총괄하는 중앙 관서였다.
  ➡ 고려의 중서문하성에 대한 설명이다.
② 무신 집권기 최고 권력 기구였다.
  ➡ 고려의 중방과 교정도감에 대한 설명이다.
③ 사간원, 홍문관과 함께 삼사로 불렸다.
  ➡ 조선의 사헌부에 대한 설명이다.
④ 원 간섭기에 도평의사사로 명칭이 바뀌었다.
  ➡ 고려의 도병마사에 대한 설명이다.
⑤ 소속 관원이 낭사와 함께 서경권을 행사하였다.
  ➡ 고려 어사대의 관원은 중서문하성의 낭사와 함께 대간으로 불리며 간쟁, 봉박, 서경 등의 임무를 수행하였다.

03 중앙 정치 조직

▶ 선지분석
ㄱ. ㉠ - 군사 기밀과 왕명 출납을 담당하였다.
  ➡ 고려의 추밀원(중추원)은 군사 기밀을 담당하는 추밀과 왕명 출납을 담당하는 승선으로 구성되었다.
ㄴ. ㉡ - 소속 관원이 낭사와 함께 서경권을 행사하였다.
  ➡ 고려의 어사대는 관리 감찰 기구였으며, 그 관원은 중서문하성의 낭사와 함께 대간으로서 서경권을 행사하는 등 권력의 견제와 균형을 꾀하였다.
ㄷ. ㉢ - 화폐·곡식의 출납과 회계를 담당하였다.
  ➡ 상서성은 고려의 2성 중 하나로, 정책을 집행하고 6부를 통솔하였다. 화폐와 곡식의 출납과 회계를 담당하였던 기구는 삼사로, 조선의 3사와는 그 기능이 달랐다.
ㄹ. ㉣ - 원 간섭기에 도평의사사로 개편되었다.
  ➡ 중서문하성은 고려의 최고 관서로 국정을 총괄하였으며, 재신과 낭사로 구성되었다. 도병마사는 원 간섭기를 거치며 도평의사사로 개칭되었으며, 국정 전반에 걸쳐 영향력을 행사하는 최고 권력 기구가 되었다.

04 통치 체제의 정비

자료의 '2군 6위', '중방' 등을 통해 해당 국가가 고려임을 알 수 있다. 고려의 중앙군은 국왕 친위 부대인 2군(응양군, 용호군)과 수도 경비와 국경 방어를 담당한 6위로 구성되었으며, 지방군은 국경인 양계에 주둔하는 주진군과 5도와 경기 지역에 주둔하는 주현군으로 구성되었다. 중앙군 지휘관들의 합좌 기구인 중방은 무신 정변 직후 최고 권력 기구로 부상하였다.

▶ 선지분석
① 중정대를 두어 관리를 감찰하였다.
  ➡ 발해에 대한 설명이다.
② 9주 5소경의 지방 제도를 운영하였다.
  ➡ 통일 신라에 대한 설명이다.
③ 고관들의 합좌 기구인 도병마사를 설치하였다.
  ➡ 도병마사는 고려 시대에 2품 이상의 고위 관료인 중서문하성의 재신과 중추원의 추밀이 모여 국방 문제를 논의한 회의 기구이다.
④ 인재를 등용하기 위하여 독서삼품과를 시행하였다.
  ➡ 통일 신라에 대한 설명이다.
⑤ 왕족인 부여씨와 8성의 귀족이 지배층을 이루었다.
  ➡ 백제에 대한 설명이다.

▶ 정답 01 ③   02 ⑤   03 ①   04 ③

06~08강 고려 시대

06③ 문벌 사회와 무신 정권

대표기출문제

01 다음 대화에 나타난 사건에 대한 설명으로 옳은 것은?
[심화 55회]

- 서경 천도와 금국 정벌을 주장하며 일어났어.
- 연호를 천개로 하는 대위국이 선포되었어.
- 신채호는 '조선 역사상 일천년래 제일 대사건'으로 평가하였어.

① 국왕이 나주까지 피란하였다.
② 초조대장경 간행의 계기가 되었다.
③ 김부식 등이 이끈 관군에 의해 진압되었다.
④ 이성계가 정권을 장악하는 결과를 가져왔다.
⑤ 여진 정벌을 위한 별무반 편성에 영향을 주었다.

03 (가), (나) 사이의 시기에 있었던 사실로 옳은 것은?
[심화 49회]

(가) 동북면병마사 간의대부 김보당이 동계(東界)에서 군대를 일으켜, 정중부와 이의방을 토벌하고 전왕(前王)을 복위시키려고 하였다. …… 동북면지병마사 한언국이 장순석 등에게 거제(巨濟)로 가서 전왕을 받들어 계림에 모시게 하였다.

(나) 만적 등이 노비들을 불러 모아서 말하기를, "장군과 재상에 어찌 타고난 씨가 있겠는가? 때가 되면 누구나 할 수 있는 것이다."라고 하였다. …… 만적 등 100여 명이 체포되어 강에 던져졌다.

① 웅천주 도독 김헌창이 반란을 일으켰다.
② 최우가 인사 행정 담당 기구로 정방을 설치하였다.
③ 이자겸과 척준경이 반란을 일으켜 궁궐을 불태웠다.
④ 최충헌이 봉사 10조를 올려 시정 개혁을 건의하였다.
⑤ 김부식이 서경의 반란군을 진압하기 위해 출정하였다.

02 다음 상황이 나타난 시기를 연표에서 옳게 고른 것은?
[심화 47회]

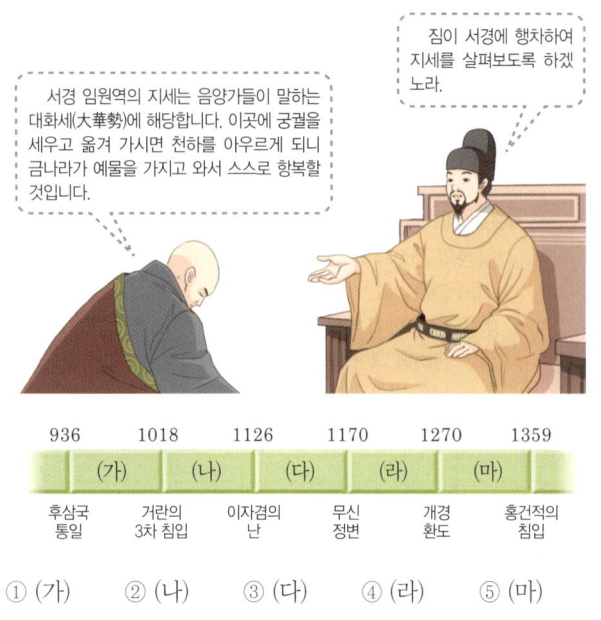

- 서경 임원역의 지세는 음양가들이 말하는 대화세(大華勢)에 해당합니다. 이곳에 궁궐을 세우고 옮겨 가시면 천하를 아우르게 되니 금나라가 예물을 가지고 와서 스스로 항복할 것입니다.
- 짐이 서경에 행차하여 지세를 살펴보도록 하겠노라.

936	1018	1126	1170	1270	1359
	(가)	(나)	(다)	(라)	(마)
후삼국 통일	거란의 3차 침입	이자겸의 난	무신 정변	개경 환도	홍건적의 침입

① (가) ② (나) ③ (다) ④ (라) ⑤ (마)

04 다음 사건이 일어난 시기를 연표에서 옳게 고른 것은?
[심화 53회]

○ 명학소의 백성 망이·망소이 등이 무리를 모아서 산행병마사라고 자칭하고는 공주를 공격하여 함락하였다.
○ 망이의 고향인 명학소를 충순현으로 승격시키고 양수탁을 현령으로, 김윤실을 현위로 임명하여 그들을 달래었다.

1104	1126	1135	1170	1231	1270
	(가)	(나)	(다)	(라)	(마)
별무반 조직	이자겸의 난	묘청의 난	무신 정변	몽골의 침입	개경 환도

① (가) ② (나) ③ (다) ④ (라) ⑤ (마)

01 문벌 사회의 성립과 동요

자료에서 '서경 천도', '금국 정벌', '대위국', '조선 역사상 일천년 래 제일 대사건' 등을 통해 해당 사건이 묘청의 서경 천도 운동임을 알 수 있다.
이자겸의 난 이후 정지상과 묘청 등 서경에 기반을 둔 세력은 풍수지리설을 내세워 서경 천도를 주장하였다. 하지만 인종이 서경 세력의 칭제 건원과 서경 천도, 금국 정벌 등의 주장을 받아들이지 않자, 묘청은 서경에서 난을 일으켰다(1135).

> **선지분석**

① 국왕이 나주까지 피란하였다.
  ➡ 거란의 2차 침입에 대한 설명이다.
② 초조대장경 간행의 계기가 되었다.
  ➡ 거란의 침입에 대한 설명이다.
✓ 김부식 등이 이끈 관군에 의해 진압되었다.
  ➡ 묘청 등은 서경 천도가 좌절되자 서경에서 난을 일으켰다(묘청의 서경 천도 운동). 난은 김부식이 이끄는 관군에 의해 진압되었다.
④ 이성계가 정권을 장악하는 결과를 가져왔다.
  ➡ 위화도 회군에 대한 설명이다.
⑤ 여진 정벌을 위한 별무반 편성에 영향을 주었다.
  ➡ 고려와 여진의 충돌에 대한 설명이다.

02 문벌 사회의 성립과 동요

자료에서 승려가 서경 임원역의 지세가 좋아 이곳에 궁궐을 짓고 수도를 옮기면 금나라가 스스로 항복할 것이라고 말한 점을 통해 묘청의 서경 천도 운동(1135)과 관련된 상황임을 알 수 있다.

> **선지분석**

① (가)
② (나)
✓ (다)
  ➡ 이자겸의 난 이후 묘청 등의 서경파는 서경으로의 천도를 주장하였다. 이자겸의 난과 묘청의 서경 천도 운동 등으로 문벌 사회가 동요하는 상황 속에서 무신에 대한 차별 대우에 반발하여 무신 정변이 일어났다. 따라서 묘청의 서경 천도 운동은 이자겸의 난과 무신 정변 사이인 (다) 시기에 일어났다.
④ (라)
⑤ (마)

03 무신 정권의 성립과 변천

(가) 무신 정변과 무신들의 집권에 반발하여 발생한 김보당의 난(1173)에 대한 사료이다.
(나) 최충헌 집권기에 사노비였던 만적이 1198년 다른 노비들과 봉기를 계획하고 있는 장면을 기록한 사료이다.
따라서 (가), (나) 사이에는 무신 정권 초기인 1173년 이후부터 만적의 난이 일어난 1198년 이전의 사실이 들어가야 한다.

> **선지분석**

① 웅천주 도독 김헌창이 반란을 일으켰다.
  ➡ 통일 신라 때인 822년의 사실이다.
② 최우가 인사 행정 담당 기구로 정방을 설치하였다.
  ➡ 1225년의 사실이다.
③ 이자겸과 척준경이 반란을 일으켜 궁궐을 불태웠다.
  ➡ 1126년의 사실이다.
✓ 최충헌이 봉사 10조를 올려 시정 개혁을 건의하였다.
  ➡ 최충헌은 1196년에 이의민을 제거하고 권력을 장악하였으며, 명종에게 봉사 10조를 올렸다.
⑤ 김부식이 서경의 반란군을 진압하기 위해 출정하였다.
  ➡ 1135년의 사실이다.

04 무신 정권의 성립과 변천

자료에서 명학소의 망이·망소이가 공주를 공격하여 함락시켰다는 점 등을 통해 무신 집권기인 1176년에 일어난 망이·망소이의 난과 관련된 사료임을 알 수 있다.

> **선지분석**

① (가)
② (나)
③ (다)
✓ (라)
  ➡ 무신 정변 이후 지배층의 수탈에 지친 농민과 하층민의 봉기가 전국 각지에서 일어났다. 공주 명학소에서 일어난 망이·망소이의 난(1176)도 이 시기에 일어난 대표적인 봉기이다.
⑤ (마)

> **정답**   01 ③   02 ③   03 ④   04 ④

06~08강 고려 시대

07강 ① 고려의 대외 관계

대표기출문제

01 다음 대화에 등장하는 왕의 재위 기간에 있었던 사실로 옳은 것은? [심화 52회]

- 강조가 김치양 일파를 제거하고 옹립한 왕에 대해 말해 보자.
- 거란이 침략했을 때 개경을 떠나 나주까지 피란을 가는 등 위기를 겪기도 했어.
- 이 왕 때 초조대장경 조판을 시작했어.

① 강감찬이 귀주에서 대승을 거두었다.
② 사신 저고여가 귀국길에 피살되었다.
③ 별무반을 창설하여 군사력을 강화하였다.
④ 거란을 배척하여 만부교 사건이 일어났다.
⑤ 서희가 외교 담판으로 강동 6주를 확보하였다.

02 (가)~(다)를 일어난 순서대로 옳게 나열한 것은? [심화 50회]

(가) 양규가 이수에서 전투를 벌이다가 석령까지 추격하여 2,500여 명의 머리를 베고 사로잡혔던 남녀 1,000여 명을 되찾아 왔다.

(나) 윤관 등이 여러 군사들에게 내성(內城)의 목재와 기와를 거두어 9성을 쌓게 하고, 변경 남쪽의 백성을 옮겨와 살게 하였다.

(다) 적군이 30일 동안 귀주성을 포위하고 온갖 방법으로 공격하였으나, 박서가 임기응변으로 대응하여 굳게 지켰다. 이에 적군이 이기지 못하고 물러났다.

① (가) - (나) - (다)
② (가) - (다) - (나)
③ (나) - (가) - (다)
④ (나) - (다) - (가)
⑤ (다) - (가) - (나)

03 (가)의 침입에 대한 고려의 대응으로 옳은 것은? [심화 58회]

> 병마사 박서는 김중온에게 성의 동서쪽을, 김경손에게는 성의 남쪽을 지키게 하였다. (가) 의 대군이 남문에 이르자 김경손은 12명의 용맹한 군사와 여러 성의 별초를 거느리고 성 밖으로 나가려고 하였다. …… 우별초가 모두 땅에 엎드리고 응하지 않자 김경손은 그들을 성으로 돌려 보내고 12명의 군사와 함께 나아가 싸웠다.
> - 「삼국사기」 -

① 김종서를 보내 6진을 개척하였다.
② 서희를 보내 소손녕과 외교 담판을 벌였다.
③ 별무반을 조직하고 동북 9성을 축조하였다.
④ 강화도로 도읍을 옮겨 장기 항전을 준비하였다.
⑤ 화통도감을 설치하여 화약과 화포를 제작하였다.

04 (가) 군사 조직에 대한 설명으로 옳은 것은? [심화 48회]

이 지도는 개경 환도 결정에 반발하여 봉기한 (가) 의 이동 경로를 나타낸 것입니다. 강화도와 진도에서는 배중손, 제주도에서는 김통정을 중심으로 항쟁하였습니다.

① 최씨 무신 정권의 군사적 기반이었다.
② 거란의 침입에 대비하여 창설되었다.
③ 신기군, 신보군, 항마군으로 구성되었다.
④ 유사시에 향토 방위를 맡은 예비군이었다.
⑤ 옷깃 색을 기준으로 9개의 부대로 편성되었다.

01 고려 전기의 대외 관계

자료에서 강조가 김치양 일파를 제거하고 옹립한 왕이라고 한 점, 초조대장경 조판을 시작했다고 한 점 등을 통해 대화 속의 왕이 고려 현종임을 알 수 있다.
강조의 정변으로 현종이 즉위하였고, 이 사건을 빌미로 거란이 고려를 침략하여 개경을 함락하기도 하였으나, 양규 등의 활약으로 거란을 물리쳤다(거란의 2차 침입).

▶ 선지분석

① **강감찬**이 **귀주**에서 대승을 거두었다.
  ➡ **현종** 때인 거란의 3차 침입 때 강감찬이 귀주에서 거란의 대군을 물리쳤다(귀주 대첩, 1019).
② 사신 **저고여**가 귀국길에 **피살**되었다.
  ➡ 몽골의 침입에 대한 설명으로, **고종** 때이다.
③ **별무반**을 창설하여 군사력을 강화하였다.
  ➡ 고려와 여진의 충돌에 대한 설명으로, **숙종** 때이다.
④ 거란을 배척하여 **만부교 사건**이 일어났다.
  ➡ **태조** 때의 설명이다.
⑤ **서희**가 **외교 담판**으로 **강동 6주**를 확보하였다.
  ➡ 거란의 1차 침입에 대한 설명으로, **성종** 때이다.

02 고려의 대외 관계

(가) 양규가 적을 물리치고 사로잡혔던 사람들을 되찾아 왔다는 사실을 통해 거란의 2차 침입 당시의 상황임을 알 수 있다.
(나) 윤관 등이 9성을 쌓게 하고 있는 것을 통해 윤관이 별무반을 이끌고 여진족을 정벌하여 동북 9성을 축조한 상황임을 알 수 있다.
(다) 박서가 귀주성에서 적에 맞서고 있는 것을 통해 몽골의 1차 침입 당시에 벌어진 귀주성 전투임을 알 수 있다.

▶ 선지분석

① (가)-(나)-(다)
  ➡ 일어난 순서대로 나열하면 (가)-(나)-(다)이다.
② (가)-(다)-(나)
③ (나)-(가)-(다)
④ (나)-(다)-(가)
⑤ (다)-(가)-(나)

03 고려 후기의 대외 관계

자료의 '박서', '김경손', '우별초' 등을 통해서 (가)가 몽골임을 알 수 있다.

▶ 선지분석

① 김종서를 보내 **6진**을 **개척**하였다.
  ➡ 조선 세종 때 **여진**에 대한 강경책이다.
② 서희를 보내 소손녕과 **외교 담판**을 벌였다.
  ➡ **거란**의 1차 침입 때의 사실이다.
③ **별무반**을 조직하고 **동북 9성**을 축조하였다.
  ➡ 고려의 여진정벌 때의 사실이다.
④ **강화도**로 **도읍**을 옮겨 장기 항전을 준비하였다.
  ➡ **몽골**의 1차 침입 이후 당시 집권자였던 최우는 강화도로 천도하고 장기 항전을 준비하였다.
⑤ **화통도감**을 **설치**하여 화약과 화포를 제작하였다.
  ➡ 고려 말 **왜구**의 침입에 대한 설명이다.

04 고려 후기의 대외 관계

자료에서 개경 환도 결정에 반발하여 봉기하였다는 점, 강화도·진도·제주도에서 항쟁하였다는 점을 통해 (가) 군사 조직이 삼별초임을 알 수 있다.

▶ 선지분석

① **최씨 무신 정권의 군사적 기반**이었다.
  ➡ **삼별초**는 본래 최씨 무신 정권의 사병 집단이었다.
② **거란의 침입에 대비**하여 창설되었다.
  ➡ **광군**에 대한 설명이다.
③ **신기군, 신보군, 항마군**으로 구성되었다.
  ➡ **별무반**에 대한 설명이다.
④ 유사시에 향토 방위를 맡는 **예비군**이었다.
  ➡ 조선의 **잡색군, 속오군**에 대한 설명이다.
⑤ **옷깃 색**을 기준으로 **9개의 부대**로 편성되었다.
  ➡ 통일 신라의 **9서당**에 대한 설명이다.

> **정답** 01 ① 02 ① 03 ④ 04 ①

07강 ② 공민왕의 개혁 정치와 고려의 멸망

01 교사의 질문에 대한 학생의 답변으로 옳은 것은? [심화 47회]

화면의 그림은 천산대렵도에 그려진 변발과 호복을 한 무사입니다. 이러한 머리 모양과 복장이 지배층 사이에서 유행한 시기에 있었던 사실에 대해 말해 볼까요?

① 윤관이 동북 9성을 쌓았어요.
② 권문세족이 도평의사사를 장악했어요.
③ 정중부 등이 정변을 일으켜 권력을 차지했어요.
④ 초조대장경을 만들어 국난 극복을 기원했어요.
⑤ 만적을 비롯한 노비들이 신분 해방을 도모했어요.

02 다음 상황 이후에 전개된 사실로 옳은 것은? [심화 55회]

왕이 이분희 등에게 변발을 하지 않았다고 책망하였더니 그들이 대답하기를 "신 등이 변발하는 것을 싫어해서가 아니라 오직 뭇 사람들이 그렇게 하여 상례(常例)가 되기를 기다렸을 뿐입니다."라고 하였다. …… 왕은 입조(入朝)하였을 때에 이미 변발하였지만, 나라 사람들이 아직 하지 않았기 때문에 이를 책망한 것이다.

① 만적이 개경에서 반란을 모의하였다.
② 왕실의 외척인 이자겸이 권력을 독점하였다.
③ 유인우, 이인임 등이 쌍성총관부를 수복하였다.
④ 최충이 9재 학당을 설립하여 유학을 교육하였다.
⑤ 국정을 총괄하는 기구로 교정도감이 설치되었다.

03 밑줄 그은 '이 왕'의 정책으로 옳은 것은? [심화 53회]

이곳에는 이 왕과 그의 왕비인 노국 대장 공주의 영정이 봉안되어 있습니다. 조선의 종묘에 고려 왕의 신당이 조성되었다는 점이 특이합니다. 이 왕은 기철 등 친원 세력을 숙청하고 정동행성 이문소를 폐지하였습니다.

① 만권당을 두어 원의 학자들과 교유하였다.
② 신돈을 등용하여 전민변정도감을 운영하였다.
③ 쌍기의 건의를 받아들여 과거제를 실시하였다.
④ 정계와 계백료서를 지어 관리의 규범을 제시하였다.
⑤ 최승로의 시무 28조를 받아들여 통치 체제를 정비하였다.

04 밑줄 그은 '왕'에 대한 설명으로 옳은 것은? [심화 49회]

왕이 지정(至正) 연호의 사용을 중지하고 교서를 내려 말하기를, "…… 기철 등이 군주의 위세를 빙자하여 나라의 법도를 뒤흔들었다. 자신의 기분에 따라 관리를 마음대로 임명하여 정령(政令)이 원칙 없이 바뀌었다. 남의 토지를 가지고 있으면 그것을 차지하고, 노비를 가지고 있으면 빼앗았다. …… 이제 다행히도 조종(祖宗)의 영령에 기대어 기철 등을 처단할 수 있었다."라고 하였다.
 ― 『고려사』 ―

① 중서문하성과 상서성을 복구하였다.
② 원의 요청으로 일본 원정에 참여하였다.
③ 조준 등의 건의로 과전법을 제정하였다.
④ 이인임 일파를 축출하고 왕권을 회복하였다.
⑤ 쌍기의 건의를 받아들여 과거제를 실시하였다.

01 원 간섭기의 정치

자료에서 교사가 학생들에게 「천산대렵도」에 그려진 변발과 호복이 유행한 시기를 물어보았으므로 원 간섭기에 대해 답해야 함을 알 수 있다.

> **선지분석**

① 윤관이 동북 9성을 쌓았어요.
  ➡ 고려 예종 때의 설명이다.
✓ 권문세족이 도평의사사를 장악했어요.
  ➡ 원 간섭기에는 친원 세력인 권문세족이 도평의사사를 장악하였다.
③ 정중부 등이 정변을 일으켜 권력을 차지했어요.
  ➡ 무신 정변에 대한 설명이다.
④ 초조대장경을 만들어 국난 극복을 기원했어요.
  ➡ 고려 현종 시기 거란의 침입 당시에 대한 설명이다.
⑤ 만적을 비롯한 노비들이 신분 해방을 도모했어요.
  ➡ 무신 집권기 때의 설명이다.

02 공민왕의 개혁 정치

자료에서 '변발을 하지 않았다고 책망', '입조' 등을 통해 원 간섭기 고려의 상황과 관련된 사료임을 알 수 있다.

> **선지분석**

① 만적이 개경에서 반란을 모의하였다.
  ➡ 원 간섭기 이전인 무신 집권기 때의 설명이다.
② 왕실의 외척인 이자겸이 권력을 독점하였다.
  ➡ 원 간섭기 이전인 고려 인종 때의 설명이다.
✓ 유인우, 이인임 등이 쌍성총관부를 수복하였다.
  ➡ 고려 공민왕은 반원 자주 정책의 일환으로 쌍성총관부를 공격하여 철령 이북의 땅을 수복하였다.
④ 최충이 9재 학당을 설립하여 유학을 교육하였다.
  ➡ 원 간섭기 이전인 고려 문종 때의 설명이다.
⑤ 국정을 총괄하는 기구로 교정도감이 설치되었다.
  ➡ 원 간섭기 이전인 무신 집권기 때의 설명이다.

03 공민왕의 개혁 정치

자료에서 '기철 등 친원 세력을 숙청', '정동행성 이문소를 폐지' 등을 통해 밑줄 그은 '이 왕'이 고려 공민왕임을 알 수 있다.

> **선지분석**

① 만권당을 두어 원의 학자들과 교유하였다.
  ➡ 충선왕에 대한 설명으로, 만권당은 충선왕이 왕위에서 내려온 후 설립되었다.
✓ 신돈을 등용하여 전민변정도감을 운영하였다.
  ➡ 공민왕은 신돈을 등용하고 전민변정도감을 설치하여 권문세족이 불법으로 빼앗은 토지와 억울하게 노비로 삼은 양인을 되돌려 놓았다.
③ 쌍기의 건의를 받아들여 과거제를 실시하였다.
  ➡ 광종에 대한 설명이다.
④ 정계와 계백료서를 지어 관리의 규범을 제시하였다.
  ➡ 태조에 대한 설명이다.
⑤ 최승로의 시무 28조를 받아들여 통치 체제를 정비하였다.
  ➡ 성종에 대한 설명이다.

04 공민왕의 개혁 정치

자료에서 '기철 등을 처단' 등을 통해 밑줄 그은 '왕'이 고려 공민왕임을 알 수 있다.

> **선지분석**

✓ 중서문하성과 상서성을 복구하였다.
  ➡ 공민왕은 첨의부와 4사로 격하된 2성 6부 체제의 관제를 본래대로 복구하였다.
② 원의 요청으로 일본 원정에 참여하였다.
  ➡ 충렬왕 때의 사실이다.
③ 조준 등의 건의로 과전법을 제정하였다.
  ➡ 공양왕 때의 사실이다.
④ 이인임 일파를 축출하고 왕권을 회복하였다.
  ➡ 우왕 때의 사실이다.
⑤ 쌍기의 건의를 받아들여 과거제를 실시하였다.
  ➡ 광종에 대한 설명이다.

> **정답**   01 ②   02 ③   03 ②   04 ①

06~08강 고려 시대

08① 고려의 경제

대표기출문제

01 다음 정책을 실시한 국가의 경제 상황으로 옳은 것은?
[심화 50회]

○ 토지의 비옥함과 척박함을 구분하여 문무백관에서 부병(府兵), 한인(閑人)에 이르기까지 모두 과(科)에 해당하는 토지를 주고, 또 과에 따라 땔나무를 구할 땅을 주었다.

○ 도평의사사에서 방을 붙여 알리기를, "지금부터 은병 1개를 쌀로 환산하여 개경에서는 15~16석, 지방에서는 18~19석의 비율로 하되, 경시서에서 그해의 풍흉을 살펴 그 값을 정할 것이다."라고 하였다.

① 모내기법이 전국적으로 확산되었다.
② 덕대가 광산을 전문적으로 경영하였다.
③ 면화, 담배 등이 상품 작물로 재배되었다.
④ 예성강 하구의 벽란도가 국제 무역항으로 번성하였다.
⑤ 토지의 비옥도에 따라 6등급으로 나누어 전세를 거두었다.

03 (가) 국가의 경제 상황으로 옳은 것은?
[심화 55회]

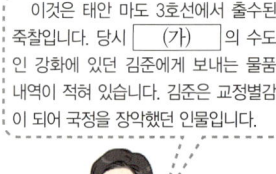
이것은 태안 마도 3호선에서 출수된 죽찰입니다. 당시 (가) 의 수도인 강화에 있던 김준에게 보내는 물품 내역이 적혀 있습니다. 김준은 교정별감이 되어 국정을 장악했던 인물입니다.

앞면 뒷면 앞면 뒷면
김 영공(김준)의 댁에 홍합젓갈 등을 올림

① 동시전을 설치하여 시장을 감독하였다.
② 해동통보, 활구 등의 화폐를 발행하였다.
③ 감자, 고구마 등이 구황 작물로 재배되었다.
④ 청해진을 중심으로 해상 무역이 전개되었다.
⑤ 계해약조를 맺어 일본과의 무역을 규정하였다.

02 다음 자료에 나타난 시기의 경제 상황으로 옳은 것은?
[심화 49회]

○ 화폐를 주조하는 법을 제정하여, 그것에 따라 주조한 전(錢) 15,000관을 재추와 문무 양반 및 군인에게 나누어 주어 화폐 사용의 시작점으로 삼고 이름을 해동통보라고 하였다.

○ 주현에 명령하여 미곡을 내어 술과 음식을 파는 점포를 열고 백성에게 교역을 허락하여 전(錢)의 이로움을 알게 하였다.

① 모내기법이 전국적으로 확산되었다.
② 초량 왜관을 통해 일본과 무역하였다.
③ 독점적 도매상인인 도고가 활동하였다.
④ 감자, 고구마 등의 작물이 널리 재배되었다.
⑤ 경시서의 관리들이 수도의 시전을 감독하였다.

04 다음 자료의 상황이 나타난 시기의 경제 모습으로 옳은 것은?
[심화 47회]

벽란정은 예성항 연안에 있으며, 개경에서 30리 떨어져 있다. 사신(使臣)의 배가 연안에 닿으면 군사들이 금고(金鼓)를 울리며 조서(詔書)를 맞아 인도하여 벽란정에 들어간다. 벽란정은 두 채로 되어 있는데, 서쪽의 것은 우벽란정이라 부르며 조서를 봉안하고, 동쪽의 것은 좌벽란정이라 부르며 정사·부사를 접대한다. ······ 사신이 개경으로 들어가면 그들이 타고 온 배들은 예성항 내에 정박하게 되므로 뱃사람은 순서를 정해 이곳에서 배를 지킨다.

① 활구라고 불리는 은병이 유통되었다.
② 인삼, 담배가 상품 작물로 재배되었다.
③ 내상, 만상 등이 무역을 통해 부를 축적하였다.
④ 덕대가 물주에게 자금을 받아 광산을 경영하였다.
⑤ 공납의 폐단을 시정하기 위해 대동법이 시행되었다.

01 고려의 경제 활동

첫 번째 자료에서 문무백관과 부병·한인에게 토지와 땔나무를 구할 땅, 즉 전지와 시지를 지급하는 점을 통해 전시과 제도가 시행되고 있음을 알 수 있다. 또한 두 번째 자료에서 고려 후기 최고 정무 기관인 도평의사사와 은병, 경시서가 제시된 점을 통해 해당 국가는 고려임을 알 수 있다.

▶ 선지분석

① 모내기법이 전국적으로 확산되었다.
　➡ 조선 후기에 대한 설명이다.
② 덕대가 광산을 전문적으로 경영하였다.
　➡ 조선 후기에 대한 설명이다.
③ 면화, 담배 등이 상품 작물로 재배되었다.
　➡ 조선 후기에 대한 설명이다.
✓ 예성강 하구의 벽란도가 국제 무역항으로 번성하였다.
　➡ 고려 시대에는 예성강 하구의 벽란도가 국제 무역항으로 번성하였다.
⑤ 토지의 비옥도에 따라 6등급으로 나누어 전세를 거두었다.
　➡ 조선 전기에 대한 설명이다.

02 고려의 경제 활동

자료에서 '재추', '해동통보' 등을 통해 해당 시기가 고려임을 알 수 있다.
고려 시대에는 예성강 하구의 벽란도를 비롯한 항구들이 교통과 산업의 중심지로 떠오르게 되었고, 이에 화폐도 발행되어 성종 때 건원중보를 시작으로 숙종 때에는 삼한통보, 해동통보 등의 동전과 은병(활구)이 만들어졌다.

▶ 선지분석

① 모내기법이 전국적으로 확산되었다.
　➡ 조선 후기에 대한 설명이다.
② 초량 왜관을 통해 일본과 무역하였다.
　➡ 조선 후기에 대한 설명이다.
③ 독점적 도매상인인 도고가 활동하였다.
　➡ 조선 후기에 대한 설명이다.
④ 감자, 고구마 등의 작물이 널리 재배되었다.
　➡ 조선 후기에 대한 설명이다.
✓ 경시서의 관리들이 수도의 시전을 감독하였다.
　➡ 고려는 개경에 상행위를 감독하고 물가를 조절하기 위해 경시서라는 관청을 두었다. 경시서는 조선 세조 때 평시서로 개칭되었다.

03 고려의 경제 활동

자료에서 수도인 강화에 있던 김준에게 물품을 보낸다는 점, 교정별감이라는 용어가 등장한 점 등을 통해 (가) 국가가 고려임을 알 수 있다.
고려 시대에는 건원중보(성종), 삼한통보·해동통보·활구(숙종) 등 다양한 화폐가 발행되었으나 유통이 부진하였다. 또한 예성강 하구의 벽란도가 국제 무역항으로 발전하여 활발한 대외 무역이 이루어지기도 하였다.

▶ 선지분석

① 동시전을 설치하여 시장을 감독하였다.
　➡ 신라에 대한 설명이다.
✓ 해동통보, 활구 등의 화폐를 발행하였다.
　➡ 해동통보와 활구는 고려 숙종 때 발행되었던 화폐이다. 활구는 은병이라고도 한다.
③ 감자, 고구마 등이 구황 작물로 재배되었다.
　➡ 조선 후기에 대한 설명이다.
④ 청해진을 중심으로 해상 무역이 전개되었다.
　➡ 통일 신라에 대한 설명이다.
⑤ 계해약조를 맺어 일본과의 무역을 규정하였다.
　➡ 조선 전기에 대한 설명이다.

04 고려의 경제 활동

자료에서 예성항 연안에 벽란정이 있다는 점, 개경이 제시된 점을 통해 고려 시대의 상황임을 알 수 있다.

▶ 선지분석

✓ 활구라고 불리는 은병이 유통되었다.
　➡ 고려 시대에는 성종 때 건원중보를 시작으로 숙종 때 은병(활구), 해동통보, 삼한통보 등의 화폐를 주조하였다.
② 인삼, 담배가 상품 작물로 재배되었다.
　➡ 조선 후기에 대한 설명이다.
③ 내상, 만상 등이 무역을 통해 부를 축적하였다.
　➡ 조선 후기에 대한 설명이다.
④ 덕대가 물주에게 자금을 받아 광산을 경영하였다.
　➡ 조선 후기에 대한 설명이다.
⑤ 공납의 폐단을 시정하기 위해 대동법이 시행되었다.
　➡ 조선 후기에 대한 설명이다.

▶ 정답　01 ④　02 ⑤　03 ②　04 ①

06~08강 고려 시대

08² 고려의 사회

대표기출문제

01 (가)에 들어갈 내용으로 옳지 <u>않은</u> 것은? [심화 48회]

- 고려 시대 민생 안정을 위해 시행한 정책에 대해 이야기해 보자.
- 감염병 확산 등에 대처하기 위해 구제도감을 설치하였어.
- (가)

① 물가 조절을 위해 상평창을 설치하였어.
② 병자에게 의약품을 제공하는 혜민국이 있었어.
③ 환자 치료와 빈민 구제를 위해 동·서 대비원을 두었어.
④ 국산 약재와 치료 방법을 정리한 향약집성방이 간행되었어.
⑤ 기금을 모아 그 이자로 빈민을 구제하는 제위보를 운영하였어.

02 다음 상황이 나타난 시기의 사회 시책으로 옳은 것은? [심화 58회]

○ 왕이 명하였다. "도성 안의 백성들이 역질에 걸렸으니 구제도감을 설치하여 치료하고, 시신과 유골은 거두어 비바람에 드러나지 않게 매장하라."
○ 중서성에서 아뢰었다. "지난해 관내 서도의 주현에 흉년이 들어 백성이 굶주리고 있습니다. 사창과 공해(公廨)의 곡식을 내어 경작을 원조하고, 가난하여 스스로 살아갈 수 없는 자는 의창을 열어 진휼하십시오."

① 유랑민을 구휼하는 활인서를 두었다.
② 백성들에게 곡식을 빌려주는 진대법을 실시하였다.
③ 국산 약재와 치료법을 소개한 향약집성방을 편찬하였다.
④ 기근에 대비하기 위해 구황촬요를 간행하여 보급하였다.
⑤ 기금을 모아 그 이자로 빈민을 구제하는 제위보를 운영하였다.

03 다음 자료를 활용한 탐구 활동으로 가장 적절한 것은? [심화 69회]

○ 남쪽에서 도적들이 봉기하였다. 가장 심한 자들은 운문을 거점으로 한 김사미와 초전을 거점으로 한 효심이었다. 이들은 유랑민을 불러 모아 주현을 습격하여 노략질하였다.
○ 원율 사람인 이연년이 백적도원수라 자칭하며 많은 사람을 불러 모아 여러 주군을 공격하여 노략질하니 최린이 지휘사 김경손과 함께 그들을 격파하였다.

① 노비안검법이 실시된 목적을 알아본다.
② 삼정이정청이 설치된 과정을 살펴본다.
③ 사심관 제도가 시행된 사례를 조사한다.
④ 집강소에서 추진한 개혁의 내용을 분석한다.
⑤ 무신 집권기 하층민의 반란이 발생한 배경을 파악한다.

04 다음 자료에 나타난 시기의 사회 모습으로 적절한 것은? [심화 70회]

○ 당시 응방·겁령구 및 내수(內竪) 등의 천한 자들이 모두 사전(賜田)을 받았는데, 많은 경우는 수백 결에 이르렀다. 일반 백성을 유인하여 전호로 삼고, 가까운 곳에 있는 민전에서는 모두 수조하였으므로 주와 현에서는 부세가 들어올 바가 없게 되었다.
○ 공주가 장차 입조(入朝)할 예정이었으므로, 인후와 염승익에게 명하여 양가의 자녀로서 나이가 14~15세인 자들을 선발하였고, 순군(巡軍)과 홀적(忽赤) 등으로 하여금 인가를 수색하게 하였다. 혹 밤중에 침실에 돌입하거나 노비를 포박하여 심문하기도 하였으니, 비록 자녀가 없는 자라 할지라도 깜짝 놀라 동요하게 되었다. 원망하며 우는 소리가 온 거리에 가득하였다.

① 최충이 9재 학당을 설립하였다.
② 만적이 개경에서 반란을 모의하였다.
③ 지배층을 중심으로 변발과 호복이 유행하였다.
④ 국난 극복을 기원하며 초조대장경이 조판되었다.
⑤ 기근에 대비하기 위하여 구황촬요가 간행되었다.

01 백성의 생활 모습

고려는 농민 생활과 국가 재정의 안정을 위하여 여러 사회 보장 제도를 실시하였다. 동·서 대비원, 혜민국 등의 의료 기관 설치와 급작스러운 재난으로부터 백성을 구제하기 위한 구제도감·구급도감 설립, 물가 조절을 위한 상평창 설치, 빈민 구제를 위한 제위보 운영 등이 대표적이다.

> **선지분석**

① 물가 조절을 위해 **상평창**을 설치하였어.
  ➡ **고려**와 **조선**에 대한 설명이다.
② 병자에게 의약품을 제공하는 **혜민국**이 있었어.
  ➡ **고려**와 **조선**에 대한 설명이다.
③ 환자 진료와 빈민 구제를 위해 **동·서 대비원**을 두었어.
  ➡ **고려**와 **조선**에 대한 설명이다.
✓ 국산 약재와 치료 방법을 정리한 **향약집성방**이 간행되었어.
  ➡ **조선** 세종 때의 설명이다.
⑤ 기금을 모아 그 이자로 빈민을 구제하는 **제위보**를 운영하였어.
  ➡ **고려**에 대한 설명이다.

02 백성의 생활 모습

자료의 '구제도감', '중서성', '의창' 등을 통해 제시된 자료가 고려 시대의 상황임을 알 수 있다.

> **선지분석**

① 유랑민을 구휼하는 **활인서**를 두었다.
  ➡ **조선**에 대한 설명이다.
② 백성들에게 곡식을 빌려주는 **진대법**을 실시하였다.
  ➡ **고구려**에 대한 설명이다.
③ 국산 약재와 치료법을 소개한 **향약집성방**을 편찬하였다.
  ➡ **조선**에 대한 설명이다.
④ 기근에 대비하기 위해 **구황촬요**를 간행하여 보급하였다.
  ➡ **조선**에 대한 설명이다.
✓ 기금을 모아 그 이자로 빈민을 구제하는 **제위보**를 운영하였다.
  ➡ **고려**는 제위보를 통해 기금을 조성하여 그 이자로 빈민을 구휼하였다.

03 고려 후기의 사회 변화

고려 무신 집권기에 무신들의 농민들에 대한 수탈이 심해지자 하층민들이 각지에서 봉기하였다. 대표적으로 망이·망소이의 난, 김사미·효심의 난, 만적의 난, 이연년 형제의 난 등이 있다.

> **선지분석**

① **노비안검법**이 실시된 목적을 알아본다.
  ➡ 고려 광종은 **호족의 경제적·군사적 기반 약화, 국가 재정 확충** 등을 목적으로 노비안검법을 실시하였다.
② **삼정이정청**이 설치된 과정을 살펴본다.
  ➡ 조선 철종 때 정부는 **임술 농민 봉기의 수습**을 위해 삼정이정청을 설치하였다.
③ **사심관 제도**가 시행된 사례를 조사한다.
  ➡ 고려 태조는 **호족 견제 정책**의 일환으로 사심관 제도를 시행하였다.
④ **집강소**에서 추진한 개혁의 내용을 분석한다.
  ➡ 1894년 동학 농민 운동 당시 동학 농민군은 정부와 전주 화약을 체결한 후 집강소를 설치하고 **부정한 탐관오리 처벌, 노비 문서 소각, 토지 균등 경작** 등의 내용을 담은 폐정 개혁안을 실천하였다.
✓ **무신 집권기 하층민의 반란**이 발생한 배경을 파악한다.
  ➡ 고려 무신 집권기에 **무신 정권의 가혹한 수탈에 저항**하여 각지에서 하층민이 봉기를 일으켰다.

04 고려 후기의 사회 변화

'응방·겁령구 등의 천한 자들이 모두 사전을 받았다'는 내용에서 자료에 나타난 시기는 원 간섭기(13세기 후반~14세기 전반)임을 알 수 있다.

> **선지분석**

① **최충**이 **9재 학당**을 **설립**하였다.
  ➡ 11세기 고려의 문신 최충은 문종 때 9재 학당을 설립하였는데, 이곳은 문헌공도라고 불리기도 하였다.
② **만적**이 개경에서 **반란**을 **모의**하였다.
  ➡ 12세기 고려 무신 집권기(최충헌)인 신종 때 개경에서 만적을 비롯한 노비들이 신분 해방을 도모하여 봉기를 계획하였으나 발각되면서 실패하였다(1198).
✓ 지배층을 중심으로 **변발**과 **호복**이 **유행**하였다.
  ➡ 고려는 **원 간섭기**에 몽골풍이 유행하였는데, 대표적으로 변발, 호복과 같은 복장과 만두, 소주 등의 음식이 있다.
④ 국난 극복을 기원하며 **초조대장경**이 조판되었다.
  ➡ 11세기에 거란이 침입하였을 때 현종은 부처의 힘을 빌려 물리치고자 하는 염원을 담아 초조대장경을 조판하였다.
⑤ 기근에 대비하기 위하여 **구황촬요**가 간행되었다.
  ➡ 16세기 조선 명종 때 기근에 대비하기 위해 《구황촬요》가 간행되었다.

> **정답** 01 ④ 02 ⑤ 03 ⑤ 04 ③

08③ 고려의 학문과 사상

01 밑줄 그은 '방안'에 해당하는 내용으로 옳은 것은? [심화 57회]

역사 신문
제△△호 ○○○○년 ○○월 ○○일

정부, 관학 진흥에 힘쓰다

최충이 세운 문헌공도를 비롯한 사학 12도에 학생이 몰려들어 사학이 크게 융성하고 있다. 이러한 상황에서 국자감 운영에 어려움을 겪게 되자, 정부는 제술업, 명경업 등에 새로 응시하려는 사람은 국자감에 300일 이상 출석해야 한다는 규정을 만드는 등 관학을 진흥하기 위한 방안을 마련하고 있다.

① 양현고를 두어 장학 기금을 마련하였다.
② 서원을 세워 후진 양성과 선현 제향에 힘썼다.
③ 초계문신제를 시행하여 문신들을 재교육하였다.
④ 만권당을 설립하여 원의 학자들과 교류하게 하였다.
⑤ 경당을 설치하여 청소년에게 글과 활쏘기를 가르쳤다.

02 밑줄 그은 '이 책'에 대한 설명으로 옳은 것은? [심화 47회]

이 책은 이규보의 문집으로 전집 41권, 후집 12권으로 구성되었습니다. 시, 가전체 소설 등 다양한 작품이 실려 있어 그의 문학 세계와 역사의식을 살펴볼 수 있습니다.

오늘 소개해 주실 책은 무엇인가요?

① 신라와 발해를 남북국으로 지칭하였다.
② 단군을 우리 역사의 기원으로 기록하였다.
③ 연대순으로 기록하는 편년체로 서술되었다.
④ 고구려의 건국 서사시인 동명왕편이 실려 있다.
⑤ 중국과 우리나라의 역대 왕의 계보가 수록되었다.

03 밑줄 그은 '그'에 대한 설명으로 옳은 것은? [심화 48회]

이것은 경상북도 칠곡군 선봉사에 있는 비석입니다. 문종의 아들인 그가 국청사를 중심으로 천태종을 개창한 행적이 기록되어 있습니다.

① 보현십원가를 지어 불교 교리를 전파하였다.
② 불교 개혁을 주장하며 수선사 결사를 조직하였다.
③ 선문염송집을 편찬하고 유불 일치설을 주장하였다.
④ 불교 관련 설화를 중심으로 삼국유사를 저술하였다.
⑤ 이론 연마와 수행을 함께 강조하는 교관겸수를 제시하였다.

04 (가) 인물에 대한 설명으로 옳은 것은? [심화 54회]

이곳은 (가) 이/가 불교계 개혁 운동을 전개한 순천 송광사입니다. 그는 수행 방법으로 돈오점수를 주장하였습니다.

① 승려들의 전기를 담은 해동고승전을 집필하였다.
② 화엄일승법계도를 지어 화엄 사상을 정리하였다.
③ 권수정혜결사문을 작성하여 정혜쌍수를 강조하였다.
④ 불교 경전에 대한 주석서를 모아 교장을 편찬하였다.
⑤ 보현십원가를 지어 불교 교리를 대중에게 전파하였다.

대표기출해설

01 고려의 학문

자료의 '최충의 문헌공도', '국자감'을 통해 해당 기사가 고려 시대를 소재로 한 것임을 알 수 있다.
고려 시대에는 사학이 융성해지고 관학이 위축되자 관학 진흥을 위해 서적포(숙종), 7재와 양현고, 청연각·보문각(예종) 등을 두었다.

> **선지분석**

✓ 양현고를 두어 장학 기금을 마련하였다.
 ➡ 고려 예종은 관학을 진흥하기 위해 장학 재단인 양현고를 설치하였다.
② 서원을 세워 후진 양성과 선현 제향에 힘썼다.
 ➡ 서원은 조선 시대에 설립된 사립 교육 기관이다.
③ 초계문신제를 시행하여 문신들을 재교육하였다.
 ➡ 조선 정조 때의 설명이다.
④ 만권당을 설립하여 원의 학자들과 교류하게 하였다.
 ➡ 고려 충선왕이 설립한 독서당에 대한 설명이다.
⑤ 경당을 설치하여 청소년에게 글과 활쏘기를 가르쳤다.
 ➡ 고구려에 대한 설명이다.

02 고려의 학문

자료에서 이규보의 문집이라고 하였고, 시, 가전체 소설 등 다양한 작품이 실려 있다는 점을 통해 밑줄 그은 '이 책'이 『동국이상국집』임을 알 수 있다.

> **선지분석**

① 신라와 발해를 남북국으로 지칭하였다.
 ➡ 『발해고』에 대한 설명이다.
② 단군을 우리 역사의 기원으로 기록하였다.
 ➡ 『삼국유사』, 『제왕운기』 등에 대한 설명이다.
③ 연대순으로 기록하는 편년체로 서술되었다.
 ➡ 『조선왕조실록』 등에 대한 설명이다.
✓ 고구려의 건국 서사시인 동명왕편이 실려 있다.
 ➡ 이규보의 『동국이상국집』에는 고구려의 건국 서사시인 「동명왕편」이 실려 있다.
⑤ 중국과 우리나라의 역대 왕의 계보가 수록되었다.
 ➡ 『제왕운기』에 대한 설명이다.

03 불교 사상과 신앙

자료에서 '문종의 아들', '천태종을 개창' 등을 통해 밑줄 그은 '그'가 의천임을 알 수 있다.

> **선지분석**

① 보현십원가를 지어 불교 교리를 전파하였다.
 ➡ 균여에 대한 설명이다.
② 불교 개혁을 주장하며 수선사 결사를 조직하였다.
 ➡ 지눌에 대한 설명이다.
③ 선문염송집을 편찬하고 유불 일치설을 주장하였다.
 ➡ 혜심에 대한 설명이다.
④ 불교 관련 설화를 중심으로 삼국유사를 저술하였다.
 ➡ 일연에 대한 설명이다.
✓ 이론 연마와 수행을 함께 강조하는 교관겸수를 제시하였다.
 ➡ 의천은 교관겸수를 내세워 교종과 선종의 수행 방법을 모두 중시하였다.

04 불교 사상과 신앙

자료에서 '돈오점수', '송광사'를 통해 (가) 인물이 지눌임을 알 수 있다.
지눌은 수선사(송광사)를 근거지로 불교계 개혁 운동을 전개하였으며, 돈오점수와 정혜쌍수를 내세웠다.

> **선지분석**

① 승려들의 전기를 담은 해동고승전을 집필하였다.
 ➡ 고려의 각훈에 대한 설명이다.
② 화엄일승법계도를 지어 화엄 사상을 정리하였다.
 ➡ 신라의 의상에 대한 설명이다.
✓ 권수정혜결사문을 작성하여 정혜쌍수를 강조하였다.
 ➡ 고려의 지눌은 권수정혜결사문을 통해 정혜쌍수를 제창하였다.
④ 불교 경전에 대한 주석서를 모아 교장을 편찬하였다.
 ➡ 고려의 의천에 대한 설명이다.
⑤ 보현십원가를 지어 불교 교리를 대중에게 전파하였다.
 ➡ 고려의 균여에 대한 설명이다.

> **정답** 01 ① 02 ④ 03 ⑤ 04 ③

08강 ④ 고려의 과학 기술·문화유산

대표기출문제

01 다음 구성안의 소재가 된 탑으로 옳은 것은? [심화 56회]

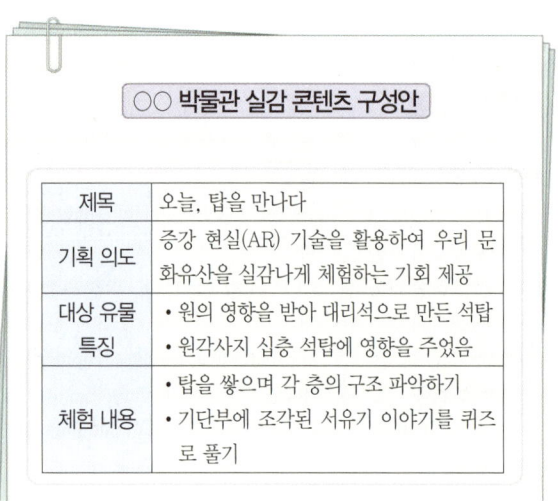

○○ 박물관 실감 콘텐츠 구성안

제목	오늘, 탑을 만나다
기획 의도	증강 현실(AR) 기술을 활용하여 우리 문화유산을 실감나게 체험하는 기회 제공
대상 유물 특징	• 원의 영향을 받아 대리석으로 만든 석탑 • 원각사지 십층 석탑에 영향을 주었음
체험 내용	• 탑을 쌓으며 각 층의 구조 파악하기 • 기단부에 조각된 서유기 이야기를 퀴즈로 풀기

02 다음 사진전에 전시될 사진으로 적절하지 않은 것은? [심화 50회]

불상으로 보는 불교문화 사진전 — 제3전시실
이 실에서는 ○○ 시대 불상의 사진을 전시합니다. ○○ 시대에는 대형 철불이 유행하였으며, 논산 관촉사 석조미륵보살입상처럼 거대한 불상이 조성되기도 하였습니다.

①  ②  ③

④  ⑤

03 다음 기획전에 전시될 문화유산으로 적절한 것은? [심화 58회]

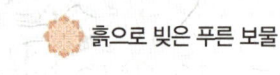

흙으로 빚은 푸른 보물

이번 기획전에서는 고려 시대 귀족 문화를 보여주는 비색의 순청자와 음각한 부분에 백토나 흑토를 채워 화려하게 장식한 상감청자가 전시됩니다. 관심 있는 분들의 많은 관람 바랍니다.

■ 기간: 2022년 ○○월 ○○일~○○월 ○○일
■ 장소: △△ 박물관

①  ②  ③

④  ⑤

01 귀족 문화의 발달

자료의 '원의 영향', '원각사지 십층 석탑에 영향' 등을 통해 구성 안의 소재가 된 탑이 개성 경천사지 10층 석탑임을 알 수 있다.

> **선지분석**

① 경주 불국사 3층 석탑(석가탑)
➡ 통일 신라 시대에 제작된 탑이다.
② 구례 화엄사 4사자 3층 석탑
➡ 통일 신라 시대에 제작된 탑이다.
③ 양양 진전사지 3층 석탑
➡ 통일 신라 시대에 제작된 탑이다.
④ 평창 월정사 8각 9층 석탑
➡ 고려 전기에 제작된 탑이다.
✓⑤ 개성 경천사지 10층 석탑
➡ 원의 영향을 받아 제작된 고려 후기의 탑이다. 조선 전기에 세워진 원각사지 10층 석탑에 영향을 주었다.

02 귀족 문화의 발달

자료에서 고려 시대의 대형 불상인 논산 관촉사 석조미륵보살 입상이 제시되었으므로 해당 시대는 고려 시대임을 알 수 있다. 따라서 선지에서 고려의 불상이 아닌 것을 골라야 한다.

> **선지분석**

① 하남 하사창동 철조석가여래좌상
➡ 고려 시대의 불상이다.
✓② 경주 석굴암 본존불
➡ 통일 신라 시대의 불상이다.
③ 안동 이천동 마애여래입상
➡ 고려 시대의 불상이다.
④ 영주 부석사 소조여래좌상
➡ 고려 시대의 불상이다.
⑤ 하남 교산동 마애약사여래좌상
➡ 고려 시대의 불상이다.

03 귀족 문화의 발달

고려의 도자기에서 가장 유명한 것은 비취색이 나는 청자인데, 12세기 중엽에는 고려만의 독창적 기법인 상감 기법이 개발되었다. 상감 청자는 13세기 중엽까지 주류를 이루었으나, 점차 분청사기로 바뀌어갔다.

> **선지분석**

① 도기 연유인화문 항아리
➡ 통일 신라 시대에 만들어진 항아리이다.
② 청동 은입사 포류수금문 정병
➡ 고려 시대에 제작된 청동병으로, 청자가 아니다.
✓③ 청자 상감운학문 매병
➡ 고려 시대에 상감 기법으로 제작된 대표적인 고려 청자이다.
④ 백자 철화매죽문 항아리
➡ 조선 시대에 만들어진 청화 백자이다.
⑤ 분청사기 상감 구름 용무늬 항아리
➡ 조선 시대에 만들어진 분청사기이다.

> **정답** 01 ⑤ 02 ② 03 ③

단원 마무리 06~08강 고려 시대

고려 초 통치 체제의 정비 과정

태조 왕건	• 고려 건국 및 후삼국 통일 완성 • 호족 통제: 기인 제도·사심관 제도 실시 • 민생 안정책: 세율 조정(1/10로 낮춤), 흑창 설치 • 북진 정책: 서경(평양) 중시, 청천강~영흥만에 이르는 국경선 확보
광종	• 중앙 집권 체제 확립: 노비안검법·과거 제도 실시, 공복 제정 • 황제 칭호 사용, 독자적 연호 '광덕'·'준풍' 사용(칭제 건원) • 빈민 구호 및 질병 치료를 위해 제위보 설치 • 숭불 정책
경종	• 신진 세력 제거(반동 정치) • 시정 전시과 실시: 인품과 관품을 고려하여 전·현직 관료를 대상으로 전지와 시지 지급
성종	• 유교 정치 이념 확립: 최승로의 시무 28조 채택 • 중앙 정치 기구 정비: 당의 3성 6부와 송의 제도를 참고하여 2성 6부제+고려의 독자적인 기구 확립 • 지방 통치 제도 정비: 12목 설치(지방관 파견), 향직 제도 개편 • 국자감 정비, 빈민 구제 기구인 의창 설치
현종	5도 양계의 지방 통치 제도 확립

외세의 침입과 항쟁

거란	1차 침입 (993)	• 거란 장수 소손녕의 침입 • 서희의 외교 담판으로 강동 6주 획득
	2차 침입 (1010)	• 강조의 정변을 구실로 침입 • 양규의 활약 • 현종의 친조 조건으로 철수
	3차 침입 (1018)	강감찬의 활약(귀주 대첩, 1019)
	결과	나성(개경)과 천리장성(압록강~도련포) 축조
여진		• 완옌부 세력이 여진족을 통합하며 세력 확대 • 윤관, 별무반 편성 후 여진 정벌 → 동북 9성 축조 • 여진족이 성장하여 금 건국 후 고려에 군신 관계 요구 → 이자겸이 금의 군신 관계 요구 수용
몽골	1차 침입 (1231)	• 저고여 피살 사건을 구실로 침입 → 귀주에서 박서의 활약 • 몽골군 철수 이후 강화도로 천도(1232)
	2차 침입 (1232)	김윤후가 적장 살리타 사살(처인성 전투), 초조대장경 소실
	3차 침입 (1235)	황룡사 9층 목탑 소실, 팔만대장경 조판 시작
	삼별초의 저항	• 무신 정권의 붕괴와 몽골과의 강화에 불만을 품고 반기를 듦 • 강화도, 진도(배중손 주도), 제주도(김통정 주도)로 옮겨 가며 항전하였으나 고려·몽골 연합군에 진압됨

서경 천도 운동

구분	개경파	서경파
인물	중앙의 문벌 귀족(김부식)	지방 출신의 개혁 세력(묘청, 정지상)
사상	• 유교 사상 기반 → 사대 정책 • 신라 계승 의식 표방	• 풍수지리설, 전통 사상 → 북진 정책 • 고구려 계승 의식 표방
주장	• 유교 이념을 기반으로 한 통치 질서 확립 • 서경 천도 반대	• 혁신적 제도 개혁 주장 • 서경 천도·금 정벌 주장, 칭제 건원

공민왕의 개혁 정치

반원 자주 정책	• 친원 세력 숙청, 몽골풍 금지 • 격하된 왕실 호칭과 관제 복구, 정동행성 이문소 폐지 • 쌍성총관부 탈환, 요동 지방 공략
왕권 강화책	• 성균관 중건, 과거제 정비 → 신진 사대부의 중앙 진출 • 정방 폐지 • 전민변정도감 설치: 신돈을 중심으로 개혁 실시 → 권문세족의 경제 기반 약화 및 국가 재정 강화

전시과 제도의 정비 과정

역분전(태조, 940)		후삼국 통일 과정에서 공을 세운 사람에게 인품과 공로에 따라 토지 지급
전시과	시정 전시과(경종, 976)	전·현직 관료를 대상으로 관직과 인품에 따라 전지와 시지 지급
	개정 전시과(목종, 998)	전·현직 관료에게 관직만을 기준으로 지급, 지급량 재조정
	경정 전시과(문종, 1076)	현직 관료에게만 관직을 기준으로 지급, 지급량 감소, 무신 대우 개선

고려 시대의 불교 사상

전기	태조	훈요 10조에서 연등회·팔관회의 성대한 개최를 당부함
	광종	승과 실시, 국사·왕사 제도 실시, 균여의 화엄종 성행(귀법사)
중기	의천	• 교종 중심의 선종 통합 → 해동 천태종 창시(국청사), 교관겸수 제창 • 사후 교단 분열, 천태종 쇠퇴
후기	지눌	• 수선사 결사 제창: 불교계 개혁 목적, 순천 송광사 중심 • 정혜쌍수·돈오점수 주장 • 선종 중심의 교종 통합 → 선교 일치 사상의 완성
	혜심	유불 일치설 주장, 심성의 도야 강조 → 성리학 수용의 사상적 토대 마련
	요세	참회를 중시하는 법화 신앙에 바탕을 둔 백련 결사 제창(강진 만덕사)

09~10강
조선 전기

09강
1. 조선의 건국과 국가 기틀 마련
2. 통치 체제의 정비
3. 사림의 대두와 붕당 정치의 성립

10강
1. 조선 전기의 경제와 사회
2. 조선 전기의 문화
3. 조선 전기의 대외 관계와 양 난

1392
조선 건국

1446
훈민정음 반포

1466
직전법 시행

1485
경국대전 완성

1498
무오사화

1504
갑자사화

기출로 보는 키워드

- 1위 경국대전
- 2위 훈련도감
- 3위 직전법
- 4위 무오사화, 갑자사화
- 5위 교수·훈도 파견(향교)

3개년 평균 출제 비중

5.4 문항
10.8%

| 1506 중종반정 | 1519 기묘사화 | 1545 을사사화 | 1592 임진왜란 | 1623 인조반정 | 1636 병자호란 |

09강 ① 조선의 건국과 국가 기틀 마련

09~10강 조선 전기

국가 기틀 마련

태종	세종	세조	성종
6조 직계제 실시	의정부 서사제 실시	6조 직계제 재실시	경국대전 완성

1 조선의 건국

(1) 신흥 무인 세력의 성장: 고려 말 홍건적과 왜구의 침입을 물리친 최영, 이성계 등의 신흥 무인 세력이 백성의 신망을 받으며 성장함

(2) 요동 정벌과 위화도 회군(1388)
① 명의 철령 이북 땅 요구: 명이 원을 몰아내고 중국을 장악함(→중국 한족이 세운 통일 왕조) → 명이 고려에 철령 이북의 땅을 요구함(→함경도와 강원도의 경계)
② 요동 정벌 추진: 우왕 때 명의 요구에 반발한 최영 등이 요동 정벌을 주장함 → 이성계 등이 요동 정벌에 반대하였지만 받아들여지지 않음 (→네 가지 이유를 들어 반대(4불가론))
③ 위화도 회군(1388): 요동 정벌의 명을 받고 출병한 이성계가 압록강 하구의 위화도에서 군대를 돌려 개경을 공격함 → 최영 등을 제거한 뒤 정치적 실권을 장악함

(3) 신진 사대부의 분화
① 사회 개혁 추구: 신진 사대부는 신흥 무인 세력과 함께 권문세족에 대항하여 사회 개혁을 추구함
② 신진 사대부의 분화: 개혁 방안의 차이에 따라 온건파와 급진파로 갈라짐

구분	주요 인물	주장
온건파 사대부	이색, 정몽주	고려 왕조 유지, 점진적 개혁 주장 → 조선 건국 이후 낙향하여 향촌 자치 추구
급진파 사대부 (→혁명파 사대부)	정도전, 조준	새로운 왕조 개창, 역성혁명 주장 (→다른 성씨로 왕조를 교체하는 행위)

★(4) 과전법 시행(1391)
① 배경: 권문세족의 대토지 소유 문제에 대한 개혁 필요성 대두
② 시행: 조준 등의 건의로 고려 공양왕 때 과전법을 시행하여 토지 제도 개혁
③ 결과: 권문세족의 토지 몰수, 국가 재정 확보, 신진 사대부의 경제적 기반 마련

(5) 조선 건국(1392): 정몽주 등 온건파 사대부 제거 → 이성계를 왕으로 추대하여 조선 건국

> **시험에 나오는 사료** 과전법의 시행
>
> 공양왕 3년 도평의사사가 글을 올려 과전을 주는 법을 정하자고 요청하니 왕이 따랐다. …… 경기는 사방의 근원이니 마땅히 과전을 설치하여 사대부를 우대한다. 무릇 경성에 살며 왕성을 호위하는 자는 직임관과 무직임관을 막론하고, 과(科)에 따라 과전을 받는다.
> - 『고려사』 -

최빈출 핵심 선지

- 이성계는 4불가론을 내세우며 **요동 출병**에 **반대**하였다.
- 이성계는 **위화도 회군**으로 정권을 장악하였다.
- 이성계 등은 조준 등의 건의로 **과전법**을 **제정**하여 토지 제도를 개혁하였다.
- 정몽주는 **이방원** 세력에 의해 피살되었다.

▶ 이성계의 4불가론

이성계가 요동 정벌의 부당함을 주장하며 내세운 근거들이에요. 작은 나라가 큰 나라를 공격하는 것은 옳지 않다는 점, 여름철에 군사를 동원하는 것이 부적절하다는 점, 요동 공격을 틈타 왜구가 창궐할 것이라는 점, 무덥고 비가 많이 오는 시기이므로 활의 아교가 녹고 병사들이 전염병에 걸릴 수 있다는 점 등의 내용이었어요.

2 국가의 기틀 마련

(1) 태조(이성계)
① 조선 건국(1392)
- 고조선을 계승한다는 의미로 국호를 '조선'이라 함
- **한양 천도**(1394) → 경복궁 및 종묘, 사직, 관아 등을 건설함(유교 이념에 따른 배치와 명칭을 사용함)

② 정도전의 활약: 조선 건국 공신, 호 '**삼봉**'
- **재상 중심의 정치** 체제 운영을 주장하고, 문물제도를 정비함
- 『**조선경국전**』, 『경제문감』 등을 저술함
- 『**불씨잡변**』 저술: 고려 말 불교의 폐단을 비판함
- 제1차 왕자의 난 때 이방원에게 피살됨

▲ 정도전

시험에 나오는 사료 — 정도전의 재상 중심의 정치

훌륭한 재상을 얻으면 육전(六典)이 잘 거행되고 모든 직책이 잘 수행된다. 그러므로 임금이 할 일은 한 사람의 재상을 정하는 데에 있다고 하였다. 재상은 위로는 임금을 받들고 밑으로는 모든 관리를 통솔하여 만민을 다스리는 자리이니, 그 직분이 매우 큰 것이다. ┗ 재상 중심의 정치 운영
― 『조선경국전』 ―

(2) 태종(이방원)
① 집권: 두 차례에 걸친 **왕자의 난**을 통해 정도전 등 개국 공신을 축출하고 정종의 양위로 즉위함 (양위: 임금의 자리를 물려줌)

② 국왕 중심의 통치 체제 정비 → 왕권 강화 정책

6조 직계제	6조에서 의정부를 거치지 않고 국왕에게 직접 보고하여 재가를 받도록 함 → 의정부의 권한 약화, 국왕 중심의 통치 체제
사간원 독립	문하부 낭사를 사간원으로 독립시켜 대신들을 견제함
사병 혁파	공신과 왕족의 사병을 없애고 군사권을 강화함 (사병: 특정한 개인이 사사로운 목적으로 부리는 병사)

③ 재정 확충
- 양전 사업: 세금을 걷을 토지를 조사함
- **호패법**: 호구의 정확한 파악을 위해 16세 이상 남자에게 호패를 발급하여 조세 징수와 군역 부과에 활용함

④ 신문고 제도: 백성의 억울함을 풀어 주기 위해 **신문고를 설치**함 (신문고: 백성들이 억울한 일을 하소연할 때 치게 한 북)

시험에 나오는 사료 — 신문고 제도

의정부에서 상소하기를, "서울과 외방의 고할 데 없는 백성이 억울한 일을 소재지의 관아에 고하여도 이를 다스려 주지 않으면, 나와서 등문고를 치도록 허락하소서. 등문한 일은 사헌부로 하여금 추궁해 밝혀서 억울한 것을 펴게 하고, 그중에 사사로이 원망을 품어 감히 무고를 행하는 자는 반좌율을 적용하여 참소하고 간사한 것을 막으소서."라고 하니, 그대로 따랐다. 등문고를 고쳐 신문고라 하였다.

⑤ 문화
- 지도: 세계 지도인 「**혼일강리역대국도지도**」 제작 (현존하는 동양 최고(最古)의 세계 지도)
- 인쇄: 활자를 담당하는 **주자소 설치** → **계미자 주조**

최빈출 핵심 선지

- 이방원은 두 차례 **왕자의 난**을 통해 반대파를 제거하고 정권을 장악하였다.
- 태종은 **6조 직계제**를 실시하여 왕권을 강화하였다.
- 태종은 문하부 낭사를 분리하여 **사간원**으로 **독립**시켰다.
- 세종은 북쪽으로 여진을 정벌하여 **4군**과 **6진**을 설치하였다.
- 세종 때 **이종무**에 의해 왜구의 근거지인 **쓰시마섬**이 **정벌**되었다.
- **계유정난**을 통해 정권을 장악한 세조는 **6조 직계제**를 시행하였다.
- 세조는 **집현전**을 **폐지**하고 경연을 중단하였다.
- 세조 때 편찬을 시작한 **경국대전**은 성종 때 완성되어 국가 통치 규범이 마련되었다.
- 성종은 폐지된 집현전을 계승한 **홍문관**을 **설치**하였다.

6조 직계제
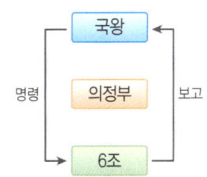

호패

호패는 16세 이상의 남자들에게 지급한 일종의 신분증으로 지금의 주민등록증과 비슷하지요. 호패에는 사는 곳과 나이, 과거 합격 연도 등이 쓰여 있어요.

⭐ (3) 세종

① 유교 정치의 실현

집현전 설치	학문 연구와 정책 연구 담당, 경연 활성화
의정부 서사제	• 6조에서 보고하는 일을 의정부에서 논의한 후 국왕에게 올리도록 함 • 왕권과 신권의 조화 추구 → 왕도 정치
윤리 서적 간행	『삼강행실도』, 『효행록』 등 유교 윤리 서적 간행·보급

→ 왕과 신하가 모여 유교 경전 등을 공부하며 학문과 정책을 토론하는 제도

→ 글과 그림으로 유교 윤리를 표현

> **의정부 서사제**

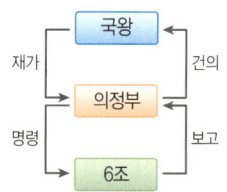

시험에 나오는 사료 — 의정부 서사제

6조는 각기 모든 직무를 먼저 의정부에 품의하고, 의정부는 가부를 헤아린 뒤에 왕에게 아뢰어 (왕의) 전지를 받아 6조에 내려 보내어 시행한다. 다만 이조·병조의 제수, 병조의 군사 업무, 형조의 사형수를 제외한 판결 등은 종래와 같이 각 조에서 직접 아뢰어 시행하고 곧바로 의정부에 보고한다.
— 『세종실록』 —

② 대외 관계

- 4군 6진 개척: 북방의 여진을 토벌하고 **4군(최윤덕)**과 **6진(김종서)**을 개척함 → 영토 확장, 압록강과 두만강을 경계로 하는 국경선 확정
- 쓰시마섬 정벌: **이종무**가 왜구의 근거지인 **쓰시마섬(대마도)**을 정벌함
- 3포 개항: 일본의 요청으로 **3포(부산포, 제포, 염포)**를 개항함
- 계해약조 체결(1443): 일본과 **계해약조를 체결**하여 일본인에게 제한적으로 무역을 허가함

→ 창원, 울산
→ 세견선의 수를 정해 입항을 허가함

③ 민족 문화의 발달

- 훈민정음 반포: 우리 글자인 **훈민정음**을 창제하고(1443) 반포함(1446)
- 과학 기구 제작
  - 장영실 등을 등용하여 농사에 도움이 되는 과학 기구를 발명함
  - 혼천의(천문 관측), 앙부일구(해시계), 자격루(물시계), 측우기(강우량 측정) 등 제작

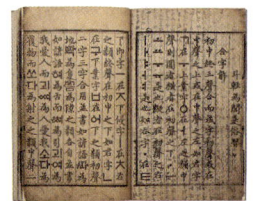
▲ 『훈민정음 해례본』
→ 유네스코 세계 기록 유산으로 지정됨

▲ 혼천의

▲ 앙부일구

▲ 자격루

▲ 측우기

- 편찬 사업: 『**칠정산**』 내·외편(한양을 기준으로 한 역법서), 『향약집성방』(국산 약재와 치료 방법 정리), 『**농사직설**』(우리 풍토에 맞는 농법을 종합한 농서) 등 편찬 → 우리의 풍토와 실정에 맞는 과학 기술의 발달을 위해 노력함
- 인쇄 기술 발달: **갑인자** 제작

> **시험에 나오는 자료** 칠정산
>
> 『칠정산』은 이순지 등이 세종의 명에 따라 편찬한 역법서입니다. 원나라의 수시력과 아라비아의 회회력을 참고해서 제작하였으나, 한양을 기준으로 천체의 움직임을 계산하였다는 점이 특징이지요. 기존의 역법서들이 중국의 수도인 베이징을 중심으로 한 것과는 큰 차이를 보이는 것으로, 민족 문화의 발달을 보여 주는 대표적인 사례입니다.

(4) 세조(수양 대군)

① 계유정난과 세조의 즉위 → 세종의 둘째 아들
- **계유정난**(1453): **수양 대군**이 권력을 차지하기 위해서 정변을 일으킴
- 수양 대군이 어린 단종을 폐위하고 세조로 즉위함 → 단종 복위를 꾀한 사육신이 처형됨
  └ 성삼문, 박팽년 등

> **시험에 나오는 사료** 단종 복위 운동
>   ┌ 단종
> 성삼문이 아버지 성승 및 박팽년 등과 함께 상왕의 복위를 모의하여 중국 사신에게 잔치를 베푸는 날에 거사하기로 기약하였다. …… 일이 발각되어 체포되자, 왕이 친히 국문하면서 꾸짖기를 "그대들은 어찌하여 나를 배반하였는가?"하니 성삼문이 소리치며 말하기를 "상왕을 복위시키려 했을 뿐이오. …… 하늘에 두 개의 해가 없듯이 백성에게도 두 임금이 있을 수 없기 때문이오."라고 하였다.

② 왕권 강화 추구
- **6조 직계제**: 의정부 서사제를 폐지하고 6조 직계제를 다시 실시함
- **집현전을 폐지**하고, 경연을 중단함
- **직전법**: 현직 관리에게만 수조권을 지급함
- 함길도(함경도) 토착 세력이 일으킨 **이시애의 난**을 진압함 → 유향소 폐지

★(5) 성종

① 통치 체제의 확립

『경국대전』 완성 및 반포	• 세조 때 편찬하기 시작하여 성종 때 완성 • 조선의 기본 법전 → 조선의 기본 통치 이념과 방향 제시
홍문관 설치	• 집현전을 계승한 학문 연구 기관 • 경연 담당(경연 활성화)
관수 관급제 실시	관청에서 조세를 거두어 관리에게 지급

▶ 『경국대전』

『경국대전』은 세조 때 편찬하기 시작하여 성종 때 완성한 조선의 기본 법전이에요. 『경국대전』의 완성은 유교적 법치 국가의 토대를 마련했다는 점에서 의의가 있답니다.

② 편찬 사업
- 『동국통감』(서거정): 고조선부터 고려까지의 역사 정리(편년체)
- 『**악학궤범**』(성현): 조선 시대의 의궤와 악보를 정리한 음악서
- 『동국여지승람』(노사신): 각 도의 풍속과 지리 등을 소개한 지리서
- 『동문선』(서거정): 역대 문학 작품을 선별하여 수록
- 『**국조오례의**』: 국가의 의례를 정비
- 『해동제국기』(신숙주): 세종 때 일본에 다녀온 후 성종 때 저술

09강 ② 통치 체제의 정비

09~10강 조선 전기

통치 체제 정비

- 태종: 문하부 낭사를 사간원으로 독립
- 세종: 의정부 서사제 실시
- 성종: 홍문관 설치
- 세조: 유향소 폐지

1 중앙 정치 조직

의정부	• 정책을 심의·결정하면서 **국정을 총괄**하는 최고 정무 기구 • 영의정·좌의정·우의정(3정승)의 합의 체제로 운영 • 6조 직계제의 실시로 권한이 약화되기도 함
6조	• 행정 실무를 담당하는 기구, 6조 아래 여러 속아문을 두어 행정 담당 • 이조(관리 인사), 호조(재정), 예조(교육, 과거, 외교), 병조(군사), 형조(사법), 공조(토목업) • 각 조의 수장을 판서라고 부름
승정원 (은대)	• **왕명의 출납**을 담당하는 **국왕 비서 기구** → 왕권 강화 기능 • 수장을 **도승지**라고 부름 • 은대, 후원이라고도 불림
의금부	반역죄·강상죄 등을 저지른 큰 죄인을 처벌하는 **국왕 직속의 사법 기구**
사헌부	• **관리의 비리 감찰**, 풍기 단속 • 수장은 **대사헌**
사간원	• **국왕의 잘못을 비판** • 수장은 **대사간**
홍문관 (옥당)	• **국왕의 자문 역할, 경연 주관** • 수장은 **대제학**
3사	• 사헌부·사간원·홍문관을 3사라 칭함 • 사헌부·사간원을 양사라 하고 소속 관원을 **대간**이라 함, **간쟁·서경·봉박의 권한**을 가짐 • **언론 기능**, 권력의 독점과 부정을 방지하는 역할을 함 → 5품 이하의 관리 임명 시 행사
춘추관	• 역사서의 편찬과 보관을 담당 • 왕이 죽으면 실록청을 설치하여 춘추관 관원들이 실록 편찬
성균관	최고 교육 기관
한성부	수도인 한양의 행정과 치안을 담당

최빈출 핵심 선지

- 승정원은 **왕명의 출납**을 맡은 왕의 **비서 기관**으로 **은대**, **후원**이라고도 불렸다.
- 의금부는 **국왕 직속의 사법 기구**로 반역죄 등을 처결하였다.
- 홍문관은 사헌부, 사간원과 함께 3사로 불렸다.

조선의 중앙 정치 조직

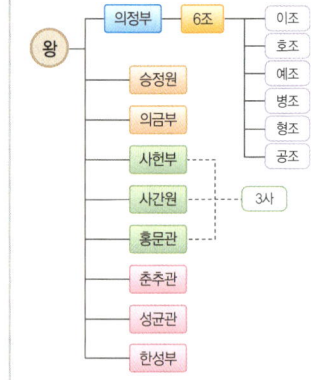

간쟁·서경·봉박권

간쟁은 국왕의 정치를 비판할 수 있는 권한, 서경은 관리의 임명을 심의하는 권한, 봉박은 잘못된 왕명을 돌려보내는 권한이에요.

2 지방 행정 조직

(1) 지방 행정 구역

① 전국을 8도로 구분하고 그 아래에 지역의 크기에 따라 부·목·군·현을 설치함
② 고려 시대의 특수 행정 구역인 **향·부곡·소 등은 소멸** → 일반 군현으로 승격
③ 지방관의 파견: 고려와 달리 모든 군현에 지방관 파견 → 고려 시대의 속현 소멸

관찰사	• **8도**에 파견되어 관할 지역의 **수령을 감독**하고 평가(임기 1년) • **감사, 도백, 방백** 등으로도 불림 • 감찰권·행정권·사법권·군사권을 보유함

최빈출 핵심 선지

- 8도 아래의 부·목·군·현에 파견된 수령은 지방의 **행정·군사·사법권을 장악**하였다.
- 각 지방의 향리는 수령을 **보좌**하며 **행정 실무**를 담당하였다.
- 유향소는 **좌수와 별감**을 선발하여 운영하였다.

수령 (현감, 현령, 목민관)	• 부·목·군·현에 파견(임기 5년) • 국왕의 대리인으로 관할 지역의 행정권·사법권·군사권 행사 • 수령 7사에 따라 근무 성적을 평가받음
향리	• 6방(이·호·예·병·형·공방)으로 구성되어 수령의 행정 실무 보좌 • 호장, 기관, 장교, 통인 등으로 분류됨 • 고려 시대에 비해 지위와 권한 약화 • 대대로 직역을 세습함, '단안'이라는 명부에 등재됨

시험에 나오는 자료 수령

이들은 '사또' 또는 '원님'이라고 불렸으며, 조선 시대에는 왕명으로 8도의 부, 목, 군, 현에 파견되었다. 경국대전에는 이들이 해야 할 일들로 농업과 양잠을 성하게 하는 일, 호구를 늘리는 일, 학교를 흥하게 하는 일, 군정(軍政)을 잘 다스리는 일, 부역을 고르게 하는 일, 소송을 간소화하는 일 등이 제시되었다. ← 수령 7사

(2) 유향소와 경재소

유향소 향사당, 향청	• 지방 사족(양반)으로 구성된 향촌 자치 기구 • 역할: 수령 보좌, 향리의 비리 감찰, 백성 교화와 풍속 교정, 지방 여론 수렴 등 • 운영: 좌수와 별감이라는 향임직을 두어 운영 → 가르치고 이끌어서 좋은 방향으로 나아가게 함
경재소	• 수도인 한양에 설치, 정부와 유향소 간 연락 기능 담당 • 해당 지방 출신의 고관을 책임자로 임명 → 유향소 감시·통제

시험에 나오는 사료 유향소

• 각 지역 출신 가운데 서울에 살며 벼슬하는 자들의 모임을 경재소라고 합니다. 경재소에서는 고향에 사는 유력자 중에서 강직하고 명석한 자들을 선택하여 유향소에 두고 향리의 범법 행위를 규찰하고 풍속을 유지하였습니다.
• 유향소를 설치하고 향임을 둔 것은 맡은 바를 중히 여긴 것이다. 수령은 임기가 정해져 있어 늘 바뀌니, 백성의 일에 뜻을 둔다하여도 먼 곳까지 상세히 살필 겨를이 없다. 그러므로 각 지역에서 충성스럽고 부지런한 사람을 뽑아 그 지역의 기강을 맡도록 하여 수령의 눈과 귀로 삼았다.

> **조선 시대 지방 행정 구조**
>
>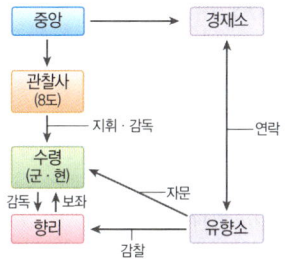

3 군사·교통·통신·교육·관리 등용 제도

(1) 군사 제도

① 원칙: 양인개병제(16세 이상~60세 이하의 모든 양인 남자에게 군역 부과) → 현직 관료와 학생은 면제

② 조직

중앙군	5위로 구성, 궁궐과 수도를 수비
지방군	• 육군(병영), 수군(수영)으로 편성 → 병마절도사, 수군절도사가 지휘 • 방어 체제: 진관 체제(세조) → 제승방략 체제(명종) → 진관 체제 복구(선조)
잡색군	• 정규군 이외의 일종의 예비군으로 유사시에 향토 방위를 담당 • 전직 관료·향리·노비·신량역천인 등으로 구성

(2) 교통 및 통신 제도

① 조운제 ← 특히 세곡
  • 지방(조창)에서 거둔 세금을 강이나 바다를 이용해 수도로 운반하기 위하여 운영함
  • 평안도와 함경도·제주 지역의 세곡은 현지에서 국방비와 사신 접대비로 사용함

② 봉수제: 낮에는 연기, 밤에는 횃불로 군사적 위급을 알리기 위하여 설치함

> **최빈출 핵심 선지**
>
> • 전국의 부·목·군·현에 하나씩 설립된 향교에는 중앙에서 교수나 훈도가 파견되어 교육하였다.
> • 소과에 합격한 생원, 진사에게는 성균관의 입학 자격이 주어졌다.

> **진관 체제와 제승방략 체제**
>
> 진관 체제는 지역 단위의 방어 체제로 각 도의 요충지에 성을 쌓아 방어하는 체제입니다. 제승방략 체제는 각 지역의 군사를 한 곳에 모아서 중앙에서 파견된 장수가 지휘하여 방어하는 체제입니다.

★ (3) 교육 제도 → 관리 양성과 유교 윤리 보급 목적

성균관	• 한양에 설치한 조선의 최고 교육 기관(관립) • 원칙적으로 소과에 합격한 생원이나 진사가 입학 • 교육과 제사의 기능: 문묘(대성전), 명륜당, 동·서재
4부 학당	한양에 설치한 관립 중등 교육 기관(중·동·남·서학)
향교	• 지방에 설치한 관립 중등 교육 기관 • 전국의 부·목·군·현에 하나씩 설립 • 군현의 규모에 따라 학생 정원이 다름 • 중앙에서 교수나 훈도를 파견하여 교육 • 교육과 제사의 기능: 대성전(공자를 비롯한 성현의 위패를 봉안하고 제향), 명륜당(유학을 가르치던 강당), 동·서재(기숙사)
서당	사립 초등 교육 기관
사역원	외국어 교육(한어, 왜어, 여진어 등) 및 통역과 번역 업무

(4) 관리 등용 제도

① 과거제: 법적으로 양인 이상이면 응시 가능, 정기 시험(식년시)과 특별 시험(증광시, 알성시) 실시 → 3년마다 시행, 나라에 경사가 있을 때 실시, 성균관 유생들을 대상으로 실시

> **조선의 과거제 - 문과**
>
> 소과(생원과, 진사과)
> ⇩ 초시 → 복시
> 대과
> ⇩ 초시 → 복시 → 전시
> 최종 합격

문과	• 문관 선발을 위한 시험 • 생진과(소과)와 문과(대과)로 구성 • 생진과(소과): 생원시·진사시 → 합격생을 생원과 진사라 함, 합격 시 백패 지급, 성균관 입학 또는 하급 관리로 진출, 문과 응시 • 문과(대과): 초시·복시·전시의 3단계로 진행 → 합격 시 홍패 지급
무과	무관 선발을 위한 시험
잡과	• 역과(통역), 율과(법률), 의과(의학), 음양과(지리) 등 기술관 선발을 위한 시험 • 해당 관청에서 주관 • 주로 향리의 자제나 상민이 응시

② 천거: 고관의 추천으로 관직에 등용, 중종 때 조광조의 건의로 현량과 실시
③ 취재: 간단한 시험을 통해 하급 실무직 선발
④ 음서: 공신이나 고위 관직(2품 이상)의 자제를 대상으로 함 → 고려 시대보다 대상이 축소되었으며, 과거에 합격하지 않으면 고위 관직 진출이 어려움

09강 ③ 사림의 대두와 붕당 정치의 성립

09~10강 조선 전기

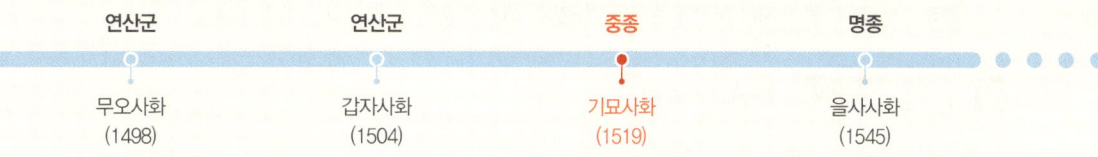

사화: 훈구와 사림의 대립 속에서 사림이 입은 화

1 사림의 성장과 사화

(1) 훈구 세력의 집권
① 성립: 조선 건국에 참여한 급진파 사대부 계열
② 정치권력 장악: 세조의 집권을 도운 훈구 세력이 정치권력 장악 → 비리와 부정 발생

(2) 사림의 등장
① 계승: 조선 건국에 반대한 온건파 사대부 계승 → 기호·영남 지방을 중심으로 성장
  - 영남: 경상도 지방
  - 기호: 경기·충청도 지방
② 등용: 성종 때 훈구 세력 견제를 위해 등용함
③ 역할: 주로 이조 전랑과 3사의 언관직에 임용되어 훈구 세력의 비리를 비판하는 역할을 수행함

훈구파	사림파
• 급진파(혁명파) 사대부 계열 • 세조의 집권을 도운 공신 세력	• 조선 건국에 반대한 온건파 사대부 계열 • 서원과 향약을 세력 기반으로 하여 성장
부국강병과 중앙 집권 추구	왕도 정치와 향촌 자치 추구
대지주, 상공업 독점	중소 지주
성리학 이외의 학문에도 관대, 실용적 유학 추구	성리학 이외의 사상 배격, 유교의 기본적 철학 추구
과학 기술 중시 → 조선 초 과학 기술 발달에 기여	과학 기술 천시 → 쇠퇴

★(3) 사화

① **무오사화**(연산군, 1498)
   사초: 사관이 매일 기록한 원고로, 실록 등과 같은 역사 편찬의 첫 번째 자료가 됨

배경	김일손이 사초에 **김종직이 쓴「조의제문」**을 올린 것을 빌미로 하여 유자광 등의 훈구 세력이 연산군을 자극함
결과	김일손·김굉필 등 사림파 몰락, 김종직은 부관참시를 당함

부관참시: 죽은 뒤 큰 죄가 드러난 사람의 무덤을 파고 관을 꺼내어 시체를 베거나 목을 잘라 거리에 내걸었던 형벌

시험에 나오는 사료 무오사화(1498)

[임금이] 전하기를, "…… 지금 김일손이 찬수한 사초에 부도한 말로써 선대의 일을 거짓으로 기록하고 또한 그의 스승 김종직의 조의제문을 실었도다. …… 대간, 홍문관으로 하여금 형을 의논하여 아뢰도록 하라."라고 하였다.
— 연산군

최빈출 핵심 선지

• 무오사화는 김종직의 조의제문이 빌미가 되어 발생하였다.
• 갑자사화는 연산군의 생모인 폐비 윤씨 사사 사건을 빌미로 발생하였다.
• 위훈 삭제 등에 대해 훈구 세력이 반발하여 기묘사화가 일어나 조광조 등이 제거되었다.
• 명종 때 외척 윤원형과 윤임 간의 권력 다툼으로 을사사화가 발생하였다.

김종직의「조의제문」

「조의제문」은 김종직이 초나라 의제의 죽음을 기리며 쓴 글이었는데, 초나라 의제는 항우에게 죽임을 당한 왕이었어요. 이것은 세조에게 죽임을 당한 단종을 기리는 의미라며 세조를 비판하는 글로 해석되었지요. 세조의 후손이었던 연산군은 김종직의 이 글로 자극을 받아 이와 관련된 사림파를 처벌하였는데, 이를 무오사화라고 합니다.

② 갑자사화(연산군, 1504)

배경	연산군의 생모인 폐비 윤씨가 성종 때 사약을 받고 죽은 사건(폐비 윤씨 사사 사건)이 연산군에게 알려짐
결과	폐비 윤씨 사사 사건에 관련된 인물들이 대거 축출됨 → 훈구와 사림의 피해

시험에 나오는 사료 갑자사화(1504)

항과 봉은 정씨의 소생이다. 왕은 어머니 윤씨가 폐위되고 죽은 것이 엄씨, 정씨의 참소 때문이라 여기고, 밤에 엄씨, 정씨를 대궐 뜰에 결박하여 놓고 손수 마구 치고 짓밟다가 항과 봉을 불러 엄씨, 정씨를 가리키며 "이 죄인을 치라."라고 하였다. …… 왕은 대비에게 "어찌하여 내 어머니를 죽였습니까?"라고 하며 불손한 말을 많이 하였다.

③ 중종반정(1506): 갑자사화 이후 연산군의 폭정에 대한 신하와 백성들의 반발이 일어남 → 연산군을 축출하고 중종이 왕으로 즉위함

④ 조광조의 개혁 정치와 기묘사화(중종, 1519)

배경	중종은 자신이 즉위할 때 공을 세운 훈구 세력을 견제하기 위해 당시 명망이 높았던 조광조를 비롯한 사림 세력을 등용함
전개	조광조가 현량과를 통해 등용한 사림 세력을 중심으로 급진적인 개혁을 추구함
개혁 내용	• 천거제의 일종인 현량과 실시 → 사림파 등용 • 경연의 활성화, 언론 활동 강화 • 도교 행사를 주관하던 소격서 폐지, 『소학』의 보급 → 유교 윤리 확산 • 반정 공신의 위훈 삭제 추진
기묘사화	조광조의 위훈 삭제, 급진적인 개혁 정치에 대한 훈구 세력의 반발 → 조광조 등 사림 세력 제거 (→ 거짓된 공훈)

> **조광조**

시험에 나오는 사료 위훈 삭제

대사헌 등이 아뢰기를, "정국공신은 책봉된 지 오래 되었지만 폐주(廢主)의 총신(寵臣)도 많이 선정되었을 뿐 아니라, 그 중에는 반정 때 뚜렷한 공을 세우지 못한 사람도 많습니다. 지금이라도 이런 폐단을 고치지 않는다면 나라가 바로 서지 않을 것이니 삭훈해야 마땅합니다."라고 하였다.

> **위훈**
>
> '거짓된 공훈'이라는 뜻으로 중종이 반정으로 즉위하는 과정에서 큰 역할이 없었으나 공훈을 받은 것을 의미해요.

⑤ 을사사화(명종, 1545)

배경	중종과 인종이 죽은 뒤 명종 때 외척 세력 간의 권력 다툼 발생 → 명종의 외척인 소윤(윤원형 일파)과 인종의 외척인 대윤(윤임 일파) 간의 대립(양재역 벽서 사건) ↑ 윤원형 일파가 대윤 세력을 숙청하기 위해 만들어낸 사건
결과	• 윤임 일파가 제거되고 윤원형을 비롯한 왕실 세력이 권력 장악 → 사회 혼란으로 임꺽정과 같은 도적들이 출현 • 외척 세력 간의 다툼에 사림 세력이 타격을 입음

시험에 나오는 사료 을사사화(1545)

이덕응이 자백하기를 "평소 대윤(大尹)·소윤(小尹)에 휘말리지 않으려고 조심하였는데, 그들과 함께 모반을 꾸민다는 것은 말도 안 됩니다."라고 하였다. 계속 추궁하자 그는 "윤임이 제게 이르되 경원 대군이 왕위에 올라 윤원로가 권력을 잡게 되면 자신의 집안은 멸족될 것이니 봉성군을 옹립하자고 하였습니다."라고 실토하였다.
(→ 윤원형, → 윤임, → 명종의 선대 왕인 인종의 외척(대윤))

2 성리학의 발달

(1) 서원과 향약

① 서원

시초	풍기 군수 주세붕이 세운 백운동 서원(우리나라에 성리학을 도입한 안향 제사) — 경상북도 영주
기능	성리학에 대한 연구, 선현에 대한 제사, 후학 양성(교육) 등
역할	사림의 여론 형성 주도, 지방 사림의 정치적 구심적 역할, 붕당의 근거지
사액 서원	• 국왕으로부터 편액과 서적, 노비 등을 받은 서원 • 백운동 서원이 이황의 건의로 사액되어 소수 서원이 됨(최초)

② 향약

보급	중종 때 조광조의 건의로 시작 → 이황과 이이에 의해 널리 보급 (해주 향약 시행 / 예안 향약 시행)
내용	• 향촌의 자치 규약을 의미 • 4대 덕목을 바탕으로 규약 제정, 도약정·부약정 등 선출, 상호 부조와 유교 윤리 실천
기능과 역할	지방 사림의 농민 지배 강화, 사회 풍속 교화와 향촌 질서 유지, 주민 통제와 교화의 수단

└ 덕업상권, 과실상규, 예속상교, 환난상휼의 4가지 유교 덕목

시험에 나오는 사료 향약

하나, 나이가 많고 덕망과 학술을 지닌 1인을 여러 사람들이 도약정으로 추대하고, 학문과 덕행을 지닌 2인을 부약정으로 삼는다. 향약의 구성원 중에서 교대로 직월과 사화를 맡는다. …… 하나, 세 가지 장부를 두어 향약에 가입하기를 원하는 자들, 덕업이 불만한 자들, 과실이 있는 자들을 각각의 장부에 기록한다. 이를 직월이 맡았다가 매번 모임이 있을 때 약정에 알려서 각각 그 순위를 매긴다.

– 『율곡전서』 –

(2) 성리학의 발달

① 성리학의 발달: 사림의 집권 이후 성리학의 실천을 위한 이론 발달 → 인간 심성에 관심 (이기론 발달)

② 대표적인 학자: 이황과 이이

이황(호: 퇴계)	이이(호: 율곡)
근본적, 이상적 (사단과 칠정을 각각 이와 기의 발현으로 구분)	현실적, 개혁적
이(理) 강조, 이기호발설	이(理)와 기(氣) 강조
『성학십도』(군주의 역할 강조), 『주자서절요』 저술	『성학집요』(신하의 역할 강조), 『동호문답』 저술
영남학파 형성, 동인 (군주의 도를 10개의 도식으로 설명)	기호학파 형성, 서인
일본 성리학에 영향	수미법 등 개혁안 주장 (방납의 폐해를 시정하기 위해 공납을 쌀로 걷자고 한 개혁안)

시험에 나오는 사료 이황과 이이의 이기론

• 우주 만물의 근원이 되는 이(理)는 절대적으로 선한 것이고, 만물을 구성하는 기(氣)는 선과 악이 함께 섞여 있는 것이다. 따라서 순선한 이는 존귀하고 선악이 함께 내재한 기는 비천한 것이다. → 이황
– 『퇴계집』 –

• 이(理)와 기(氣)는 서로 떨어지지 아니하여 일물인 것 같지만 다른 점은 이는 형체가 없고 기는 형체가 있으며, 이는 작용이 없고 기는 작용이 있는 것으로 구별된다. …… 이와 기는 이미 두 가지 물건이 아니요, 또한 한 가지 물건도 아니다. → 이이
– 『율곡집』 –

최빈출 핵심 선지

- 서원은 지방의 사림 세력이 주로 설립하였다.
- 서원에서는 교육과 함께 선현에 제사를 지냈다.
- 향약은 풍속 교화와 향촌 사회의 질서 유지에 기여하였다.
- 이황은 군주의 도를 도식으로 설명한 성학십도를 저술하였다.
- 이황은 기대승과 사단칠정 논쟁을 전개하였다.
- 이황은 예안 향약을 시행하여 향촌 교화를 위해 노력하였다.
- 이이는 성학집요를 저술하여 군주가 수양해야 할 덕목을 제시하였다.
- 이이는 방납의 폐단을 줄이기 위해 수미법을 주장하였다.
- 이이는 해주 향약을 시행하여 향촌 교화를 위해 노력하였다

서원의 구조

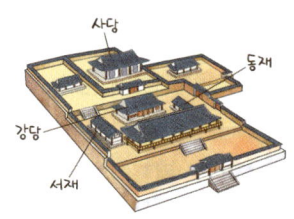

이황

이이

『성학십도』와 『성학집요』

『성학십도』와 『성학집요』 모두 군주의 학문에 대한 것이에요. 『성학십도』가 국왕 스스로의 역할을 강조한 것과 달리 『성학집요』는 신하가 국왕을 잘 보필해야 한다는 견해를 밝혔다는 점이 차이점이지요.

3 붕당의 형성
→ 정치적 견해와 학문적 성향을 같이하는 사람이 모여 만든 집단

(1) 붕당의 출현
① 배경: 선조 즉위 후 사림 세력이 중앙 정계로 진출하여 정권을 장악함
② 발생: 척신 세력에 대한 처리 문제와 이조 전랑 임명 문제를 둘러싸고 대립 → 사림이 동인과 서인으로 나뉨(학문적 경향과 정치 이념에 따라 분화)
→ 임금의 외척이 되는 신하
③ 동인과 서인

동인	서인
김효원 중심	심의겸 중심
신진 사림의 지지	기성 사림의 지지
척신 정치 청산에 적극적	척신 정치 청산에 소극적(우호적인 척신은 포용)
이황, 조식의 학문 계승	이이, 성혼의 학문 계승
영남학파 → 호는 남명, 영남학파를 대표하는 성리학자	기호학파

시험에 나오는 사료 동인과 서인

김효원과 심의겸의 두 당이 원수처럼 서로 공격하였다. 당초 심의겸이 김효원을 비방하자 김효원도 심의겸을 비난하여 각기 붕당이 나뉘어 대립하였다.

★(2) 붕당의 분화
→ 초기에는 서인이었으나 이이의 죽음 이후 동인이 됨
① 정여립 모반 사건: 동인이었던 정여립이 모반을 꾀한다는 사건 발생 → 서인인 정철이 사건을 조사하면서 동인들이 큰 피해를 입음(기축옥사) → 서인의 집권
② 정철의 건저의 사건: 서인인 정철이 광해군을 왕세자로 책봉할 것을 건의 → 선조가 반발하면서 서인이 몰락하고 동인이 집권
→ 왕세자를 세우기 위한 논의
③ 동인의 분화: 서인에 대한 처벌 문제 → 동인이 북인(강경파)과 남인(온건파)으로 분화

(3) 붕당 정치의 전개
① 선조: 처음에는 남인이 정국을 주도하였으나 임진왜란 이후 북인이 주도함
② 광해군: 북인이 정권 독점(서인과 남인 배제)

최빈출 핵심 선지

- 사림은 척신 정치의 청산과 이조 전랑의 임명 문제를 둘러싸고 동인과 서인으로 나뉘었다.
- 동인은 조식, 이황의 학문을 계승하였고, 서인은 이이와 성혼의 문인을 중심으로 형성되었다.
- 선조 때 정여립 모반 사건을 계기로 기축옥사가 발생하여 서인이 정국을 주도하였다.
- 건저의 사건으로 권력을 잡은 동인이 정철 처벌 문제를 두고 북인과 남인으로 나뉘었다.
- 광해군 때 북인이 서인과 남인을 배제하고 정권을 장악하였다.

> **이조 전랑 임명 문제**

선조 때 신진 사림에게 많은 지지를 받던 김효원이 이조 전랑 자리에 추천이 되었으나 심의겸의 반대로 자리에 오르지 못하였어요. 그 뒤 심의겸의 동생이 이조 전랑 자리에 추천되었으나 이번에는 김효원이 반대했지요. 이렇게 김효원과 심의겸의 대립이 이어지며 동인과 서인으로 나뉘어 붕당이 형성되었습니다.

10강 ① 조선 전기의 경제와 사회

09~10강 조선 전기

조선 전기의 경제

고려 말	세종	세조	성종
과전법 실시	연분9등법, 전분6등법 제정	직전법 실시	관수 관급제 실시

1 토지 제도의 변화

(1) 과전법(고려 공양왕, 1391) — 조선 건국(1392) 직전

배경	권문세족의 경제적 기반 약화, 신진 사대부의 경제적 기반 마련, 국가 재정 확보 목적
실시	고려 말 이성계의 위화도 회군 이후 조준 등의 건의로 실시함 → 급진파 사대부
내용	• 전·현직 관리에게 과전(수조권 행사) 지급 → 사후에는 반납하는 것이 원칙 • 지급 대상 토지를 원칙적으로 경기 지방에 한정함 • 관리가 사망하면 유가족에게 수신전과 휼양전 지급 → 수신전과 휼양전은 세습 가능

★(2) 직전법(세조, 1466)

배경	수신전·휼양전 등 세습 토지의 증가로 신진 관료에게 지급할 토지가 부족해짐
내용	현직 관리에게만 수조권 지급(과전법 때보다 지급량 축소), 기존에 지급된 수신전과 휼양전 폐지

(3) 관수 관급제(성종, 1470)

배경	수조권자인 양반 관료의 과다 수취로 인해 농민의 불만이 증대됨
내용	지방 관청이 수조권을 대행(관청이 대신 세금을 거두어 수조권자에게 지급)
영향	양반 관료의 농민에 대한 영향력 축소, 국가의 토지 지배권 강화

(4) 직전법 폐지(명종, 1556): 관리에게 녹봉만 지급하고 수조권 지급을 폐지함
→ 직전법이 폐지되자 직접 토지를 소유하여 소작을 주는 형태인 지주 전호제가 확산됨

> **최빈출 핵심 선지**
> • 과전법의 지급 대상 토지는 원칙적으로 경기 지역에 한정되었다.
> • 세조 때 직전법을 실시하여 현직 관리에게만 수조권을 지급하였다.
> • 직전법이 시행되면서 수신전과 휼양전 등의 명목으로 세습되는 토지가 폐지되었다.
> • 성종 때 국가에서 조세를 거두어 관리들에게 나누어 주는 관수 관급제가 시행되었다.
> • 명종 때 국가 재정이 악화되어 관리에게 과전 대신 녹봉을 지급하였다.

> **수신전과 휼양전**
> 수신전은 관리가 죽은 뒤 재가하지 않은 아내에게 지급한 토지이고, 휼양전은 관리의 어린 자제 중 부모가 모두 죽은 경우에 지급한 토지예요.

2 수취 체제의 정비와 경제 활동

(1) 수취 체제의 정비

전세	• 초기: 토지 소유자에게 수확량의 1/10(30두)을 거두어 조운으로 운송 • 공법 제도 실시(세종, 1444): 토지의 비옥도와 풍흉에 따라 세금을 차등 부과 　– 전분6등법: 토지의 비옥도를 6등급(1등전~6등전)으로 나눔 　– 연분9등법: 풍흉에 따라 9등급(상상년~하하년)으로 나눠 최대 20두에서 최소 4두를 거둠
공납	• 집집마다 토산물을 세금으로 부과 • 중앙 관청에서 각 군현에 물품과 액수 부과 → 군현에서 각 가구에 부과 • 16세기: 납부의 어려움으로 대납, 방납이 성행
역	• 16세 이상 60세 이하의 양인 남자(정남)에게서 노동력 징발 • 요역(토목 공사 등에 동원)과 군역 → 포를 받고 군역을 면제해 준 일 • 16세기: 군역의 요역화, 대립과 방군 수포제 성행

→ 군역을 다른 사람에게 대신하게 하는 것

> **최빈출 핵심 선지**
> • 세종 때 토지의 비옥도를 6등급으로 나누어 전세를 부과하는 전분6등법이 시행되었다.
> • 세종 때 풍흉에 따라 9등급으로 나누어 전세를 부과하는 연분9등법이 시행되었다.
> • 경시서의 관리들이 시전의 상행위를 감독하였다.

> **방납**
> 양반이나 아전, 상인 등이 백성들이 내야 할 공납을 대신 납부하고 돈을 받아 막대한 이익을 챙기는 행위예요.

(2) 조선 전기의 경제 활동

농업	• 밭농사: 2년 3작이 널리 시행 • 논농사: 남부 일부 지방에서 모내기법(이앙법)과 벼·보리의 이모작 시행 • 목화 재배 면적 확대 → 조선 후기에 전국적으로 확대됨
수공업	• 관영 수공업 위주: 장인을 공장안에 등록시켜 관청에서 필요한 물품 제작 • 민영 수공업: 농기구나 양반의 사치품 생산
상업	• 시전: 조선 시대에 종로를 중심으로 나라에서 설치한 상설 시장 • 시전 상인: 왕실이나 관청에 물품을 공급하는 대신 특정 상품의 독점 판매권을 부여받은 상인, 육의전 상인이 대표적 → 17세기에 금난전권(허가 받지 않은 상인인 난전을 단속할 권리)을 부여받음 • 경시서: 시전의 불법적 상행위 통제(관리 감독), 물가 조절 → 평시서로 개칭(세조) • 장시: 15세기 후반에 등장하기 시작 → 일부가 정기시(5일장)로 발전, 16세기 이후 전국적 확대 • 화폐: 저화(태종), 조선통보(세종) 등 발행 → 유통 부진 • 무역: 공무역을 중심으로 전개 └ 고려 시대부터 존재

> **육의전**
> 시전 상인 중 명주, 비단, 면포(무명), 종이, 저포(모시), 어물을 파는 곳을 말해요. 육의전은 다른 시전 상인과는 다르게 정조 때 신해통공에도 금난전권이 유지되었어요.

3 조선 전기의 사회

(1) 조선의 신분 제도

① 양천제: 조선의 법적 신분제로 양인과 천인으로 나뉨 → 양인
② 반상제: 지배층과 피지배층으로 나뉜 조선의 실질적인 신분제(양반·중인·상민·천민)

양반	• 의미: 문반과 무반을 합쳐서 부르는 말 → 점차 문반·무반 관리의 가족 및 그 가문까지 포함 • 정치적으로는 관료층(고위 관직 독점), 경제적으로는 지주층 • 법률과 제도로 특권 보장 → 국역 면제 • 지방에서 유향소를 통해 향촌 자치를 주도함
중인	• 의미: 좁은 의미로는 기술관, 넓은 의미로는 양반과 상민의 중간 계층 • 구성: 기술관, 서리(중앙 관청의 말단 실무직), 향리, 서얼 등으로 구성 • 기술관: 잡과를 통해 선발된 의관(의학)·역관(통역)·산관(회계)·율관(법률) 등, 직역 세습 • 서얼: 양반의 첩에게서 태어난 자손으로 서자와 얼자를 합친 말 → 문과 응시 불가
상민	• 의미: 대부분의 백성으로 평민·양민이라고도 불림 • 구성: 농민(조세·공납·역 부담), 수공업자(공장안에 등록되어 수공업품 생산), 상인, 신량역천
천민	• 노비: 소속 관청에 신공을 바치는 공노비(입역 노비, 외거 노비)와 개인의 재산인 사노비(솔거 노비, 외거 노비) – 매매·상속·증여의 대상으로 재산 취급, 일천즉천의 원칙 – 국가가 장례원을 통해 관리함 • 백정(가축의 도축 담당), 무당, 광대 등도 포함 └ 고려 시대에는 화척, 양수척 등으로 불림

> **최빈출 핵심 선지**
> • 조선 시대 천민의 대다수는 노비로 매매·상속·증여의 대상이 되었다.
> • 조선 시대 노비는 장례원을 통해 국가의 관리를 받았다.
> • 조선 시대에는 물가 조절 기구인 상평창이 운영되었다.
> • 명종 때 구황촬요를 간행하여 기근에 대비하였다.

> **양인과 천인**
> 양천제의 양인은 자유민으로 과거 응시가 가능하였고, 조세와 국역의 의무를 부담했어요. 이에 반해 천인은 비자유민으로 과거 응시가 불가능하였고, 국가나 개인에 속하였지요.

> **신량역천**
> 조선 시대 양인 중 천역에 종사하는 사람들을 의미해요. 봉수, 수군, 조례, 나장 등이 이에 해당해요.

> **일천즉천의 원칙**
> 노비의 부모 중 한 명이 노비이면 그 자식도 노비가 되는 법이에요.

(2) 가족 제도: 고려 시대와 유사

① 남녀 구별 없이 자녀에게 재산을 균분 상속함
② 아들, 딸 구별 없이 태어난 순서대로 호적에 기재함
③ 자녀들이 돌아가면서 제사 담당, 아들이 없을 경우 양자를 들이지 않고 딸이 제사 진행

(3) 사회 시책

① 민생 안정책: 환곡제, 사창제, 상평창(물가 조절 기구), 『구황촬요』 간행(명종)
   └ 춘궁기에 곡식을 빌려주고 추수 후에 갚도록 하는 제도
② 의료 시설: 혜민국(혜민서), 동·서 대비원(동·서 활인서), 제생원 등
   └ 의약과 서민 환자 치료 담당 └ 서민 환자 치료 및 빈민 구휼 담당

10강② 조선 전기의 문화

09~10강 조선 전기

조선 전기의 문화

- 세종: 농사직설 간행
- 세종: **훈민정음 창제 (1443)**
- 세종: 칠정산 내편 간행
- 성종: 경국대전 완성 (1470)

1 훈민정음 창제와 편찬 사업

(1) 훈민정음의 창제
① 배경: 일반 백성들도 활용 가능한 문자의 필요성 인식
② 과정: 세종이 직접 연구하여 훈민정음 창제(1443) 및 반포(1446)
③ 보급: 『용비어천가』(왕조의 정통성 강조), 『삼강행실도』(유교 윤리 보급) 편찬 등
④ 의의: 민족 문화 발전의 토대를 마련함

★(2) 편찬 사업
① 역사서의 편찬

건국 초기	『고려국사』(정도전), 『동국사략』(권근) 등을 편찬 → 조선 왕조의 정통성 확보 목적
『고려사』	• 세종 때 편찬하기 시작하여 문종 때 완성 • 고려의 역사를 기전체 형식으로 편찬
『고려사절요』	고려의 역사를 편년체 형식으로 편찬
『동국통감』	• 성종 때 서거정이 통사 형식으로 편찬 • 고조선부터 고려 말까지의 역사를 정리
『조선왕조실록』	• 태조부터 철종까지의 역사를 편년체로 서술한 조선의 역사서 • 춘추관에 임시 기구인 실록청을 설치하고 춘추관 관원들이 편찬에 참여 • 사관들이 기록한 사초·시정기 등을 바탕으로 편찬 • 춘추관 및 사고에 보관 • 유네스코 세계 기록 유산에 등재

② 지도와 지리서의 편찬

지도	• 「혼일강리역대국도지도」(태종): 현재 남아 있는 동양에서 가장 오래된 세계 지도 • 「팔도도」(태종): 전국 지도
지리서	• 『동국여지승람』(성종): 각 군현의 지리, 인물, 풍속 등을 기록하여 통치 기반으로 삼음 • 『해동제국기』(성종): 신숙주가 일본에 다녀와서 저술

시험에 나오는 자료 「혼일강리역대국도지도」

현재 남아 있는 동양 최고(最古)의 세계 지도로 1402년 김사형, 이무가 발의하고 이회가 실무를 맡아 제작하였다. 원의 세계 지도를 참고하였지만, 한반도와 일본 부분이 지나치게 소략해 한반도 지도와 일본 지도를 보강하여 제작하였다. 이 지도에는 아시아·유럽·아프리카 대륙과 주요 도시가 표시되어 있다.
→ 당시 사람들의 세계관을 엿볼 수 있음

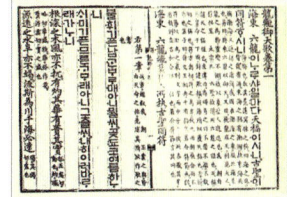

최빈출 핵심 선지

- 성종 때 고조선부터 고려까지의 역사를 편년체로 서술한 동국통감이 편찬되었다.
- 조선왕조실록은 사초와 시정기를 바탕으로 실록청에서 편찬하였다.
- 신숙주가 일본에 다녀와 해동제국기를 저술하였다.
- 태종 때 현존하는 동양 최고(最古)의 세계 지도인 혼일강리역대국도지도가 만들어졌다.
- 세종 때 충신, 효자, 열녀의 이야기를 글과 그림으로 구성한 삼강행실도가 편찬되었다.
- 경국대전은 세조 때 편찬 작업이 시작되어 성종 때 완성된 조선 왕조의 기본 법전이다.

▶ 용비어천가

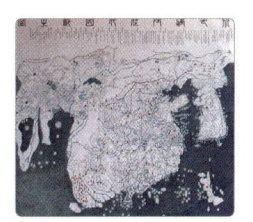

③ 윤리·의례서와 법전의 편찬

윤리·의례서	• 『삼강행실도』(세종): 백성들이 유교 윤리를 쉽게 알 수 있도록 우리나라와 중국의 충신·효자·열녀의 모범 사례를 모아 글과 그림으로 편찬 • 『국조오례의』(성종): 국가 주요 행사의 예법과 절차에 관하여 기록 • 『가례집람』(선조): 김장생이 예학을 조선의 현실에 맞게 정리 → 간행은 숙종 때
법전	『경국대전』(성종): 세조 때부터 편찬하기 시작하여 성종 때 완성·반포한 조선의 기본 법전, 이·호·예·병·형·공의 6전 체제로 구성 → 통치 질서의 확립

> 삼강행실도

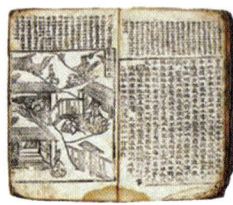

2 종교와 민간 신앙

(1) **불교**: 숭유억불 정책으로 쇠퇴, 정도전은 『불씨잡변』을 저술하여 불교의 폐해를 비판함

(2) **도교**: 15세기에 소격서 설치 → 중종 때 조광조의 건의로 폐지됨
└ 도교 행사 주관

(3) **풍수지리설**: 한양 천도에 활용, 묘지 선정 시 활용

> **최빈출 핵심 선지**
> • 정도전은 불씨잡변을 지어 불교를 비판하였다.
> • 소격서는 사림의 건의로 중종 때 폐지되었다.

3 과학 기술의 발달

(1) **천문학과 역법**

천문학	• 「천상열차분야지도」(태조): 고구려의 천문도를 바탕으로 돌에 새긴 천문도 • 세종 때 장영실 등의 활약으로 과학 기구 제작 → 천체 관측을 위한 혼천의, 시간 측정을 위한 앙부일구(해시계)·자격루(물시계), 강우량 측정을 위한 측우기
역법	『칠정산』 내·외편(세종): 원의 수시력과 아라비아의 회회력을 참고하여 한양을 기준으로 천체 운동을 계산한 역법서

★ (2) **농업과 의학**

농업	• 『농사직설』(세종): 전국의 농부들에게 경험을 물어 우리 풍토에 맞는 농사법을 소개, 정초·변효문 등이 참여 • 『금양잡록』(성종): 강희맹이 금양 지역(지금의 시흥)에서 농사를 지으며 쓴 농서 • 『구황촬요』(명종): 흉년에 대처하기 위하여 구황 방법 제시
의학	• 『향약집성방』(세종): 우리 풍토에 맞는 약재와 치료법을 안내 • 『의방유취』(세종): 의학 백과사전

> **시험에 나오는 자료** 『농사직설』
>
> 세종의 명을 받아 정초 등이 간행한 농서이다. 중국 농서의 농법이 우리 풍토에 맞지 않아 각지의 나이 많은 농민들의 경험을 수집하여 우리 현실에 맞는 농사법을 소개하였다.

(3) **활자 인쇄술과 무기**

활자 인쇄술	• 태종 때 인쇄와 활자 주조를 담당하는 기관인 주자소 설치 • 계미자(태종), 갑인자(세종) 등의 활자 개량
무기	신기전과 화차, 비격진천뢰, 판옥선 등 제작

> **최빈출 핵심 선지**
> • 세종 때 해시계인 앙부일구, 물시계인 자격루 등이 만들어졌다.
> • 세종 때 이순지 등이 한양을 기준으로 한 역법서인 칠정산을 만들었다.
> • 세종 때 정초 등이 우리 풍토에 맞는 농사법을 기록한 농사직설을 간행하였다.
> • 강희맹은 자신의 경험을 바탕으로 한 농서인 금양잡록을 저술하였다.
> • 세종 때 우리 고유의 약재와 치료 방법을 정리한 향약집성방이 간행되었다.
> • 태종 때 주자소가 설치되어 계미자가 주조되었고, 세종 때 갑인자가 주조되었다.

> 『칠정산』
>
> 『칠정산』은 중국의 역법을 따르면서 생기는 문제점을 해결하기 위해 한양을 기준으로 천체 운동을 계산한 역법서로 정인지, 이순지 등에 의해 편찬되었어요. 이를 통해 일식과 월식 등을 보다 정확하게 알 수 있게 되었답니다.

4 건축과 예술

분류	시기	내용
건축	15세기	• 궁궐 건축 발달(창덕궁 인정전, 숭례문 등) • 서울 원각사지 10층 석탑(세조): 고려의 개성 경천사지 10층 석탑을 계승한 다각다층탑, 대리석으로 제작 • 선농단: 국왕이 풍년을 기원하며 신농, 후직에게 제사 지내던 곳 • 합천 해인사 장경판전: 팔만대장경판 보관, 유네스코 세계 유산
	16세기	• 서원 건축 유행 • 안동 도산 서원(이황), 경주 옥산 서원(이언적) 등
그림	15세기	• 안견의 「몽유도원도」: 세종의 아들인 안평 대군이 꿈에서 본 모습을 안견이 듣고 표현한 작품, 현실 세계와 이상 세계를 한 폭의 그림에 구현 • 강희안의 「고사관수도」: 문인화
	16세기	이상좌의 「송하보월도」, 신사임당의 「초충도」
문학	15세기	• 『동문선』(성종): 서거정이 우리나라의 역대 시문을 모아 편찬 • 김시습의 『금오신화』: 최초의 한문 소설
	16세기	정철의 '관동별곡', '사미인곡' 등 가사 문학 발달
음악		『악학궤범』(성종): 성현이 음악 이론 등을 집대성
도자기		분청사기(15세기), 백자(16세기) 유행

최빈출 핵심 선지

- 조선 건국 이후 역대 국왕과 왕비의 신주를 모신 종묘가 세워졌다.
- 조선 전기에 개성 경천사지 10층 석탑의 영향을 받은 서울 원각사지 10층 석탑이 세워졌다.
- 조선 전기의 불교 건축물로는 팔만대장경이 보관된 합천 해인사 장경판전이 있다.
- 김시습은 우리나라 최초의 한문 소설인 금오신화를 썼다.
- 15세기에는 회색 계통의 태토 위에 백토로 표면을 꾸민 분청사기가 유행하였다.
- 16세기에는 백자가 깨끗하고 검소한 아름다움으로 사대부들에게 인기를 끌었다

▲ 서울 원각사지 10층 석탑

▲ 안견의 「몽유도원도」

▲ 강희안의 「고사관수도」

▲ 이상좌의 「송하보월도」

▲ 신사임당의 「초충도」

▲ 분청사기 음각어문 편병

▲ 백자 달항아리

▲ 백자 철화매죽문 항아리

10강 ③ 조선 전기의 대외 관계와 양 난

09~10강 조선 전기

양 난의 전개

1592 임진왜란 발발 — 1623 인조반정 — 1627 정묘호란 발발 — 1636 병자호란 발발

1 조선 전기의 대외 관계

(1) 명과의 관계
① 건국 초: 태조 때 정도전이 추진한 요동 정벌 문제로 명과 긴장 관계를 유지함
② 태종 이후: 명과 친선 관계를 유지하며 자주적 실리 외교를 추구함
- 명과 사대 정책 추진, 조공·책봉 관계를 통해 실리를 도모함
- 하정사, 동지사, 성절사, 천추사 등 매년 정기적·비정기적 사절 교환을 통해 문화적·경제적 교류를 실시함

(2) 여진과의 관계

→ 압록강과 두만강을 경계로 오늘날과 같은 국경선이 확정됨

강경책	• 세종 때 최윤덕이 4군, 김종서가 6진을 개척하여 영토 확보 • 사민 정책을 실시하여 백성들을 북방으로 이주시킴
회유책	• 여진인의 귀순 장려, 여진의 사신을 위해 한양에 북평관 설치 • 국경 지역인 경성·경원에 무역소 설치 → 국경 무역과 조공 무역 실시 • 토착민을 관리로 임명하는 토관 제도 시행

★ (3) 일본과의 관계
① 15세기

→ 고려 창왕 때 박위가 쓰시마섬을 정벌하기도 함(1389)

강경책	세종 때 이종무가 왜구의 근거지인 쓰시마섬(대마도) 정벌(1419)
회유책	• 세종 때 3포(부산포·제포·염포) 개항, 계해약조 체결 → 제한된 조공 무역 허용 • 왜관을 설치하여 일본과 교역 • 한양에 사신들의 숙소인 동평관 설치

② 16세기: 3포 왜란(중종, 1510) → 비변사 처음 설치(임시) → 을묘왜변(명종, 1555) → 비변사의 상설 기구화

2 임진왜란

★ (1) 임진왜란(1592~1598)의 전개
① 배경: 일본에서는 도요토미 히데요시가 분열되어 있던 전국 시대 통일 → 불평 세력의 관심을 밖으로 돌리고 대륙 침략 야욕을 달성하기 위해 조선을 침략(1592)
② 전쟁 초기: 왜군의 상륙 → 부산진(정발)과 동래성(송상현) 함락 → 충주 탄금대 전투에서 패배(신립) → 한성 함락 → 선조는 의주까지 피란, 명에 원군 요청

최빈출 핵심 선지

- 세종은 여진을 정벌한 후 4군과 6진을 개척하였다.
- 조선은 국경 지대인 경원과 경성에 무역소를 설치하여 여진에 무역을 허용하였다.
- 세종 때 3포를 개항하고 계해약조를 체결하여 일본에 제한적인 무역을 허용하였다.
- 비변사는 중종 때 3포 왜란을 계기로 임시로 설치되었다.

▶ **4군 6진 개척**

▶ **비변사**
변방의 방비를 위해 임시로 설치한 기구라는 뜻으로, 3포 왜란 때 임시로 설치하였다가 을묘왜변 이후 상설 기관이 되었어요. 비변사는 임진왜란을 거치면서 기능이 확대·강화되어 조선 후기에는 국정 전반을 총괄하는 기구가 되었습니다.

최빈출 핵심 선지

- 이순신의 한산도 대첩, 김시민의 진주 대첩, 권율의 행주 대첩은 임진왜란의 3대첩이다.
- 임진왜란 당시 조·명 연합군이 평양성을 탈환하였다.
- 일본과 명의 휴전 협상이 결렬된 이후 이순신이 명량에서 일본 수군을 격파하였다.

③ 수군의 활약
- **이순신** 등이 이끄는 수군이 옥포 해전, 당포 해전, **한산도 대첩** 등에서 승리함
- 서남해안의 제해권 장악 → 왜의 진출로 및 보급로를 차단하고 전라도 곡창 지대를 보존함

④ 의병의 활약
- **곽재우**(의령, 홍의 장군), **고경명**(담양), 김천일(나주), **조헌·영규**(금산), 정문부(길주), 유정(사명대사), 휴정(서산대사) 등이 의병을 일으킴
- 익숙한 지형과 그에 맞는 전술을 활용하여 적은 병력으로 왜군에 타격을 줌
- 전란이 장기화되자 관군에 편입하면서 관군의 전투력이 강화됨

> **시험에 나오는 사료** 수군과 의병의 활약
>
> - 한산도 대첩 ┌ 불리했던 전세를 뒤집을 수 있는 발판 마련
>   왜적이 총출동하여 추격하기에 한산 앞바다로 끌어냈다. 아군이 학익진을 펼쳐 …… 쳐부수니 왜적이 사기가 꺾이어 퇴각하였다. 여러 장수와 군졸들이 환호하며 뛸 듯이 기뻐하였다.
>   – 『선조실록』 –
>
> - 의병의 등장
>   여러 도에서 의병이 일어났다. …… 마침내 도내의 거족(巨族), 명인(名人)이 유생 등과 함께 조정의 명을 받들어 창의(倡義)하여 일어나니, 그것을 들은 자들이 격동하여 원근에서 모집에 응하였다. …… 호남의 고경명과 김천일, 영남의 곽재우와 정인홍, 호서의 조헌이 가장 먼저 의병을 일으켰다.
>   – 『선조수정실록』 –

⑤ 전쟁의 역전과 전열 정비
- 명의 참전으로 조·명 연합군 결성 → **진주 대첩(김시민)** 승리, **조·명 연합군의 평양성 탈환**, **행주 대첩(권율)** 승리 → 명과 일본이 휴전 협상을 전개하였지만 결렬 ┌ 제1차 진주성 전투
- **훈련도감(포수·살수·사수의 삼수병으로 구성)을 설치**하고 속오법을 실시해 군사력을 강화함
  └ 유성룡의 건의로 설치   └ 양반부터 천민까지 포함시켜 조직한 속오군의 편제 방식

⑥ 정유재란(1597): 휴전 협상이 결렬되자 왜군의 재침입 → 조·명 연합군의 직산 전투 승리, **명량 대첩**(이순신) 승리

⑦ 전쟁의 종결(1598): 도요토미 히데요시가 병사하자 왜군 철수 → 철수하는 왜군을 노량 해전에서 격퇴함
  └ 이순신 전사

> **임진왜란의 전개**

> **유성룡의 『징비록』**
> 임진왜란 때 영의정 겸 도체찰사로 전쟁을 이끌었던 유성룡은 임진왜란이 끝난 뒤 뒷날을 경계하고자 하는 뜻에서 1592년에서 1598년까지의 일을 기록한 『징비록』을 저술하였어요. 이 책에는 조선과 일본의 관계, 전쟁 발발과 진행 상황 등이 구체적으로 담겨 있습니다.

(2) 임진왜란이 끼친 영향

조선	• 국토의 황폐화, 인구 감소, 양안·호적 소실 등으로 재정이 궁핍해짐 • 경복궁, 불국사, 사고 등의 문화재 소실 • 공명첩의 대량 발급, 노비 문서 소실 등으로 신분제 동요
일본	• 도쿠가와 이에야스가 에도 막부 수립 → 조선에 통신사 파견 요청 • 전쟁 중 약탈한 문화재와 포로로 잡아간 학자, 기술자(이삼평 등 많은 도공 납치) 등을 통해 일본 문화 발전(도자기 기술 및 성리학의 발전)
중국	• 명이 무리하게 원군을 파견하면서 국력 약화 • 여진이 성장하여 후금 건국(1616) → 청으로 이름을 바꾸고(1636) 중국 전역을 장악 　　　　　　　　　　　　　　　　　　└ 병자호란 이후

> **공명첩**
> 국가의 재정을 보완하기 위해 돈이나 곡식을 받고 명예직 관직을 수여하기 위해 발행한 것으로 후일 양반층의 증가로 인한 신분제의 동요를 가져왔습니다.

(3) 임진왜란 이후 일본과의 관계

① 회답 겸 쇄환사: 임진왜란과 정유재란 때 잡혀간 포로를 송환하기 위해 유정을 회답 겸 쇄환사로 파견함
② **기유약조** 체결(광해군, 1609): 일본의 요청으로 **일본과의 국교 재개** → 부산포에 왜관을 설치하여 제한된 범위 내에서 무역 허용
③ 통신사 파견 → '조선 통신사에 관한 기록'이 유네스코 세계 기록 유산에 등재됨
  - 계기: 에도 막부가 조선에 통신사 파견을 요청
  - 내용: 1607년부터 19세기 초까지 조선에서 일본에 외교 사절단 파견 → 일본에 선진 문물 전파
④ 안용복의 활약: 숙종 때 안용복이 일본에 건너가 독도가 우리 영토임을 확인시킴

> 통신사

3 광해군의 중립 외교와 인조반정

(1) 광해군의 중립 외교

① 전후 복구 노력
  - 토지 대장(양안)·호적 정리 → 정확한 인구와 토지 파악을 통해 국가 재정 확충
  - 공납 제도를 개선하고자 이원익의 건의로 **경기도에 대동법 실시**
  - 성곽 수리, 창덕궁·사고 재건, **『동의보감』 완성**(허준)
② 중립 외교 추진
  - 명의 국력 쇠퇴, 여진의 후금 건국 → 명과 후금의 전쟁에 명이 조선에 원군을 요청
  - 광해군이 **강홍립**을 명에 원군으로 파견하면서 상황에 따라 대처하도록 명령 → 명과 후금 사이에서 실리적인 **중립 외교**를 추진함
    - 사르후 전투에 참전
    - 강홍립이 후금에 항복

(2) 인조반정(1623)

배경	• 광해군이 유교 윤리에 어긋나는 폐모살제를 일으킴 • 광해군과 북인 정권의 중립 외교 추진에 대한 반발
전개	**서인 세력이 반정**을 일으켜 **광해군을 폐위시키고 북인 축출** → 인조 즉위, 서인이 정국의 주도권 장악, 남인의 참여
결과	명과 친교를 맺고 후금을 배척하는 **친명배금 정책 추진**

> **시험에 나오는 사료** 인조반정

왕은 군사를 일으켜 왕대비를 받들어 복위시킨 뒤 경운궁에서 즉위하였다. 광해군을 폐위시켜 강화로 내쫓고 이이첨 등을 처형한 다음 전국에 대사령을 내렸다.
— 『인조실록』 —

(3) 이괄의 난(1624)

배경	인조반정 이후 공신 책정에 불만을 가진 이괄이 난을 일으킴
전개	인조가 공주 공산성으로 피신하였으나 결국 실패함
결과	• 잔당 세력이 후금에 투항하여 **정묘호란의 배경**이 됨 • 호패법 재실시

최빈출 핵심 선지

- 임진왜란 이후 일본의 요청으로 외교 사절인 통신사가 다시 파견되었다.
- 광해군은 명과 후금 사이에서 중립 외교 정책을 추진하였다.
- 광해군 때 후금과 전쟁 중이던 명의 요청에 따라 강홍립이 이끄는 부대가 파병되었다.
- 광해군은 인조반정이 일어나 폐위되었다.

> **대동법**

공납 제도의 폐해를 개선하기 위한 것으로 집집마다 부과되던 공납을 토지의 결수에 따라 쌀·베·동전 등으로 납부하게 한 제도입니다. 광해군 때 경기도부터 시작되어 숙종 때가 되어서야 전국적으로 확대 시행되었습니다.

> **광해군의 폐모살제**

서인 세력이 광해군의 이복 동생인 영창 대군을 지지하자 광해군이 계모인 인목 대비를 폐위하고, 영창 대군을 살해한 일을 말해요.

> **시험에 나오는 사료** 이괄의 난
>
> 왕에게 이괄 부자가 역적의 우두머리라고 고해바친 자가 있었다. 하지만 왕은 "반역은 아닐 것이다."라고 하면서도, 이괄의 아들인 이전을 잡아오라고 명하였다. 이에 이괄은 군영에 있던 장수들을 위협하여 난을 일으켰다.
>
> — 『인조실록』 —

4 호란의 발발
→ 호인(여진족)들이 일으킨 난리

(1) 정묘호란(1627)

배경	• 서인 세력과 인조가 친명배금 정책을 추진하여 후금을 배척함 • 이괄의 난(1624) 때 패한 잔당들이 후금에 투항하여 인조반정의 부당함을 고함
전개	후금의 침입 → 의병의 활약(용골산성의 정봉수, 의주 지방의 이립), 관군의 항쟁
결과	후금과 화의를 맺고 형제의 맹약 체결(후금-형, 조선-아우)

(2) 병자호란(1636)

배경	• 후금이 청으로 나라 이름을 바꾸고 조선에 군신 관계 재차 강요 • 청의 요구에 외교적 해결을 주장하는 주화론(최명길)과 오랑캐에게 굴복해서는 안 된다고 주장한 주전론(윤집)으로 나뉘어 대립 → 주전론의 우세
전개	• 청의 침입 → 임경업이 백마산성에서 항전 → 한성 함락 → 왕실은 강화도로 피란, 인조는 남한산성으로 피신하여 청군에 항쟁 → 청 태종에게 항복(삼전도의 굴욕) • 전쟁 중 김상용이 강화도에서 순절 • 전쟁 중 김준룡이 근왕병을 이끌고 광교산에서 항전(광교산 전투)
결과	• 청과 군신 관계를 체결하고 명과 국교를 단절 → 청에 조공 • 소현 세자·봉림 대군 등이 청에 볼모로 잡혀갔고 많은 백성들이 포로로 끌려감

└ 훗날 효종

> **시험에 나오는 사료** 정묘호란과 병자호란
>
> 과인이 덕이 부족하여 이같은 불운을 만나 오랑캐의 침략을 받았다. 지난 정묘년에는 변란이 생겼을 때에 임시방편으로 강화를 허락하여 치욕을 감수하였다. 지금 오랑캐가 황제를 참칭(僭稱)하고 우리나라를 업신여기므로 천하의 대의를 위해 그 사신을 배척하였다가 이 같은 환란을 만났다. 이제 화의는 이미 끊어졌고 오로지 결전이 있을 뿐이다. …… 저 오랑캐가 외로운 형세로 깊숙이 들어왔으니, 사방의 원병이 이어 달려오고 하늘이 돕는다면 우리는 이길 것이다.

(3) 호란 이후 청과의 관계

★ ① 북벌 운동

의미	청을 정벌하여 청에 당한 수치를 갚고, 명에 대한 의리를 지키자는 주장
전개	• 효종 때 송시열, 이완 등을 중심으로 북벌 추진 • 어영청 등 군대를 양성하고, 성곽을 수리하는 등 군사력 강화 → 실천에 옮기지는 못함
나선 정벌	• 효종 때 러시아(나선)와 대립한 청이 조선에 군대 파견 요청 • 조선이 양성한 조총 부대를 파견하여 청을 도와 러시아군과 교전(두 차례 부대 파견)

② 북학론 대두: 18세기 이후 일부 실학자들이 청의 선진적인 문물을 수용할 것을 주장함
③ 백두산정계비 건립(숙종, 1712): 청과의 국경 문제 발생 → 숙종 때 압록강과 토문강을 경계로 국경을 확정하고 백두산에 비석을 세움

최빈출 핵심 선지

• 인조와 서인 정권은 외교적으로 친명배금 정책을 펼쳤다.
• 정묘호란 당시 용골산성에서 정봉수와 이립이 의병을 이끌고 항전하였다.
• 병자호란 당시 임경업은 백마산성에서 항전하였다.
• 병자호란이 일어나자 인조는 남한산성으로 피신하였다.
• 인조가 삼전도에서 청 태종에게 항복함으로써 병자호란이 끝났다.
• 효종은 청에 당한 치욕을 갚기 위해 북벌 운동을 추진하였다.
• 효종은 청의 요청에 따라 나선 정벌에 조총 부대를 두 차례 파견하였다.
• 숙종 때 청과의 국경을 정한 백두산정계비가 건립되었다.

▶ **병자호란의 전개**

▶ **기축봉사**

송시열이 효종 때 올린 상소문으로, 명에 대한 의리를 내세웠습니다.

09~10강 조선 전기

09강 ① 조선의 건국과 국가 기틀 마련

대표기출문제

01 (가)~(다)를 일어난 순서대로 옳게 나열한 것은?
[심화 47회]

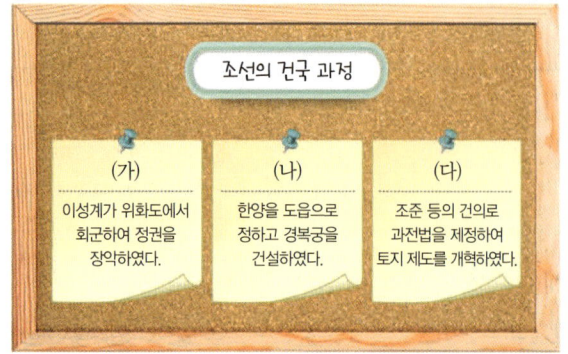

조선의 건국 과정

(가) 이성계가 위화도에서 회군하여 정권을 장악하였다.
(나) 한양을 도읍으로 정하고 경복궁을 건설하였다.
(다) 조준 등의 건의로 과전법을 제정하여 토지 제도를 개혁하였다.

① (가) - (나) - (다)
② (가) - (다) - (나)
③ (나) - (가) - (다)
④ (나) - (다) - (가)
⑤ (다) - (나) - (가)

02 다음 정책을 추진한 왕의 업적으로 옳은 것은?
[심화 49회]

○ 왕은 우리나라에 서적이 대단히 적어서 유생들이 널리 볼 수 없는 것을 염려하여 주자소를 설치하고 구리로 글자 자형을 떠서 활자를 만드는 대로 인출(印出)하게 하였다.
○ 왕이 시경·서경·좌전의 고주본(古註本)을 자본(字本)으로 삼아 이직 등에게 십만 자를 주조하게 하였는데, 이것이 계미자이다.

① 경국대전을 완성하여 법령을 정비하였다.
② 청과 국경을 정하는 백두산정계비를 세웠다.
③ 문하부 낭사를 분리하여 사간원으로 독립시켰다.
④ 신해통공을 실시하여 시전 상인의 특권을 축소하였다.
⑤ 함길도 토착 세력이 일으킨 이시애의 난을 진압하였다.

03 밑줄 그은 '왕'의 재위 기간에 있었던 사실로 옳은 것은?
[심화 54회]

왕이 말하였다. "장영실은 공교한 솜씨만 있는 것이 아니라 총명하고 뛰어나 자격루를 만들었다. 이것은 만대에 이어 전할 만한 기물로 그 공이 작지 아니하니 호군의 관직을 더해 주고자 한다." 황희가 "장영실에게만 안 될 것이 있겠습니까?"라고 하니 왕이 그대로 따랐다.

① 주자소가 설치되어 계미자가 주조되었다.
② 훈련 교범인 무예도보통지가 간행되었다.
③ 삼수병으로 구성된 훈련도감이 설치되었다.
④ 전통 한의학을 집대성한 동의보감이 완성되었다.
⑤ 우리 풍토에 맞는 농법을 정리한 농사직설이 편찬되었다.

04 밑줄 그은 '이 왕'의 재위 시기에 있었던 사실로 옳은 것은?
[심화 49회]

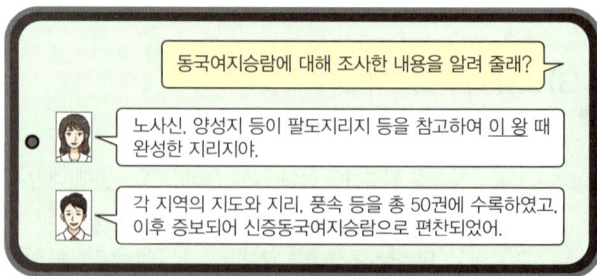

동국여지승람에 대해 조사한 내용을 알려 줄래?

노사신, 양성지 등이 팔도지리지 등을 참고하여 이 왕 때 완성한 지리지야.

각 지역의 지도와 지리, 풍속 등을 총 50권에 수록하였고, 이후 증보되어 신증동국여지승람으로 편찬되었어.

① 전통 한의학을 정리한 동의보감이 완성되었다.
② 역대 문물을 정리한 동국문헌비고가 편찬되었다.
③ 음악 이론 등을 집대성한 악학궤범이 간행되었다.
④ 세계 지도인 혼일강리역대국도지도가 만들어졌다.
⑤ 한양을 기준으로 한 역법서인 칠정산 내편이 제작되었다.

01 조선의 건국

(가) 이성계가 위화도에서 회군하여 정권을 장악하였다고 하였으므로 1388년의 사실이다.
(나) 한양을 도읍으로 정한 것은 1394년의 사실이고, 경복궁을 건설한 것은 1395년의 사실이다.
(다) 조준 등의 건의로 과전법을 제정한 것은 고려 말인 1391년의 사실이다.

> **선지분석**

① (가) – (나) – (다)
☑ (가) – (다) – (나)
 ➡ 일어난 순서대로 나열하면 (가) – (다) – (나)이다.
③ (나) – (가) – (다)
④ (나) – (다) – (가)
⑤ (다) – (나) – (가)

02 국가의 기틀 마련

자료에서 '주자소를 설치', '계미자' 등을 통해 조선 태종에 대한 사료임을 알 수 있다.

> **선지분석**

① 경국대전을 완성하여 법령을 정비하였다.
 ➡ 성종에 대한 설명이다.
② 청과 국경을 정하는 백두산정계비를 세웠다.
 ➡ 숙종에 대한 설명이다.
☑ 문하부 낭사를 분리하여 사간원으로 독립시켰다.
 ➡ 태종은 문하부에 소속되어 있던 낭사를 언론 기관인 사간원으로 독립시켜 대신들을 견제하였다.
④ 신해통공을 실시하여 시전 상인의 특권을 축소하였다.
 ➡ 정조에 대한 설명이다.
⑤ 함길도 토착 세력이 일으킨 이시애의 난을 진압하였다.
 ➡ 세조에 대한 설명이다.

03 국가의 기틀 마련

자료에서 장영실, 자격루 등을 통해 밑줄 그은 '왕'이 조선 세종임을 알 수 있다.
장영실은 조선 전기의 과학자이자 기술자로, 세종의 명을 받들어 혼천의와 간의, 자격루 등을 제작하였다.

> **선지분석**

① 주자소가 설치되어 계미자가 주조되었다.
 ➡ 태종 때 있었던 사실이다.
② 훈련 교범인 무예도보통지가 간행되었다.
 ➡ 정조 때 있었던 사실이다.
③ 삼수병으로 구성된 훈련도감이 설치되었다.
 ➡ 선조 때 있었던 사실이다.
④ 전통 한의학을 집대성한 동의보감이 완성되었다.
 ➡ 광해군 때 있었던 사실이다.
☑ 우리 풍토에 맞는 농법을 정리한 농사직설이 편찬되었다.
 ➡ 세종은 조선의 현실에 맞는 농업 기술을 소개한 농서인 『농사직설』을 편찬하여 보급하였다.

04 국가의 기틀 마련

자료에서 제시된 『동국여지승람』을 통해 밑줄 그은 '이 왕'이 조선 성종임을 알 수 있다. 『동국여지승람』은 조선 성종 때 편찬된 지리서이다.
성종은 집현전을 계승한 홍문관을 두어 관원 모두에게 경연관을 겸하게 하였고 경연에 참여할 수 있는 관리의 범위도 확대하였다. 또한 『경국대전』의 편찬을 완료하고 반포하여 이후 조선 사회의 기본적인 통치 방향과 이념을 제시하였다.

> **선지분석**

① 전통 한의학을 정리한 동의보감이 완성되었다.
 ➡ 광해군 때 있었던 사실이다.
② 역대 문물을 정리한 동국문헌비고가 편찬되었다.
 ➡ 영조 때 있었던 사실이다.
☑ 음악 이론 등을 집대성한 악학궤범이 간행되었다.
 ➡ 『악학궤범』은 성현·유자광 등이 성종의 명에 따라 조선의 의궤와 악보를 정리하여 편찬한 음악 서적이다.
④ 세계 지도인 혼일강리역대국도지도가 만들어졌다.
 ➡ 태종 때 있었던 사실이다.
⑤ 한양을 기준으로 한 역법서인 칠정산 내편이 제작되었다.
 ➡ 세종 때 있었던 사실이다.

> **정답**   01 ②   02 ③   03 ⑤   04 ③

09강 ② 통치 체제의 정비

01 (가) 기구에 대한 설명으로 옳은 것은? [심화 49회]

이것은 악장가사에 실린 상대별곡(霜臺別曲)으로 '상대'는 관리를 감찰하고 풍속을 바로잡는 임무를 맡은 (가) 을/를 의미합니다. (가) 의 대사헌을 역임한 권근은 이 가사에서 관원들이 일을 끝내고 연회를 즐기는 장면 등을 흥미롭게 묘사하였습니다.

① 은대(銀臺)라고도 불렸다.
② 집현전의 학문 연구 기능을 계승하였다.
③ 서얼 출신 학자들이 검서관에 등용되었다.
④ 임진왜란을 거치면서 국정 최고 기구로 성장하였다.
⑤ 5품 이하의 관리 임명 과정에서 서경권을 행사하였다.

02 (가) 기구에 대한 설명으로 옳은 것은? [심화 54회]

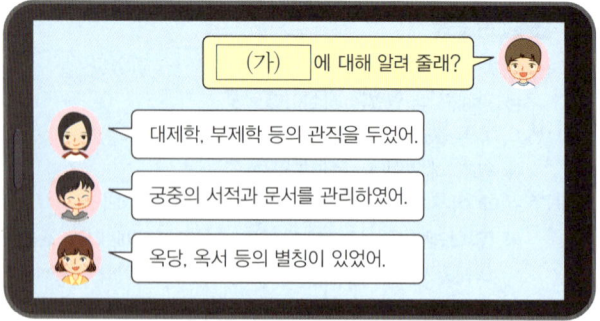

(가) 에 대해 알려 줄래?
- 대제학, 부제학 등의 관직을 두었어.
- 궁중의 서적과 문서를 관리하였어.
- 옥당, 옥서 등의 별칭이 있었어.

① 수도의 행정과 치안을 맡아보았다.
② 사헌부, 사간원과 함께 3사로 불렸다.
③ 을묘왜변을 계기로 상설 기구화되었다.
④ 왕의 비서 기관으로 왕명의 출납을 담당하였다.
⑤ 국왕 직속 사법 기구로 반역죄, 강상죄 등을 처결하였다.

03 (가)에 대한 설명으로 옳은 것은? [심화 50회]

이 그림은 평양에 새로 부임한 (가) 을/를 환영하는 모습을 묘사한 부벽루연회도입니다. (가) 은/는 감사 또는 방백이라고도 불렸는데, 대개 종2품 이상의 고위 관리가 임명되었습니다.

① 간관으로서 간쟁과 봉박을 담당하였다.
② 6조 직계제의 실시로 권한이 약화되었다.
③ 호장, 기관, 장교, 통인 등으로 분류되었다.
④ 관내 군현의 수령을 감독하고 근무 성적을 평가하였다.
⑤ 출신지의 경재소를 관장하고 유향소 품관을 감독하였다.

04 (가) 기구에 대한 설명으로 옳은 것은? [심화 57회]

○ 각 지역 출신 가운데 서울에 살며 벼슬하는 자들의 모임을 경재소라고 합니다. 경재소에서는 고향에 사는 유력자 중에서 강직하고 명석한 자들을 선택하여 (가) 에 두고 향리의 범법 행위를 규찰하고 풍속을 유지하였습니다.

○ (가) 을/를 설치하고 향임을 둔 것은 맡은 바를 중히 여긴 것이다. 수령은 임기가 정해져 있어 늘 바뀌니, 백성의 일에 뜻을 둔다 하여도 먼 곳까지 상세히 살필 겨를이 없다. 그러므로 각 지역에서 충성스럽고 부지런한 사람을 뽑아 그 지역의 기강을 맡도록 하여 수령의 눈과 귀로 삼았다.

① 주세붕이 처음 설립하였다.
② 좌수와 별감을 선발하여 운영하였다.
③ 중앙에서 교수와 훈도를 파견하였다.
④ 대성전을 세워 성현에 제사를 지냈다.
⑤ 흥선 대원군에 의해 대부분 철폐되었다.

01 중앙 정치 조직

자료에서 '대사헌' 등을 통해 (가) 기구가 사헌부임을 알 수 있다. 대사헌은 사헌부의 수장이다. 사헌부는 관리의 비리를 감찰하는 기관으로 사간원, 홍문관과 더불어 3사로 불리며 언론 기관의 역할을 수행하였다.

선지분석

① 은대(銀臺)라고도 불렸다.
➡ 승정원에 대한 설명이다.
② 집현전의 학문 연구 기능을 계승하였다.
➡ 홍문관에 대한 설명이다.
③ 서얼 출신 학자들이 검서관에 등용되었다.
➡ 규장각에 대한 설명이다.
④ 임진왜란을 거치면서 국정 최고 기구로 성장하였다.
➡ 비변사에 대한 설명이다.
✓⑤ 5품 이하의 관리 임명 과정에서 서경권을 행사하였다.
➡ 사헌부는 사간원과 함께 간쟁·서경·봉박의 권한을 가졌다.

02 중앙 정치 조직

자료에서 '대제학', '옥당' 등을 통해 (가) 기구가 홍문관임을 알 수 있다.
홍문관은 조선 시대 궁중의 서적과 문서 관리 및 왕의 각종 자문에 응하는 일을 담당했던 관청이다. 옥당, 옥서 등의 별칭이 있었으며, 사헌부, 사간원과 더불어 3사로 불렸다.

선지분석

① 수도의 행정과 치안을 맡아보았다.
➡ 한성부에 대한 설명이다.
✓② 사헌부, 사간원과 함께 3사로 불렸다.
➡ 홍문관은 사헌부, 사간원과 함께 3사로 불렸다.
③ 을묘왜변을 계기로 상설 기구화되었다.
➡ 비변사에 대한 설명이다.
④ 왕의 비서 기관으로 왕명의 출납을 담당하였다.
➡ 승정원에 대한 설명이다.
⑤ 국왕 직속 사법 기구로 반역죄, 강상죄 등을 처결하였다.
➡ 의금부에 대한 설명이다.

03 지방 행정 조직

자료에서 평양에 새로 부임하였다는 점, 감사 또는 방백이라 불렸고, 종2품 이상의 고위 관리가 임명되었다는 사실을 통해 (가)가 관찰사임을 알 수 있다.
조선에서는 8도에 지방관으로 관찰사를 파견하였다.

선지분석

① 간관으로서 간쟁과 봉박을 담당하였다.
➡ 사헌부·사간원의 관원인 대간에 대한 설명이다.
② 6조 직계제의 실시로 권한이 약화되었다.
➡ 의정부에 대한 설명이다.
③ 호장, 기관, 장교, 통인 등으로 분류되었다.
➡ 향리에 대한 설명이다.
✓④ 관내 군현의 수령을 감독하고 근무 성적을 평가하였다.
➡ 관찰사는 관내 군현의 수령을 감독하고, 그들의 근무 성적을 평가하는 역할을 담당하였다.
⑤ 출신지의 경재소를 관장하고 유향소 품관을 감독하였다.
➡ 지방 출신의 정부 고관에 대한 설명이다.

04 지방 행정 조직

자료의 '경재소', '향리 규찰', '풍속 유지', '향임'을 통해 (가) 기구가 유향소임을 알 수 있다.
조선 초기 지방 양반은 유향소를 설치하였다. 유향소에서는 향회를 소집하여 여론을 수집하였으며, 수령을 보좌하고 향리를 감찰하였다. 이에 정부에서는 경재소를 두어 현직 관료에게 연고지의 유향소를 통제하게 하였다.

선지분석

① 주세붕이 처음 설립하였다.
➡ 서원에 대한 설명이다.
✓② 좌수와 별감을 선발하여 운영하였다.
➡ 유향소에서는 좌수와 별감을 선출하여 자율적으로 규약을 만들었다.
③ 중앙에서 교수와 훈도를 파견하였다.
➡ 향교에 대한 설명이다.
④ 대성전을 세워 성현에 제사를 지냈다.
➡ 성균관과 향교에 대한 설명이다.
⑤ 흥선 대원군에 의해 대부분 철폐되었다.
➡ 서원에 대한 설명이다.

> 정답   01 ⑤   02 ②   03 ④   04 ②

09강 ③ 사림의 대두와 붕당 정치의 성립

01 (가)~(라) 사건을 일어난 순서대로 옳게 나열한 것은?
[심화 48회]

> (가) 갑자년 봄에, 임금은 어머니가 비명에 죽은 것을 분하게 여겨 그 당시 논의에 참여하고 명을 수행한 신하를 모두 대역죄로 추죄(追罪)하여 팔촌까지 연좌시켰다.
>
> (나) 정문형, 한치례 등이 의논하기를, "지금 김종직의 조의제문을 보니, 차마 읽을 수도 볼 수도 없습니다. …… 마땅히 대역의 죄로 논단하고 부관참시해서 그 죄를 분명히 밝혀 신하들과 백성들의 분을 씻는 것이 사리에 맞는 일이옵니다."라고 하였다.
>
> (다) 정유년 이후부터 조정 신하들 사이에는 대윤이니 소윤이니 하는 말들이 있었다. …… 자전(慈殿)*은 밀지를 윤원형에게 내렸다. 이에 이기, 임백령 등이 고변하여 큰 화를 만들어 냈다.
>
> (라) 언문으로 쓴 밀지에 이르기를, "조광조가 현량과를 설치하자고 청한 것도 처음에는 인재를 얻기 위해서라고 생각했더니 …… 경들은 먼저 그를 없앤 뒤에 보고하라."라고 하였다.
>
> * 자전(慈殿): 임금의 어머니

① (가) - (나) - (다) - (라) ② (가) - (나) - (라) - (다)
③ (나) - (가) - (라) - (다) ④ (나) - (다) - (가) - (라)
⑤ (다) - (라) - (나) - (가)

02 밑줄 그은 '이 사건'에 대한 설명으로 옳은 것은?
[심화 49회]

이것은 능주 목사 민여로가 건립한 정암 선생 적려 유허비입니다. 정암 선생은 소격서 폐지, 현량과 실시 등을 추진하다가 이 사건으로 능주에 유배되었습니다.

① 김종직의 조의제문이 빌미가 되었다.
② 서인이 정권을 장악하는 계기가 되었다.
③ 윤임 일파가 제거되는 결과를 가져왔다.
④ 상왕의 복위를 목적으로 성삼문 등이 일으켰다.
⑤ 위훈 삭제에 대한 훈구 세력의 반발이 원인이었다.

03 (가), (나) 사이의 시기에 있었던 사실로 옳은 것은?
[심화 52회]

> (가) 대사헌 등이 아뢰기를, "정국공신은 책봉된 지 오래 되었지만 폐주(廢主)의 총신(寵臣)도 많이 선정되었을 뿐 아니라, 그 중에는 반정 때 뚜렷한 공을 세우지 못한 사람도 많습니다. 지금이라도 이런 폐단을 고치지 않는다면 나라가 바로 서지 않을 것이니 삭훈해야 마땅합니다."라고 하였다.
>
> (나) 김효원과 심의겸의 두 당이 원수처럼 서로 공격하였다. 당초 심의겸이 김효원을 비방하자 김효원도 심의겸을 비난하여 각기 붕당이 나뉘어 대립하였다.

① 외척 간의 대립으로 윤임이 제거되었다.
② 조의제문이 발단이 되어 김일손 등이 화를 입었다.
③ 붕당의 폐해를 경계하기 위한 탕평비가 건립되었다.
④ 희빈 장씨 소생의 원자 책봉 문제로 환국이 발생하였다.
⑤ 폐비 윤씨 사사 사건의 전말이 알려져 김굉필 등이 처형되었다.

04 (가) 인물에 대한 설명으로 옳은 것은?
[심화 52회]

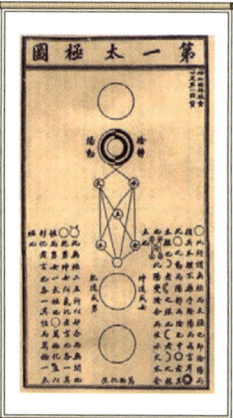

이 자료는 (가) 이/가 지어 왕에게 바친 성학십도의 일부입니다. 그는 성리학에 대한 체계적 이해를 바탕으로 군주가 스스로 인격과 학문을 수양하기 위해 노력해야 함을 강조하였습니다.

① 양명학을 연구하여 강화학파를 형성하였다.
② 일본에 다녀와서 해동제국기를 편찬하였다.
③ 예안 향약을 시행하여 향촌 교화를 위해 노력하였다.
④ 유학 경전을 주자와 달리 해석한 사변록을 저술하였다.
⑤ 가례집람을 저술하여 예학을 조선의 현실에 맞게 정리하였다.

01 사림의 성장과 사화

(가) '갑자년', '어머니가 비명에 죽은 것' 등을 통해 연산군 때의 갑자사화(1504)임을 알 수 있다.
(나) '김종직', '조의제문' 등을 통해 연산군 때의 무오사화(1498)임을 알 수 있다.
(다) '대윤', '소윤', '윤원형' 등을 통해 명종 때의 을사사화(1545)임을 알 수 있다.
(라) '조광조', '그(조광조)를 없앤 뒤에 보고하라' 등을 통해 중종 때의 기묘사화(1519)임을 알 수 있다.

▶ 선지분석
① (가) - (나) - (다) - (라)
② (가) - (나) - (라) - (다)
✓③ (나) - (가) - (라) - (다)
   ➡ 일어난 순서대로 나열하면 (나) - (가) - (라) - (다)이다.
④ (나) - (다) - (가) - (라)
⑤ (다) - (라) - (나) - (가)

02 사림의 성장과 사화

자료에서 '정암'이라는 호가 제시되었고, 소격서 폐지와 현량과 실시 등을 추진하였다는 점을 통해 제시된 유허비가 조광조를 기리는 것임을 알 수 있다. 따라서 밑줄 그은 '이 사건'은 기묘사화이다.

▶ 선지분석
① 김종직의 **조의제문**이 빌미가 되었다.
   ➡ **무오사화**에 대한 설명이다.
② **서인이 정권을 장악**하는 **계기**가 되었다.
   ➡ **인조반정**에 대한 설명이다.
③ **윤임 일파가 제거**되는 결과를 가져왔다.
   ➡ **을사사화**에 대한 설명이다.
④ **상왕의 복위**를 목적으로 **성삼문** 등이 일으켰다.
   ➡ **단종 복위 운동**에 대한 설명이다.
✓⑤ **위훈 삭제**에 대한 훈구 세력의 반발이 원인이었다.
   ➡ **기묘사화**는 반정 공신의 위훈 삭제 등 조광조의 급진적 개혁 정치에 대하여 훈구 세력이 반발하여 발생하였다.

03 사림의 성장과 사화

(가) 반정 때 뚜렷한 공을 세우지 못한 사람은 삭훈해야 함을 주장하고 있는 점을 통해 조광조가 중종에게 위훈 삭제를 건의(1519)한 상황임을 알 수 있다.
(나) 김효원과 심의겸의 두 당이 서로를 비난하다가 붕당이 나뉘었다는 내용을 통해 사림이 동인과 서인으로 분열(1575)된 상황임을 알 수 있다.

▶ 선지분석
✓① 외척 간의 대립으로 **윤임이 제거**되었다.
   ➡ **1545년**의 을사사화로 윤임이 제거되고 사림이 축출되었다.
② **조의제문**이 발단이 되어 김일손 등이 화를 입었다.
   ➡ **1498년**(무오사화)의 사실이다.
③ 붕당의 폐해를 경계하기 위한 **탕평비가 건립**되었다.
   ➡ 영조 때인 **1742년**의 사실이다.
④ **희빈 장씨 소생의 원자 책봉 문제**로 **환국**이 발생하였다.
   ➡ **1689년**(기사환국)의 사실이다.
⑤ **폐비 윤씨 사사 사건**의 전말이 알려져 **김굉필 등이 처형**되었다.
   ➡ **1504년**(갑자사화)의 사실이다.

04 성리학의 발달

자료에서 '성학십도' 등을 통해 (가) 인물이 이황임을 알 수 있다. 조선을 대표하는 성리학자인 이황은 『성학십도』, 『주자서절요』 등을 편찬하여 주희(주자)의 이론을 조선의 현실에 맞게 반영하여 독자적인 체계를 세우려고 하였다.

▶ 선지분석
① **양명학**을 연구하여 **강화학파**를 형성하였다.
   ➡ **정제두**에 대한 설명이다.
② 일본에 다녀와서 **해동제국기**를 편찬하였다.
   ➡ **신숙주**에 대한 설명이다.
✓③ **예안 향약을 시행**하여 향촌 교화를 위해 노력하였다.
   ➡ 예안 향약은 **이황**이 중국의 여씨 향약을 본받아 만든 것으로 예안(안동) 지방에서 시행되었다.
④ 유학 경전을 주자와 달리 해석한 **사변록**을 저술하였다.
   ➡ **박세당**에 대한 설명이다.
⑤ **가례집람**을 저술하여 예학을 조선의 현실에 맞게 정리하였다.
   ➡ **김장생**에 대한 설명이다.

▶ 정답   01 ③   02 ⑤   03 ①   04 ③

10강 ① 조선 전기의 경제와 사회

대표기출문제

01 (가) 시기에 있었던 사실로 옳은 것은? [심화 58회]

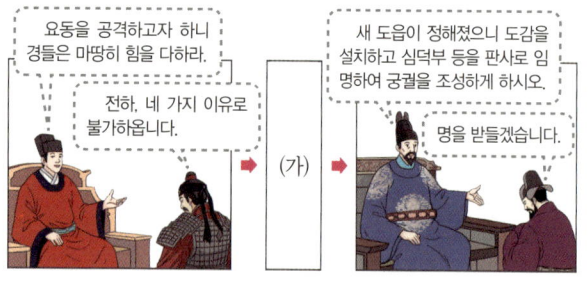

① 집현전을 계승한 홍문관이 설치되었다.
② 조준 등의 건의로 과전법이 제정되었다.
③ 국가의 기본 법전인 경국대전이 완성되었다.
④ 연분9등법을 시행하여 수취 체제가 정비되었다.
⑤ 음악 이론 등을 집대성한 악학궤범이 간행되었다.

03 밑줄 그은 '제도'를 마련한 왕의 재위 기간에 있었던 사실로 옳은 것은? [심화 47회]

① 현량과를 통해 신진 사림이 등용되었다.
② 조선의 기본 법전인 경국대전이 완성되었다.
③ 영창 대군이 사사되고 인목 대비가 유폐되었다.
④ 왕위 계승을 둘러싸고 왕자의 난이 발생하였다.
⑤ 붕당의 폐해를 경계하기 위한 탕평비가 건립되었다.

02 밑줄 그은 '이 제도'에 대한 설명으로 옳은 것은? [심화 53회]

#3. 궁궐 안

　성종이 경연에서 신하들과 토지 제도 개혁을 논의하고 있다.

성종: 그대들의 의견을 말해 보도록 하라.
김유: 우리나라의 수신전, 휼양전 등은 진실로 아름다운 것이지만 오히려 일이 없는 자가 앉아서 그 이익을 누린다고 하여 세조께서 과전을 없애고 이 제도를 만드셨습니다.

① 전지와 시지를 등급에 따라 지급하였다.
② 풍흉에 관계없이 전세 부담액을 고정하였다.
③ 현직 관리에게만 토지의 수조권을 지급하였다.
④ 관리에게 녹봉을 지급하고 수조권을 폐지하였다.
⑤ 개국 공신에게 인성, 공로를 기준으로 토지를 지급하였다.

04 밑줄 그은 '왕'의 재위 시기에 있었던 사실로 옳은 것은? [심화 55회]

공법, 6개 고을 시범 시행

① 음악 이론 등을 집대성한 악학궤범이 완성되었다.
② 민간의 광산 개발을 허용하는 설점수세제가 시행되었다.
③ 우리 풍토에 맞는 농법을 소개한 농사직설이 편찬되었다.
④ 현직 관리에게만 수조권을 지급하는 직전법이 제정되었다.
⑤ 우리나라와 중국의 의서를 망라한 동의보감이 간행되었다.

01 토지 제도의 변화

(가)의 왼쪽 그림은 '요동을 공격함', '네 가지 이유로 불가함'을 통해 1388년 고려 우왕 때 요동 공격 추진 시기임을 알 수 있다. (가)의 오른쪽 그림은 '새 도읍이 정해짐', '궁궐을 조성함'을 통해 조선 건국 이후인 1394년 한양 천도 시기임을 알 수 있다.

> **선지분석**

① 집현전을 계승한 **홍문관**이 **설치**되었다.
  → **조선 성종**은 세조 때 폐지된 집현전을 계승한 홍문관을 설치하여 국왕의 자문과 경연을 담당하도록 하였다.
✓ 조준 등의 건의로 **과전법**이 **제정**되었다.
  → **고려 공양왕** 때 이성계와 조준 등의 건의로 신진 사대부의 경제 기반 마련을 위한 과전법이 제정되었다.
③ 국가의 기본 법전인 **경국대전**이 **완성**되었다.
  → 조선 성종 때 세조 때부터 편찬하기 시작한 《경국대전》이 완성·반포되었다.
④ **연분9등법**을 시행하여 수취 체제가 정비되었다.
  → 조선 세종은 전분6등법과 연분9등법을 실시하여 토지의 비옥도와 풍흉에 따라 차등을 두어 조세를 징수하도록 하였다.
⑤ 음악 이론 등을 집대성한 **악학궤범**이 간행되었다.
  → 조선 성종 때 《악학궤범》, 《국조오례의》, 《동국여지승람》 등이 간행되었다.

02 토지 제도의 변화

자료에서 세조께서 과전을 없애고 만들었다고 한 점 등을 통해 밑줄 그은 '이 제도'가 직전법임을 알 수 있다.

> **선지분석**

① **전지와 시지**를 등급에 따라 지급하였다.
  → 고려의 **전시과**에 대한 설명이다.
② 풍흉에 관계없이 **전세 부담액을 고정**하였다.
  → 조선 인조 때부터 실시한 **영정법**에 대한 설명이다.
✓ **현직 관리**에게만 토지의 **수조권을 지급**하였다.
  → 조선 세조는 **직전법**을 실시하여 현직 관리에게만 토지의 수조권을 지급하였다.
④ 관리에게 **녹봉을 지급**하고 수조권을 폐지하였다.
  → 조선 명종 때 **직전법 폐지**에 대한 설명이다.
⑤ **개국 공신**에게 인성, 공로를 기준으로 **토지를 지급**하였다.
  → 고려의 **역분전**에 대한 설명이다.

03 토지 제도의 변화

자료에서 직전법의 폐단으로 실시한다는 점, 수조권을 가진 관리가 과다하게 수취하는 문제를 해결하기 위한 것이라는 점, 소재지의 관청에서 생산량을 조사하여 전세를 거둔 후 지급한다는 점 등을 통해 밑줄 그은 '제도'가 조선 성종 때 실시한 관수 관급제임을 알 수 있다.

> **선지분석**

① **현량과**를 통해 신진 사림이 등용되었다.
  → **중종** 때의 사실이다.
✓ 조선의 기본 법전인 **경국대전**이 **완성**되었다.
  → **성종** 때 세조 때부터 편찬을 시작한 조선의 기본 법전인 『경국대전』을 완성하여 반포하였다.
③ **영창 대군**이 **사사**되고 **인목 대비**가 **유폐**되었다.
  → **광해군** 때의 사실이다.
④ 왕위 계승을 둘러싸고 **왕자의 난**이 발생하였다.
  → **태조, 정종** 때의 사실이다.
⑤ 붕당의 폐해를 경계하기 위한 **탕평비**가 **건립**되었다.
  → **영조** 때의 사실이다.

04 수취 체제의 정비와 경제 활동

자료에서 '공법', '전품을 6등급', '풍흉을 9등급' 등을 통해 밑줄 그은 '왕'이 조선 세종임을 알 수 있다.
공법은 토지를 비옥도와 그해 농사의 풍흉을 따져 차등 있게 부과한 제도이다.

> **선지분석**

① 음악 이론 등을 집대성한 **악학궤범**이 완성되었다.
  → **성종** 때의 사실이다.
② 민간의 광산 개발을 허용하는 **설점수세제**가 시행되었다.
  → **효종** 때의 사실이다.
✓ 우리 풍토에 맞는 농법을 소개한 **농사직설**이 편찬되었다.
  → 정초 등은 세종의 명을 받아 우리 풍토에 맞는 농법을 정리한 『농사직설』을 편찬하였다.
④ 현직 관리에게만 수조권을 지급하는 **직전법**이 제정되었다.
  → **세조** 때의 사실이다.
⑤ 우리나라와 중국의 의서를 망라한 **동의보감**이 간행되었다.
  → **광해군** 때의 사실이다.

> **정답**   01 ②   02 ③   03 ②   04 ③

10강 ② 조선 전기의 문화

01 (가) 왕에 대한 설명으로 옳은 것은? [심화 54회]

```
국악 콘서트
    선릉에서 만나는 조선의 예와 악

  (가) 의 재위 기간에 예악 정비 사업의 일환으로
편찬된 국조오례의와 악학궤범의 의미를 살펴보는 무대
를 준비하였습니다. 시민 여러분의 많은 관심과 참여바
랍니다.

  1부 특별 강연: 국조오례의를 통해 본 조선의 의례
  2부 주제 공연: 악학궤범을 바탕으로 재현한 처용무

  ■ 일시: 2021년 ○○월 ○○일 ○○시
  ■ 장소: 선릉 정자각 앞 특설 무대
```

① 상평통보를 발행하여 법화로 사용하였다.
② 법령을 정비하여 경국대전을 반포하였다.
③ 구황촬요를 간행하여 기근에 대비하였다.
④ 초계문신제를 시행하여 문신들을 재교육하였다.
⑤ 동국문헌비고를 편찬하여 역대 문물을 정리하였다.

02 교사의 질문에 대한 학생의 답변으로 옳은 것은? [심화 48회]

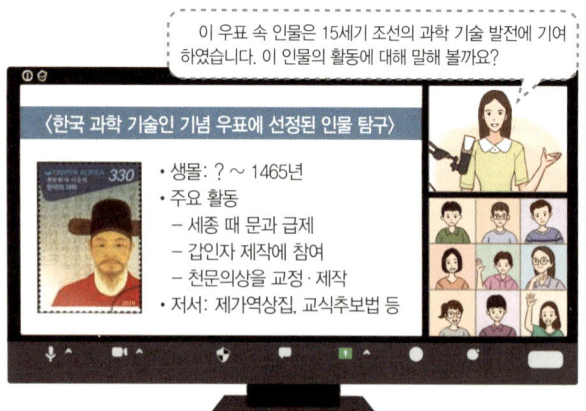

① 종두법을 소개하였습니다.
② 거중기를 설계하였습니다.
③ 동의보감을 완성하였습니다.
④ 칠정산 외편을 편찬하였습니다.
⑤ 대동여지도를 제작하였습니다.

03 밑줄 그은 '국왕'의 재위 시기에 볼 수 있는 모습으로 적절하지 않은 것은? [심화 47회]

① 집현전에서 근무하는 관리
② 농사직설을 읽고 있는 지방관
③ 칠정산 내·외편을 편찬하는 학자
④ 주자소에서 갑인자를 제작하는 장인
⑤ 화통도감에서 화약 무기를 시험하는 군인

04 (가)에 해당하는 문화유산으로 옳은 것은? [심화 57회]

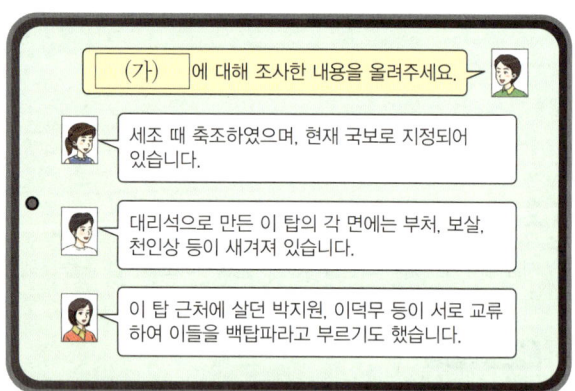

 ①  ②  ③

 ④  ⑤

01 훈민정음 창제와 편찬 사업

자료에서 '국조오례의', '악학궤범', '선릉' 등을 통해 (가) 왕이 조선 성종임을 알 수 있다.

> **선지분석**

① 상평통보를 발행하여 법화로 사용하였다.
　➡ 숙종 때의 설명이다.
✓ 법령을 정비하여 경국대전을 반포하였다.
　➡ 성종은 세조 때부터 편찬한 『경국대전』을 완성·반포하여 조선의 통치 체제를 정비하였다.
③ 구황촬요를 간행하여 기근에 대비하였다.
　➡ 명종 때의 설명이다.
④ 초계문신제를 시행하여 문신들을 재교육하였다.
　➡ 정조 때의 설명이다.
⑤ 동국문헌비고를 편찬하여 역대 문물을 정리하였다.
　➡ 영조 때의 설명이다.

02 과학 기술의 발달

자료에서 '15세기 조선의 과학 기술 발전에 기여', '갑인자', '천문의상' 등을 통해 세종 때의 문신인 이순지에 대한 설명임을 알 수 있다.

> **선지분석**

① 종두법을 소개하였습니다.
　➡ 지석영에 대한 설명이다.
② 거중기를 설계하였습니다.
　➡ 정약용에 대한 설명이다.
③ 동의보감을 완성하였습니다.
　➡ 허준에 대한 설명이다.
✓ 칠정산 외편을 편찬하였습니다.
　➡ 이순지는 조선 세종 때 『칠정산』 내·외편을 편찬하였다.
⑤ 대동여지도를 제작하였습니다.
　➡ 김정호에 대한 설명이다.

03 과학 기술의 발달

자료에서 장영실이 밑줄 그은 '국왕'의 명령에 따라 자격루를 제작하였다는 사실을 통해 해당 국왕이 조선 세종임을 알 수 있다.

> **선지분석**

① 집현전에서 근무하는 관리
　➡ 조선 세종 때 볼 수 있는 모습이다.
② 농사직설을 읽고 있는 지방관
　➡ 조선 세종 때 볼 수 있는 모습이다.
③ 칠정산 내·외편을 편찬하는 학자
　➡ 조선 세종 때 볼 수 있는 모습이다.
④ 주자소에서 갑인자를 제작하는 장인
　➡ 조선 세종 때 볼 수 있는 모습이다.
✓ 화통도감에서 화약 무기를 시험하는 군인
　➡ 화통도감은 고려 우왕 때 최무선의 건의에 따라 만들어진 기구이다.

04 건축과 예술

자료의 '세조 때 축조', '대리석 탑' 등을 통해 (가) 문화유산이 서울 원각사지 10층 석탑임을 알 수 있다.

> **선지분석**

✓ 서울 원각사지 10층 석탑
　➡ 조선 세조 때 축조된 서울 원각사지 10층 석탑은 조선 전기를 대표하는 석탑으로, 고려의 개성 경천사지 10층 석탑을 계승하였다.
② 익산 미륵사지 석탑
　➡ 백제의 탑이다.
③ 경주 불국사 다보탑
　➡ 신라의 탑이다.
④ 부여 정림사지 5층 석탑
　➡ 백제의 탑이다.
⑤ 발해 영광탑
　➡ 발해의 탑이다.

> **정답**　01 ②　02 ④　03 ⑤　04 ①

09~10강 조선 전기

10강 ③ 조선 전기의 대외 관계와 양 난

대표기출문제

01 다음 가상 뉴스 이후에 전개된 상황으로 옳은 것은?
[심화 51회]

① 이순신이 명량에서 대승을 거두었다.
② 최무선이 진포에서 왜구를 격퇴하였다.
③ 신립이 탄금대에서 배수의 진을 치고 싸웠다.
④ 김종서가 6진을 개척하여 영토를 확장하였다.
⑤ 배중손이 삼별초를 이끌고 진도에서 항전하였다.

02 (가) 국가에 대한 조선의 정책으로 옳은 것을 **보기**에서 고른 것은?
[심화 49회]

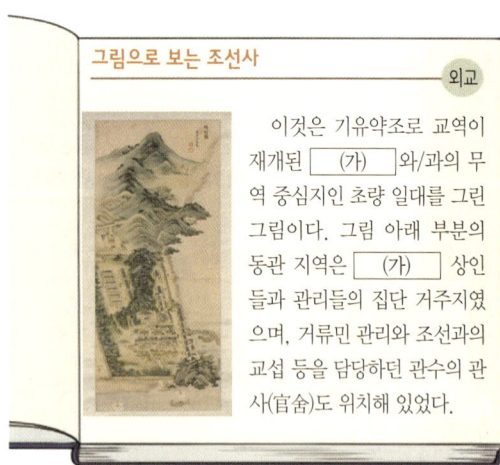

보기
ㄱ. 막부의 요청에 따라 통신사를 파견하였다.
ㄴ. 한성에 동평관을 두어 무역을 허용하였다.
ㄷ. 하정사, 성절사, 동지사 등 사절단을 보내었다.
ㄹ. 어윤중을 서북 경략사로 임명하여 사무를 관장하였다.

① ㄱ, ㄴ ② ㄱ, ㄷ ③ ㄴ, ㄷ
④ ㄴ, ㄹ ⑤ ㄷ, ㄹ

03 밑줄 그은 '이 전쟁' 중에 있었던 사실로 옳은 것은?
[심화 48회]

① 이괄의 반란 세력이 도성을 장악하였다.
② 곽재우, 고경명 등이 의병장으로 활약하였다.
③ 김준룡이 근왕병을 이끌고 광교산에서 항전하였다.
④ 외적의 침입에 대응하여 임시 기구로 비변사가 처음 설치되었다.
⑤ 포수·사수·살수의 삼수병으로 편제된 훈련도감이 신설되었다.

04 다음 왕에 대한 설명으로 옳은 것은?
[심화 52회]

① 나선 정벌에 조총 부대를 파견하였다.
② 왕의 친위 부대인 장용영을 설치하였다.
③ 청과의 국경을 정하는 백두산정계비를 세웠다.
④ 역대 문물을 정리한 동국문헌비고를 편찬하였다.
⑤ 수조권이 세습되던 수신전과 휼양전을 폐지하였다.

대표기출해설

01 임진왜란

자료에서 '조·명 연합군', '평양성 탈환' 등을 통해 왜란의 전개 상황을 보도하고 있는 가상 뉴스임을 알 수 있다.
임진왜란 초기 부산진과 동래성이 함락되었고, 신립이 충주 탄금대에서 배수의 진을 치고 항전하였지만 적을 막아 내지 못하였다. 한성이 함락되고 선조가 의주로 피란하는 등 위기가 가중되었으나, 이순신이 이끈 조선 수군이 옥포를 시작으로 한산도 등지에서 승리를 거두고 더불어 전국 각지에서 의병이 일어나 일본군과 맞서 싸웠으며, 조선군도 명군과 함께 평양성을 탈환하였다(1593). 이후 일본군은 휴전 회담을 제의하였으나 3년 만에 회담이 결렬되자, 다시 전쟁을 일으켰다(정유재란, 1597). 그러나 명량에서 이순신이 이끈 수군에 패배하고 도요토미 히데요시가 사망하자 본국으로 철수하면서 왜란은 끝이 났다.

> **선지분석**

✓ 이순신이 **명량**에서 **대승**을 거두었다.
➡ 이순신은 1597년 9월 명량에서 일본 수군을 격파하였다.
② 최무선이 **진포**에서 **왜구**를 **격퇴**하였다.
➡ 1380년(고려)의 사실이다.
③ **신립**이 **탄금대**에서 배수의 진을 치고 싸웠다.
➡ 1592년(임진왜란 초기)의 사실이다.
④ 김종서가 **6진**을 **개척**하여 영토를 확장하였다.
➡ 1449년(조선 세종)의 사실이다.
⑤ 배중손이 **삼별초**를 이끌고 **진도에서 항전**하였다.
➡ 1270~1271년(고려)의 사실이다.

02 임진왜란

자료에서 기유약조로 교역이 재개되었다는 점, 초량 일대가 무역의 중심지였다는 점 등을 통해 (가) 국가가 일본임을 알 수 있다.

> **선지분석**

✓ ㄱ. 막부의 요청에 따라 **통신사**를 **파견**하였다.
➡ 조선은 **일본**과의 국교 재개 이후에도 막부의 요청으로 통신사를 파견하였다.
✓ ㄴ. 한성에 **동평관**을 두어 무역을 허용하였다.
➡ 조선은 한양에 동평관을 두어 **일본** 사신을 접대하였으나 임진왜란 때 폐쇄하였다.
ㄷ. **하정사**, **성절사**, **동지사** 등 사절단을 보내었다.
➡ **명**, **청**에 대한 정책이다.
ㄹ. 어윤중을 **서북 경략사**로 임명하여 사무를 관장하였다.
➡ **청**에 대한 정책이다.

03 호란의 발발

정묘호란 이후 후금은 조선에 군신 관계를 요구하며 명과의 관계를 단절할 것을 요구하였고, 국호를 청으로 바꾸고 조선을 대대적으로 침략하였다(병자호란). 조선은 남한산성에서 항전하였으나 곧 항복하였고, 인조의 두 아들인 소현 세자와 봉림 대군(효종)은 청에 인질로 끌려갔다.

> **선지분석**

① **이괄의 반란 세력**이 도성을 장악하였다.
➡ 인조반정 이후 반정의 공신 책봉에 불만을 품은 이괄이 난을 일으켰고, 이 사건이 구실이 되어 **정묘호란**이 일어났다.
② **곽재우, 고경명** 등이 **의병장**으로 활약하였다.
➡ **임진왜란** 때의 사실이다.
✓③ **김준룡**이 근왕병을 이끌고 **광교산**에서 **항전**하였다.
➡ **병자호란** 당시 김준룡은 광교산 전투에서 활약하였다.
④ 외적의 침입에 대응하여 임시 기구로 **비변사**가 **처음 설치**되었다.
➡ 3포 왜란 때의 사실이다.
⑤ 포수·사수·살수의 삼수병으로 편제된 **훈련도감**이 **신설**되었다.
➡ **임진왜란** 때의 사실이다.

04 호란의 발발

자료에서 청에 볼모로 끌려갔다 돌아왔다는 점, 북벌을 추진하였으나 완수하지 못했다는 점 등을 통해 자료에서 설명하고 있는 왕이 조선 효종임을 알 수 있다.
병자호란 이후인 조선 효종 시기에는 왜란 때 조선을 도운 명에 대한 의리를 지키고 청에 복수하자는 북벌 운동이 전개되었다.

> **선지분석**

✓① **나선 정벌**에 **조총 부대**를 파견하였다.
➡ **효종**은 청의 요청에 따라 조총 부대를 파견하여 남하하는 러시아군을 격퇴하였다(나선 정벌).
② 왕의 친위 부대인 **장용영**을 설치하였다.
➡ **정조**에 대한 설명이다.
③ 청과의 국경을 정하는 **백두산정계비**를 세웠다.
➡ **숙종**에 대한 설명이다.
④ 역대 문물을 정리한 **동국문헌비고**를 편찬하였다.
➡ **영조**에 대한 설명이다.
⑤ 수조권이 세습되던 **수신전과 휼양전을 폐지**하였다.
➡ **세조**에 대한 설명이다.

> **정답** 01 ① 02 ① 03 ③ 04 ①

단원 마무리 09~10강 조선 전기

국가의 기틀 마련

태조	• 조선 건국(1392), 한양 천도 • 정도전의 활약: 재상 중심의 정치 체제 운영 주장, 『조선경국전』, 『불씨잡변』 등 저술
태종	• 국왕 중심의 통치 체제 정비: 6조 직계제 실시, 사간원 독립, 사병 혁파 • 재정 확충: 양전 사업, 호패법 실시 • 신문고 제도 실시, 「혼일강리역대국도지도」 제작, 주자소 설치
세종	• 유교 정치 실현: 집현전 설치, 의정부 서사제 실시, 윤리 서적 간행 • 대외 관계: 4군 6진 개척, 쓰시마섬 정벌, 3포 개항, 계해약조 체결 • 민족 문화 발달: 훈민정음 반포, 과학 기구(앙부일구, 자격루, 측우기 등) 제작 • 『칠정산』 내·외편, 『향약집성방』, 『농사직설』 등 편찬
세조	• 계유정난으로 권력 장악 후 즉위 • 왕권 강화 추구: 6조 직계제 실시, 집현전 폐지·경연 중단, 직전법 실시
성종	• 통치 체제 확립: 『경국대전』 완성 및 반포, 집현전을 계승한 홍문관 설치 • 편찬 사업: 『동국통감』, 『악학궤범』, 『동국여지승람』 등

중앙 정치 조직

의정부	• 국정 총괄하는 최고 정무 기구 • 영의정·좌의정·우의정의 합의 체제로 운영
6조	• 행정 실무를 담당하는 기구 • 이조(관리 인사), 호조(재정), 예조(교육, 과거, 외교), 병조(군사), 형조(사법), 공조(토목업, 수공업)
승정원	왕명 출납, 국왕 비서 기구
의금부	국왕 직속의 사법 기관, 반역죄·강상죄 등 국가의 큰 죄인 처벌 담당
3사	사헌부	관리의 비리 감찰, 풍기 단속
	사간원	국왕의 잘못을 비판
	홍문관	국왕의 자문 역할, 경연 주관
춘추관	역사서의 편찬 및 보관
성균관	최고 교육 기관
한성부	수도(한양)의 행정 및 치안 담당

사화

무오사화 (1498, 연산군)	김일손이 사초에 김종직이 쓴 「조의제문」을 올린 것이 연산군을 자극하여 발생 → 김일손 등 사림파 몰락
갑자사화 (1504, 연산군)	폐비 윤씨 사사 사건이 연산군에게 알려짐 → 폐비 윤씨 사사 사건 관련 인물 축출
기묘사화 (1519, 중종)	조광조의 급진적 개혁 정치에 대한 훈구 세력의 반발 → 조광조 등 사림 세력 제거
을사사화 (1545, 명종)	명종 때 명종의 외척 세력인 소윤과 인종의 외척 세력인 대윤 간의 대립으로 사림 세력이 타격을 입음

토지 제도의 변화

과전법 (1391, 고려 공양왕)	• 전·현직 관리에게 경기 지방에 한하여 과전(수조권 행사) 지급 • 세습 가능 토지: 수신전, 휼양전, 공신전 등
직전법 (1466, 세조)	• 현직 관리에게만 지급, 지급량 축소 • 수신전, 휼양전 폐지
관수 관급제 (1470, 성종)	• 지방 관청이 수조권 대행 → 관청이 거두어 수조권자에게 지급 • 국가의 토지 지배권 강화
직전법 폐지 (1556, 명종)	관리에게 녹봉만 지급, 수조권 지급 폐지

조선 전기의 대외 관계

명	• 태조 때 정도전이 추진한 요동 정벌 문제로 긴장 관계 유지 • 태종 이후 명과 친선 관계를 유지하며 자주적 실리 외교를 추구
여진	• 강경책: 세종 때 4군 6진 설치(최윤덕, 김종서), 사민 정책 • 회유책: 토관 제도, 북평관 설치, 무역소 설치
일본	• 강경책: 세종 때 이종무가 쓰시마섬(대마도) 정벌 • 회유책: 세종 때 3포 개항, 계해약조 체결, 왜관 설치, 동평관 설치

왜란의 발생

16세기의 정세		• 조선과 일본의 대립 격화 • 3포 왜란, 을묘왜변 발생 • 도요토미 히데요시의 대륙 침략 야욕
왜란의 발생과 전개		• 왜군의 침입 → 20일도 되기 전에 한성 함락, 평양까지 진출 • 선조는 의주로 피란, 명에 원군 요청 • 이순신의 수군 및 의병의 활약 + 명군의 지원 → 전세 역전 • 명과 일본의 휴전 회담 결렬 → 정유재란 • 조·명 연합군의 직산 전투 승리 + 이순신의 맹활약 • 도요토미 히데요시의 죽음 → 왜군 철수
왜란의 결과	조선	• 국토의 황폐화, 인구의 감소 → 재정 궁핍 • 문화재 소실(경복궁, 불국사, 사고 등) • 공명첩 대량 발급 등에 의한 신분제 동요
	일본	• 에도 막부 성립 • 일본 문화 발전의 토대 마련(조선의 문화재 약탈, 성리학·도자기 기술 전래)
	중국	• 명의 국력 쇠퇴 → 여진족의 성장(후금 건국) • 명·청 교체

11~12강
조선 후기

11강
1. 조선 후기의 정치 변화
2. 조선 후기의 경제 변화

12강
1. 조선 후기의 사회 변화
2. 조선 후기의 사상과 문화

1610
허준, 동의보감 편찬

1623
인조반정

1659, 1674
예송

1678
숙종, 상평통보 재발행

1680
경신환국

1742
영조, 탕평비 건립

기출로 보는 키워드	3개년 평균 출제 비중
1위 덕대	
2위 초계문신제	**5.3**문항
3위 탕평비	10.6%
4위 홍경래의 난	
5위 삼정이정청	

1793
정조, 장용영 설치

1796
정조, 수원 화성 완공

1811
홍경래의 난

1860
동학 창시

1862
임술 농민 봉기

11강 ① 조선 후기의 정치 변화

11~12강 조선 후기

주요 사건 흐름

- 현종 — 예송 (1659, 1674)
- 숙종 — 기사환국 (1689)
- 영조 — 탕평비 건립 (1742)
- 정조 — 장용영 설치 (1793)

1 통치 체제의 변화

(1) 비변사의 기능 강화

설치	• 중종 때 **3포 왜란**(1510)을 계기로 설치 → 외적의 침입에 대비하기 위한 **임시 회의 기구** • 명종 때 **을묘왜변**(1555)을 계기로 **상설 기구**화됨 • 군사 문제를 합의하여 처리함
변화	• **임진왜란을 거치면서 기능이 확대**되며 **국정 총괄 기구**로 성장함 • 세도 정치기에는 세도 가문의 권력 기반이 됨
영향	의정부와 6조의 기능이 축소됨 → 흥선 대원군이 왕권 강화책의 일환으로 혁파함

시험에 나오는 사료 — 비변사

임시로 비변사를 설치하였는데, 재상으로서 이 일을 맡은 사람을 지변 재상이라고 불렀습니다. 그러나 이것은 일시적인 전쟁 때문에 설치한 것으로서 국가의 중요한 모든 일을 참으로 다 맡긴 것은 아니었습니다. 그런데 오늘에 와서는 큰일이건 작은 일이건 중요한 것으로 취급되지 않는 것이 없는데, <u>의정부는 한갓 헛이름만 지니고 6조는 모두 그 직임을 상실하였습니다.</u> 명칭은 '변방의 방비를 담당하는 것'이라고 하면서 과거에 대한 판정이나 비빈을 간택하는 등의 일까지도 모두 <u>여기를 경유하여 나옵니다.</u>
↳ 의정부와 6조의 기능 축소 ↳ 비변사
— 『효종실록』 —

(2) 군사 제도의 변화

① 중앙군의 개편: 기존의 5위 체제 → 임진왜란 이후 훈련도감 등 **5군영 체제**로 개편함

훈련도감 (선조)	• 유성룡의 건의에 따라 **임진왜란 중에 설치**(1593) • **포수, 사수, 살수의 삼수병으로 구성** • 대부분이 급료를 받는 상비군(직업 군인)으로 구성 • 역할: 군사 훈련, 수도 방위, 국왕 호위
어영청(인조)	수도 방위, 국왕 호위, 북벌 준비
수어청(인조)	남한산성에 위치, 수도 남부 방어
총융청(인조)	북한산성에 위치, 경기 일대 방어
금위영(숙종)	수도 방위, 국왕 호위 강화

② 지방군의 개편
- 수비 방식의 변화: 진관 체제(세조) → 제승방략 체제(16세기) → 진관 체제 복귀(임진왜란 중)
- 속오군 체제
  - 평상시에 생업에 종사하고 유사시에 향토 방위를 맡은 예비군
  - 양반에서 노비까지 모든 신분을 편제하였으나 양반의 속오군 편성 회피로 인해 상민과 노비의 군대로 변질됨

최빈출 핵심 선지

- **비변사**는 임진왜란을 거치면서 기능과 권한이 확대되어 국정 최고 기구의 역할을 하였다.
- **훈련도감**은 포수, 살수, 사수의 삼수병으로 구성되었다.
- 훈련도감은 급료를 받는 **상비군**이 주축을 이루었다.
- **인조**는 수도의 방어를 담당하는 **어영청**을 비롯해 **총융청**과 **수어청**을 설치하였다.
- **효종**은 수도의 방어를 담당하는 어영청을 강화하여 **북벌**을 추진하였다.
- **숙종** 때 **금위영**이 설치되면서 5군영 체제가 완성되었다.
- 임진왜란 당시 지방군으로 양반부터 노비까지 모든 신분이 포함된 **속오군**이 편성되었다.

2 붕당 정치의 전개와 환국

(1) 붕당 정치의 전개

선조	• 사림의 집권 • 이조 전랑 임명과 척신 정치 청산 문제 → 동인과 서인의 붕당 형성 → 기축옥사의 계기가 됨 • 정여립의 모반 사건과 정철의 건저의 사건 → 동인이 남인과 북인으로 분화
광해군	북인의 권력 독점(중립 외교 정책) → 서인이 주도한 인조반정으로 광해군과 북인 축출
인조	서인과 남인 일부 세력이 집권(친명배금 정책 실시) → 상호 비판과 공존 체제 형성
효종	북벌을 둘러싸고 서인과 남인이 대립 └ 명을 가까이 하고 후금은 멀리하는 정책
현종	자의 대비의 복상 문제로 두 차례의 예송 전개 → 서인과 남인의 대립 심화

★(2) 예송(현종, 1659, 1674)

① 배경: 효종(봉림 대군)이 인조의 둘째 아들이기 때문에 정통성 문제가 생김
② 의미: 효종과 효종비가 죽자 인조의 계비인 자의 대비가 상복을 몇 년 입어야 하는지를 두고 서인과 남인이 벌인 두 차례의 논쟁
  └ 효종보다 5살 어린 효종의 새어머니
③ 서인과 남인의 입장

서인	남인
• 대표자: 송시열 • 주자가례에 따라 왕과 일반 사대부의 예법이 같다고 주장	• 대표자: 허목, 윤휴 • 왕에게는 일반 사대부의 예법을 똑같이 적용할 수 없다고 주장

└ 이언적, 이황의 제자들이 주류를 이룸

송시열 ▶ / 허목 ▶

④ 전개

구분	계기	서인의 주장	남인의 주장	결과
1차 예송 (1659, 기해예송)	효종의 죽음	기년복(1년)	3년복	서인 집권
2차 예송 (1674, 갑인예송)	효종비의 죽음	대공복(9개월)	기년복(1년)	남인 집권

⑤ 결과: 서인과 남인의 대립 격화

시험에 나오는 사료 1차 예송(기해예송)

효종이 돌아가셨을 때 예관이 장차 자의 왕대비의 복제를 의논하려 하였는데, 전 지평 윤휴만이 홀로 삼년복을 입어야 한다는 설을 주장하였다. 이에 예조에서 아뢰기를, "자의 왕대비께서 대행대왕의 상에 입어야 할 복제를 마련해야 하는데, 어떤 이는 삼년복을 입어야 한다고 하고 어떤 이는 기년복(1년복)을 입어야 한다고 합니다만, 근거할 예문이 없으니 대신에게 의논하소서."라고 하였다.
└ 남인 주장   └ 서인 주장
– 『현종실록』 –

시험에 나오는 자료 2차 예송(갑인예송)

┌ 효종비
• 대비께서 서거하셨습니다. 효종 대왕이 비록 둘째 아들이지만 왕위를 계승하였으므로 장자로 대우하여 대왕대비의 상복 입는 기간을 1년으로 해야 합니다. → 남인의 주장
• 아닙니다. 대왕대비는 효종 대왕의 어머니라서 신하가 될 수 없고 효종 대왕은 둘째 아들이므로 대왕대비의 상복 입는 기간을 9개월로 해야 합니다. → 서인의 주장

최빈출 핵심 선지

• 사림은 척신 정치의 청산과 이조 전랑의 임명 문제를 둘러싸고 동인과 서인으로 나뉘었다.
• 선조 때 정여립 모반 사건을 계기로 기축옥사가 발생하여 서인이 정국을 주도하였다.
• 건저의 사건으로 권력을 잡은 동인이 정철 처벌 문제를 두고 남인과 북인으로 나뉘었다.
• 광해군 때 북인이 서인과 남인을 배제하고 정권을 장악하였다.
• 광해군을 축출한 인조반정으로 서인이 정국의 주도권을 장악하였다.
• 현종 때 자의 대비의 복상 문제를 둘러싸고 두 차례 예송이 전개되었다.
• 숙종 때 경신환국으로 허적, 윤휴 등 남인이 축출되고 서인이 정국을 주도하였다.
• 숙종 때 희빈 장씨 소생의 원자 책봉 문제로 기사환국이 일어나 남인이 집권하였다.

조선 후기 정치 변화

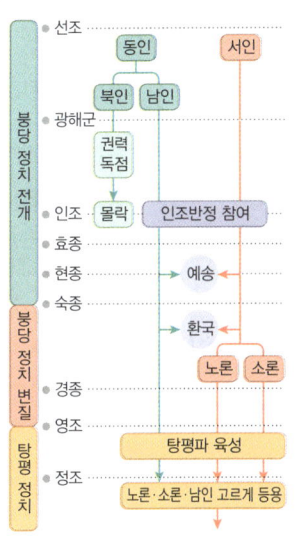

(3) 숙종 시기의 정치

① 금위영을 설치하여 5군영 체제 완성, 대동법 확대 시행(→ 잉류 지역을 제외한 전국적 실시), 상평통보의 전국적 유통, 백두산정계비 건립
② 환국의 전개: 숙종 때 국왕의 주도로 집권 세력이 급격하게 바뀌는 정치적 상황이 발생함

경신환국 (1680)	• 원인: 남인 허적이 궁중의 물건(기름 먹인 장막)을 허락 없이 사용, 허적의 아들인 허견의 역모설이 발생 • 전개: 숙종이 남인을 견제하고자 남인을 축출하고 서인 중용 • 결과: 허적과 윤휴 등 남인 몰락, 서인 집권 → 남인의 처벌에 대한 입장 차이로 서인이 노론(강경파)과 소론(온건파)으로 분화
기사환국 (1689)	• 원인: 희빈 장씨 소생(훗날 경종)의 원자 책봉 • 전개: 숙종이 희빈 장씨 소생의 어린 왕자를 원자로 책봉하려고 함 → 송시열 등 서인의 반대 → 인현 왕후 폐위, 희빈 장씨 왕비 책봉 • 결과: 송시열 등 서인 몰락, 남인 집권
갑술환국 (1694)	• 원인: 인현 왕후의 복위 문제 • 전개: 숙종의 남인 견제, 서인의 인현 왕후 복위 운동 • 결과: 인현 왕후 복위, 남인 몰락, 서인(노론과 소론)이 정국 주도

③ 결과: 붕당 정치의 변질로 붕당 간의 세력 균형 붕괴(일당 전제화), 편당적인 인사 관리로 인한 문제 발생 → 노론과 소론의 대립 격화

> **기사환국(1689)**
> 숙종은 낳은 지 두 달된 희빈 장씨 소생 왕자를 '원자(元子)'로 정하고자 하였어요. 노론의 영수인 송시열이 시기상조라며 반대하자 관작을 삭탈하고 추방하도록 명하였지요. 결국 송시열은 제주도로 유배된 후 사사되었어요. 이를 계기로 서인들이 파직되고 남인계의 인물들이 대거 등용되었습니다.

> **갑술환국(1694)**
> 남인 계열 대신들이 옥사를 일으키자 숙종은 남인 대신들의 관작을 삭탈하고 서인들을 대거 등용하였어요. 이후 폐위되어 사가에 있던 인현 왕후를 복위시켰습니다.

3 탕평 정치
└ 탕탕평평의 준말. 어느 쪽에도 치우침이 없이 공평함

(1) 영조의 탕평 정치

즉위 전후 상황	• 소론이 지지한 경종이 일찍 사망하자 세제인 영조(연잉군)가 노론의 지지를 받아 즉위 → 강력한 왕권을 바탕으로 탕평 추진 └ 왕위 계승자이자 국왕의 동생 • 즉위 후 정권에서 배제된 이인좌를 중심으로 소론 등이 반란을 일으킴(이인좌의 난)
탕평책	• 탕평파를 육성하여 정치 운영 → 노론·소론의 균형 유지 • 붕당 정치의 폐해를 경계하기 위해 성균관 입구에 탕평비 건립 • 붕당 간의 대립 완화를 위해 이조 전랑의 권한 축소, 산림의 존재 부정, 서원 정리
개혁 정치	• 균역법을 실시하여 군포를 1년에 2필에서 1필로 줄여 줌 → 농민의 군역 부담 감소 • 가혹한 형벌 폐지, 신문고 제도 부활, 청계천 준설 • 법전인 『속대전』, 우리나라의 역대 문물제도를 정리한 『동국문헌비고』 등 편찬

★ (2) 정조의 탕평 정치

탕평책	노론과 소론 외에 남인도 적극적으로 등용하는 적극적인 탕평책 실시
왕권 강화책 추진	• 초계문신제를 실시하여 젊고 유능한 관리 재교육 • 학술 연구 기관인 규장각을 설치하여 국왕의 정책 뒷받침 • 국왕 직속의 친위 부대인 장용영 설치 • 정치적 이상을 실현하기 위해 수원 화성 건립
개혁 정치	• 신해통공(1791): 육의전을 제외한 시전 상인의 금난전권 폐지 → 자유로운 상업 활동 보장 └ 난전(허가받지 않은 상인)을 단속할 수 있는 권한 • 서얼에 대한 차별 완화 → 서얼 출신을 규장각 검서관에 등용 └ 이덕무, 박제가, 유득공 등 • 왕조의 통치 규범을 재정비한 『대전통편』, 외교 문서를 모은 『동문휘고』, 재정 업무와 관련된 사례를 모은 『탁지지』, 군사 훈련 교범인 『무예도보통지』 등을 편찬 └ 『경국대전』, 『속대전』 및 여러 법령을 통합하여 편찬한 법전

> **최빈출 핵심 선지**
> • 영조는 붕당 정치의 폐해를 극복하고자 성균관 입구에 탕평비를 건립하였다.
> • 영조는 준천사를 신설하여 청계천을 정비하였다.
> • 영조는 속대전을 편찬하여 통치 체제를 정비하였다.
> • 정조는 젊고 유능한 문신들을 재교육하는 초계문신제를 시행하였다.
> • 정조는 국왕 친위 부대로 장용영을 설치하였다.
> • 정조는 시전 상인의 특권을 폐지하는 신해통공을 단행하였다.
> • 정조는 서얼 출신의 학자들을 규장각 검서관에 등용하였다.

> **탕평비**

4 세도 정치의 전개

(1) 세도 정치의 전개
① 배경: 정조 사후 정치 세력 간의 균형이 붕괴됨
② 특징: 소수의 유력 가문이 권력과 이권 독점, 비변사로 권력 집중 → 의정부와 6조가 유명무실화되고, 왕권이 약화됨
③ 전개: 정조 사후 순조·헌종·철종의 3대 60여 년 동안 특정 가문이 권력을 장악함

순조	• 정순 왕후의 수렴청정으로 노론 벽파가 정국을 주도 → 신유박해를 이용하여 규장각 출신 축출, 장용영 혁파, 훈련도감·비변사 장악 • 정순 왕후 사후 안동 김씨의 세도 정치 • 홍경래의 난 발생(1811)
헌종	헌종의 외척 가문인 풍양 조씨가 권력 장악
철종	• 안동 김씨 가문이 외척이 되어 권력 장악 • 진주 농민 봉기에서 시작된 임술 농민 봉기 발생(1862)

④ 결과: 정치 기강의 문란(매관매직 성행), 삼정의 문란 → 농민 저항 증가

(2) 삼정의 문란
① 내용: 전정, 군정, 환곡의 문란 → 농민 수탈 심화

전정 (전세)	• 수령들이 정해진 금액 이상으로 전세를 수취 • 지주는 소작농에게 전세를 전가
군정 (군포)	• 군역 면제자의 증가 → 군현 단위의 공동납제 증가, 농민의 부담 증가 • 인징, 족징, 백골징포, 황구첨정 등 각종 폐단의 발생
환곡	• 환곡의 세금화 • 곡식을 강제로 빌려주고 비싼 이자 수취, 곡식을 빌려주지 않고 장부에만 기록한 후 수취

② 영향: 홍경래의 난, 임술 농민 봉기 등과 같은 농민 봉기 발생의 배경이 됨

> **시험에 나오는 사료** 세도 정치기의 모습
>
> 가을에 한 늙은 아전이 대궐에서 돌아와서 처와 자식에게 "요즘 이름 있는 관리들이 모여서 하루 종일 이야기를 하여도 나랏일에 대한 계획이나 백성을 위한 걱정은 전혀 하지 않는다. 오로지 각 고을에서 보내오는 뇌물의 많고 적음과 좋고 나쁨에만 관심을 가지고, …… 이름 있는 관리들이 말하는 것이 이러하다면 지방에서 거둬들이는 것이 반드시 늘어날 것이다. 나라가 어찌 망하지 않겠는가." 하고 한탄하면서 눈물을 흘려 마지 않았다.
> – 『목민심서』 – (정약용의 저서)

최빈출 핵심 선지

• 정조 사후 소수 특정 가문이 권력을 독점하여 국정을 운영하는 세도 정치가 전개되었다.
• 비변사는 세도 정치 시기에 외척 세력의 권력 기반이 되었다.
• 세도 정치 시기에 전정, 군정, 환곡 등 삼정의 문란이 심화되어 백성들이 고통받았다.

▶ 군역의 폐단

인징과 족징은 도망자, 실종자의 군포를 이웃이나 친척에게 징수하는 것을 의미해요. 백골징포는 죽은 사람에게도 군포를 징수하는 것을, 황구첨정은 어린 아이에게도 군포를 징수하는 것을 의미합니다. 이와 같은 농민 수탈은 농민 봉기 발생의 원인이 되었습니다.

11강 ② 조선 후기의 경제 변화

11~12강 조선 후기

주요 왕과 업적

인조	숙종	영조	정조
영정법 실시 (1635)	대동법 전국 실시	균역법 실시 (1750)	신해통공 (1791)

1 수취 체제의 개편

(1) 배경: 왜란과 호란 등의 전쟁으로 인해 농촌 사회가 붕괴되자 수취 체제의 개편이 필요해짐

(2) 영정법: 인조 때 실시 → 전세의 개편

배경	• 양 난으로 농경지가 황폐화되고, 토지 제도가 문란해짐 → 재정 수입 감소, 농민 생활 피폐 • 세종 때 실시한 공법(전분6등법, 연분9등법)의 복잡한 징수 절차로 인한 수취의 어려움
내용	전세를 풍흉에 관계없이 **토지 1결당 쌀 4~6두로 납부액을 고정**시킴
결과	지주는 전세에 대한 부담 감소, 농민들은 다양한 수수료 부과로 부담 증가 → 부가세 증가로 인해 농민의 실질적 부담 감소는 미흡

시험에 나오는 사료 — 영정법

> 인조 갑술년에 양전을 한 뒤, 해마다 풍흉을 보아 등급을 나누는 법을 혁파하고 …… 경기·삼남·해서·관동은 모두 1결에 전세 4두를 징수하였다. (공법)
> — 『순조실록』

★ **(3) 대동법**: **광해군** 때 **이원익**의 건의로 경기도 실시 → **숙종** 때 전국적 시행(잉류 지역 제외) → 공납의 개편

배경	• 대납, 방납의 폐단으로 인한 농민의 부담 증가 (국경 지역인 함경도와 평안도 및 제주도) • 공납의 부담을 이기지 못한 농민이 토지를 이탈하는 현상 증가
내용	• 특산물을 징수하는 공납을 **토지 1결당 쌀·베·동전 등으로 징수** • **집집(가호)마다 내던 공납을 토지 결수에 따라 징수** → 토지를 가진 지주가 부담(지주들의 거센 반발), 토지를 가지지 않은 농민은 수취 대상에서 제외함 • 관청에 필요한 물품을 납부하는 **공인의 등장** → 공인은 국가에 필요한 물품을 구입하여 조달 • **선혜청**에서 시행 담당 → 대동법을 선혜법이라고도 함
결과	• 공인이 등장하여 막대한 물품을 거래하면서 상품 화폐 경제가 발달하는 계기가 됨 • 별공(관청에서 필요한 물품을 부정기적으로 걷는 것)과 진상(국가의 경사가 있을 때 특산물을 국왕에게 바치는 것)은 여전히 존재

시험에 나오는 사료 — 대동법 실시

> 좌의정 이원익의 건의로 이 법을 비로소 시행하여 백성의 토지에서 미곡을 거두어 서울로 옮기게 했는데, 먼저 경기에서 시작하고 드디어 선혜청을 설치하였다. …… 우의정 김육의 건의로 충청도에도 시행하게 되었으며 …… 황해도 관찰사 이언경의 상소로 황해도에도 시행하게 되었다.
> — 『만기요람』

최빈출 핵심 선지

• **인조** 때 풍흉에 관계없이 전세를 토지 1결당 쌀 4~6두로 고정하는 **영정법**을 실시하였다.
• 방납의 폐단을 시정하기 위해 광해군 때 **대동법**을 경기도에서 처음 시행하였다.
• **대동법**이 실시되면서 관청에 필요한 물품을 조달하는 **공인**이 등장하였다.
• **영조**는 농민의 군포 부담을 줄여 주기 위해 군포를 1년에 1필만 징수하는 **균역법**을 실시하였다.
• **균역법** 시행으로 부족해진 재정을 보충하기 위해 **선무군관포**를 징수하였다.

대동법의 확대 과정

광해군	경기도
인조	강원도
효종	충청도, 전라도
숙종	경상도, 황해도(잉류 지역 제외한 전국적 실시)

(4) 균역법: 영조 때 실시
→ 군역의 개편

배경	이중 징수, 수령과 아전의 농간 등으로 농민들의 군포 부담이 증가
내용	• 1년에 2필씩 걷던 군포를 1필로 줄여 줌 • 줄어든 재정을 보완하기 위한 정책 실시 　- 일부 상류층에게 선무군관포 부과(선무군관이라는 칭호를 주고 1년에 1필의 군포 징수) 　- 지주에게 토지 1결당 쌀 2두의 결작 부과 　- 왕실 재산이었던 어장세·염전세·선박세 등을 국고로 전환 → 균역청에서 관할
결과	• 농민의 군역 부담 감소 • 지주들이 결작을 소작농에게 전가, 군적 문란 → 농민 부담이 다시 가중됨

> **선무군관포**
> 균역법의 실시로 줄어든 재정을 보완하기 위해 부과한 선무군관포는 일부 상류층에게 선무군관의 명예직 호칭을 주고 부과한 포를 말합니다.

2 농업의 발달

(1) 농업 생산력의 발달
① 논농사: 모내기법(이앙법)의 확대
→ 벼농사를 지을 때 못자리에 모를 키운 다음 어느 정도 자라면 논에 옮겨 심는 방법

내용	• 고려 시대부터 시행되었지만 모를 옮길 때 가물면 농사를 망칠 수 있어 나라에서 금지하였음 • 조선 후기 수리 시설(저수지)의 확충 등으로 전국적으로 확산됨
결과	• 벼와 보리의 이모작 확산, 단위 면적당 생산량 증가 → 농민 소득의 증대, 밭을 논으로 바꾸는 현상이 증가함 • 잡초를 제거하는 노동력의 절감 → 1인당 경작지 규모가 확대되면서 광작 유행

② 밭농사: 밭고랑에 파종하는 견종법 시행으로 수확량 증대
　└ 김매기
③ 농업 기술 발달: 수리 시설 확충, 농기구·시비법의 개량
④ 다양한 농서의 편찬

제목	저자	내용
『농가집성』	신속	모내기법 보급에 공헌
『산림경제』	홍만선	인삼, 고추 등의 상품 작물 재배법과 원예 기술 수록
『색경』	박세당	농경법을 연구해 저술한 농법 기술서
『임원경제지』	서유구	농촌 생활을 위한 백과사전

> **최빈출 핵심 선지**
> • 조선 후기에 모내기법이 확산되면서 벼와 보리의 이모작이 가능해졌다.
> • 조선 후기에 담배, 면화 등 상품 작물이 재배되었다.
> • 조선 후기에 감자, 고구마 등의 구황 작물이 재배되었다.

시험에 나오는 사료 모내기법(이앙법)의 확대

이앙법은 노동력을 크게 덜어 주기 때문에 지금은 삼남 지방 외에 다른 도에서도 모두 이를 본받아 이미 풍속을 이루었다.
　　　└ 모내기법의 전국적 확대
– 『증보문헌비고』 –

(2) 농업 경영의 변화
① 광작의 성행: 모내기법의 확산으로 노동력이 절감되면서 넓은 토지를 경작하는 광작이 성행 → 일부 농민층이 부농층으로 성장, 토지를 상실한 농민은 임노동자로 전락(농민층의 분화)
　　　　　　　　　　　　　　　　　　　　　　　└ 돈을 받고 일을 하는 사람
② 상품 작물의 재배: 농민들이 인삼·담배·목화(면화)·고추·쌀 등 시장에 내다 팔기 위한 상품 작물 재배 → 농가의 수입이 증대됨
③ 구황 작물의 재배: 외국에서 고구마·감자 등이 전래되어 재배되기 시작함
④ 지대의 변화: 정률 지대인 타조법에서 정액 지대인 도조법으로 변화하기 시작함
　　　　　　　　　　　　　　　└ 지대의 액수를 정해서 납부

| 시험에 나오는 사료 | 조선 후기 상품 작물의 재배 |

도성 안팎과 번화한 큰 도시의 파밭, 마늘밭, 배추밭, 오이밭은 10무(畝)의 땅에서 얻은 수확이 돈 수만을 헤아리게 된다. 서도 지방의 담배밭, 북도 지방의 삼밭, 한산의 모시밭, 전주의 생강밭, 강진의 고구마밭, 황주의 지황밭은 모두 상상등(上上等)의 논보다 그 이익이 10배에 달한다.

― 『경세유표』 ―

3 민영 수공업과 광업의 발달

(1) 민영 수공업의 발달

배경	• 상품 화폐 경제의 발달, 도시 인구 증가, 대동법 실시 → 수공업품에 대한 수요가 증가함 • 공장안의 폐지: 수공업자들이 장인세만 납부하면 자유롭게 수공업품의 생산이 가능해짐
전개	• 점(店)의 등장: 민간 수공업자들의 작업장인 점 등장, 점촌 형성 → 수공업품을 전문적으로 생산하는 마을 • 농촌 수공업이 자급자족의 부업에서 전문적 상품 생산으로 변화함 • 선대제 수공업의 등장: 수공업자들이 공인이나 상인에게 자본과 원료를 미리 받아서 제품을 생산하는 형태 • 독립 수공업자의 등장: 18세기 후반 독자적으로 제품을 생산하고 판매하는 장인 등장

(2) 민영 광산의 증가

① 배경: 민영 수공업의 발달로 광물 수요가 급증함 → 은광·금광 개발, 잠채 성행 → 정부의 허가 없이 몰래 채굴하는 것
② 정책의 변화: 정부가 독점 채굴(조선 초) → 허가받은 민간인에게만 세금을 거두고 채굴 허용(설점수세제, 17세기) → 자유롭게 채굴 허용(18세기 후반)
★③ 덕대제의 실시: 경영에 있어 물주가 시설과 자본을 담당하고, 덕대가 운영을 담당함
→ 광산 경영 전문가

> **최빈출 핵심 선지**
> • 조선 후기에 공인이나 상인이 수공업자에게 미리 대금을 주고 물건을 주문하는 선대제가 성행하였다.
> • 조선 후기에 정부는 설점수세제를 시행하여 민간의 광산 개발을 허용하고 세금을 거두었다.
> • 조선 후기에 물주의 자금을 받아 광산을 전문적으로 경영하는 덕대가 등장하였다.

4 상품 화폐 경제의 발달

(1) 배경: 조선 후기 농업 생산력의 증대, 수공업과 상품 유통의 발달 → 조세와 소작료의 금납화 → 상품 화폐 경제의 발달

(2) 공인과 사상의 성장

★① 시전 상인 ┌ 허가받지 않은 상인인 난전을 금지할 수 있는 권리
• 국가에 필요한 물품을 납품하고 금난전권을 부여받아 사상을 억압함
• 정조 때의 신해통공(1791)으로 육의전을 제외한 시전 상인의 금난전권 폐지 → 시전 상인의 특혜 축소
② 공인: 대동법 시행으로 등장한 상인
• 나라에서 공가를 받아 관청에서 필요로 하는 물건을 사서 납품
• 특정 물품을 대량으로 거래하며 자본 축적 → 상업 활동 주도, 독점적 도매상인인 도고로 성장
→ 공물의 값, 공인은 상평통보 등 화폐를 사용하여 물품을 조달함
③ 사상의 성장 → 종루는 종로 일대, 칠패는 남대문 밖을 가리킴
• 종루, 칠패 등지에서 활동하면서 시전과 상권 대립 → 시전 상인이 금난전권을 행사하며 사상 억압 → 정조의 신해통공으로 자유로운 상업 활동이 가능해지면서 사상이 더욱 번창함

> **최빈출 핵심 선지**
> • 정조는 육의전을 제외한 시전 상인들의 금난전권을 폐지하는 신해통공을 실시하였다.
> • 조선 후기에 독점적 도매상인인 도고가 활동하였다.
> • 개성의 송상과 의주의 만상은 대청 무역으로 부를 축적하였다.
> • 송상은 전국 각지에 송방이라는 지점을 설치하였다.
> • 조선 후기에 국경 지대에서 공무역인 개시 무역과 사무역인 후시 무역이 이루어졌다.
> • 조선 후기에 상평통보가 전국적으로 유통되었다.

> **금난전권**
> 금난전권은 난전을 금지할 수 있는 권리로, 난전이란 판매를 허가받지 않고 물건을 파는 행위 또는 가게를 말해요.

★ 대상인(거상)의 출현

구분	중심지	활동
만상	의주	책문 후시 등을 통해 청과의 무역에 종사
송상	개성	• 전국에 송방이라는 지점을 운영 • 청과 일본 사이의 중계 무역으로 부를 축적, 인삼 무역 주도 • 사개치부법이라는 독자적인 회계법 창안
내상	동래(부산)	왜관을 중심으로 일본과의 무역에 종사
경강상인	한강	• 한강을 근거지로 선박을 이용한 운송업에 종사 • 세곡 수송과 곡물, 어물 도매업에 종사

▲ 조선 후기 상업과 무역

(3) 장시와 포구의 발달

① 장시의 발달 → 전국의 장시에서 활동한 상인으로 봇짐장수와 등짐장수를 아울러 일컫는 말
- 확산: 15세기 말부터 남부 지방에 개설 → 18세기 중엽 1,000여 개소 개설
- 발달: 5일장을 중심으로 여러 장시가 하나의 유통망 형성, 일부 장시는 상설 시장화
- 보부상의 활약: 전국의 지방 장시를 돌아다니며 상업 활동, 지방 장시를 하나의 유통망으로 연계시킴, 보부상단을 만들어 결속을 다짐

② 포구에서의 상업 발달
- 선상의 활약: 전국의 포구가 하나의 유통망으로 연결됨
- 강경, 원산 등이 전국적 상업지로 성장함
- 객주·여각: 포구에서 물품의 매매 중개, 운송·보관·숙박·금융업 등 담당

(4) 대외 무역의 발달

① 형태: 국가가 공식 허용한 개시 무역과 상인들 간에 사적으로 이루어지는 후시 무역 전개
  — 후시 무역을 통해 만상, 송상, 내상 등이 대상인으로 성장

청과의 무역	국경 지대를 중심으로 공무역인 개시 무역과 사무역인 후시 무역이 성행 예) 중강 개시·후시, 책문 후시
일본과의 무역	동래의 왜관에서 개시 무역과 후시 무역 전개

② 역관의 활약: 통역을 담당하는 역관이 대외 무역을 주도함

(5) 화폐 경제의 발달

배경	상공업의 발달, 세금과 지대를 화폐로 납부 가능
전개	• 숙종 때 발행한 상평통보가 전국적으로 유통 • 대규모 거래 시 환·어음 등의 신용 화폐 사용
결과	• 상품 화폐 경제의 발달 • 유통 화폐가 부족해지는 현상인 전황 발생

> **보부상**

> **상평통보**

인조 때 처음 발행되었으나 널리 사용되지 못했어요. 이후 숙종 때 다시 주조되면서 전국적으로 유통되었고, 조선 후기 세금과 지대를 화폐로 납부하는 금납화가 이루어지면서 널리 사용되었지요. 하지만 재산 축적 수단으로 이용되면서 전황이 발생하기도 했습니다.

> **전황**

전황은 지주나 대상인들이 화폐를 고리대나 재산 축적에 이용하면서 시중에 유통되는 화폐가 줄어드는 현상을 의미해요. 이로 인해 실학자인 이익은 동전을 폐지하자는 폐전론을 주장하기도 했어요.

12강 ① 조선 후기의 사회 변화

11~12강 조선 후기

주요 사건 흐름

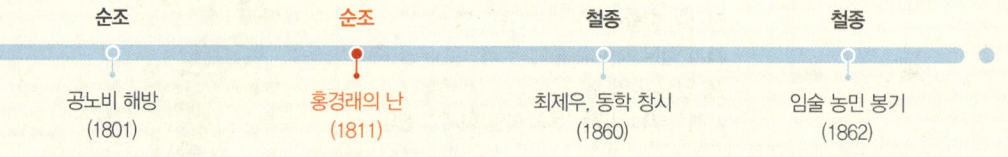

- 순조 — 공노비 해방 (1801)
- 순조 — 홍경래의 난 (1811)
- 철종 — 최제우, 동학 창시 (1860)
- 철종 — 임술 농민 봉기 (1862)

1 신분제의 동요

(1) 양반층의 분화
① 배경: 환국 정치 등으로 인한 일당 전제화 → 다수의 양반이 몰락함
② 내용: 권반(권력을 장악한 양반), 향반(향촌에서 위세를 유지하는 양반), 잔반(몰락한 양반)으로 분화함

★(2) 중인 계층의 신분 상승 운동

서얼	• 임진왜란 이후 차별 완화, 납속책과 공명첩을 이용하여 관직에 진출 • 청요직 진출을 요구하며 서얼에 대한 차별을 완화해 달라는 집단 상소 운동(통청 운동) 전개 • 정조 때 서얼 출신을 규장각 검서관으로 등용(이덕무, 유득공, 박제가 등)
기술직 중인	• 철종 때 관직 진출 제한 철폐를 요구하는 소청 운동을 전개하였으나 실패함 • 통역을 위해 중국에 다녀온 역관들이 서양 과학 기술 등 외래문화를 적극적으로 수용함 → 서양 문물을 국내에 소개, 북학파에 영향을 줌 • 문예 모임인 시사를 조직하여 위항 문학 활동 전개

시험에 나오는 자료 | 서얼

서얼의 '서'는 양인 첩의 자손을, '얼'은 천인 첩의 자손을 뜻해요. 서얼은 양반 사대부의 자손이지만, 첩의 자식이라 하여 아버지를 아버지라 부르지 못하고 가문의 대를 이을 수도 없었지요. 따라서 중간 지배층인 중인에 포함되었어요. 서얼들은 관직에 나아간다 해도 승진할 수 있는 품계가 제한되어 있었기 때문에 자신들에 대한 차별을 완화해 달라고 지속적으로 요구했는데, 결국 정조 때 서얼 출신인 이덕무, 유득공, 박제가 등이 규장각 검서관으로 등용되었습니다.

(3) 상민의 신분 상승

배경	농업 및 상공업의 발달에 따른 부농층의 등장
내용	• 납속책, 공명첩 등을 통한 신분 상승 • 족보를 매입하거나 위조하는 방법 등으로 양반 신분 취득
결과	상민의 신분 상승으로 양반의 수는 증가하고 상민의 수는 감소 → 양반 중심의 신분 체제가 동요함, 국가 재정이 부족해짐

(4) 노비의 신분 상승
① 노비의 감소: 군공·납속을 통한 신분 상승, 도망 노비의 증가, 노비의 소생은 어머니의 신분을 따르도록 한 노비종모법 시행
  └ 어머니가 양인이면 아버지가 노비라도 그 자녀는 양인이 됨

최빈출 핵심 선지

- 조선 후기에 부유한 상민층은 납속책과 공명첩을 통해 신분 상승을 꾀하였다.
- 조선 후기에 서얼이 통청 운동을 전개하여 정조 때 규장각 검서관에 등용되기도 하였다.
- 조선 후기에 기술직 중인은 관직 진출의 제한을 없애 달라는 대규모 소청 운동을 전개하였다.
- 조선 후기에 중인도 시를 짓고 즐기는 시사를 조직하여 위항 문학 활동을 하였다.
- 순조 때 군역 대상자를 확보하고 재정을 보충하기 위해 공노비를 해방하였다.

▶ **납속책**
국가의 재정 부족을 해결하기 위해 곡물을 바치면 그 대가로 면역, 면천해 주거나 벼슬 등 혜택을 주었던 정책이었어요.

▶ **공명첩**

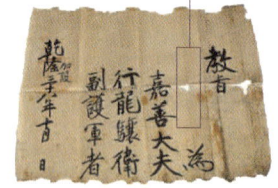

관직을 받는 사람의 이름을 적는 곳

받는 자의 이름을 비워 놓은 관직 임명장이에요. 돈이나 곡식을 바치는 사람에게 그 사람의 이름을 적어 넣어 명목상의 관직을 주었습니다.

② **공노비 해방(순조, 1801)**

배경	상민의 수가 감소하면서 군역 대상자가 줄어들어 국가 재정이 부족해짐 → 공노비 해방을 통해 상민의 수를 늘려 재정 보완을 꾀하고자 함
내용	각 궁방과 중앙 관서의 노비(공노비) 6만여 명을 해방

시험에 나오는 사료 공노비 해방

임금이 백성을 대할 때는 귀천이 없고 내외 없이 균등하게 적자(赤子)로 여겨야 하는데, 노(奴)라고 하고 비(婢)라고 하여 구분하는 것이 어찌 똑같이 동포로 여기는 뜻이겠는가. 내노비(內奴婢) 36,974명과 시노비(寺奴婢) 29,093명을 모두 양민으로 삼도록 허락하고 승정원에 명을 내려 노비 문서를 모아 돈화문 밖에서 불태우도록 하라.

2 향촌 질서와 가족 제도의 변화

(1) 양반의 향촌 지배력 약화

① 양반층의 신분 유지 노력
- 배경: 농촌 사회의 분화, 신분제의 동요 → 양반 중심의 향촌 질서 변화(영향력 감소)
- 족보·청금록·향안 등 작성, 향약·동계 등을 통해 세력 기반을 유지하고자 함
- 문중을 중심으로 서원 및 사우 설립을 통해 족적 결합의 강화를 시도함
  → 성균관, 향교 등에 등록된 유생들의 명부

② 부농층의 성장
- 배경: 일부 부농층이 공명첩, 납속 등을 통해 신분을 상승시킴
- 내용: 정부의 부세 제도 운영에 참여, 수령과 결탁하여 향회에 참여, 향임직 진출(신향)

③ 향전의 발생
- 내용: 기존의 양반인 구향과 새롭게 등장한 신향 간의 대립이 발생함
- 결과: 수령 및 향리의 권한 강화, 향회가 수령의 부세 자문 기구화(세도 정치기 수령과 향리의 수탈 증가에 영향)

시험에 나오는 사료 향전

경상도 영덕의 오래되고 유력한 가문은 모두 남인이고, 이른바 신향(新鄕)은 서인이라고 자칭하는 자들입니다. 요즘 서인이 향교를 장악하면서 구향(舊鄕)과 마찰을 빚고 있던 중, 주자의 초상화가 비에 젖자 신향은 자신들이 비난을 받을까 봐 책임을 전가시킬 계획을 꾸몄습니다. 그래서 주자의 초상화와 함께 송시열의 초상화도 숨기고 남인이 훔쳐 갔다는 말을 퍼뜨렸습니다.

(2) 가족 제도의 변화

① 가족 제도: 부계 중심의 가족 제도 강화
- 큰아들(장자)이 제사를 전담하고 재산 상속 시 우대를 받음
- 아들이 없는 경우 양자를 입양하는 것이 일반화됨
- 부계 위주의 족보를 편찬하고 동성 마을을 형성함

② 혼인 제도
- 일부일처가 기본이나 첩을 들일 수 있음
- 신랑이 신부 집에서 예식을 올리고 신부를 맞아 오는 친영 제도가 정착됨
- 첩의 자식인 서얼은 문과 응시 불가, 제사나 상속 등에서도 차별 대우함

최빈출 핵심 선지
- 적장자 위주의 상속 제도가 확립되었다.
- 조선 후기에 기존의 지방 사족인 구향과 새롭게 성장한 부농층인 신향 간의 향전이 발생하였다.

▶ **향회**

향안에 이름이 올라 있는 지방 양반들이 모이는 회의를 의미해요. 조선 후기에는 기존 양반(구향) 외에 부농층으로 성장한 신향이 수령과 결탁하여 향회에 참여하기도 했어요.

▶ **친영 제도**

신랑이 신부 집에서 예식을 올리고 신부를 맞아 오는 제도로, 신부가 혼인 후 신랑 집에서 거주하는 것을 말해요. 조선 전기까지는 신부 집에서 예식을 올리고 자식이 클 때까지 여러 해 동안 처가에 머물렀지만, 조선 후기에는 보다 짧게 머물다가 신부와 함께 신랑 집으로 갔습니다.

3 새로운 사상의 등장

(1) 사회 변혁의 움직임
① 배경
- 신분제의 동요로 인해 지배층과 피지배층 간의 갈등이 심화, 삼정의 문란
- 서양의 이양선이 출몰하면서 위기감 고조 → 모양이 다른 배라는 뜻으로, 19세기에 조선에 출몰한 서양 배를 말함

② 예언 사상: 왕조 교체, 변란 예고로 민심 혼란 → 『정감록』, 도참설 유행
  └ 앞날의 길흉을 예언하는 술법이나 그런 내용을 적은 책

③ 민간 신앙의 확산: 무격신앙, 미륵 신앙 등

(2) 천주교(서학)의 전래
① 수용
- 17세기에 청에 다녀온 사신들에 의하여 서학이라는 학문의 형태로 수용됨
- 18세기 후반 남인 계열의 일부 학자가 신앙으로 수용함
- 이승훈이 조선인 최초로 세례를 받음

② 특징: 인간 평등과 내세에서의 영생을 주장, 조상에 대한 제사를 거부
  └ 죽은 뒤에 다시 태어나 산다는 미래의 세상

③ 탄압: 평등사상 전파와 조상에 대한 제사 거부 등으로 탄압을 받음

신해박해(1791)	정조 때 조상의 신주를 불태우고 제사를 지내지 않은 권상연, 윤지충 등을 처형함
신유박해(1801)	순조 즉위 이후 이승훈을 비롯한 천주교 신자들을 처형함(정약용·정약전 유배)
황사영 백서 사건 (1801)	신유박해가 일어나자 황사영이 청의 베이징 주교에게 군대를 요청한다는 내용의 청원서를 보내려다 발각됨

④ 확산: 평등사상, 내세 신앙을 바탕으로 확산

시험에 나오는 사료 - 신해박해와 신유박해

- 한영규가 아뢰기를, "서양의 간특한 설이 윤리와 강상을 없애고 어지럽히니 어찌 진산의 권상연, 윤지충 같은 자가 또 있겠습니까? 제사를 폐하고 위패를 불태웠으며, 조문을 거절하고 그 부모의 시신을 내버렸으니 그 죄가 매우 큽니다."라고 하였다. - 『정조실록』 -
- 사헌부에서 아뢰기를, "아! 통분스럽습니다. 이가환, 이승훈, 정약용의 죄가 무거우니 이를 어찌 다 처벌할 수 있겠습니까? 사학(邪學)이란 것은 반드시 나라에 흉악한 화를 가져오고야 말 것입니다."라고 하였다. - 『순조실록』 -

(3) 동학의 창시

배경	지배층의 수탈, 서양 세력의 침략적 접근, 천주교의 확산
창시	경주 출신의 몰락 양반인 **최제우**가 유교·불교·도교에 민간 신앙 요소를 결합하여 창시(1860)
특징	• '사람이 곧 하늘이다'라는 **인내천**을 강조하며 **평등사상 주장** • 국가를 보호하고 백성을 편안하게 해야 한다는 **보국안민** 강조 → 외세의 침략을 배격함 • 백성들이 바라는 새로운 세상이 열린다는 **후천개벽** 주장 • 마음속에 한울님을 모시는 **시천주**를 내세움
경전	• 『동경대전』: 한문으로 교리를 정리한 기본 경전 • 『용담유사』: 한글로 쓴 포교용 가사집
탄압	혹세무민을 이유로 교조 최제우 처형 → 어떤 종교나 정파를 처음 세운 사람
확산	2대 교주 최시형의 노력으로 지배층에게 탄압을 받는 농민층에 동학이 확산됨
  └ 세상을 어지럽히고 백성을 속임

최빈출 핵심 선지
- **천주교**는 청에 다녀온 사신들에 의해 서학으로 소개되었다.
- 순조 때 **신유박해**로 이승훈이 처형되고, 정약용 등이 유배당하였다.
- 경주 출신의 몰락 양반 **최제우**가 **동학**을 창시하였다.
- **동학**은 사람이 곧 하늘이라는 **인내천 사상**을 내세워 인간 평등을 주장하였다.
- **동학**은 마음속에 한울님을 모시는 **시천주**를 강조하였다.
- 동학의 제2대 교주 최시형은 《**동경대전**》과 《**용담유사**》를 경전으로 삼았다.

▶ 『정감록』

조선 후기에 유행한 민간 예언서로 조선 왕조가 곧 망하고, 정씨 왕조가 세워질 것을 예언한 책입니다.

▶ 신해박해

조선 정조 때 진산의 윤지충은 유교식으로 제사를 지내지 않고 조상의 신주를 불태웠으며, 어머니 상을 당하자 조문을 거절하고 천주교식으로 장례를 치렀어요. 그는 이 일로 천주교 신앙을 버릴 것을 강요받았으나, 거부하여 결국 처형당하였습니다.

▶ 최제우(최복술)

4 농민 봉기의 확산

★(1) 홍경래의 난(1811)
① 원인: 삼정의 문란, 지배층의 수탈, 평안도(서북 지방)에 대한 차별 대우 등으로 발생
② 과정
- 평안도 지방(서북 지방)의 몰락 양반인 홍경래, 우군칙 등이 주도하여 봉기
- 영세 농민, 광산 노동자, 상공업자 등이 참여 → 정주성을 점령하는 등 청천강 이북 지역을 장악 → 관군에 진압되며 실패

③ 결과: 세도 정치기 이후 농민 봉기에 영향

> **시험에 나오는 사료** 홍경래의 난(1811)
>
> 평서대원수는 급히 격문을 띄우노니 관서 사람들은 모두 이 격문을 들으라. …… 조정에서는 관서를 버림이 분토와 다름없다. 심지어 권세 있는 집의 노비들도 관서 사람을 보면 반드시 '평안도 놈'이라고 말한다. …… 지금, 임금이 나이가 어려 권세 있는 간신배가 그 세를 날로 떨치고, 김조순·박종경의 무리가 국가 권력을 갖고 노니, 어진 하늘이 재앙을 내린다.
> — 『패림』 —
> (평안도(서북) 지방 / 순조 / 안동 김씨)

★(2) 임술 농민 봉기(1862)
① 원인: 삼정의 문란, 지배층의 수탈 등
② 과정
- 경상우병사 백낙신의 수탈과 횡포가 극심함
- 몰락 양반인 유계춘이 주도하여 경남 진주에서 농민 봉기가 발생함(진주 농민 봉기, 1862) → 농민 봉기가 전국으로 확산됨

③ 대응
- 안핵사·암행어사를 파견하여 농민 봉기와 탐관오리에 대하여 조사함 → 진주 농민 봉기의 수습을 위해 박규수가 안핵사로 파견됨
- 삼정의 문란을 바로잡기 위해 박규수의 건의대로 삼정이정청을 설치하였지만 성과를 얻지 못함

> **시험에 나오는 사료** 임술 농민 봉기(1862)
>
> 임술년 2월 진주 백성 수만 명이 머리에 흰 수건을 두르고 손에는 나무 몽둥이를 들고 무리를 지어 진주 읍내에 모여 서리들의 가옥 수십 호를 불사르고 부수어서, 그 움직임이 결코 가볍지 않았다. 백낙신이 해산시키고자 하여 장시에 나가니 흰 수건을 두른 백성들이 그를 빙 둘러싸고 백성의 재물을 횡령한 조목, 아전들이 세금을 포탈하고 강제로 징수한 일들을 눈앞에서 여러 번 문책하였는데, 그 능멸하고 핍박함이 조금도 거리낌이 없었다.
> — 『임술록』 —

최빈출 핵심 선지

- 순조 때 서북 지역에 대한 차별과 지배층의 수탈에 반발하여 홍경래가 난을 일으켰다.
- 1862년인 임술년에 진주에서 봉기가 일어난 이후 전국 각지에서 농민 봉기가 일어났다.
- 조선 정부는 임술 농민 봉기의 수습을 위해 박규수를 안핵사로 파견하였다.
- 조선 정부는 삼정의 문란을 바로잡기 위해 삼정이정청을 설치하였다.

▶ **홍경래의 난**

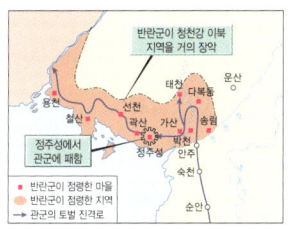

▶ **임술 농민 봉기**

경상남도 진주의 백성들이 경상우병사 백낙신의 횡포에 저항하여 서리들의 가옥 수십 호를 불사르고, 환곡의 폐단을 시정해 줄 것을 요구했어요. 나라에서는 사건을 수습하고자 박규수를 안핵사로 파견하였으나 농민 봉기는 전국으로 확산되었지요. 정부는 삼정이정청을 설치하여 삼정의 문란을 바로잡으려 했지만 성과를 거두지는 못했습니다.

12강 ② 조선 후기의 사상과 문화

11~12강 조선 후기

주요 인물과 저서

홍대용	박제가	유득공	김정희
의산문답	북학의	발해고	금석과안록

1 성리학의 변화와 실학의 발달

(1) 성리학의 변화
① 성리학의 절대화: 서인의 집권 이후 대의명분을 강조하면서 주자 중심의 성리학을 절대화하며 성리학 이외의 사상을 배척함
② 논쟁의 심화
- 이기론 논쟁: 이황 학파의 주리론과 이이 학파의 주기론의 논쟁 (노론 내부의 논쟁)
- 호락논쟁: '인간의 본성을 어떻게 볼 것인가'를 둘러싼 호론과 낙론 사이의 논쟁

호론	인물성이론(인간과 사물의 본성은 다르다) → 위정척사 사상에 영향
낙론	인물성동론(인간과 사물의 본성은 같다) → 북학파와 개화사상에 영향

③ 성리학에 대한 비판: 윤휴, 박세당 등이 유교 경전에 대한 독자적 해석 시도 → 노론에 의해 사문난적으로 몰림 (『사변록』 저술)
④ 양명학의 수용
- 성리학의 교조화와 형식화를 비판, 실천성 강조(지행합일) → 지식과 행동이 서로 일치함
- 17세기 후반 일부 소론 학자가 연구 → 18세기 초 정제두의 연구(강화학파 형성)

★(2) 실학의 발달
① 배경: 성리학의 절대화에 대한 반발, 사회·경제적 변화에 따른 모순, 청의 고증학과 서양 과학 기술의 영향 → 실용적인 학문인 실학이 등장(현실 문제 탐구)
② 중농학파(경세치용 학파): 농촌 사회의 안정을 위한 토지 문제 해결을 주장함

유형원	• 『반계수록』 저술 • 균전론 주장: 신분(관리·선비·농민 등)에 따른 토지의 차등 분배를 통해 자영농 육성
이익	• 『성호사설』, 『곽우록』 저술 • 한전론 주장: 매매를 금지하는 영업전을 설정하여 최소한의 농민 생활을 보장하는 한편 나머지 토지는 매매를 허용(토지의 하한선 설정) • 나라를 좀먹는 여섯 가지 폐단 지적 → 노비 제도, 과거 제도, 양반 제도, 사치와 미신, 승려, 게으름 • 고리대와 화폐, 붕당의 폐단 비판
정약용	• 여전론 주장: 한 마을을 단위(1여)로 하여 토지의 공동 소유와 공동 경작을 통해 노동량에 따라 수확량을 분배(공동 농장 제도) • 정전론 주장: 전국의 토지를 국유화하여 정전(井田)을 편성한 후, 1/9은 조세로 충당하고 나머지 토지는 농민들에게 분배 • 『목민심서』(지방 행정 개혁), 『경세유표』(중앙 행정 개혁), 『흠흠신서』(법률서) 등 저술 • 배다리 및 거중기(수원 화성 건축에 활용) 설계 → 『기기도설』 참고

최빈출 핵심 선지

- 김장생은 가례집람을 저술하여 예학을 조선의 현실에 맞게 정리하였다.
- 박세당은 사변록에서 유교 경전에 대한 독자적 해석을 시도하였다.
- 양명학은 성리학의 교조화를 비판하며 지행합일의 실천성을 강조하였다.
- 정제두는 양명학을 연구하여 강화학파를 형성하였다.
- 유형원은 반계수록에서 신분에 따라 토지를 차등 분배하는 균전론을 주장하였다.
- 이익은 곽우록 등에서 영업전을 설정하여 토지 매매를 제한하는 한전론을 제시하였다.
- 정약용은 경세유표, 목민심서 등을 통해 국가 제도의 개혁 방향을 제시하였다.
- 정약용은 여전론을 통해 토지의 공동 소유와 공동 경작을 주장하였다.
- 유수원은 우서에서 사농공상의 직업적 평등과 전문화를 주장하였다.
- 홍대용은 의산문답에서 중국 중심의 세계관을 비판하고 지전설과 무한우주론을 주장하였다.
- 박지원은 열하일기에서 수레와 선박의 이용 및 화폐 유통의 필요성을 주장하였다.
- 박제가는 북학의에서 재물을 우물에 비유하여 절약보다 소비를 권장하였다.

> **사문난적**
> 성리학에서 교리를 어지럽히고 사상에 어긋나는 언행을 하는 사람을 말합니다.

| 시험에 나오는 사료 | 정약용의 여전론 |

여(閭: 마을)에는 여장을 두고 1여의 농토를 여에 사는 사람들로 하여금 함께 다스리고 같이 농사짓게 하되, 내 땅 네 땅의 구별이 없고, 오직 여장의 명령에 따르게 하는 것이다. 그들이 매양 하루 일을 하면 여장은 그들의 노력을 장부에 매일 기록하여 두었다가, 추수할 때에 곡식의 수확을 전부 여장의 집으로 운반해 놓고, 그 곡물을 나누되 먼저 나라에 바치는 세금을 떼어 놓고, 그 다음은 여장의 녹(봉급)을 주고, 그 나머지를 가지고 장부에 기준하여 분배한다. – 『여유당전서』 –

★ ③ 중상학파(이용후생 학파, 북학파): 상공업의 진흥과 기술 혁신, 청 문물의 수용을 주장함

> 중상학파 실학자

유수원	• 『우서』 저술 • 사농공상의 직업적 평등과 전문화 주장
홍대용	• 『의산문답』 저술(무한 우주론) • 『임하경륜』 저술(기술 혁신과 문벌제도의 폐지를 주장) • 지전설을 주장하고, 혼천의 제작 → 천체의 운행과 위치를 측정
박지원	• 『열하일기』 저술(청에 다녀온 후 쓴 기행문) • 수레와 선박의 이용, 화폐 유통의 필요성, 서양 문물 도입을 주장 • 『양반전』, 『허생전』, 『호질』 등의 한문 소설을 저술하여 양반의 위선과 무능 비판
박제가	• 『북학의』 저술 • 청 문물의 적극적 수용, 수레와 선박의 이용 확대 등을 주장, 상공업 육성 강조 • 절약보다 소비를 통한 생산력 증대 주장(소비론: 소비를 우물에 비유)

▲ 홍대용

▲ 박지원

▲ 박제가

| 시험에 나오는 사료 | 박제가의 소비 권장 |

비유하건대 재물은 대체로 샘과 같은 것이다. 퍼내면 차고, 버려 두면 말라 버린다. 그러므로 비단옷을 입지 않아서 나라에 비단 짜는 사람이 없게 되면 여공이 쇠퇴하고, 쭈그러진 그릇을 싫어하지 않고 기교를 숭상하지 않아서 공장(工匠)이 도야하는 일이 없게 되면 기예가 망하게 되며, 농사가 황폐해져서 그 법을 잃게 되므로 사농공상의 사민이 모두 곤궁하여 서로 구제할 수 없게 된다. – 『북학의』 –

2 국학의 발달

(1) 역사학

안정복	『동사강목』 저술: 이익의 역사 의식을 계승하여 우리 역사의 독자적 정통론을 체계화
이긍익	『연려실기술』 저술: 실증적·객관적인 서술로 조선의 정치와 문화를 정리
한치윤	『해동역사』 저술: 중국과 일본의 자료를 참고하여 고조선부터 고려 말까지의 역사 정리
이종휘	『동사』 저술: 고구려의 역사에 대한 관심	고대사 연구를 만주 지방까지 확대 → 한반도 중심의 사관 극복
유득공	『발해고』: 발해의 역사에 대한 관심, '남북국'이라는 용어를 처음 사용	

↳ 통일 신라와 발해

(2) 지리서·지도

| 지리서 | • 한백겸의 『동국지리지』, 정약용의 『아방강역고』 등
• 이중환의 『택리지』: 각 지역의 자연환경·풍속·인심 등을 서술한 인문 지리서 |
| 지도 | • 정상기의 『동국지도』: 최초로 100리 척을 사용
• 김정호의 『대동여지도』: 산맥·하천·포구·도로망을 자세히 표현, 10리마다 눈금 표시, 목판(22첩)으로 제작(대량 생산 가능) |

> 최빈출 핵심 선지

• 김정희는 금석과안록에서 북한산비가 신라 진흥왕 순수비임을 처음으로 고증하였다.
• 유득공은 발해고에서 '남북국'이라는 용어를 처음으로 사용하였다.
• 정상기는 최초로 100리 척을 활용한 동국지도를 제작하였다.
• 김정호는 산맥, 하천, 도로망 등을 자세히 표현한 대동여지도를 제작하였다.
• 정약전은 유배지인 흑산도 주변의 해양 생물을 조사하여 자산어보를 저술하였다.

(3) **국어**: 신경준의 『훈민정음운해』, 유희의 『언문지』(우리말 음운 연구서)
　　→ 한글을 낮추어 부르는 말

(4) **기타**
　　→ 서울 북한산 신라 진흥왕 순수비
① 김정희의 『금석과안록』: 최초로 북한산비가 진흥왕 순수비임을 밝힘
② 정약전의 『자산어보』: 흑산도 유배 중에 흑산도 주변의 해양 생태계 연구
③ 홍봉한의 『동국문헌비고』: 역대 문물 정리

> 김정희의 「세한도」

3 과학 기술과 서민 문화의 발달

(1) 서양 문물의 수용
① 배경: 17세기경부터 중국을 다녀온 사신 및 표류한 서양인(벨테브레이, 하멜) 등을 통해 서양의 과학 지식과 기술이 알려짐
　　→ 제주도에 표류한 네덜란드인, 하멜은 『하멜 표류기』 저술
② 전래: 세계 지도(『곤여만국전도』), 화포(홍이포), 천리경, 자명종, 『천주실의』 등
　　→ 천주교 교리서
③ 수용: 이익과 제자들, 북학파 실학자 등이 수용함 → 과학 기술만 수용, 천주교도 학문으로 이해

★(2) 과학 기술의 발달

천문학	김석문(지전설), 홍대용(지전설, 무한 우주론) → 전통적 우주관에서 벗어나 근대적 우주관으로 접근, 중국 중심의 세계관을 비판할 수 있는 근거 제공
역법	김육의 건의에 따라 청으로부터 서양의 역법인 시헌력 도입
지도	중국을 통해 마테오 리치가 제작한 「곤여만국전도」 전래 → 중국이 세계의 일부라는 것을 알게 되면서 조선인의 세계관 확대에 영향
의학	• 허준의 『동의보감』: 전통 한의학을 체계적으로 정리, 유네스코 세계 기록 유산 등재 • 정약용의 『마과회통』: 홍역과 종두법 연구 • 이제마의 『동의수세보원』: 사람의 체질을 연구하여 사상 의학을 확립 • 허임의 『침구경험방』: 침구술을 집대성
기계	정약용이 서양의 기술 서적인 『기기도설』을 참고하여 거중기 제작(수원 화성 축조에 이용), 정조의 화성 행차 때 한강을 건너기 위한 배다리 설계

★(3) 서민 문화의 발달
① 배경: 서민들의 사회·경제적 지위 향상, 서당 교육의 확대 → 서민들의 의식 수준 향상
② 특징: 솔직한 감정 표현과 양반의 위선 비판, 사회의 부정과 비리 고발
③ 내용

판소리	• 노래와 사설로 줄거리 표현 • 춘향가·심청가·흥보가·적벽가·수궁가 등 유행
탈놀이(탈춤)	마을 굿의 일부로 진행, 양반과 승려의 위선 비판
산대놀이	가면극, 민중 오락
한글 소설	• 『춘향전』, 『토끼전(별주부전)』, 『심청전』, 『홍길동전』(허균) 등 • 허균의 『홍길동전』: 서얼에 대한 차별 철폐, 탐관오리 응징, 이상 사회 건설 추구 • 한글 소설이 유행함에 따라 장시에서 소설을 읽어 주는 전기수가 등장
사설시조	남녀 간의 사랑, 현실 비판 등 격식에 구애받지 않고 감정을 솔직하게 표현

최빈출 핵심 선지

• 선조 때 마테오 리치가 만든 세계 지도인 곤여만국전도가 전래되었다.
• 홍대용은 지전설과 무한우주론을 주장하여 중국 중심의 세계관을 비판하였다.
• 조선 후기에 김육의 건의에 따라 청으로부터 서양의 역법인 시헌력이 도입되었다.
• 광해군 때 전통 한의학을 정리한 허준의 동의보감이 완성되었다.
• 이제마는 동의수세보원을 편찬하여 사상 의학을 확립하였다.
• 정조 때 정약용이 거중기를 제작하여 수원 화성 축조에 이용하였다.
• 조선 후기에 노래와 사설로 줄거리를 풀어 가는 판소리가 유행하였다.
• 조선 후기에 탈을 쓰고 공연하는 탈춤이 유행하였다.
• 조선 후기에 《홍길동전》 등의 한글 소설이 유행하면서 책을 읽어 주는 직업인 전기수가 등장하였다.

> 「곤여만국전도」(세계 지도)

> 거중기

4 문학과 예술

(1) 한문학: 박지원이 『양반전』, 『허생전』 등 한문 소설 저술 → 위선적인 양반을 비판

★(2) 회화

① **진경 산수화**: 우리나라의 산천을 사실적으로 묘사 → **정선(겸재)**의 「인왕제색도」·「금강전도」, 김홍도의 「총석정도」

② 풍속화: 백성들의 생활을 생동감 있게 표현

김홍도(단원)	「씨름」, 「서당」, 「무동」, 「타작도」 등 서민의 일상생활을 익살스럽게 표현
신윤복(혜원)	「미인도」, 「단오풍정」, 「월하정인」 등 양반·부녀자들의 생활 묘사
김득신	「파적도」, 「노상알현도」 등 순간적인 상황을 생동감 있게 표현

③ 서양화 기법 도입: 강세황의 「영통동구도」

④ 민화: 해·달·나무·동물 등을 주제로 건강과 장수 등을 기원하는 소망을 표현(예「작호도」)

▲ 정선의 「인왕제색도」　▲ 정선의 「금강전도」　▲ 김홍도의 「총석정도」　▲ 김홍도의 「씨름」

▲ 김홍도의 「서당」　▲ 김홍도의 「무동」　▲ 김홍도의 「타작도」　▲ 신윤복의 「미인도」 ▲ 신윤복의 「단오풍정」　▲ 신윤복의 「월하정인」

▲ 김득신의 「파적도」　▲ 김득신의 「노상알현도」　▲ 강세황의 「영통동구도」　▲ 「작호도(까치 호랑이)」

(3) 서예: 김정희의 '추사체'와 같이 우리의 정서를 담은 독자적 필체 등장

(4) 건축

17세기	• 거대한 규모와 다층 구조 • 김제 금산사 미륵전, 구례 화엄사 각황전, **보은 법주사 팔상전** 등 → 양반 지주층의 성장 반영 (↳ 현존하는 유일한 조선 시대 목탑)
18세기	수원 화성 축조, 논산 쌍계사, 부안 개암사 중건 등 → 부농과 상인의 지원
19세기	경복궁 근정전·경회루 중건 등

(5) 자기: 푸른색의 안료를 사용한 **청화 백자 유행**

최빈출 핵심 선지

• 조선 후기에 우리나라 산천을 소재로 삼아 사실적으로 그리는 진경 산수화가 유행하였다.
• 조선 후기에 회회청 등의 코발트 안료를 사용하여 만든 청화 백자가 유행하였다.

▶ **김제 금산사 미륵전**

▶ **구례 화엄사 각황전**

▶ **보은 법주사 팔상전**

▶ **백자 청화죽문 각병**

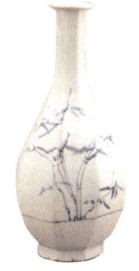

11~12강 조선 후기

11강 ① 조선 후기의 정치 변화

대표기출문제

01 밑줄 그은 '이 부대'에 대한 설명으로 옳은 것은? [심화 58회]

전시된 그림은 이 부대의 분영인 북일영과 활터의 풍경을 묘사한 김홍도의 작품입니다. 임진왜란 중 유성룡의 건의로 편성된 이 부대는 직업 군인의 성격을 띤 상비군이었습니다.

북일영도

① 용호군과 함께 2군으로 불렸다.
② 진도에서 용장성을 쌓고 항전하였다.
③ 국경 지역인 북계와 동계에 배치되었다.
④ 포수, 살수, 사수의 삼수병으로 편제되었다.
⑤ 국왕의 친위 부대로 수원 화성에 외영을 두었다.

02 (가) 시기에 있었던 사실로 옳은 것은? [심화 49회]

이항 등이 "지금 왕자의 명호를 원자(元子)로 정하는 것은 간사한 마음을 품은 자가 아니라면 다른 말이 없어야 마땅합니다. 송시열은 방자하게도 상소를 올려 민심을 어지럽혔으니, 멀리 유배 보내소서."라고 상소하였다.

⬇

(가)

⬇

임금이 "기사년 송시열의 상소는 한때의 실수였을 뿐 그가 어찌 다른 뜻을 가졌겠는가. 이제 그동안 잘못된 일이 다 해결되었으니 특별히 그의 관직을 회복하고 제사를 지내게 하라."라고 하교하였다.

① 자의 대비의 복상 문제로 예송이 전개되었다.
② 공신 책봉에 불만을 품고 이괄이 반란을 일으켰다.
③ 정여립 모반 사건으로 인해 기축옥사가 발생하였다.
④ 붕당의 폐해를 경계하기 위해 탕평비가 건립되었다.
⑤ 남인이 권력을 장악하고 희빈 장씨가 왕비로 책봉되었다.

03 다음 왕에 대한 설명으로 옳은 것은? [심화 52회]

왕은 늘 양역의 폐단을 염려하여 군포 한 필을 감하고 균역청을 설치하여 각 도의 어염·은결의 세를 걷어 보충하니, 그 은택을 입은 백성들은 서로 기뻐하였다. 이런 시책으로 화기(和氣)를 끌어올려 대명(大命)을 이을 만하였다.

① 준천사를 신설하여 홍수에 대비하였다.
② 대외 관계를 정리한 동문휘고를 간행하였다.
③ 전제상정소를 두어 전분6등법을 제정하였다.
④ 총융청과 수어청을 창설하여 도성을 방어하였다.
⑤ 삼정의 문란을 해결하기 위해 삼정이정청을 두었다.

04 (가)에 들어갈 내용으로 옳은 것은? [심화 47회]

조선 시대 국왕을 알아맞히는 문제입니다. 이제 5단계 힌트입니다.

한국사 퀴즈

5단계 힌트	(가)
4단계 힌트	규장각 설치
3단계 힌트	신해통공 실시
2단계 힌트	초계문신제 시행
1단계 힌트	조선의 제22대 국왕

① 훈련도감 설치   ② 수원 화성 건설
③ 나선 정벌 단행   ④ 간도 관리사 파견
⑤ 이인좌의 난 진압

01 통치 체제의 변화

자료의 '임진왜란 중 유성룡의 건의로 편성' 등을 통해 밑줄 그은 '이 부대'가 훈련도감임을 알 수 있다.

> **선지분석**

① 용호군과 함께 2군으로 불렸다.
  ➡ 고려 중앙군 중 하나인 응양군에 대한 설명이다.
② 진도에서 용장성을 쌓고 항전하였다.
  ➡ 고려 삼별초에 대한 설명이다.
③ 국경 지역인 북계와 동계에 배치되었다.
  ➡ 고려 주진군에 대한 설명이다.
✓ 포수, 살수, 사수의 삼수병으로 편제되었다.
  ➡ 임진왜란 중에 유성룡의 건의로 설치된 훈련도감에 대한 설명이다. 훈련도감은 삼수병으로 구성되었고, 대부분이 급료를 받는 상비군이었다.
⑤ 국왕의 친위 부대로 수원 화성에 외영을 두었다.
  ➡ 조선 정조가 창설한 장용영에 대한 설명이다.

02 붕당 정치의 전개와 환국

첫 번째 사료는 송시열이 희빈 장씨 소생의 왕자(경종)를 원자로 정하고자 하는 숙종의 결정에 반대하여 반발을 사고 있는 내용을 담고 있다. 이를 계기로 서인이 정권을 상실하고 남인이 정국을 주도하게 되었으며(기사환국, 1689), 이후 왕비였던 인현 왕후가 폐위되고 희빈 장씨가 왕비로 책봉되었다. 하지만 두 번째 사료의 내용과 같이 1694년에 갑술환국이 발생하면서 남인은 실각하고 서인이 정권을 잡게 되었으며, 송시열도 복권되었다.

> **선지분석**

① 자의 대비의 복상 문제로 예송이 전개되었다.
  ➡ 현종 집권 시기의 사실이다.
② 공신 책봉에 불만을 품고 이괄이 반란을 일으켰다.
  ➡ 인조 집권 시기의 사실이다.
③ 정여립 모반 사건으로 인해 기축옥사가 발생하였다.
  ➡ 선조 집권 시기의 사실이다.
④ 붕당의 폐해를 경계하기 위해 탕평비가 건립되었다.
  ➡ 영조 집권 시기의 사실이다.
✓ 남인이 권력을 장악하고 희빈 장씨가 왕비로 책봉되었다.
  ➡ 숙종 집권 시기에 있었던 기사환국에 대한 설명이다.

03 탕평 정치

자료에서 양역의 폐단을 염려하여 군포 한 필을 감하고 균역청을 설치하였다는 점을 통해 자료의 왕이 조선 영조임을 알 수 있다. 조선 영조는 붕당의 기반인 서원을 정리하고 이조 전랑의 권한을 축소하였으며, 탕평 의지를 나타내기 위해 성균관 입구에 탕평비를 세웠다. 탕평 정치를 통해 정국을 안정시킨 영조는 민생 안정을 위한 개혁을 추진하였다. 균역법을 시행하여 군역의 부담을 줄여 주었고, 신문고를 다시 설치하였다. 또한 『속대전』, 『동국문헌비고』 등을 편찬하여 문물제도를 정비하였다.

> **선지분석**

✓ 준천사를 신설하여 홍수에 대비하였다.
  ➡ 영조는 도성 안 청계천의 준설을 위해 준천사를 설치하였다.
② 대외 관계를 정리한 동문휘고를 간행하였다.
  ➡ 정조 집권 시기의 사실이다.
③ 전제상정소를 두어 전분6등법을 제정하였다.
  ➡ 세종 집권 시기의 사실이다.
④ 총융청과 수어청을 창설하여 도성을 방어하였다.
  ➡ 인조 집권 시기의 사실이다.
⑤ 삼정의 문란을 해결하기 위해 삼정이정청을 두었다.
  ➡ 철종 집권 시기의 사실이다.

04 탕평 정치

자료에서 조선의 제22대 국왕이며, 규장각을 설치하였고 신해통공, 초계문신제를 시행하였다는 점 등을 통해 해당 국왕이 정조임을 알 수 있다. 따라서 (가)에는 정조의 업적과 관련된 내용이 들어가야 한다.

> **선지분석**

① 훈련도감 설치
  ➡ 선조 집권 시기의 사실이다.
✓ 수원 화성 건설
  ➡ 수원 화성을 건설한 왕은 정조이다. 정조는 아버지인 사도 세자의 무덤을 수원 화산(현륭원)으로 옮기고, 화성을 지었다.
③ 나선 정벌 단행
  ➡ 효종 집권 시기의 사실이다.
④ 간도 관리사 파견
  ➡ 고종 집권 시기의 사실이다.
⑤ 이인좌의 난 진압
  ➡ 영조 집권 시기의 사실이다.

> **정답** 01 ④ 02 ⑤ 03 ① 04 ②

11강② 조선 후기의 경제 변화

01 밑줄 그은 '이 법'에 대한 설명으로 옳은 것은?
[심화 49회]

① 양반에게도 군포를 부과하였다.
② 1결당 쌀 4~6두로 납부액을 고정하였다.
③ 비옥도에 따라 토지를 6등급으로 나누었다.
④ 일부 상류층에게 선무군관포를 징수하였다.
⑤ 특산물 대신 쌀, 베, 동전 등으로 납부하게 하였다.

02 밑줄 그은 '왕'이 추진한 정책으로 옳은 것은?
[심화 50회]

역사 신문

제△△호   ○○○○년 ○○월 ○○일

호패법 재실시 발표

금일, 왕이 호패법을 다시 시행하라고 명령하였다. 이는 문란해진 군적을 정비하고 이괄의 난 이후 심상치 않은 백성들의 동태를 점검하기 위한 것으로 보인다. 호패법은 반정(反正) 직후부터 논의되어 왔으나, 새로 군역에 편입될 백성들의 반발을 우려하여 지금까지 시행이 미루어져 왔다.

① 공신에게 공로와 인품에 따라 역분전을 지급하였다.
② 삼정의 문란을 해결하고자 삼정이정청을 설치하였다.
③ 시전 상인의 특권을 축소하는 신해통공을 단행하였다.
④ 전세를 1결당 4~6두로 고정하는 영정법을 제정하였다.
⑤ 1년에 2필씩 걷던 군포를 1필로 줄이는 균역법을 시행하였다.

03 다음 자료의 상황이 나타난 시기에 볼 수 있는 모습으로 적절하지 않은 것은?
[심화 50회]

> 김상철이 말하기를, "도성 백성들의 생계는 점포를 벌여 놓고 사고파는 데 달려 있습니다. 그런데 근래 기강이 엄하지 않아서 어물과 약재 등 온갖 물건의 이익을 중간에서 독점하는 도고(都庫)의 폐단이 한둘이 아닙니다. 대조(大朝)께서 여러 차례 엄하게 다스렸으나, 점차 해이해져 많은 물건의 가격이 폭등한 것은 오로지 이 때문이라고 합니다. 평시서(平市署) 등에서 적발하여 강하게 다스렸다면 어찌 이런 일이 있었겠습니까?"라고 하였다.

① 청요직 통청을 요구하는 서얼
② 한글 소설을 읽고 있는 부녀자
③ 동국문헌비고를 열람하는 관리
④ 염포의 왜관에서 교역하는 상인
⑤ 장시에서 판소리를 구경하는 농민

04 다음 대화가 이루어진 시기의 경제 상황으로 옳지 않은 것은?
[심화 51회]

① 고액 화폐인 활구가 주조되었다.
② 담배, 면화 등 상품 작물이 재배되었다.
③ 관청에 물품을 조달하는 공인이 활동하였다.
④ 송상, 만상이 대청 무역으로 부를 축적하였다.
⑤ 광산을 전문적으로 경영하는 덕대가 등장하였다.

01 수취 체제의 개편

자료에서 공납의 폐단을 해결할 목적으로 시행되었다는 점, 경기도와 강원도에 이어 충청도와 전라도로 확대하자고 주장하고 있는 점 등을 통해 밑줄 그은 '이 법'이 대동법임을 알 수 있다.
대동법은 방납 등 공납의 폐단을 해결하기 위해 먼저 광해군 때 경기도에서 시범적으로 시행되었고, 효종 때 김육의 건의로 충청도 등지에서도 시행되었다. 이후 숙종 대에 이르러 전국으로 확대되었다.

> **선지분석**

① **양반**에게도 **군포**를 **부과**하였다.
　➡ **호포제**에 대한 설명이다.
② **1결당 쌀 4~6두**로 납부액을 **고정**하였다.
　➡ **영정법**에 대한 설명이다.
③ 비옥도에 따라 **토지를 6등급**으로 나누었다.
　➡ **전분6등법**에 대한 설명이다.
④ 일부 상류층에게 **선무군관포**를 징수하였다.
　➡ **균역법** 시행에 따른 재정 보완책에 대한 설명이다.
✓⑤ 특산물 대신 **쌀, 베, 동전 등으로 납부**하게 하였다.
　➡ **대동법**은 종래의 현물 납부 방식 대신 토지의 결수에 따라 쌀, 삼베나 무명, 동전 등으로 세금을 내게 하는 제도이다.

02 수취 체제의 개편

자료에서 호패법을 다시 실시하라고 명령한 것이 이괄의 난 이후 백성들의 동태를 점검하기 위한 것이라는 점, 반정 직후부터 호패법이 논의되어 왔다는 점 등을 통해 밑줄 그은 '왕'이 조선 인조임을 알 수 있다.

> **선지분석**

① 공신에게 공로와 인품에 따라 **역분전**을 지급하였다.
　➡ **고려 태조** 집권 시기의 사실이다.
② 삼정의 문란을 해결하고자 **삼정이정청**을 설치하였다.
　➡ **조선 철종** 집권 시기의 사실이다.
③ 시전 상인의 특권을 축소하는 **신해통공**을 단행하였다.
　➡ **조선 정조** 집권 시기의 사실이다.
✓④ 전세를 1결당 4~6두로 고정하는 **영정법**을 제정하였다.
　➡ **조선 인조**는 전세 제도의 안정을 위해 전세를 토지 1결당 쌀 4~6두로 고정하는 영정법을 제정하였다.
⑤ 1년에 2필씩 걷던 군포를 1필로 줄이는 **균역법**을 시행하였다.
　➡ **조선 영조** 집권 시기의 사실이다.

03 상품 화폐 경제의 발달

자료에서 도고의 폐단이 언급된 점을 통해 해당 시기가 조선 후기의 상황임을 알 수 있다.
독점적 도매상인인 도고는 조선 후기에 등장하였다.

> **선지분석**

① **청요직 통청**을 요구하는 서얼
　➡ **조선 후기**에 볼 수 있는 모습이다.
② **한글 소설**을 읽고 있는 부녀자
　➡ **조선 후기**에 볼 수 있는 모습이다.
③ **동국문헌비고**를 열람하는 관리
　➡ **조선 후기**(영조)에 볼 수 있는 모습이다.
✓④ **염포의 왜관**에서 교역하는 상인
　➡ 일본이 염포의 왜관에서 교역을 전개하던 것은 **조선 전기**에 있었던 3포 왜란(1510)이 일어나기 전의 사실이다. 염포의 왜관은 3포 왜란이 일어난 이후 폐쇄되었다.
⑤ 장시에서 **판소리**를 구경하는 농민
　➡ **조선 후기**에 볼 수 있는 모습이다.

04 조선 후기의 경제 변화

자료에서 '금난전권을 철폐', '육의전은 이번 조치에서 제외' 등을 통해 조선 정조 때 반포된 신해통공에 대해 이야기하고 있음을 알 수 있다.
시전 상인의 독점 판매에 대한 비판 여론이 높아지자 정조는 신해통공을 발표하여 육의전을 제외한 시전 상인의 금난전권을 폐지하였다(1791). 이후 상업 활동이 더욱 활발해지면서 공인과 함께 일부 사상이 독점적 도매상인인 도고로 성장하기도 하였다.

> **선지분석**

✓① 고액 화폐인 **활구**가 주조되었다.
　➡ 은병(활구)은 **고려 시대**에 주조되었던 고액 화폐이다.
② **담배, 면화 등 상품 작물**이 재배되었다.
　➡ **조선 후기**의 사실이다.
③ 관청에 물품을 조달하는 **공인이 활동**하였다.
　➡ **조선 후기**의 사실이다.
④ **송상, 만상**이 대청 무역으로 부를 축적하였다.
　➡ **조선 후기**의 사실이다.
⑤ 광산을 전문적으로 경영하는 **덕대**가 등장하였다.
　➡ **조선 후기**의 사실이다.

> **정답** 01 ⑤　02 ④　03 ④　04 ①

12강 ① 조선 후기의 사회 변화

01 (가)~(다)를 일어난 순서대로 옳게 나열한 것은? [심화 50회]

> (가) 한영규가 아뢰기를, "서양의 간특한 설이 윤리와 강상을 없애고 어지럽히니 어찌 진산의 권상연, 윤지충 같은 자가 또 있겠습니까? 제사를 폐하고 위패를 불태웠으며, 조문을 거절하고 그 부모의 시신을 내버렸으니 그 죄가 매우 큽니다."라고 하였다.
>
> (나) 사헌부에서 아뢰기를, "아! 통분스럽습니다. 이가환, 이승훈, 정약용의 죄가 무거우니 이를 어찌 다 처벌할 수 있겠습니까? 사학(邪學)이란 것은 반드시 나라에 흉악한 화를 가져오고야 말 것입니다."라고 하였다.
>
> (다) 의금부에서, "죄인 남종삼은 명백한 근거도 없이, 러시아에 변란이 있을 것이고 프랑스와 조약을 맺을 계책이 있다면서 사람들을 현혹하였습니다. 감히 나라를 팔아먹고자 몰래 외적을 끌어들이려 하였으니, 그 죄는 만 번을 죽여도 모자랍니다. 죄인이 자백하였습니다."라고 아뢰었다.

① (가) - (나) - (다) ② (가) - (다) - (나)
③ (나) - (가) - (다) ④ (나) - (다) - (가)
⑤ (다) - (나) - (가)

02 (가) 종교에 대한 설명으로 옳은 것은? [심화 48회]

> 경주 사람 최복술은 아이들에게 공부 가르치는 것을 직업으로 삼았다. 그런데 양학(洋學)이 갑자기 퍼지는 것을 차마 보고 앉아 있을 수 없어서, 하늘을 공경하고 순종하는 마음으로 글귀를 지어, (가) (이)라 불렀다. 양학은 음(陰)이고, (가) 은/는 양(陽)이기 때문에 양을 가지고 음을 억제할 목적으로 글귀를 외우고 읽고 하였다.

① 배재 학당을 세워 신학문 보급에 기여하였다.
② 박중빈을 중심으로 새생활 운동을 추진하였다.
③ 일제의 통제에 맞서 사찰령 폐지 운동을 벌였다.
④ 마음속에 한울님을 모시는 시천주를 강조하였다.
⑤ 황사영이 외국 군대의 출병을 요청하는 백서를 작성하였다.

03 (가) 사건에 대한 설명으로 옳은 것은? [심화 49회]

정주성공격도

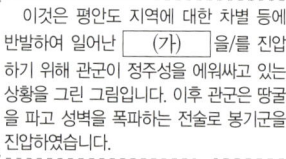

이것은 평안도 지역에 대한 차별 등에 반발하여 일어난 (가) 을/를 진압하기 위해 관군이 정주성을 에워싸고 있는 상황을 그린 그림입니다. 이후 관군은 땅굴을 파고 성벽을 폭파하는 전술로 봉기군을 진압하였습니다.

① 홍경래, 우군칙 등이 주도하였다.
② 흥선 대원군이 다시 집권하는 결과를 가져왔다.
③ 정부가 청군의 출병을 요청하는 계기가 되었다.
④ 사건 수습을 위해 박규수가 안핵사로 파견되었다.
⑤ 폐정 개혁안 실천을 위해 집강소 설치를 요구하였다.

04 다음 사건에 대한 설명으로 옳은 것은? [심화 48회]

> 사건 일지
> 2월 7일   수곡 도회(都會) 주모자 유계춘을 병영에 감금
> 2월 13일 집안 제사 참석을 요청한 유계춘을 임시 석방
> 2월 14일 덕천 장시 등에서 농민 시위 전개
> 2월 18일 목사 홍병원이 사족(士族) 이명윤에게 농민 시위 무마를 부탁하며 정해진 액수 이상으로 세금을 징수하지 않겠다는 문서 전달
> 2월 19일 우병사 백낙신이 시위를 해산하려 하자 성난 농민들이 그를 포위하여 감금
> ⋮

① 남접과 북접이 연합하여 전개되었다.
② 정부와 약조를 맺고 집강소를 설치하였다.
③ 상황 수습을 위해 박규수가 안핵사로 파견되었다.
④ 지역 차별에 반발한 홍경래가 주도하여 봉기하였다.
⑤ 함경도와 황해도에 방곡령이 선포되는 결과를 가져왔다.

01 새로운 사상의 등장

(가) 권상연, 윤지충 등이 제사를 폐하고 위패를 불태웠다는 사실을 통해 조선 정조 때 진산의 천주교 신자인 권상연과 윤지충 등이 유교적 제사 의식을 거부해 일어난 신해박해(1791)와 관련된 상황임을 알 수 있다.

(나) 이승훈, 정약용의 죄가 무겁다는 사실을 통해 조선 순조 때인 신유박해(1801)와 관련된 상황임을 알 수 있다.

(다) 프랑스와 조약을 맺을 계책이 있다고 언급한 점 등을 통해 병인박해(1866)와 관련된 사실임을 알 수 있다.

▶ 선지분석

✓ (가) – (나) – (다)
  ➡ 일어난 순서대로 나열하면 (가) – (나) – (다)이다.
② (가) – (다) – (나)
③ (나) – (가) – (다)
④ (나) – (다) – (가)
⑤ (다) – (나) – (가)

02 새로운 사상의 등장

자료에서 '최복술(최제우)', '양학을 억제할 목적'을 통해 (가) 종교가 동학임을 알 수 있다.

경주의 몰락 양반 출신인 최제우는 1860년에 유교·불교·도교와 민간 신앙을 종합하여 동학을 창시하였다. 동학은 '인내천'을 강조하며 조선의 신분제 질서를 부정하였다. 이에 정부의 탄압을 받아 최제우는 처형되었지만, 2대 교주 최시형의 노력에 힘입어 1880년대부터 교세가 크게 확장되었다.

▶ 선지분석

① 배재 학당을 세워 신학문 보급에 기여하였다.
  ➡ 개신교에 대한 설명이다.
② 박중빈을 중심으로 새생활 운동을 추진하였다.
  ➡ 원불교에 대한 설명이다.
③ 일제의 통제에 맞서 사찰령 폐지 운동을 벌였다.
  ➡ 불교에 대한 설명이다.
✓ 마음속에 한울님을 모시는 시천주를 강조하였다.
  ➡ 동학에서는 마음속에 한울님을 모신다는 '시천주', 사람이 곧 하늘이라는 '인내천' 사상 등을 강조하였다.
⑤ 황사영이 외국 군대의 출병을 요청하는 백서를 작성하였다.
  ➡ 천주교에 대한 설명이다.

03 농민 봉기의 확산

자료에서 '평안도 지역에 대한 차별 등에 반발', '정주성' 등을 통해 (가) 사건이 홍경래의 난(1811)임을 알 수 있다.

홍경래의 난은 몰락 양반인 홍경래의 지휘하에 영세농, 중소 상인, 광산 노동자들이 합세하여 일으킨 봉기로, 한때는 청천강 이북 지역을 거의 장악하였으나 관군에 의해 평정되었다.

▶ 선지분석

✓ 홍경래, 우군칙 등이 주도하였다.
  ➡ 홍경래의 난은 홍경래, 우군칙 등이 세도 정권의 실정과 평안도에 대한 차별에 반발하여 일으킨 난이다.
② 흥선 대원군이 다시 집권하는 결과를 가져왔다.
  ➡ 임오군란에 대한 설명이다.
③ 정부가 청군의 출병을 요청하는 계기가 되었다.
  ➡ 임오군란, 동학 농민 운동 등에 대한 설명이다.
④ 사건 수습을 위해 박규수가 안핵사로 파견되었다.
  ➡ 임술 농민 봉기에 대한 설명이다.
⑤ 폐정 개혁안 실천을 위해 집강소 설치를 요구하였다.
  ➡ 동학 농민 운동에 대한 설명이다.

04 농민 봉기의 확산

자료에서 '주모자 유계춘', '농민 시위', '백낙신' 등을 통해 임술 농민 봉기에 대한 사건 일지임을 알 수 있다.

임술 농민 봉기는 1862년, 세도 정치로 인한 관료들의 부정부패와 삼정의 문란이 극에 달한 시점에서 발생하였다. 진주에서 폭발한 농민들의 분노는 이후 삼남 지방과 중북부 지방까지 확산되었다. 이에 정부는 삼정이정청을 설치하여 사태를 수습하고자 하였다.

▶ 선지분석

① 남접과 북접이 연합하여 전개되었다.
  ➡ 동학 농민 운동에 대한 설명이다.
② 정부와 약조를 맺고 집강소를 설치하였다.
  ➡ 동학 농민 운동에 대한 설명이다.
✓ 상황 수습을 위해 박규수가 안핵사로 파견되었다.
  ➡ 임술 농민 봉기가 일어나자 수습을 위해 박규수가 안핵사로 파견되었다.
④ 지역 차별에 반발한 홍경래가 주도하여 봉기하였다.
  ➡ 홍경래의 난에 대한 설명이다.
⑤ 함경도와 황해도에 방곡령이 선포되는 결과를 가져왔다.
  ➡ 강화도 조약 체결 이후 일본으로의 쌀 유출로 쌀값이 폭등하자 함경도와 황해도의 지방관이 조·일 통상 장정에 명시된 방곡령을 선포하였다.

▶ 정답 01 ①   02 ④   03 ①   04 ③

12② 조선 후기의 사상과 문화

01 (가) 인물에 대한 설명으로 옳은 것은? [심화 47회]

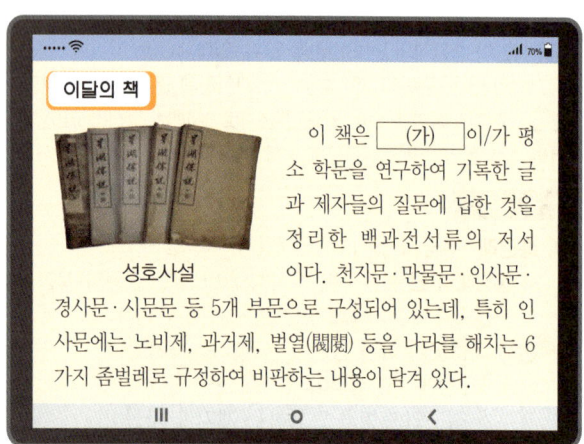

① 북경에 다녀온 후 연행록을 남겼다.
② 양명학을 연구하여 강화학파를 형성하였다.
③ 북한산비가 진흥왕 순수비임을 고증하였다.
④ 토지 매매를 제한하는 한전론을 제시하였다.
⑤ 북학의를 저술하여 절약보다 소비를 권장하였다.

02 (가) 인물에 대한 설명으로 옳은 것은? [심화 52회]

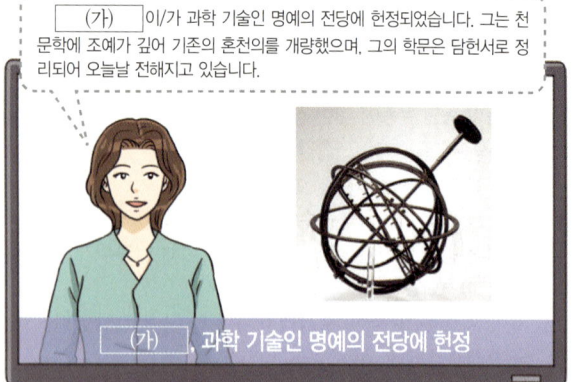

① 의산문답에서 무한우주론을 주장하였다.
② 기기도설을 참고하여 거중기를 설계하였다.
③ 자동 시보 장치를 갖춘 자격루를 제작하였다.
④ 사상 의학을 정립한 동의수세보원을 편찬하였다.
⑤ 서양의 과학 기술을 정리한 지구전요를 저술하였다.

03 다음 그림이 그려진 시기의 문화에 대한 설명으로 옳지 않은 것은? [심화 57회]

① 중인들이 시사(詩社)를 조직하였다.
② 양반의 위선을 풍자한 탈춤이 공연되었다.
③ 춘향가, 흥보가 등의 판소리가 유행하였다.
④ 금속 활자본인 직지심체요절이 간행되었다.
⑤ 홍길동전, 박씨전 등의 한글 소설이 널리 읽혔다.

04 (가)의 작품으로 옳은 것은? [심화 47회]

①    ②

③    ④

⑤

01 성리학의 변화와 실학의 발달

자료에서 『성호사설』이 제시되었고, 노비제, 과거제 등 나라를 해치는 6가지 폐단을 비판하였다는 점을 통해 (가) 인물이 조선 후기의 실학자 이익임을 알 수 있다.

▶ 선지분석
① 북경에 다녀온 후 **연행록**을 남겼다.
　➡ **박지원** 등에 대한 설명이다.
② **양명학**을 연구하여 **강화학파**를 형성하였다.
　➡ **정제두**에 대한 설명이다.
③ **북한산비**가 **진흥왕 순수비**임을 **고증**하였다.
　➡ **김정희**에 대한 설명이다.
✓ 토지 매매를 제한하는 **한전론**을 제시하였다.
　➡ 대표적인 중농학파 실학자인 **이익**은 토지에 영업전을 설정하고 토지 매매를 제한하는 한전론을 주장하였다.
⑤ **북학의**를 저술하여 절약보다 소비를 권장하였다.
　➡ **박제가**에 대한 설명이다.

02 성리학의 변화와 실학의 발달

자료에서 혼천의를 개량하였다는 점, 그의 학문이 『담헌서』로 정리되었다는 점 등을 통해 (가) 인물이 홍대용임을 알 수 있다.
조선 후기 중상학파 실학자인 홍대용은 지전설과 무한우주론을 주장하였으며, 이러한 자연관을 근거로 중국 중심의 세계관을 부정하고, 민족의 주체성을 강조하였다. 또한 당시 사회의 계급과 신분 차별에 반대하고, 교육의 기회는 균등히 부여되어야 하며, 재능과 학식에 따라 일자리가 주어져야 한다고 주장하기도 하였다. 『담헌서』에서 '담헌'은 홍대용의 호이다.

▶ 선지분석
✓ **의산문답**에서 **무한우주론**을 주장하였다.
　➡ **홍대용**은 저서인 『의산문답』을 통해 무한우주론과 지전설을 주장하였다.
② 기기도설을 참고하여 **거중기**를 설계하였다.
　➡ **정약용**에 대한 설명이다.
③ 자동 시보 장치를 갖춘 **자격루**를 제작하였다.
　➡ **장영실**에 대한 설명이다.
④ 사상 의학을 정립한 **동의수세보원**을 편찬하였다.
　➡ **이제마**에 대한 설명이다.
⑤ 서양의 과학 기술을 정리한 **지구전요**를 저술하였다.
　➡ **최한기**에 대한 설명이다.

03 과학 기술과 서민 문화의 발달

자료에서 '김득신이 그린 풍속화' 등을 통해 조선 후기와 관련된 내용임을 알 수 있다.
조선 후기에는 김홍도, 신윤복, 김득신 등의 풍속 화가가 활동하였다.

▶ 선지분석
① 중인들이 **시사(詩社)를 조직**하였다.
　➡ **조선 후기**에 대한 설명이다.
② 양반의 위선을 풍자한 **탈춤**이 공연되었다.
　➡ **조선 후기**에 대한 설명이다.
③ 춘향가, 흥보가 등의 **판소리**가 유행하였다.
　➡ **조선 후기**에 대한 설명이다.
✓ 금속 활자본인 **직지심체요절**이 간행되었다.
　➡ 현존하는 가장 오래된 금속 활자본인 『직지심체요절』은 **고려 시대**인 1377년에 간행되었다.
⑤ 홍길동전, 박씨전 등의 **한글 소설**이 널리 읽혔다.
　➡ **조선 후기**에 대한 설명이다.

04 문학과 예술

자료에서 겸재라는 호가 제시된 점, 진경 산수화의 대표적인 화가라고 한 점, 「금강전도」 등의 작품이 언급된 점 등을 통해 (가) 인물이 정선임을 알 수 있다.

▶ 선지분석
① **김홍도**의 「총석정도」
　➡ 조선 후기의 작품이다.
✓ **정선**의 「인왕제색도」
　➡ 정선은 조선 후기의 대표적 화가로, 「금강전도」 등의 작품을 남겼다.
③ **강세황**의 「영통동구도」
　➡ 조선 후기의 작품이다.
④ **김정희**의 「세한도」
　➡ 조선 후기의 작품이다.
⑤ **안견**의 「몽유도원도」
　➡ 조선 전기의 작품이다.

> 정답 01 ④ 02 ① 03 ④ 04 ②

단원 마무리
11~12강 조선 후기

환국의 발생

구분	경신환국(1680)	기사환국(1689)	갑술환국(1694)
원인	• 남인 허적이 왕의 허락 없이 기름 먹인 장막 사용 • 허견(허적의 아들)의 역모설	희빈 장씨 소생 왕자의 원자 책봉 문제	인현 왕후의 복위 문제
전개	남인 축출, 서인 중용	숙종의 원자 책봉 → 서인 세력의 반대, 인현 왕후 폐위	• 숙종의 남인 견제 • 서인의 인현 왕후 복위 운동
결과	서인 집권(노론과 소론으로 분화)	남인 집권	• 인현 왕후 복위 • 노론과 소론이 정국 주도

영조의 개혁 정치

탕평책의 전개	• 탕평파 육성, 탕평비 건립 • 이조 전랑의 권한 축소, 산림의 존재 부정, 서원 정리
개혁 정치	• 균역법 시행: 농민의 군역 부담 감소 • 가혹한 형벌 폐지, 신문고 제도 부활, 청계천 준설 • 『속대전』, 『동국문헌비고』 편찬

정조의 개혁 정치

왕권 강화책 추진	• 적극적인 탕평책 실시 • 초계문신제 실시: 신진 관료 재교육 • 규장각 설치: 국왕의 정책 뒷받침 • 장용영 설치: 국왕 직속 친위 부대 • 수원 화성 건립: 이상 정치 실현 목적
개혁 정치	• 신해통공: 육의전을 제외한 시전 상인의 금난전권 폐지 • 서얼에 대한 차별 완화: 서얼 출신을 규장각 검서관에 등용 • 『대전통편』, 『동문휘고』, 『탁지지』, 『무예도보통지』 등 편찬

대동법의 시행

배경	방납의 폐단, 지방 관리들의 수탈 → 농민의 부담 증가
시행 과정	광해군 때 선혜청 설치, 경기도에 시범적 시행 → 숙종 때 전국으로 확대
내용	• 특산물 징수 대신 토지 1결당 쌀·베·동전 등으로 징수 • 집집마다 내던 공납을 토지 결수에 따라 징수 → 토지를 가진 지주가 부담
결과	• 공인의 등장 → 상품 화폐 경제의 발달 • 별공과 진상은 여전히 존재

균역법의 시행

배경	농민들의 군포 부담 증가
내용	• 1년에 2필씩 걷던 군포를 1필로 줄여 줌 • 재정 감소 보완책 시행: 일부 상류층에게 선무군관포 부과, 지주에게 결작 부과, 어장세·염전세·선박세 등을 국고로 전환
결과	• 농민의 군역 부담 감소 • 지주들이 결작을 소작농에게 전가하여 농민 부담 다시 가중됨

실학의 발달

중농학파	유형원	• 『반계수록』 저술 • 균전론 주장
	이익	• 『성호사설』, 『곽우록』 저술 • 한전론 주장 • 나라를 좀먹는 여섯 가지 폐단 지적(노비 제도, 과거 제도, 양반 제도, 사치와 미신, 승려, 게으름)
	정약용	• 여전론, 정전론 주장 • 『목민심서』, 『경세유표』, 『흠흠신서』 등 저술 • 배다리 및 거중기 설계
중상학파	유수원	• 『우서』 저술 • 사농공상의 직업적 평등과 전문화 주장
	홍대용	• 『임하경륜』, 『의산문답』 저술 • 지전설 주장(중국 중심의 세계관 탈피), 혼천의 제작
	박지원	• 『열하일기』, 『양반전』, 『허생전』 등 저술 • 수레와 선박의 이용, 화폐 유통의 필요성, 서양 문물 도입 주장
	박제가	• 『북학의』 저술 • 청 문물의 적극적 수용 주장 • 절약보다 소비 강조(소비를 우물에 비유)

서민 문화의 발달

판소리	춘향가, 심청가, 흥보가, 적벽가, 수궁가 등 유행
탈놀이·산대놀이	사회 모순 풍자 → 지배층의 위선과 부정, 비리 고발
한글 소설	• 『춘향전』, 『토끼전(별주부전)』, 『심청전』, 『홍길동전』(허균) 등 • 장시에서 소설을 읽어 주는 전기수 등장
사설시조	솔직하고 구체적으로 서민들의 감정을 표현

13~15강 근대 사회

13강
1. 흥선 대원군 집권 시기의 정치
2. 개항과 서양 각국과의 조약 체결
3. 근대적 개혁의 추진과 반발

14강
1. 임오군란과 갑신정변
2. 동학 농민 운동
3. 갑오개혁 · 을미개혁
4. 독립 협회와 대한 제국

15강
1. 일제의 침략과 국권 피탈
2. 의병 항쟁과 애국 계몽 운동
3. 외세의 경제적 침탈과 경제적 구국 운동
4. 근대 문물의 발달

1863	1866	1871	1876	1882	1884
흥선 대원군 집권	병인양요	척화비 건립	강화도 조약	임오군란	갑신정변

기출로 보는 키워드	3개년 평균 출제 비중
1위 제너럴셔먼호 사건	
2위 조선책략	**8.2**문항
3위 거문도 사건	16.4%
4위 105인 사건(신민회)	
5위 육영 공원	

1894
동학 농민 운동, 갑오개혁

1897
대한 제국 수립

1904
보안회 창립

1905
을사늑약

1907
국채 보상 운동

1910
국권 피탈

13강 ① 흥선 대원군 집권 시기의 정치

13~15강 근대 사회

주요 사건 흐름

- 1863 고종 즉위, 흥선 대원군 집권
- 1866 제너럴셔먼호 사건, 병인양요
- 1868 오페르트 도굴 미수 사건
- 1871 신미양요, 척화비 건립

1 흥선 대원군의 개혁 정치

(1) 집권: 철종의 뒤를 이어 어린 고종이 즉위함에 따라 고종의 부친인 흥선 대원군(이하응)이 대신 나라를 다스림

(2) 정치 개혁
① 인사 개혁: 정치 기강을 바로잡기 위해 세도 정치를 펴던 안동 김씨 세력을 축출하고 당파보다 능력에 따라 인재를 등용함
② 정치 기구 개혁: 비변사를 축소·폐지하고, 의정부(정치)와 삼군부(군사)의 기능을 부활시켜 정치와 군사 업무를 나누어 맡게 함
③ 법전 편찬: 통치 체제 정비를 위해 『대전회통』, 『육전조례』 등 법전을 편찬함

★ **(3) 삼정의 개혁** → 수취 체제를 개혁하여 민생을 안정시키고자 함
① 전정의 개혁: 토지를 조사하는 양전 사업을 실시하여 은결을 색출하고, 양반과 토호들이 함부로 농민의 토지를 뺏지 못하게 함
　└ 토지 대장인 양안에 등록되지 않은 숨겨진 토지
② 군정의 개혁: 호포제를 실시하여 상민에게만 거두던 군포를 양반에게도 징수하여 군정의 폐단을 바로잡음
③ 환곡의 개혁: 마을 단위로 춘궁기에 곡식을 빌려주는 사창제를 실시하였고, 운영은 마을 안에서 덕망 있고 부유한 지방 유지에게 맡김
　└ 국가 기관이 운영하던 환곡과 달리 주민 자치적으로 운영한 구휼 제도였음

(4) 서원 정리와 경복궁 중건
① 서원 정리

배경	서원이 면세의 혜택을 누려 국가 재정을 어렵게 하였고, 백성을 수탈하고 붕당의 근거지로 변질되는 등 폐단이 심해짐
내용	전국 600여 개 중 47개만 남기고 전국의 서원을 정리, 만동묘 철폐 → 서원에 딸린 토지와 노비를 몰수하여 국가 재정을 확충함
결과	백성에 대한 양반과 유생의 횡포를 근절하였으나 유생들의 강력한 반발을 야기함

시험에 나오는 사료 - 흥선 대원군의 정책

왕이 말하기를, "요즘 서원마다 사무를 자손들이 주관하고 붕당을 각기 주장하니, 이로 인한 폐해가 백성들에게 미치는 경우가 많다고 한다. …… 서원을 훼철(毁撤)하고 신주를 땅에 묻어 버리는 등의 절차를 흥선 대원군의 분부대로 거행하도록 해당 관청에서 팔도(八道)와 사도(四都)에 알리라."라고 하였다.
　└ 서원 철폐
－『승정원일기』－

최빈출 핵심 선지

- 흥선 대원군은 비변사를 혁파하고 의정부와 삼군부의 기능을 부활시켰다.
- 흥선 대원군은 대전회통을 편찬하여 통치 체제를 정비하였다.
- 흥선 대원군은 양반에게도 군포를 징수하는 호포제를 실시하였다.
- 흥선 대원군은 환곡의 폐단을 바로잡기 위해 전국적으로 사창제를 실시하였다.
- 흥선 대원군은 전국의 서원을 47개 소만 남기고 모두 철폐하였다.
- 흥선 대원군은 왕실의 권위 회복을 위해 경복궁을 중건하였고, 이를 위해 당백전을 발행하였다.

▶ 흥선 대원군

▶ 만동묘

만동묘는 명의 신종과 의종을 제사 지내기 위해 세운 사당이에요. 신종은 임진왜란 때 조선을 도와준 명의 황제이지요. 명이 청에 멸망한 뒤 세워졌으나 흥선 대원군이 서원을 정리할 때 함께 폐지되었습니다.

② **경복궁 중건**
- 실추된 왕실의 위엄을 회복하여 왕권을 강화하려는 목적으로 임진왜란 때 불탄 경복궁을 중건함
- 많은 백성을 공사장에 징발하고, 경복궁의 목재를 충당하기 위해 양반의 묘지림을 벌목하여 백성과 양반 모두에게 원성을 삼
- 공사비 마련을 위하여 고액 화폐인 **당백전**을 발행하고 일종의 기부금인 **원납전**을 강제 징수함 (반강제로 징수함)

> **당백전**

경복궁 중건의 재원을 마련하기 위해 발행한 화폐예요. 상평통보에 비해 액면 가치는 100배였으나 실질 가치는 5~6배에 그쳤어요. 당백전의 발행으로 물가가 크게 올라 백성들의 생활이 어려워졌습니다.

시험에 나오는 사료 흥선 대원군의 경복궁 중건

경복궁 중건을 시작할 때 재정이 메말라 일을 할 수 없게 되자 팔도의 부자 명단을 뽑아서 돈을 거두어들였다. 그리하여 파산자가 잇달았다. 이때 거두어들인 돈을 원납전이라 하였는데, 백성들은 입을 비쭉거리면서 이렇게 말하였다. "원납전(願納錢, 스스로 내는 돈)이 아니라 원납전(怨納錢, 원망하며 바친 돈)이다." 이때 돈을 거두어들이기 위해 여러 가지 수단을 동원하였다. 도성에서는 문세(통행세)를 받았다.
― 『매천야록』 ―

2 통상 수교 거부 정책과 양요

(1) 흥선 대원군의 천주교 탄압
① 배경: 프랑스 선교사의 국내 잠입 및 포교 활동으로 천주교의 교세가 확장됨 (러시아가 청의 영토였던 연해주를 차지해 조선과 국경을 접하게 되면서 위기감이 고조됨)
② 초기: 프랑스 세력을 이용해서 러시아의 남하를 견제할 목적으로 천주교에 관대하였음
③ 변화: 프랑스의 거절(협상 실패)과 양반 유생들의 반발로 인해 천주교에 대한 탄압 정책으로 전환함
④ **병인박해(1866.1.)**: 9명의 프랑스 신부를 포함하여 수천 명의 천주교도를 처형함 (절두산에서 처형)

★ **(2) 제너럴셔먼호 사건(1866.7.)**
① 미국 상선 제너럴셔먼호가 평양 대동강을 거슬러 올라와 통상을 요구하며 행패를 부림
② 평안도 관찰사 박규수의 지휘하에 평양 관민들이 제너럴셔먼호를 불태워 침몰시킴

(3) 병인양요(1866.9.)

배경	병인박해(1866)로 프랑스 선교사들이 처형됨
전개	• 프랑스 로즈 제독의 함대가 강화도를 점령함 • 한성근 부대가 문수산성에서, **양헌수 부대가 정족산성(삼랑성)에서 활약**
결과	• 상황이 불리하다고 여긴 프랑스 군대가 물러감 • 프랑스군이 철수 과정에서 **외규장각에 보관된 조선 왕조 의궤 등 각종 문화유산을 약탈**

시험에 나오는 사료 병인양요

양헌수가 은밀히 정족산 전등사로 가서 주둔하였다. …… 산 위에서 매복하고 있다가 한꺼번에 북을 치고 나발을 불며 좌우에서 총을 쏘았다. 적장이 총에 맞아 말에서 떨어지고 서양인 10여 명이 죽었다. 달아나는 서양인들을 쫓으니 그들은 동료의 시체를 옆에 끼고 급히 본진으로 도망갔다.

최빈출 핵심 선지

- 1866년에 프랑스 선교사와 천주교도들이 처형된 **병인박해**가 일어났다.
- 1866년에 박규수와 평양 관민이 대동강으로 침입한 **제너럴셔먼호**를 불태워 침몰시켰다.
- 병인박해를 구실로 프랑스군이 강화도를 침략한 **병인양요**가 일어났다.
- 병인양요가 일어나자 **양헌수** 부대가 **정족산성**에서 프랑스군을 격퇴하였다.
- 병인양요 당시 프랑스군에 의해 **외규장각 도서**가 **약탈**당하는 피해를 입었다.
- 1868년에 독일 상인 **오페르트**가 흥선 대원군 아버지의 묘인 **남연군 묘 도굴**을 시도하였다.
- 제너럴셔먼호 사건을 구실로 1871년에 미군이 강화도를 침략한 **신미양요**가 일어났다.
- 신미양요 당시 **어재연** 장군이 이끄는 부대가 광성보에서 항전하였다.
- 신미양요 당시 **광성보**가 함락되면서 조선군의 '수'자기를 미군에 빼앗겼다.
- 흥선 대원군은 신미양요 이후 종로와 전국 각지에 **척화비**를 건립하였다.

(4) 오페르트 도굴 사건(1868)

배경	독일 상인 오페르트의 통상 요구 → 조선 정부의 거절
전개	오페르트가 무장 병력을 동원하여 흥선 대원군의 아버지인 **남연군 묘의 도굴 시도**(충남 덕산) → 도굴 실패 충청남도 예산군 덕산면
결과	서양인에 대한 반감 고조, 통상 수교 거부 정책 강화

(5) 신미양요(1871)

배경	**제너럴셔먼호 사건**을 빌미로 미국이 통상을 요구하며 침략
전개	• 미국의 아시아 함대 사령관 로저스 제독이 강화도 침략(초지진, 덕진진 점령) • **광성보에서 어재연 부대**의 결사 항전 → 광성보 함락, 어재연 전사
결과	• 상황이 불리하다고 여긴 미국 군대가 20여 일 만에 물러감 • 미군이 철수 과정에서 **어재연 부대의 '수'자기**를 가져 감

'장수 수(帥)'자가 쓰여 있는 어재연 장군기로, 미군이 전리품으로 가져가 미 해군 사관학교에 전시해 두었다가 2007년에 임대 방식으로 우리나라에 반환하였음

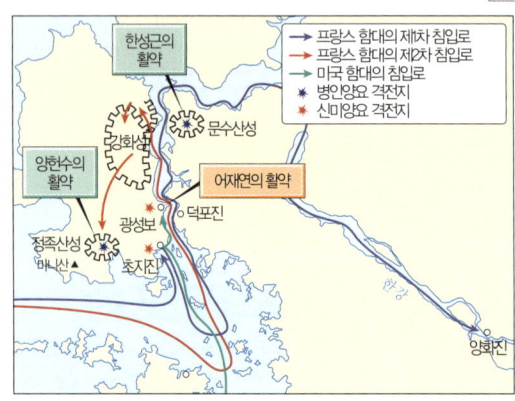
▲ 병인양요와 신미양요의 전개

▲ 어재연 장군 '수'자기

시험에 나오는 사료   신미양요

의정부에서 아뢰기를 "서양 오랑캐가 광성진을 침범하였을 때 진무 중군 어재연의 생사는 자세히 알 수 없었습니다. 하지만 지방 수령이 대신할 진무 중군을 임명해 달라고 이미 청한 것을 보면 절개를 지켜 싸우다 전사한 것 같습니다."라고 하였다.

－『고종실록』－

(6) 척화비 건립
① 신미양요 직후 종로와 전국 각지에 통상 수교 거부 의지를 나타낸 척화비를 세움
② 위정척사 계열의 지지를 받음

> **척화비**

'서양 오랑캐가 침범하였을 때 싸우지 않는 것은 화친하는 것이요, 화친을 주장하는 것은 나라를 파는 것이다.'라는 내용이 적혀 있다.

13강② 개항과 서양 각국과의 조약 체결

13~15강 근대 사회

외국과 맺은 조약

일본	미국	청	일본
강화도 조약 (1876)	조 · 미 수호 통상 조약 (1882)	조 · 청 상민 수륙 무역 장정(1882)	조 · 일 통상 장정 (1883)

1 강화도 조약과 개항

(1) 개항의 배경

① 흥선 대원군의 하야(1873) ┌ 관직에서 물러남
- 흥선 대원군의 정책(예 호포제, 경복궁 중건, 서원 철폐 등)에 대해 양반 유생들이 반발
- 최익현이 흥선 대원군 하야 상소를 올림(계유상소) → 고종의 친정 체제 성립(1873)
  └ 직접 정사를 돌봄
- 흥선 대원군 하야 이후 민씨 일족이 집권 → 국내외 정책이 변화되기 시작함
  └ 명성 황후의 일족인 여흥 민씨

② 통상 개화론의 대두 ┌ 『해국도지』, 『영환지략』 등의 세계 지리서를 국내에 소개함
- 주요 인물: 박규수, 오경석(역관), 유홍기(의관) 등이 주장
- 주장: 열강의 군사적 침략을 피하기 위해서는 개항이 불가피함을 역설함

③ 일본의 문호 개방 압력: 일본은 메이지 유신으로 근대 국가 체제를 확립함
- 조선을 무력으로 침공하자는 정한론을 내세워 해외 진출을 시도함
- 운요호 사건(1875): 일본이 해로 탐사를 명분으로 군함 운요호를 파견하여 강화도 일대에서 군사 도발을 일으킴 → 강화도 초지진 공격, 영종도 약탈

★(2) 일본에 대한 문호 개방

① 강화도 조약(1876, 조·일 수호 조규)

계기	일본이 **운요호 사건**을 빌미로 조선에 문호 개방 요구
주요 내용	• 조선 측 대표로 신헌이 강화도로 가서 일본 측 대표와 조약을 체결함 • 조선이 자주국임을 명시: 청의 종주권 부인, 일본의 영향력 강화 의도 • **부산 외 2곳의 항구 개항**: 부산에 이어 1880년에 **원산**, 1883년에 **인천** 개항 • 해안 측량권 허용: 조선의 영토 주권 침해, 침략적 의도를 드러냄 • 치외 법권(영사 재판권) 규정: 조선의 사법권 침해
성격	조선이 외국과 맺은 최초의 근대적 조약, 불평등 조약
결과	일본이 조선을 정치적·경제적으로 침략하기 위한 발판을 마련함

시험에 나오는 사료 강화도 조약(조·일 수호 조규)

제1관 조선은 자주국이며 일본과 똑같은 권리를 갖는다. → 청의 간섭 배제 의도 ┌ 원산(1880), 인천(1883) 개항
제5관 경기·충청·전라·경상·함경 5도 가운데 통상에 편리한 항구 2개를 골라 개항한다.
제7관 조선국 연해의 도서와 암초를 조사하지 않아 매우 위험하다. 일본국 항해자가 자유로이 해안을 측량하도록 허가한다.
 └ 해안 측량권
제10관 일본국 인민이 조선국 항구에서 죄를 지었거나 조선국 인민에게 관계되는 사건은 모두 일본국 관원이 심판한다.
 └ 치외 법권

최빈출 핵심 선지
- 일본 군함 **운요호**가 강화도에 접근하여 무력시위를 벌였다.
- 운요호 사건을 계기로 우리나라 최초의 근대적 조약인 **강화도 조약**이 체결되었다.
- 강화도 조약으로 **부산** 외 **원산**, **인천**에 개항장이 설치되었다.

▶ **정한론**
1870년대를 전후하여 일본 정계에서 강하게 주장되었던 조선에 대한 침략론이다.

▶ **치외 법권**
외국에 체류하면서 그 나라의 법률 적용을 받지 않을 수 있는 권리로, 영사 재판권이라고도 합니다. 치외 법권을 적용받는 인물은 자신이 체류하고 있는 국가의 법이 아닌 본국의 법을 적용받게 됩니다.

② 조·일 수호 조규 부록(1876): 일본인 거류지 설정(일본인의 개항장 활동 범위를 10리로 제한), 개항장 내 일본 화폐 유통 허용
③ 조·일 무역 규칙(1876): 일본 상품 무관세, 양곡의 무제한 유출 허용

시험에 나오는 사료 조·일 무역 규칙

제6칙 조선국 항구에 거주하는 일본 인민은 양미(糧米)와 잡곡을 수출, 수입할 수 있다.
제7칙 일본국 정부에 소속된 모든 선박은 항세(港稅)를 납부하지 않는다.

④ 조·일 통상 장정(1883) → 1876년에 체결된 조·일 무역 규칙을 통상 장정이라고 하고, 1883년에는 통상 장정이 개정되었다고도 함
  • 일본 상품에 대한 관세 부과(무관세에서 유관세로 전환)
  • 무제한 곡물 유출을 막기 위한 조치로 방곡령 시행 규정 추가
  • 일본에 대한 최혜국 대우 인정(일본 상인의 내지 무역이 허용되는 계기가 됨)

시험에 나오는 사료 조·일 통상 장정

제37관 조선국에서 가뭄과 홍수, 전쟁 등의 일로 국내에 양식이 부족할 것을 우려하여 일시 쌀 수출을 금지 하려고 할 때에는 1개월 전에 지방관이 일본 영사관에 통지하고, 미리 그 기간을 항구에 있는 일본 상인들에게 전달하여 일률적으로 준수하는 데 편리하게 한다.

> **방곡령**
> 방곡령은 식량난 해소를 위해 지방 관이 곡물의 수출을 금지하는 명령 입니다. 1889년 함경도에서 방곡령 이 선포되었으나, 일본의 반발로 방 곡령을 철회하고 일본에 배상금을 지불하였습니다.

> **최혜국 대우**
> 통상 조약을 맺은 상대국에게 지금 까지 가장 좋은 조건을 부여한 국가 와 동등한 대우를 자동으로 부여하 는 것을 의미합니다.

2 외국과의 조약 체결

★(1) 조·미 수호 통상 조약(1882)
① 배경: 황준헌(황쭌셴)이 작성한 『조선책략』이 조선에 유포되면서 조선 내에서 미국과의 수교 필요성이 대두 → 일본에 있던 청의 외교관
  → 제2차 수신사로 일본에 다녀온 김홍집이 가지고 돌아와 유포함
② 과정: 청의 알선으로 조약 체결 → 청은 러시아와 일본 세력을 견제하고, 조선에 대한 종주권을 국제적으로 승인 받기 위해 미국과의 조약을 알선함
③ 주요 내용: 치외 법권과 최혜국 대우 인정, 거중 조정, 낮은 세율의 관세 조항 규정
④ 성격: 조선이 서양과 체결한 최초의 근대적 조약, 불평등 조약
⑤ 영향: 미국 공사가 서울에 부임한 답례로 미국에 보빙사 파견(1883)

시험에 나오는 사료 조·미 수호 통상 조약

제5관   미국 상인과 상선이 조선에 와서 무역할 때 입출항하는 화물은 모두 세금을 바쳐야 하며, 그 수세 하는 권한은 조선이 자주적으로 한다. → 관세 규정
제14관 현재 양국이 논의하여 결정하고 난 이후 대조선국 군주가 어떠한 은혜로운 정사와 은혜로운 법 및 이익을 다른 나라 혹은 그 상인에게 베풀 경우, 배로 항해하여 통상 무역을 왕래하는 등의 일을 해 당국과 그 상인이 종래 누리지 않았거나 이 조약에 없는 경우를 막론하고 미국 관원과 백성이 일 체 균점(均霑)하는 것을 승인한다. → 최혜국 대우

> **최빈출 핵심 선지**
> • 조·미 수호 통상 조약에는 외국에 대한 최혜국 대우가 처음으로 규정 되었다.
> • 조·미 수호 통상 조약에는 거중 조정에 대한 내용이 포함되었다.

> **거중 조정**
> 국제 분쟁을 제3자의 권고로 평화 적으로 해결하는 것을 뜻하며, 조선 의 외교 분쟁 시 미국이 개입하여 조선의 안보를 보장한다는 내용입 니다.

(2) 서양 각국과의 수교

① 수호 통상 조약의 체결

조약	국가(연도)	조약	국가(연도)
조·영 수호 통상 조약	영국(1883)	조·러 수호 통상 조약	러시아(1884)
조·독 수호 통상 조약	독일(1883)	조·프 수호 통상 조약	프랑스(1886)
조·이 수호 통상 조약	이탈리아(1884)	조·오 수호 통상 조약	오스트리아·헝가리 제국 (1892)

② 특징
- 치외 법권과 최혜국 대우가 인정된 불평등 조약이었음
- 러시아는 청의 알선 없이 조선과 직접 교섭 후에 조약을 체결함
- 프랑스와 조약이 체결되면서 천주교 포교의 자유가 인정됨
  └ 천주교 포교 문제로 수교가 늦어짐

(3) 조·청 상민 수륙 무역 장정(1882)

① 배경: 임오군란을 계기로 민씨 정권에 대한 내정 간섭을 강화한 청이 일본에 맞서 조선에 대한 경제 침투를 강화하기 위한 목적으로 조약을 체결함
② 성격: 조선과 청 상인의 수륙 양면에 걸친 통상에 관한 규정을 세움
③ 주요 내용: 조선이 청의 속방임을 명시, 청 상인의 내륙 진출 허용(내지 통상권 허용)
④ 영향
- 청 상인과 일본 상인 간에 조선을 놓고 무역 경쟁이 심화됨
- 객주, 여각, 보부상 등의 활동이 크게 위축됨

> **조·프 수호 통상 조약(일부)**
>
> 프랑스국 국민으로서 조선국에 와서 언어·문자를 배우거나 가르치며 법률과 기술을 연구하는 사람이 있으면 모두 보호하고 도와줌으로써 양국의 우의를 돈독하게 한다.

13강 ③ 근대적 개혁의 추진과 반발

13~15강 근대 사회

주요 사건 흐름

- 1880 통리기무아문 설치
- 1881 별기군 설치
- 1881 영남 만인소
- 1883 보빙사 파견

1 개화 세력의 대두와 개화 정책의 추진

(1) 개화사상의 형성(1860년대) ┌ 흥선 대원군 집권 시기
① 중국과 일본이 서양에 문호를 개방함
② 청과 활발하게 교류하고 서양 문물을 수용하자는 북학파의 실학 사상을 계승함(박지원 → 박규수)
③ 청의 양무운동(중체서용)과 일본의 메이지 유신(문명개화론)에 영향을 받음
  └ 중국을 체(體), 서양을 용(用)으로 삼자는 의미로, 서양의 문물을 부분적으로 수용하자는 주장
  └ 서양의 기술·기기만이 아니라 문화와 풍속까지 수용하자는 주장

(2) 개화파의 형성
① 주요 인물: 박규수의 지도를 받은 김옥균, 박영효, 홍영식, 김윤식, 서광범, 유길준 등
② 확대: 1870년대 말 정치 세력으로 성장(개화파 형성)하여 1880년대에 정계로 진출함 → 정부의 개화 시책 추진
③ 분화: 개화 속도, 방법, 청에 대한 정책 등에 대한 대립 과정에서 온건 개화파와 급진 개화파로 분화됨

개화파 계보
- 북학 사상 (홍대용, 박지원, 박제가)
- 통상 개화론 (박규수, 오경석, 유홍기) — 1876년 개항
- 개화파
  - 양무운동 → 온건 개화파 (김홍집, 김윤식, 어윤중 – 동도서기론)
  - 메이지 유신 → 급진 개화파 (김옥균, 박영효, 홍영식, 서광범 – 문명개화론)

(3) 온건 개화파
① 특징
- 청의 양무운동(중체서용)을 모델로 점진적 개혁 추진을 주장함
- 전통적 유교 사상을 고수하면서 서양의 과학 기술을 수용(동도서기)하자고 주장함
- 기존 정치와 사회 제도 등의 개혁에는 소극적이었음
- 민씨 정권의 개화 정책에 적극적으로 참여함

② 대외 관계: 청과 전통적인 사대 관계를 인정하는 입장(친청 사대 정책)
③ 인물: 김홍집, 김윤식, 어윤중 등

(4) 급진 개화파
① 특징
- 일본의 메이지 유신(문명개화론)을 모델로 급진적 개혁 추진을 주장함
- 서양의 물질문명은 물론 정치·사회·문화까지 적극적으로 수용하자고 주장함
- 정부의 개화 정책에 참여하였으나, 정부의 개화 정책이 소극적임을 비판함

② 대외 관계: 정부의 친청 정책과 청의 내정 간섭을 비판함
③ 인물: 김옥균, 박영효, 홍영식, 서광범 등

최빈출 핵심 선지

- 개항 이후 정부는 개화 정책을 총괄하는 **통리기무아문**을 설치하고 그 아래 **12사**를 두었다.
- 조선 정부는 개화 정책의 일환으로 5군영을 **2영**으로 축소하고 **별기군**을 창설하였다.
- 제2차 **수신사**로 일본에 파견된 **김홍집**은 귀국할 때 **조선책략**을 가지고 들어왔다.
- 조선 정부는 청에 **영선사**를 파견하여 근대식 무기 제조 기술과 군사 훈련법을 배워 오게 하였다.
- 조선 정부는 조·미 수호 통상 조약 체결 이후 미국에 사절단으로 **보빙사**를 파견하였다.

(5) 개화 정책의 추진 → 1880년대 초

① 관제 개편: 통리기무아문(개화 정책 총괄 기구)과 12사 설치(1880) ← 외교, 군사, 통상, 재정 등의 개화 행정 담당

② 군제 개편: 5군영을 무위영·장어영의 2영 체제로 개편, 신식 군대인 별기군(교련병대) 창설(1881) ← 일본인 교관 임명

③ 해외 시찰단 파견

수신사	• 강화도 조약 체결 이후 일본의 개화 상황 및 세계 정세 파악이 목적 • 김기수(1876, 1차), 김홍집(1880, 2차 → 황준헌의 『조선책략』을 가지고 들어옴)
조사 시찰단 (1881)	• 일본의 정세 파악, 개화 정책의 정보 수집 목적 → 암행어사 형태로 비밀리에 파견 • 박정양, 어윤중, 홍영식 등으로 구성 → 이후 초대 주미 공사로 임명됨 • 일본의 근대 시설과 근대적 정책 등을 보고 돌아와 보고서인 '일본 문견사건' 제출
영선사 (1881)	• 청의 톈진에 영선사 김윤식이 이끄는 유학생, 기술자 38명 파견 • 청의 근대식 무기 제조법, 군사 훈련법 습득 • 귀국 후 조선의 근대식 무기 제조 공장인 기기창 설립에 영향을 줌
보빙사 (1883)	• 조·미 수호 통상 조약 체결(1882) 직후 미국 공사 내한에 대한 답방 • 민영익, 홍영식, 유길준 등 파견, 최초로 서양에 파견된 사절단

→ 보빙사 일원인 유길준은 미국에 남아 유학하였고, 귀국 후 서양 근대 문명을 소개한 『서유견문』 집필

시험에 나오는 사료 ─ 황준헌의 『조선책략』

조선의 땅은 실로 아시아의 요충에 자리 잡고 있어 전략적으로 중요하므로 반드시 분쟁이 발생할 수밖에 없다. 조선이 위태로우면 동아시아의 정세가 날로 악화될 것이다. 러시아가 영토를 공략하고자 하면 반드시 조선으로부터 시작할 것이다. …… 그러므로 오늘날 조선의 제일 급선무는 러시아를 막는 것이다. 러시아를 막는 책략은 무엇인가. 중국을 가까이하며[親中國], 일본과 관계를 공고히 하고[結日本], 미국과 연계하여[聯美國] 자강을 도모할 따름이다.

→ 러시아를 견제하기 위해 중국, 일본, 미국과 가까이 지내야 함

> **통리기무아문**
> 개항 후의 정세 변동에 대응하기 위하여 만든 외교와 통상을 관장하는 새로운 행정 기구입니다. 통리기무아문은 개화 정책의 추진을 총괄하였습니다.

> **보빙사**
>

---

2 위정척사 운동

(1) 배경과 의미

① 배경: 서양 열강의 통상 요구, 일본에 의한 개항, 정부의 개화 정책 추진 → 유생들의 반발

② 의미와 성격: 위정(衛正, 정학과 정도를 지킴), 척사(斥邪, 사학과 이단을 물리침)
  └→ 성리학적 사회 질서 수호   └→ 성리학 이외의 모든 종교와 사상 배격

(2) 전개 과정

① 1860년대: 통상 반대 운동 전개

인물	이항로, 기정진 등 보수적 유학자
배경	서양 열강이 통상을 요구하고, 병인양요 등 침략 행위가 발생하기 시작
주장	서양의 무력 침략에 맞서자는 척화 주전론을 주장하며 흥선 대원군의 통상 수교 거부 정책을 지지

시험에 나오는 사료 ─ 척화 주전론

양이의 화가 금일에 이르러 홍수나 맹수의 해로움보다도 더 심합니다. 전하께서는 …… 안으로 관리들로 하여금 사학의 무리를 잡아 베게 하시고, 밖으로 장병들로 하여금 바다를 건너오는 적을 정벌하게 하소서.

— 『화서집』 —

└→ 서양 오랑캐(서양 사람을 낮잡아 이르는 말)   └→ 이항로의 시문집

> **최빈출 핵심 선지**
> • 최익현이 도끼를 들고 대궐 앞에 엎드려 개항에 반대하는 상소를 올렸어요.
> • 이만손 등 유생들은 조선책략 유포에 반발하여 영남 만인소를 올렸다.

> **척화 주전론**
> 화친하자는 논의를 배척하고 전쟁을 주장하는 의견을 말해요. 1860년대에 병인양요 등 서양 열강의 침략이 이어지면서 이항로, 기정진 등의 보수적 유학자들은 척화 주전론을 주장하며 흥선 대원군의 통상 수교 거부 정책을 지지했습니다.

② 1870년대: 개항 반대 운동 전개

인물	최익현, 유인석 등
배경	서양과 일본의 문호 개방 압력으로 인해 강화도 조약 체결
주장	일본과 서양은 같기 때문에 개항은 절대 불가하다고 주장(왜양일체론)

↳ 외세에 의한 문호 개방이 경제 파탄과 자주권 손상을 가져올 것이라 주장

시험에 나오는 사료   최익현의 왜양일체론

↱ 서양 오랑캐

저들이 비록 왜인이라고는 하나 실은 양적입니다. 화친이 한번 이루어지면 사학(邪學)의 서책과 천주의 초상이 교역하는 속에 섞여 들어오게 되고, 조금 지나면 전도사와 신도가 전수하여 사학이 온 나라에 두루 가득 차게 될 것입니다.

– 「지부복궐척화의소」 –

★ ③ 1880년대: 개화 반대 운동 전개

인물	이만손, 홍재학 등
배경	정부가 개화 정책을 추진하기 시작, 제2차 수신사로 일본에 다녀온 김홍집이 『조선책략』 유포 → 서양과의 수교에 대한 필요성이 대두
주장	『조선책략』의 주장에 거세게 반발하며 집단 상소를 올리는 등 개화 정책 추진을 반대(이만손 등의 영남 만인소, 1881)

↳ 1만여 유생이 집단으로 올리는 상소

시험에 나오는 사료   영남 만인소   ↱ 『조선책략』

- 수신사 김홍집이 가지고 와서 유포한 황준헌의 사사로운 책자를 보노라면 어느새 털끝이 일어서고 쓸개가 떨리며 울음이 복받치고 눈물이 흐릅니다. …… 러시아는 본래 우리와 혐의가 없는 나라입니다. 공연히 남의 말만 듣고 틈이 생기게 된다면 우리의 위신이 손상될 뿐만 아니라 만약 이를 구실로 침략해 온다면 장차 이를 어떻게 막을 것입니까?
- 지금 조정에서는 어찌 백해무익한 일을 하여 러시아가 없는 마음을 먹게 하고, 미국이 의도하지 않았던 일을 만들어 오랑캐를 끌어들이려 하십니까? 저 황준헌이라는 자는 스스로 중국에서 태어났다고 하면서도, 일본을 위해 말하고 예수를 좋은 신이라 하며, 난적의 앞잡이가 되어 스스로 짐승과 같은 무리가 되었습니다. 고금천하에 어찌 이런 이치가 있겠습니까?

④ 1890년대: 항일 의병 운동 전개

인물	유인석, 이소응 등
배경	일본군의 경복궁 점령 이후 일본의 침략 행위가 심화되고 을미사변, 을미개혁(단발령) 등이 발생
주장	상소 단계를 넘어 직접적인 항일 의병 운동으로 맞서 싸움(을미의병)

↳ 일본에 의한 명성 황후 시해 사건

14강 ① 임오군란과 갑신정변

13~15강 근대 사회

주요 사건 흐름
- 1882 임오군란
- 1884 갑신정변
- 1885 톈진 조약 체결
- 1885~1887 거문도 사건

1 임오군란

(1) 배경
① 13개월치 녹봉미 미지급, 군제 개혁으로 인한 실직 등 구식 군인에 대한 차별 대우 심화
② 일본의 경제적 침탈로 인한 곡물 유출과 쌀값 폭등 등 서민 생활의 악화
③ 개화 세력과 보수 세력의 대립
④ 민씨 정권 세력과 흥선 대원군의 정치적 대립

(2) 과정
① 구식 군인들의 봉기(1882): 겨와 모래가 섞인 쌀을 밀린 월급으로 지급하자 구식 군인들이 봉기를 일으킴 → 선혜청과 정부 고관의 집 습격, 일본인 교관 살해, 일본 공사관 습격(도시 빈민 합세), 궁궐 습격 → 명성 황후 피신
  └ 민겸호의 집
② 흥선 대원군 재집권: 흥선 대원군이 군란 수습의 명목으로 재집권 → 개화 정책 중단, 5군영 부활, 통리기무아문과 별기군 폐지 등을 추진
③ 청의 군대 파견: 일본이 조선 내 거류민 보호를 이유로 군대 파견 움직임을 보임 → 민씨 정권의 요청으로 청이 군대를 파견하여 군란 진압 → 청은 흥선 대원군에게 군란의 책임을 물어 청으로 압송
  └ 톈진으로 압송 → 1885년 귀국

★(3) 결과
① 제물포 조약 체결(1882): 일본에 배상금을 지불하고 일본 공사관의 경비병 주둔을 인정

> **시험에 나오는 사료** 제물포 조약
> 제3조 일본인 조난자 및 그 유족에게 5만 원의 보상금을 지급한다.
> 제4조 일본군의 출동비 및 손해에 대한 보상비로 50만 원을 조선 측이 지불한다.
> 제5조 일본 공사관에 군대를 상주시키고 병영의 설치와 수선 비용을 조선 측이 부담한다.
> 제6조 조선에서 대관(大官)을 특파하여 일본에 사과한다.
> └ 일본 공사관의 경비병 주둔 인정

② 민씨 일파의 재집권: 청에 대한 의존이 심해지는 결과를 가져옴
③ 청의 내정 간섭: 위안스카이가 지휘하는 청 군대가 조선에 상주, 마젠창(내정), 묄렌도르프(외교) 등 고문 파견 → 청의 조선에 대한 내정 및 외교 간섭이 심화됨
  └ 마건상
④ 조·청 상민 수륙 무역 장정 체결(1882): 조선을 청의 속국으로 규정, 청의 경제적 침투가 강화되어 청 상인에게 내지 통상권 허용

최빈출 핵심 선지
- 임오군란이 청군에 의해 진압되면서 청의 내정 간섭이 본격화되었다.
- 임오군란 후 일본 공사관 경비를 위한 일본군 주둔을 인정하는 제물포 조약이 체결되었다.
- 임오군란 후 체결된 조·청 상민 수륙 무역 장정을 통해 청 상인의 내지 통상이 가능해졌다.

▶ **묄렌도르프**
임오군란 이후 청나라가 외교 고문으로 파견한 독일인이에요.

2 갑신정변

(1) 배경
① 임오군란 이후 민씨 정권의 친청 정책 추진으로 청의 내정 간섭이 심화됨
② 김옥균(급진 개화파)이 개혁을 위한 자금 마련을 위해 일본으로 건너감 → 차관 도입 실패 → 급진 개화파의 정치적 입지가 약화되었고, 개화당에 대한 탄압이 심화됨
③ 청·프 전쟁(1884)의 발발로 조선에 주둔한 청군의 일부가 베트남으로 철수함
④ 일본 공사에게 정변에 대한 군사적·재정적 지원을 약속받음

★(2) 과정
① 김옥균, 박영효, 서광범, 홍영식 등 급진 개화파가 우정총국 개국 축하연을 기회로 수구 사대당 요인을 살해하며 정변을 일으킴(1884)
② 개화당 정부 수립, 근대 국가 건설을 지향하는 개혁 단행, 14개조 개혁 정강 마련
③ 청군의 개입으로 3일 만에 실패 → 김옥균 등 급진 개화파 정변 세력은 일본으로 망명 (홍영식은 국내에서 피살)

(3) 개혁 정강 14개조 주요 내용
(토지에 부과하는 각종 조세에 대한 규정)
청에 대한 사대 관계 폐지, 문벌을 폐지해 인민 평등권 확립, 지조법 개혁, 혜상공국 폐지, 내각 중심의 정치 실시(입헌 군주제 지향), 모든 재정의 호조 관할

> **시험에 나오는 자료** 갑신정변의 개혁 정강 14개조
>
> 1. 대원군을 즉시 환국하도록 할 것
> 2. 문벌을 폐지하여 인민 평등의 권리를 제정하고, 사람에게 관직을 택하게 하고 관직으로써 사람을 택하지 말 것
> 3. 전국적으로 지조법(地租法)을 개혁하여 아전들의 부정을 막고 백성의 곤경을 구제하며, 더불어 국가 재정을 넉넉하게 할 것
> 4. 내시부를 혁파하고, 그 가운데 우수한 재능이 있는 자는 등용할 것
> 6. 각 도의 환곡은 영구히 중단할 것
> 8. 급히 순사를 두어 도둑을 막을 것
> 9. 혜상공국을 혁파할 것
> 12. 무릇 국내 재정은 모두 호조가 관할하고, 그 외의 모든 재정 관청은 폐지할 것
> 13. 대신과 참찬은 합문 안 의정소에서 회의하고 왕에게 보고한 후 정령을 반포해서 시행할 것
> 14. 의정부와 6조 외에 무릇 불필요한 관청은 모두 혁파하고, 대신과 참찬으로 하여금 참작 협의하여 아뢰도록 할 것

(4) 결과
① 한성 조약 체결(1884): 조선이 일본에 배상금 지불, 일본 공사관 신축 비용 부담 등
② 톈진 조약 체결(1885)
- 청과 일본이 체결
- 청·일 군대가 조선에서 동시에 철수하고, 추후 조선에 파병을 하는 경우에 상호 통보를 약속함
- 훗날 동학 농민 운동이 일어났을 때 양국 군대가 조선에 파견되는 명분이 됨
③ 청의 내정 간섭 심화: 친청 보수 세력이 장기 집권, 개화 세력의 도태 등 → 조선 내 청의 영향력이 더욱 강화됨

최빈출 핵심 선지

- 김옥균 등 급진 개화파는 우정총국 개국 축하연을 이용하여 갑신정변을 일으켰다.
- 갑신정변 후 조선과 일본 사이에 한성 조약이 체결되었다.
- 갑신정변 후 일본과 청은 톈진 조약을 체결하였다.
- 1885년에 영국은 러시아를 견제한다는 구실로 거문도를 불법 점령하였다.
- 조선 주재 독일 부영사 부들러와 유길준은 조선 정부에 한반도의 중립화를 주장하였다.

▶ 김옥균

▶ 우정총국

보빙사로 미국에 다녀온 홍영식의 건의로, 1884년 근대적인 우편 업무를 실시하기 위해 세웠습니다. 하지만 갑신정변의 거사 장소로 활용되면서 폐쇄되었다가 1895년 우체사로 계승되었습니다.

(5) 갑신정변 이후 대외 정세

① **청과 일본의 대립 격화**: 조선에 대한 청의 내정 간섭 심화, 일본과의 견제 구도 심화
② **조선 정부의 노력**: 조선 정부는 러시아와 접촉하여 조·러 비밀 협약을 독자적으로 추진하는 등 청의 내정 간섭을 극복하기 위해 노력함
③ **거문도 사건(1885~1887)**: 영국이 러시아의 남하를 구실로 거문도를 불법으로 점령함 → 청의 중재로 철수함
④ **조선 중립화론 대두**: 조선 주재 독일 부영사 부들러(조선의 독자적인 영세 중립국 선언 제안), 유길준(강대국 모두가 보장하는 중립화 주장) 등이 조선의 중립화론을 주장함

시험에 나오는 자료   갑신정변 전후 대외 정세

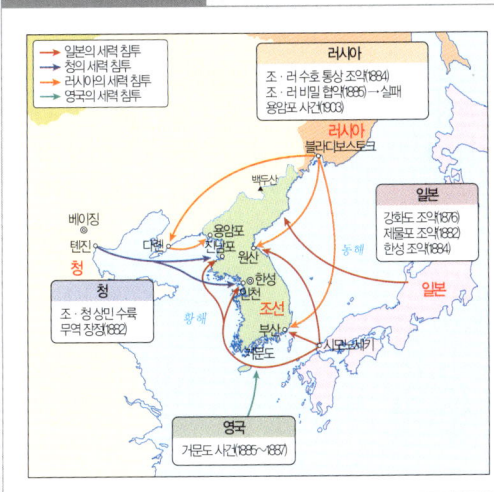

갑신정변 무렵 조선은 동서남북으로 얽혀 있는 열강의 이해관계 속에 어려움을 겪어야만 했습니다. 이 당시 조선 중립화론도 대두되었지만, 실현되지는 못하였습니다.

◀ 한반도를 둘러싼 열강의 각축

14강 ② 동학 농민 운동

13~15강 근대 사회

주요 전개 과정

- 1894.1. 고부 농민 봉기
- 1894.4. 황토현 전투
- 1894.5. 전주 화약 성립
- 1894.11. 우금치 전투

1 동학의 교세 확대와 교조 신원 운동

(1) 교세 확대
① 1890년대 탐관오리의 횡포와 외세의 경제적 침투에 반발한 농민들이 동학에 가입함
② 동학 2대 교주인 최시형이 「동경대전」(최제우가 저술한 경전)과 「용담유사」(최제우가 저술한 포교 가사집)를 편찬하여 동학을 재정비함
③ 충청도와 전라도를 중심으로 포교 활동을 하며 포접제를 통해 동학 조직을 확대함
  - 교조 신원 운동 주도
  - 동학에서 교도들을 관리하기 위해 만든 조직. 교주 아래 포가 있고, 포 아래 접이 있었음

(2) 교조 신원 운동
① 주장: 교조 최제우의 억울함을 풀고 동학교도에 대한 탄압을 중지할 것을 요구함
② 전개

삼례 집회 (1892)	전라북도 삼례에 모인 수천 명의 동학교도가 교조 신원과 동학에 대한 탄압 중지 요구 → 가슴에 맺힌 원한을 풀어 버림
서울 복합 상소(1893)	서울 경복궁 앞에서 동학교도 40여 명이 복합 상소 운동 전개
보은 집회 (1893)	• 충청북도 보은에서 동학교도와 농민들이 교조 신원과 동학 탄압 중지 요구 • 탐관오리 숙청, 외세 배척 등 반봉건·반외세 주장(척왜양창의) • 종교 운동의 성격에서 정치·사회적 성격으로 발전함

최빈출 핵심 선지
- 동학은 포접제를 활용하여 교세를 확장하였다.
- 동학교도들은 삼례 등지에 모여 교조 신원 운동을 전개하였다.
- 동학교도들은 보은 집회에서 교조 신원을 주장하였다.

2 동학 농민 운동의 전개

(1) 고부 농민 봉기(1894.1.)
① 원인: 고부 군수 조병갑의 학정(만석보라는 저수지를 쌓게 하고 수세를 강제로 징수 등)
② 경과: 전봉준 등이 고부 관아 점령(창고 양곡 몰수, 조세 장부 불태움, 만석보 파괴) → 정부는 후임 군수 박원명을 파견 → 후임 군수의 시정 약속을 받고 자진 해산
  - 사발통문으로 동지를 모음

★(2) 제1차 동학 농민 봉기(1894.3.)

원인	고부 농민 봉기 수습을 위해 파견된 안핵사 이용태가 오히려 봉기의 주모자 등을 색출하여 탄압하면서 농민들의 반발이 심화됨 → 포악한 자들을 제거하고 백성을 구함
봉기	• 전봉준, 손화중, 김개남 등 동학 지도자들이 농민군을 조직하고 무장에서 봉기 • 고부 백산에서 보국안민과 제폭구민을 주장하며 4대 강령과 격문 발표(백산 봉기)
주요 전투	• 황토현 전투(1894.4.7.): 황토현에서 장태를 이용해 관군(전라도 감영군) 격파 • 황룡촌 전투(1894.4.23.): 황룡촌에서 홍계훈의 경군 격파 • 전주성 점령(1894.4.27.): 전라도 주요 지역 점령 이후 전주성까지 점령하며 세력 확장

나라를 돕고 백성을 편안하게 함

최빈출 핵심 선지
- 고부 군수 조병갑의 학정에 분노한 고부 농민들이 전봉준을 중심으로 농민 봉기를 일으켰다.
- 동학 농민군은 정부와 전주 화약을 맺은 후 집강소를 설치하고 폐정 개혁안을 실천하였다.
- 동학 농민군은 일본이 경복궁을 무력 점령하자 남접과 북접이 논산에 집결하며 다시 봉기하였다.
- 동학 농민군은 공주 우금치에서 관군과 일본군 연합에 맞서 싸웠으나 크게 패배하였다.

(3) 전주 화약과 집강소 활동

① 정부의 대응과 청·일 군대 파병
- 동학 농민군의 전주성 점령에 따라 위기의식을 느낀 정부는 청에 군사 지원을 요청함
- 청이 파병하면서, 자국민 보호를 구실로 일본도 파병

② 전주 화약 성립(1894.5.)
- 청과 일본의 파병으로 인해 정부와 농민군 간에 전주 화약 체결
- 전주 화약에서 동학 농민군은 청·일 군대의 철병과 폐정 개혁을 요구한 후 자진 해산

③ 농민군의 집강소 설치: 전라도에 53개의 집강소를 두고 폐정 개혁안을 추진함 ← 자치적 민정 기구

④ 정부의 교정청 설치: 정부는 내정 개혁을 추진하기 위해 교정청을 설치함

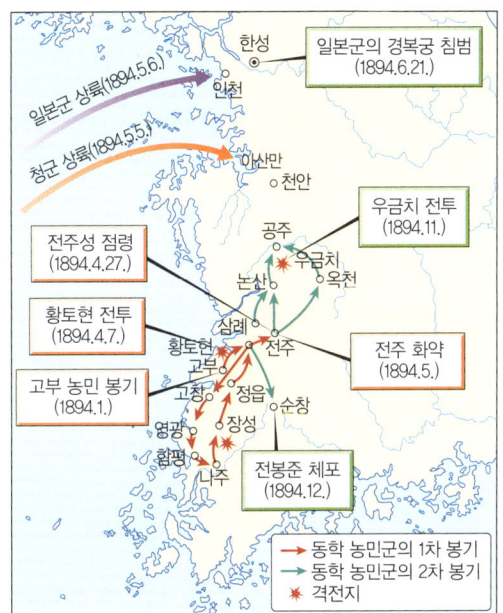
▲ 동학 농민 운동의 전개

> **사발통문**
>
>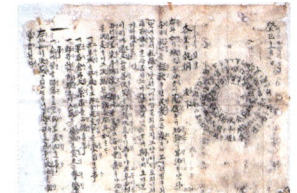
>
> 주모자가 드러나지 않도록 사발을 엎어 그린 원을 중심으로 참가자의 명단을 둘러가며 적은 통문입니다.

> **집강소**
>
> 1894년 동학 농민군과 정부가 전주 화약을 체결한 이후 농민군이 전라도의 각 군현에 설치하였던 농민 자치 기구예요. 집강소를 중심으로 폐정 개혁안이 추진되었습니다.

시험에 나오는 자료 — 폐정 개혁안 12개조

1. 동학교도는 정부와의 원한을 씻고 정서에 협력한다.
2. 탐관오리는 그 죄상을 조사하여 엄징한다.
3. 횡포한 부호(富豪)를 엄징한다.
4. 불량한 유림과 양반의 무리를 징벌한다.
5. 노비 문서를 소각한다.
6. 7종의 천인 차별을 개선하고, 백정이 쓰는 평량갓을 없앤다.
7. 청상과부의 개가를 허용한다.
8. 무명의 잡세는 일체 폐지한다.
9. 관리 채용에는 지벌을 타파하고 인재를 등용한다.
10. 왜와 통하는 자는 엄징한다.
11. 공·사채를 물론하고 기왕의 것을 무효로 한다.
12. 토지는 평균하여 분작한다.

– 오지영, 『동학사』 –

(4) 제2차 동학 농민 봉기(1894.9.)

① 원인
- 조선의 청·일 군대 철수 요구 → 일본군의 경복궁 무력 점령 → 청·일 전쟁 발발 ← 일본군이 청군을 선제공격하여 시작
- 친일 내각 수립, 일본의 내정 간섭(군국기무처 설치, 제1차 갑오개혁 추진)

② 동학 농민군 재봉기
- 삼례에서 농민군이 반침략의 기치를 들고 대거 집결하며 재봉기
- 논산에서 동학의 남접(전봉준)과 북접(손병희)이 합세(남·북접 연합) → 서울로 북상하여 관군과 일본군을 상대로 격전 ← 제1차 봉기에는 남접만 참가하였지만 제2차 봉기 때는 동학 교단 조직 전체가 동원됨

③ 공주 우금치 전투(1894.11.): 조선 정부·일본의 연합군과 공주 우금치에서 대치 → 1주일간 50여 회의 혈투 끝에 조선 정부·일본의 연합군에 패배

④ 동학 농민군 지도자 체포: 전봉준, 김개남, 손화중 등이 체포되며 동학 농민 운동 좌절

> **서울로 압송되는 전봉준**
>
>

| 시험에 나오는 사료 | 제2차 동학 농민 봉기 — 일본의 경복궁 점령

> 그들의 통문에는 대개 "벌레 같은 왜적들이 날뛰어 수도를 침범하고, 임금의 위태로움이 눈앞에 이르렀으니, …… 어찌 한심스럽지 않겠습니까? 그러므로 각 접(接)들은 힘을 합하여 왜적을 쳐야겠습니다."라고 적혀 있습니다. 그리고 녹두라고 불리는 자가 전라도 병력 수십만 명을 이끌고 공주 삼리에 이르러 진을 치고 보은의 병력과 서로 호응하고 있으므로 그 기세가 갑자기 확대되었습니다.

(5) 동학 농민 운동의 성격

① 실패 원인: 봉건 체제를 유지하려는 수구 세력의 방해와 일본 등 외세의 무력 개입

② 성격
- 대내적: 양반 중심의 신분 질서를 개혁하려는 반봉건적 근대화 운동(노비 문서 소각, 토지 평균 분작 등)
- 대외적: 외세의 침략을 물리쳐 나라를 지키려 한 반외세적 민족 운동

③ 영향
- 신분제 폐지, 과부 재가 허용 등 갑오개혁에 영향을 주어 봉건 체제 붕괴를 촉진시킴
- 동학 농민군 잔여 세력이 의병에 참여하면서 구국 무장 투쟁이 활성화됨

④ 한계
- 근대 사회 건설을 위한 구체적 방안을 제시하지 못함
- 농민층 외에 다양한 사회 계층을 지지 기반으로 만들지 못함
- 근대 무기로 무장한 일본군을 물리치기에는 역부족이었음

> **민보군**
> 동학 농민 운동 당시 양반과 아전들은 민보군을 조직하여 관군에게 정보를 주고 농민군을 공격하기도 하였습니다.

14강 ③ 갑오개혁·을미개혁

13~15강 근대 사회

주요 사건 흐름: 1894 갑오개혁 — 1895 을미사변 — 1895 을미개혁 — 1896 아관파천

1 갑오개혁

(1) 제1차 갑오개혁(1894.7.)

① 배경
- 동학 농민군의 개혁 요구 등 개혁의 필요성 대두 → 정부는 교정청을 설치하고 개혁 착수 ┘ 군국기무처가 설치되면서 폐지됨
- 일본이 청·일 전쟁을 일으킨 후 조선 정부에 개혁을 강요하고자 **군국기무처를 설치함**
- 일본의 강요로 흥선 대원군을 섭정으로 하는 제1차 김홍집 내각이 수립됨

★ ② 개혁 내용

정치	• 개국 기년 사용: 청의 연호 폐지, 청과의 사대 관계 청산 • 왕실 사무와 정부 사무 분리, 궁내부 신설 • **6조를 80아문으로 개편, 과거제 폐지**, 경무청 신설(경찰 제도 도입)
경제	• 탁지아문으로 재정 일원화, 은본위 화폐 제도 실시 • 도량형 통일, 조세 금납제 시행
사회	• **공·사 노비법 폐지**(신분제 철폐) • 인신매매 금지, 조혼 금지, 과부의 재가 허용, 고문과 연좌법 폐지

시험에 나오는 사료 제1차 갑오개혁

- 이제부터는 국내외의 공사(公私) 문서에 개국 기년을 쓴다.
- 문벌, 양반과 상인들의 등급을 없애고 귀천에 관계없이 인재를 선발하여 등용한다.
- 남녀 간의 조혼(早婚)을 속히 엄금하며 남자는 20세, 여자는 16세 이상이라야 비로소 혼인을 허락한다.
- 과부가 재혼하는 것은 귀천을 막론하고 자신의 의사대로 하게 한다.
- 공노비와 사노비에 관한 법을 일체 혁파하고 사람을 사고파는 일을 금지한다.
— 『경장의정존안』 —

(2) 제2차 갑오개혁(1894.12.)

① 배경
- 일본이 청·일 전쟁에서 승기를 잡으면서 본격적으로 개혁을 간섭하기 시작함 ┘ 갑신정변의 주역
- 흥선 대원군이 퇴진하고, 일본에서 박영효·서광범이 귀국하면서 군국기무처 폐지, 제2차 김홍집 내각 성립(김홍집과 박영효의 연립 내각) 등이 이루어짐
- **홍범 14조 발표**(1895.1.): 최초의 근대적 헌법의 성격, 행정 및 국가 재정 개혁, 민권 보장 등 국정 개혁의 기본 강령이 담긴 문서 → 고종이 종묘에 나가 독립 서고문을 바치고 반포함 ┘ 개혁의 방향 제시

최빈출 핵심 선지

- 김홍집 내각은 **군국기무처**를 설치하여 **제1차 갑오개혁**을 추진하였다.
- 제1차 갑오개혁 때 **6조를 80아문으로** 개편하고, **은 본위 화폐 제도**를 채택하였다.
- 제1차 갑오개혁 때 **공·사 노비법**을 혁파하고 **과거제를 폐지**하였다.
- 제2차 갑오개혁 때 고종이 국정 개혁의 기본 방향을 제시한 **홍범 14조**를 반포하였다.
- 제2차 갑오개혁 때 **교육 입국 조서**가 반포되고 이에 따라 근대식 교육 제도가 마련되었다.

▶ **연좌법**

범죄인과 특정한 관계에 있는 사람(친족, 외족, 처족 등)에게 연대 책임을 지게 하고 처벌하는 제도로, 갑오개혁 때 폐지되었어요.

▶ **홍범 14조**

제2차 갑오개혁이 시작된 1894년 12월 개혁의 방향을 제시한 홍범 14조가 제정되었고, 1895년 1월 고종은 종묘에 나가 이를 선포하였어요. 이를 통해 청에 대한 의존 관계를 청산하여 조선이 자주독립 국가임을 대내외에 선언하였지요. 홍범 14조는 우리나라 최초로 근대적 헌법의 성격을 지녔다고 평가됩니다.

> **시험에 나오는 사료** 홍범 14조
>
> 1. 청국에 의존하는 마음을 버리고 자주독립의 기초를 세운다.
> 4. 왕실 사무와 국정 사무는 반드시 분리하여 서로 뒤섞이는 것을 금한다.
> 5. 의정부와 각 아문의 직무 권한을 명확히 제정한다.
> 7. 조세의 부과와 징수, 경비 지출은 모두 탁지아문에서 관할한다.
> 9. 왕실 비용 및 각 관부의 비용은 연간 예산을 작성하여 재정의 기초를 확립한다.
> 10. 지방 관제를 시급히 개정하여 이로써 지방 관리의 직권을 한정한다.
> 12. 장교를 교육하고 징병법을 실시하여 군제의 기초를 확립한다.
> 14. 인물을 쓰는 데 문벌 및 지벌에 구애되지 말고, 선비를 두루 구하여 널리 인재를 등용한다.

★ ② 개혁 내용

정치	• 의정부를 내각으로 개편 • 80아문을 7부로 개편 • 지방 행정 구역을 8도에서 23부로 개편(부·목·군·현은 군으로 통일) • 지방관의 사법권·군사권 배제, 재판소 설치 → 지방관의 권한이 크게 약화됨
군사	훈련대와 시위대 설치
경제	• 탁지부 산하에 관세사, 징세서 설치 • 육의전·상리국(보부상 단체) 폐지
교육	교육입국 조서 발표: 근대적 교육 제도 마련, 한성 사범 학교 관제·소학교 관제·외국어 학교 관제 등을 마련 → 한성 사범 학교, 한성 외국어 학교 등 설립 → 1895년 설립

> **시험에 나오는 사료** 교육입국 조서
>
> 짐은 정부에 명하여 널리 학교를 세우고 인재를 양성하여 너희들 신민의 학식으로써 국가 중흥의 큰 공을 세우고자 하노니, 너희들 신민은 충군하고 위국하는 마음으로 너희의 덕(德)과 체(體)와 지(智)를 기를지어다. 왕실의 안전이 너희들 신민의 교육에 있고, 또 국가의 부강도 너희들 신민의 교육에 있도다. 세계의 형세를 보건대, 부하고 강하며 독립하며 웅비하는 제국은 다 인민의 지식이 개명하였도다. 지식의 개명은 교육으로 되었으니, 교육은 실로 국가를 보전하는 근본이다.

2 을미개혁

(1) 배경

① 삼국 간섭(1895.4.): 청·일 전쟁에서 일본이 승리 → 시모노세키 조약 체결, 청이 랴오둥(요동)반도를 일본에 빼앗김 → 러시아·프랑스·독일이 일본을 압박하여 일본이 랴오둥반도를 청에게 돌려줌(삼국 간섭) → 고종이 일본 견제를 위해 친러 정책 추진, 친러 내각 수립(제3차 김홍집 내각)

② 을미사변(1895.8.): 친러 내각이 수립되면서 조선에 대한 일본의 영향력이 약화됨 → 위기를 느낀 일본이 경복궁을 침입해 명성 황후를 시해함

③ 친일 내각 수립: 을미사변 이후 친러 내각이 붕괴되고 친일 관료 중심의 제4차 김홍집 내각 수립

최빈출 핵심 선지

• 을미개혁 때 건양이라는 연호가 제정되었다.
• 을미개혁 때 태양력이 공식 채택되었다.

(2) 개혁 추진(1895)

① 개혁 내용

정치	'건양'이라는 연호 제정
군사	훈련대 폐지, 친위대(중앙)·진위대(지방) 설치
사회	• 단발령 실시, 태양력 사용, 종두법 시행 • 우체사 설치(우편 사무 재개), 소학교 설치

시험에 나오는 사료　단발령 시행

11월 15일 고종은 비로소 머리를 깎고 내외 신민에게 명하여 모두 깎도록 하였다. …… 궁성 주위에 대포를 설치한 후 머리를 깎지 않는 자는 죽이겠다고 선언하니 고종이 긴 한숨을 내쉬며 정병하를 돌아보고 말하기를 "경이 짐의 머리를 깎는 게 좋겠소."라고 하였다.

② 중단
- 을미의병(1895): 을미사변과 단발령에 반발하여 각지에서 의병 봉기
- 아관 파천(1896): 고종은 을미사변 등으로 신변의 위협을 느낌 → 고종이 거처를 러시아 공사관으로 옮김 → 김홍집 내각 붕괴, 을미개혁 중단(단발령도 시행 중지)
  └ 아관 파천

(3) 갑오·을미개혁의 의의와 한계

① 의의
- 민족 내부에서의 근대화 노력
- 개화 인사들과 농민층의 개혁 의지 반영
- 조선의 개화파 관료들의 주도로 개혁 추진
- 봉건적인 전통 질서를 타파하는 근대적 개혁 → 독립 협회와 애국 계몽 운동에 영향

② 한계
- 일본의 강요로 착수
- 일본의 침략을 용이하게 하는 제도 개혁 중심
- 군제 개혁에는 소홀
- 토지 개혁 등 민중의 요구 외면

14강 ④ 독립 협회와 대한 제국

13~15강 근대 사회

주요 사건 흐름

- 1896.4. 독립신문 창간
- 1896.7. 독립 협회 창립
- 1897 대한 제국 선포
- 1899 대한국 국제 제정

1 독립 협회

(1) 아관 파천 직후 정세
└ 1896년 2월부터 약 1년간

① 친일 내각이 붕괴되고, 친미·친러파 정권이 수립됨(특히 친러파가 득세함)
② 조선에 대한 주도권을 러시아가 장악하면서 러시아의 내정 간섭과 이권 침탈 심화
③ 열강은 최혜국 대우를 내세우며 이권 침탈을 본격화하기 시작함

(2) 독립 협회

① 창립 → 갑신정변에 참여하였다가 미국으로 망명한 후 귀국함
  - **서재필**이 귀국 후 **독립신문을 창간**(1896.4.) → 자주독립과 근대적 민권 사상을 전파하고자 함
  - 서재필이 고문, 이완용이 위원장, 김가진·이상재·남궁억 등이 발기인으로 참여하여 독립 협회 창립(1896.7.)
  - 신 지식층, 관료, 학생, 교사, 노동자, 여성 등 다양한 계층이 참여함
② 목표: 국민들에게 자주 국권·자유 민권·자강 개혁 사상을 보급하고, 민중의 정치의식을 고취하고자 함
③ 전개: 강연회·토론회 개최, 기관지 간행, **만민 공동회** 등 사회 각계각층이 참여한 대중 집회 개최 → 근대적 지식과 국권·민권 사상 소개
★ ④ 활동

자주 국권 운동	· 러시아 공사관으로부터 고종의 환궁 요구 · 영은문이 있던 자리 부근에 **독립문 건립**(1897), 모화관을 독립관으로 개수 · 구국 선언 상소문을 통해 재정·군사·인사권에 대한 자주적 행사 주장 · 민중이 참여하는 **만민 공동회** 등을 통해 **러시아의 이권 침탈 저지**(1898) → 러시아 군사 교관·재정 고문 철수, **한·러 은행 폐쇄, 절영도(부산) 조차 요구 저지** 등
자유 민권 운동	· 국민 기본권 확보 운동: 재산권, 신체·언론·출판·집회·결사의 자유 주장 · 국민 참정권 운동: 민의를 국정에 반영하여 근대적인 개혁 추진을 목표로 함
자강 개혁 운동	· **관민 공동회 개최**(1898): 독립 협회에 우호적인 박정양 내각의 관료 참여 → **헌의 6조 결의** → 고종 재가 획득 · 관민 공동회에서 백정 출신 박성춘이 연설을 하기도 함 · **의회 설립 운동**: 정부와 협상하여 **중추원 관제 반포**(의장, 부의장, 관선 25명과 민선 25명으로 구성된 50인의 의원으로 구성) └ 대한 제국에서 근대적 형태의 입법 기관을 모방하여 설치한 기관

최빈출 핵심 선지

- 서재필 등이 독립신문을 발행하였다.
- 독립 협회는 러시아의 절영도 조차 요구를 반대하는 활동을 전개하였다.
- 독립 협회는 관민 공동회를 열어 헌의 6조를 결의하였다.
- 독립 협회는 중추원 개편을 통한 의회 설립을 추진하였다.

▶ 서재필

▶ 영은문과 모화관

영은문은 중국에서 오는 사신을 맞이하던 문이며, 모화관은 중국 사신을 영접하던 곳이었어요. 독립 협회는 영은문과 모화관을 중국에 대한 사대의 상징으로 여겼지요. 그리하여 영은문이 있던 자리 부근에는 독립문을 건립하고, 모화관은 독립관으로 고쳤습니다.

> **시험에 나오는 자료** 독립 협회와 자주 국권 운동
>
> 아관 파천 이후 제국주의 열강은 두만강 삼림 벌채권, 울릉도 삼림 벌채권, 경의선 부설권, 경인선 부설권, 운산 금광 채굴권 등 국가의 각종 이권을 침탈하였어요. 이에 독립 협회는 구국 선언 상소문을 국왕에게 올렸고, 열강의 이권 침탈에 반대하는 자주 국권 운동을 전개하였습니다.

> **시험에 나오는 사료** 헌의 6조
>
> 1. 외국인에게 의지하지 않고 관민이 한마음으로 협력하여 전제 황권을 견고하게 할 것
> 2. 광산, 철도, 석탄, 삼림 및 차관, 차병(借兵)과 정부와 외국인이 조약을 맺는 일은 만약 각부(各部)의 대신과 중추원 의장이 같이 서명하고 날인하지 않으면 시행하지 말 것
> 3. 전국의 재정은 어떤 세금이든지 모두 탁지부에서 관리하되, 다른 부서 및 개인 회사는 간섭하지 않도록 하고 예산과 결산을 인민에게 공포할 것 → 탁지부를 통한 재정의 일원화
> 4. 지금부터 중대한 범죄에 대해서는 따로 공판을 시행하되 피고가 자세히 설명하여 마침내 죄를 자복한 뒤에 형을 시행할 것 → 민권 보장
> 5. 칙임관은 황제 폐하께서 의정부에 자문을 구하여 과반수가 넘으면 임명할 것
> 6. 장정(章程)을 실천할 것

> **시험에 나오는 자료** 독립 협회의 중추원 관제 반포
>
> 독립 협회는 박정양 내각과 협상하여 새로운 중추원 관제를 발표하게 하였어요. 이 관제에서는 의장 1인, 부의장 1인, 의관 50인, 참서관 2인, 주사 4인을 두도록 하였는데, 의장은 황제가 임명권을 가졌지요. 의관의 절반은 국가에 공로가 있는 사람으로 정부가 추천하고, 나머지 절반은 당분간 이 단체의 회원들이 정치, 법률, 학식에 통달한 자를 투표해서 추천하도록 하였습니다.

⑤ 해체(1898.12.): 보수 세력이 반발하여 독립 협회가 왕정을 폐지하고 공화정을 추진한다고 모함 → 고종이 이상재 등 독립 협회의 주요 간부를 체포하고, 독립 협회 해산 명령을 내림 → 독립 협회는 만민 공동회 개최, 철야 농성, 간부 석방 요구 등으로 저항 → 황국 협회와 군대를 동원하여 만민 공동회 강제 해산 → 독립 협회 해체
  └ 1898년 개화 세력을 탄압하기 위해 수구 세력이 조직한 보부상 중심의 어용 단체

⑥ 의의
  - 우리나라 최초의 민주주의 정치 운동이자 민중에 의한 자주적 근대화 운동
  - 이후 애국 계몽 운동에 영향

2 대한 제국과 광무개혁

(1) 대한 제국의 수립

① 배경
  - 독립 협회를 중심으로 고종의 환궁을 요구하는 여론의 증가(자주독립의 근대 국가를 세우려는 국민적 자각, 조선에서 러시아 세력을 견제하려는 국제 여론의 뒷받침)
  - 고종이 여론에 힘입어 아관 파천 1년 만에 경운궁으로 환궁
    └ 현재의 덕수궁

② 대한 제국 수립 선포(1897)
  - 연호를 **광무**로 고치고 황제라 칭함(칭제 건원), 국호를 조선에서 **대한 제국**으로 변경
  - 대한 제국이 만국 공법에 기초한 자주 국가임을 국내외에 선포

최빈출 핵심 선지
- 고종은 경운궁으로 환궁한 후 대한 제국의 수립을 선포하였다.
- 대한 제국은 광무개혁 때 원수부를 설치하고 황제의 군 통수권을 강화하였다.
- 대한 제국은 광무개혁 때 양전 사업을 실시하여 지계를 발급하였다.

★ (2) 광무개혁

① 성격: 구본신참의 점진적 개혁 추구(복고주의적 성격)

② 개혁 내용 └→ 옛것을 근본으로 삼고 새것을 참고한다는 의미로 점진적 개혁을 표방하는 말

정치	• 전제 황권의 강화 → 독립 협회의 정치 개혁 운동 탄압 • 대한국 국제 제정(1899): 대한 제국은 황제 중심의 전제 군주 국가이며, 황제권의 무한함을 강조 • 한·청 통상 조약 체결(1899): 중국과 대등한 주권 국가임을 강조 • 이범윤을 간도 관리사로 임명(1903), 간도를 함경도의 행정 구역으로 편입 • 독도를 관할 영토로 명시(대한 제국 칙령 제41호)
군사	• 원수부 설치: 황제가 군권 장악(중앙과 지방의 군대 통솔), 친위대 증강 • 시위대 재설치(한성 경비), 지방에는 진위대를 증강함 • 무관 학교 설립(군사 교육 기관)
경제	• 황실 재정 개선: 전국의 광산, 철도, 홍삼 제조, 백동화 주조, 수리 관계 사업의 수입을 황실 재정으로 사용하도록 함 └→ 조선 말기의 화폐 • 근대적 토지 소유권 제도를 확립하기 위해 토지를 조사하는 양전 사업 실시 • 지계아문에서 근대적 토지 소유 증명서인 지계 발급 • 근대적 공장과 회사 설립(섬유·철도·운수·광업 등) • 근대 시설 도입(교통·통신·전기·의료 등)
교육	• 근대 산업 기술 습득을 위해 외국에 유학생 파견 • 상공 학교, 농림 학교 등 실업·기술 교육 기관 설립

> **시험에 나오는 사료** 　대한국 국제(大韓國 國制)
>
> 제1조　대한국은 세계 만국에 공인된 자주독립한 제국이다.
> 제2조　대한국의 정치는 만세토록 불변할 전제 정치(專制政治)이다.
> 제3조　대한국 대황제는 무한한 군주권을 누린다.
> 제5조　대한국 대황제는 국내의 육해군을 통솔한다.
> 제6조　대한국 대황제는 법률을 제정하여 그 반포와 집행을 명령하고 만국 공통의 법률을 본받아 국내의 법률도 개정하고, 대사·특사·감형·복권을 명령한다.
> 제9조　대한국 대황제는 각 조약국에 사신을 파견·주재하게 하고 선전 포고, 강화 및 제반의 조약을 체결한다.

③ 의의: 자주적 입장에서 근대적 개혁을 추진하려고 노력함

④ 한계: 위로부터의 개혁이라는 점에서 국민적 결속을 이끌어 내지 못하고, 열강의 간섭도 배제하지 못함

> **유럽식 제복을 입은 고종**

> **지계**

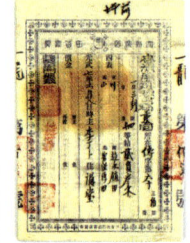

근대적 토지 소유권을 확립하기 위해 토지 소유권을 명시한 문서인 지계를 발급하였습니다.

15강 ① 일제의 침략과 국권 피탈

13~15강 근대 사회

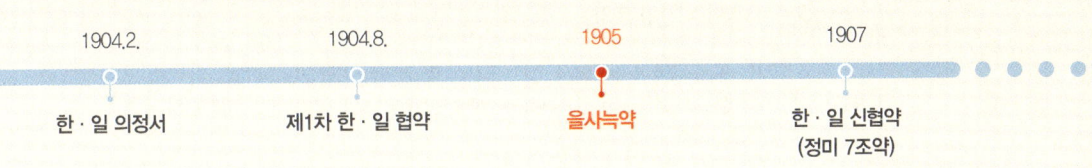

일본과 맺은 조약
- 1904.2. 한·일 의정서
- 1904.8. 제1차 한·일 협약
- 1905 을사늑약
- 1907 한·일 신협약 (정미 7조약)

1 러·일 전쟁

(1) 배경
① 삼국 간섭 이후 한반도를 둘러싼 러시아와 일본의 대립이 심화됨(러시아의 지속적인 남하 정책과 일본의 한반도 및 대륙 진출의 대립)
② 영국과 일본이 러시아에 대한 군사 동맹으로 제1차 영·일 동맹을 체결함(1902)
③ 러시아가 용암포를 점령하고 강제로 조차함(1903)
④ 러시아와 일본의 갈등이 고조되자 고종이 대한 제국의 국외 중립을 선언함(1904.1.)

(2) 전개 과정
① **러·일 전쟁**(1904.2.): 일본이 러시아를 선제공격하면서 발발(뤼순 공격, 제물포에서 러시아 함대 격침)
② **한·일 의정서**(1904.2.): 일본이 러·일 전쟁을 도발한 직후 조선의 군사적 요지와 시설을 점령할 수 있도록 하는 조항을 강제로 체결함 → 군사적 요지와 시설 점령, 내정 간섭, 외교권 행사 관여

> **시험에 나오는 사료** 한·일 의정서
>
> 제1조 한일 양국 사이에 항구적이고 변함없는 친교를 유지하고 동양 평화를 확립하기 위하여 대한 제국 정부는 대일본 제국 정부를 확고하게 믿고 시정 개선에 관한 충고를 받아들인다.
> 제4조 제3국의 침해나 혹은 내란으로 인하여 대한 제국 황실의 안녕과 영토의 보전에 위험이 있을 경우 대일본 제국 정부는 신속히 임기응변의 필요한 조치를 취할 수 있다. 그러나 대한 제국 정부는 위 대일본 제국의 행동을 용이하도록 충분한 편의를 제공한다. 대일본 제국 정부는 전항의 목적을 성취하기 위하여 군사 전략상 필요한 지점을 상황에 따라 차지하여 이용할 수 있다.
> 제5조 대한 제국 정부와 대일본 제국 정부는 상호 간에 승인을 거치지 않고 후일 본 협정의 취지에 반하는 협약을 제3국과 체결할 수 없다.
> → 일본이 러시아와의 전쟁을 유리하게 이끌고자 함

③ **가쓰라·태프트 밀약**(1905.7.): 일본이 필리핀에 대한 미국의 권리를 인정하는 대신, 미국은 한국에 대한 일본의 우월권을 인정하는 조약을 맺음

> **시험에 나오는 사료** 가쓰라·태프트 밀약
>
> 셋째, 미국은 일본이 대한 제국의 보호권을 확립하는 것이 러·일 전쟁의 논리적 귀결이며 극동 평화에 직접 이바지할 것으로 인정한다.

④ **제2차 영·일 동맹**(1905.8.): 러시아를 견제하기 위해 영국이 일본의 한국 지배권을 인정하는 조약을 맺음
→ 일본은 인도에 대한 영국의 권익 인정

최빈출 핵심 선지
- 제1차 영·일 동맹이 체결되었다.
- 고종이 국외 중립을 선언하였다.
- 러·일 전쟁 중 일본은 대한 제국과 한·일 의정서를 강제로 체결하였다.

▶ 용암포 사건
1903년 러시아가 압록강 일대의 삼림 채벌권을 보호한다는 명목으로 용암포 및 압록강 하구를 강제로 점령하고 조차를 요구한 사건입니다.

▶ 러·일 전쟁
1904~1905년에 일본과 러시아가 벌인 전쟁입니다. 일본은 러·일 전쟁 중 독도를 불법적으로 시마네현으로 편입하고, 제차 한·일 협약을 체결하는 등 지속적으로 한국에 지배력을 행사하였습니다.

⑤ 포츠머스 강화 조약(1905.9.): 일본의 승리로 러·일 전쟁을 마무리하는 조약, 러시아가 일본의 한국 지배권을 인정함

> **시험에 나오는 사료** 포츠머스 강화 조약
>
> 제2조 러시아 제국 정부는 일본 제국이 한국에서 정치·군사상 및 경제상의 탁월한 이익을 갖는다는 것을 인정하고 일본 제국 정부가 한국에서 필요하다고 인정하는 지도·보호·감리의 조치를 취하는 데 이를 저지하거나 간섭하지 않을 것을 약정한다.

2 일제의 국권 침탈

(1) 제1차 한·일 협약(1904.8.)
① 체결: 러·일 전쟁 중 일본의 강압에 의해 체결됨
② 내용
- **고문 정치**: 대한 제국은 일본이 추천한 고문의 사전 동의 없이는 일체의 재정 및 외교상의 일을 처리할 수 없게 됨
- 일제의 고문 파견: 일본인 **메가타(재정)**와 미국인 **스티븐스(외교)**가 고문으로 파견됨
  └ 화폐 정리 사업 추진

> **시험에 나오는 사료** 제1차 한·일 협약
>
> ┌ 메가타 파견
> 한국 정부는 일본 정부가 추천한 일본인 1명을 재정 고문으로 하여 한국 정부에 용빙하여 재무에 관한 사항은 모두 그의 의견을 물어서 시행해야 한다. 또한 한국 정부는 일본 정부가 추천한 외국인 1명을 외교 고문으로 하여 외부에 용빙하고 외교에 관한 중요한 일에 대해서 모두 그 의견을 물어서 시행한다.
> └ 스티븐스 파견

★(2) 을사늑약(제2차 한·일 협약, 1905.11.)
① 체결: 일제가 러·일 전쟁에서 승리한 이후 고종과 대신들을 위협하여 덕수궁 중명전에서 한국을 보호국화하는 협약을 강제로 체결함
② 내용: **외교권 박탈**, **통감부 설치**(초대 통감: 이토 히로부미), 대한 제국의 내정에 대한 일본의 지배권 강화

> **시험에 나오는 사료** 을사늑약(제2차 한·일 협약)
>
> 제2조 일본국 정부는 한국과 타국 사이에 현존하는 조약의 실행을 완수하는 책임을 지며 한국 정부는 금후 일본국 정부의 중개를 거치지 않고서는 국제적 성질을 가진 어떠한 조약이나 약속을 하지 않을 것을 약속한다. └ 외교권 박탈
> 제3조 일본국 정부는 그 대표자로서 한국 황제 폐하의 아래에 1명의 통감을 두되, 통감은 오로지 외교에 관한 사항을 관리하기 위하여 서울에 주재하고, 직접 한국 황제 폐하를 궁중에서 알현할 권리를 가진다. └ 통감 정치

③ 고종의 대응
- 황제의 서명이 없는 대신들에 의한 조약 체결은 무효임을 선언함
- **헤이그 특사 파견(1907)**: 을사늑약의 부당성과 일제의 침략성을 국제 사회에 알리고 도움을 받기 위해 만국 평화 회의가 열리는 네덜란드 헤이그에 특사 3인(**이상설, 이준, 이위종**)을 파견하였으나 회의에 참여하지 못하고 실패함 → 일제에 의한 **고종의 강제 퇴위**로 이어짐

최빈출 핵심 선지

- 제1차 한·일 협약으로 재정 고문으로 **메가타**, 외교 고문으로 **스티븐스**가 파견되었다.
- 1905년에 일제는 **을사늑약**을 강제로 체결하여 대한 제국의 **외교권**을 **박탈**하고, **통감부**를 설치하였다.
- 고종은 을사늑약 체결의 부당함을 알리기 위해 **헤이그**에서 열리는 평화 회의에 **특사**를 파견하였다.
- 1907년 **한·일 신협약**(정미7조약)의 부수 비밀 각서에 따라 **대한 제국의 군대**가 강제로 **해산**하였다.
- **나철**, **오기호** 등은 을사오적을 처단하기 위해 **자신회**를 결성하였다.
- 1908년에 **전명운**과 **장인환**은 대한 제국의 외교 고문이었던 **스티븐스**를 **저격**하였다.
- 1909년에 **안중근**은 하얼빈에서 **이토 히로부미**를 사살하였다.

> **메가타 다네타로**
>
> 1904년 제1차 한·일 협약 체결 이후 대한 제국의 재정 고문으로 부임한 일본인이에요. 메가타는 대한 제국을 경제적으로 일본에 예속시키기 위해 1905년 화폐 정리 사업을 주도하였습니다.

> **헤이그 특사(이준, 이상설, 이위종)**

④ 을사늑약 체결에 대한 반발
- 최익현, 신돌석 등이 의병을 일으킴(을사의병)
- 민영환, 조병세 등 우국지사의 자결
- 장지연이 황성신문에 을사늑약을 규탄하는 사설「시일야방성대곡」을 게재함
- 5적 암살단 조직(나철, 오기호 등), 명동 성당 앞에서 매국노 이완용 처단 시도(이재명), 미국 샌프란시스코에서 스티븐스 저격(1908, 장인환·전명운), 만주 하얼빈에서 초대 통감 이토 히로부미 처단(1909, 안중근) 등
  → 자신회
  → 을사오적
  → 제1차 한·일 협약에 따라 외교 고문으로 왔던 친일 미국인

> **을사오적**
> 을사늑약 체결에 가담한 다섯 명의 친일 매국노를 말해요. 즉, 외부대신 박제순, 내부대신 이지용, 군부대신 이근택, 학부대신 이완용, 농상공부대신 권중현을 말합니다.

시험에 나오는 사료 장지연의 「시일야방성대곡」

소위 우리 정부의 대신이라는 자들이 출세와 부귀를 바라고 거짓 위협에 겁을 먹어 뒤로 물러나 벌벌 떨며 매국의 역적이 되기를 달게 받아들였다. 4천 년 강토와 5백 년 종사를 남에게 바치고 2천만 국민을 남의 노예로 만드니 …… 아! 원통하고, 아! 분하도다. 우리 2천만 남의 노예가 된 동포여! 살았는가, 죽었는가! 단군, 기자 이래 4천 년 국민정신이 하룻밤 사이에 갑자기 멸망하고 말 것인가. 원통하고 원통하다. 동포여, 동포여!
― 황성신문 ―
→ 을사오적

(3) 한·일 신협약(정미 7조약, 1907.7.)
① 차관 정치: 일본인이 대한 제국의 요직을 차지하며 행정권을 장악하는 차관 정치 실시
② 군대 해산: 부수 비밀 각서를 통해 대한 제국 군대 해산 결정

시험에 나오는 사료 한·일 신협약(정미 7조약)

제1조 한국 정부는 시정 개선에 관하여 통감의 지도를 받는다. → 을사늑약과 헷갈리기 쉬움
제2조 한국 정부의 법령 제정 및 중요한 행정상의 처분은 미리 통감의 승인을 거친다. → 통감의 내정 간섭 강화
제4조 한국의 고등 관리를 임명하고 해임시키는 것은 통감의 동의에 의하여 집행한다.
제5조 한국 정부는 통감이 추천한 일본인을 한국의 관리로 임명한다. → 차관 정치
제6조 한국 정부는 통감의 동의 없이 외국인을 초빙하여 고용하지 않는다.

(4) 이후 국권 피탈 과정
① 기유각서(1909.7.): 사법권과 감옥에 대한 사무 박탈
② 경찰권 위탁 각서(1910.6.): 경찰권 강탈
③ 일제의 국권 강탈(1910.8.): 일진회의 친일 여론 책동(합방 청원서와 성명서 발표 등) → '한·일 병합 조약'이 강제로 체결되면서 대한 제국의 국권이 상실됨

15강 ② 의병 항쟁과 애국 계몽 운동

13~15강 근대 사회

주요 사건 흐름

1895 을미의병 — 1904 보안회 조직 — 1907 신민회 조직 — 1907 정미의병

1 의병 항쟁

(1) 을미의병(1895)
① 원인: 을미사변(명성 황후 시해)과 단발령(을미개혁)에 반발하여 봉기함
② 특징
- 유인석, 이소응 등 위정척사 사상을 가진 보수적인 유생층이 주도함
- 일반 농민과 동학 농민군 잔여 세력이 가담하여 전국으로 확대됨

③ 활동: 지방의 주요 도시 공격(유인석의 충주성 점령), 친일 관리와 일본인 처단
④ 결과
- 고종의 환궁 이후 단발령 철회, 고종의 의병 해산 권고 조칙 → 자진 해산
- 해산된 일부 농민들은 활빈당을 조직하여 반봉건·반침략 운동을 지속함

(2) 을사의병(1905)
① 원인
- 일본이 러·일 전쟁에서 승리하면서 내정 간섭이 강화됨
- 을사늑약으로 인해 외교권이 박탈되는 등 일제의 침략 행위가 심화됨

② 특징 ┌ 전라북도 태인에서 의병을 일으켰지만, 일제에 의해 쓰시마섬에 유배되어 순국하였음
- 민종식, 최익현 등 유생 의병장이 주도
- 신돌석 등 평민 의병장이 등장하기 시작 ┌ 1906년 경상북도 영해에서 의병을 일으킴, 경상도와 강원도 일대에서 활약, 태백산 호랑이로 불림
- 참여 계층이 확대되고 전술이 변화하는 등 발전

★(3) 정미의병(1907)
① 원인
- 일제에 의한 고종 황제의 강제 퇴위
- 한·일 신협약(정미 7조약)의 부속 비밀 각서에 의한 군대 강제 해산

② 특징
- 해산된 군인들이 의병 부대에 합류하며 의병 조직과 화력이 강화됨(규모와 성격면에서 의병 전쟁으로 발전)
- 농민·소상인·노동자·승려·화적 등 다양한 계층이 참여함
- 양반 유생 출신 의병장 비율이 떨어지고, 평민 출신 의병장이 다수를 차지함

③ 13도 연합 의병 부대(13도 창의군) 결성
- 각국 영사관에 의병을 국제법상 교전 단체로 승인해 줄 것을 요구함

최빈출 핵심 선지
- 을미사변과 단발령 시행에 반발하여 을미의병이 일어났다.
- 을사늑약이 체결되자 최익현, 민종식 등이 주도한 을사의병이 일어났다.
- 을사의병 때 신돌석 등의 평민 출신 의병장이 활약하였다.
- 정미의병 때 이인영과 허위는 13도 창의군을 이끌고 서울 진공 작전을 전개하였다.

▶ **단발령**
단발령은 상투를 자르고 서양식으로 머리카락을 깎도록 한 것이에요. 당시 유교 사회에서는 부모에게서 받은 신체의 모든 것을 소중히 하는 것이 효도라고 생각했기 때문에 백성들의 반발이 매우 컸답니다.

▶ **최익현**

- 서울 진공 작전 전개(총대장 이인영, 군사장 허위) → 일제의 대응으로 실패함
  └ 1908년

> **시험에 나오는 사료** 서울 진공 작전
>
> 이때에 사기를 고무하여 서울 진공의 영(令)을 발하니, 그 목적은 서울로 들어가 통감부를 처부수고 성하(城下)의 맹(盟)을 이루어 저들의 소위 신협약 등을 파기하여 대대적 활동을 기도(企圖)함이라. …… 전군(全軍)에 명령을 내려 일제히 진군할 것을 재촉하여 동대문 밖에 나아가 다다를 때 ……
> └ 한·일 신협약
> – 대한매일신보 –

④ 의병 운동 위축
- 서울 진공 작전 실패 후 호남 지역에서 의병 활동 전개
- 일제의 '남한 대토벌' 작전(1909): 일제의 대대적인 의병 토벌 → 의병 전쟁 위축
- 의병 부대가 간도·연해주 등 해외로 이주하면서 이후 독립운동의 근거지 마련

> **'남한 대토벌' 작전**
>
> 서울 진공 작전이 실패한 후에도 호남 지역을 중심으로 의병 운동이 치열하게 전개되었어요. 일본군은 이들에 대한 대대적인 공세에 나서 의병의 근거지가 될 만한 촌락, 가옥을 불태우고 약탈, 살상을 저질렀습니다.

2 애국 계몽 운동

(1) 성격
① 사회 진화론의 영향을 받아 산업 진흥을 통하여 실력을 양성해 국권을 회복하자는 운동
② 지식인, 관료, 개혁적 유학자를 중심으로 이루어짐
③ 사회 진화론에 입각하여 국제 관계를 인식함
④ 교육과 언론 및 식산흥업 활동을 위해 노력함
  └ 생산을 늘리고 산업을 일으킴

(2) 주요 단체

보안회 (1904)	일제의 황무지 개간권 요구 저지 운동 추진 → 저지 성공
헌정 연구회 (1905)	• 독립 협회 계승, 국민의 정치의식 고취와 입헌 군주제 수립을 목표로 활동 • 일진회의 반민족 행위 규탄, 통감부의 탄압으로 해체
대한 자강회 (1906)	• 헌정 연구회 계승, 전국 25개의 지회 설치 • 월보 간행, 강연회 개최 • 고종 황제 퇴위 반대 운동 전개 → 일제의 탄압으로 해산(1907)
대한 협회 (1907)	• 대한 자강회의 후신 • 교육 보급 및 산업 개발 등의 애국 계몽 활동 전개 • 활동 약화 과정에서 친일적 성격으로 변화

> **시험에 나오는 사료** 보안회의 황무지 개간권 요구 저지 운동
>
> 종로에서 송수만, 심상진 씨 등이 각 부(府)·부(部)·원(院)·청(廳)과 각 대관가(大官家)에 알리노라. 지금 산림과 하천 및 못, 원야, 황무지를 일본인이 청구하니, 국가의 존망과 인민의 생사가 경각에 달려 있노라.
> – 황성신문 –

> **최빈출 핵심 선지**
> - 보안회는 일본의 황무지 개간권 요구를 저지하는 데 성공하였다.
> - 안창호, 양기탁 등이 비밀 결사 형태로 신민회를 조직하였다.
> - 신민회는 이승훈이 오산 학교, 안창호가 대성 학교를 세워 민족 교육을 실시하였다.
> - 신민회는 독립군을 양성하기 위해 서간도 삼원보 지역에 신흥 강습소를 세웠다.
> - 신민회는 105인 사건으로 와해되었다.

> **사회 진화론**
>
> 영국의 생물학자 다윈이 발표한 생존 경쟁에 대한 진화론을 스펜서가 인간 사회에 적용하여 성립시킨 이론이에요. 이 이론은 힘이 강한 나라가 약한 나라를 지배하는 (약육강식이 합리화되는) 논리를 제공하였지요. 당시 개화 지식인들은 외세에 굴복하지 않기 위해서는 힘, 즉 실력을 키워야 한다고 주장하였습니다.

(3) 신민회

① 구성
- 안창호, 양기탁 등이 비밀 단체로 조직함(1907) ┌ 영국인 베델과 함께 대한매일신보 창간, 국채 보상 운동 주도
- 독립 협회의 청년 회원들을 비롯하여 각계각층의 애국지사 등이 참여함
- 베델, 양기탁이 발행한 대한매일신보가 기관지 역할을 함

② 특징
- 국권 회복과 공화 정체의 근대 국민 국가 건설을 목표로 함
- 실력 양성과 무장 투쟁을 함께 추진함

③ 활동
- 민족 교육: 평양에 대성 학교(안창호), 정주에 오산 학교(이승훈) 등 교육 기관 설립
- 민족 산업 육성: 경제 자립을 주장하면서 태극 서관, 자기 회사 등을 설립함
- 해외 독립군 기지 건립: 남만주(서간도)의 삼원보에 독립군 기지 건립(신흥 강습소 설립) └ 이회영, 이상룡 등 / 신흥 무관 학교의 전신

④ 해체: 일제가 날조한 105인 사건으로 조직이 와해됨(1911)

시험에 나오는 사료 신민회

남만주로 집단 이주하려고 기도하고, 조선 본토에서 상당한 재력이 있는 사람들을 그곳에 이주시켜 토지를 사들이고 촌락을 세워 새 영토로 삼고, 다수의 청년 동지들을 모집하고 파견하여 한인 단체를 일으키고, 학교를 세워 민족 교육을 실시하고 나아가 무관 학교를 설립하여 문무를 겸하는 교육을 실시하면서, 기회를 엿보아 독립 전쟁을 일으켜 구한국의 국권을 회복하고자 하였다.

시험에 나오는 사료 신민회 (해산) 판결문

주문(主文): 피고 이승훈·윤치호·양기탁·임치정·안태국·유동열을 각각 징역 10년에 처한다.
이유(理由): 피고 이승훈은 …… 안창호·이갑 등과 함께 미국에 있는 이대위·김유순, 그리고 러시아에 있던 김성무 등과 이 단체를 조직하였다. 이들은 구(舊) 청국 영토 내에 있는 서간도에 무관 학교를 설립하고 청년의 군사 교육을 실시하였다. 그리고 일본과 미국 혹은 일본과 청국 사이에 갈등이 생기면 그 기회를 틈타 독립 전쟁을 일으켜 국권을 회복하고자 하였다.

(4) 교육 운동과 언론 활동

① 교육 운동: 서북 학회, 기호 흥학회 등 교육 단체 설립 → 서양의 근대 학문 교육, 애국심(민족 의식) 고취
② 언론 활동: 국민을 계몽하고 애국심을 고취시켜 본격화된 일제의 국권 침탈에 항거함
- 황성신문(1898~1910): 을사늑약 체결 직후 장지연의 「시일야방성대곡」 게재
- 대한매일신보(1904~1910): 국채 보상 운동을 적극적으로 지원

> 서북 학회

관서 지방의 서우 학회와 관북 지방의 한북 학회가 통합해 1908년 1월 조직한 애국 계몽 운동 단체입니다.

15강 ③ 외세의 경제적 침탈과 경제적 구국 운동

13~15강 근대 사회

주요 사건 흐름

- 1882 조·청 상민 수륙 무역 장정 체결
- 1889 방곡령 선포
- 1905 화폐 정리 사업
- 1907 국채 보상 운동

1 외세의 경제적 침탈

(1) 개항 이후 무역 상황

① 일본
- 강화도 조약과 부속 조약(조·일 수호 조규 부록, 조·일 무역 규칙, 1876): 개항장 10리 이내의 거류지 무역, 개항장에서 일본 화폐의 유통 허용, 일본 상품에 무관세 적용, 양곡의 무제한 반출 허용
- 조·일 통상 장정(1883): 일본 상품에 관세 적용 규정 마련, 방곡령 규정 마련(1개월 전 일본에 통보), 일본에 최혜국 대우 허용

② 청: 조·청 상민 수륙 무역 장정(1882) → 외국 상인들이 개항장을 벗어나 대도시와 지방 장시에서도 활동할 수 있게 됨
- 청 상인의 내륙 진출 → 청·일 상인 간 경쟁 유발
- 조선 내 곡물 가격이 폭등 → 객주·여각·보부상 등이 큰 피해를 봄

③ 미국: 조·미 수호 통상 조약(1882) → 최혜국 대우 허용(최초), 미국 상품에 낮은 세율의 관세 적용(최초), 거중 조정(최초), 영사 재판권 허용

(2) 열강의 이권 침탈

① 배경: 아관 파천을 계기로 열강의 경제적 이권 침탈이 심화됨(최혜국 대우 규정 이용)

② 주요 이권 침탈 내용

종류	내용	국가
철도 부설권	경인선(서울-인천)	미국 → 일본
	경의선(서울-신의주)	프랑스 → 일본
	경부선(서울-부산)·경원선(서울-원산)	일본
광산 채굴권	운산 금광 채굴권	미국
	경원·종성 광산 채굴권	러시아
삼림 채벌권	압록강·두만강·울릉도 삼림 채벌권	러시아

(3) 일본의 토지 약탈

① 배경: 일본은 1890년대 자본주의 발달 및 산업화와 도시화의 진전으로 인구가 증가하면서 식량 부족 현상이 발생함 → 조선에서의 쌀 수입으로 해결하려 함

② 전개: 청·일 전쟁 이후 호남 곡창 지역의 대규모 토지를 매입(대농장 경영, 전주·나주·군산 등) → 러·일 전쟁 무렵 철도 부지 확보 및 군용지 확보 명목으로 토지를 대규모로 약탈

③ 동양 척식 주식회사 설립(1908): 대한 제국의 토지와 자원을 약탈할 목적으로 설립함

최빈출 핵심 선지

- 조·일 통상 장정에서는 일본 상품에 대한 관세 부과 규정이 마련되었다.
- 조·일 통상 장정의 체결로 일본으로의 곡물 유출을 막을 수 있는 방곡령 선포가 가능해졌다.
- 조·청 상민 수륙 무역 장정에 따라 조선에서 청 상인의 내지 통상이 가능해졌다.
- 조·청 상민 수륙 무역 장정 체결 후 객주, 여각 등의 국내 상인이 큰 타격을 입었다.
- 조·미 수호 통상 조약에는 거중 조정에 대한 내용이 포함되었다.
- 조·미 수호 통상 조약에는 외국에 대한 최혜국 대우가 처음으로 규정되었다.
- 1908년에 일제는 한국의 토지와 자원을 수탈할 목적으로 동양 척식 주식회사를 설립하였다.
- 1905년에 일본인 재정 고문 메가타의 주도로 화폐 정리 사업이 추진되었다.
- 화폐 정리 사업은 구(舊) 백동화를 일본 제일 은행권으로 교환해 주는 사업이었다.

▶ **거류지**
조약이나 관례에 따라 한 나라가 그 영토의 일부를 한정하여 외국인의 거주와 영업을 허가한 지역입니다.

▶ **입도선매(立稻先賣)**
서 있는 벼를 판다는 말로, 벼를 논에서 거두지 않은 채로 팔아버리는 일을 말해요. 중간 상인이나 고리대금업자가 현금이 필요한 생산업자의 약점을 이용하여 싼 가격으로 매점매석함으로써 이익을 높이는 형태로 이루어졌습니다.

(4) 일본의 금융 · 재정 지배

① 일제의 차관 강요: 한국의 재정을 일본에 예속하기 위한 목적
- 청·일 전쟁 이후: 내정 간섭 및 이권 획득을 목적으로 차관 강요
- 러·일 전쟁 이후: 대한 제국의 화폐 정리 사업 추진 및 시설 개선 명목으로 차관 강요

② 화폐 정리 사업(1905) → 제1차 한·일 협약에 따라 파견된 재정 고문
- 일본인 메가타가 주도하여 조선 화폐(백동화, 엽전)를 일본 화폐로 교환, 일본 제일 은행을 조선의 중앙은행으로 전환 └ 제일 은행권
- 구 백동화를 상태에 따라 차등 교환, 질 나쁜 백동화는 교환해 주지 않음 → 국내 상공업자 타격, 유통 화폐 부족 현상 발생
- 결과: 대한 제국의 재정이 일본에 예속되었고, 국내 은행이 파산하여 일본계 은행으로 흡수됨

> **화폐 정리 사업**
> 메가타의 주도로 1905년부터 화폐 정리 사업이 단행되었어요. 그런데 백동화를 상태 등에 따라서 갑·을·병종으로 구분하여 원래의 가치에 비해 낮게 교환을 해 주거나 교환을 해 주지 않아 국내 상공업자가 큰 타격을 받게 되었습니다.

2 경제적 구국 운동

(1) 방곡령 ┌ 식량난 해소를 위해 곡물의 수출을 금지하는 명령
① 배경: 일본 상인의 곡물 유출 증가로 곡물 가격 폭등, 흉년으로 국내 곡물 부족 → 하층민의 삶은 더욱 어려워짐
② 목적: 일본 상인의 농촌 시장 침투 및 지나친 곡물 유출을 막기 위한 조치
③ 전개: 함경도 관찰사 조병식의 방곡령(1889), 황해도 관찰사의 방곡령 선포 → 일본은 조·일 통상 장정의 규정을 어겼다는 것을 구실로 반발(방곡령 1개월 전 통고 의무 위반 등의 문제 제기) └ 1883년 조·일 통상 장정
④ 결과: 방곡령을 철회하고 일본에 배상금 지불

시험에 나오는 사료 | 방곡령 시행

우리 고을에 흉년이 든 것은 일본 총영사께서도 잘 알고 계실 것입니다. 가난한 백성의 먹을 것이 없는 참상이 눈앞에 가득하니, 곡물 수출은 당분간 중지하지 않을 수 없습니다. …… 음력 을유년 12월 21일을 기점으로 한 달이 지난 이후부터는 쌀 수출이 금지되니 이러한 점을 귀국의 상민(商民)들에게 통지하여 주시기 바랍니다.

(2) 상권 수호 운동

① 배경: 조·청 상민 수륙 무역 장정(1882)으로 인해 외국 상인의 내지 통상권이 허용됨 → 청·일 상인이 내륙 도시에서 상품을 판매하면서 국내 상인들이 타격을 받음
② 전개
- 서울 상인들이 철시, 파업 및 상권 수호 운동 등을 전개
- 시전 상인들이 황국 중앙 총상회 조직(1898) → 외국 상인들의 불법적인 상업 활동 중단을 요구함 └ 독립 협회와 연계
- 상회사 설립: 국내 상업 자본의 성장, 외국인 회사들의 국내 진출 → 객주와 관료들이 평양의 대동 상회와 한성의 장통 상회 등을 설립함
- 은행의 설립: 일본 금융 기관 침투, 일본 상인의 고리대금업 심화 → 관료 자본이 중심이 된 최초의 민간 은행인 조선은행과 한성은행, 대한천일은행, 한일은행 등이 설립됨

> **최빈출 핵심 선지**
> - 함경도에서 방곡령이 선포되었다.
> - 시전 상인은 황국 중앙 총상회를 결성하고 상권 수호 운동을 전개하였다.
> - 외국 상인의 상권 침탈에 맞서 대동 상회, 장통 상회 등의 상회사가 설립되었다.
> - 독립 협회는 만민 공동회를 열어 러시아의 절영도 조차 요구를 저지하였다.
> - 국채 보상 운동은 일본에 진 나랏빚을 갚아 국권을 회복하자는 경제적 구국 운동이었다.
> - 국채 보상 운동은 서상돈, 김광제 등의 발의로 대구에서 시작되어 전국으로 확산하였다.
> - 국채 보상 운동은 대한매일신보 등 당시 언론의 적극적인 지원을 받았다.
> - 국채 보상 운동은 통감부의 방해와 탄압으로 실패하였다.

> **철시**
> 상인이 점포나 시장의 문을 닫고 휴업하는 집단적 행동을 말합니다.

(3) 독립 협회의 이권 수호 운동
① 배경: 아관 파천 이후 러시아를 비롯한 열강들의 이권 침탈이 심화됨 → 어떤 나라가 다른 나라의 영토를 빌려 자국의 통치 아래 두는 일
② 전개
- 만민 공동회 개최 등을 통해 러시아의 저탄소 설치를 위한 절영도(오늘날 부산 영도) 조차 요구를 저지함
- 러시아 재정 고문의 철수 및 한·러 은행 폐쇄를 통해 러시아의 화폐 발행권과 국고 출납권 등을 저지함
- 프랑스와 독일 등의 광산 채굴권, 미국·독일 등이 차지한 철도·광산·산림에 대한 이권 침탈 반대 운동을 전개함

(4) 황무지 개간권 요구 반대 운동
① 배경: 러·일 전쟁 중 일본이 황무지 개간권 요구
② 전개
- 보안회(1904): 가두 집회 등을 통해 일본 황무지 개간권 요구를 저지함
- 농광 회사(1904): 황무지 개간 사업을 하고자 추진함

★ (5) 국채 보상 운동(1907)

배경	일본의 강제 차관 제공에 의한 대한 제국 재정 예속화 정책에 대항하기 위해 시작
전개	• 대구에서 김광제, 서상돈 등이 중심이 되어 시작 • 국채 보상 기성회가 조직되어 금주·금연 운동 등을 전개 • 각종 애국 단체 및 언론(대한매일신보, 황성신문, 제국신문, 만세보 등)의 호응으로 전국적인 모금 운동 전개
결과	일본 통감부가 친일 단체인 일진회 등을 이용하여 방해, 양기탁을 보상금 횡령 누명을 씌워 구속 → 국채 보상 운동 중단

시험에 나오는 사료   국채 보상 운동

지금 나라의 빚이 1,300만 원이며, 이는 우리 대한 제국의 존망에 관계된 일이다. 이를 갚으면 나라를 보존하게 되고 못 갚으면 나라를 잃고 만다. 형세가 여기에 이르렀으나 현재 국고로는 보상하기가 어렵다. 그러므로 삼천리 강토는 장차 우리나라가 아니게 될 것이다. …… 일반 국민도 이 국채 보상에 대한 의무에 대해 모른 체하거나, 참여하지 않겠다고 말할 수 없다. 모두가 보상에 참여해야만 성공할 수 있다. 2,000만의 백성이 3개월 동안 담배를 끊고(→금연 운동) 그 돈을 각 사람마다 20전씩 낸다면 1,300만 원을 모을 수 있다. 만약 부족하다면 1원, 10원, 100원, 1,000원 등 따로 기부를 받으면 될 것이다.
— 대한매일신보 —

> **국채 보상 운동**
>
> 러·일 전쟁 이후 일본은 대한 제국 정부에 거액의 차관을 들여오게 하였어요. 이로 인해 1907년에는 차관 총액이 1,300만 원에 이르렀는데, 이는 대한 제국의 연간 예산 수준에 해당하는 금액이었지요. 국채 보상 운동은 대한 제국 정부의 재정이 일본에 예속되는 것을 막기 위해 전국적으로 실시되었어요. 이 과정에서 부녀자들은 비녀와 가락지까지 내어 호응하였고, 남자들도 금연 운동을 전개하며 모금에 나섰습니다.

15강 ④ 근대 문물의 발달

13~15강 근대 사회

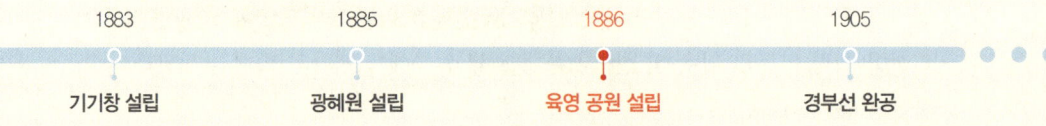

주요 사건 흐름
- 1883 기기창 설립
- 1885 광혜원 설립
- 1886 육영 공원 설립
- 1905 경부선 완공

1 근대 시설의 도입과 언론의 발달

(1) 근대 시설의 도입

① 교통·통신·전기

전신	서울-인천, 서울-의주 전신 가설(1885)
전화	경운궁에 최초로 설치(미국, 1898) → 이후 점차 확대
전차	한성 전기 회사 주도로 서대문-청량리 간 개통(1899)
철도	• 경인선(1899): 미국이 착공하였으나 일본에 의해 완공, 최초의 철도 • 경부선(1905)·경의선(1906): 러·일 전쟁 중 일본이 부설
우편	우정총국 설치(1884), 우체사 설치(을미개혁), 만국 우편 연합 가입(1900)
전기	• 전등 가설(경복궁 내 건청궁, 1887) • 한성 전기 회사 설립(황실과 미국인 합작, 1898)

② 의료: 서양 선교사들이 서양 의료 시설과 기술을 들여오면서 본격적으로 수용

광혜원(1885)	• 정부의 지원으로 알렌이 세운 최초의 서양식 병원 • 제중원으로 명칭 변경
광제원(1900)	• 정부에서 설립, 지석영이 종두법 보급(최초의 서양 의학서인 『우두신설』 저술) • 대한의원으로 확대 개편
세브란스 병원(1904)	제중원 승계
대한의원(1907)	의료 요원 양성을 위해 정부가 설립
자혜의원(1909)	지방 도립 병원(전국 각지에 설립)

③ 근대 시설

기기창(1883)	• 근대식 무기 제조 관청 • 청에 파견한 영선사 복귀 후 설치
전환국(1883)	• 근대 화폐를 주조할 상설 조폐 기관 • 필요성에 따라 설치
박문국(1883)	• 인쇄·출판 사무를 담당하기 위해 설치 • 최초의 근대 신문인 한성순보 발행

최빈출 핵심 선지

- 1899년에 우리나라 최초로 서대문과 청량리를 오가는 전차가 개통되었다.
- 1899년에 서울과 인천 사이를 잇는 우리나라 최초의 철도인 경인선이 개통되었다.
- 갑신정변 이후 알렌의 건의로 우리나라 최초의 서양식 병원인 광혜원(제중원)이 세워졌다.
- 한성순보는 우리나라 최초의 근대 신문으로 박문국에서 발행되었다.
- 한성주보는 최초로 상업 광고를 게재하였다.
- 독립신문은 우리나라 최초의 민간 신문으로 영문으로도 발행되었다.
- 양기탁과 영국인 베델은 함께 대한매일신보를 창간하였다.
- 일제는 1907년에 신문지법을 제정하여 신문 등 언론을 탄압하였다.

④ 건축

독립문(1897)	독립 협회가 주도, 프랑스 개선문을 모방하여 건립
명동 성당(1898)	서양 고딕 건축 양식
덕수궁 석조전(1910)	서양 르네상스 건축 양식

▲ 송전탑 건설

▲ 광혜원(제중원)

▲ 독립문

▲ 명동 성당

▲ 덕수궁 석조전

(2) 언론 기관의 발달

① 신문의 발간

한성순보 (1883~1884)	• **최초의 근대적 신문(박문국 발행)**, 열흘에 한 번씩 발행(순보) → 정부 기관지적인 성격 • **순한문체, 관보적 성격**, 개화 정책·국내외 정세 소개 • 갑신정변 당시 박문국 파괴로 발행 중단	 한성순보
한성주보 (1886~1888)	• 한성순보 계승 • 국한문 혼용 • **최초로 신문에 상업 광고 게재**	
독립신문 (1896~1899)	• 정부 지원으로 **서재필이 창간한 최초의 민간 신문** • **한글판과 영문판 발행** • 독립 협회에서 지속적으로 발간 → 정부 시책 전달, 근대적 민권 의식 고취	 독립신문
황성신문 (1898~1910)	• 남궁억 발행 • 국한문 혼용 • 양반 출신의 유림층이 주된 독자 • **을사늑약 직후 「시일야방성대곡」 게재(장지연)**	
제국신문 (1898~1910)	• 이종일 발행 • 순한글 발행 • 서민층과 부녀자가 주된 독자, 한글과 신교육의 중요성 강조	
대한매일신보 (1904~1910)	• **베델(영국인)과 양기탁이 운영** • 순한글·국한문·영문판 발행 • 일본의 황무지 개간권 요구 반대 운동 및 **국채 보상 운동 지원**(강경한 항일 논조) • **의병 항쟁에 호의적 기사** • 을사늑약의 부당성을 주장하기도 함 • 신채호, 박은식 등은 항일 의식 고취를 위해 애국 논설 게재	
기타	**만세보**(1906, **천도교 기관지**), 경향신문(1906, 천주교 기관지), 대한민보(1909, 대한 협회 기관지) 등	

② 일제의 탄압
- 신문지법 제정(1907): 일본의 언론 탄압 과정에서 제정, 항일 논조 억압
- 국권 피탈 전후로 일본의 탄압과 경영난 등으로 대부분의 민족 신문 폐간
- 대한매일신보는 총독부의 기관지(매일신보로 명칭 변경)로 전락

2 근대 교육의 발달과 국학·문예·종교의 변화

(1) 근대 교육의 발달

근대 교육의 시작	• 원산 학사(1883): 최초의 근대식 사립 학교, 함경도 덕원에 설립, 외국어 등 근대 학문과 무술 교육 • 동문학(1883): 정부가 통역관 양성을 위해 설립한 외국어 교육 기관 • 육영 공원(1886): 최초의 근대식 공립 교육 기관, 헐버트·길모어 등 외국인 교사 초빙, 고관 자제 중심으로 근대 학문 교육 • 배재 학당(1885, 아펜젤러), 이화 학당(1886, 스크랜턴 여사): 개신교 선교사들이 세운 사립 학교, 선교와 근대 학문 교육을 목적으로 설립
갑오개혁기	교육입국 조서 반포(1895) → 사범 학교(한성 사범 학교 설립)·소학교·외국어 학교 등 관립 학교 설립
광무개혁기	관립 중학교, 각종 실업 학교, 기술 교육 기관 설립
대한 제국 말기	• 오산 학교(1907), 대성 학교(1908) 등 민족주의계 학교 설립 (신민회에서 설립) • 일제가 사립 학교령(1908)으로 민족 교육 탄압

시험에 나오는 사료 원산 학사

> 본 [덕원]부는 해안의 요충지에 위치해 있고 아울러 개항지입니다. 이곳을 빈틈없이 잘 운영해 나가는 방도는 인재를 선발하여 쓰는 데 있고, 그 핵심은 가르치고 기르는 데 있습니다. 그래서 원산사(元山社)에 글방을 설치하였습니다.
>
> – 덕원 부사 정현석의 장계 –

(2) 국학·문예·종교의 변화

① 국학 연구

국어	• 국한문 보급: 유길준의 『서유견문』이 국한문체 보급에 기여 • 『대한문전』: 유길준이 저술한 국어 문법서 • 한글 보급: 다양한 한글 신문 발행(독립신문, 제국신문, 대한매일신보 등) • 국문 연구소(1907): 지석영·주시경 등을 중심으로 활동, 국어 문법의 연구와 정리, 철자법 연구 (학부에 설치되었던 국어 연구 기관)
역사	• 배경: 국권 상실의 위기에서 한국사에 대한 관심 고조 →『국어문법』저술 • 신채호: 『독사신론』(1908)을 저술하여 민족주의 역사학의 연구 방향 제시, 『이순신전』·『을지문덕전』 등 위인전을 발간하여 애국심 고취 • 외국의 건국이나 망국의 역사가 번역되어 소개(『미국 독립사』, 『이태리 건국 삼걸전』, 『월남망국사』) (베트남) • 조선 광문회(1910): 민족 고전 정리 및 간행(박은식, 최남선)

최빈출 핵심 선지

- 1883년에 함경도 덕원부 관민이 우리나라 최초의 근대식 학교인 원산 학사를 설립하였다.
- 정부가 세운 근대 교육 기관인 육영 공원은 헐버트, 길모어 등 외국인을 교사로 초빙하였다.
- 개신교 선교사였던 아펜젤러는 배재 학당을 세워 신학문 보급에 기여하였다.
- 을사늑약 체결 이후 이승훈이 오산 학교, 안창호가 대성 학교를 세워 인재를 양성하였다.
- 주시경, 지석영 등이 국문 연구소에서 한글 연구를 체계화하는 데 앞장섰다.
- 신채호는 독사신론을 발표하여 민족을 역사 서술의 중심에 두었다.
- 신소설 은세계가 우리나라 최초의 서양식 극장인 원각사에서 연극으로 공연되었다.
- 천도교는 기관지 만세보를 발행하여 민중 계몽을 위해 노력하였다.
- 나철, 오기호 등은 단군 신앙을 바탕으로 대종교를 창시하였다.

> 「독사신론」
>
> 신채호가 식민 사관과 그 영향을 받아 편찬된 일부 국사 교과서를 비판하기 위해 쓴 논설로, 만주와 부여족을 중심에 두고 고대사를 서술하였어요.

② 문예

문학	• 신소설: 애국 계몽 운동 시기에 주로 집필 → 신식 교육, 자주독립, 계급 타파 등의 계몽적 성격의 주제(이인직의 『혈의 누』, 이해조의 『자유종』, 안국선의 『금수회의록』 등) • 신체시: 최남선의 '해에게서 소년에게'(『소년』 창간호에 발표) 등 • 외국 문학 번역: 『천로 역정』, 『이솝 이야기』 등
연극	최초의 서양식 극장인 원각사 설립(1908) → 신소설인 '은세계', '치악산' 등이 연극으로 공연 └→ 이인직 중심

★ ③ 종교

유교	박은식 「유교 구신론」 발표 → 실천적인 유교 정신 강조, 양명학에 주목
불교	한용운 『조선 불교 유신론』 저술 → 불교 개혁과 자주성 강조
천주교	고아원·양로원 등을 통한 선교와 사회사업 활동, 경향신문 간행
개신교	의료 및 교육 활동을 통한 선교와 사회사업 활동
천도교	손병희가 동학을 천도교로 개칭(1905), 민중 계몽을 위한 만세보 간행
대종교	• 나철, 오기호 등이 단군 신앙을 바탕으로 창시(1909) • 국권 피탈 이후 교단을 만주로 옮겨 무장 독립 투쟁 전개

└→ 중광단(이후 북로 군정서로 개편)

3 국외 이민

(1) 노동 이민
① 알렌의 주선 → 하와이 사탕수수 농장 등으로 이민이 이루어짐(1903)
② 이후 미국 본토와 멕시코 등지로 이주

(2) 결혼 이민
① 하와이로 이주한 남성들이 결혼을 위해 고국에 사진을 보냄(사진결혼)
② 여성들의 하와이 이주

최빈출 핵심 선지

• 1900년대 초 미국의 하와이로 우리나라 최초의 합법적 이민이 이루어졌다.

13~15강 근대 사회

13① 흥선 대원군 집권 시기의 정치

대표기출문제

01 (가) 인물에 대한 설명으로 옳은 것은? [심화 50회]

> 신(臣) 병창이 (가) 앞에 나아가 품의했더니, 이르기를 '성묘(聖廟) 동서무(東西廡)에 배향된 제현 및 충절과 대의가 매우 빛나 영원토록 높이 받들기에 합당한 47곳의 서원 외에는 모두 향사(享祀)를 중단하고 사액을 철폐하라'고 하였습니다. 지시를 받들어 이미 사액된 서원 중 앞으로 계속 보존할 곳 47개를 별단에 써서 들였습니다. 계하(啓下)*하시면 각 도에 알리겠습니다.
> — 『승정원일기』 —
>
> *계하(啓下): 국왕의 재가

① 종로와 전국 각지에 척화비를 건립하였다.
② 나선 정벌을 위하여 조총 부대를 파견하였다.
③ 각 궁방과 중앙 관서의 공노비를 해방하였다.
④ 도성을 방비하기 위하여 총융청을 설치하였다.
⑤ 통치 체제를 정비하기 위하여 경국대전을 편찬하였다.

02 (가) 인물에 대한 설명으로 옳은 것은? [심화 48회]

> ○ 왕이 말하기를, "요즘 각 고을 백성의 생활 형편이 매우 좋지 않다고 한다. 작년부터 (가) 이/가 분부를 내려 양반 호(戶)는 노비의 이름으로 포(布)를 내게 하였고, 일반 백성들은 신포(身布)로 내게 하였다. …… 의정부에서는 각 도에 알려 이를 만년의 법식으로 삼는 것이 좋겠다."라고 하였다.
>
> ○ 왕이 말하기를, "요즘에 서원마다 사무를 자손들이 주관하고 붕당을 각기 주장하니, 이로 인한 폐해가 백성들에게 미치는 경우가 많다고 한다. …… 서원을 훼철(毀撤)*하고 신주를 땅에 묻어 버리는 등의 절차를 (가) 의 분부대로 거행하도록 해당 관청에서 팔도(八道)와 사도(四都)에 알리라."라고 하였다.
>
> *훼철(毀撤): 헐어서 치워 버림
> — 『승정원일기』 —

① 통리기무아문과 12사를 설치하였다.
② 양전 사업을 실시하여 지계를 발급하였다.
③ 나선 정벌을 위해 조총 부대를 파견하였다.
④ 교육의 기본 방향을 제시한 교육입국 조서를 반포하였다.
⑤ 환곡의 폐단을 시정하기 위해 사창제를 전국적으로 시행하였다.

03 다음 사건이 일어난 배경으로 옳은 것은? [심화 56회]

> 양헌수가 은밀히 정족산 전등사로 가서 주둔하였다. …… 산 위에서 매복하고 있다가 한꺼번에 북을 치고 나발을 불며 좌우에서 총을 쏘았다. 적장이 총에 맞아 말에서 떨어지고 서양인 10여 명이 죽었다. 달아나는 서양인들을 쫓아가니 그들은 동료의 시체를 옆에 끼고 급히 본진으로 도망갔다.

① 종로와 전국 각지에 척화비가 세워졌다.
② 오페르트가 남연군 묘 도굴을 시도하였다.
③ 위안스카이가 이끄는 군대가 조선에 상륙하였다.
④ 병인박해로 천주교 선교사와 신자들이 처형되었다.
⑤ 김홍집이 가지고 온 조선책략이 국내에 유포되었다.

04 다음 상황이 나타난 시기를 연표에서 옳게 고른 것은? [심화 49회]

> 의정부에서 아뢰기를, "서양 오랑캐가 광성진을 침범하였을 때 진무 중군 어재연의 생사는 자세히 알 수 없었습니다. 하지만 지방 수령이 대신할 진무 중군을 임명해 달라고 이미 청한 것을 보면 절개를 지켜 싸우다 전사한 것 같습니다."라고 하였다.
> — 『고종실록』 —

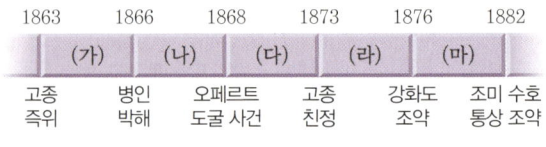

① (가) ② (나) ③ (다) ④ (라) ⑤ (마)

01 흥선 대원군의 개혁 정치

자료에서 47곳의 서원 외에는 모두 철폐하라고 하였다는 점을 통해 제시된 내용이 조선 고종 때 흥선 대원군의 서원 철폐 조치임을 알 수 있다. 따라서 (가) 인물은 흥선 대원군이다.

▶ 선지분석

✓ 종로와 전국 각지에 척화비를 건립하였다.
  ➡ 고종 때 흥선 대원군은 신미양요(1871) 이후 전국 각지에 척화비를 세워 통상 수교 거부 정책을 널리 알렸다.
② 나선 정벌을 위하여 조총 부대를 파견하였다.
  ➡ 효종 집권 시기의 사실이다.
③ 각 궁방과 중앙 관서의 공노비를 해방하였다.
  ➡ 순조 집권 시기의 사실이다.
④ 도성을 방비하기 위하여 총융청을 설치하였다.
  ➡ 인조 집권 시기의 사실이다.
⑤ 통치 체제를 정비하기 위하여 경국대전을 편찬하였다.
  ➡ 『경국대전』 편찬 작업은 세조 때 시작하여 성종 때 완성·반포되었다.

02 흥선 대원군의 개혁 정치

첫 번째 자료에서 '양반 호는 노비의 이름으로 포를 내게 하였고' 등을 통해 호포제에 대한 것임을 알 수 있고, 두 번째 자료에서 '서원을 훼철' 등을 통해 서원 정리에 대한 것임을 알 수 있다. 따라서 (가) 인물은 흥선 대원군이다.

▶ 선지분석

① 통리기무아문과 12사를 설치하였다.
  ➡ 조선 고종 친정 시기의 사실이다.
② 양전 사업을 실시하여 지계를 발급하였다.
  ➡ 대한 제국 고종 시기의 사실이다.
③ 나선 정벌을 위해 조총 부대를 파견하였다.
  ➡ 조선 효종 집권 시기의 사실이다.
④ 교육의 기본 방향을 제시한 교육입국 조서를 반포하였다.
  ➡ 조선 고종 친정 시기의 사실이다.
✓ 환곡의 폐단을 시정하기 위해 사창제를 전국적으로 시행하였다.
  ➡ 고종 때 흥선 대원군은 환곡의 운영을 민간에 맡기는 사창제를 실시하여 환곡의 폐단을 시정하고자 하였다.

03 통상 수교 거부 정책과 양요

자료의 '양헌수', '정족산' 등을 통해 해당 사건이 병인양요임을 알 수 있다.
흥선 대원군은 프랑스 선교사를 통해 프랑스를 끌어들여 러시아의 남하를 지지하려 하였으나 무산되었다. 더욱이 양반들의 천주교 금지 요구까지 거세지자 흥선 대원군은 프랑스 선교사와 천주교도를 절두산에서 처형하였다. 이에 프랑스는 자국 선교사의 처형을 구실로 조선을 침략하였다.

▶ 선지분석

① 종로와 전국 각지에 척화비가 세워졌다.
  ➡ 신미양요(1871) 이후의 사실이다.
② 오페르트가 남연군 묘 도굴을 시도하였다.
  ➡ 병인양요(1868) 이후의 사실이다.
③ 위안스카이가 이끄는 군대가 조선에 상륙하였다.
  ➡ 임오군란(1882) 이후의 사실이다.
✓ 병인박해로 천주교 선교사와 신자들이 처형되었다.
  ➡ 프랑스 군대는 병인박해를 구실로 군함을 끌고 강화도를 침략하는 병인양요(1866)를 일으켰다.
⑤ 김홍집이 가지고 온 조선책략이 국내에 유포되었다.
  ➡ 제2차 수신사 복귀(1880) 이후의 사실이다.

04 통상 수교 거부 정책과 양요

자료에서 '서양 오랑캐가 광성진을 침범', '어재연' 등을 통해 제시된 상황이 신미양요(1871)가 일어난 시기임을 알 수 있다.
미국은 제너럴셔먼호 사건을 빌미로 조선의 문호를 개방시키고자 로저스 제독이 이끄는 함대를 강화도에 파견하였다. 미군은 강화도에 상륙하여 초지진과 덕진진을 점령하고 광성보를 공격하였다. 우세한 전력을 가진 미군에 맞서 어재연이 이끄는 조선군이 결사 항전을 하였지만 광성보는 끝내 점령되고 말았다. 하지만 조선은 항전의 의지를 굽히지 않았고 결국 미군은 퇴각하였다. 이후 흥선 대원군은 전국 각지에 척화비를 세워 통상 수교 거부의 뜻을 더욱 강하게 밝혔다.

▶ 선지분석

① (가)
② (나)
✓ (다)
  ➡ 신미양요는 1871년에 일어났다.
④ (라)
⑤ (마)

▶ 정답 01 ① 02 ⑤ 03 ④ 04 ③

13강 ② 개항과 서양 각국과의 조약 체결

01 밑줄 그은 '장정'에 대한 설명으로 옳은 것은? [심화 53회]

- 이번 장정의 체결로 우리의 관세권을 일정 부분 회복했다고 하네.
- 그렇지만 이 장정으로 일본에 최혜국 대우를 인정해 주었다더군.

① 갑신정변의 영향으로 체결되었다.
② 방곡령 시행에 대한 규정을 명시하였다.
③ 일본 공사관에 경비병이 주둔하는 계기가 되었다.
④ 일본인 재정 고문을 두도록 하는 조항을 담고 있다.
⑤ 부산 외 2개 항구를 개항한다는 내용을 포함하였다.

02 (가), (나) 조약에 대한 설명으로 옳은 것을 보기 에서 고른 것은? [심화 51회]

(가) 제5관 미국 상인과 상선이 조선에 와서 무역을 할 때 입출항하는 화물은 모두 세금을 바쳐야 하며, 세금을 거두는 권한은 조선이 자주적으로 행사한다.

(나) 제37관 조선국에서 가뭄과 홍수, 전쟁 등의 일로 국내에 양식이 부족할 것을 우려하여 일시 쌀 수출을 금지하려고 할 때에는 1개월 전에 지방관이 일본 영사관에 통지하고, 미리 그 기간을 항구에 있는 일본 상인들에게 전달하여 일률적으로 준수하는 데 편리하게 한다.

| 보기 |
ㄱ. (가) – 최혜국 대우 내용을 포함하였다.
ㄴ. (가) – 갑신정변의 영향으로 체결되었다.
ㄷ. (나) – 방곡령 시행에 대한 규정을 명시하였다.
ㄹ. (나) – 재정 고문을 두도록 하는 조항을 담고 있다.

① ㄱ, ㄴ ② ㄱ, ㄷ ③ ㄴ, ㄷ
④ ㄴ, ㄹ ⑤ ㄷ, ㄹ

03 다음 가상 대화 이후 전개된 사실로 옳은 것을 보기 에서 고른 것은? [심화 47회]

- 현재 조선에 가장 시급한 외교 사안이 무엇이라고 생각하십니까?
- 러시아를 막는 것입니다. 이를 위해서는 중국을 가까이 하고, 일본과 관계를 공고히 하며, 미국과 연계하여 자강을 도모해야 합니다.

김홍집 / 황준헌

| 보기 |
ㄱ. 운요호 사건이 일어났다.
ㄴ. 전국에 척화비가 건립되었다.
ㄷ. 이만손 등이 영남 만인소를 올렸다.
ㄹ. 조·미 수호 통상 조약이 체결되었다.

① ㄱ, ㄴ ② ㄱ, ㄷ ③ ㄴ, ㄷ
④ ㄴ, ㄹ ⑤ ㄷ, ㄹ

04 (가), (나) 조약 사이의 시기에 볼 수 있는 모습으로 가장 적절한 것은? [심화 71회]

(가) 부산항에서 일본국 인민이 통행할 수 있는 도로 이정(里程)은 부두로부터 기산하여 조선 이법(里法)으로 동서남북 직경 10리로 정한다. 동래부는 이정 밖에 있지만 특별히 왕래할 수 있다. 일본국 인민은 마음대로 통행하며 조선 토산물과 일본국 물품을 사고팔 수 있다.

(나) 통상 지역에서 조선 이법 100리 이내, 혹은 장래 양국 관원이 서로 의논하여 정하는 경계 안에서 영국 인민은 여행증명서 없이 마음대로 돌아다닐 수 있다. 여행증명서를 지닌 영국 인민은 조선 각지를 돌아다니며 통상하거나, 각종 화물을 들여와 팔거나(단, 조선 정부가 불허한 서적·인쇄물 등은 제외), 일체 토산물을 구매할 수 있다.

① 거문도를 불법으로 점거하는 영국 군인
② 남연군 묘의 도굴을 시도하는 독일 상인
③ 부산 절영도의 조차를 요구하는 러시아 공사
④ 조청 상민 수륙 무역 장정을 체결하는 청 관리
⑤ 톈진 조약에 따라 조선에서 철수하는 일본 군인

01 강화도 조약과 개항

자료의 '관세권을 일정 부분 회복', '일본에 최혜국 대우를 인정'을 통해 밑줄 그은 '장정'이 조·일 통상 장정(1883)임을 알 수 있다. 조선 정부는 무관세 규정을 개정하기 위해 꾸준히 노력하여 마침내 1883년에 조·일 통상 장정을 체결하였다. 조·일 통상 장정을 통해 조선은 관세권 설정, 방곡령 선포 등의 권한을 갖게 되었지만, 일본의 요구로 최혜국 대우 규정을 인정해 주었다.

▶ 선지분석

① 갑신정변의 영향으로 체결되었다.
→ 한성 조약과 톈진 조약에 대한 설명이다.
② ✓ 방곡령 시행에 대한 규정을 명시하였다.
→ 조선은 일본과 조·일 통상 장정(1883)을 체결하여 관세 부과와 방곡령 시행에 대한 규정을 명시하였다.
③ 일본 공사관에 경비병이 주둔하는 계기가 되었다.
→ 제물포 조약에 대한 설명이다.
④ 일본인 재정 고문을 두도록 하는 조항을 담고 있다.
→ 제1차 한·일 협약에 대한 설명이다.
⑤ 부산 외 2개 항구를 개항한다는 내용을 포함하였다.
→ 강화도 조약에 대한 설명이다.

02 외국과의 조약 체결

(가) '미국', '세금을 거두는 권한' 등을 통해 미국에 대한 낮은 세율의 관세를 설정한 조·미 수호 통상 조약(1882)임을 알 수 있다.
(나) '국내에 양식이 부족할 것을 우려하여 일시 쌀 수출을 금지' 등을 통해 방곡령이 규정된 조·일 통상 장정(1883)임을 알 수 있다.
조선은 청의 알선으로 미국과 조·미 수호 통상 조약을 체결하였다. 여기에는 영사 재판권, 최혜국 대우 등 불평등 조항을 포함하였지만, 관세를 적용할 수 있도록 하는 등의 내용도 담고 있었다. 이후 조선은 일본과 조·일 통상 장정을 체결하여 관세권과 방곡령 선포권 등을 획득하였다.

▶ 선지분석

ㄱ. ✓ (가) – 최혜국 대우 내용을 포함하였다.
→ 조·미 수호 통상 조약 등에 대한 설명이다.
ㄴ. (가) – 갑신정변의 영향으로 체결되었다.
→ 한성 조약과 톈진 조약에 대한 설명이다.
ㄷ. ✓ (나) – 방곡령 시행에 대한 규정을 명시하였다.
→ 조·일 통상 장정에 대한 설명이다.
ㄹ. (나) – 재정 고문을 두도록 하는 조항을 담고 있다.
→ 제1차 한·일 협약에 대한 설명이다.

03 외국과의 조약 체결

자료에서 청의 외교관인 황준헌(황쭌셴)이 러시아를 막기 위해 미국과 연계해야 한다고 주장하는 점을 통해 제2차 수신사로 일본에 건너갔던 김홍집이 1880년에 가져온 『조선책략』과 관련된 것임을 알 수 있다.

▶ 선지분석

ㄱ. 운요호 사건이 일어났다.
→ 1875년의 사실이다.
ㄴ. 전국에 척화비가 건립되었다.
→ 1871년의 사실이다.
ㄷ. ✓ 이만손 등이 영남 만인소를 올렸다.
→ 1881년의 사실이다.
ㄹ. ✓ 조·미 수호 통상 조약이 체결되었다.
→ 1882년의 사실이다.

02 외국과의 조약 체결

(가) 조약은 '부산항에서 일본국 인민이 통행할 수 있는 도로 이정은 동서남북 직경 10리로 정함'을 통해 조·일 수호 조규 부록(1876)임을 알 수 있다. (나) 조약은 자료의 '통상 지역에서 영국 인민은 여행증명서 없이 마음대로 돌아다닐 수 있음'을 통해 조·영 수호 통상 조약(1883)임을 알 수 있다.

▶ 선지분석

① 거문도를 불법으로 점거하는 영국 군인
→ 1885년에 영국은 러시아의 남하를 견제한다는 구실로 거문도를 불법으로 점령하였다. (나) 이후의 사실이다.
② 남연군 묘의 도굴을 시도하는 독일 상인
→ 1868년에 독일 상인 오페르트가 통상 협정에 이용하기 위해 흥선 대원군의 아버지인 남연군의 묘를 도굴하려 하였으나 실패하였다. (가) 이전의 사실이다.
③ 부산 절영도의 조차를 요구하는 러시아 공사
→ 1897년에 러시아가 저탄소 설치를 위해 절영도를 빌려 달라고 요구하자 독립협회를 중심으로 거센 반대 운동이 일어났고 러시아는 결국 절영도 조차를 포기하였다. (나) 이후의 사실이다.
④ ✓ 조청 상민 수륙 무역 장정을 체결하는 청 관리
→ 1882년에 조선은 임오군란 직후 청과 조·청 상민 수륙 무역 장정을 체결하였다.
⑤ 톈진 조약에 따라 조선에서 철수하는 일본 군인
→ 1884년 갑신정변의 결과로, 1885년에 청과 일본은 조선에서의 양국 군대 동시 철수, 파병 시 상호 통보 등을 규정한 톈진 조약을 체결하였다. (나) 이후의 사실이다.

▶ 정답   01 ②   02 ②   03 ⑤   04 ④

13~15강 근대 사회

13③ 근대적 개혁의 추진과 반발

대표기출문제

01 다음 인물에 대한 설명으로 옳은 것은? [심화 49회]

○○○ 연보
- 1842년 출생
- 1880년 일본에 수신사로 파견됨
- 1884년 좌의정으로 임명됨
- 1894년 총리대신으로 갑오개혁을 주도함
- 1896년 사망

① 황준헌이 쓴 조선책략을 국내에 들여왔다.
② 초대 주미 공사로 임명되어 미국에 파견되었다.
③ 고종의 밀지를 받아 독립 의군부를 조직하였다.
④ 영국인 베델과 함께 대한매일신보를 창간하였다.
⑤ 서유견문을 집필하여 서양 근대 문명을 소개하였다.

02 (가) 사절단에 대한 설명으로 옳은 것은? [심화 52회]

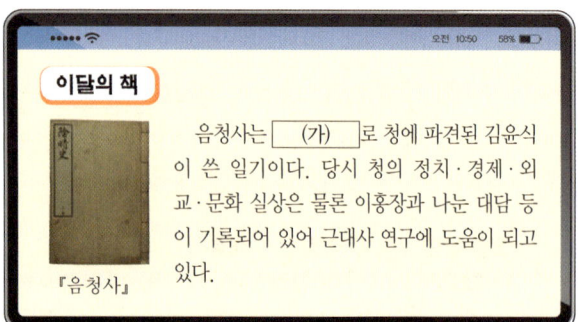

음청사는 (가) 로 청에 파견된 김윤식이 쓴 일기이다. 당시 청의 정치·경제·외교·문화 실상은 물론 이홍장과 나눈 대담 등이 기록되어 있어 근대사 연구에 도움이 되고 있다.

『음청사』

① 기기창 설립의 계기가 되었다.
② 회답 겸 쇄환사로 파견되었다.
③ 조선책략을 처음으로 소개하였다.
④ 민영익, 홍영식, 서광범 등이 참여하였다.
⑤ 개화 반대 여론으로 인해 비밀리에 출국하였다.

03 (가), (나) 사이의 시기에 있었던 사실로 옳은 것은? [심화 54회]

(가) 수신사 김기수가 나와 엎드리니 왕이 말하였다. "전선, 화륜과 농기계에 관하여 들은 것은 없는가? 저 나라에서 이 세 가지 일을 제일 급하게 힘쓰고 있다고 하는데, 그러하던가?" 김기수가 "과연 그러하였습니다."라고 아뢰었다.

(나) 어윤중이 동래부 암행어사로 임명되어 왕에게서 받은 봉해진 서신을 열어 보니, "일본 조정의 의논와 정국의 형세, 풍속·인물·교빙·통상 등의 대략을 염탐하는 것이 좋겠다. 그러니 너는 일본으로 건너가 크고 작은 일들을 보고 듣되 시간에 구애받지 말고 낱낱이 탐지해서 별도의 문서로 조용히 보고하라."라는 내용이었다.

① 미국에 보빙사가 파견되었다.
② 통리기무아문과 12사가 설치되었다.
③ 운요호가 강화도와 영종도를 무단 침입하였다.
④ 교원 양성을 위해 한성 사범 학교가 설립되었다.
⑤ 프랑스와 조약을 체결하여 천주교 포교가 허용되었다.

04 (가), (나) 문서가 작성된 사이의 시기에 있었던 사실로 옳은 것은? [심화 50회]

(가) 저들이 비록 왜인이라고는 하나 실은 양적(洋賊)입니다. 화친이 한번 이루어지면 사학(邪學)의 서책과 천주의 초상이 교역하는 속에 섞여 들어오게 되고, 조금 지나면 전도사와 신도가 전수하여 사학이 온 나라에 두루 가득 차게 될 것입니다.
— 지부복궐척화의소 —

(나) 지금 조정에서는 어찌 백해무익한 일을 하여 러시아가 없는 마음을 먹게 하고, 미국이 의도하지 않았던 일을 만들어 오랑캐를 끌어들이려 하십니까? 저 황준헌이라는 자는 스스로 중국에서 태어났다고 하면서도, 일본을 위해 말하고 예수를 좋은 신이라 하며, 난적의 앞잡이가 되어 스스로 짐승과 같은 무리가 되었습니다. 고금천하에 어찌 이런 이치가 있겠습니까?
— 영남 만인소 —

① 김기수가 수신사로 일본에 파견되었다.
② 영국이 거문도를 불법으로 점령하였다.
③ 평양 관민이 제너럴셔먼호를 불태웠다.
④ 거중 조정 조항을 포함한 조약이 체결되었다.
⑤ 양헌수 부대가 정족산성에서 프랑스군을 격퇴하였다.

01 개화 세력의 대두와 개화 정책의 추진

김홍집은 1880년 제2차 수신사로 일본에 파견되었는데, 귀국할 때 청의 외교관인 황준헌(황쭌셴)이 쓴 『조선책략』을 가져왔다. 이후 군국기무처 총재에 임명되어 갑오개혁을 주도하였으나, 1895년의 을미사변을 계기로 민중의 반일 감정이 고조된 상황 속에서 '왜의 대신'으로 지목되어 피살되었다.

> 선지분석

☑ 황준헌이 쓴 조선책략을 국내에 들여왔다.
  ➡ 김홍집이 가져온 『조선책략』의 내용은 러시아를 막기 위해 미국과 연계해야 한다는 것이었다. 이 책의 유포 이후 청의 알선으로 미국과 조·미 수호 통상 조약(1882)이 체결되었다.
② 초대 주미 공사로 임명되어 미국에 파견되었다.
  ➡ 박정양에 대한 설명이다.
③ 고종의 밀지를 받아 독립 의군부를 조직하였다.
  ➡ 임병찬에 대한 설명이다.
④ 영국인 베델과 함께 대한매일신보를 창간하였다.
  ➡ 양기탁에 대한 설명이다.
⑤ 서유견문을 집필하여 서양 근대 문명을 소개하였다.
  ➡ 유길준에 대한 설명이다.

02 개화 세력의 대두와 개화 정책의 추진

자료에서 청에 파견된 김윤식이 쓴 『음청사』가 제시된 점 등을 통해 (가) 사절단이 영선사임을 알 수 있다.
영선사는 1881년에 조선이 청에 파견한 사절단으로, 근대식 무기 제조 기술 습득 및 청과 미국과의 문제를 논의하기 위해 파견되었다. 사절단과 함께 파견된 학생들은 화학, 전기, 외국어 등을 공부하였고 공장에서 제련, 기계 조작 및 제조 등을 배웠다. 그러나 영선사는 재정 부족과 임오군란 등으로 약 1년 만에 귀국하였다.

> 선지분석

☑ 기기창 설립의 계기가 되었다.
  ➡ 영선사 파견을 계기로 근대식 무기 제조 공장인 기기창이 설립되었다.
② 회답 겸 쇄환사로 파견되었다.
  ➡ 임진왜란 직후 조선은 일본으로 끌려간 조선인을 데려오기 위해 승려 유정 등을 회답 겸 쇄환사로 일본에 파견하였다.
③ 조선책략을 처음으로 소개하였다.
  ➡ 제2차 수신사로 파견된 김홍집에 대한 설명이다.
④ 민영익, 홍영식, 서광범 등이 참여하였다.
  ➡ 보빙사에 대한 설명이다.
⑤ 개화 반대 여론으로 인해 비밀리에 출국하였다.
  ➡ 조사 시찰단에 대한 설명이다.

03 개화 세력의 대두와 개화 정책의 추진

(가) '수신사 김기수'를 통해 1876년에 파견된 제1차 수신사와 관련된 사료임을 알 수 있다. 조선 정부는 강화도 조약 체결 이후 일본의 요청에 따라 김기수를 제1차 수신사로 파견하였다.
(나) '어윤중', '일본 염탐' 등을 통해 1881년에 파견된 조사 시찰단과 관련된 사료임을 알 수 있다. 1881년에 박정양, 어윤중 등은 조사 시찰단의 일원으로 일본에 파견되어 여러 곳을 살펴보고, 보고서를 작성하여 제출하였다.

> 선지분석

① 미국에 보빙사가 파견되었다.
  ➡ 1883년의 사실이다.
☑ 통리기무아문과 12사가 설치되었다.
  ➡ 조선 정부는 1880년에 개화 정책 추진을 총괄하는 통리기무아문과 산하 기구인 12사를 신설하였다.
③ 운요호가 강화도와 영종도를 무단 침입하였다.
  ➡ 1875년의 사실이다.
④ 교원 양성을 위해 한성 사범 학교가 설립되었다.
  ➡ 1895년의 사실이다.
⑤ 프랑스와 조약을 체결하여 천주교 포교가 허용되었다.
  ➡ 1886년의 사실이다.

04 위정척사 운동

(가) 왜인의 실상이 양적이라고 주장한 점으로 보아 강화도 조약 체결 이전 일본의 개항 요구에 반대하는 최익현의 상소임을 알 수 있다. 당시 최익현은 일본과 교역하게 될 경우 조선에게 불리한 점을 언급하며 개항에 반대하는 의견을 제시하였다.
(나) 1881년에 유생들이 올린 영남 만인소이다. 제2차 수신사로 일본에 다녀온 김홍집에 의해 『조선책략』이 국내에 유포되자 이에 반발하며 영남 지방의 유생들이 영남 만인소를 올렸다.

> 선지분석

☑ 김기수가 수신사로 일본에 파견되었다.
  ➡ 김기수는 강화도 조약이 체결된 직후인 1876년에 제1차 수신사로 일본에 다녀왔다.
② 영국이 거문도를 불법으로 점령하였다.
  ➡ 거문도 사건은 1885~1887년의 사실이다.
③ 평양 관민이 제너럴셔먼호를 불태웠다.
  ➡ 제너럴셔먼호 사건은 1866년의 사실이다.
④ 거중 조정 조항을 포함한 조약이 체결되었다.
  ➡ 조·미 수호 통상 조약은 1882년에 체결되었다.
⑤ 양헌수 부대가 정족산성에서 프랑스군을 격퇴하였다.
  ➡ 병인양요는 1866년의 사실이다.

> 정답 01 ① 02 ① 03 ② 04 ①

13~15강 근대 사회

14① 임오군란과 갑신정변

대표기출문제

01 밑줄 그은 '이 사건'에 대한 설명으로 옳은 것은? [심화 51회]

① 김옥균, 박영효 등이 주도하였다.
② 입헌 군주제 수립을 목표로 전개되었다.
③ 통리기무아문이 설치되는 배경이 되었다.
④ 일본 공사관에 경비병이 주둔하는 계기가 되었다.
⑤ 전국 각지에 척화비가 건립되는 결과를 초래하였다.

02 (가) 사건에 대한 설명으로 옳은 것은? [심화 50회]

① 건양이라는 연호를 제정하였다.
② 단발령 시행에 반발하여 일어났다.
③ 개혁 추진 기구로 교정청을 설치하였다.
④ 구본신참에 입각하여 개혁을 추진하였다.
⑤ 청·일 간 톈진 조약 체결의 계기가 되었다.

03 (가) 사건의 결과로 옳은 것은? [심화 49회]

① 한성 조약이 체결되었다.
② 신식 군대인 별기군이 창설되었다.
③ 부산 외 두 곳의 항구가 개항되었다.
④ 김윤식이 청에 영선사로 파견되었다.
⑤ 개화 정책을 총괄하는 통리기무아문이 설치되었다.

04 다음 가상 대화의 상황이 나타난 시기를 연표에서 옳게 고른 것은? [심화 55회]

① (가)   ② (나)   ③ (다)   ④ (라)   ⑤ (마)

01 임오군란

자료에서 '구식 군인에 대한 차별', '일본 공사관을 공격', '도시 하층민도 가담' 등을 통해 밑줄 그은 '이 사건'이 임오군란임을 알 수 있다.

> **선지분석**

① 김옥균, 박영효 등이 주도하였다.
　➡ 갑신정변에 대한 설명이다.
② 입헌 군주제 수립을 목표로 전개되었다.
　➡ 독립 협회의 의회 설립 운동에 대한 설명이다.
③ 통리기무아문이 설치되는 배경이 되었다.
　➡ 개항 이후 조선의 개화 정책에 대한 설명이다.
✔ 일본 공사관에 경비병이 주둔하는 계기가 되었다.
　➡ 일본은 임오군란 이후 일본 공사관 습격에 대한 책임을 물어 조선과 제물포 조약을 체결하였다.
⑤ 전국 각지에 척화비가 건립되는 결과를 초래하였다.
　➡ 신미양요 이후 흥선 대원군은 서양과의 통상 수교 거부 의지를 널리 알리기 위해 전국 각지에 척화비를 세웠다.

02 갑신정변

자료에서 김옥균 등이 주도한 사건이라고 하였고, 이 사건으로 우정총국이 폐쇄되었다는 사실을 통해 (가) 사건이 1884년에 있었던 갑신정변임을 알 수 있다.

> **선지분석**

① 건양이라는 연호를 제정하였다.
　➡ 을미개혁에 대한 설명이다.
② 단발령 시행에 반발하여 일어났다.
　➡ 을미의병에 대한 설명이다.
③ 개혁 추진 기구로 교정청을 설치하였다.
　➡ 동학 농민 운동의 전개 과정에서 조선 정부는 개혁 추진 기구로 교정청을 설치하였다.
④ 구본신참에 입각하여 개혁을 추진하였다.
　➡ 광무개혁에 대한 설명이다.
✔ 청·일 간 톈진 조약 체결의 계기가 되었다.
　➡ 갑신정변의 결과 조선과 일본 간에는 한성 조약이 체결되었고, 청과 일본 간에는 톈진 조약이 체결되었다. 톈진 조약을 통해 청과 일본은 조선에서 군대를 철수하고, 어느 한쪽이 군대를 보내면 그 사실을 상대측에게 알리도록 하였다.

03 갑신정변

자료에서 '청에 조공하는 허례를 폐지', '문벌을 폐지', '개화당' 등을 통해 (가) 사건이 갑신정변(1884)임을 알 수 있다.

> **선지분석**

✔ 한성 조약이 체결되었다.
　➡ 갑신정변 직후 조선은 일본과 배상금 지불 및 공사관 신축 비용 부담을 주된 내용으로 하는 한성 조약을 체결하였다.
② 신식 군대인 별기군이 창설되었다.
　➡ 1881년의 사실이다.
③ 부산 외 두 곳의 항구가 개항되었다.
　➡ 강화도 조약(1876)에 대한 설명이다.
④ 김윤식이 청에 영선사로 파견되었다.
　➡ 1881년의 사실이다.
⑤ 개화 정책을 총괄하는 통리기무아문이 설치되었다.
　➡ 1880년의 사실이다.

04 갑신정변

자료에서 영국이 러시아의 남진을 막는다는 구실로 섬을 점령하였다는 점 등을 통해 거문도 사건에 대한 대화임을 알 수 있다. 1885년 영국은 러시아의 남진을 막는다는 명분을 내세워 거문도를 불법 점령하였다. 이후 영국은 청의 중재로 조선의 영토를 점령하지 않겠다는 러시아의 약속을 받자 1887년 거문도에서 철수하였다.

> **선지분석**

① (가)
② (나)
✔ (다)
　➡ 1885년 영국은 러시아의 남진을 막는다는 명분을 내세워 거문도를 불법 점령하였다.
④ (라)
⑤ (마)

> 정답　01 ④　02 ⑤　03 ①　04 ③

14② 동학 농민 운동

대표기출문제

01 (가) 운동에 대한 설명으로 옳은 것은? [심화 50회]

이곳은 공주 우금치 전적으로 (가) 당시 남접과 북접 연합군이 북상하던 중 관군과 일본군을 상대로 격전을 벌인 장소입니다. 우금치는 도성으로 올라가는 길목으로 전략상 매우 중요한 지역이었습니다.

① 이소응, 유인석 등이 주도하였다.
② 황토현에서 전라 감영군을 격파하였다.
③ 한성 조약이 체결되는 결과를 가져왔다.
④ 관민 공동회를 개최하여 헌의 6조를 결의하였다.
⑤ 사건 수습을 위하여 박규수가 안핵사로 파견되었다.

02 (가) 시기에 있었던 사실로 옳은 것은? [심화 51회]

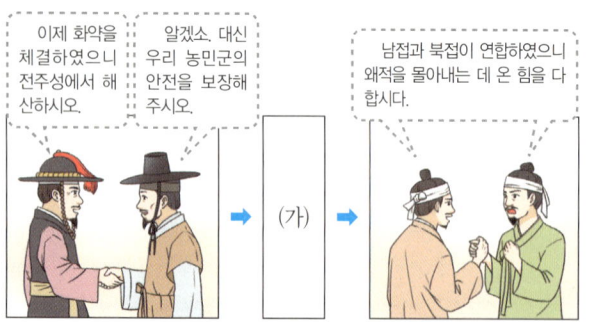

① 농민군이 백산에서 4대 강령을 발표하였다.
② 우금치에서 농민군과 일본군이 격전을 벌였다.
③ 일본이 군대를 동원하여 경복궁을 점령하였다.
④ 보은에서 교조 신원을 요구하는 집회가 열렸다.
⑤ 조병갑의 탐학에 저항해 고부에서 농민 봉기가 일어났다.

03 (가)에 들어갈 내용으로 가장 적절한 것은? [심화 58회]

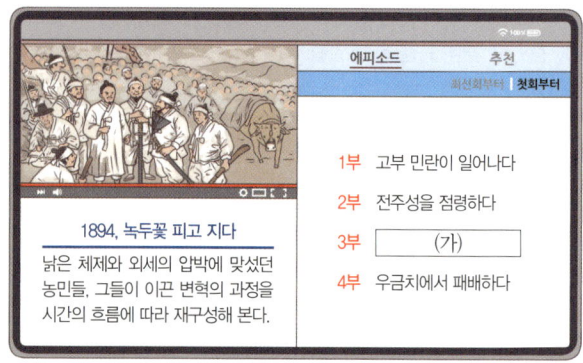

1894, 녹두꽃 피고 지다
낡은 체제와 외세의 압박에 맞섰던 농민들, 그들이 이끈 변혁의 과정을 시간의 흐름에 따라 재구성해 본다.

1부 고부 민란이 일어나다
2부 전주성을 점령하다
3부 (가)
4부 우금치에서 패배하다

① 남북접이 논산에 집결하다
② 황토현 전투에서 승리하다
③ 백산에 모여 4대 강령을 선포하다
④ 최시형이 동학의 2대 교주가 되다
⑤ 교조 신원을 요구하는 삼례 집회가 열리다

04 (가) 인물에 대한 설명으로 옳은 것은? [심화 49회]

선 고 서

고부 군수 조병갑이 부임하여 학정을 행하니 (가) 은/는 그 무리를 이끌고 고부 관아의 창고를 털어 곡식을 농민에게 나누어 주었다. …… 무장에서 일어나 장성에 이르러 관군을 격파하고, 밤낮없이 행군하여 전주성에 들어가니 전라 감사는 이미 도망하였다. …… 위에 기록한 사실은 피고와 공모자 손화중 등이 자백한 공초, 압수한 증거에 근거한 것이니 이에 피고 (가) 을/를 사형에 처한다.

① 단발령 시행에 반발하여 의병을 일으켰다.
② 우금치에서 일본군 및 관군에 맞서 싸웠다.
③ 동학의 2대 교주로 교조 신원 운동을 주도하였다.
④ 명동 성당 앞에서 이완용을 습격하여 중상을 입혔다.
⑤ 13도 창의군을 지휘하여 서울 진공 작전을 전개하였다.

01 동학 농민 운동

자료에서 공주 우금치 전적이 제시되었고, 남접과 북접 연합군이 관군과 일본군을 상대로 격전을 벌인 장소라고 언급한 점을 통해 (가) 운동이 동학 농민 운동임을 알 수 있다.
동학 농민군은 제1차 봉기 이후 일본군이 경복궁을 불법 점령하자 재차 봉기하였으나, 공주 우금치 전투에서 패배하였다.

> **선지분석**

① 이소응, 유인석 등이 주도하였다.
  ➡ 을미의병에 대한 설명이다.
② 황토현에서 전라 감영군을 격파하였다.
  ➡ 동학 농민군의 제1차 봉기 당시 농민군은 황룡촌·황토현 전투 등에서 승리한 후 전주성을 점령하였다.
③ 한성 조약이 체결되는 결과를 가져왔다.
  ➡ 갑신정변에 대한 설명이다.
④ 관민 공동회를 개최하여 헌의 6조를 결의하였다.
  ➡ 독립 협회에 대한 설명이다.
⑤ 사건 수습을 위하여 박규수가 안핵사로 파견되었다.
  ➡ 임술 농민 봉기에 대한 설명이다.

02 동학 농민 운동

'화약을 체결', '전주성', '농민군' 등을 통해 제시된 자료가 동학 농민 운동의 전개 상황을 묘사한 그림임을 알 수 있다.
1894년 1월 전봉준과 동학교도들은 고부 군수 조병갑의 학정에 대항하여 봉기를 일으키고 고부 관아를 점령하였다(고부 농민 봉기). 이 봉기는 안핵사 이용태의 횡포로 인해 제1차 동학 농민 봉기로 확대되었으며, 농민군은 황토현과 황룡촌에서 관군을 격파하고 전주성을 점령하였다. 정부는 농민군과 전주 화약을 체결하고 개혁을 추진하였으나, 일본군은 경복궁을 점령하고 조선 정부를 무력화하였다. 이에 농민군이 재차 봉기를 일으켰지만, 공주 우금치 전투에서 관군·일본군의 연합군에게 패배하였다.

> **선지분석**

① 농민군이 백산에서 4대 강령을 발표하였다.
  ➡ 1894년 3월의 사실이다.
② 우금치에서 농민군과 일본군이 격전을 벌였다.
  ➡ 1894년 11월의 사실이다.
③ 일본이 군대를 동원하여 경복궁을 점령하였다.
  ➡ 청군에 이어 조선에 상륙한 일본군은 조선 정부의 철군 요구를 거부하고 1894년 6월에 경복궁을 무력으로 점령하였다.
④ 보은에서 교조 신원을 요구하는 집회가 열렸다.
  ➡ 1893년의 사실이다.
⑤ 조병갑의 탐학에 저항해 고부에서 농민 봉기가 일어났다.
  ➡ 1894년 1월의 사실이다.

03 동학 농민 운동

자료의 '고부 민란, 전주성 점령, 우금치' 등을 통해 (가)에는 동학 농민군의 전주성 점령과 우금치 전투 사이의 내용이 들어가야 함을 알 수 있다.
동학 농민군의 전주성 점령 후 정부와 농민군은 전주 화약을 체결하고 개혁을 약속하였다. 그러나 동학 농민 운동을 구실로 조선에 진주한 일본군이 개혁을 강요하며 경복궁을 점령하자, 농민군은 다시 봉기하였다. 농민군은 논산에서 남접과 북접이 연합하여 북상하였으나, 공주 우금치에서 일본군과 관군의 연합 부대를 만나 패배하였다.

> **선지분석**

① 남북접이 논산에 집결하다
  ➡ 일본군이 경복궁을 점령하자 1894년 10월 농민군은 논산에 집결하여 북상하였으나, 공주 우금치에서 관군과 일본군 연합 부대에 패배하였다.
② 황토현 전투에서 승리하다
  ➡ 1894년 4월의 사실이다.
③ 백산에 모여 4대 강령을 선포하다
  ➡ 1894년 3월의 사실이다.
④ 최시형이 동학의 2대 교주가 되다
  ➡ 1863년의 사실이다.
⑤ 교조 신원을 요구하는 삼례 집회가 열리다
  ➡ 1892년의 사실이다.

04 동학 농민 운동

자료의 '고부 관아의 창고를 털어', '전주성에 들어가니', '손화중' 등을 통해 (가) 인물이 동학 농민 운동의 지도자인 전봉준임을 알 수 있다.

> **선지분석**

① 단발령 시행에 반발하여 의병을 일으켰다.
  ➡ 을미의병을 일으킨 유인석, 이소응 등에 대한 설명이다.
② 우금치에서 일본군 및 관군에 맞서 싸웠다.
  ➡ 전봉준 등은 동학 농민군을 이끌며 우금치에서 일본군 및 관군에 맞서 싸웠다.
③ 동학의 2대 교주로 교조 신원 운동을 주도하였다.
  ➡ 최시형에 대한 설명이다.
④ 명동 성당 앞에서 이완용을 습격하여 중상을 입혔다.
  ➡ 이재명에 대한 설명이다.
⑤ 13도 창의군을 지휘하여 서울 진공 작전을 전개하였다.
  ➡ 이인영, 허위에 대한 설명이다.

> **정답** 01 ② 02 ③ 03 ① 04 ②

14③ 갑오개혁·을미개혁

01 (가)~(다)를 발표된 순서대로 옳게 나열한 것은?
[심화 48회]

(가)
1. 지금부터는 국내외의 공사(公私) 문서에 개국 기년(開國紀年)을 쓴다.
1. 과부가 재혼하는 것은 귀천을 막론하고 자신의 의사대로 하게 한다.
1. 공노비와 사노비에 관한 법을 일체 혁파하고 사람을 사고 파는 일을 금지한다.

(나)
이번 단발은 위생에 이익이 되고 일을 할 때 편하기 위하여 우리 성상 폐하께서 정치 개혁과 국가의 부강함을 도모하고자 솔선하여 표준을 보이심이라. 무릇 우리 대조선국 인민은 이와 같은 성의를 본받되 의관 제도는 다음과 같이 고시함
1. 망건은 폐지함
1. 의복 제도는 외국 제도를 채용하여도 무방함

(다)
제1조 원수부는 국방과 용병과 군사에 관한 각 항의 명령을 관장하며 특별히 세운 권한을 가지고 군부와 경외(京外)의 각 부대를 지휘 감독한다.
제2조 모든 명령은 대원수 폐하가 원수 전하를 경유하여 하달한다.
제3조 원수부는 황궁(皇宮) 내에 설치한다.

① (가) - (나) - (다) ② (가) - (다) - (나)
③ (나) - (가) - (다) ④ (나) - (다) - (가)
⑤ (다) - (나) - (가)

02 밑줄 그은 '개혁'의 내용으로 옳은 것은?
[심화 52회]

그동안 국정 논의를 주도한 군국기무처가 폐지되었다군.

그렇다네. 이제는 김홍집과 박영효가 주도하는 내각에서 여러 개혁을 추진한다는군.

① 통리기무아문과 12사를 설치하였다.
② 지방 행정 구역을 8도에서 23부로 개편하였다.
③ 청의 연호를 쓰지 않고 개국 기년을 사용하였다.
④ 공사 노비법을 혁파하고 과부의 재가를 허용하였다.
⑤ 6조에서 8아문으로 개편하고 과거제를 폐지하였다.

03 다음 대화에 나타난 상황 이후의 사실로 옳은 것은?
[심화 49회]

며칠 전 러시아, 프랑스, 독일의 압력으로 일본이 청에 랴오둥반도를 반환했다는 소식 들었는가?

들었네. 우리도 이 기회에 러시아를 이용하여 일본의 간섭에서 벗어날 방도를 찾아야 할 것이네.

① 조·청 상민 수륙 무역 장정을 체결하였다.
② 건양이라는 독자적인 연호를 사용하였다.
③ 행정 기구를 6조에서 8아문으로 개편하였다.
④ 군국기무처를 설치하여 근대적 개혁을 추진하였다.
⑤ 영국이 러시아를 견제하기 위해 거문도를 점령하였다.

04 (가)~(다)를 일어난 순서대로 옳게 나열한 것은?
[심화 47회]

(가) 왕이 경복궁을 나오니 이범진, 이윤용 등이 러시아 공사관으로 옮기게 하였다. 김홍집 등이 군중에게 잡혀 살해되자 유길준, 장박 등은 도주하였다.

(나) 오늘 대군주 폐하께서 내리신 조칙에서 "짐이 신민(臣民)에 앞서 머리카락을 자르니, 너희들은 짐의 뜻을 잘 본받아 만국과 나란히 서는 대업(大業)을 이루라."라고 하셨다.

(다) 광화문을 통해 들어온 일본 병사들은 건청궁으로 침입하였다. …… 일본 장교는 흉악한 일본 자객들이 왕후를 수색하는 것을 도왔다. 자객들은 여러 방을 샅샅이 뒤졌고 마침내 왕후를 찾아내어 시해하였다.

① (가) - (나) - (다) ② (가) - (다) - (나)
③ (나) - (가) - (다) ④ (나) - (다) - (가)
⑤ (다) - (나) - (가)

01 갑오개혁·을미개혁

- (가) 개국 기년 사용, 과부의 재혼 허용, 노비제 폐지를 통해 제1차 갑오개혁(1894)임을 알 수 있다.
- (나) 단발령은 을미개혁(1895) 때 추진되었다.
- (다) 원수부는 대한 제국 수립을 선포하고 스스로 황제의 자리에 오른 고종이 광무개혁의 일환으로 1899년에 황제의 군 통수권을 강화하기 위해 설치한 군사 기구이다.

▶ 선지분석

☑ (가) – (나) – (다)
  ➡ 발표된 순서대로 나열하면 (가) – (나) – (다)이다.
② (가) – (다) – (나)
③ (나) – (가) – (다)
④ (나) – (다) – (가)
⑤ (다) – (나) – (가)

02 갑오개혁

자료에서 군국기무처가 폐지되었다고 한 점, 김홍집과 박영효가 주도하는 내각에서 개혁을 추진한다고 한 점을 통해 밑줄 그은 '개혁'이 제2차 갑오개혁임을 알 수 있다.

▶ 선지분석

① 통리기무아문과 12사를 설치하였다.
  ➡ 개항 이후 조선 정부의 개화 정책(1880)의 내용이다.
☑ 지방 행정 구역을 8도에서 23부로 개편하였다.
  ➡ 제2차 갑오개혁을 통해 지방 행정 구역이 8도에서 23부로 개편되었다.
③ 청의 연호를 쓰지 않고 개국 기년을 사용하였다.
  ➡ 제1차 갑오개혁의 내용이다.
④ 공사 노비법을 혁파하고 과부의 재가를 허용하였다.
  ➡ 제1차 갑오개혁의 내용이다.
⑤ 6조에서 80아문으로 개편하고 과거제를 폐지하였다.
  ➡ 제1차 갑오개혁의 내용이다.

03 을미개혁

자료에서 '러시아·프랑스·독일의 압력', '랴오둥반도를 반환' 등을 통해 삼국 간섭(1895)에 대한 대화임을 알 수 있다.

일본이 청·일 전쟁에서 승리하고 청으로부터 랴오둥반도를 획득하였지만, 삼국 간섭으로 랴오둥반도를 반환하면서 러·일 간의 갈등이 본격화되었다. 이에 민씨 정권이 친러 정책을 펼치자 일본은 을미사변을 일으켜 조선 정부를 장악하고 개혁을 강요하였다(을미개혁).

▶ 선지분석

① 조·청 상민 수륙 무역 장정을 체결하였다.
  ➡ 1882년의 사실이다.
☑ 건양이라는 독자적인 연호를 사용하였다.
  ➡ 조선 정부는 1895년 을미개혁으로 단발령을 실시하고 '건양'이라는 연호를 사용하는 등의 개혁을 진행하였다.
③ 행정 기구를 6조에서 80아문으로 개편하였다.
  ➡ 제1차 갑오개혁(1894)의 사실이다.
④ 군국기무처를 설치하여 근대적 개혁을 추진하였다.
  ➡ 제1차 갑오개혁(1894)의 사실이다.
⑤ 영국이 러시아를 견제하기 위해 거문도를 점령하였다.
  ➡ 거문도 사건(1885~1887)의 내용이다.

04 을미개혁

- (가) 왕이 러시아 공사관으로 옮기게 되었다는 사실을 통해 1896년에 있었던 아관 파천임을 알 수 있다.
- (나) 국왕이 머리카락을 자르고, 이를 본받으라고 한 점으로 보아 1895년 11월에 있었던 을미개혁의 단발령에 대한 것임을 알 수 있다.
- (다) 일본이 왕후를 시해하였다는 사실을 통해 1895년 10월에 있었던 을미사변에 대한 것임을 알 수 있다.

▶ 선지분석

① (가) – (나) – (다)
② (가) – (다) – (나)
③ (나) – (가) – (다)
④ (나) – (다) – (가)
☑ (다) – (나) – (가)
  ➡ 일어난 순서대로 나열하면 (다) – (나) – (가)이다.

▶ 정답 01 ① 02 ② 03 ② 04 ⑤

14강 ④ 독립 협회와 대한 제국

01 밑줄 그은 '협회'에 대한 설명으로 옳은 것은? [심화 49회]

해산 명령을 철회하고 탄압을 중지하라!
정부가 우리 협회에 해산 명령을 내리고 보부상까지 동원하여 만민 공동회를 탄압하고 있습니다. 오늘 오후 종로에 모여 해산 명령 철회와 탄압 중지를 요구합시다.

① 대성 학교와 오산 학교를 설립하였다.
② 고종 강제 퇴위 반대 운동을 주도하였다.
③ 일본의 황무지 개간권 요구를 저지하였다.
④ 중추원 개편을 통해 의회 설립을 추진하였다.
⑤ 일본에 진 빚을 갚자는 국채 보상 운동을 전개하였다.

02 (가) 단체에 대한 설명으로 옳은 것은? [심화 57회]

서울시는 고가도로 건설을 위해 독립문 이전을 결정하였습니다. 독립문은 서재필 등이 중심이 되어 창립한 (가) 이/가 왕실과 국민의 성금을 모아 세웠습니다. 중국 사신을 맞이하던 영은문 자리 부근에 있는 독립문은 이번 결정으로 원래 자리에서 약 70미터 떨어진 공터로 이전할 예정입니다.

① 만세보를 발행하여 민중 계몽에 앞장섰다.
② 고종의 강제 퇴위 반대 운동을 전개하였다.
③ 여성 권리 선언문인 여권통문을 공표하였다.
④ 독립운동 자금 마련을 위해 독립 공채를 발행하였다.
⑤ 만민 공동회를 열어 열강의 이권 침탈을 저지하였다.

03 밑줄 그은 '관계'가 발급되던 시기에 볼 수 있는 모습으로 가장 적절한 것은? [심화 51회]

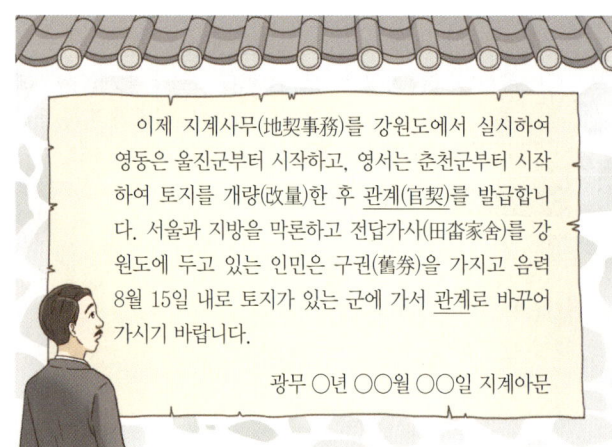

이제 지계사무(地契事務)를 강원도에서 실시하여 영동은 울진군부터 시작하고, 영서는 춘천군부터 시작하여 토지를 개량(改量)한 후 관계(官契)를 발급합니다. 서울과 지방을 막론하고 전답가사(田畓家舍)를 강원도에 두고 있는 인민은 구권(舊券)을 가지고 음력 8월 15일 내로 토지가 있는 군에 가서 관계로 바꾸어 가시기 바랍니다.

광무 ○년 ○○월 ○○일 지계아문

① 영남 만인소에 동참하는 유생
② 원수부에서 업무를 처리하는 관리
③ 남연군 묘를 도굴하려는 독일 상인
④ 제너럴셔먼호를 불태우는 평양 관민
⑤ 통신사를 수행해 일본으로 가는 역관

04 다음 조서가 반포된 이후 추진된 정책으로 옳은 것은? [심화 47회]

여러 신하와 온 백성이 수십 차례나 글을 올려 한 목소리로 반드시 황제의 칭호로 높이라고 간청하였다. 나는 여러 번 사양했지만 끝내 거절할 수 없어 …… 백악산 남쪽에서 하늘과 땅에 제사를 지내고 황제의 자리에 올랐다. 나라 이름을 '대한'이라고 정하고 올해를 광무 원년으로 삼는다.

① 신식 군대인 별기군을 창설하였다.
② 청에 영선사로 김윤식을 파견하였다.
③ 군 통수권 장악을 위하여 원수부를 설치하였다.
④ 서양식 근대 교육 기관인 육영 공원을 설립하였다.
⑤ 개화 정책을 담당하는 통리기무아문을 신설하였다.

대표기출해설

01 독립 협회

자료에서 '만민 공동회를 탄압' 등을 통해 밑줄 그은 '협회'가 독립 협회임을 알 수 있다.
갑신정변의 주역이었던 서재필은 미국에서 돌아와 1896년에 독립 신문을 창간하고 민중 계몽 운동을 전개하였으며, 같은 해에 개혁파 관료들과 독립 협회를 창립하였다. 이후 독립 협회는 독립문을 건설하고, 토론회와 강연회를 개최하여 민권 의식과 자주 의식을 고취하였다. 또한 러시아의 이권 침탈에 반대하며 최초의 근대적 집회인 만민 공동회를 개최하였고, 의회 설립을 추진하기도 하였다.

> **선지분석**

① 대성 학교와 오산 학교를 설립하였다.
  ➡ 신민회에 대한 설명이다.
② 고종 강제 퇴위 반대 운동을 주도하였다.
  ➡ 대한 자강회에 대한 설명이다.
③ 일본의 황무지 개간권 요구를 저지하였다.
  ➡ 보안회에 대한 설명이다.
✔ 중추원 개편을 통해 의회 설립을 추진하였다.
  ➡ 독립 협회는 박정양 내각과 협의하여 국왕 자문 기구인 중추원을 의회와 같은 형태로 개편하기로 하였다.
⑤ 일본에 진 빚을 갚자는 국채 보상 운동을 전개하였다.
  ➡ 국채 보상 기성회에 대한 설명이다.

02 독립 협회

자료의 '서재필이 창립', '독립문 건설' 등을 통해 (가) 단체가 독립 협회임을 알 수 있다.
갑신정변의 주역이었던 서재필은 미국에서 돌아와 독립신문을 창간하고, 이상재·남궁억 등과 함께 독립 협회를 창립하였다 (1896). 독립 협회는 독립문을 건설하고 독립신문을 간행하였으며, 토론회와 강연회를 개최하여 민권 의식과 자주 의식을 고취하였다. 또한 러시아의 이권 침탈에 반대하며 만민 공동회를 개최하고, 의회 설립 운동을 추진하기도 하였다.

> **선지분석**

① 만세보를 발행하여 민중 계몽에 앞장섰다.
  ➡ 천도교에 대한 설명이다.
② 고종의 강제 퇴위 반대 운동을 전개하였다.
  ➡ 대한 자강회에 대한 설명이다.
③ 여성 권리 선언문인 여권통문을 공표하였다.
  ➡ 서울 북촌의 양반 여성들에 대한 설명이다.
④ 독립운동 자금 마련을 위해 독립 공채를 발행하였다.
  ➡ 대한민국 임시 정부에 대한 설명이다.
✔ 만민 공동회를 열어 열강의 이권 침탈을 저지하였다.
  ➡ 독립 협회는 만민 공동회를 개최하여 러시아를 비롯한 열강의 이권 침탈을 저지하였다.

03 대한 제국과 광무개혁

자료에서 '지계사무', '광무', '지계아문' 등을 통해 대한 제국이 추진한 광무개혁의 지계 발급 사업을 홍보하는 벽보임을 알 수 있다. 대한 제국은 1898년부터 1904년까지 양전 사업을 추진하여 근대적 토지 제도와 지세 제도를 확립하고자 하였다. 이를 통해 근대적 토지 소유 증명서인 지계를 발급하였다.

> **선지분석**

① 영남 만인소에 동참하는 유생
  ➡ 1881년에 볼 수 있는 모습이다.
✔ 원수부에서 업무를 처리하는 관리
  ➡ 원수부는 대한 제국 시기인 1899년 고종이 황제의 군 통수권을 강화하기 위해 세운 기관이다.
③ 남연군 묘를 도굴하려는 독일 상인
  ➡ 흥선 대원군 집권기인 1868년에 볼 수 있는 모습이다.
④ 제너럴셔먼호를 불태우는 평양 관민
  ➡ 흥선 대원군 집권기인 1866년에 볼 수 있는 모습이다.
⑤ 통신사를 수행해 일본으로 가는 역관
  ➡ 조선 후기에 볼 수 있는 모습이다.

04 대한 제국과 광무개혁

자료에서 황제의 칭호로 높인다는 점, 나라 이름을 '대한'이라고 정하고 올해를 광무 원년으로 삼는다는 점으로 보아 대한 제국이 수립된 1897년의 사실임을 알 수 있다.

> **선지분석**

① 신식 군대인 별기군을 창설하였다.
  ➡ 1881년의 사실이다.
② 청에 영선사로 김윤식을 파견하였다.
  ➡ 1881년의 사실이다.
✔ 군 통수권 장악을 위하여 원수부를 설치하였다.
  ➡ 군 통수권 장악을 위해 원수부를 설치한 것은 대한 제국 시기의 광무개혁 때인 1899년의 사실이다.
④ 서양식 근대 교육 기관인 육영 공원을 설립하였다.
  ➡ 1886년의 사실이다.
⑤ 개화 정책을 담당하는 통리기무아문을 신설하였다.
  ➡ 1880년의 사실이다.

> **정답** 01 ④   02 ⑤   03 ②   04 ③

15강 일제의 침략과 국권 피탈

13~15강 근대 사회

대표기출문제

01 (가)에 대한 설명으로 옳은 것은? [심화 51회]

① 아관 파천의 배경이 되었다.
② 청·일 전쟁 발발의 원인이 되었다.
③ 통감부가 설치되는 결과를 가져왔다.
④ 대한 제국의 군대 해산을 규정하였다.
⑤ 천주교 포교를 허용하는 조항이 들어 있다.

02 (가) 인물에 대한 설명으로 옳은 것은? [심화 56회]

① 동양 평화론을 저술하였다.
② 친일 인사인 스티븐스를 사살하였다.
③ 5적 처단을 위해 자신회를 조직하였다.
④ 명동 성당 앞에서 이완용을 습격하였다.
⑤ 동양 척식 주식회사에 폭탄을 투척하였다.

03 다음 상황 이후에 일어난 사실로 옳은 것은? [심화 48회]

① 고종이 강제로 퇴위당하였다.
② 영국이 거문도를 불법으로 점령하였다.
③ 구식 군인들이 일본 공사관을 습격하였다.
④ 우정총국 개국 축하연에서 정변이 일어났다.
⑤ 일본과 미국이 가쓰라·태프트 밀약을 체결하였다.

04 다음 사건이 전개된 결과로 옳은 것은? [심화 50회]

사건 일지

- 11월 10일 이토, 고종에게 일왕의 친서 전달
- 11월 15일 이토, 고종을 접견하고 협상 초안 제출
- 11월 16일 이토, 대한 제국 대신들에게 조약 체결 강요
- 11월 17일 일본군을 동원한 강압적 분위기 속에서 조약 체결 진행
- 11월 18일 이토, 외부인(外部印)을 탈취하여 고종의 윤허 없이 조인

① 대한국 국제가 반포되었다.
② 별기군 교관으로 일본인이 임명되었다.
③ 외교권이 박탈되고 통감부가 설치되었다.
④ 고종이 러시아 공사관으로 거처를 옮겼다.
⑤ 제물포에서 러시아 함대가 일본 해군에게 격침되었다.

01 일제의 국권 침탈

자료에서 '중명전', '이토 히로부미', '외교권을 박탈' 등을 통해 (가)가 을사늑약(1905)임을 알 수 있다.

일제는 군대를 동원하여 황제와 대신들을 위협하는 가운데 대한 제국의 외교권을 박탈하는 을사늑약을 체결하였다. 이에 따라 일제는 통감부를 설치해 대한 제국의 외교 업무를 관장하였고, 초대 통감으로 이토 히로부미가 부임하였다.

▶ 선지분석

① 아관 파천의 배경이 되었다.
　➡ 을미사변에 대한 설명이다.
② 청·일 전쟁 발발의 원인이 되었다.
　➡ 동학 농민 운동에 대한 설명이다.
✓③ 통감부가 설치되는 결과를 가져왔다.
　➡ 을사늑약이 체결됨에 따라 1906년에 통감부가 설치되었고, 이토 히로부미가 초대 통감으로 부임해 내정과 외교를 장악하였다.
④ 대한 제국의 군대 해산을 규정하였다.
　➡ 한·일 신협약의 부수 비밀 각서에 대한 설명이다.
⑤ 천주교 포교를 허용하는 조항이 들어 있다.
　➡ 조·프 수호 통상 조약에 대한 설명이다.

02 일제의 국권 침탈

자료의 '하얼빈', '이토 히로부미를 저격'을 통해 (가) 인물이 안중근임을 알 수 있다.

러·일 전쟁 이후 일본이 본격적으로 대한 제국의 주권을 침탈하기 시작하자 안중근은 간도, 연해주 등지로 이동하여 국권 수호 활동을 전개하였다. 1909년 안중근은 만주 하얼빈역에서 을사늑약을 주도한 이토 히로부미를 저격하였다. 이후 체포된 안중근은 뤼순 감옥에 투옥되었고, 1910년에 순국하였다.

▶ 선지분석

✓① 동양 평화론을 저술하였다.
　➡ 안중근은 이토 히로부미를 사살한 후 뤼순 감옥에서 〈동양 평화론〉을 저술하였다.
② 친일 인사인 스티븐스를 사살하였다.
　➡ 장인환, 전명운에 대한 설명이다.
③ 5적 처단을 위해 자신회를 조직하였다.
　➡ 나철, 오기호에 대한 설명이다.
④ 명동 성당 앞에서 이완용을 습격하였다.
　➡ 이재명에 대한 설명이다.
⑤ 동양 척식 주식회사에 폭탄을 투척하였다.
　➡ 나석주에 대한 설명이다.

03 일제의 국권 침탈

자료에서 '외교 관계를 단절', '만국 평화 회의에 참석' 등을 통해 네덜란드 만국 평화 회의에 참석한 헤이그 특사가 세계 열강에 을사늑약의 부당함을 주장하는 모습임을 알 수 있다.

일제는 러·일 전쟁 승리 이후 무력으로 대한 제국을 압박하고 을사늑약 체결을 강요하였다(1905). 을사늑약으로 대한 제국의 외교권은 박탈하였고, 일제는 통감부를 설치하였다. 이에 고종은 이준, 이상설, 이위종을 1907년 네덜란드 헤이그에서 열린 만국 평화 회의에 특사로 파견하여 을사늑약의 부당함을 국제 사회에 호소하고자 하였다. 하지만 특사 파견은 성공을 거두지 못하였고, 오히려 일제에 의해 고종이 강제로 퇴위당하였다.

▶ 선지분석

✓① 고종이 강제로 퇴위당하였다.
　➡ 일제는 헤이그 특사 파견을 구실로 1907년에 고종을 강제로 퇴위시켰다.
② 영국이 거문도를 불법으로 점령하였다.
　➡ 거문도 사건(1885~1887)에 대한 내용이다.
③ 구식 군인들이 일본 공사관을 습격하였다.
　➡ 임오군란(1882)에 대한 내용이다.
④ 우정총국 개국 축하연에서 정변이 일어났다.
　➡ 갑신정변(1884)에 대한 내용이다.
⑤ 일본과 미국이 가쓰라·태프트 밀약을 체결하였다.
　➡ 1905년의 사실이다.

04 일제의 국권 침탈

자료에서 이토가 고종에게 일왕의 친서를 전달하였다는 점, 이토가 대한 제국의 대신들에게 조약 체결을 강요하였다는 점, 이토가 고종의 윤허 없이 조인하였다는 점 등을 통해 해당 사건이 을사늑약이 강제로 체결되는 상황임을 알 수 있다.

▶ 선지분석

① 대한국 국제가 반포되었다.
　➡ 광무개혁 때의 사실이다.
② 별기군 교관으로 일본인이 임명되었다.
　➡ 1881년의 사실이다.
✓③ 외교권이 박탈되고 통감부가 설치되었다.
　➡ 1905년에 을사늑약이 체결되면서 대한 제국의 외교권이 박탈되고 1906년에 통감부가 설치되었다.
④ 고종이 러시아 공사관으로 거처를 옮겼다.
　➡ 아관 파천(1896)에 대한 설명이다.
⑤ 제물포에서 러시아 함대가 일본 해군에게 격침되었다.
　➡ 러·일 전쟁(1904)에 대한 설명이다.

▶ 정답　01 ③　02 ①　03 ①　04 ③

13~15강 근대 사회

15강② 의병 항쟁과 애국 계몽 운동

대표기출문제

01 (가)~(다) 학생이 발표한 내용을 일어난 순서대로 옳게 나열한 것은? [심화 55회]

주제: 항일 의병 운동의 전개

(가) 을사늑약 체결에 반대하여 최익현, 신돌석 등이 의병을 일으켰어요.
(나) 을미사변과 단발령 시행에 반발하여 유인석, 이소응 등 유생들의 주도하에 일어났어요.
(다) 13도 창의군이 결성되어 서울 진공 작전을 펼쳤어요.

① (가) - (나) - (다)
② (가) - (다) - (나)
③ (나) - (가) - (다)
④ (나) - (다) - (가)
⑤ (다) - (나) - (가)

02 다음 상황이 나타난 시기를 연표에서 옳게 고른 것은? [심화 52회]

□□신보
제△△호　　　　　○○○○년 ○○월 ○○일

한국 창의병대가 일본 원정대를 몰살하다

지금 서울 근처 각 지방에 의병이 많이 모여 서울을 치고자 하는 모양인데, 수효는 얼마나 되는지 알 수 없으나 한 곳에는 800명 정도 된다고 한다. 해산된 한국 군인들이 선봉이 되어 기동하는데 곳곳의 철로와 전선을 끊고 일본 순검이나 철로와 전보국의 사무원을 만나는 대로 죽인다 하며 …… 녹도 땅에 의병을 치러 갔던 일본 원정대는 처참하게 몰살되었다고 한다.

1885	1894	1896	1899	1904	1910
(가)	(나)	(다)	(라)	(마)	
거문도 사건	청일 전쟁	아관 파천	대한국 국제 반포	한일 의정서	국권 피탈

① (가)　② (나)　③ (다)　④ (라)　⑤ (마)

03 다음 자료를 활용한 탐구 활동으로 가장 적절한 것은? [심화 50회]

○ 신(臣) 등이 들은 말에 의하면 일전에 외부(外部)에서 산림과 원야(原野)와 진황지(陳荒地)를 50년 기한으로 일본인에게 빌려주는 일을 정부에 청의(請議)하여 도하(都下)의 인심이 매우 술렁거리고 있습니다. - 『해학유서』 -

○ 종로에서 송수만, 심상진 씨 등이 각 부(府)·부(部)·원(院)·청(廳)과 각 대관가(大官家)에 알리노라. 지금 산림과 하천 및 못, 원야, 황무지를 일본인이 청구하니, 국가의 존망과 인민의 생사가 경각에 달려 있노라. - 황성신문 -

① 105인 사건의 영향을 조사한다.
② 보안회의 활동 내용을 파악한다.
③ 독립문이 건립된 과정을 살펴본다.
④ 조선 형평사의 설립 목적을 검색한다.
⑤ 황국 중앙 총상회의 활동을 파악한다.

04 (가) 단체에 대한 설명으로 옳은 것을 |보기|에서 고른 것은? [심화 56회]

이것은 평양에 있던 대성 학교의 교직원과 학생들을 촬영한 사진입니다. 이 학교는 안창호, 양기탁 등이 조직한 (가) 이/가 설립하였습니다.

|보기|
ㄱ. 태극 서관을 운영하였다.
ㄴ. 105인 사건으로 와해되었다.
ㄷ. 이륭양행에 교통국을 설치하였다.
ㄹ. 입헌 군주제 수립을 목표로 하였다.

① ㄱ, ㄴ　② ㄱ, ㄷ　③ ㄴ, ㄷ
④ ㄴ, ㄹ　⑤ ㄷ, ㄹ

01 의병 항쟁

(가) 을사늑약 체결에 반대하여 의병을 일으켰다는 점을 통해 을사의병(1905)에 관한 내용임을 알 수 있다. 최익현은 을사늑약에 반발하여 전라도 태인에서 의병을 일으켰다. 신돌석은 을사의병 당시 최초의 평민 출신 의병장으로 활약하였다.

(나) 을미사변과 단발령 시행에 반발하여 일어났다는 점을 통해 을미의병(1895)에 관한 내용임을 알 수 있다. 을미의병은 을미개혁(단발령)과 을미사변(명성 황후 시해 사건)이 원인이 되어 일어났으며 유인석과 이소응 등의 유생들이 주도하였다.

(다) 13도 창의군이 결성되어 서울 진공 작전을 펼쳤다는 점을 통해 정미의병(1907)에 관한 내용임을 알 수 있다. 정미의병이 확산되는 과정에서 13도 창의군(총대장 이인영, 군사장 허위)이 결성되었다. 13도 창의군은 서울 진공 작전을 추진하였으나, 일본의 반격 등으로 인해 실패하고 말았다.

▶ 선지분석

① (가) – (나) – (다)
② (가) – (다) – (나)
③ (나) – (가) – (다) ✓
  ➡ 일어난 순서대로 나열하면 (나) – (가) – (다)이다.
④ (나) – (다) – (가)
⑤ (다) – (나) – (가)

02 의병 항쟁

자료에서 해산된 한국 군인들이 선봉이 된 의병이 일본 원정대를 몰살하였다는 내용 등을 통해 자료의 상황이 1907년에 전개된 정미의병임을 알 수 있다.

1907년 일본에 의해 고종이 강제 퇴위당하고 강제 해산된 대한 제국 군인들이 의병 대열에 합류하며 전국적인 의병 전쟁으로 발전하였다(정미의병). 전국 의병 부대가 양주에 집결하여 이인영을 총대장으로 13도 연합 의병 부대(13도 창의군)를 결성하고, 1908년에는 서울 진공 작전을 추진하였다. 13도 연합 의병 부대의 군사장 허위가 이끈 선발대가 서울 동대문 밖 30리 지점까지 진격하였으나, 일본군에 밀려 패퇴하였다.

▶ 선지분석

① (가)
② (나)
③ (다)
④ (라)
⑤ (마) ✓
  ➡ 1907년은 일본에 의해 고종이 강제 퇴위당하고, 해산된 군인들이 의병에 참여하면서 전국적인 의병 전쟁으로 발전한 시기이다(정미의병).

03 애국 계몽 운동

자료에서 산림과 원야, 진황지를 50년 기한으로 일본인에게 빌려주는 일에 대해서 이야기한 점, 황무지를 일본인이 청구한다는 점 등을 통해 일본이 황무지 개간권을 요구하고 있는 상황임을 알 수 있다.

▶ 선지분석

① 105인 사건의 영향을 조사한다.
  ➡ 신민회와 관련된 탐구 활동이다.
② 보안회의 활동 내용을 파악한다. ✓
  ➡ 보안회는 일본의 황무지 개간권 요구에 맞서 저지 운동을 펼쳤다.
③ 독립문이 건립된 과정을 살펴본다.
  ➡ 독립 협회와 관련된 탐구 활동이다.
④ 조선 형평사의 설립 목적을 검색한다.
  ➡ 형평 운동과 관련된 탐구 활동이다.
⑤ 황국 중앙 총상회의 활동을 파악한다.
  ➡ 시전 상인의 상권 수호 운동과 관련된 탐구 활동이다.

04 애국 계몽 운동

자료의 '대성 학교', '안창호', '양기탁'을 통해 (가) 단체가 신민회임을 알 수 있다.
신민회는 1907년에 안창호, 양기탁 등의 주도로 조직된 항일 비밀 결사이다. 다른 애국 계몽 운동 단체와는 다르게 실력 양성뿐만 아니라 무장 투쟁에도 중점을 두었다. 태극 서관과 자기 회사 등 민족 기업을 설립하였고, 대성 학교와 오산 학교를 세워 민족 교육에 힘썼으며, 만주에 신흥 강습소(신흥 무관 학교로 발전)를 세워 독립군을 양성하였다.

▶ 선지분석

ㄱ. 태극 서관을 운영하였다. ✓
  ➡ 신민회는 민족 산업을 육성하기 위해 태극 서관을 운영하였다.
ㄴ. 105인 사건으로 와해되었다. ✓
  ➡ 신민회는 일제가 조작한 105인 사건으로 와해되었다.
ㄷ. 이륭양행에 교통국을 설치하였다.
  ➡ 대한민국 임시 정부에 대한 설명이다.
ㄹ. 입헌 군주제 수립을 목표로 하였다.
  ➡ 독립 협회, 헌정 연구회 등에 대한 설명이다.

▶ 정답 01 ③ 02 ⑤ 03 ② 04 ①

15강 ③ 외세의 경제적 침탈과 경제적 구국 운동

01 다음 상황이 전개된 배경으로 옳은 것은? [심화 50회]

① 금속류 회수령이 공포되었다.
② 국채 보상 운동이 전개되었다.
③ 산미 증식 계획이 실시되었다.
④ 조선 물산 장려회가 조직되었다.
⑤ 재정 고문으로 메가타가 임명되었다.

02 (가)~(마)에 들어갈 내용으로 옳지 않은 것은? [심화 52회]

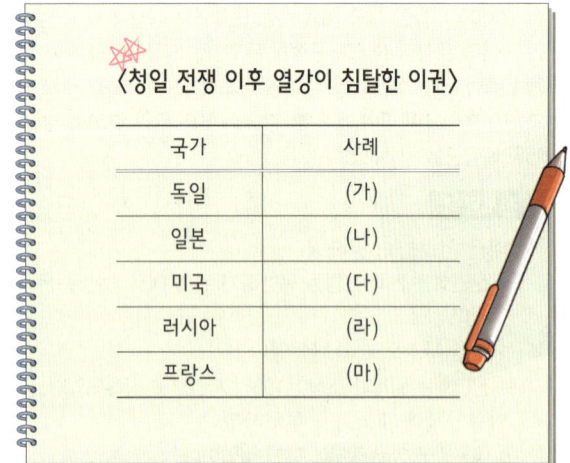

① (가) - 당현 금광 채굴권
② (나) - 경부선 철도 부설권
③ (다) - 운산 금광 채굴권
④ (라) - 울릉도 삼림 채벌권
⑤ (마) - 경인선 철도 부설권

03 밑줄 그은 '이 운동'에 대한 설명으로 옳은 것은? [심화 48회]

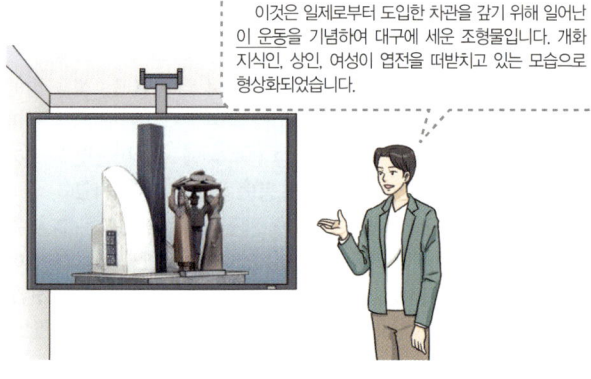

① 황국 중앙 총상회의 주도로 전개되었다.
② 러시아의 절영도 조차 요구에 반대하였다.
③ 조선 총독부의 방해와 탄압으로 실패하였다.
④ 대한매일신보 등 당시 언론이 적극적으로 참여하였다.
⑤ 일본, 프랑스 등의 노동 단체로부터 격려 전문을 받았다.

04 다음 자료에 나타난 민족 운동에 대한 설명으로 옳은 것은? [심화 69회]

거액의 외채 1,300만 원을 해마다 미루다가 갚지 못할 지경에 이른다면 나라를 보존하기 어려울 것이니, 나라를 보존하지 못하면, 아! 우리 동포는 장차 무엇에 의지하겠습니까? …… 근래에 신문을 접하니, 영남에서 시작하여 서울에 이르기까지 담배를 끊어 나라의 빚을 갚자는 논의가 시작되었고, 발기한 지 며칠이 되지 않아 의연금을 내는 자들이 날마다 이른다 하니, 우리 백성들이 임금에게 충성하고 나라를 사랑하는 마음을 통쾌하게 볼 수 있습니다.

① 조선 총독부의 탄압과 방해로 실패하였다.
② 대한매일신보 등의 지원을 받아 확산되었다.
③ 대한민국 임시 정부가 수립되는 계기가 되었다.
④ 백정에 대한 사회적 차별 철폐를 목적으로 하였다.
⑤ 조선 민립 대학 기성회에서 모금 활동을 전개하였다.

01 외세의 경제적 침탈

자료에서 백동화를 제일 은행권으로 바꾸려고 한다는 점, 백동화를 곧 사용할 수 없게 될 것이라는 점 등을 통해 화폐 정리 사업(1905~1909)이 전개되고 있는 중임을 알 수 있다.

> **선지분석**

① 금속류 회수령이 공포되었다.
  ➡ 1930년대 후반 이후의 사실이다.
② 국채 보상 운동이 전개되었다.
  ➡ 1907년의 사실이다.
③ 산미 증식 계획이 실시되었다.
  ➡ 1920~1934년, 1940년 이후의 사실이다.
④ 조선 물산 장려회가 조직되었다.
  ➡ 1920년의 사실이다.
✓⑤ 재정 고문으로 메가타가 임명되었다.
  ➡ 제1차 한·일 협약을 통해 재정 고문으로 조선에 온 메가타는 일본의 재정 장악력을 높이기 위해 화폐 정리 사업을 추진하였다.

02 외세의 경제적 침탈

경인선은 우리나라 최초의 철도로, 1896년 미국인 모스가 부설권을 얻고 공사를 시작하였다. 그러나 모스가 본국으로부터의 자금 조달에 실패하며 공사 도중에 철도 부설권이 일본에게 넘어갔고, 1899년에 개통되었다. 경인선의 개통은 근대적 교통 기관의 도입과 함께 서구 열강과 일본이 본격적으로 한반도에 침투하게 되는 구체적 발판이 마련되었다는 의미를 지니고 있다.

> **선지분석**

① (가) - 당현 금광 채굴권
  ➡ 독일은 1897년에 강원도 금성의 당현 금광 채굴권을 획득하였다.
② (나) - 경부선 철도 부설권
  ➡ 일본은 1898년에 경부선 철도 부설권을 확보하였다.
③ (다) - 운산 금광 채굴권
  ➡ 미국은 1896년에 평북 운산 금광 채굴권을 차지하였다.
④ (라) - 울릉도 삼림 채벌권
  ➡ 러시아는 1896년에 압록강·두만강 유역과 울릉도에 대한 삼림 채벌권을 차지하였다.
✓⑤ (마) - 경인선 철도 부설권
  ➡ 경인선 철도 부설권은 미국이 확보하였다가 일본에게 넘어갔다.

03 경제적 구국 운동

자료에서 '일제로부터 도입한 차관을 갚기 위해', '대구' 등을 통해 밑줄 그은 '이 운동'이 국채 보상 운동임을 알 수 있다.

> **선지분석**

① 황국 중앙 총상회의 주도로 전개되었다.
  ➡ 시전 상인의 상권 수호 운동에 대한 설명이다.
② 러시아의 절영도 조차 요구에 반대하였다.
  ➡ 독립 협회의 이권 수호 운동에 대한 설명이다.
③ 조선 총독부의 방해와 탄압으로 실패하였다.
  ➡ 조선 총독부는 1910년 국권 피탈 이후에 설치되었다. 국채 보상 운동은 통감부의 방해와 탄압으로 실패하였다.
✓④ 대한매일신보 등 당시 언론이 적극적으로 참여하였다.
  ➡ 대한매일신보 등의 언론사는 당시 국민들에게 국채 보상 운동에 적극적으로 참여할 것을 독려하였다.
⑤ 일본, 프랑스 등의 노동 단체로부터 격려 전문을 받았다.
  ➡ 원산 총파업(1929)에 대한 설명이다.

04 경제적 구국 운동

자료의 '담배를 끊어 나라의 빚을 갚자는 논의'를 통해 해당 민족 운동은 국채 보상 운동임을 알 수 있다.

> **선지분석**

① 조선 총독부의 탄압과 방해로 실패하였다.
  ➡ 1910년에 국권을 강탈한 일제는 경복궁 안에 식민지 통치 기관인 조선 총독부 건물을 세우고 한반도를 다스렸다. 조선 총독부의 탄압과 방해로 실패한 대표적인 민족 운동에는 민립 대학 설립 운동이 있다.
✓② 대한매일신보 등의 지원을 받아 확산되었다.
  ➡ 대한매일신보는 국채 보상 운동에 적극적으로 참여하여 국채 보상 운동을 확산시키는 데 기여하였다.
③ 대한민국 임시 정부가 수립되는 계기가 되었다.
  ➡ 1919년에 일어난 3·1 운동의 영향으로 대한민국 임시 정부가 수립되었다.
④ 백정에 대한 사회적 차별 철폐를 목적으로 하였다.
  ➡ 1923년에 백정들은 경상남도 진주에서 조선 형평사를 조직하고 백정에 대한 사회적 차별 철폐를 요구하는 형평 운동을 전개하였다.
⑤ 조선 민립 대학 기성회에서 모금 활동을 전개하였다.
  ➡ 1923년에 조선 민립 대학 설립 기성회가 창립되어 이상재의 주도로 민족 교육을 위한 민립 대학 설립 운동이 전개되었다.

> **정답** 01 ⑤   02 ⑤   03 ④   04 ②

15강 ④ 근대 문물의 발달

01 밑줄 그은 ⊙ 사건 이후의 사실로 옳은 것은? [심화 50회]

이 문서는 에디슨이 설립한 전기 회사가 프레이저를 자사의 조선 총대리인으로 위촉한다는 내용을 담고 있다. 이 회사는 총대리인을 통해 경복궁 내의 전등 가설 공사를 수주하였다. 이에 따라 경복궁 내에 발전 설비를 마련하고, ⊙건청궁에 조선 최초의 전등을 가설하였다.

① 알렌의 건의로 광혜원이 세워졌다.
② 박문국에서 한성순보가 발행되었다.
③ 무기 제조 공장인 기기창이 설립되었다.
④ 정부가 외국어 교육 기관인 동문학을 세웠다.
⑤ 노량진에서 제물포를 잇는 경인선이 개통되었다.

03 다음 퀴즈의 정답으로 옳은 것은? [심화 49회]

덕원부의 관민이 힘을 합쳐 설립한 우리나라 최초의 근대 학교로, 외국어 교육 등을 실시한 이 교육 기관은 무엇일까요?

①  동문학
②  명동 학교
③  원산 학사
④  서전서숙
⑤  배재 학당

02 (가) 신문에 대한 설명으로 옳은 것은? [심화 47회]

독립 유공자의 명패를 부착하는 행사가 해외에서는 처음으로 영국에 있는 베델의 손녀 집에서 열렸습니다. 베델은 양기탁과 함께 (가) 을/를 창간하여 항일 언론 활동을 전개하였습니다.

해외에서 독립 유공자 명패 부착 행사 열려

① 박문국에서 발간하였다.
② 최초로 상업 광고를 실었다.
③ 을사늑약의 부당성을 주장하였다.
④ 우리나라 최초의 민간 신문이었다.
⑤ 일장기를 삭제한 손기정 사진을 게재하였다.

04 밑줄 그은 '이곳'이 운영되던 시기에 볼 수 있는 모습으로 가장 적절한 것은? [심화 53회]

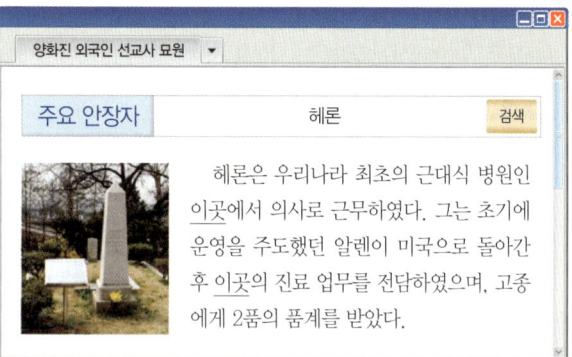
헤론은 우리나라 최초의 근대식 병원인 이곳에서 의사로 근무하였다. 그는 초기에 운영을 주도했던 알렌이 미국으로 돌아간 후 이곳의 진료 업무를 전담하였으며, 고종에게 2품의 품계를 받았다.

① 배재 학당에 입학하는 학생
② 영선사 일행으로 청에 가는 생도
③ 우정총국 개국 축하연에 참석하는 외교관
④ 연무당에서 일본과 조약을 체결하는 관리
⑤ 제너럴셔먼호의 통상 요구를 거부하는 평양 관민

01 근대 시설의 도입

자료에서 경복궁 내에 조선 최초의 전등이 가설되었다는 점을 통해 해당 시기가 1887년임을 알 수 있다. 따라서 1887년 이후의 사실을 고르면 된다.

> 선지분석

① 알렌의 건의로 광혜원이 세워졌다.
  ➡ 1885년의 사실이다.
② 박문국에서 한성순보가 발행되었다.
  ➡ 1883년의 사실이다.
③ 무기 제조 공장인 기기창이 설립되었다.
  ➡ 1883년의 사실이다.
④ 정부가 외국어 교육 기관인 동문학을 세웠다.
  ➡ 1883년의 사실이다.
✓ 노량진에서 제물포를 잇는 경인선이 개통되었다.
  ➡ 노량진과 제물포를 잇는 경인선이 개통된 시기는 1899년이다.

02 언론의 발달

자료에서 베델이 양기탁과 함께 창간하였고, 항일 언론 활동을 벌였다는 사실을 통해 (가) 신문이 대한매일신보임을 알 수 있다.

> 선지분석

① 박문국에서 발간하였다.
  ➡ 한성순보, 한성주보에 대한 설명이다.
② 최초로 상업 광고를 실었다.
  ➡ 한성주보에 대한 설명이다.
✓ 을사늑약의 부당성을 주장하였다.
  ➡ 대한매일신보는 의병 항쟁에 호의적인 기사를 실었고, 을사늑약의 부당함을 주장하는 등 항일 언론 활동을 펼쳤다.
④ 우리나라 최초의 민간 신문이었다.
  ➡ 독립신문에 대한 설명이다.
⑤ 일장기를 삭제한 손기정 사진을 게재하였다.
  ➡ 동아일보, 조선중앙일보 등에 대한 설명이다.

03 근대 교육의 발달

원산 학사는 1883년에 설립된 우리나라 최초의 근대식 사립 학교이다. 함경도 덕원부의 주민들은 새로운 세대에게 신지식을 교육하여 인재를 양성하고자 덕원부사 정현석과 협력하여 원산 학사를 설립하였다. 설립 초기에는 문예반과 무예반으로 편성하여 교육하기도 하였다.

> 선지분석

① 동문학
  ➡ 정부가 1883년에 외국어 교육을 위해 세운 학교이다.
② 명동 학교
  ➡ 1908년 김약연의 주도로 북간도에 세워진 학교이다.
✓ 원산 학사
  ➡ 우리나라 최초의 근대 학교이다.
④ 서전서숙
  ➡ 1906년 이상설의 주도로 북간도에 세워진 학교이다.
⑤ 배재 학당
  ➡ 1885년에 개신교 선교사인 아펜젤러가 세운 학교이다.

04 근대 문물의 발달

자료의 '최초의 근대식 병원', '알렌'을 통해 밑줄 그은 '이곳'이 광혜원(제중원)임을 알 수 있다.
광혜원은 1885년에 조선 정부가 설립한 우리나라 최초의 근대식 병원이다. 미국인 선교사인 알렌이 갑신정변 당시 중상을 입은 민영익을 서양 의술로 살린 것이 설립의 계기가 되었다.

> 선지분석

✓ 배재 학당에 입학하는 학생
  ➡ 배재 학당은 1885년 미국인 선교사인 아펜젤러가 서울시 중구 정동에 세운 근대식 중등 교육 기관이다.
② 영선사 일행으로 청에 가는 생도
  ➡ 1881년에 볼 수 있는 모습니다.
③ 우정총국 개국 축하연에 참석하는 외교관
  ➡ 1884년(갑신정변)에 볼 수 있는 모습이다.
④ 연무당에서 일본과 조약을 체결하는 관리
  ➡ 1876년(강화도 조약)에 볼 수 있는 모습이다.
⑤ 제너럴셔먼호의 통상 요구를 거부하는 평양 관민
  ➡ 1866년에 볼 수 있는 모습이다.

> 정답 01 ⑤ 02 ③ 03 ③ 04 ①

단원 마무리

13~15강 근대 사회

흥선 대원군의 개혁 정치

정치 개혁 (왕권 강화 목적)	• 정치 개혁: 세도 정치 타파 → 능력에 따른 인재 등용 • 정치 기구 개혁: 비변사 축소(이후 폐지), 의정부(정치)와 삼군부(군사)의 부활 → 왕권 강화 • 법전 정비: 『대전회통』, 『육전조례』 등 편찬
삼정의 개혁 (민생 안정 목적)	• 전정 개혁: 토지 대장에 누락된 토지 조사, 양반과 토호의 토지 겸병 금지 • 군정 개혁: 호포제 실시(양반에게도 군포 부과) • 환곡 개혁: 사창제 실시
서원 정리	• 전국 600여 개의 서원을 47개로 정리 • 국가 재정의 확충과 백성에 대한 양반·유생의 횡포 근절
경복궁 재건	• 왕실의 위상 과시 목적 • 재원 마련 위하여 원납전 징수, 당백전 발행

임오군란의 과정

구식 군인 봉기	• 주요 배경: 구식 군인에 대한 차별 대우 • 정부 고관의 집과 선혜청 습격, 일본인 교관 살해 및 일본 공사관 습격 • 궁궐 습격(도시 하층민 합세) → 명성 황후 피신
흥선 대원군 재집권	개화 정책 중단, 통리기무아문·별기군 폐지, 5군영 부활
청·일 간의 대립 초래	일본의 군대 파견 움직임 → 청군 파견 및 군란 진압 → 흥선 대원군을 청으로 압송 → 민씨 일파 재집권

갑신정변의 과정

정변 발생	• 청의 내정 간섭과 개화 정책의 후퇴, 일본의 지원 약속 • 김옥균 등이 우정총국 개국 축하연을 기회로 정변을 일으킴
개화당 정부 수립	• 개화당 정부 수립 • 개혁 정강 14개조 발표
정변 실패	• 일본의 약속 불이행 + 청군의 진압으로 3일 만에 실패(3일 천하) • 급진 개화파 세력은 일본으로 망명

동학 농민 운동의 전개

고부 농민 봉기 (1894.1.)	• 고부 군수 조병갑의 수탈 • 전봉준 주도로 고부 관아 습격, 후임 군수 박원명의 폐정 시정 약속으로 해산
1차 봉기 (1894.3.)	• 안핵사 이용태의 탄압 • 전봉준·손화중·김개남의 봉기 → 4대 강령 발표 + '보국안민'·'제폭구민' 표방 → 황토현 전투 → 전주성 점령
전주 화약과 집강소 설치 (1894.5.)	• 정부가 청에 지원 요청 → 일본도 톈진 조약 구실로 군대 파견 • 정부·농민군 간의 화약 성립(농민군: 집강소 설치·폐정 개혁안 실천, 정부: 교정청 설치·개혁 시도)
2차 봉기 (1894.9.)	• 일본군의 경복궁 점령, 친일 내각 수립, 일본의 내정 간섭 심화 • 동학 농민군 재봉기(삼례) → 남접과 북접 논산 집결, 서울로 북상 → 우금치 전투에서 패배(1894.11.)

갑오개혁과 을미개혁의 내용

제1차 갑오개혁 (1894.7.)	정치	청과의 사대 관계 청산, 개국 기년 사용, 왕실 사무와 정부 사무 분리(궁내부 신설), 6조 → 8아문으로 개편, 경무청 설치, 과거 제도 폐지
	경제	국가 재정 일원화(탁지아문에서 관할), 은본위 화폐 제도 시행, 도량형 통일
	사회	신분제·노비제 폐지, 조혼·인신매매 금지, 과부 재가 허용, 고문·연좌제 폐지
제2차 갑오개혁 (1894.12.)	정치·군사	• 내각제 시행, 8아문 → 7부로 개편, 지방 행정 구역 8도를 23부로 개편, 지방관의 사법권·군사권 배제 • 훈련대, 시위대 설치
	경제·교육	• 탁지부 산하 관세사, 징세서 설치 • 교육입국 조서 발표 → 한성 사범 학교 등 설립
을미개혁 (1895)	정치·군사	• '건양' 연호 사용 • 중앙 – 친위대, 지방 – 진위대 설치
	사회	단발령 실시, 종두법 시행, 태양력 사용, 우편 사무 재개(우체사 설치)
	교육	소학교 설치

광무개혁의 내용

정치·외교	• 대한국 국제 반포: 전제 황권 강화 • 간도 관리사(이범윤) 임명
군사	• 황제가 직접 군대를 장악(원수부 설치) • 무관 학교 설립(근대적 군사 교육)
경제·교육	• 지계아문 설치 → 지계 발급 • 상공업 진흥 정책 추진 • 외국 유학생 파견 • 각종 실업 학교와 기술 교육 기관 설립

신민회의 활동

조직 (1907)	• 안창호·양기탁·이승훈 등을 중심으로 결성 • 비밀 결사 단체
특징	국권 회복, 공화 정체의 근대 국가 수립 목적
활동	• 민족주의 교육 운동: 평양 대성 학교(안창호), 정주 오산 학교(이승훈) 건립 • 민족 산업 육성: 태극 서관(서울·평양 등), 자기 회사(평양) 등 설립 • 해외 독립군 기지 건설: 남만주의 삼원보(신흥 강습소)
해체 (1911)	일제가 날조한 105인 사건으로 해체

16~18강
일제 강점기

16강
❶ 일제의 식민 통치
❷ 일제의 경제 침탈

17강
❶ 1910년대의 민족 운동
❷ 3·1 운동과 대한민국 임시 정부
❸ 1920년대 무장 독립 전쟁과 의열 투쟁
❹ 1930~1940년대 무장 독립 전쟁

18강
❶ 실력 양성 운동과 학생 항일 운동
❷ 민족 유일당 운동과 사회적 민족 운동
❸ 민족 문화 수호 운동

1915
대한 광복회 조직

1919
대한민국 임시 정부 수립

1912
조선 태형령 제정

1919
3·1 운동

1920
청산리 전투

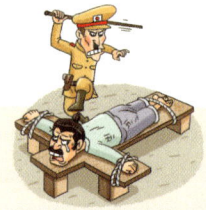

기출로 보는 키워드

- 1위 조선 혁명 선언
- 2위 2·8 독립 선언서
- 3위 조소앙의 삼균주의
- 4위 회사령
- 5위 독립 의군부(임병찬)

3개년 평균 출제 비중

7.1 문항
14.2%

1920년대 초
물산 장려 운동,
민립 대학 설립 운동

1923
국민대표 회의

1926
나석주 의거

1927
신간회 창립

1938
국가 총동원법 제정

1940
한국광복군 창설

16강 ① 일제의 식민 통치

16~18강 일제 강점기

식민 통치 정책

- 1912 조선 태형령 제정
- 1925 치안 유지법 제정
- 1938 국가 총동원법 제정
- 1941 조선 사상범 예방 구금령 제정

1 1910년대 무단 통치

(1) 조선 총독부
① 성격: 일제 식민 통치의 중추 기관
② 총독
 • 지위: 현역 대장 중에서 임명(일본 국왕에 직속되어 일본 내각의 통제를 받지 않음) → 전권 행사
 • 권한: 입법·사법·행정 및 군대 통수권 장악
③ 중추원: 조선 총독부 자문 기구(한국인 회유책, 친일파 우대 → 실질적인 권한은 없었음)

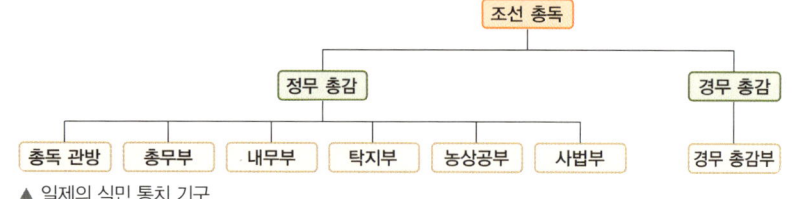

▲ 일제의 식민 통치 기구

★ (2) 무단 통치
① **헌병 경찰 제도**: 헌병이 일반 경찰의 업무는 물론 일반 행정 업무까지 담당함
② 탄압
 • 독립운동가 색출: 105인 사건(1911, →신민회 해산), 의병 세력 강제 해산 등
 • **즉결 처분권**: 판결 없이도 경찰이 임의로 처벌 가능(범죄즉결례 제정, 1910)
 • **조선 태형령(1912)**: 가혹한 태형을 한국인에게만 적용
 • **관리, 교원이 칼을 차고 제복을 착용**하여 공포 분위기 조성
 • 언론·출판·집회·결사의 자유 억압(보안법, 신문지법, 출판법 등 제정)
 • 서당 규칙(1918)을 제정하여 근대적 교육을 실시하던 개량 서당 설립을 방해함
③ **교육 기회 제한(제1차 조선 교육령, 1911)**
 • 목적: 식민 통치에 순응하는 한국인을 육성하고자 함
 • 주요 내용: **보통학교 수업 연한 4년, 실업 교육 위주**

시험에 나오는 사료 — 조선 태형령(일부)

- 3개월 이하의 징역 또는 구류에 처하여야 할 자는 그 정상에 따라 태형에 처할 수 있다.
- 태형은 감옥 또는 즉결 관서에서 비밀에 행한다.
- 조선인에 한하여 5대 이상의 태형에 처할 수 있다.
- 본령은 조선인에 한하여 적용된다.

최빈출 핵심 선지
• 초대 총독으로 **데라우치**가 부임하였다.
• 헌병이 일반 경찰의 업무까지 담당하는 **헌병 경찰 제도**가 실시되었다.
• 한국인에게만 적용되는 **조선 태형령**이 제정되었다.
• 일제는 **보통학교**의 수업 연한을 **4년**으로 규정하는 **제1차 조선 교육령**을 공포하였다.

▶ 조선 총독부

1926년 건립된 조선 총독부 청사는 1995년에 일제 강점기 잔재 청산을 위해 철거되었어요.

▶ 105인 사건
일제가 신민회와 관련된 황해도, 평안도의 독립운동가를 검거하기 위해 데라우치 총독 암살 계획을 꾸몄다는 죄명을 씌워 600여 명을 체포하고, 그중 대표적인 인사 105인을 기소한 사건입니다.

2 1920년대 문화 통치(민족 분열 통치)

(1) 식민 통치 방식의 전환

① 배경
- 3·1 운동의 거족적 저항을 경험한 후 무단 통치의 한계를 인식함
- 3·1 운동 탄압 등 일본의 식민 통치 방식(학살, 만행 등)에 대한 국제 여론이 악화됨

② 이른바 '문화 통치'로의 전환: 가혹한 식민 통치를 은폐하고 친일 세력을 적극 양성하여 민족 내부 분열을 조장하려 한 기만적인 통치 술책
→ 3·1 운동 이후 사이토 총독이 새롭게 부임

(2) 문화 통치의 실상

구분	일제의 주장	실상
총독 임명	문관 총독 임명 가능	문관 총독이 임명된 경우 없음
경찰 제도	헌병 경찰 제도 → 보통 경찰 제도	경찰 관서·인원·비용 증가
언론 정책	언론·출판의 자유 허용	조선일보(1920), 동아일보(1920) 창간 → 검열 강화로 언론 탄압(기사 삭제·정간 등)
교육 정책	제2차 조선 교육령(1922)으로 교육 기회 확대 (수업 연한 6년, 고등 보통학교 증설)	• 초등 교육·기술 교육만 확대, 민족 동화 교육의 강화 • 경성 제국 대학 설립(1924)을 구실로 고등 교육 기관 설립 억제
정치 참여	지방 자치 허용 → 도 평의회, 부·면 협의회 설치	친일 인사를 위원으로 임명 → 실권이 없는 일종의 자문 기구에 불과

★**(3) 치안 유지법 제정(1925):** 사회주의가 확산되고 있던 상황에서 반정부·반체제 운동을 탄압할 목적으로 제정함 → 독립운동가 및 사회주의자 탄압

> **시험에 나오는 사료** 치안 유지법
>
> 제1조 국체를 변혁하는 것을 목적으로 하는 결사를 조직한 자 또는 결사의 임원, 기타 지도자의 임무에 종사한 자는 사형이나 무기 또는 5년 이상의 징역 또는 금고에 처한다. …… 사유 재산 제도를 부인하는 것을 목적으로 결사를 조직한 자, 결사에 가입한 자 또는 결사의 목적 수행을 위해 행위를 한 자는 10년 이하의 징역 또는 금고에 처한다.
> → 사회주의

(4) 자치론 대두: 민족주의 세력 내에서 자치 운동(참정권 획득 운동)을 추진하는 타협적 민족주의 세력이 형성됨

---

3 1930년대 후반 이후 민족 말살 통치

(1) 일제의 침략 전쟁 확대

① 대공황: 일본 경제 타격 → 군부 세력은 돌파구를 찾기 위해 대륙 침략 본격화

② 침략 전쟁 확대: 만주 사변(1931) → 중·일 전쟁(1937) → 태평양 전쟁(1941)
- 만주 사변(1931): 만보산 사건, 만주 철도 폭파 사건을 계기로 만주 사변을 일으켜 괴뢰국인 만주국 설립(1932)
- 중·일 전쟁(1937): 중국 본토를 차지하기 위해 노구교 사건을 계기로 전쟁을 일으킴
→ 일본과 중국 양국 군대가 노구교에서 충돌하여 중·일 전쟁의 발단이 된 사건

최빈출 핵심 선지
- 일제는 3·1 운동 이후 통치 방식을 무단 통치에서 이른바 '문화 통치'로 바꾸었다.
- 일제는 보통학교의 수업 연한을 6년으로 연장하고 한국어를 필수로 하는 제2차 교육령을 발표하였다.
- 일제는 1925년에 사회주의 운동을 탄압하기 위해 치안 유지법을 제정하였다.

최빈출 핵심 선지
- 일제는 민족 말살 정책의 일환으로 황국 신민 서사 암송, 신사 참배, 궁성 요배를 강요하였다.
- 민족 말살 통치 시기에 일제는 한국인의 성과 이름을 일본식으로 바꾸는 창씨개명을 강요하였다.
- 일제는 1936년에 조선 사상범 보호 관찰령을 제정하여 독립운동가를 감시·통제하였다.

⭐ (2) 민족 말살 통치

① 목적: 한국인을 침략 전쟁에 원활하게 동원하기 위한 통치 정책이 필요해짐
② 국가 총동원법 공포(1938): 조선을 전시 동원 체제로 전환시켜 인적·물적 자원 수탈
③ 황국 신민화 정책: 황국 신민 서사 암송·궁성 요배·정오 묵도·신사 참배 등 강요, 소학교 명칭을 국민학교로 개칭
  └→ 일본 왕궁이 있는 쪽을 향해 의무적으로 절을 하는 것
  └→ '황국 신민 학교'의 줄임말로 1941년부터 적용

> **시험에 나오는 사료** 황국 신민 서사
>
> 일반인용(성인용)
> 1. 우리는 황국 신민(皇國臣民)이다. 충성으로써 군국(君國)에 보답하련다.
> 2. 우리들 황국 신민은 신애협력(信愛協力) 단결을 굳게 하련다.
> 3. 우리들 황국 신민은 인고단련(忍苦鍛鍊)의 힘을 길러 황도(皇道)를 선양하련다.

④ 민족 말살 정책 → 내지(일본)와 조선이 하나라는 주장
  • 내선일체·일선 동조론 주장, 일본식 성명 강요(창씨개명)
    └→ 일본인과 조선인이 같은 조상에서 나왔다는 주장
  • 학교, 관공서 등에서 조선어 사용 금지
  • 제3차 조선 교육령(1938): 조선인 학교의 명칭을 일본인 학교와 동일하게 변경(소학교 등), 조선어 선택 과목화 → 사실상 교육의 기회를 박탈함
  • 제4차 조선 교육령(1943): 수업 연한 단축, 조선어 과목 완전 삭제

> **시험에 나오는 사료** 일제의 민족 말살 통치
>
> • 조선인 지원병 제도를 채용하고 내선일체의 국방에 기여하게 한다. 단, 이것 때문에 조선인이 참정권을 확대하려는 의지를 갖지 않게 한다.
> • 신사숭경(神社崇敬)의 염(念)을 함양하여 일본의 국체 관념을 명징(明徵)하고 …… 사상 선도를 도모하는 등 황국 신민이라는 의식을 배양한다.

⑤ 언론 탄압: 조선일보·동아일보 폐간(1940), 진단 학회 해산
⑥ 사상 통제·감시·탄압 강화
  • 조선 사상범 보호 관찰령(1936): 치안 유지법 위반자 출소 시 보호 관찰
  • 조선 사상범 예방 구금령(1941): 치안 유지법 위반자 출소 시 예방 구금이라는 명목으로 다시 구금 가능
  • 애국반 조직(1938): 한국인의 생활을 감시하고 통제함
  • 조선어 학회 사건(1942): 조선어 학회를 독립운동 단체로 몰아 강제 해산시킴

> **궁성 요배**

> **내선일체 홍보 포스터**

> **조선 교육령의 변천**
>
> • 제1차(1911): 보통학교의 수업 연한을 4년으로 하고, 실업 교육을 위주로 하여 기능을 가르치는 데 목적을 두었어요.
> • 제2차(1922): 보통학교의 수업 연한을 6년으로 하고, 사범 학교와 고등 교육 기관인 대학을 설치할 수 있게 하였어요.
> • 제3차(1938): 조선어를 선택 과목으로 바꾸었고(수의 과목화), 조선인 학교의 명칭을 일본인 학교와 동일하게 바꾸었어요.
> • 제4차(1943): 교육 기관의 수업 연한을 단축하고, 조선어와 조선 역사 교육을 금지하였어요.

16강② 일제의 경제 침탈

16~18강 일제 강점기

경제 침탈 정책

- 1910 회사령 제정
- 1912 토지 조사령 제정
- 1920~1934 산미 증식 계획
- **1938 국가 총동원법 제정**

1 1910년대 일제의 경제 침탈

★(1) 토지 조사 사업(1910~1918)

① 목적
  - 근대적 토지 소유 제도의 확립을 명분으로 내세움
  - 실상은 식민 통치 경제 기반을 조성하고, 토지 수탈·지세의 안정적 확보가 목적이었음

② 과정: 임시 토지 조사국 설치(1910), <mark>토지 조사령 공포(1912)</mark> → 소유권 조사, 토지 가격 조사, 지형·지목 조사 등

③ 방법: 임시 토지 조사국에 토지 신고서 제출 → 기한부 신고제 → 미신고 토지 증가
  → 짧은 신고 기간, 까다로운 절차, 토지 소유자가 직접 신고

④ 결과

지세 증가	과세 면적 증가 → 조선 총독부의 토지세 수입 증가
토지 약탈	미신고지·공유지·소유주가 불분명한 토지를 조선 총독부가 차지함(전체 농경지의 약 10%, 전체 임야의 약 60%가 조선 총독부에 편입)
토지 매각	조선 총독부는 토지를 동양 척식 주식회사를 통해 일본인에게 헐값에 매각
농민 몰락	소작농의 권리 약화(관습적 경작권의 부정) → 농민들이 기한부 계약제 소작농, 도시 빈민, 화전민 등으로 전락 → <mark>농민의 국외 이주 증가</mark>(만주, 연해주 등지)

시험에 나오는 사료 토지 조사령(1912)

제1조 토지의 조사 및 측량은 본령에 의한다.
제4조 토지 소유자는 조선 총독이 정하는 기간 내에 주소, 씨명 또는 명칭 및 소유지의 소재, 지목, 자번호(字番號), 사표(四標), 등급, 지적, 결수를 임시 토지 조사 국장에게 신고해야 한다. 단, 국유지는 보관 관청이 임시 토지 조사 국장에게 통지해야 한다.
제6조 토지의 조사 및 측량을 할 때, 조사 측량 지역 내의 2인 이상의 지주로 총대를 선정하고 조사 및 측량에 관한 사무에 종사하게 할 수 있다.
— 조선 총독부 관보 —

(2) 산업 침탈 → 산업 불균형, 성장 저하 초래

★① 회사령(1910) → 회사 설립 시 총독부의 허가를 받아야 함
  - 목적: 한국인의 기업 설립 규제와 민족 자본 성장 저지
  - 내용: 회사 설립의 조선 총독 <mark>허가제</mark>(총독의 회사 해산 명령도 가능)
  - 결과: 철도·전기·금융 등의 산업을 일본 기업이 독점, 한국 기업은 경공업 중심

② 삼림령(1911), 임야 조사령(1918), 산림 벌채 금지: 산림과 임야의 약탈

③ 조선 어업령(1911): 어업권에 대한 허가제, 일본인의 어장 독점

④ 조선 광업령(1915): 광업권에 대한 허가제, 일본 기업의 광산 경영 침투, 지하자원 약탈
  → 경제성 있는 광산은 거의 일본 기업이 독점함

최빈출 핵심 선지

- 일제는 근대적 토지 소유권 확립을 명분으로 내세워 토지 조사 사업을 실시하였다.
- 일제는 회사 설립 시 총독의 허가를 받도록 하는 회사령을 공포하였다.

▶ 토지 조사 사업

▶ 회사령

회사 설립을 허가제로 규정하여 한국인의 회사 설립을 엄격히 제한한 법령이에요. 이는 한국인의 민족 자본 발전을 억제하기 위한 조치였습니다.

> **시험에 나오는 사료** 회사령(1910)
>
> 제1조 회사의 설립은 조선 총독의 허가를 받아야 한다.
> 제2조 조선 밖에서 설립된 회사가 한국에 본점이자 지점을 둘 때에도 조선 총독의 허가를 받아야 한다.
> 제5조 회사가 본령 혹은 본령에 기초해 발표된 명령 및 허가의 조건을 위반하거나 또는 공공의 질서 및 선량한 풍속에 반하는 행위를 했을 때에는 조선 총독은 사업의 정지·금지, 지점의 폐쇄 또는 회사의 해산을 명령할 수 있다.

2 1920년대 일제의 경제 침탈

★(1) 산미 증식 계획(1920~1934)
① 배경: 일본의 공업화에 따른 쌀 부족 현상 → 쌀값 상승으로 인한 경제 위기 → 조선을 식량 공급 기지로 만들고자 함
　└ 1918년 일본에서 쌀 파동 발생
② 내용
- 개간·간척 사업, 수리 시설 확충, 종자 개량 등으로 쌀 생산량 증대 추진
- 농민들에게 수리 조합비, 토지 개량비, 비료 대금 등을 전가시킴
- 군산항, 목포항 등을 통해 대규모의 쌀을 일본으로 반출함
　└ 밭을 논으로 바꾸기 위해서 필수적인 수리 시설 확충에 드는 비용을 농민들에게 전가
③ 결과
- 증산량보다 많은 수탈로 **한국의 식량 사정이 악화됨**(만주에서 조·수수·콩 등의 잡곡 수입)
- 식민지 지주제 강화: 농민에게 수리 조합비 등을 과다하게 부과하거나 일본의 비호를 받은 지주의 수탈이 심해지면서 몰락 농민이 증가함(농가 부채 증가, 국외 이주 증가) → 소작 쟁의 격화
- 단작형 농업 구조화: 미곡(쌀) 중심의 단작형 농업 구조가 심화됨
　└ 밭을 논으로 개량할 것을 강요

(2) 일본 독점 자본의 침투
① **회사령 철폐(1920)**
- 일본의 독점 자본 진출을 용이하게 하기 위해 회사 설립을 허가제에서 **신고제**로 변경함
- 여러 산업 분야(면방직, 식료품 등)에서 일본 기업과 자본의 진출이 확대됨
② 관세 철폐(1923): 일본 상품의 수출 증대 → 한국 기업 피해
③ 신은행령(1928): 한국인 소유 은행을 강제로 합병 → 조선은행에 예속시킴
　└ 일제 강점기의 중앙 은행

> **최빈출 핵심 선지**
> - 일제는 회사 설립을 허가제에서 신고제로 바꾸어 일본 기업의 한국 진출을 용이하게 하였다.
> - 일제는 일본 내 쌀 부족 문제의 해결과 쌀 수탈을 목적으로 산미 증식 계획을 추진하였다.

3 1930년대 이후 일제의 경제 침탈

(1) 병참 기지화 정책
① 배경: 대공황(1929)으로 일본에 정치·경제적 위기가 심화됨 → 침략 전쟁으로 이를 타개하려 함
② 내용
- 전쟁 수행에 필요한 물자 조달을 위하여 한국의 병참 기지화 추구
- 식민지 공업화: 군수 공장, 중화학 공업, 광업 부문에 집중
- 공업 발전 지역 편중: 주로 북부 지방에 집중

> **최빈출 핵심 선지**
> - 일제는 농민 경제의 안정화를 명분으로 농촌 진흥 운동을 실시하였다.
> - 일제는 1938년에 전쟁 자원을 효율적으로 동원하기 위해 국가 총동원법을 제정하였다.
> - 일제는 1939년에 국민 징용령을 제정하여 한국인을 광산, 군수 공장 등에 강제 동원하였다.

③ 영향: 산업 불균형 초래(경공업보다 중화학 공업 비중이 큼), 한국인 노동자 착취(노동 쟁의 유발)

(2) 농촌 진흥 운동
① 배경: 농촌 사회의 어려움 가중으로 소작 쟁의가 확산됨
② 명분: 농촌 경제의 안정화
③ 내용
- 조선 농지령 제정(1934) 등을 통하여 농민의 불만을 무마하고자 함(실제로는 소작 쟁의를 무마시켜 식민 체제를 안정시키기 위한 정책에 불과) → 소작지의 임대차 기간을 3년 이하로 할 수 없도록 함
- '자력갱생'을 슬로건으로 한 농가 갱생 계획을 수립하였으며 이후 정신 운동 전개로 확대함 → 실효성은 없었음

(3) 남면북양 정책
① 배경: 대공황에 따른 공업 원료 부족에 대비하여 한국을 원료 공급지로 삼아 저렴하게 공업 원료를 생산함으로써 일본 방직 자본가 등을 보호하려 함
② 내용: 남부 지방은 면화 재배, 북부 지방은 양 사육 강요

> **남면북양 정책**
> 일제는 세계 대공황(1929)으로 원료 확보의 위기에 처하자, 한반도를 원료 공급지로 만들기 위해 남쪽에서는 면화를 재배하고, 북쪽에서는 양을 사육할 것을 강요하는 정책을 추진하였습니다.

★(4) 전시 수탈 체제 강화
① **국가 총동원법(1938)**: 일제가 중·일 전쟁(1937)을 일으킨 이후 인적·물적 자원 수탈을 강화하기 위해 제정함
② 전시 수탈

인적 수탈	• 군사: **지원병제**(1938), **학도 지원병제**(1943), **징병제**(1944) 시행 → 청년들을 전쟁에 강제 동원함 • 노동력 동원: **국민 징용령**(1939)을 실시하여 광산, 비행장, 공사장에 한국인을 강제 동원함 • 여성 동원: **여자 정신 근로령**(1944)을 제정하여 군수 공장에서 일하게 하거나, 전쟁터로 끌고 가 일본군 '위안부'로 삼아 성 노예로 강제 동원함
물자 수탈	• **금속 공출제**: 무기를 만들기 위해 교회의 종, 가정에서 사용하는 숟가락까지 빼앗음 • **미곡 공출제·식량 배급제** 실시: 군량미 마련을 위해 쌀을 공출하고 식량을 배급함 • 산미 증식 계획 재개(1940): 군량미 확보 목적 • 지하자원 약탈 • 강제 저축, 위문 금품 모금, 국방 헌금 강요
전시 교육	• 교육 기관의 수업 연한 단축: 제4차 조선 교육령(1943) • 군사 훈련(교련) 실시

> **전시 동원 체제의 모습**

> **국민 정신 총동원 포스터**

> **금속 공출**

시험에 나오는 사료 국가 총동원법(1938)

제4조 정부는 전시에 국가 총동원상 필요할 때는 칙령이 정하는 바에 따라 제국 신민을 징용하여 총동원 업무에 종사하게 할 수 있다.
제8조 물자의 생산·수리·배급·양도 기타의 처분, 사용·소비·소지 및 이동에 관하여 필요한 명령을 내릴 수 있다.
제20조 정부는 전시에 국가 총동원상 필요할 때는 칙령이 정하는 바에 따라 신문지, 기타 출판물의 게재에 대하여 제한 또는 금지를 행할 수 있다.

17강 ① 1910년대의 민족 운동

16~18강 일제 강점기

주요 단체

1910	1911	1912	1915
숭무 학교 설립	권업회 조직	독립 의군부 조직	대한 광복회 조직

1 국내의 비밀 결사

(1) 1910년대 국내 독립운동
① 상황: 일제의 탄압 강화로 국내 항일 운동이 어려워짐(안악 사건, 105인 사건 등)
② 의병: 채응언 등 의병들이 1915년 무렵까지 계속 활동 → 의병에 대한 색출 강화로 애국 인사들이 해외로 망명, 국내에서는 비밀 결사를 조직함
  → 마지막 의병장으로 불림

★(2) 비밀 결사 조직
① **독립 의군부(1912)**
  • 인물: **임병찬**의 주도로 유생들이 중심이 되어 조직 ┌ 나라를 되찾아 다시 임금을 세우고자 함
  • 특징: **고종의 밀지를 받아 조직**, **복벽주의**(황제 국가 부활, 고종 복위) 추구
  • 활동: 조선 총독, 일본 총리대신에게 **국권 반환 요구서 발송 계획**, 대규모 항일 전쟁 추진
  • 해체: 지도 인사 체포 등 조직 발각으로 해체

② **대한 광복회(1915)**
  • 결성: 대한 광복단과 조선 국권 회복단 일부가 통합되어 결성
  • 인물: **박상진**(총사령), 김좌진(부사령) 주도
  • 특징: 비밀 결사 형태, 군대식 조직, **공화정 수립 추구**
  • 활동: **친일 부호 처단**, **군자금 모금**, 만주 무관 학교 등 독립군 기지 설립 추진
  • 해체: 조직 발각으로 해체

> **시험에 나오는 사료 | 대한 광복회 강령**
> 1. 부호의 의연금 및 일본인이 불법 징수하는 세금을 압수하여 무장을 준비한다.
> 2. 남북 만주에 군관 학교를 설치하여 독립 전사를 양성한다.
> 5. 본 회의 군사 행동·집회·왕래 등 일체 연락 기관의 본부를 상덕태 상회에 두고 한·만 요지와 북경·상해 등에 지점 또는 여관·광무소 등을 두어 연락 기관으로 한다.
> 7. 무력이 완비되는 대로 일본인 섬멸전을 단행하여 최후 목적을 달성한다.

③ 송죽회(1913)
  • 조직: 평양 숭의 여학교 교사와 학생 중심
  • 활동: 독립운동 자금 모금 후 해외로 송금, 국내에 잠입한 회원에게 숙식비, 여비 지급
④ 그 외 비밀 결사: 기성단(대성 학교 출신 학생들의 조직), 자립단 등

최빈출 핵심 선지
• 고종의 밀지를 받아 **임병찬** 등이 주도하여 **독립 의군부**를 조직하였다.
• 박상진의 주도로 조직된 **대한 광복회**는 공화 정체의 근대 국가 수립을 지향하였다.

▶ **안악 사건**
1910년 안명근 등이 황해도 신천에서 무관 학교 설립 자금을 모금하다가 체포된 사건으로, 105인 사건의 계기가 되었습니다.

▶ **박상진**

2 국외 독립운동 기지의 건설

★(1) 만주
① **서간도(남만주)**
- 특징: 해외 독립군 기지 개척, 신민회 주도
- 이회영, 이동녕 등이 **삼원보**에 정착 → 한인 자치 기관인 **경학사**(→ 부민단) 설치〔이회영, 양기탁〕, 독립군 양성을 위해 **신흥 강습소**(→ 신흥 무관 학교) 설립, 대한 독립단·서로 군정서 조직
- 남자현: 조선 총독 암살 기도, 국제 연맹 조사단에 혈서 전달 시도, 여자 권학회 조직 등의 활동을 한 독립운동가

② **북간도(용정촌, 명동촌)**
- 용정, 왕청, 연길 일대에 민족 교육 기관(**서전서숙**〔이상설〕, **명동 학교**〔김약연〕) 설립
- **중광단**(1911): **대종교 중심**의 군사 조직, 이후 **북로 군정서로 확대**(1919)

③ 북만주: 밀산부에 이상설 등이 독립운동 기지(한흥동) 건설

> **시험에 나오는 사료** 신흥 무관 학교(신흥 강습소)
>
> 삼원보의 경학사가 설립한 학교에 청년들이 모여들었다. 기억을 더듬어 보면 학생들의 의지가 대단하였다. 학교에 입학이 가능한 연령은 18세 이상이었지만 더 어린 학생들이 찾아온 적도 있었다. 아침 7시부터 저녁 8시까지 학과 교육 이외에도 군사 훈련을 받아야 했지만 학생들의 지친 기색을 찾아볼 수 없었다. 학교가 더욱 활기를 띠었던 시절은 지청천, 김창환이 합류한 이후였다. 이들은 모두 대한 제국 무관 학교 출신으로, 교관으로 활동하며 독립군 양성에 힘을 쏟았다.

★(2) 연해주
① **신한촌**: 러시아 블라디보스토크에 건설한 한인 거주 지역
② **권업회**(1911): 연해주의 대표적인 독립운동 단체로 신한촌에서 이상설 등이 조직함 → 민족의식 고취, **권업신문 발행**, 광복군 양성 추진
③ **해조신문**(1908): 해외에서 우리말로 발행된 최초의 신문
④ **대한 광복군 정부**(1914): **이상설·이동휘를 정·부통령**으로 정부 형태의 독립군 단체 조직 〔독립군 조직이었으나 장차 임시 정부가 수립될 수 있는 길을 열어 놓음〕
⑤ 전로 한족회 중앙 총회(1917): 러시아 지역 한인 대표 회의로 이후 임시 정부 성격의 **대한 국민 의회**(1919)로 개편

> **시험에 나오는 사료** 만주와 연해주의 독립운동 기지 건설
>
>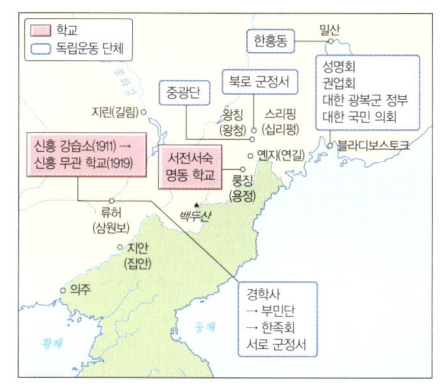
>
> 민족의 최고 가치는 자주와 독립이다. 이를 수호하기 위한 투쟁은 민족적 성전이며, 청사에 빛난다. …… 1910년 일본에 의하여 국권이 침탈당하자 국내외 지사들은 이곳에 결집하여 국권 회복을 위해 필사의 결의를 다짐했다. 성명회와 권업회 결성, 한민 학교 설립, 신문 발간, 13도 의군 창설 등으로 민족 역량을 배양하고 …… 대일 항쟁의 의지를 불태웠다.
> — 신한촌 기념비 비문 —

최빈출 핵심 선지
- **서간도** 지역에서 **신민회**가 중심이 되어 한인 자치 기관인 **경학사**를 조직하였다.
- **북간도** 지역에 **서전서숙, 명동** 학교가 설립되어 민족 교육을 실시하였다.
- **북간도** 지역에 **대종교도** 중심의 **중광단**이 결성되어 항일 무장 투쟁을 전개하였다.
- **연해주** 지역에서는 이상설 등이 **권업회**를 토대로 한 **대한 광복군 정부**를 수립하였다.
- 미주 지역인 **하와이**에서는 박용만의 주도로 **대조선 국민 군단**이 조직되어 군사 훈련을 실시하였다.
- **멕시코**에서는 이근영 등이 중심이 되어 **숭무 학교**를 설립하여 독립군을 양성하였다.

▶ 이회영

▶ 이동휘

▶ **전로 한족회 중앙 총회**
1917년에 결성된 한인 단체로 러시아 내에서 소수 민족인 한인의 권리를 보호하고자 노력하였어요. 이후 1919년에 대한 국민 의회로 개편되었습니다.

(3) 중국 본토
① 베이징: 신규식, 박은식 등이 신한 혁명당(1915) 조직
② 상하이: 김규식, 여운형, 문일평, 김구 등이 주도하여 신한 청년당(1918)을 조직하고, 김규식을 파리 강화 회의에 대표로 파견함(1919)
  └ 신한 청년단이라고도 함

시험에 나오는 자료 파리 강화 회의와 김규식

중국 상하이에서 활동하던 신한 청년당은 파리 강화 회의(1919.1.)에 김규식(오른쪽 아래)을 파견하여 우리의 독립 의지를 알리고자 하였습니다. 이후 대한민국 임시 정부가 김규식을 전권 대사로 임명하였지요. 김규식은 한국 독립에 관한 청원서를 파리 강화 회의에 제출하고 독립운동 홍보 문서를 각국 대표와 언론사에 배포하는 등 한국인의 독립 의지를 전 세계에 알렸습니다.

▲ 파리 강화 회의에 파견된 김규식

★ (4) 미주 지역
① 특징: 1900년 초부터 한국인들이 미국 하와이로 이민을 떠나 사탕수수 농장에서 힘든 노동을 하며 한인 사회를 형성함
② 대한인 국민회(1910)
  • 조직: 안창호, 박용만, 이승만 등이 전명운, 장인환 의사의 스티븐스 암살 사건을 계기로 설립함
    └ 하와이의 한인 합성 협회와 샌프란시스코의 대한인 공립 협회를 통합
  • 활동: 서·북간도와 연해주의 독립운동에 자금을 지원함
③ 흥사단(1913): 안창호가 샌프란시스코에서 창립한 실력 양성 운동 단체로, 기관지 성격의 잡지 『동광』을 발행함
④ 대조선 국민 군단(1914): 박용만이 독립군 사관 양성을 목적으로 하와이에서 조직한 군대
⑤ 숭무 학교(1910): 이근영 등이 멕시코에서 동포 독립군 양성을 위해 설립(대다수의 한인들은 에네켄 농장에서 일함)
    └ 용설란의 일종. 밧줄을 만드는 재료로 멕시코의 주 수출품이었음

▶ 대조선 국민 군단

17강 ② 3·1 운동과 대한민국 임시 정부

16~18강 일제 강점기

주요 사건 흐름

- 1919.3. 3·1 운동
- 1919.9. 대한민국 임시 정부 수립
- 1923 국민대표 회의
- 1940 한국광복군 창설

1 3·1 운동

(1) 배경

① 러시아 혁명 이후 레닌이 식민지 민족 해방 운동 지원을 선언함
② 윌슨의 민족 자결주의 제창(1918): 민족주의자들 중심으로 조선 독립 청원 여론 형성
  → 미국 대통령 윌슨이 발표. 패전국의 식민지에게만 해당
③ 파리 강화 회의에 민족 대표 파견: 신한 청년당이 김규식을 파견해 독립 청원서 제출
  → 상하이
★ ④ 국외 독립 선언
  - 대동단결 선언(1917, 중국 상하이): 조소앙 등이 박은식, 신채호, 박용만, 신규식 등의 지도를 받아 각지의 독립운동 세력에게 전달
  - 대한 독립 선언(1919, 만주 길림): 국외 망명 독립운동가 39인의 이름으로 발표
  - 2·8 독립 선언(1919, 일본 도쿄): 도쿄 유학생들이 독립 선언서 발표
    → 조선 청년 독립단의 이름으로 발표

시험에 나오는 사료 대동단결 선언

융희 황제가 삼보(三寶)*를 포기한 경술년 8월 29일은 우리 동지가 이를 계승한 날이니 …… 황제권 소멸의 때가 즉 민권 발생의 때요, 구한국 최후의 날은 즉 신한국 최초의 날이니 …….
*삼보: 토지, 인민, 정치

시험에 나오는 사료 2·8 독립 선언서

- 본 단은 한·일 병합이 우리 민족의 자유의사에서 나오지 않고 우리 민족의 생존, 발전을 위협하고, 동양의 평화를 유린하는 원인이 된다는 이유로 독립을 주장한다.
- 본 단은 일본 의회 및 정부에 조선 민족 대회를 소집하여, 대회의 결의로 우리 민족의 운명을 결정할 기회를 주기를 요구한다.
- 본 단은 만국 평화 회의에 민족 자결주의를 우리 민족에게 적용하기를 요구한다.
- 앞에서 요구한 내용이 실패할 때는 일본에 대해서 영원히 혈전을 선언한다. 이로써 발생하는 참화는 우리 민족이 그 책임을 지지 않는다.

⑤ 고종의 죽음: 독립에 대한 열망과 의지가 고조될 무렵 고종이 승하함 → 고종의 독살설이 퍼지면서 전 민족의 분노를 자아냄

(2) 전개 과정

① 독립 선언 준비 → 국내외의 꾸준한 민족 운동의 전개는 3·1 운동의 내적 기반으로 작용함
  - 중심 세력: 고종의 인산일을 계기로 손병희(천도교), 이승훈(기독교), 한용운(불교) 등 종교계 인사와 학생들이 연합하여 거족적인 시위를 준비함

최빈출 핵심 선지

- 상하이에서 대동단결 선언을 발표하였다.
- 민족 대표 33인 명의의 독립 선언서가 발표되었다.
- 민족 자결주의에 영향을 받은 일본 도쿄의 한국인 유학생들이 2·8 독립 선언을 발표하였다.
- 3·1 운동은 일제의 식민 통치 방식이 이른바 '문화 통치'로 바뀌는 계기가 되었다.
- 3·1 운동은 대한민국 임시 정부가 수립되는 데 영향을 주었다.

▶ **민족 자결주의**

미국 대통령 윌슨이 제1차 세계 대전 중에 발표한 원칙으로 어떤 민족이든 다른 민족의 지배를 받지 않고, 민족의 운명은 해당 민족이 스스로 결정해야 한다고 주장했어요.

- 3대 원칙과 민족 대표 결정: 독립운동을 '대중화할 것', '일원화할 것', '비폭력적으로 할 것'을 원칙으로 정하고 민족 대표 33인 결정
- 기미 독립 선언서(최남선이 초안 작성)를 인쇄해 각지에 배포

② 3·1 독립 선언: 고종의 인산일(3월 3일)을 계기로 서울 태화관에 모인 민족 대표들이 독립 선언서를 낭독한 뒤 자진 체포

③ 서울 탑골 공원 시위: 학생과 시민들이 독립 선언서 발표 후 평화적 만세 시위 전개

시험에 나오는 사료 | 기미 독립 선언서

오등(五等)은 자(玆)에 아(我) 조선의 독립국임과 조선인의 자주민임을 선언하노라. 차(此)로써 세계 만방에 고하야 인류 평등의 대의를 극명하며, 차로써 자손만대에 고하야 민족 자존의 정권을 영유케 하노라. (하략)

공약 3장
- 금일 오인 차거(此擧)는 정의, 인도, 생존, 존영을 위하는 민족적 요구니, 오직 자유적 정신을 발휘할 것이오, 결코 배타적 감정으로 일주하지 말라.
- 최후의 일인까지, 최후의 일각까지 민족의 정당한 의사를 쾌히 발표하라.
- 일체의 행동은 가장 질서를 존중하야, 오인의 주장과 태도로 하여금 어디까지든지 광명정대하게 하라.

④ 확산

도시	• 서울, 평양, 원산 등지에서 만세 시위 전개 → 전국 주요 도시로 확산 • 학생, 종교인 외에 상인들의 철시 운동, 노동자들의 파업 투쟁 전개 → 다양한 계층이 시위에 참여함
농촌	• 도시에서 농촌 각지로 확산(시위 규모 확대) → 3·1 운동 과정에서 수감된 사람 중 농민이 절반 이상을 차지함 • 일제의 무자비한 탄압에 맞서 무력 저항 운동 전개
국외	• 만주, 연해주 등에서 한인들의 만세 시위 전개 • 일본 도쿄 유학생과 오사카 동포들의 시위 • 미국 필라델피아의 한인 자유 대회(독립 선언식) 등

⑤ 일제의 탄압
- 탄압: 헌병 경찰, 군대, 소방대, 재향 군인회 등을 동원하여 총과 칼로 무력 진압
- 사례: 유관순(천안 아우내 장터 만세 시위 주도)의 순국, 제암리 학살 사건 등

(3) 의의 및 영향

① 거족적 평화 시위: 흩어져 있던 민족의 역량을 총집결
② 일본의 통치 방식 전환: 헌병 경찰(무단) 통치 → 이른바 문화 통치
③ 대한민국 임시 정부 수립의 계기: 독립운동의 통일적 지도부 역할, 민주 공화정 지향
④ 무장 독립 투쟁 확산: 국외 무장 독립 투쟁이 활발해지는 계기
⑤ 민중의 사회의식 고취: 사회주의 대두 → 민족적·계급적 각성
⑥ 세계 민족 운동에 자극: 중국의 5·4 운동 등에 영향

시험에 나오는 사료 | 3·1 운동

그날 오후 2시 10분 파고다 공원에 모였던 수백 명의 학생들이 10여 년간 억눌려 온 감정을 터뜨려 '만세, 독립 만세'를 외치자 뇌성벽력 같은 소리에 공원 근처에 살던 시민들도 크게 놀랐다. 공원 문을 쏟아져 나온 학생들은 종로 거리를 달리며 몸에 숨겼던 선언서들을 길가에 뿌리며 거리를 누볐다. 윌슨 대통령이 주장한 약소민족의 자결권이 실현되는 신세계가 시작된 것이다. 시위 학생들은 덕수궁 문 앞에 당도하자 붕어하신 고종에게 조의를 표하고 잠시 멎었다.

— 스코필드 기고문 —

> 미주에서의 독립 선언식

> 한인 자유 대회

1919년 4월 미국 필라델피아 지역에서 독립운동과 임시 정부 수립을 선전하기 위해 열렸던 한인들의 대대적 모임입니다. 대회를 통해 작성된 결의안은 독립운동의 진상과 일제의 탄압 사실을 담았어요. 또 임시 정부 후원, 구미에 외교 사무소 설치, 임시 정부의 승인을 미국과 국제 연맹에 요구하였어요.

> 제암리 학살 사건

1919년 4월, 화성 제암리에 파견된 일본군은 마을 사람들을 예배당에 모아 놓고 문을 잠근 뒤 무차별 사격하고 불을 지르는 등 학살의 만행을 저질렀어요.

2 대한민국 임시 정부

(1) 대한민국 임시 정부 수립
① 각지의 임시 정부
- 대한 국민 의회(연해주)
- 대한민국 임시 정부(상하이): 국무총리로 이승만 선임
- 한성 정부(서울): 집정관 총재로 이승만 선임
  └→ 13도 대표가 모여 국민 대회를 거쳐 구성

② 임시 정부 통합 운동
- 독립운동의 결집을 위한 통합 임시 정부 출범의 필요성을 대부분 인정함
- 임시 정부 위치: 외교 독립운동을 강조한 세력(이승만 등)은 상하이 주장, 무장 독립운동을 강조한 세력(이동휘 등)은 연해주 주장 → 서양 열강의 조계 지역이 형성되었던 곳이라 일제의 간섭을 피해 외교 활동을 전개하기에 유리한 곳이기 때문에 임시 정부의 위치가 상하이로 결정됨

③ 통합 임시 정부 수립
- 원칙: 한성 정부의 정통성 계승, 대한민국 임시 정부의 헌법과 조직 참작, **상하이**로 정부 위치 결정의 통합 원칙 마련 (상하이 내부의 프랑스 조계지에 설립됨)
  └→ 1919년 4월 공포했던 대한민국 임시 헌장을 개헌하여 공포
- 수립(1919. 9.): 공화주의와 **삼권 분립**의 원칙에 기초한 헌법 공포
- 통합 임시 정부 출범: 대통령 이승만, 국무총리 이동휘
  └→ 임시 의정원(입법), 국무원(행정), 법원(사법)

★(2) 대한민국 임시 정부의 활동

비밀 연락망	**연통제**(국내에 설치한 비밀 행정망)와 **교통국**(국내와의 교통·통신·연락 기관) 운영
외교	• 김규식 외무총장 임명(파리 강화 회의 전권 대사) ┐ 신한 청년당 대표로 파리 강화 회의에 파견된 김규식은 임시 정부 수립과 함께 외무총장 겸 주 파리 위원부의 대표 위원으로 선임됨 • **미국 워싱턴에 구미 위원부 설치**(1919): 이승만을 중심으로 외교 독립운동 전개
군사	• 군사 업무 관장: 국무원 산하에 군무부 설치 • 군무부 직할 부대 설치: 광복군 사령부, 광복군 총영, 육군 주만 참의부 • 독립군 비행사 양성을 위해 한인 비행 학교 설립(노백린)
문화	• 기관지로 독립신문 간행 • **사료 편찬소** 설치(『한·일 관계 사료집』 간행)
기타	• 군자금 조달: **독립(애국) 공채 발행**, 국민 의연금 모금 → 단둥 • **이륭양행**(중국 안동)과 백산 상회(부산)는 군자금 전달의 중간 거점 역할 └→ 아일랜드계 미국인인 조지 쇼가 운영

(3) **국민대표 회의(1923)**
① 배경
- 일제의 감시 강화로 비밀 연락망 발각과 붕괴, 외교 성과 미흡 등 임시 정부의 위기
- 독립운동 방향성에 대한 갈등: 무장 독립 투쟁론(이동휘), 외교 독립론(이승만), 실력 양성론(안창호) → 이동휘 국무총리 사임, 이승만의 미국행 → 임시 정부의 지도력 약화
- 이승만의 위임 통치 청원 사실 문제화 → 독립운동의 새로운 방향을 모색하기 위해 국민대표 회의 개최
  └→ 국제 연맹에 위임 통치 청원서 제출

최빈출 핵심 선지

- 대한민국 임시 정부는 비밀 행정 조직으로 **연통제**를 실시하고, **교통국**을 설치하였다.
- 대한민국 임시 정부는 미국 워싱턴에 **구미 위원부**를 설치하고 외교 활동을 전개하였다.
- 대한민국 임시 정부는 독립운동 자금 마련을 위해 **독립 공채**를 발행하였다.
- 대한민국 임시 정부는 1923년에 독립운동의 새로운 방향을 논의하기 위해 **국민 대표 회의**를 개최하였다.
- **김구**는 1931년에 임시 정부 활성화를 위해 **한인 애국단**을 조직하여 의거 활동을 하였다.
- **삼균주의**를 기초로 하는 **건국 강령**을 선포하였다.
- **1940년**에 충칭에 정착한 대한민국 임시 정부는 정규군으로 **한국광복군**을 창설하였다.

▶ 1919년 당시 대한민국 임시 정부 청사

▶ 독립 공채

| 시험에 나오는 자료 | 국민대표 회의 |

> 임시 정부의 활동 노선에 대한 비판이 안팎에서 제기되는 가운데 대통령 이승만이 한국에 대한 국제 연맹의 위임 통치를 청원하였다는 사실이 알려지자, 그에 반대하여 신채호, 박용만 등이 임시 정부와 의정원의 해산을 요구하는 등 갈등이 깊어졌어요. 이에 상하이에서는 지역 대표 또는 단체 대표로 인정된 130여 명의 독립 운동가들이 모여 기존의 독립운동을 평가하고 반성하면서 임시 정부가 앞으로 나아갈 방향을 논의하는 회의를 개최하였습니다. → 국민대표 회의

② 내용: 임시 정부 내 노선 갈등

창조파	• 임시 정부 해체, 새 정부 조직 주장 • **신채호**, 김규식, 박용만 등
개조파	• 임시 정부를 그대로 유지하며 실정에 맞게 보완하여 개편 주장 • 실력 양성과 외교 강조 • **안창호**, 이동휘, 여운형 등
현상 유지파	• 임시 정부 유지 • 김구, 이동녕 등

③ 결과: 창조파와 개조파의 대립으로 합의점을 찾지 못하고 회의가 결렬되면서 임시 정부 세력이 약화되고 독립운동 세력이 분열함

(4) 대한민국 임시 정부의 개편
① 이승만 탄핵: 제2대 대통령으로 박은식 선출(1925)
② 개헌과 지도 체제 개편
- 2차 개헌: 국무령 중심의 내각 책임제, 법원에 관한 조항 삭제 → 사법권의 행사가 실질적으로 불가능
- 3차 개헌: 국무 위원 집단 지도 체제
- 4차 개헌: 주석 중심 지도 체제
- 5차 개헌: 주석, 부주석 지도 체제(주석 김구, 부주석 김규식)
- 임시 정부의 개헌 과정 → 사법부에 관한 조항 되살림

구분	시기	정부 형태
1차	1919	대통령 중심제
2차	1925	국무령 중심의 내각 책임제
3차	1927	국무 위원 집단 지도 체제
4차	1940	주석 중심 지도 체제
5차	1944	주석, 부주석 지도 체제

(5) 대한민국 임시 정부의 이동
① 윤봉길의 상하이 훙커우 의거(1932) 이후 일본의 탄압이 강화되면서 청사 이동
② 이동: 상하이 → 항저우(1932) → 전장(1935) → 창사(1937) → 광저우, 류저우(1938) → 구이양, 치장(1939) → 충칭(1940)

| 시험에 나오는 사료 | 대한민국 임시 정부의 활동 지역 |

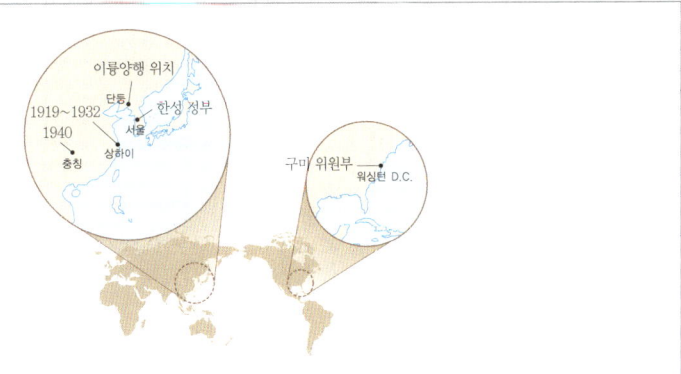

(6) 충칭 시기의 대한민국 임시 정부(1940~1945)

① 한국 독립당(1940): 한국 국민당(김구), 조선 혁명당(지청천), 한국 독립당(조소앙)을 통합하여 결성되어 대한민국 임시 정부의 여당으로 활동함

> 조소앙

| 시험에 나오는 사료 | 한국 독립당 |

한국 국민당, 조선 혁명당, 한국 독립당은 각각 자기 당을 해소(解消)하고 새로 한국 독립당을 창립하였음을 중외(中外) 각계에 정중히 선언한다.
동지 동포들! 우리 3당이 1당을 조직하게 된 최대 이유는 다음과 같다. 첫째, 원래 3당의 당의(黨議), 당강(黨綱), 당책(黨策)으로든지 독립운동의 의식으로든지 역사적 혁명 노선으로든지 3당 서로가 1당을 세울 만한 통일적 가능성을 충족하게 내포하였던 것이다. 둘째, 수 3년 내로 3당 통일의 예비 행동이 점차로 성숙되었던 것이다. …… 마침내 우리 민족 해방 운동의 역사적 임무를 달성하려면 각계각층의 협력 합작을 통하여 비로소 총동원될 것은 누구도 부인하지 못할 명확한 결론이므로, 가까운 장래에 각방(各方)의 정성 단결이 확립되어야 우리의 광복 대업이 속히 이루어질 것으로 믿는다.

② 한국광복군 창설(1940): 총사령관 지청천, 중국 국민당군과 협조, 김원봉의 조선 의용대 일부 흡수(1942)

★③ 건국 강령 제정(1941)
- 조소앙의 삼균주의를 바탕으로 한 임시 정부의 기본 이념
- 삼균주의: 임시 정부의 기초 정당인 한국 독립당 정강의 기본 사상으로 정치·경제·교육의 균등을 통해 보통선거, 국유 재산제, 국비 의무 교육의 실행을 강조

| 시험에 나오는 사료 | 대한민국 건국 강령 |

우리나라의 건국 정신은 삼균 제도의 역사적 근거를 두었으니 선조들이 분명히 명한 바 '머리와 꼬리가 고르고 평평하게 자리하여야 나라가 흥하고 태평함을 보전할 수 있다.' 하였다. 이는 사회 각층 각급의 지력과 권력과 부력의 향유를 균평하게 하야 국가를 진흥하며 태평을 보유하려 함이니 널리 사람을 이롭게 하는 홍익인간과 이치로 세상을 다스린다는 이화세계를 하자는 것은 우리 민족의 지킬 바 최고 공리이다.
– 대한민국 건국 강령 –

④ 대일 선전 포고(1941): 태평양 전쟁 발발 직후 선포, 연합군의 일원으로 전쟁 참여 → 국내 진공 작전 준비(한국광복군)

17강 ③ 1920년대 무장 독립 전쟁과 의열 투쟁

16~18강 일제 강점기

주요 사건 흐름

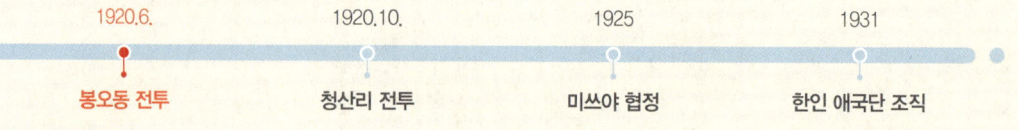

- 1920.6. 봉오동 전투
- 1920.10. 청산리 전투
- 1925 미쓰야 협정
- 1931 한인 애국단 조직

1 1920년대 무장 독립 전쟁

(1) 봉오동 전투(1920.6.)
① 배경: 독립군의 국내 진입 작전 → 일본군이 독립군 추격 작전을 전개
② 전개: 대한 독립군(홍범도), 군무 도독부군(최진동), 국민회군(안무) 등이 연합하여 봉오동에서 일본군을 격파함

★(2) 청산리 전투(1920.10.)
① 배경: 봉오동 전투에서 일본군이 패배하자 일제는 중국 마적단을 매수 후 훈춘 사건을 일으키고 이를 명분으로 만주로 진입함
  └ 중국 마적단으로 하여금 훈춘의 일본 영사관을 공격하게 한 뒤, 대규모 병력을 출동시킴
② 전개
  - 북로 군정서(김좌진)와 대한 독립군(홍범도), 의민단(천주교 항일 부대), 대한 국민군 등의 연합 부대 편성
  - 6일간 10여 차례의 전투(백운평·완루구·천수평·어랑촌·고동하 등)에서 일본군 격파
③ 의미: 독립군 사상 최대 규모의 승리

시험에 나오는 사료 | 청산리 전투

- 완루구에서 홍범도 장군은 일본군의 포위 작전을 미리 알아채고 치고 빠지는 전술로 적들을 교란시켰다. 마주 오던 일본군은 우리 부대가 이미 진지를 빠져 나간 줄도 모르고 자기편끼리 사격을 퍼부었다. 이 틈에 우리는 적의 후미를 공격해 대승을 거두었다. …… 어랑촌에서 적은 병력으로도 적의 총공세에 맞서 싸우던 김좌진 부대는 뒤이어 당도한 우리 부대의 지원 사격에 힘입어 승리를 이끌었다.
- 천수평에서 북로 군정서의 기습 공격을 받아 참패한 일본군은 그들을 추격하여 어랑촌으로 들어갔다. 어랑촌 전투는 해가 질 때까지 계속되었는데, 북로 군정서는 지형적 이점을 활용하여 일본군의 공격을 효과적으로 방어하였다. 교전 중 독립군 연합 부대가 합류하였고, 치열한 접전 끝에 일본군에 큰 승리를 거두었다.

(3) 독립군의 시련
  ┌ 경신 참변
① 간도 참변(1920~1921): 일본군이 패배에 대한 보복으로 간도 지역 동포를 무차별 학살함
② 독립군의 이동
  - 간도 참변과 일제의 만주 독립군 토벌 작전으로 독립군 활동의 어려움 가속화
  - 독립군 주력 부대들이 러시아와 만주 국경의 밀산부에 집결하여 대한 독립 군단(총재: 서일)을 조직함(1920) → 일제의 탄압 회피와 장기 항전 준비를 위해 러시아 영토로 이동(1921)

최빈출 핵심 선지

- 홍범도가 이끄는 대한 독립군 등 독립군 연합 부대는 봉오동에서 일본군을 격퇴하였다.
- 김좌진이 이끄는 북로 군정서 등 독립군 연합 부대는 청산리 일대에서 일본군을 격파하였다.
- 일본군의 보복으로 간도 참변이 발생하였다.
- 만주 지역의 독립군은 간도 참변 이후 조직을 정비하고 러시아령 자유시로 이동하였다.
- 만주 지역의 독립군은 3부 통합을 전개하여 북만주의 혁신 의회와 남만주의 국민부로 재편되었다.

▶ **홍범도(좌)와 김좌진(우)**

▶ **북로 군정서**

중광단이 발전하여 1919년 12월에 성립(총재 서일)되었어요. 김좌진을 총사령관으로 북간도에서 활동하였고, 청산리 전투에서 크게 활약하였습니다.

③ **자유시 참변(1921)** → 현재 러시아 스보보드니
- 독립군 부대 내에서 지휘권을 둘러싼 권력 투쟁 발생
- 러시아 레닌의 군대(적군)와 연합 전선을 꾀하였으나 적군의 배신으로 무장 해제 요구를 받게 됨 → 무장 해제를 거부하며 충돌하여 독립군이 큰 희생을 치르게 됨

(4) 3부의 성립(1923~1925)

① 3부의 성립 → 독립군 재정비

참의부	• 압록강 연안 일대 중심 • 임시 정부 직속의 육군 주만 참의부로 정비되어 항일전 전개
정의부	남만주 지역을 중심으로 정의부 성립
신민부	• 자유시 참변 이후 만주로 돌아온 독립군을 중심으로 대한 독립 군단 재조직 • 대한 독립 군단이 북만주 일대에서 신민부 결성(김좌진이 주도적 역할)

② 활동: 민주적 민정 기관(동포들의 자치 행정 담당)과 군정 기관(독립군의 훈련, 작전 담당)을 갖춤 → 무장 독립군을 편성하여 독립 전쟁 전개
→ 동포 사회에서 걷은 세금으로 운영

▶ 3부의 성립

(5) 미쓰야 협정(1925)
→ 총독부 경무국장
① 목적: 만주 지역에서 활동하는 독립군 색출 및 3부의 성립 등 독립군 재정비에 대한 일제의 대응
② 체결: 조선 총독부 경무국장 미쓰야가 주도하여 일제와 중국 만주 군벌 장쭤린(장작림) 사이에 협정이 체결됨
③ 내용: 독립군을 체포하여 일본에 양도하면 상금을 지불한다는 것 등 → 독립군 활동의 위축 초래

> **시험에 나오는 사료** 미쓰야 협정(1925)
>
> • 동북 3성의 군벌 장쭤린(장작림)과 일본과의 협정이 성립되어 독립운동하는 한국인은 잡히는 대로 왜에게 넘겨졌다. 심지어 중국 백성들은 한국인 한 명의 머리를 베어 왜놈 영사관에 가서 몇 십 원 내지 3, 4원씩 받고 팔기도 했다.
> • 미쓰야 협정 내용
> – 한국인이 무기를 가지고 다니거나 한국으로 침입하는 것을 엄금하며, 위반하는 자는 검거하여 일본 경찰에 인도한다.
> – 만주에 있는 한인 단체를 해산시키고 무장을 해제하며, 무기와 탄약을 몰수한다.
> – 일본이 지명하는 독립운동가를 체포하여 일본 경찰에 인도한다.

▶ 1920년대 무장 독립 운동

봉오동 전투(1920.6.)
↓
청산리 전투(1920.10.)
↓
간도 참변(1920.10.)
↓
대한 독립 군단 조직(1920.12.)
↓
자유시 참변(1921.6.)
↓
3부 성립(1923~1925)
↓
미쓰야 협정(1925.6.)
↓
3부 통합 운동(1928~1929)

(6) 3부 통합 운동(1928~1929)

① 배경
- 미쓰야 협정 체결 등으로 만주에서 독립운동이 어려워지면서 민족 운동 단체의 통합 필요성이 제기됨
- 6·10 만세 운동을 계기로 국내에서 민족 유일당 운동이 전개됨 → 1920년대 후반 좌우 통합 운동의 활발한 움직임 → **혁신 의회와 국민부로 통합**됨

② 혁신 의회(북만주): 한국 독립당, 한국 독립군 결성
③ 국민부(남만주): 조선 혁명당, 조선 혁명군 결성

2 의열 투쟁

★(1) 의열단
① 배경: 3·1 운동 이후 무력 투쟁의 필요성에 대한 인식이 대두됨
② 결성: 만주 지린(길림)에서 김원봉, 윤세주 등이 조직(1919.11.)
③ 목표: 일제 요인·민족 반역자 암살, 식민 통치 기관 파괴 등을 통한 일제 타도 추구
④ 활동 지침: 신채호의 「조선 혁명 선언」(1923)을 활동 지침으로 삼음 → 민중의 직접 혁명을 추구함

> **시험에 나오는 사료** 신채호의 「조선 혁명 선언」(1923)
>
> 조선 민족의 생존을 유지하자면 강도 일본을 쫓아낼 것이며, 강도 일본을 쫓아내자면 오직 혁명으로써 할 뿐이니. 혁명이 아니고는 강도 일본을 쫓아낼 방법이 없는 바이다. …… 구시대의 혁명으로 말하면, 인민은 국가의 노예가 되고 그 위에 인민을 지배하는 상전 곧 특수 세력이 있어 이른바 혁명이란 것은 특수 세력의 이름을 바꾸는 것에 불과하였다. …… 그러나 오늘날 혁명으로 말하면 민중이 곧 자신을 위하여 하는 혁명이기에 '민중 혁명', '직접 혁명'이라 부르며 ……

⑤ 의거: 부산 경찰서(박재혁, 1920), 조선 총독부(김익상, 1921), 종로 경찰서(김상옥, 1923), 일본 왕궁(김지섭, 1924), 동양 척식 주식회사(나석주, 1926)에 폭탄 투척
⑥ 변화
  - 개인에 의한 의열 투쟁의 한계를 인식하며 조직적 무장 투쟁의 필요성이 대두됨
  - 황푸 군관 학교 입교(1926): 중국 정부의 도움으로 의열단 지도부가 입학함 (→ 1924년 중국의 국민당과 공산당이 합작으로 군 지휘관 양성을 위해 세운 학교)
  - 조선 혁명 간부 학교 설립(1932): 군사 간부 양성을 위해 난징에서 설립됨
  - 김원봉을 중심으로 민족 혁명당 결성에 참여함

(2) 한인 애국단
① 배경: 대한민국 임시 정부의 침체와 만보산 사건으로 중국 내 독립운동이 어려워짐 (→ 국민대표 회의 결렬 이후 분열 및 침체 가속화)
② 결성: 중국 상하이에서 김구가 조직함(1931) (→ 1931년 발생한 한·중 농민 간의 유혈 충돌)
③ 의거
  - 이봉창: 도쿄에서 일본 국왕의 마차를 향해 폭탄 투척(1932.1.) → 일본은 상하이 사변을 일으키며 대응(1932)
  - 윤봉길: 일본의 상하이 사변 전승 기념 및 일왕 생일 축하 행사장인 상하이 훙커우 공원에서 폭탄 의거(1932.4.) → 일본군 장성과 고관 등 살상
④ 의의
  - 대한민국 임시 정부의 위상 강화와 한국 독립운동의 대외 여론 환기
  - 중국 국민당 정부가 대한민국 임시 정부를 지원하는 계기가 마련됨 (→ 한국인의 중국 내 무장 투쟁 허용)

(3) 기타 의거: 강우규는 제3대 총독으로 부임하는 사이토 마코토의 마차에 폭탄을 투척함(1919)

최빈출 핵심 선지

- 의열단은 신채호가 작성한 조선 혁명 선언을 활동 지침으로 삼았다.
- 의열단원 박재혁이 경찰서에서 폭탄을 터뜨리는 의거를 일으켰다.
- 의열단은 1932년에 조선 혁명 간부 학교를 세워 군사 훈련을 실시하고 독립군을 양성하였다.
- 한인 애국단원 이봉창은 일본 도쿄에서 일왕이 탄 마차 행렬에 폭탄을 던졌다.
- 한인 애국단원 윤봉길은 상하이 훙커우 공원에서 폭탄을 던져 일본군 장성 등을 처단하였다.

▶ 김원봉

▶ 이봉창

▶ 윤봉길

17강 ④ 1930~1940년대 무장 독립 전쟁

16~18강 일제 강점기

주요 사건 흐름

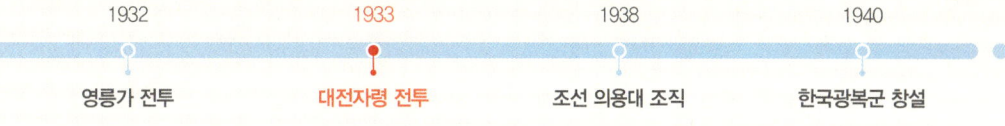

- 1932 영릉가 전투
- **1933 대전자령 전투**
- 1938 조선 의용대 조직
- 1940 한국광복군 창설

1 1930년대 무장 독립 전쟁

★ (1) 한·중 연합 작전

① 배경: 일제가 만주 사변(1931)을 일으키고, 만주국을 수립(1932)하여 중국 내에서 반일 감정이 고조됨 → 중국이 한국인과 항일 연합 전선의 필요성을 인식함

② **한국 독립군**
- 혁신 의회 계열, 한국 독립당의 군사 조직, **총사령관 지청천**
- 북만주 일대에서 **중국 호로군과 연합** 작전 수행 → 이후 임시 정부의 요청으로 중국 관내로 이동하여 한국광복군 창설에 중심 역할을 함
- **쌍성보 전투**(1932), **사도하자 전투**(1933), **대전자령 전투**(1933) 등에서 승리

③ **조선 혁명군**
- 국민부 계열, 조선 혁명당의 군사 조직, **총사령관 양세봉**
- 남만주 일대에서 **중국 의용군과 연합** 작전 수행 → 1934년 양세봉이 전사한 이후 조선 혁명군 세력이 약화됨
- **영릉가 전투**(1932), **흥경성 전투**(1933) 등에서 승리

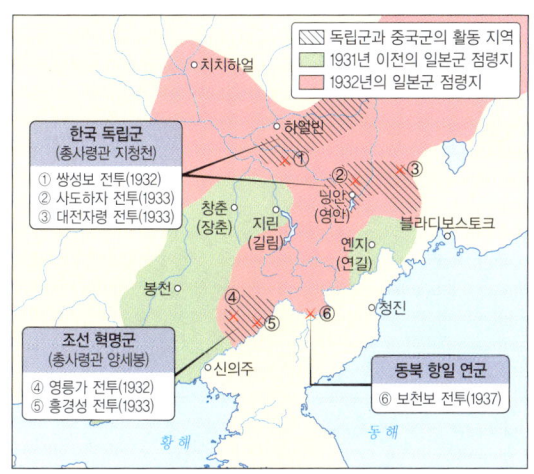

▲ 1930년대 만주 지역 무장 독립 전쟁

최빈출 핵심 선지

- 1930년대 전반 만주 지역의 독립군 부대들이 한·중 연합 작전을 전개하여 일본군을 격퇴하였다.
- 지청천이 이끄는 한국 독립군은 중국 호로군과 함께 쌍성보·대전자령 전투에서 일본군을 격파하였다.
- 양세봉이 지휘한 조선 혁명군은 중국 의용군과 함께 영릉가·흥경성 전투에서 일본군에 승리하였다.
- 조선 의용대는 중국 관내에서 결성된 최초의 한인 무장 부대였다.
- 조선 의용대가 호가장 전투에서 활약하였다.
- 김원봉이 이끄는 조선 의용대의 일부 세력은 대한민국 임시 정부의 한국광복군에 합류하였다.

▶ 양세봉

시험에 나오는 사료 — 한국 독립군의 대전자령 전투

오후 1시경 일본군의 전초 부대가 지나간 뒤 본대가 화물 자동차를 앞세우고 대전자령의 계곡으로 들어오기 시작했다. …… 독립군은 사격과 함께 바위를 굴려 일본군을 살상하고 자동차와 우마차를 파괴하거나 운행 불능의 상태에 빠뜨리며 적을 완전히 포위하여 고립시켰다. …… 독립군과 중국 호로군 부대는 절대적으로 유리한 지형에서 조직적으로 맹공을 퍼부었기 때문에, 매복에 걸려든 일본군은 중무기와 차량 등을 버리고 도주하고자 하였으나 결국 거의 궤멸되고 말았다.

> **시험에 나오는 사료** 조선 혁명군의 활약

얼음이 풀린 소자강은 수심이 깊었다. 게다가 얼음덩어리가 뗏목처럼 흘러내렸다. 하지만 이 강을 건너지 못하면 영릉가로 쳐들어갈 수 없었다. 밤 12시 정각까지 영릉가에 들어가 공격을 알리는 신호탄을 울려야만 하였다.

(2) 동북 항일 연군(1936)

① 결성: 만주 사변 이후 만주 지역에서 동북 인민 혁명군 결성 → 동북 항일 연군으로 개편 → 조국 광복회 조직

② 국내 침투 작전: 동북 항일 연군이 보천보 전투(1937)에서 활약하였으나 이후 일본군의 공격으로 세력이 약화되어 연해주로 이동함

(3) 민족 혁명당(1935, 난징)

① 조직: 한국 독립당(조소앙), 신한 독립당(지청천), 조선 혁명당(최동오), 대한 독립당(김규식), 의열단(김원봉)의 다섯 정당·단체 규합

② 한계: 김구는 참여하지 않고 한국 국민당 창당(1935), 김원봉의 독주(의열단 중심의 운영)로 조소앙·지청천 등 이탈
  └→ 1937년 한국 광복 운동 단체 연합회 결성을 주도

③ 변화: 김원봉 중심의 조선 민족 혁명당으로 개편 → **조선 민족 전선 연맹 결성(1937)**

> **시험에 나오는 자료** 독립운동 단체들의 통합 운동

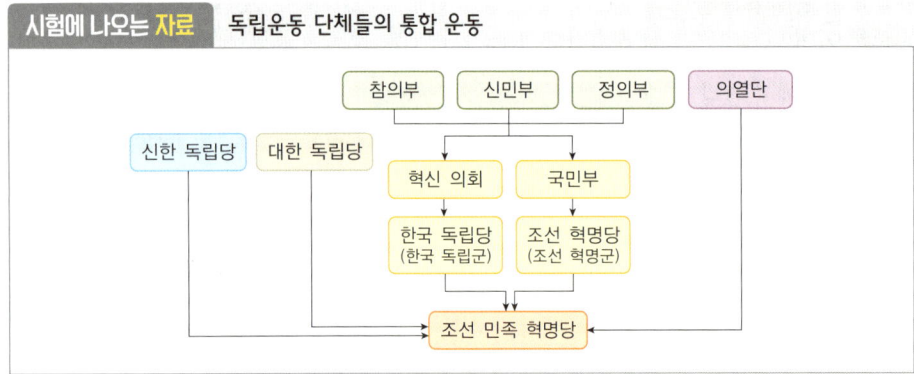

(4) 조선 민족 전선 연맹(1937)

① 배경: 약화된 통일 전선을 강화시킬 필요성을 인식함

② 결성: 조선 민족 혁명당을 중심으로 여러 단체가 연합하여 산하에 조선 의용대를 창설함

③ **조선 의용대(1938)**
  - 창설: **조선 민족 전선 연맹의 군사 조직으로 우한**(한커우)**에서 창설**(**김원봉 주도**)
  - 활동: 대일 항전 참여 → 정보 수집, 선전, 후방 교란 등(중국 국민당 부대 지원)
  - 특징: **중국 관내에서 결성된 최초의 한인 무장 부대**
  - 분화·이동
    ┌→ 중국 공산당의 근거지

화북	일부 병력이 화북으로 이동하여 **조선 의용대 화북 지대** 결성(1941), 중국 공산군(팔로군)과 함께 항일 투쟁, 호가장 전투 승리 → **조선 의용군으로 개편**(1942)
충칭	김원봉이 남은 세력을 이끌고 충칭으로 이동하여 **한국광복군에 편입**(1942)

> **조선 의용군**
> 1942년에 편성된 조선 독립 동맹의 무장 조직으로 항일 투쟁을 벌이다가 이후 일부는 북한으로 들어가 인민군으로 편입되었습니다.

> **시험에 나오는 사료** 조선 의용대 조직(1938)
>
> 오늘날 동양의 강도 일본 군벌은 아시아를 침략하고, 나아가서는 다년간의 헛된 꿈인 세계 정복으로 옮기려 하는 광기가 되어 중화민국 침략 전쟁을 개시하였다. …… 중국에서 활동하고 있는 우리 조선 혁명가들은 모름지기 이 정의로운 전쟁에 직접 참가하고, 나아가 중국 항전 중에 조국의 독립을 쟁취해야 할 것이다. 이를 위해 우리는 우선 '조선 민족 전선 연맹'의 기치 아래 일치단결하고, 동시에 동양에 있어서의 항일의 위대한 최고 지도자인 장[제스] 위원장 아래 함께 모여, 조선 의용대를 조직한 것이다.

(5) 한국 국민당(1935)
① 결성: 김구, 이시영 등 대한민국 임시 정부의 인사들을 중심으로 항저우에서 결성(김구는 민족 혁명당에 참여하지 않음)
② 이후 민족 혁명당 이탈 세력과 연합

2 1940년대 무장 독립 전쟁

★ (1) 한국광복군(1940)
① 창설: 대한민국 임시 정부의 정규군으로 충칭에서 창설(1940), 총사령관 지청천 → 연합군의 일원으로, 태평양 전쟁에 참여함
② 흡수: 김원봉이 이끄는 조선 의용대의 일부 병력을 흡수(1942)하고, 일본군을 탈출한 학도병이 합류함 └ 예 장준하
③ 영국군과 연합 작전(1943): 인도·미얀마 전선에서 대적 방송, 포로 심문 등의 활동
④ 한국광복군 행동 준승 9개항 폐기(1944): 중국 국민당 정부 군사 위원회의 지휘를 받는다는 구속에서 벗어남
⑤ 국내 진공 작전 추진: 미국 전략 정보국(OSS)과 협력하여 특수 훈련 실시 → 일본의 항복으로 실전 투입 기회가 무산됨
⑥ 기관지 『광복』 발행: 군의 활동상을 알리고 일본의 동향과 정세를 분석함

> **시험에 나오는 사료** 한국광복군 선언(1940)
>
> 대한민국 임시 정부는 대한민국 원년(1919)에 정부가 공포한 군사 조직법에 의거하여 …… 광복군을 조직하고 …… 공동의 적인 일본 제국주의자들을 타도하기 위해 연합군의 일원으로 항전을 계속한다. ……우리 민족의 확고한 독립 정신은 불명예스러운 노예 생활에서 벗어나기 위하여 무자비한 압박자에 대한 영웅적 항쟁을 계속하여 왔다. …… 이때 우리는 큰 희망을 갖고 우리 조국의 독립을 위해 우리의 전투력을 강화할 시기가 왔다고 확신한다. ……우리들은 한·중 연합 전선에서 우리 스스로의 부단한 투쟁을 감행하여 동아시아를 비롯한 아시아 민중들의 자유와 평등을 쟁취할 것을 약속하는 바이다.
> – 한국광복군 선언문 –

(2) 조선 의용군(1942)
① 성격: 조선 독립 동맹의 군사 조직으로 김두봉 등 화북 지역 공산주의자들이 결성
② 창설: 사회주의 계열 단체인 화북 청년 연합회가 조선 의용대 화북 지대를 통합하여 창설함(1942)
③ 활동
- 중국 공산군(팔로군)과 함께 항일 투쟁을 전개함
- 광복 후 일부는 북한으로 들어가 인민군으로 편입됨

최빈출 핵심 선지
- 대한민국 임시 정부는 1940년에 지청천을 총사령관으로 하는 한국광복군을 창설하였다.
- 한국광복군은 영국군의 요청으로 인도·미얀마 전선에 투입되었다.
- 한국광복군은 미국 전략 정보국(OSS)의 지원을 받아 국내 진공 작전을 계획하였다.
- 한국광복군은 기관지 광복을 발행하였다.

▶ 한국광복군

18강 ① 실력 양성 운동과 학생 항일 운동

16~18강 일제 강점기

주요 독립운동

- 1920 조선 물산 장려회(평양) 설립
- 1922 조선 민립 대학 기성회 조직
- 1926 6·10 만세 운동
- 1929 광주 학생 항일 운동

1 실력 양성 운동

→ 사회 진화론에 입각하여 민족의 실력을 키우자는 주장이 영향을 끼침

★(1) 물산 장려 운동

① 배경
  - 회사령 철폐(1920): 한국인의 회사 설립이 이전보다 쉬워졌지만, 일본 기업의 한반도 진출도 크게 확대됨
  - 일본 상품에 대한 관세 철폐 움직임 → 일본 자본과 상품의 무분별한 침투 우려 증가

② 목적: 토산품 애용 등을 통한 민족 기업 및 상업 자본 육성(민족 경제 자립 추구)

③ 주요 단체
  - 평양에서 조만식 등이 조선 물산 장려회 설립(1920) → 서울에서 조선 물산 장려회를 전국적 조직체로 확대함(1923)
  - 자작회(학생 중심), 토산 애용 부인회(여성 중심) 등 여러 단체의 설립 및 동참

④ 주장: '조선 사람 조선 것으로'·'내 살림 내 것으로' 등 토산물(국산품) 애용 주장, 일본 상품 배척, 소비 절약, 근검·저축 풍토 조성, 금주·금연 실천 등 주장

⑤ 결과
  - 초기에는 호응 속에 성과가 있었으나, 생산 시설 확충의 부진, 일제의 방해 등으로 확산 미흡
  - 일부 자본가와 일부 상인의 이윤 추구(폭리를 취하면서 토산물 가격 상승) → 결국은 자본가 계급을 위한 것이라며 사회주의 계열 등이 비판함

시험에 나오는 사료 물산 장려 운동

> 우리의 소유는 점점 줄어 가고 살림살이는 나날이 가난해 간다. …… 형제들이여 자매들이여, 이제 뜨겁고 간절한 마음으로 그 살길을 말하노니 아무쪼록 조선 물산을 몸에 걸고 조선 물산을 입에 넣고 조선 물산을 팔며 사고 조선 물산을 무엇에나 쓰라. 비싸도 그리하고 불편하여도 그리하며 곱지 못하여도 달지 아니하여도 아무렇든지 그리고 많이 만들기를 힘쓰라. 깨달은 동시에 실행하자.

(2) 민립 대학 설립 운동

① 배경: 일제의 제2차 조선 교육령 공포(1922)로 대학 설립의 길이 마련됨 → 고등 교육(대학)의 필요성이 확산됨

② 목적: 일제의 우민화 교육 등 차별 교육에 대항, 대학 설립을 통해 민족 인재 육성 → 민족 역량 강화

최빈출 핵심 선지

- 물산 장려 운동은 조만식 등의 주도로 평양에서 시작되어 전국으로 확산되었다.
- 자작회, 토산 애용 부인회 등의 단체가 물산 장려 운동에 참여하였다.
- 1920년대 이상재 등이 식민지 교육 차별에 저항하여 민립 대학 설립 운동을 전개하였다.
- 일제는 민립 대학 설립 운동에 대한 탄압을 무마하기 위해 경성 제국 대학을 설립하였다.
- 농촌 계몽을 위한 브나로드 운동을 전개하였다.

▶ 물산 장려 운동 광고

③ 단체 → 이상재 중심
  - 조선 교육회(1920): 조선 민립 대학 기성 준비회 조직에 영향을 미침
  - 조선 민립 대학 기성회(1922): 이상재, 한용운, 이승훈 등이 중심이 되어 조직
④ 주장: '한민족 1천만이 한 사람이 1원씩' 등의 구호로 대학 설립을 위한 모금 운동 전개
⑤ 결과
  - 초기에는 전국적 호응, 국외(만주, 미주 등)에서도 모금 운동 동참
  - 가뭄과 수해 등 자연재해로 인해 모금의 어려움
  - 일제의 탄압: 조선인의 민립 대학 설립 운동에 당황한 일제는 관립 대학인 경성 제국 대학을 설립(1924)하고 이를 명분으로 민립 대학 설립을 탄압함

> **시험에 나오는 사료** 민립 대학 설립 운동
>
> 수삼 년 이래 각지에서 향학열이 힘차게 일어나 학교의 설립과 교육 시설이 많아진 것은 실로 우리의 고귀한 자각에서 나온 것이다. 모두가 경하할 일이나 우리에게 아직도 대학이 없다. …… 그러므로 우리는 감히 만천하 동포에게 향하여 민립 대학 설립을 제창하노니, 자매형제로 모두 와서 성원하라.
> — 민립 대학 발기 취지서 —

> 문자 보급 운동

(3) 문맹 퇴치 운동 → 언론 기관 중심으로 전개
① 야학: 1920년대 활발하게 설립 → 한글 보급, 미신 타파 및 구습 제거 등 계몽 활동, 민족 자주 의식 고취 → 노동자, 농민 중심
② 문자 보급 운동(1929~1934)
  - 조선일보가 주도한 전국 규모의 문맹 퇴치 운동, 『한글원본』 등 한글 교재 배포
  - 구호: '아는 것이 힘, 배워야 산다'
③ 브나로드 운동(1931~1934)
  - 동아일보가 주도한 농촌 계몽 운동
  - 구호: '배우자 가르치자 다 함께 브나로드'

> 브나로드 운동

브나로드는 '민중 속으로'라는 뜻의 러시아 말이에요. 농민의 생활 개선과 문맹 퇴치를 위해서 그들 속으로 가자는 뜻으로 사용된 말이지요. 동아일보를 중심으로 전개된 브나로드 운동은 학생 조직과 연계하여 4회에 걸쳐 진행되었어요. 학생들은 야학을 열고 음악과 연극, 위생 생활을 가르치면서 계몽 운동과 문화 운동을 병행해 나갔습니다.

> **시험에 나오는 사료** 문자 보급 운동
>
> 그들이 아는 것이 없고 사리에 어둡기 때문에 그 생활이 한층 더 어렵고 나아지지 못하고 있다. 전인구의 1,000분의 20밖에 문자를 이해하지 못하고, 취학 연령 아동의 10분의 3밖에 학교에 갈 수 없는 조선의 현실에서 간단하고 쉬운 문자의 보급은 우리 민족이 해결해야 할 가장 시급한 일이라 하겠다.
> — 조선일보(1934.6.10.) —

2 학생 항일 운동

★ **(1) 6·10 만세 운동(1926)**

① 배경
  - 일제의 식민지 수탈과 차별 교육에 대한 저항 의식이 고조됨
  - 학생 운동의 활발한 전개: 3·1 운동 이후 학생 운동의 활성, 주로 동맹 휴학 등의 형태로 전개, 각종 청년 단체 조직(조선 청년 총동맹 결성)
  - 사회주의 세력의 성장과 순종의 서거(민족 감정 고조)

> **최빈출 핵심 선지**
>
> - 1926년에 순종의 인산일을 기해 일어난 6·10 만세 운동은 민족 유일당 운동의 계기가 되었다.
> - 신간회는 광주 학생 항일 운동이 일어나자 진상 조사단을 파견하여 지원하였다.

② 준비: 사회주의 진영, 민족주의 진영(천도교 계열)과 학생 단체가 만세 운동을 준비함
→ 사전 발각으로 사회주의 계열 인사가 대거 검거되어 시위에 일부 차질이 생김
③ 전개: 6월 10일 <mark>순종의 인산일</mark> 행렬에 학생들이 격문을 배포하고 만세 시위를 전개함
→ 시민들의 합세 → 일제의 강경 진압으로 대거 검거됨
┗ 황제(왕), 황후, 황태자 부부의 장례일
④ 의의
- 학생 운동의 형태 변화: 동맹 휴학 등 교내 중심에서 시위 등 대중 운동으로 발전함
- <mark>민족 유일당 운동의 계기</mark>: 민족주의 계열과 사회주의 계열의 연대 가능성이 제시됨
  ┗ 이후 1927년 신간회 창립

> 6·10 만세 운동

시험에 나오는 사료 6·10 만세 운동 격문

우리 민중의 통곡과 복상(服喪)은
이척(순종)의 죽음 때문만은 아니다.
울고 싶어도 울지 못한
전 조선 민중의 단결에 의하여
일본 제국주의에 대항하여 싸움을 시작하자!
슬퍼하는 민중이여, 하나가 되어
혁명 단체 깃발 아래로 모이자!
일본 제국주의를 박멸하자!

★ **(2) 광주 학생 항일 운동(1929)** → 한국인 본위의 교육 제도 주장
① 배경: <mark>일제의 식민지 차별 교육</mark>, 학생 운동의 조직화 경향(독서회, 성진회 등), 6·10 만세 운동 이후 항일 의식 고조
  ┗ 광주 지역의 독서회 등 학생들의 비밀 결사 조직
② 발단: 일본 남학생의 한국 여학생 희롱이 직접적 발단이 되어 나주와 광주 등에서 한·일 학생 간 충돌이 일어남
③ 전개: 학생들의 집단 충돌 → 편파적인 경찰과 교육 당국의 조치로 광주 일대 학생들의 대규모 시위로 이어짐 → 전국 규모의 항일 투쟁으로 확대됨(<mark>신간회에서 진상 조사단 파견</mark>, 민중 대회 준비), 일본·만주까지 확산
④ 의의
- 3·1 운동 이후 최대 규모의 항일 민족 운동
- 전국 각지에서 일어난 동맹 휴학의 도화선이 됨

시험에 나오는 사료 광주 학생 항일 운동 격문

학생 대중아 궐기하자!
검거자를 즉시 우리들이 탈환하자!
……
교내에 경찰권 침입을 절대 반대하자!
교우회 자치권을 획득하자!
직원회에 생도 대표자를 참석시켜라!
조선인 본위의 교육 제도를 확립시켜라!

18강 ②

16~18강 일제 강점기

민족 유일당 운동과 사회적 민족 운동

주요 사건 흐름

- 1923 — 형평 운동
- 1923~1924 — 암태도 소작 쟁의
- 1927 — 신간회 결성
- 1929 — 원산 노동자 총파업

1 민족 유일당 운동

(1) 민족 유일당 운동의 전개

① 배경 ┗ 민족 협동 전선 운동

국외	• 중국의 제1차 국공 합작 • 중국 관내 연합 전선인 한국 독립 유일당 북경 촉성회 창립 • 코민테른의 민족 통일 전선론 제기 ┗ 1926년 중국 관내 독립운동의 연합 전선으로 결성
국내	• 민족주의 계열의 분열: 1920년대 중반 일제가 허용하는 범위 내에서 자치권과 참정권을 얻자는 주장(이광수·최린 등의 타협적 민족주의, 자치론) 대두 → 민족주의 진영이 비타협적 민족주의와 타협적 민족주의로 분열됨 ┗ 비타협적 민족주의 세력의 반발 • 사회주의 진영의 세력 약화: 치안 유지법 제정(1925) → 사회주의 운동에 대한 탄압이 거세지면서 활동 위축 • 6·10 만세 운동 전개 과정에서 민족주의 계열과 사회주의 계열의 단결에 대한 공감대 형성

시험에 나오는 사료 자치론의 대두

> 왜 지금의 조선 민족에게는 정치적 생활이 없는가? 일본이 한국을 병합한 이래로 조선인에게는 모든 정치 활동을 금지한 것이 제일의 원천이요, …… 우리는 조선 내에서 허락되는 범위 내에서 일대 정치적 결사를 조직하여야 한다는 것이 우리의 주장이다.

② 전개

- 조선 민흥회 창립(1926): 일부 사회주의자들과 조선 물산 장려회를 주도하였던 민족주의자들의 제휴로 이루어진 단체 → 신간회 창립의 선구적 역할
- **정우회 선언**(1926): 사회주의 계열의 단체인 정우회가 사회주의 운동의 새로운 방향을 밝힌 선언으로 '타락하지 않은 민족주의 세력'과의 제휴 필요성을 강조함 → **신간회 창립의 중요한 계기가 마련**됨 ┗ 비타협적 민족주의 세력

시험에 나오는 사료 정우회 선언(1926)

> 민족주의적 세력에 대하여는 그 부르주아 민주주의적 성질을 명백하게 인식하는 동시에 또 과정적 동맹자적 성질도 충분히 승인하여, 그것이 타락하는 형태로 출현되지 아니하는 것에 한하여는 적극적으로 제휴하여 대중의 개량적 이익을 위하여서도 종래의 소극적 태도를 버리고 분연히 싸워야 할 것이다.
> ┗ 타협적 민족주의(자치론)

최빈출 핵심 선지

- 1926년에 순종의 인산일을 기해 일어난 6·10 만세 운동은 민족 유일당 운동의 계기가 되었다.
- 사회주의 세력의 활동 방향을 밝힌 정우회 선언이 발표되었다.
- 1927년에 민족 유일당 운동으로 신간회가 결성되었다.
- 신간회는 광주 학생 항일 운동이 일어나자 진상 조사단을 파견하여 지원하였다.

⭐ (2) 신간회(1927~1931)

① 결성
- 비타협적 민족주의 세력과 사회주의 세력의 결합으로 설립된 합법적 단체
- 회장: 이상재

② 3대 강령: 민족의 정치적·경제적 각성 촉진, 민족의 단결, 기회주의 배격
  └→ 타협적 민족주의(자치론 주장)를 지칭

③ 활동
- 강연회·연설회 개최, 민중 계몽 및 민족의식 고취
- 한국인 본위의 교육 실시 및 사회 과학 사상 연구의 보장 주장
- 소작 쟁의, 노동 쟁의와 동맹 휴학 지원
- 청년 운동과 여성 운동 및 형평 운동과 연계
- 광주 학생 항일 운동에 진상 조사단을 파견하여 진상 보고를 위한 민중 대회의 개최를 추진함

④ 해소
- 일제의 탄압: 민중 대회 추진 과정에서 신간회 간부가 대거 구속됨
- 내부 반발: 새 지도부가 타협론자와의 협력 추구
- 코민테른의 노선 변화: 사회주의자들의 협동 전선 포기 → 전체 회의에서 신간회 해소 결정(1931)

⑤ 의의: 일제 강점기 최대의 합법 단체이자, 최대의 민족 협동 전선 단체

> **신간회 결성**
>
> 타협적 민족주의 세력, 즉 자치론자의 대표적인 인물로는 이광수, 최남선, 최린 등이 있었습니다. 이들은 일제의 통치를 합리화하는 글을 기고하는 등 친일 행적을 남겼지요. 이러한 분열과 혼란 속에 민족 연대의 필요성을 느낀 비타협적 민족주의 세력과 사회주의 세력은 신간회를 결성하게 됩니다.

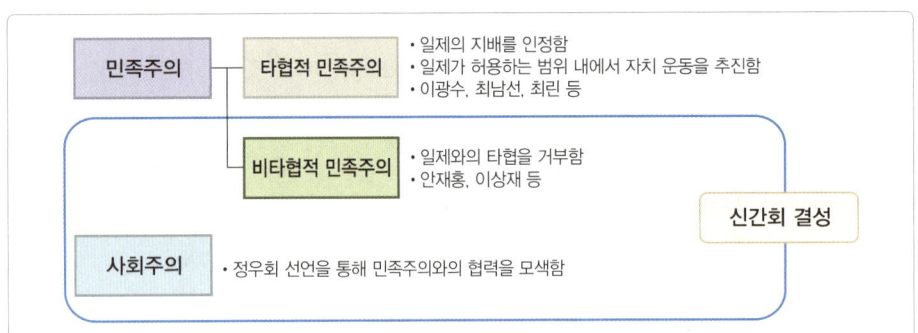

2 사회적 민족 운동

(1) 농민 운동

① 배경
- 토지 조사 사업과 산미 증식 계획으로 한국 농민의 고통이 심해짐
- 자작농은 감소하고 소작농이 증가하였으며, 소작료의 고액화 등으로 농민의 부담이 가중됨

② 단체: 조선 노농 총동맹 결성(1924) → 조선 농민 총동맹·조선 노동 총동맹으로 분화(1927) → 사회주의 계열의 지원을 받아 조직적 쟁의를 전개함

③ 농민 운동의 성격 변화
- 1920년대: 고율의 소작료 인하 등 농민의 생존권 확보를 위한 투쟁 중심
- 1930년대: 항일 민족 운동, 비합법적·혁명적 농민 조합의 성격으로 발전, 식민지 지주제 타파 강조
  └→ 정치 투쟁

> **최빈출 핵심 선지**
>
> - 1923년에 전라남도 신안에서 고율 소작료에 반발하여 암태도 소작 쟁의가 발생하였다.
> - 1929년에 일어난 원산 총파업은 일본, 프랑스 등지의 노동 단체로부터 격려 전문을 받았다.
> - 강주룡이 을밀대 지붕에서 고공 농성을 벌였다.
> - 방정환을 중심으로 한 천도교 소년회는 '어린이날'을 제정하는 등 소년 운동을 주도하였다.
> - 백정들은 1923년에 조선 형평사를 창립하여 백정에 대한 사회적 차별 철폐 운동을 전개하였다.

④ 대표 쟁의
- 암태도 소작 쟁의(1923~1924): 전남 신안군 암태도의 소작인들이 친일 지주 문재철의 횡포에 반발한 사건으로, 소작료 인하, 소작권 이전 반대 등 요구(약 1년 동안 지속) → 소작료를 약 40%로 낮추는 성과를 가져옴

★(2) 노동 운동

① 배경
- 일제의 식민지 공업화 추진, 일본 기업의 증가로 노동자의 수 증가
- 열악한 노동 조건에 따른 노동자 불만 가중(노동 환경, 저임금 등) → 노동 단체 조직

② 단체: 조선 노동 공제회(1920) → 조선 노농 총동맹 결성(1924) → 조선 농민 총동맹·조선 노동 총동맹으로 분화(1927) → 사회주의 계열의 지원을 받아 조직적인 쟁의 전개

③ 노동 운동의 성격 변화
- 1920년대: 임금 인상, 노동 시간 단축 등 노동자의 생존권 확보를 위한 투쟁 중심
- 1930년대: 비합법적, 혁명적 노동조합 중심의 노동 운동 전개 → 항일 투쟁의 성격
  └ 경성 고무 공장 여성들의 아사 동맹 파업 등

④ 대표 쟁의 ┌ 일제 강점기 최대 규모의 노동 쟁의
- 원산 총파업(1929): 원산 라이징 선 석유 회사의 일본인 감독이 한국인 노동자를 구타하는 사건으로부터 시작되어 저임금 반대, 노동 조건 개선 등을 요구하며 파업 → 일본, 프랑스 등 국외 노동 단체가 격려 전문을 보내는 등 국제적 연대 과시, 신간회의 지원
  └ 실패하였으나 노동 운동은 물론 항일 운동에도 큰 영향
- 강주룡의 을밀대 고공 농성(1931): 평양 평원 고무 공장 노동자 강주룡이 회사 측의 임금 인하에 반대하여 평양 을밀대에 올라가 쟁의를 주도함
- 동방 광산(1942): 동방 광산의 광부들이 일제의 전시 징용 정책에 반대하여 치열한 투쟁을 전개함

▶ 을밀대 지붕 위의 강주룡

(3) 소년 운동 → 천도교 세력(방정환, 김기전 등)이 주도함

① 배경: 인격체로서 어린이를 대우하자는 의식 형성

② 주요 단체 및 활동
- 천도교 소년회(1921): 방정환의 주도로 창립, 어린이날 제정(1922), 잡지 『어린이』 간행 → 200여 개의 소년 운동 단체 성립
- 전국적 조직체인 조선 소년 연합회 결성(1927)

| 시험에 나오는 사료 | 천도교 소년회(선전지 내용) |

- 어린 사람을 헛말로 속이지 말아 주십시오.
- 어린 사람을 늘 가까이하시고 자주 이야기하여 주십시오.
- 어린 사람에게 경어를 쓰시되 늘 부드럽게 하여 주십시오.
- 나쁜 구경을 시키지 마시고 동물원에 자주 보내 주십시오.

▶ 어린이날 포스터

(4) 여성 운동

① 배경: 여성 노동자 문제 등 심각한 여성 인권 문제 발생

② 주요 단체
- 조선 여자 교육회, 조선 여자 기독교 청년회, 조선 여성 동우회, 대한 애국 부인회 등

- 근우회(1927): 여성계의 민족 협동 전선 단체(사회주의 계열과 민족주의 계열 여성 단체의 결합) → 신간회 자매단체
③ 활동
- 여성의 계몽과 교육 주장(강연회, 여학교 설립 등), 여성의 사회적 지위 개선 운동
- 여성 노동자와 농민 운동 등 지원
- 잡지 『근우』 발간

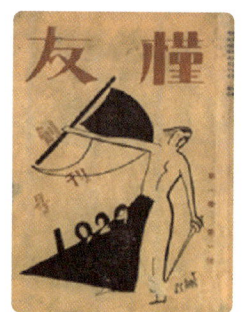
근우회 포스터

시험에 나오는 사료 근우회 창립 취지문

인류 사회는 많은 불합리를 생산하는 동시에, 그 해결을 우리에게 요구해 마지 않는다. 여성 문제는 그중의 하나이다. …… 우리는 운동상 실천으로부터 배운 것이 있으니, 우리가 실지로 우리 자체를 위하여, 우리 사회를 위하여 분투하려면 우선 조선 자매 전체의 역량을 공고히 단결하여 운동을 전반적으로 전개하지 아니하면 아니 된다. 일어나라! 오너라! 단결하자! 분투하자! 조선의 자매들아! 미래는 우리의 것이다.
- 근우회 창립 취지문(1927.5.) -

(5) 형평 운동
① 배경: 신분제 법적 폐지(갑오개혁) 이후에도 백정에 대한 사회적 차별이 지속됨
② 주요 단체: 조선 형평사 조직(진주, 1923) → 전국적인 조직으로 확대됨
③ 활동: 백정 인권 운동(사회적 차별 반대 운동), 기타 사회단체와 협력(파업, 소작 쟁의 등에 참가) → 항일 민족 해방 운동으로 발전함

형평 운동 포스터

시험에 나오는 사료 형평 운동

공평은 사회의 근본이고 애정은 인류의 근본 강령이다. 그런 고로 우리는 계급을 타파하고 모욕적 칭호를 폐지하여 교육을 장려하며, 우리도 참다운 인간이 되는 것을 기대하는 것이 본사의 큰 뜻이다. 지금까지 조선의 백정은 어떠한 지위와 어떠한 압박을 받아 왔던가? 과거를 회상하면 종일토록 통곡하여도 피눈물을 금할 길이 없다. 여기에 지위와 조건 문제 등을 제기할 여유도 없이 일전의 압박에 대해 절규하는 것이 우리의 실정이다. 이 문제를 선결하는 것이야말로 우리의 급무이다.
- 조선 형평사 취지문 -

18강 ③ 민족 문화 수호 운동

16~18강 일제 강점기

주요 사건 흐름

- 1926 나운규, '아리랑' 개봉
- 1931 조선어 학회 결성
- 1936 일장기 말소 사건
- 1942 조선어 학회 사건

1 국학 연구

(1) 한국사 연구

① 일제의 한국사 왜곡: 일본의 식민 지배를 정당화하고 한국인의 독립 의지를 약화시키기 위한 목적
  - 식민 사관

타율성론	한국사는 외세의 간섭(압력)에 의해 타율적으로 전개된다는 주장
정체성론	한국사는 고대 사회 단계에서 정체되었다는 주장
당파성론	한국인은 분열성이 강해 항상 내분으로 싸웠다는 주장(민족 분열 획책)

  - 일제가 한국사를 왜곡하기 위해 조선 총독부 아래에 둔 역사 연구 기관
  - 조선사 편수회(1925, 식민 사학의 논리에 맞게 『조선사』 편찬), 청구 학회(1930, 식민 사학의 이론 확립과 보급) 등을 통해 역사 왜곡 단행

② 민족주의 사학: 민족 문화의 우수성, 민족의 전통과 정신 강조
  - **박은식**: '**혼**'이 담긴 민족사 강조, 『**한국통사**』·『**한국독립운동지혈사**』 저술 → 일제의 불법적인 한국 침략에 따른 한국 독립운동사를 정리
    - 통사에서 '통'은 '아플 통(痛)'으로 우리 민족의 고통의 역사를 의미
  - **신채호**: **낭가 사상** 강조, 「독사신론」·『**조선상고사**』·『**조선사연구초**』 저술 → 고대사 연구에 초점을 맞춰 민족주의 사학 확립
    - 고대사 연구에 초점

> **시험에 나오는 사료** 박은식의 『한국통사』
>
> 옛 사람이 이르기를, 나라는 없어질 수 있으나 역사는 없어질 수 없다고 하였으니, 그것은 나라는 형체이고 역사는 정신이기 때문이다. 이제 한국의 형체는 허물어졌지만, 정신만이라도 오로지 남아 있을 수 없는 것인가? 이것이 통사를 저술하는 까닭이다.
> — 『한국통사』 —

> **시험에 나오는 사료** 신채호의 『조선상고사』
>
> 역사란 무엇이뇨? 인류 사회의 아(我)와 비아(非我)의 투쟁이 시간에서 발전하여 공간까지 확대하는 심적 활동의 상태의 기록이니, 세계사라 하면 세계 인류의 그리되어 온 상태의 기록이며, 조선사라 하면 조선 민족이 그리되어 온 상태의 기록이니라.
> — 『조선상고사』 —

③ 조선학 연구
  - 민족주의 사학 계승, 한국 문화의 특색을 학문적으로 체계화(정약용의 실학 등 연구)
  - 1930년대 **정인보('얼' 강조)**, 문일평('조선 심(心)' 강조), 안재홍 등이 주도
  - 조선학 운동: 다산 정약용 서거 99주년 기념 사업 추진을 계기로 『**여유당전서**』 간행

최빈출 핵심 선지

- **박은식**은 '국혼'을 강조하고 **한국통사**에서 독립 투쟁의 역사를 서술하였다.
- **정인보, 안재홍** 등은 **여유당전서 간행 사업**을 계기로 **조선학 운동**을 전개하였다.
- **백남운**은 **조선사회경제사**를 저술하여 일제가 주장한 **식민 사관**의 **정체성론**을 반박하였다.
- **이병도, 손진태** 등은 **진단 학회**를 결성하고 **진단 학보**를 발행하였다.
- 조선어 연구회는 '**가갸날**'을 제정하고 **잡지 한글**을 간행하였다.
- 조선어 학회는 **한글 맞춤법 통일안**을 마련하고 **우리말 큰사전 편찬** 사업을 추진하였다.

▶ 박은식(좌)과 신채호(우)

> **시험에 나오는 사료** 정인보 '조선의 얼(얼 사상)'
>
> 누구나 어릿어릿하는 사람을 보면 '얼'이 빠졌다고 하고, 멍하니 앉은 사람을 보면 얼 하나 없다고 한다. 얼이란 이같이 쉬운 것이다. 그런데 얼 하나의 있고 없음으로써 그 광대, 웅대함이 혹 저렇기도 하고, 그 잔루, 구차함이 이렇기도 하니, 얼에 대하여 명찰 통조함은 실로 거론하기 어렵다 할 수도 있다.
> — 「오천 년간 조선의 얼」—

④ 사회 경제 사학
- 특징: 사적 유물론에 입각하여 우리 민족의 역사 발전이 세계사의 보편적 발전 과정과 궤를 같이 하고 있음을 주장 → <mark>식민 사관의 정체성론 비판</mark>
- <mark>백남운</mark>: 『조선사회경제사』, 『조선봉건사회경제사』 저술

> 백남운

> **시험에 나오는 사료** 백남운의 사회 경제 사관
>
> 우리 조선의 역사적 발전의 전 과정은, 지리적인 조건·인종적인 골상·문화 형태의 외형적인 특징 등 다소의 차이를 인정한다하더라도, 외관상 특수성이 다른 문화 민족의 역사적 발전 법칙과 구별되어야 할 독자적인 것은 아니며, 세계사적 일원적인 역사 법칙에 의해 다른 제 민족과 거의 동궤적인 발전 과정을 거쳐 왔던 것이다.
> — 『조선사회경제사』 —

⑤ 실증주의 사학
- 특징: 랑케의 역사학(실증주의)에 기초하여 개별적인 사실을 객관적으로 밝히려는 순수 학술 활동을 목표로 삼아 한국사를 실증적으로 연구(문헌 고증 중심)
- 이병도, 손진태: 진단 학회 창립(1934), 『진단 학보』 발간

⑥ 신민족주의 사학
- 광복 이후 좌우 이데올로기적 분열이 가속화되자 계급보다는 '민족'이 우선한다는 신민족주의적 역사관 제시
- 식민 사학을 부정하되 일제 강점기의 민족주의 사학·마르크스주의 사학·문헌 고증 사학을 비판적으로 종합하려 함
- 주요 인물: 안재홍, 손진태 등

★ **(2) 국어 연구**

① 조선어 연구회(1921)
- 결성: 주시경의 국문 연구소의 전통을 계승함 → 한글의 연구·보급 목적
- 활동: 강습회와 강연회를 통해 한글을 연구·보급, 잡지 『한글』 간행, 한글날의 기원인 '가갸날' 제정

② <mark>조선어 학회(1931)</mark>
- 결성: <mark>최현배</mark>, <mark>이윤재</mark> 등이 주축이 되어 결성(조선어 연구회 계승)
- 활동: 잡지 『한글』 간행, <mark>한글 맞춤법 통일안과 표준어 제정</mark>, 『우리말 큰 사전』(『조선말 큰 사전』) 편찬 시도 ← 이윤재·한징이 옥사하였고, 11명이 실형을 선고받았음
- <mark>조선어 학회 사건(1942)</mark>: 일제가 조선어 학회를 독립운동 단체로 간주하여 최현배, 이윤재, 이극로 등의 회원을 체포·투옥하였음 → 조선어 학회 강제 해산

2 종교·문예

★(1) 종교

천도교	제2의 3·1 운동 계획, 잡지 『개벽』·『신여성』·『어린이』 발간, 강습소와 야학 설치
대종교	• 단군 숭배 사상을 통한 민족의식 고양 • 본부를 만주로 이동 → 항일 단체인 중광단(→ 북로 군정서)을 조직하고 무장 항일 투쟁 전개
불교	일제의 사찰령(1911)에 저항하여 사찰령 폐지 운동 전개, 조선 불교 유신회 조직(1921, 한용운)
개신교	의료와 교육 분야에서 활동, 신사 참배 거부 운동 → 일제의 탄압 (한국 불교를 일본 불교에 편입시키려는 조선 총독부의 정책)
천주교	고아원, 양로원 등 사회사업, 만주에서 의민단 조직(무장 항일 투쟁 전개), 경향신문 발간
원불교	박중빈이 창시(1916), 허례허식 폐지·미신 타파 등 새생활 운동(금주·단연·저축 운동 등) 전개

(2) 문학

1910년대	계몽주의적 경향, 근대 의식 고취, 이광수의 『무정』 등 → 한국 최초의 근대 소설로 평가받고 있음
1920년대	• 동인지 문학(『창조』, 『폐허』, 『백조』 등), 퇴폐적 낭만주의 • 신경향파 문학: 사회주의 사상의 영향, 계급 노선과 현실주의 추구, 1925년 카프(KAPF) 결성 • 저항 문학: 한용운의 「님의 침묵」, 이상화의 「빼앗긴 들에도 봄은 오는가」 등
1930년대 이후	• 저항 문학: 이육사의 「광야」·「절정」, 심훈의 「그날이 오면」, 윤동주의 「별 헤는 밤」·「서시」 등 • 친일 문학(최남선, 이광수 등) • 현실 도피적인 순수 문학 경향 등장 • 농촌의 현실을 묘사한 소설 등장(브나로드 운동을 소재로 한 심훈의 『상록수』, 일제 강점기 농촌의 현실을 묘사한 이기영의 『고향』 등)

(3) 예술
① 음악: 홍난파(봉선화), 안익태(코리아 환상곡)
② 미술: 안중식(한국화), 이중섭(서양화)
③ 연극: 토월회(본격적 신극 운동 전개, 1923), 극예술 연구회(1931) 등 결성
④ 영화: 나운규의 '아리랑'(민족의 아픔 표현, 1926), 1930년대 유성 영화 등장

(4) 기타
① 손기정: 베를린 올림픽 대회 마라톤 금메달 획득(1936) → 국내 언론에서 손기정 옷의 일장기를 지운 뒤 게재하는 일장기 말소 사건이 발생함 (동아일보 등)
② 안창남: 한국 최초의 비행사로 고국 방문 비행(1922)
③ 노백린: 독립군 비행사 양성을 위해 미국에 한인 비행 학교 설립

최빈출 핵심 선지

• 대종교 세력은 중광단을 조직하여 항일 무장 투쟁을 전개하였다.
• 원불교는 박중빈을 중심으로 새생활 운동을 추진하였다.
• 나운규는 영화 아리랑의 제작과 감독을 맡았다.

▶ 『개벽』

▶ 『신여성』

▶ 일제 강점기 저항 문학가

└ 한용운   └ 이육사
└ 심훈   └ 윤동주

▶ 나운규

16~18강 일제 강점기

16강 ❶ 일제의 식민 통치

대표기출문제

01 다음 법령이 시행된 시기에 있었던 사실로 옳은 것은?
[심화 51회]

> 제2조 즉결은 정식 재판을 하지 않으며 피고인의 진술을 듣고 증빙을 취조한 후 곧바로 언도해야 한다.
> 제11조 제8조, 제9조에 의한 유치 일수는 구류의 형기에 산입하고, 태형의 언도를 받은 자에 대하여는 1일을 태 5로 절산하여 태수에 산입하며, 벌금 또는 과료의 언도를 받은 자에 대하여는 1일을 1원으로 절산하여 그 금액에 산입한다.

① 박문국을 설치하여 한성순보를 발행하였다.
② 황국 중앙 총상회가 상권 수호 운동을 주도하였다.
③ 근대적 개혁 추진을 위해 군국기무처가 설치되었다.
④ 강압적 통치를 목적으로 헌병 경찰제가 실시되었다.
⑤ 일본에 진 빚을 갚자는 국채 보상 운동이 전개되었다.

02 다음 법령이 시행된 시기에 볼 수 있는 모습으로 적절한 것은?
[심화 48회]

> 제1조 조선 주차(駐箚) 헌병은 치안 유지에 관한 경찰 및 군사 경찰을 담당한다.
> 제5조 헌병은 직무에 관해 정당한 직권을 가진 사람의 요구가 있을 때에는 즉시 응해야 한다.
> 제18조 헌병의 복무 및 헌병 보조원에 관한 규정은 조선 총독이 정한다.

① 경성 제국 대학에 다니는 학생
② 원산 총파업에 동참하는 노동자
③ 조선어 학회에서 활동하는 교사
④ 암태도 소작 쟁의에 참여하는 농민
⑤ 조선 태형령을 관보에 게재하는 관리

03 다음 기사가 나오게 된 배경으로 적절한 것은?
[심화 58회]

> 총독의 임용 범위를 확장하고, 지방 자치 제도를 실시한다. …… 이로써 관민이 서로 협력 일치하여 조선에서 문화적 정치의 기초를 확립한다.

① 3·1 운동이 전국적으로 전개되었다.
② 조선 사상범 예방 구금령이 시행되었다.
③ 브나로드 운동이 동아일보를 중심으로 추진되었다.
④ 조선 노동 총동맹과 조선 농민 총동맹이 설립되었다.
⑤ 내선일체를 강조한 황국 신민 서사의 암송이 강요되었다.

04 밑줄 그은 '시기'의 일제의 통치 정책으로 옳은 것은?
[심화 47회]

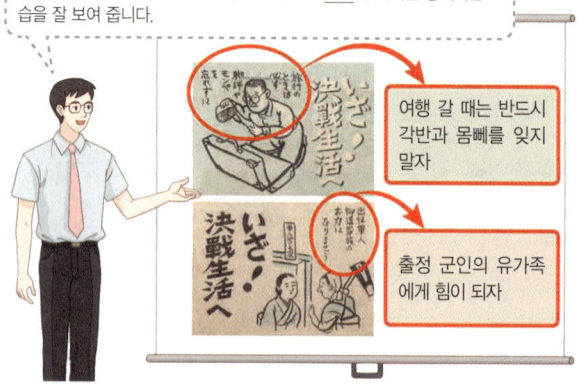

① 미쓰야 협정을 체결하였다.
② 토지 조사 사업을 실시하였다.
③ 경성 제국 대학을 설립하였다.
④ 헌병 경찰 제도를 시행하였다.
⑤ 조선 사상범 예방 구금령을 공포하였다.

01 1910년대 무단 통치

자료에서 '즉결은 정식 재판을 하지 않으며', '태형' 등을 통해 1910년에 일제가 제정한 '범죄 즉결례'임을 알 수 있다.

> 선지분석

① 박문국을 설치하여 한성순보를 발행하였다.
  ➡ 1883년의 사실이다.
② 황국 중앙 총상회가 상권 수호 운동을 주도하였다.
  ➡ 1898년의 사실이다.
③ 근대적 개혁 추진을 위해 군국기무처가 설치되었다.
  ➡ 1894년의 사실이다.
✓ 강압적 통치를 목적으로 헌병 경찰제가 실시되었다.
  ➡ 일제는 1910년대에 무단 통치를 실시하여 헌병에게 일반 경찰 업무와 행정 업무를 수행하도록 하였다.
⑤ 일본에 진 빚을 갚자는 국채 보상 운동이 전개되었다.
  ➡ 1907년의 사실이다.

02 1910년대 무단 통치

자료에서 조선 총독의 명에 따라 헌병이 조선의 치안 유지를 담당한다는 내용을 통해 법령이 시행된 시기가 1910년대임을 알 수 있다.

> 선지분석

① 경성 제국 대학에 다니는 학생
  ➡ 1924년 이후에 볼 수 있는 모습이다.
② 원산 총파업에 동참하는 노동자
  ➡ 1929년에 볼 수 있는 모습이다.
③ 조선어 학회에서 활동하는 교사
  ➡ 1931~1942년에 볼 수 있는 모습이다.
④ 암태도 소작 쟁의에 참여하는 농민
  ➡ 1923~1924년에 볼 수 있는 모습이다.
✓ 조선 태형령을 관보에 게재하는 관리
  ➡ 일제는 1912년부터 조선 태형령을 실시하였다. 조선 태형령은 1920년에 폐지되었다.

03 1920년대 문화 통치(민족 분열 통치)

자료의 '총독의 임용 범위 확장, 문화적 정치' 등을 통해 1920년대 일제의 식민 통치 방식인 이른바 '문화 통치'에 관한 것임을 알 수 있다.

> 선지분석

✓ 3·1 운동이 전국적으로 전개되었다.
  ➡ 1919년 3·1 운동에서 드러난 한국인의 반발에 충격을 받은 일제는 통치 방식을 무단 통치에서 이른바 '문화 통치'로 변경하였다.
② 조선 사상범 예방 구금령이 시행되었다.
  ➡ 독립운동가를 탄압하기 위한 조선 사상범 예방 구금령은 1941년에 제정되었다.
③ 브나로드 운동이 동아일보를 중심으로 추진되었다.
  ➡ 농촌 계몽을 위한 브나로드 운동은 1930년대 초에 추진되었다.
④ 조선 노동 총동맹과 조선 농민 총동맹이 설립되었다.
  ➡ 노동자와 농민의 권익 보호를 위한 조선 노동 총동맹과 조선 농민 총동맹은 1927년에 조직되었다.
⑤ 내선일체를 강조한 황국 신민 서사의 암송이 강요되었다.
  ➡ 일제는 한국인의 정체성을 말살하기 위해 1930년대 후반 이후부터 내선일체를 강조한 황국 신민 서사의 암송을 강요하였다.

04 1930년대 후반 이후 민족 말살 통치

자료에서 국민 총력 조선 연맹이 발행한 회보가 제시되었고, 중·일 전쟁 이후 시기 일제의 사회 통제 모습을 보여 준다는 점을 통해 1930년대 후반 이후 민족 말살 통치 시기의 모습임을 알 수 있다.

> 선지분석

① 미쓰야 협정을 체결하였다.
  ➡ 1925년의 사실이다.
② 토지 조사 사업을 실시하였다.
  ➡ 1910년대의 사실이다.
③ 경성 제국 대학을 설립하였다.
  ➡ 1924년의 사실이다.
④ 헌병 경찰 제도를 시행하였다.
  ➡ 1910년대 무단 통치 시기의 사실이다.
✓ 조선 사상범 예방 구금령을 공포하였다.
  ➡ 1941년의 사실이다.

> 정답   01 ④   02 ⑤   03 ①   04 ⑤

16~18강 일제 강점기

16② 일제의 경제 침탈

대표기출문제

01 밑줄 그은 '이 시기'에 시행된 일제의 정책으로 옳지 않은 것은?
[심화 48회]

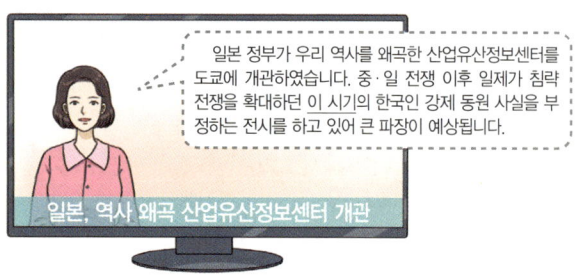

일본 정부가 우리 역사를 왜곡한 산업유산정보센터를 도쿄에 개관하였습니다. 중·일 전쟁 이후 일제가 침략 전쟁을 확대하던 이 시기의 한국인 강제 동원 사실을 부정하는 전시를 하고 있어 큰 파장이 예상됩니다.

일본, 역사 왜곡 산업유산정보센터 개관

① 여자 정신 근로령을 공포하였다.
② 육군 특별 지원병제를 실시하였다.
③ 식량 배급 및 미곡 공출 제도를 시행하였다.
④ 조선 사상범 예방 구금령을 통해 독립운동을 탄압하였다.
⑤ 기한 내에 소유지를 신고하게 하는 토지 조사령을 제정하였다.

03 다음 자료를 활용한 탐구 활동으로 가장 적절한 것은?
[심화 55회]

○ 내지(內地)는 심각한 식량 부족을 보여 매년 300만 석에서 500만 석의 외국 쌀을 수입하였다. …… 내지에서는 쌀의 증산에 많은 기대를 걸 수 없었다. 반면 조선은 관개 설비가 잘 갖춰지지 않아서 대부분의 논이 빗물에 의존하는 상태였기에, 토지 개량 사업을 시작한다면 천혜의 쌀 생산지가 될 수 있었다.

○ 대개 조선인들이 생산한 쌀을 내지로 반출할 때, 결코 자신들이 충분히 소비하고 남은 것을 수출하는 것이 아니다. 생계가 곤란하여 먹을 것을 먹지 못하고 파는 것이다. …… 만주산 잡곡의 수입이 증가하는 사실은 조선인의 생활난이 점점 심각해지고 있음을 실증하는 것이다.

① 산미 증식 계획의 실상을 파악한다.
② 화폐 정리 사업의 결과를 분석한다.
③ 보안회의 경제적 구국 운동을 조사한다.
④ 방곡령이 선포된 지역의 분포를 알아본다.
⑤ 동양 척식 주식회사의 설립 과정을 살펴본다.

02 다음 기사가 보도된 이후의 사실로 옳은 것은?
[심화 53회]

역사신문
제△△호 ○○○○년 ○○월 ○○일

조선 관세령 폐지되다

오늘 총독부가 조선 관세령 폐지를 발표하였다. 당국은 일선 융화를 위해 내린 조치라 말하지만, 앞으로 조선인들의 부담이 늘어날 것은 뻔한 이치이다. 일본산 상품이 조선에 물밀듯 밀려와 시장을 독점하여 자본과 기술에서 열세에 놓여 있는 조선의 공업을 흔적도 없게 만들 우려가 크기 때문이다. 이번 조치로 인해 조선의 제조업자들이 심각한 타격을 받을 것으로 예상된다.

① 동양 척식 주식회사가 설립되었다.
② 물산 장려 운동이 전국으로 확산되었다.
③ 메가타의 주도로 화폐 정리 사업이 실시되었다.
④ 회사 설립을 허가제로 하는 회사령이 공포되었다.
⑤ 황국 중앙 총상회의 상권 수호 운동이 전개되었다.

04 밑줄 그은 '이 계획'에 대한 설명으로 옳은 것은?
[심화 68회]

이 계획 실시로 인하여 조합비 부담이 커졌어. 가뜩이나 지세도 부담되는데 개량 종자 구입비로 돈이 더 들어가네. 이래서 살겠나.

우리 마을 박서방은 소작농으로 전락하였다지. 우리 집은 쌀이 없어 만주에서 들여온 잡곡만 먹고 있다네.

① 독립 협회 결성의 계기가 되었다.
② 국채 보상 운동의 배경이 되었다.
③ 재정 고문 메가타의 주도로 시행되었다.
④ 토지 조사 사업이 시행되는 배경이 되었다.
⑤ 일본의 쌀 부족 현상을 해결하기 위해 시행되었다.

01 일제의 경제 침탈

일제는 경제 대공황을 극복하기 위하여 1931년의 만주 사변을 시작으로 침략 전쟁을 감행하였다. 특히 1937년의 중·일 전쟁을 계기로 전선이 크게 확대되어, 전쟁에 대한 한국인의 적극적인 협력이 필요해졌다. 이에 일제는 한국인의 정체성을 말살하고 일본인으로 개조하기 위한 황국 신민화 정책(황국 신민 서사 암송 강요, 신사 참배 강요, 창씨 개명 등)을 추진하였다. 또한 국가 총동원법을 반포(1938)하여 한국에 대한 인적·물적 자원 수탈에 힘썼다.

▶ 선지분석

① 여자 정신 근로령을 공포하였다.
  ➡ 1944년의 사실이다.
② 육군 특별 지원병제를 실시하였다.
  ➡ 1938년의 사실이다.
③ 식량 배급 및 미곡 공출 제도를 시행하였다.
  ➡ 1939년의 사실이다.
④ 조선 사상범 예방 구금령을 통해 독립운동을 탄압하였다.
  ➡ 1941년의 사실이다.
✓ 기한 내에 소유지를 신고하게 하는 토지 조사령을 제정하였다.
  ➡ 일제는 1912년에 식민 통치에 필요한 재정적 기반을 마련하고자 토지 조사령을 제정하고 본격적인 토지 조사 사업에 착수하였다.

02 일제의 경제 침탈

자료에서 '총독부가 조선 관세령 폐지를 발표하였다'는 내용을 통해 1923년의 기사임을 알 수 있다.

▶ 선지분석

① 동양 척식 주식회사가 설립되었다.
  ➡ 1908년의 사실이다.
✓ 물산 장려 운동이 전국으로 확산되었다.
  ➡ 1920년대 한·일 간 관세 철폐 움직임이 나타나 일본의 자본과 상품이 한반도에 밀려 들어올 조짐이 보이자 조만식, 이상재 등은 민족 산업과 자본을 육성하여 민족 경제의 자립을 이루자는 물산 장려 운동을 전개하였다.
③ 메가타의 주도로 화폐 정리 사업이 실시되었다.
  ➡ 1905년의 사실이다.
④ 회사 설립을 허가제로 하는 회사령이 공포되었다.
  ➡ 1910년대의 사실이다.
⑤ 황국 중앙 총상회의 상권 수호 운동이 전개되었다.
  ➡ 1898년의 사실이다.

03 일제의 경제 침탈

자료에서 '식량 부족', '조선인들이 생산한 쌀을 내지로 반출', '만주산 잡곡의 수입이 증가' 등을 통해 제시된 자료가 산미 증식 계획에 대한 것임을 알 수 있다.

▶ 선지분석

✓ 산미 증식 계획의 실상을 파악한다.
  ➡ 산미 증식 계획으로 쌀의 생산량에 비해 일본으로의 반출량이 더 많았기 때문에 한국인들은 만주에서 잡곡을 수입하여 먹어야 했다.
② 화폐 정리 사업의 결과를 분석한다.
  ➡ 일본이 대한 제국의 재정과 금융을 장악하였다.
③ 보안회의 경제적 구국 운동을 조사한다.
  ➡ 일본의 황무지 개간권 요구를 저지하였다.
④ 방곡령이 선포된 지역의 분포를 알아본다.
  ➡ 방곡령은 1880년대 후반부터 1890년대 전반까지 함경도와 황해도 등지에서 선포되었다.
⑤ 동양 척식 주식회사의 설립 과정을 살펴본다.
  ➡ 일본은 대한 제국의 토지를 일본인에게 싼값에 판매하기 위해 동양 척식 주식회사를 설립하였다.

04 일제의 경제 침탈

자료의 조합비 부담, 한국인들이 쌀이 없어 만주에서 들여온 잡곡만 먹고 있음을 통해 '이 계획'은 산미 증식 계획임을 알 수 있다.

▶ 선지분석

① 독립 협회 결성의 계기가 되었다.
  ➡ 아관 파천 이후 열강의 이권 침탈이 심화되자 독립신문을 창간한 서재필 등의 주도로 1896년에 독립 협회가 결성되었다.
② 국채 보상 운동의 배경이 되었다.
  ➡ 1905년부터 시작된 화폐 정리 사업으로 인해 일본으로 대한 제국의 재정이 예속되면서 국채 보상 운동이 일어났다.
③ 재정 고문 메가타의 주도로 시행되었다.
  ➡ 제1차 한·일 협약 체결 후 재정 고문으로 부임한 메가타의 주도로 1905년부터 화폐 정리 사업이 실시되었다.
④ 토지 조사 사업이 시행되는 배경이 되었다.
  ➡ 일제는 1910년대에 식민 통치의 경제 기반을 마련하기 위해 토지 조사 사업을 실시하였다.
✓ 일본의 쌀 부족 현상을 해결하기 위해 시행되었다.
  ➡ 일제는 공업화로 일본 내 쌀 부족 현상이 발생하자 부족한 식량을 한국에서 확보하기 위해 1920년부터 산미 증식 계획을 실시하였다.

> 정답 01 ⑤ 02 ② 03 ① 04 ⑤

17강 ① 1910년대의 민족 운동

16~18강 일제 강점기

대표기출문제

01 (가) 지역에서 일어난 민족 운동에 대한 설명으로 옳은 것은?
[심화 71회]

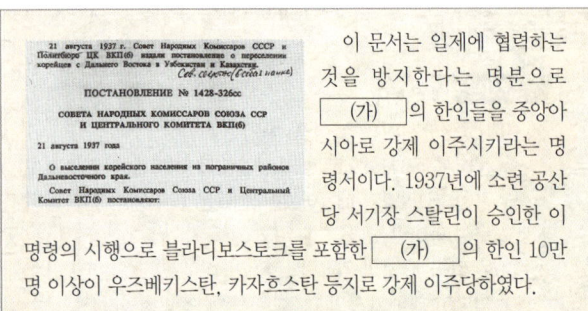

이 문서는 일제에 협력하는 것을 방지한다는 명분으로 (가) 의 한인들을 중앙아시아로 강제 이주시키라는 명령서이다. 1937년에 소련 공산당 서기장 스탈린이 승인한 이 명령의 시행으로 블라디보스토크를 포함한 (가) 의 한인 10만 명 이상이 우즈베키스탄, 카자흐스탄 등지로 강제 이주당하였다.

① 권업회를 조직하고 신문을 발행하였다.
② 한인 자치 기구인 경학사를 설립하였다.
③ 유학생을 중심으로 2·8 독립 선언서를 발표하였다.
④ 독립군 양성을 위해 대조선 국민 군단을 결성하였다.
⑤ 서전서숙과 명동 학교를 설립하여 민족 교육을 실시하였다.

02 (가) 지역에서 전개된 민족 운동에 대한 설명으로 옳은 것은?
[심화 49회]

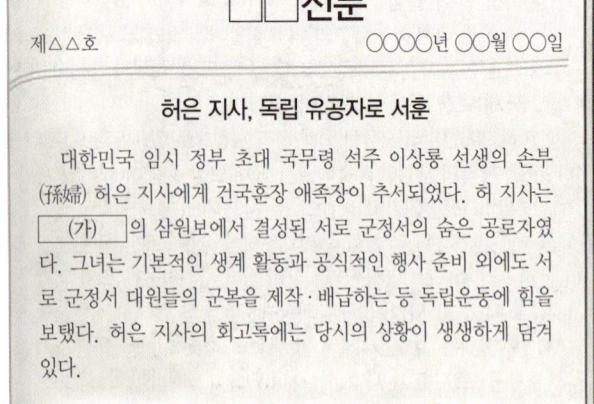

□□신문
제△△호 ○○○○년 ○○월 ○○일

허은 지사, 독립 유공자로 서훈

대한민국 임시 정부 초대 국무령 석주 이상룡 선생의 손부(孫婦) 허은 지사에게 건국훈장 애족장이 추서되었다. 허 지사는 (가) 의 삼원보에서 결성된 서로 군정서의 숨은 공로자였다. 그녀는 기본적인 생계 활동과 공식적인 행사 준비 외에도 서로 군정서 대원들의 군복을 제작·배급하는 등 독립운동에 힘을 보탰다. 허은 지사의 회고록에는 당시의 상황이 생생하게 담겨 있다.

① 해조신문을 발간하여 국권 회복에 힘썼다.
② 신흥 강습소를 설립하여 독립군을 양성하였다.
③ 대한인 국민회를 조직하여 외교 활동을 펼쳤다.
④ 대조선 국민 군단을 창설하여 군사 훈련을 하였다.
⑤ 유학생들이 중심이 되어 2·8 독립 선언서를 발표하였다.

03 (가)에 들어갈 내용으로 옳은 것은?
[심화 56회]

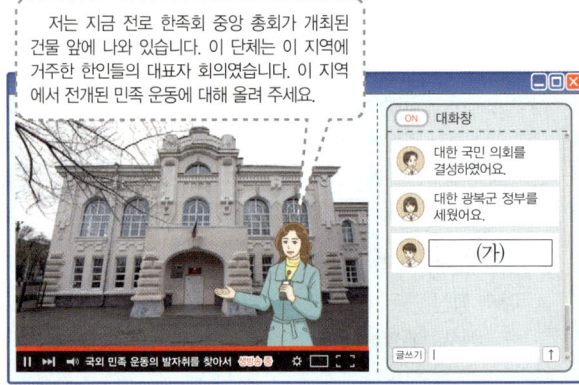

저는 지금 전로 한족회 중앙 총회가 개최된 건물 앞에 나와 있습니다. 이 단체는 이 지역에 거주한 한인들의 대표자 회의였습니다. 이 지역에서 전개된 민족 운동에 대해 올려 주세요.

- 대한 국민 의회를 결성하였어요.
- 대한 광복군 정부를 세웠어요.
- (가)

① 독립군 양성을 위해 신흥 강습소를 세웠어요.
② 권업회를 조직하여 권업신문을 발행하였어요.
③ 숭무 학교를 설립하여 무장 투쟁을 준비하였어요.
④ 한인 비행 학교를 세워 독립군 비행사를 육성하였어요.
⑤ 대일 항전을 준비하기 위해 조선 독립 동맹을 결성하였어요.

04 (가) 지역에서 있었던 민족 운동으로 옳은 것은?
[심화 51회]

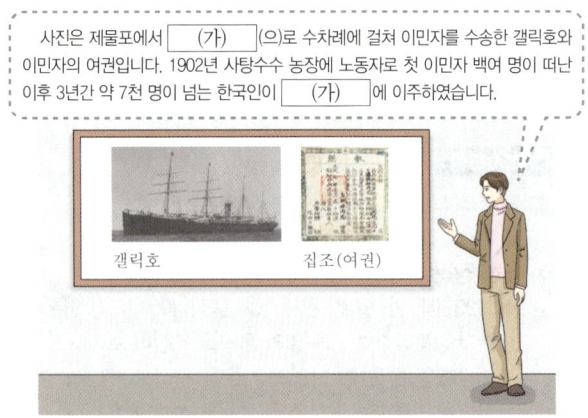

사진은 제물포에서 (가) (으)로 수차례에 걸쳐 이민자를 수송한 갤릭호와 이민자의 여권입니다. 1902년 사탕수수 농장에 노동자로 첫 이민자 백여 명이 떠난 이후 3년간 약 7천 명이 넘는 한국인이 (가) 에 이주하였습니다.

갤릭호   집조(여권)

① 일왕이 탄 마차에 폭탄을 투척하였다.
② 한인 자치 단체인 권업회를 조직하였다.
③ 민족 교육을 위해 서전서숙을 설립하였다.
④ 독립군 양성을 위해 신흥 강습소를 세웠다.
⑤ 대조선 국민 군단을 조직하여 무장 투쟁을 준비하였다

01 국외 독립운동 기지의 건설

자료에서 스탈린이 한인들을 중앙아시아로 강제 이주시켰다는 점을 통해 (가) 지역은 연해주임을 알 수 있다.

> **선지분석**

✔ 권업회를 조직하고 신문을 발행하였다.
  ➡ 연해주에서는 권업회가 조직되어 권업신문을 발행하였다.
② 한인 자치 기구인 경학사를 설립하였다.
  ➡ 서간도(남만주)의 삼원보 지역으로 이주한 신민회 회원들은 경학사를 조직하고 신흥 강습소(이후 신흥 무관 학교)를 설립하였다.
③ 유학생을 중심으로 2·8 독립 선언서를 발표하였다.
  ➡ 1919년에 일본 도쿄에서는 한인 유학생들이 2·8 독립 선언서를 발표하였고, 국내에서도 독립 선언의 움직임이 일어났다.
④ 독립군 양성을 위해 대조선 국민 군단을 결성하였다.
  ➡ 하와이에서는 박용만 등이 대조선 국민 군단을 창설하여 군사 훈련을 실시하였다.
⑤ 서전서숙과 명동 학교를 설립하여 민족 교육을 실시하였다.
  ➡ 북간도에는 용정촌, 명동촌 등 한인 집단촌이 형성되었다. 이상설 등은 서전서숙을, 김약연 등은 명동 학교를 세워 민족 교육을 실시하였다.

02 국외 독립운동 기지의 건설

자료에서 '삼원보', '서로 군정서' 등을 통해 (가) 지역이 서간도(남만주)임을 알 수 있다.

> **선지분석**

① 해조신문을 발간하여 국권 회복에 힘썼다.
  ➡ 연해주 지역의 독립운동에 대한 설명이다.
✔ 신흥 강습소를 설립하여 독립군을 양성하였다.
  ➡ 서간도에서는 신민회의 주도하에 신흥 강습소가 세워져 독립군 양성에 기여하였다.
③ 대한인 국민회를 조직하여 외교 활동을 펼쳤다.
  ➡ 미국 샌프란시스코 지역의 독립운동에 대한 설명이다.
④ 대조선 국민 군단을 창설하여 군사 훈련을 하였다.
  ➡ 하와이 지역의 독립운동에 대한 설명이다.
⑤ 유학생들이 중심이 되어 2·8 독립 선언서를 발표하였다.
  ➡ 일본 도쿄 지역의 독립운동에 대한 설명이다.

03 국외 독립운동 기지의 건설

자료의 '대한 국민 의회', '대한 광복군 정부' 등을 통해 (가)에 들어갈 내용이 연해주 지역의 독립운동과 관련된 내용임을 알 수 있다.

> **선지분석**

① 독립군 양성을 위해 신흥 강습소를 세웠어요.
  ➡ 서간도 지역의 독립운동에 대한 설명이다.
✔ 권업회를 조직하여 권업신문을 발행하였어요.
  ➡ 권업회는 이상설을 중심으로 연해주에서 조직된 단체로, 기관지인 권업신문을 발행하였다.
③ 숭무 학교를 설립하여 무장 투쟁을 준비하였어요.
  ➡ 멕시코 지역의 독립운동에 대한 설명이다.
④ 한인 비행 학교를 세워 독립군 비행사를 육성하였어요.
  ➡ 미주 지역의 독립운동에 대한 설명이다.
⑤ 대일 항전을 준비하기 위해 조선 독립 동맹을 결성하였어요.
  ➡ 중국 지역의 독립운동에 대한 설명이다.

04 국외 독립운동 기지의 건설

자료에서 '이민자', '갤릭호', '사탕수수 농장' 등을 통해 (가) 지역이 미국 하와이임을 알 수 있다.

> **선지분석**

① 일왕이 탄 마차에 폭탄을 투척하였다.
  ➡ 일본 도쿄 지역의 독립운동에 대한 설명이다.
② 한인 자치 단체인 권업회를 조직하였다.
  ➡ 연해주 지역의 독립운동에 대한 설명이다.
③ 민족 교육을 위해 서전서숙을 설립하였다.
  ➡ 북간도 지역의 독립운동에 대한 설명이다.
④ 독립군 양성을 위해 신흥 강습소를 세웠다.
  ➡ 서간도 지역의 독립운동에 대한 설명이다.
✔ 대조선 국민 군단을 조직하여 무장 투쟁을 준비하였다.
  ➡ 하와이에서는 박용만을 중심으로 대조선 국민 군단을 결성하여 군사 훈련을 실시하였다.

> **정답** 01 ① 02 ② 03 ② 04 ⑤

17강 ② 3·1 운동과 대한민국 임시 정부

01 다음 자료가 발표된 이후의 사실로 옳은 것은? [심화 51회]

> 조선 청년 독립단은 우리 2천만 민족을 대표하여 정의와 자유를 쟁취한 세계 모든 나라 앞에 독립을 성취할 것을 선언한다. …… 우리 민족은 정당한 방법으로 우리 민족의 자유를 추구할 것이나, 만일 이번에 성공하지 못하면 우리 민족은 생존의 권리를 위하여 온갖 자유행동을 취하여 최후의 일인까지 자유를 위해 뜨거운 피를 흘릴 것이니, …… 일본이 만일 우리 민족의 정당한 요구에 불응한다면 우리는 일본에 대하여 영원의 혈전을 선포하노라.
> － 재일본 동경 조선 청년 독립단 대표 11인 －

① 박상진 등이 대한 광복회를 결성하였다.
② 황성신문에 시일야방성대곡이 게재되었다.
③ 독립 협회가 중심이 되어 독립문을 건립하였다.
④ 고종의 밀지를 받아 독립 의군부가 조직되었다.
⑤ 민족 대표 33인 명의의 독립 선언서가 발표되었다.

02 밑줄 그은 '운동'에 대한 설명으로 옳은 것은? [심화 70회]

이 자료는 고종의 인산일을 계기로 시작된 만세 운동에서 불렀던 독립가 전단입니다. 당시에 우리 민족은 독립 선언서를 발표하고 대한 독립 만세를 외치며 전국 각지와 해외 곳곳에서 시위를 이어나갔습니다.

① 통감부의 방해와 탄압으로 중단되었다.
② 천도교 소년회가 창립된 후 본격화되었다.
③ 일제가 이른바 문화 통치를 실시하는 배경이 되었다.
④ 성진회와 각 학교 독서회에 의해 전국으로 확산되었다.
⑤ 시위를 준비하는 과정에서 사회주의자들이 대거 검거되었다.

03 (가) 정부의 활동에 대한 설명으로 옳은 것은? [심화 65회]

> 도내 관공서의 조선인 관리·기타 조선인 부호 등에게 빈번하게 불온 문서를 배부하는 자가 있어서 수사한 결과 이○○의 소행으로 판명되어 그의 체포에 노력하고 있다. …… 그는 (가) 의 교통부 차장과 재무부 총장 등으로부터 여러 가지 명령을 받았다. 조선에 돌아가서 인쇄물을 뿌리는 등 인심을 교란하는 동시에 (가) 이/가 발행한 독립 공채를 판매하는 한편, 조선 내부와의 연락 및 기타 기관을 충분히 갖게 하는 것 등이었다.
> － "고등 경찰 요사" －

① 무장 투쟁을 위해 중광단을 결성하였다.
② 민족 교육을 위해 서전서숙을 설립하였다.
③ 독립군 양성을 위해 신흥 강습소를 세웠다.
④ 외교 활동을 위해 구미 위원부를 설치하였다.
⑤ 농촌 계몽을 위해 브나로드 운동을 전개하였다.

04 밑줄 그은 '나'에 대한 설명으로 옳은 것은? [심화 70회]

나는 1913년 상하이 망명 후 동제사에 참여하였소. 1917년에는 대동단결 선언을 작성하였다오. 여기에서 나는 주권이 국민에게 있음을 밝혔는데, 이것이 공화정을 지향하는 정치사상으로 평가받고 있다오. 1930년에는 안창호 등과 함께 한국 독립당을 창당하였소. 이후 대한민국 임시 정부 건국 강령 초안도 작성하였다오.

① 조선 혁명 선언을 작성하였다.
② 한국독립운동지혈사를 저술하였다.
③ 극동 인민 대표 대회에서 의장단으로 선출되었다.
④ 헤이그에서 열린 만국 평화 회의에 특사로 파견되었다.
⑤ 새로운 국가 건설을 위한 이념으로 삼균주의를 주장하였다.

01 3·1 운동

자료에서 '조선 청년 독립단', '독립을 성취할 것을 선언', '동경' 등을 통해 1919년 2월 8일에 선포된 2·8 독립 선언임을 알 수 있다. 2·8 독립 선언은 1919년에 일본 도쿄(동경)의 조선인 유학생들이 기초하여 발표한 것으로, 일제의 한반도 침략과 강제 병합을 규탄하고, 일제와 열강에게 한국의 독립을 요구한 것이다. 또한 국내로 전파되면서 3·1 운동의 배경으로 작용하였다.

> 선지분석

① 박상진 등이 대한 광복회를 결성하였다.
  ➡ 1915년의 사실이다.
② 황성신문에 시일야방성대곡이 게재되었다.
  ➡ 1905년의 사실이다.
③ 독립 협회가 중심이 되어 독립문을 건립하였다.
  ➡ 1897년의 사실이다.
④ 고종의 밀지를 받아 독립 의군부가 조직되었다.
  ➡ 1912년의 사실이다.
✓ 민족 대표 33인 명의의 독립 선언서가 발표되었다.
  ➡ 1919년에 민족 대표 33인이 서울 태화관에서 독립 선언서를 발표한 후 자진 체포되었고, 이후 민중을 중심으로 전국적인 만세 시위가 전개되었다(3·1 운동).

02 3·1 운동

자료에서 고종의 인산일을 계기로 만세 운동이 시작되었다는 점을 통해 밑줄 그은 '운동'은 3·1 운동임을 알 수 있다.

> 선지분석

① 통감부의 방해와 탄압으로 중단되었다.
  ➡ 1910년에 일제가 대한 제국의 국권을 강탈하고 조선 총독부를 설치하면서 통감부는 폐지되었다. 통감부의 탄압으로 중단된 대표적인 운동으로는 국채 보상 운동이 있다.
② 천도교 소년회가 창립된 후 본격화되었다.
  ➡ 1920년대에 천도교 세력은 방정환을 중심으로 천도교 소년회를 창립하여 '어린이날'을 제정하고, 잡지 《어린이》를 간행하는 등 소년 운동을 전개하였다.
✓ 일제가 이른바 문화 통치를 실시하는 배경이 되었다.
  ➡ 1919년에 일어난 3·1 운동을 계기로 일제가 무단 통치에서 이른바 '문화 통치'로 통치 방식을 바꾸었다.
④ 성진회와 각 학교 독서회에 의해 전국으로 확산되었다.
  ➡ 1929년에 일어난 광주 학생 항일 운동은 성진회와 각 학교 독서회에 의해 전국적으로 확산되었다.
⑤ 시위를 준비하는 과정에서 사회주의자들이 대거 검거되었다.
  ➡ 1926년 6·10 만세 운동의 준비 과정에서 계획이 사전에 발각되어 사회주의 세력이 검거되자 학생들의 주도로 만세 운동이 전개되었다.

03 대한민국 임시 정부

자료에서 독립 공채를 판매한다는 점에서 (가) 정부가 대한민국 임시 정부임을 알 수 있다.

> 선지분석

① 무장 투쟁을 위해 중광단을 결성하였다.
  ➡ 대종교 세력은 1911년 북간도 지역에서 항일 무장 단체인 중광단을 결성하였고, 중광단은 이후 북로 군정서로 발전하였다.
② 민족 교육을 위해 서전서숙을 설립하였다.
  ➡ 1910년대 북간도에서는 이상설, 이동녕 등이 서전서숙을 세워 민족 교육을 실시하였다.
③ 독립군 양성을 위해 신흥 강습소를 세웠다.
  ➡ 이회영 등 신민회 회원들을 중심으로 서간도에 신흥 강습소가 설립되었다.
✓ 외교 활동을 위해 구미 위원부를 설치하였다.
  ➡ 대한민국 임시 정부는 외교 활동을 펼치기 위해 미국 워싱턴에 구미 위원부를 설치하였다.
⑤ 농촌 계몽을 위해 브나로드 운동을 전개하였다.
  ➡ 동아일보는 1930년대 '배우자 가르치자 다 함께 브나로드'를 내세우며 농촌 계몽을 위한 브나로드 운동을 전개하였다.

04 대한민국 임시 정부

자료에서 대한민국 임시 정부 건국 강령 초안을 작성하였다고 한 점을 통해 '나'는 조소앙임을 알 수 있다.

> 선지분석

① 조선 혁명 선언을 작성하였다.
  ➡ 신채호는 의열단의 활동 지침이 된 〈조선 혁명 선언〉을 작성하였다.
② 한국독립운동지혈사를 저술하였다.
  ➡ 박은식은 우리 민족의 독립 투쟁 과정을 서술한 《한국독립운동지혈사》를 저술하였다.
③ 극동 인민 대표 대회에서 의장단으로 선출되었다.
  ➡ 김규식과 여운형은 1922년에 모스크바에서 열린 극동 인민 대표 대회에서 의장단으로 선출되었다.
④ 헤이그에서 열린 만국 평화 회의에 특사로 파견되었다.
  ➡ 이상설, 이준, 이위종은 고종의 명을 받아 을사늑약의 부당함을 고발하고자 네덜란드 헤이그에서 열린 만국 평화 회의에 특사로 파견되었다.
✓ 새로운 국가 건설을 위한 이념으로 삼균주의를 주장하였다.
  ➡ 조소앙은 새로운 국가 건설을 위한 이념으로 삼균주의를 주장하였다. 삼균주의는 대한민국 건국 강령에 반영되었다.

> 정답 01 ⑤   02 ③   03 ④   04 ⑤

17강 ③ 1920년대 무장 독립 전쟁과 의열 투쟁

16~18강 일제 강점기

대표기출문제

01 (가)~(다) 학생이 발표한 내용을 일어난 순서대로 옳게 나열한 것은? [심화 56회]

〈1920년대 만주 지역의 독립운동〉

- (가) 참의부, 정의부, 신민부 등 3부가 성립되었습니다.
- (나) 대한 독립군 등이 봉오동으로 일본군을 유인하여 크게 무찔렀습니다.
- (다) 북로 군정서 등이 청산리 일대에서 일본군에 대승을 거두었습니다.

① (가) - (나) - (다)
② (가) - (다) - (나)
③ (나) - (가) - (다)
④ (나) - (다) - (가)
⑤ (다) - (나) - (가)

02 (가) 전투에 대한 설명으로 옳은 것은? [심화 50회]

이곳은 부산 해운대에 있는 '애국지사 강근호 길'입니다. 그는 1920년 10월 백운평, 어랑촌, 고동하 등지에서 일본군에 맞서 싸운 (가) 당시 북로 군정서 중대장으로 활약하였습니다.

① 중국 호로군과 협력하여 진행되었다.
② 미국 전략 정보국(OSS)의 지원을 받았다.
③ 대한민국 임시 정부 수립에 영향을 주었다.
④ 조국 광복회의 지원 아래 유격전으로 전개되었다.
⑤ 대한 독립군, 대한 국민군 등이 연합하여 참여하였다.

03 (가) 단체에 대한 설명으로 옳은 것은? [심화 58회]

> 검사: 폭탄을 구해 숨겨 놓은 이유가 무엇인가?
> 곽재기: 재작년 3월 이후로 조선 독립을 평화적으로 요청했지만 아무 소용없었다. 그래서 우리는 상하이로 가서 육혈포와 폭탄을 구해 피로써 독립을 이루려고 하였다.
> 이성우: 폭탄으로 고위 관리를 죽이고 중요 건물을 파괴하여 독립을 쟁취하려고 하였다. 이것이 중국 지린성에서 김원봉과 함께 (가) 을/를 조직한 이유이다.
> - 1921년 6월 7일 밀양 폭탄 사건 공판 기록 -

① 조선 혁명 선언을 활동 지침으로 삼았다.
② 일제의 황무지 개간권 요구를 저지하였다.
③ 복벽주의를 내세우며 의병 전쟁을 준비하였다.
④ 삼균주의를 기초로 하는 건국 강령을 발표하였다.
⑤ 단원인 이봉창이 일왕의 행렬에 폭탄을 투척하였다.

04 (가), (나) 사이의 시기에 있었던 사실로 옳은 것은? [심화 48회]

> (가) 동북 3성의 군벌 장작림(張作霖)과 일본과의 협정이 성립되어 독립운동하는 한국인은 잡히는 대로 왜에게 넘겨졌다. 심지어 중국 백성들은 한국인 한 명의 머리를 베어 왜놈 영사관에 가서 몇 십 원 내지 3, 4원씩 받고 팔기도 했다.
>
> (나) 나와 공근은 상해의 프랑스 조계를 떠나 기차역으로 가서 그날로 가흥(嘉興)으로 피신하였다. 그곳은 박찬익 형이 은주부와 저보성 제씨(諸氏)에게 주선하여 며칠 전에 엄항섭 군의 가족과 김의한 일가, 석오 이동녕 선생이 벌써 이사하였던 곳이다.
> - 『백범일지』 -

① 일본군의 보복으로 간도 참변이 발생하였다.
② 한국광복군이 국내 진공 작전을 준비하였다.
③ 한인 애국단이 조직되어 의거 활동을 전개하였다.
④ 일본의 토지 침탈을 막고자 농광 회사가 설립되었다.
⑤ 삼균주의에 입각한 대한민국 건국 강령이 발표되었다.

01 1920년대 무장 독립 전쟁

3·1 운동 이후 만주 지역을 중심으로 무장 독립 투쟁이 본격적으로 전개되었다. (나) 1920년 6월에 벌어진 봉오동 전투와 (다) 1920년 10월에 벌어진 청산리 전투에서 독립군이 일본군을 격파하였다. 일제는 이에 대한 보복으로 간도 지역의 한인을 무참히 학살하였다(간도 참변). 독립군은 전열을 가다듬고 러시아 자유시로 이동하였지만, 러시아 적군의 무장 해제 요구를 거부하여 많은 독립군이 희생되었다(자유시 참변). (가) 큰 시련을 겪은 독립군은 만주로 돌아와 조직을 재정비하였고, 그 결과 참의부·정의부·신민부가 조직되었다. 이에 일제는 만주 지역 독립운동 세력의 재건을 막고자 만주 군벌과 미쓰야 협정을 체결하였다(1925).

선지분석

① (가) - (나) - (다)
② (가) - (다) - (나)
③ (나) - (가) - (다)
✓ (나) - (다) - (가)
  ➡ 일어난 순서대로 나열하면 (나) - (다) - (가)이다.
⑤ (다) - (나) - (가)

02 1920년대 무장 독립 전쟁

자료에서 1920년 10월 백운평, 어랑촌, 고동하 등지에서 일본군에 맞서 싸웠다고 하였고, 북로 군정서가 언급된 점 등을 통해 (가) 전투가 청산리 전투임을 알 수 있다.

선지분석

① 중국 호로군과 협력하여 진행되었다.
  ➡ 한국 독립군의 쌍성보·사도하자·대전자령 전투 등에 대한 설명이다.
② 미국 전략 정보국(OSS)의 지원을 받았다.
  ➡ 한국광복군이 추진한 국내 진공 작전에 대한 설명이다.
③ 대한민국 임시 정부 수립에 영향을 주었다.
  ➡ 3·1 운동에 대한 설명이다.
④ 조국 광복회의 지원 아래 유격전으로 전개되었다.
  ➡ 보천보 전투에 대한 설명이다.
✓ 대한 독립군, 대한 국민군 등이 연합하여 참여하였다.
  ➡ 봉오동 전투 이후 전개된 청산리 전투에는 북로 군정서군 이외에 대한 독립군, 대한 국민군 등이 연합하여 참여하였다.

03 의열 투쟁

자료의 '지린성에서 김원봉이 조직' 등을 통해 (가) 단체가 의열단임을 알 수 있다.

선지분석

✓ 조선 혁명 선언을 활동 지침으로 삼았다.
  ➡ 의열단은 신채호가 작성한 조선 혁명 선언을 활동 지침으로 삼아 일제의 중요 기관을 파괴하고 주요 인물을 처단하였다.
② 일제의 황무지 개간권 요구를 저지하였다.
  ➡ 보안회에 대한 설명이다.
③ 복벽주의를 내세우며 의병 전쟁을 준비하였다.
  ➡ 독립 의군부에 대한 설명이다.
④ 삼균주의를 기초로 하는 건국 강령을 발표하였다.
  ➡ 대한민국 임시 정부에 대한 설명이다.
⑤ 단원인 이봉창이 일왕의 행렬에 폭탄을 투척하였다.
  ➡ 한인 애국단에 대한 설명이다.

04 의열 투쟁

(가) '장작림과 일본과의 협정' 등을 바탕으로 1925년의 미쓰야 협정임을 알 수 있다. 미쓰야 협정은 일제가 만주 지역의 독립군을 탄압하기 위하여 만주의 군벌인 장작림(장쭤린)과 체결한 조약이다.
(나) 일제가 제1차 상하이 사변을 일으켜 상하이를 점령하자(1932), 상하이를 떠날 수밖에 없게 된 대한민국 임시 정부의 상황을 묘사하고 있다.

선지분석

① 일본군의 보복으로 간도 참변이 발생하였다.
  ➡ 1920년의 사실이다.
② 한국광복군이 국내 진공 작전을 준비하였다.
  ➡ 1945년의 사실이다.
✓ 한인 애국단이 조직되어 의거 활동을 전개하였다.
  ➡ 김구는 침체되어 있던 대한민국 임시 정부에 활기를 불어넣고자 1931년에 의열 투쟁 단체인 한인 애국단을 조직하였다.
④ 일본의 토지 침탈을 막고자 농광 회사가 설립되었다.
  ➡ 1904년의 사실이다.
⑤ 삼균주의에 입각한 대한민국 건국 강령이 발표되었다.
  ➡ 1941년의 사실이다.

> 정답   01 ④   02 ⑤   03 ①   04 ③

17강 ④ 1930~1940년대 무장 독립 전쟁

01 (가) 부대의 활동으로 옳은 것은? [심화 51회]

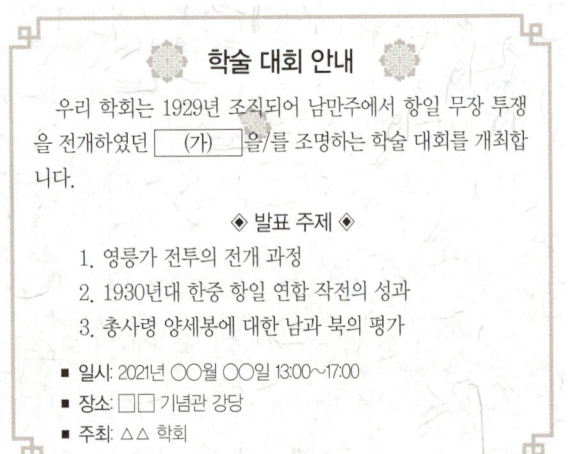

학술 대회 안내

우리 학회는 1929년 조직되어 남만주에서 항일 무장 투쟁을 전개하였던 (가) 을/를 조명하는 학술 대회를 개최합니다.

◈ 발표 주제 ◈
1. 영릉가 전투의 전개 과정
2. 1930년대 한중 항일 연합 작전의 성과
3. 총사령 양세봉에 대한 남과 북의 평가

■ 일시: 2021년 ○○월 ○○일 13:00~17:00
■ 장소: □□기념관 강당
■ 주최: △△학회

① 흥경성에서 일본군을 격퇴하였다.
② 호가장 전투에서 크게 활약하였다.
③ 대전자령 전투에서 큰 전과를 올렸다.
④ 중국 팔로군에 편제되어 항일 전선에 참여하였다.
⑤ 연합군과 함께 인도·미얀마 전선에서 활동하였다.

02 (가) 부대에 대한 설명으로 옳은 것은? [심화 48회]

30여 년이나 비밀리에 행동한 조선 혁명 청년은 지금도 중국 항일전에서 혁명 행동의 기회를 얻어, …… (가) 은/는 10월 10일 한구(漢口)에서 성립, 중앙군의 이동에 따라 계림(桂林)으로 왔다. 대장 진빈 선생[김원봉]은 금년 41세로서, 1919년 조선의 3월 운동 및 조선 총독부 파괴의 의열단 사건 등도 그들에 의한 것이다.
- 「국민공론」 -

① 청산리에서 일본군과 교전하였다.
② 대전자령 전투에서 일본군을 격퇴하였다.
③ 일본군의 공세를 피해 자유시로 이동하였다.
④ 중국 의용군과 연합하여 흥경성 전투를 이끌었다.
⑤ 중국 관내(關內)에서 결성된 최초의 한인 무장 부대였다.

03 다음 인물의 활동으로 옳은 것은? [심화 49회]

【이달의 독립운동가】
한국광복군 창설의 주역
○○○ 장군

· 생몰: 1888년~1957년
· 주요 활동
  - 정의부 총사령관 역임
  - 한국 독립당 창당에 참여
  - 한국광복군 총사령관 역임
· 서훈 내용
  건국 훈장 대통령장 추서

① 동양 척식 주식회사에 폭탄을 투척하였다.
② 대한 광복회를 조직하여 친일파를 처단하였다.
③ 쌍성보, 대전자령 전투에서 일본군을 격파하였다.
④ 대한 국민회군과 연합하여 봉오동 전투에서 승리하였다.
⑤ 민중의 직접 혁명을 주장하는 조선 혁명 선언을 집필하였다.

04 (가)에 대한 설명으로 옳은 것은? [심화 58회]

이 부부의 활동에 대해 말씀해 주시겠습니까?

두 사람은 지청천을 총사령관으로 하여 충칭에서 창립된 (가) 에서 첩보 담당 및 주석 비서로 활동하였습니다. 특히 오희영은 부모, 동생이 모두 독립운동가이기도 합니다.

오희영   신송식

① 영릉가 전투에서 일본군에게 승리하였다.
② 중국 팔로군에 편제되어 항일 전선에 참여하였다.
③ 국내 정진군을 편성하여 국내 진공 작전을 추진하였다.
④ 중국 관내(關內)에서 결성된 최초의 한인 무장 부대이다.
⑤ 간도 참변 이후 밀산에서 집결하여 자유시로 이동하였다.

01 1930년대 무장 독립 전쟁

자료에서 '남만주', '영릉가 전투', '1930년대 한·중 항일 연합 작전', '총사령 양세봉' 등을 통해 (가) 부대가 조선 혁명군임을 알 수 있다.

> 선지분석

✓ 흥경성에서 일본군을 격퇴하였다.
  ➡ 조선 혁명군은 1933년에 흥경성 전투에서 일본군에 승리하였다.
② 호가장 전투에서 크게 활약하였다.
  ➡ 조선 의용대 화북 지대에 대한 설명이다.
③ 대전자령 전투에서 큰 전과를 올렸다.
  ➡ 한국 독립군에 대한 설명이다.
④ 중국 팔로군에 편제되어 항일 전선에 참여하였다.
  ➡ 조선 의용군에 대한 설명이다.
⑤ 연합군과 함께 인도·미얀마 전선에서 활동하였다.
  ➡ 한국광복군에 대한 설명이다.

02 1930년대 무장 독립 전쟁

자료에서 '김원봉', '한구에서 성립' 등을 바탕으로 (가) 부대가 조선 의용대임을 알 수 있다.

> 선지분석

① 청산리에서 일본군과 교전하였다.
  ➡ 북로 군정서, 대한 독립군 등 독립군 연합 부대에 대한 설명이다.
② 대전자령 전투에서 일본군을 격퇴하였다.
  ➡ 한국 독립군에 대한 설명이다.
③ 일본군의 공세를 피해 자유시로 이동하였다.
  ➡ 만주 지역의 독립군 부대에 대한 설명이다.
④ 중국 의용군과 연합하여 흥경성 전투를 이끌었다.
  ➡ 조선 혁명군에 대한 설명이다.
✓ 중국 관내(關內)에서 결성된 최초의 한인 무장 부대였다.
  ➡ 조선 의용대에 대한 설명이다.

03 1930~1940년대 무장 독립 전쟁

자료에서 '한국 독립당', '한국광복군 총사령관' 등을 통해 해당 인물이 지청천임을 알 수 있다.

지청천은 민족 운동가 겸 군인으로, 1930년대 초반에는 만주에서 한국 독립군을 이끌고 쌍성보·대전자령 전투 등에서 크게 승리하였으며, 대한민국 임시 정부 예하 한국광복군 창설에 참여하여 총사령관을 역임하였다.

> 선지분석

① 동양 척식 주식회사에 폭탄을 투척하였다.
  ➡ 나석주에 대한 설명이다.
② 대한 광복회를 조직하여 친일파를 처단하였다.
  ➡ 박상진에 대한 설명이다.
✓ 쌍성보, 대전자령 전투에서 일본군을 격파하였다.
  ➡ 지청천은 1930년대 초반에 만주에서 한국 독립군을 이끌고 쌍성보·대전자령 전투 등에서 활약하였다.
④ 대한 국민회군과 연합하여 봉오동 전투에서 승리하였다.
  ➡ 홍범도에 대한 설명이다.
⑤ 민중의 직접 혁명을 주장하는 조선 혁명 선언을 집필하였다.
  ➡ 신채호에 대한 설명이다.

04 1940년대 무장 독립 전쟁

자료의 '총사령관 지청천, 충칭'을 통해 (가)가 한국광복군임을 알 수 있다.

> 선지분석

① 영릉가 전투에서 일본군에게 승리하였다.
  ➡ 조선 혁명군에 대한 설명이다.
② 중국 팔로군에 편제되어 항일 전선에 참여하였다.
  ➡ 조선 의용군에 대한 설명이다.
✓ 국내 정진군을 편성하여 국내 진공 작전을 추진하였다.
  ➡ 한국광복군은 미국 전략 정보국(OSS)의 협조하에 국내 진공 작전을 추진하였다.
④ 중국 관내(關內)에서 결성된 최초의 한인 무장 부대이다.
  ➡ 조선 의용대에 대한 설명이다.
⑤ 간도 참변 이후 밀산에서 집결하여 자유시로 이동하였다.
  ➡ 만주 지역의 독립군 부대에 대한 설명이다.

> 정답 01 ① 02 ⑤ 03 ③ 04 ③

18강 실력 양성 운동과 학생 항일 운동

대표기출문제

01 다음 자료에 나타난 민족 운동에 대한 설명으로 옳은 것은? [심화 48회]

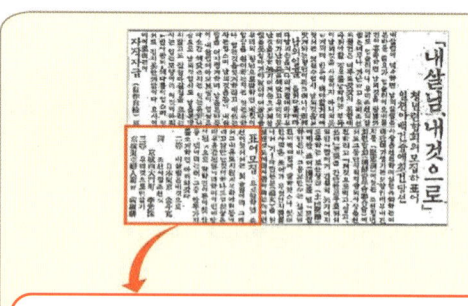

표어 모집으로 말하면 조선에 있어서는 처음 일이라 그래서 그 내용도 시원치 못하여 일등이라고 할 만한 것이 하나도 없었음은 매우 유감된 일이라 하며 이번에 당선된 것으로 말하면 이등이 셋, 삼등 넷이라는데 그중 한두 가지를 소개하면 아래와 같다.
  2등 내 살림은 내 것으로
  2등 조선 사람 조선 것
  3등 우리 것으로만 살기

① 조선 노동 총동맹을 중심으로 전개되었다.
② 근우회의 주도로 여성의 권익을 옹호하였다.
③ 백정에 대한 사회적 차별 철폐를 목표로 하였다.
④ 자작회, 토산 애용 부인회 등의 단체가 활동하였다.
⑤ 국문 연구소를 세워 한글을 체계적으로 연구하였다.

02 (가) 민족 운동에 대한 설명으로 옳은 것은? [심화 49회]

이것은 순종의 인산일에 일어난 (가) 당시 장례 행렬에 모인 사람들에게 뿌려진 격문의 일부입니다.

• 대한 독립운동가여 단결하라!
• 일제 납세를 거부하자!
• 일본 물자를 배척하자!
• 언론·출판·집회의 자유를!
• 보통 교육은 의무 교육으로!
• 교육 용어는 조선어로!

① 대구에서 시작되어 전국으로 확산되었다.
② 대한민국 임시 정부 수립에 영향을 주었다.
③ 민족주의 진영과 사회주의 진영이 함께 준비하였다.
④ 일제가 이른바 문화 통치를 실시하는 배경이 되었다.
⑤ 신간회 중앙 본부가 진상 조사단을 파견하여 지원하였다.

03 다음 대화에 나타난 민족 운동에 대한 설명으로 옳은 것은? [심화 53회]

얼마 전 종로 일대에서 일어난 만세 시위 소식을 들었는가? 이날 체포된 학생들에 대한 공판이 곧 열린다더군.

융희 황제의 인산일에 학생들이 격문을 뿌리고 만세를 외친 그 사건 말씀이시죠? 사전에 권오설 선생 등이 경찰에게 체포되어서 걱정이었는데, 학생들 덕분에 시위가 가능했지요.

① 원산 총파업의 노동자들과 연대하였다.
② 치안 유지법이 제정되는 결과를 가져왔다.
③ 국민대표 회의가 개최되는 계기가 되었다.
④ 한·일 학생 간 충돌이 발단이 되어 일어났다.
⑤ 민족 협동 전선인 신간회 결성에 영향을 미쳤다.

04 밑줄 그은 '이 운동'에 대한 설명으로 옳은 것은? [심화 55회]

이것은 '학생의 날' 기념우표이다. 학생의 날은 1929년 한일 학생 간 충돌을 계기로 광주에서 일어나 전국으로 확산된 이 운동을 기리기 위해 1953년에 제정되었다. 우표는 이 운동의 기념탑과 당시 학생들의 울분을 함께 형상화하여 도안되었다. 학생의 날은 2006년부터 '학생 독립운동 기념일'로 명칭이 변경되었다.

① 조선 형평사를 중심으로 전개되었다.
② 순종의 인산일을 기회로 삼아 추진되었다.
③ 대한민국 임시 정부 수립에 영향을 주었다.
④ 국내에서 민족 유일당 운동이 시작되는 계기가 되었다.
⑤ 신간회 중앙 본부가 진상 조사단을 파견하여 지원하였다.

01 실력 양성 운동

자료에서 '내 살림은 내 것으로', '조선 사람 조선 것' 등의 표어를 통해 해당하는 민족 운동이 물산 장려 운동임을 알 수 있다.

> **선지분석**

① 조선 노동 총동맹을 중심으로 전개되었다.
  ➡ 노동 운동에 대한 설명이다.
② 근우회의 주도로 여성의 권익을 옹호하였다.
  ➡ 여성 운동에 대한 설명이다.
③ 백정에 대한 사회적 차별 철폐를 목표로 하였다.
  ➡ 형평 운동에 대한 설명이다.
✓ 자작회, 토산 애용 부인회 등의 단체가 활동하였다.
  ➡ 서울에서 자작회, 토산 애용 부인회가 조직되어 물산 장려 운동을 주도하였다.
⑤ 국문 연구소를 세워 한글을 체계적으로 연구하였다.
  ➡ 주시경, 지석영 등이 전개한 한글 연구에 대한 설명이다.

02 학생 항일 운동

자료에 제시된 격문의 내용과 '순종의 인산일' 등을 통해 (가) 민족 운동이 6·10 만세 운동임을 알 수 있다.
1926년 4월 순종이 승하하자 천도교를 중심으로 하는 민족주의자들과 조선 공산당을 중심으로 하는 사회주의자들은 인산일에 만세 시위를 계획하였다. 계획이 사전에 발각되어 사회주의자들은 큰 타격을 받았지만, 시위 당일인 6월 10일에 학생들이 격문을 뿌리고 만세 시위를 주도적으로 전개하였다.

> **선지분석**

① 대구에서 시작되어 전국으로 확산되었다.
  ➡ 국채 보상 운동에 대한 설명이다.
② 대한민국 임시 정부 수립에 영향을 주었다.
  ➡ 3·1 운동에 대한 설명이다.
✓ 민족주의 진영과 사회주의 진영이 함께 준비하였다.
  ➡ 6·10 만세 운동의 준비 과정에서 민족주의 진영과 사회주의 진영이 협력하면서 신간회 결성의 토대가 마련되었다.
④ 일제가 이른바 문화 통치를 실시하는 배경이 되었다.
  ➡ 3·1 운동에 대한 설명이다.
⑤ 신간회 중앙 본부가 진상 조사단을 파견하여 지원하였다.
  ➡ 광주 학생 항일 운동에 대한 설명이다.

03 학생 항일 운동

자료에서 '만세 시위', '융희 황제의 인산일', '권오설', 학생들이 격문을 뿌리고 만세를 외쳤다는 내용 등을 통해 6·10 만세 운동(1926)임을 알 수 있다.
1926년 순종(융희 황제)이 승하하자 사회주의 계열 단체와 천도교, 학생들은 순종의 인산일에 만세 시위를 벌일 계획을 세웠다. 이들의 계획은 일제에 발각되었으나, 학생들은 예정대로 6월 10일에 시위를 전개하였다.

> **선지분석**

① 원산 총파업의 노동자들과 연대하였다.
  ➡ 신간회 등에 대한 설명이다.
② 치안 유지법이 제정되는 결과를 가져왔다.
  ➡ 독립운동가 및 사회주의 세력과 관련된 설명이다.
③ 국민대표 회의가 개최되는 계기가 되었다.
  ➡ 대한민국 임시 정부의 위기와 관련된 설명이다.
④ 한·일 학생 간 충돌이 발단이 되어 일어났다.
  ➡ 광주 학생 항일 운동에 대한 설명이다.
✓ 민족 협동 전선인 신간회 결성에 영향을 미쳤다.
  ➡ 6·10 만세 운동 준비 과정에서 민족주의 계열과 사회주의 계열의 협력은 신간회 결성에 영향을 주었다.

04 학생 항일 운동

자료에서 '1929년 한일 학생 간 충돌을 계기로 광주에서 일어나' 등을 통해 밑줄 그은 '이 운동'이 광주 학생 항일 운동임을 알 수 있다.
전남 광주로 통학하는 열차에서 일본 남학생이 한국 여학생을 희롱한 사건을 계기로 한·일 학생 사이에 충돌이 일어났다. 경찰과 교육 당국이 일본인 학생만 두둔하자 광주 등지의 학생들은 민족 차별 중지와 식민지 교육 제도 철폐를 요구하며 궐기하였고, 전국 규모의 항일 투쟁으로 확대되었다.

> **선지분석**

① 조선 형평사를 중심으로 전개되었다.
  ➡ 형평 운동에 대한 설명이다.
② 순종의 인산일을 기회로 삼아 추진되었다.
  ➡ 6·10 만세 운동에 대한 설명이다.
③ 대한민국 임시 정부 수립에 영향을 주었다.
  ➡ 3·1 운동에 대한 설명이다.
④ 국내에서 민족 유일당 운동이 시작되는 계기가 되었다.
  ➡ 6·10 만세 운동에 대한 설명이다.
✓ 신간회 중앙 본부가 진상 조사단을 파견하여 지원하였다.
  ➡ 신간회는 광주 학생 항일 운동을 지원하기 위해 진상 조사단을 파견하고 민중 대회를 개최하고자 하였다.

> **정답**   01 ④   02 ③   03 ⑤   04 ⑤

18강② 민족 유일당 운동과 사회적 민족 운동

01 (가) 단체의 활동으로 옳은 것은? [심화 50회]

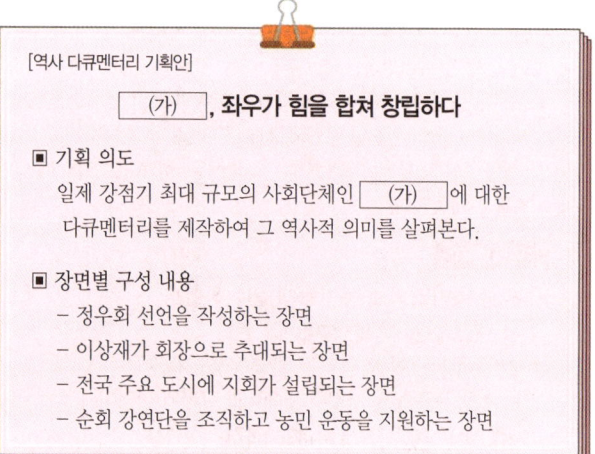

[역사 다큐멘터리 기획안]

(가), 좌우가 힘을 합쳐 창립하다

■ 기획 의도
일제 강점기 최대 규모의 사회단체인 (가) 에 대한 다큐멘터리를 제작하여 그 역사적 의미를 살펴본다.

■ 장면별 구성 내용
- 정우회 선언을 작성하는 장면
- 이상재가 회장으로 추대되는 장면
- 전국 주요 도시에 지회가 설립되는 장면
- 순회 강연단을 조직하고 농민 운동을 지원하는 장면

① 평양에 자기 회사를 설립하였다.
② 2·8 독립 선언서를 작성하여 발표하였다.
③ 제국신문을 발행하여 민중 계몽에 힘썼다.
④ 어린이날을 제정하고 잡지 어린이를 간행하였다.
⑤ 광주 학생 항일 운동에 진상 조사단을 파견하였다.

02 (가) 단체에 대한 설명으로 옳은 것은? [심화 56회]

【이달의 독립운동가】

민족 독립과 여성 해방을 꿈꾼
박차정(朴次貞)
(1910~1944)

부산 동래 출신. 1927년 신간회의 자매단체로 결성된 (가) 의 중앙 집행 위원으로 활동하였다. 광주 학생 항일 운동에 동조하여 서울에서 시위를 주도하였다가 불구속으로 나온 후 중국으로 망명하였다. 1938년 조선 의용대의 부녀 복무 단장이 되어 남편 김원봉과 함께 무장 투쟁을 활발히 전개하였다. 이듬해 쿤룬산 전투에서 부상을 당해 후유증으로 순국하였다.

① 상하이에서 대동단결 선언을 발표하였다.
② 일제의 황무지 개간권 요구를 저지하였다.
③ 여성 교육을 위해 배화 학당을 설립하였다.
④ 조선 여성의 단결과 지위 향상을 목표로 하였다.
⑤ 어린이 등의 잡지를 발간하여 소년 운동을 주도하였다.

03 밑줄 그은 '이 사건' 이후의 사실로 옳은 것은? [심화 50회]

이 사진은 을밀대 지붕 위에서 고공 농성을 벌이는 강주룡의 모습입니다. 그녀는 대공황 이후 열악해진 식민지 노동 환경에서 임금 삭감 등에 반대하며 평원 고무 공장 쟁의를 주도하였습니다. 이 사건은 자본가와 일제에 맞선 반제국주의 항일 투쟁이라는 점에서 의미가 있습니다.

① 조선 노동 총동맹과 조선 농민 총동맹이 창립되었다.
② 전국 단위의 조직인 조선 노동 공제회가 조직되었다.
③ 전시 징용 정책에 반대하여 동방 광산 광부들이 투쟁하였다.
④ 회사 설립 시 총독의 허가를 받도록 하는 회사령이 제정되었다.
⑤ 일본인 감독의 한국인 구타 사건을 계기로 원산 총파업이 일어났다.

04 밑줄 그은 '이 운동'에 대한 설명으로 옳은 것은? [심화 51회]

진주에 있는 이곳은 독립운동가 강상호 선생의 묘입니다. 그는 '공평은 사회의 근본이요, 애정은 인류의 본령'이라는 취지 아래 백정에 대한 권익 보호를 목적으로 전개된 이 운동에 앞장섰습니다.

① 어린이날을 정하고 잡지 어린이를 발간하였다.
② 조선 형평사를 조직하여 사회적 차별에 맞섰다.
③ 계몽 서적의 보급을 위해 태극 서관을 설립하였다.
④ 일제가 이른바 문화 통치를 실시하는 결과를 가져왔다.
⑤ 라이징 선 석유 회사의 조선인 구타 사건을 계기로 시작되었다.

01 민족 유일당 운동

자료에서 일제 강점기 최대 규모의 사회 단체라고 한 점, 다큐멘터리 구성 내용에 정우회 선언의 작성 장면과 이상재가 회장으로 추대되는 장면, 전국의 지회 설립 등이 제시되어 있는 점 등을 통해 (가) 단체가 신간회임을 알 수 있다.

> **선지분석**
> ① 평양에 자기 회사를 설립하였다.
>   ➡ 신민회에 대한 설명이다.
> ② 2·8 독립 선언서를 작성하여 발표하였다.
>   ➡ 조선 청년 독립단에 대한 설명이다.
> ③ 제국신문을 발행하여 민중 계몽에 힘썼다.
>   ➡ 이종일에 대한 설명이다.
> ④ 어린이날을 제정하고 잡지 어린이를 간행하였다.
>   ➡ 천도교 소년회에 대한 설명이다.
> ✓ 광주 학생 항일 운동에 진상 조사단을 파견하였다.
>   ➡ 비타협적 민족주의 세력과 사회주의 세력의 결합으로 설립된 신간회는 1929년 광주 학생 항일 운동에 진상 조사단을 파견하여 지원하였다.

02 사회적 민족 운동

자료의 '박차정', '신간회의 자매단체' 등을 통해 (가) 단체가 근우회임을 알 수 있다.

1920년대부터 여러 여성 단체가 결성되었다. 1927년에는 신간회 결성에 자극을 받아 비타협적 민족주의 계열과 사회주의 계열의 여성 인사들이 근우회를 결성하였다. 근우회는 여성 계몽과 구습 타파를 주장하였고, 전국을 순회하면서 강연회를 개최하였다. 또한 노동 운동과 농민 운동에도 적극 참여하였다.

> **선지분석**
> ① 상하이에서 대동단결 선언을 발표하였다.
>   ➡ 신규식 등에 대한 설명이다.
> ② 일제의 황무지 개간권 요구를 저지하였다.
>   ➡ 보안회에 대한 설명이다.
> ③ 여성 교육을 위해 배화 학당을 설립하였다.
>   ➡ 미국인 개신교 선교사인 캠벨에 대한 설명이다.
> ✓ 조선 여성의 단결과 지위 향상을 목표로 하였다.
>   ➡ 근우회는 '조선 여자의 공고한 단결 도모', '조선 여자의 지위 향상' 등을 목표로 활동하였다.
> ⑤ 어린이 등의 잡지를 발간하여 소년 운동을 주도하였다.
>   ➡ 천도교 소년회에 대한 설명이다.

03 사회적 민족 운동

자료에서 을밀대 지붕 위에서 강주룡이 고공 농성을 벌이고 있는 것으로 보아 1931년의 상황임을 알 수 있다.

강주룡은 1931년 평양의 평원 고무 공장의 열악한 노동 환경과 임금 삭감 등에 항의하며 노동 운동을 전개하였다.

> **선지분석**
> ① 조선 노동 총동맹과 조선 농민 총동맹이 창립되었다.
>   ➡ 1927년의 사실이다.
> ② 전국 단위의 조직인 조선 노동 공제회가 조직되었다.
>   ➡ 1920년의 사실이다.
> ✓ 전시 징용 정책에 반대하여 동방 광산 광부들이 투쟁하였다.
>   ➡ 전시 징용 정책에 반대하여 동방 광산 광부들이 투쟁을 전개한 것은 1942년의 사실이다.
> ④ 회사 설립 시 총독의 허가를 받도록 하는 회사령이 제정되었다.
>   ➡ 1910년의 사실이다.
> ⑤ 일본인 감독의 한국인 구타 사건을 계기로 원산 총파업이 일어났다.
>   ➡ 1929년의 사실이다.

04 사회적 민족 운동

자료에서 '진주', '백정에 대한 권익 보호를 목적으로 전개' 등을 통해 밑줄 그은 '이 운동'이 형평 운동임을 알 수 있다.

1894년 갑오개혁으로 법적인 신분 제도는 폐지되었으나 백정에 대한 사회적 편견이나 차별은 여전하였다. 이에 백정들은 신분 차별과 멸시를 타파하고자 경상남도 진주에서 조선 형평사를 조직하여(1923) 형평 운동을 전개하였다.

> **선지분석**
> ① 어린이날을 정하고 잡지 어린이를 발간하였다.
>   ➡ 소년 운동에 대한 설명이다.
> ✓ 조선 형평사를 조직하여 사회적 차별에 맞섰다.
>   ➡ 백정들은 진주에서 조선 형평사를 조직하고 형평 운동을 전개하였다.
> ③ 계몽 서적의 보급을 위해 태극 서관을 설립하였다.
>   ➡ 신민회에 대한 설명이다.
> ④ 일제가 이른바 문화 통치를 실시하는 결과를 가져왔다.
>   ➡ 3·1 운동에 대한 설명이다.
> ⑤ 라이징 선 석유 회사의 조선인 구타 사건을 계기로 시작되었다.
>   ➡ 원산 총파업에 대한 설명이다.

> **정답** 01 ⑤ 02 ④ 03 ③ 04 ②

18강 ③ 민족 문화 수호 운동

01 다음 가상 인터뷰의 주인공에 대한 설명으로 옳은 것은? [심화 48회]

① 민족의 얼을 강조하고 조선학 운동을 추진하였다.
② 진단 학회를 설립하여 실증주의 사학을 발전시켰다.
③ 조선사 편수회에 들어가 조선사 편찬에 참여하였다.
④ 유물 사관을 바탕으로 조선사회경제사를 저술하였다.
⑤ 한국통사를 저술하고 민족주의 사학의 기초를 닦았다.

02 (가) 단체에 대한 설명으로 옳은 것은? [심화 50회]

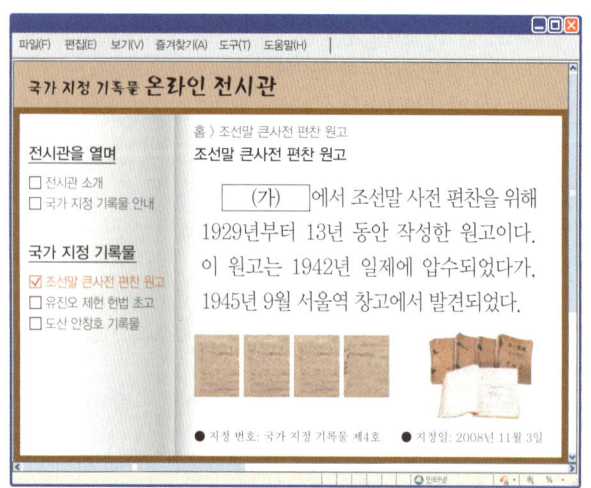

① 국어 문법서인 대한문전을 편찬하였다.
② 한글 맞춤법 통일안과 표준어를 제정하였다.
③ 우리말 음운 연구서인 언문지를 저술하였다.
④ 한글 연구를 목적으로 학부 아래에 설립되었다.
⑤ 주시경을 중심으로 국문을 정리하고 철자법을 연구하였다.

03 (가) 종교에 대한 설명으로 옳은 것은? [심화 55회]

> 공의 이름은 인영(寅永)인데, 뒤에 철(喆)로 고쳤다. …… 보호 조약이 체결된 뒤에 동지와 함께 오적(五賊)의 처단을 모의하였는데, 1907년에 계획이 새어 나가 일을 그르쳤다. 뒤에 (가) 을/를 제창하고 교주를 자임하였는데, 이를 바탕으로 국민을 진흥하려고 하였다. 일찍이 북간도에 가서 그의 무리와 함께 발전을 도모하였다. …… 그의 문인(門人)들은 그를 숭상하여 오백 년 이래 다시 없는 대종사로 여겼다.
> - 『유방집』 -

① 사찰령 폐지 운동을 추진하였다.
② 개벽, 신여성 등의 잡지를 발행하였다.
③ 중광단을 결성하여 무장 투쟁을 전개하였다.
④ 배재 학당을 세워 신학문 보급에 기여하였다.
⑤ 박중빈을 중심으로 새생활 운동을 추진하였다.

04 (가) 인물의 활동으로 옳은 것은? [심화 57회]

① 조선상고사를 저술하였다.
② 소설 상록수를 신문에 연재하였다.
③ 저항시 광야, 절정 등을 발표하였다.
④ 영화 아리랑의 제작과 감독을 맡았다.
⑤ 별 헤는 밤, 참회록 등의 시를 남겼다.

01 국학 연구

자료에서 '한국독립운동지혈사를 저술' 등을 통해 가상 인터뷰의 주인공이 박은식임을 알 수 있다.
박은식은 독립운동가이자 역사학자이다. 대한매일신보 주필로 활동하다가, 중국으로 망명하여 민족 운동에 주력하였다. 1925년에는 대한민국 임시 정부의 대통령에 취임하였다. 저서로는 『한국통사』, 『한국독립운동지혈사』 등이 있다.

▶ 선지분석
① 민족의 얼을 강조하고 조선학 운동을 추진하였다.
  ➡ 정인보에 대한 설명이다.
② 진단 학회를 설립하여 실증주의 사학을 발전시켰다.
  ➡ 이병도, 손진태 등에 대한 설명이다.
③ 조선사 편수회에 들어가 조선사 편찬에 참여하였다.
  ➡ 최남선, 이병도 등에 대한 설명이다.
④ 유물 사관을 바탕으로 조선사회경제사를 저술하였다.
  ➡ 백남운에 대한 설명이다.
✓⑤ 한국통사를 저술하고 민족주의 사학의 기초를 닦았다.
  ➡ 《한국통사》는 일제의 침략에 따른 고통의 역사를 서술한 박은식의 저서이다.

02 국학 연구

자료에서 『조선말 큰사전』 편찬을 위한 원고가 제시되었다는 사실을 통해 (가) 단체가 조선어 학회임을 알 수 있다.
조선어 연구회를 계승한 조선어 학회는 『조선말(우리말) 큰사전』 편찬을 시도하였고, 한글 맞춤법 통일안과 표준어를 제정하였다. 그러나 1942년 조선어 학회 사건으로 인해 조직이 와해되었다.

▶ 선지분석
① 국어 문법서인 대한문전을 편찬하였다.
  ➡ 유길준에 대한 설명이다.
✓② 한글 맞춤법 통일안과 표준어를 제정하였다.
  ➡ 조선어 학회는 한글 맞춤법 통일안과 표준어를 제정하였다.
③ 우리말 음운 연구서인 언문지를 저술하였다.
  ➡ 유희에 대한 설명이다.
④ 한글 연구를 목적으로 학부 아래에 설립되었다.
  ➡ 국문 연구소에 대한 설명이다.
⑤ 주시경을 중심으로 국문을 정리하고 철자법을 연구하였다.
  ➡ 국문 연구소에 대한 설명이다.

03 종교·문예

자료에서 이름이 철이라는 점, 오적 처단을 모의하였다는 점, 북간도에서 활동하였다는 점 등을 통해 (가) 종교가 나철이 창시한 대종교임을 알 수 있다.
나철(나인영)은 독립운동가이자 종교인으로, 을사늑약 체결 직후에 자신회를 조직하여 을사오적 암살을 시도하였다. 1909년에는 단군을 모시는 단군교를 창시하였고, 이후 교명을 대종교로 개칭하였다. 나철은 일제의 종교 탄압이 점점 심해지자 만주 북간도에 지사를 설치하여 교리의 체계화에 힘을 기울였다.

▶ 선지분석
① 사찰령 폐지 운동을 추진하였다.
  ➡ 불교에 대한 설명이다.
② 개벽, 신여성 등의 잡지를 발행하였다.
  ➡ 천도교에 대한 설명이다.
✓③ 중광단을 결성하여 무장 투쟁을 전개하였다.
  ➡ 대종교는 서일을 단장으로 중광단을 조직하여 항일 무장 투쟁을 전개하였다.
④ 배재 학당을 세워 신학문 보급에 기여하였다.
  ➡ 개신교에 대한 설명이다.
⑤ 박중빈을 중심으로 새생활 운동을 추진하였다.
  ➡ 원불교에 대한 설명이다.

04 종교·문예

자료의 '서시', '북간도 출신' 등을 통해 (가) 인물이 윤동주임을 알 수 있다.

▶ 선지분석
① 조선상고사를 저술하였다.
  ➡ 신채호에 대한 설명이다.
② 소설 상록수를 신문에 연재하였다.
  ➡ 심훈에 대한 설명이다.
③ 저항시 광야, 절정 등을 발표하였다.
  ➡ 이육사에 대한 설명이다.
④ 영화 아리랑의 제작과 감독을 맡았다.
  ➡ 나운규에 대한 설명이다.
✓⑤ 별 헤는 밤, 참회록 등의 시를 남겼다.
  ➡ 윤동주는 「자화상」, 「서시」, 「쉽게 쓰여진 시」, 「별 헤는 밤」 등의 작품을 남겼다. 1943년에 치안 유지법 위반 혐의로 일본 경찰에 검거되어 2년 형을 선고받은 뒤 광복을 앞두고 28세의 나이로 형무소에서 순국하였다.

▶ 정답 01 ⑤ 02 ② 03 ③ 04 ⑤

단원 마무리 — 16~18강 일제 강점기

일제의 식민 통치 방식

시기	통치 형태	정치	경제	사회·문화
1910년대	무단 통치	• 조선 총독부 설치 • 헌병 경찰제 실시 • 조선 태형령 실시	• 토지 조사 사업 실시 • 회사령 공포(허가제) • 삼림령, 임야 조사령, 어업령 발표	집회·결사·출판의 자유 탄압
1920년대	문화 통치	• 보통 경찰제 실시 • 문관 총독 임명 공약(실제로 이루어지지 않음) • 민족 분열 통치	• 산미 증식 계획 • 회사령 철폐	• 민족 신문 창간 허용(검열 강화) • 교육 기회 확대(초등 교육, 기술 교육만 확대)
1930년대 후반 이후	민족 말살 통치	대륙 침략	• 병참 기지화 정책 • 농촌 진흥 운동 • 국가 총동원법	황국 신민화 정책 실시

일제의 민족 말살 정책

배경	• 일본 국내 군국주의의 성장 • 일본의 대륙 침략 정책 추진
내용	• 민족 말살(내선일체·일선 동조론 주장, 창씨개명 강요, 조선어 사용 금지 등) • 황국 신민화 정책(황국 신민 서사 암송, 신사 참배 강요)
독립운동가 탄압	• 조선 사상범 보호 관찰령(1936): 일제의 사상 통제책, 치안 유지법 위반자 출소 시 보호 관찰 • 조선 사상범 예방 구금령(1941): 예비 구속의 합법화
언론 탄압	조선일보, 동아일보 폐간(1940)

3·1 운동

배경	• 고종 독살설 유포 • 러시아 혁명, 윌슨의 민족 자결주의, 국외 독립 선언(도쿄의 2·8 독립 선언)
전개	종교계 인사와 학생들이 연합하여 시위 준비 및 비폭력 평화 시위 전개 → 전국적으로 시위 규모 확대 → 일제의 무자비한 탄압에 무력 투쟁 전개 → 만주, 연해주, 미주, 일본 등 국외로 확산
의의	• 일제의 통치 방식 변화: 무단 통치 → 이른바 문화 통치 • 대한민국 임시 정부 수립의 계기가 됨 • 세계 민족 운동에 자극: 중국의 5·4 운동 등

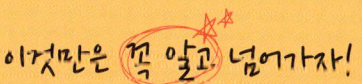

1920년대 무장 독립 전쟁

봉오동·청산리 전투 (1920)	• 봉오동 전투: 홍범도의 대한 독립군 등이 일본군에 승리 • 청산리 전투: 김좌진의 북로 군정서, 홍범도의 대한 독립군 등이 연합하여 일본군에 승리(독립군 사상 최대 규모의 승리)
자유시 참변 (1921)	소련의 독립군 무장 해제 요구 → 지휘권 다툼과 러시아 적군의 공격으로 많은 희생자 발생
3부 형성 (1923~1925)	• 만주 지역 독립운동 단체 통합 운동 • 참의부(압록강 연안), 정의부(남만주 일대), 신민부(북만주 일대)
미쓰야 협정 (1925)	만주 군벌이 일본의 독립군 탄압에 대해 협조함
3부 통합 운동 (1928~1929)	• 민족 유일당의 기치 아래 활발한 통합 운동 • 혁신 의회(북만주)와 국민부(남만주)로 통합

의열단

배경		3·1 운동 이후 무장 독립운동의 필요성 대두
조직		김원봉, 윤세주 등이 만주에서 조직(1919)
활동	1920년대	일제 요인·민족 반역자 암살 등의 활동을 통해 애국심 고취 및 민중 직접 혁명 추구 → 개별적 투쟁의 한계, 황푸 군관 학교 입교(1926)
	1930년대	• 조선 혁명 간부 학교 설립(1932) • 민족 혁명당 결성

실력 양성 운동

물산 장려 운동	• 조만식 등이 평양에서 조선 물산 장려회 설립(1920) • 국산품 장려 및 민족 경제의 자립 목적 • '내 살림 내 것으로'·'조선 사람 조선 것으로' 등 토산물 애용 구호, 일본 상품 배척, 소비 절약 등 • 일제의 방해, 사회주의 계열의 비판
민립 대학 설립 운동	• 이상재 등이 조선 민립 대학 기성회 조직(1923) • 일제의 우민화 정책에 저항, 대학 설립을 통한 민족 인재 육성이 목적 • '한민족 1천만이 한 사람이 1원씩' 등의 구호로 모금 운동 전개
문자 보급 운동	언론계(조선일보 주도)를 중심으로 문맹 퇴치 운동 전개(1929~1934)
브나로드 운동	동아일보 주도로 농촌 계몽 운동 전개(1931~1934)

19~20강 현대 사회

19강
1. 8·15 광복과 통일 정부 수립 노력
2. 대한민국 정부 수립과 6·25 전쟁

20강
1. 이승만 정부~장면 내각
2. 박정희 정부
3. 전두환 정부~현재
4. 통일을 위한 노력과 사회 변화

| 1945 광복 | 1946 좌우 합작 위원회 출범 | 1948 대한민국 정부 수립 | 1950~1953 6·25 전쟁 | 1960 4·19 혁명 | 1961 5·16 군사 정변 |

기출로 보는 키워드	3개년 평균 출제 비중
1위 좌우 합작 운동	**4.8** 문항
2위 호헌 철폐, 독재 타도	9.6%
3위 최초의 남북 이산가족 상봉	
4위 금융 실명제	
5위 3·1 민주 구국 선언	

1964 베트남 파병

1980 5·18 민주화 운동

1987 6월 민주 항쟁

1997 외환 위기

2000 제1차 남북 정상 회담

2010 서울 G20 정상 회의

19강 ① 8·15 광복과 통일 정부 수립 노력

19~20강 현대 사회

주요 사건 흐름

1945.8.	1945.12.	1946~1947	1948.4.
광복	모스크바 3국 외상 회의	좌우 합작 운동	남북 협상

1 8·15 광복과 정치 상황

★(1) 광복 직전 건국 준비 활동

대한민국 임시 정부	• 1940년 충칭에 정착한 이후부터 광복 후 독립 국가 수립을 위한 건국 준비 • 삼균주의에 기반한 민족의 자유와 독립, 민주주의 국가 건설 등의 건국 강령 발표
조선 독립 동맹 (1942)	• 중국 옌안을 거점으로 김두봉 등 사회주의 계열의 세력이 조직하여 건국 준비 • 민주 공화국 수립, 남녀 평등, 토지 분배, 대기업 국유화 등의 강령 발표
조선 건국 동맹 (1944)	• 국내에서 여운형 등이 일제의 패망에 대비하기 위해 좌우 세력을 연합하여 건국 준비 • 민족의 자유와 독립, 민주주의 국가 건설 등의 건국 강령 발표

→ 광복 직후 조선 건국 준비 위원회로 개편

(2) 8·15 광복과 38도선의 획정

① 국제 사회의 한국 독립 약속

카이로 회담(1943)	한국을 적절한(적당한) 시기에 독립시키기로 결의
포츠담 회담(1945)	한국의 독립을 재확인

② 8·15 광복(1945): 제2차 세계 대전에서 연합국이 승리한 것과 우리 민족의 독립운동에 대한 결실로 광복이 이루어짐

③ 미·소군의 진주: 일본군의 무장 해제를 구실로 미국과 소련이 38도선을 경계로 주둔

38도선 이남	미군정의 직접 통치 → 일제 강점기 관료·경찰 유지, 정부를 표방하는 세력 불인정
38도선 이북	소군정의 간접 통치 → 공산주의 정권 수립 지원, 민족주의 인사 대거 숙청

↳ 조만식 등

시험에 나오는 자료 카이로 회담

중국(장제스), 미국(루스벨트), 영국(처칠)의 수뇌가 이집트 카이로에서 만나 제2차 세계 대전 종결 이후 일본 처리 문제를 논의한 회담입니다. 회담 직후 발표한 선언문에는 한국을 적당한 시기에 독립시키겠다는 내용이 포함되어 있어요.

(3) 광복 직후 국내 정치 상황

① 조선 건국 준비 위원회(1945.8.): 조선 건국 동맹 세력을 기반으로 조직됨
  → 전국 각 지역에 인민 위원회 조직
  • 결성: 여운형과 안재홍 중심으로 좌·우익이 합작하여 조선 건국 준비 위원회를 출범하였으나, 점차 좌익의 영향력이 커지면서 안재홍 등 우익 계열 인사들이 중도 이탈
  • 활동: 전국에 지부 설치 및 치안대 조직 → 조선 인민 공화국 선포(1945.9.) 후 해체

최빈출 핵심 선지

• **카이로 회담**에서 미국, 영국, 중국이 한국의 독립을 처음으로 약속하였다.
• 광복과 함께 **여운형**이 중심이 되어 **조선 건국 준비 위원회**를 결성하였다.
• 조선 건국 준비 위원회는 전국에 **지부**를 설치하고 **치안대**를 조직하였다.
• 조선 건국 준비 위원회는 **조선 인민 공화국**을 수립하고 전국 각 지역에 인민 위원회를 조직하였다.
• **모스크바 3국 외상 회의**에서 한반도 내 임시 민주 정부 수립, **미·소 공동 위원회 개최** 등이 결의되었다.
• 모스크바 3국 외상 회의에서 최고 5년간의 **신탁 통치** 실시가 결의되었다.

▶ 여운형

▶ 우익(우파)과 좌익(좌파)

우익(우파)은 보수주의적이거나 온건주의적 경향을 지닌 파(경향)를 의미하고, 좌익(좌파)은 진보적이거나 급진적인 경향을 지닌 파(경향)를 의미합니다. 과거 프랑스 혁명 때 국민 의회에서 프랑스의 변화를 요구하는 집단이 왼쪽에, 기존 체제를 유지하려는 집단이 오른쪽에 앉았던 데에서 유래되었습니다.

② 여러 정치 세력

성향	단체	특징
우익	한국 민주당	송진우, 김성수 등 주도
우익	독립 촉성 중앙 협의회	이승만 중심의 단체
우익	한국 독립당	김구 등 대한민국 임시 정부 인사 중심
좌익	남조선 노동당	박헌영 등이 조선 공산당에서 개편
중도	국민당	안재홍 등 중도 우익이 신민족주의 등 표방
중도	조선 인민당	여운형이 조선 인민 공화국 해체 후 결성

★ **(4) 모스크바 3국 외상 회의(1945.12.)**
① 목적: 러시아 모스크바에서 미국·영국·소련의 외무장관이 한반도 문제 등을 논의함
② 결정: 민주주의 임시 정부 수립, 미·소 공동 위원회 설치, 최고 5년 기한 4개국의 한반도 신탁 통치를 결정함 → 미국·영국·소련·중국
③ 국내 반응 → 김구, 이승만 등
  - 우익: 신탁 통치 반대 운동을 전개
  - 좌익: 초기에는 신탁 통치를 반대하였으나 모스크바 3국 외상 회의의 결정에 대한 총체적 지지로 선회함 → 소련의 지령에 국내 공산주의 세력이 영향을 받음
④ 결과: 통일 정부 수립을 두고 좌·우 대립이 격화되는 결과를 초래

2 통일 정부 수립 노력

(1) 제1차 미·소 공동 위원회(1946.3.~5.)
① 모스크바 3국 외상 회의의 결정에 따라 한국에 임시 정부를 수립하기 위해 개최됨
② 임시 민주 정부 수립 참가 단체를 둘러싼 대립으로 무기한 휴회에 들어감
  → 소련은 외상 회의 결정을 지지하는 단체로 한정할 것을 주장했고, 미국은 이에 반대함

(2) 이승만의 정읍 발언(1946.6.): 제1차 미·소 공동 위원회가 결렬되자, 이승만이 정읍에서 38도선 이북의 소련 철퇴 및 남한만의 단독 정부 수립을 주장하였고, 이를 한국 민주당이 지지함

> **시험에 나오는 사료** 이승만의 정읍 발언(1946)
>
> 이제 우리는 무기 휴회된 공위가 재개될 기색도 보이지 않으며 통일 정부를 고대하나 여의케 되지 않으니, 우리는 남방만이라도 임시 정부 혹은 위원회 같은 것을 조직하여 38 이북에서 소련이 철퇴하도록 세계 공론에 호소하여야 될 것이니, 여러분도 결심하여야 될 것이다. 그리고 민족 통일 기관 설치에 대하여 지금까지 노력하여 왔으나 이번에는 우리 민족의 대표적 통일 기관을 귀경한 후 즉시 설치하게 되었으니 각 지방에 있어서도 중앙의 지시에 순응하여 조직적으로 활동하여 주기 바란다.

★ **(3) 좌우 합작 운동(1946~1947)**
① 배경: 좌·우익의 대립 심화 → 이승만 등 우익 측에서 단독 정부 수립 움직임이 등장 → 신탁 통치 문제
② 주도: 중도 좌파 여운형과 중도 우파 김규식이 중도 세력을 중심으로 좌우 합작 위원회를 결성하였고, 이를 미군정이 지원함

최빈출 핵심 선지

- 제1차 미·소 공동 위원회가 무기 휴회되자 이승만은 정읍에서 남한만의 단독 정부 수립을 주장하였다.
- 여운형과 김규식 등 중도 세력은 미군정의 후원을 받아 좌우 합작 운동을 전개하였다.
- 좌우 합작 위원회는 토지 개혁 등을 포함한 좌우 합작 7원칙을 발표하였다.
- 제2차 미·소 공동 위원회가 결렬되자 미국은 한반도 문제를 유엔에 상정하였다.
- 유엔 총회에서 한반도에서 인구 비례에 의한 총선거 실시를 결의하였다.
- 김구와 김규식 등은 통일 정부 수립을 위해 남북 협상을 추진하였다.

▶ 미·소 공동 위원회

③ **좌우 합작 7원칙** 발표(1946.10.): 모스크바 3국 외상 회의 결정 지지, 토지 개혁 실시, 친일파 처리 등이 포함
④ 결과: 김구·이승만·박헌영 등 많은 정치 세력의 불참, 여운형의 피살(1947), 냉전 체제 격화에 따른 미군정의 지원 철회 등으로 실패

> 좌우 합작 위원회

시험에 나오는 사료 좌우 합작 7원칙

1. 조선의 민주 독립을 보장한 삼상 회의 결정에 의하여 남북을 통한 좌우 합작으로 민주주의 임시 정부를 수립할 것
2. 미·소 공동 위원회 속개를 요청하는 공동 성명을 발표할 것
3. 토지 개혁에 있어서 몰수, 유조건 몰수, 체감매상(遞減買上) 등으로 토지를 농민에게 무상으로 나누어 주며, 시가지의 기지와 큰 건물을 적정 처리하며, 중요 산업을 국유화하며, 사회 노동 법령과 정치적 자유를 기본으로 지방 자치제의 확립을 속히 실시하며, 통화와 민생 문제 등을 급속히 처리하여 민주주의 건국 과업 완수에 매진할 것
4. 친일파, 민족 반역자를 처리할 조례를 본 합작 위원회에서 입법 기구에 제안하여 입법 기구로 하여금 심리 결정하여 실시케 할 것
7. 전국적으로 언론, 집회, 결사, 출판, 교통, 투표 등 자유를 절대 보장되도록 노력할 것

(4) 한국 문제의 유엔 상정

① 배경: 제2차 미·소 공동 위원회(1947.5.~10.)의 결렬, 냉전 체제로 미·소 대립 구도 심화
② 과정: 미국이 한국 문제를 유엔에 상정 → 유엔 총회에서 **인구 비례에 따라 총선거를 실시하기로 결의**함(1947.11.) → 소련과 북한은 유엔 한국 임시 위원단의 입북을 거부함 → 유엔 소총회에서 '**위원단이 접근 가능한 지역의 총선거**'를 결의함(1948.2.)
└ 사실상 남한 지역만의 총선거 결의

시험에 나오는 사료 유엔 총회 결의

총회가 당면하고 있는 한국 문제는 근본적으로 한국민 자체의 문제이며 그 자유와 독립에 관련된 문제이므로 …… 총회는 한국 대표가 한국 주재 군정 당국에 의하여 지명된 자가 아니라 한국민에 의하여 실제로 정당하게 선출된 자라는 것을 감시하기 위하여, 조속히 유엔 한국 임시 위원단을 설치하여 한국에 주재케 하고, 이 위원단에게 한국 전체를 여행·감시·협의할 수 있는 권한을 부여할 것을 결의한다.

(5) 남북 협상(1948.4.)

① 배경: 남한만의 단독 선거 움직임
② 과정: 김구와 김규식이 남북 지도자 회의를 제의 → **김구와 김규식**이 평양에서 김일성, 김두봉 등 북측 지도자들과 만남(남북 연석 회의, 1948.4.) → 외국 군대 즉시 철수, 남한 단독 선거 반대, 조선 정치 회의 구성을 통한 총선거 등의 내용을 포함한 공동 성명을 발표
   → 전 조선 정당 사회단체 대표자 연석 회의
   → 남북 조선 정당·사회 단체 공동 성명서
③ 결과: 특별한 성과로 이어지지 못하였음 → 남한만 5·10 총선거 시행

> 남북 협상을 위해 38도선에 선 김구 일행

19강 ② 대한민국 정부 수립과 6·25 전쟁

19~20강 현대 사회

주요 사건 흐름

1948.4.	1948.5.	1948.9.	1950
제주 4·3 사건	5·10 총선거	반민족 행위 처벌법 제정	6·25 전쟁

1 대한민국 정부 수립과 제헌 국회

(1) 정부 수립 과정의 갈등

① 제주 4·3 사건(1948.4.)
  - 과정: 제주의 좌익 세력이 5·10 총선거를 반대하며 무장 봉기함 → 제주도 지역구 3곳 중 2곳에서 5·10 총선이 무효화됨
  - 영향
    - 진압 과정에서 수많은 민간인이 희생을 당함
    - 2000년에 '제주 4·3 사건 진상 규명 및 희생자 명예 회복에 관한 특별법'이 제정됨

② 여수·순천 10·19 사건(1948.10.)
  - 과정: 제주 4·3 사건 진압을 위해 여수에 주둔해 있던 군대에 제주도 파견 명령 → 군대 내 좌익 세력이 출동 반대 → 통일 정부 수립 등의 구호를 내세우며 반란
  - 영향
    - 진압 후 잔여 세력이 지리산 등지에서 게릴라 활동 전개
    - 국가 보안법 제정과 국민 보도 연맹 조직에 영향을 줌

(2) 대한민국 정부의 수립

① 5·10 총선거(1948.5.10.): 우리나라 최초의 민주 보통 선거, 제헌 국회 의원 선출 ┌ 임기 2년
② 제헌 헌법 공포(1948.7.17.): 국호 대한민국, 대통령 중심제, 삼권 분립, 국회 간접 선거로 정·부통령 선출, 대통령 임기 4년
③ 대한민국 정부 수립(1948.8.15.): 초대 대통령 이승만, 부통령 이시영
④ 유엔의 승인(1948.12.): 유엔에서 대한민국을 한반도 내에서 유엔 한국 임시 위원단의 선거 관리가 가능했던 유일한 합법 정부로 승인함

시험에 나오는 사료 제헌 헌법

제32조 국회는 보통, 직접, 평등, 비밀 선거에 의하여 공선된 의원으로써 조직한다. 국회 의원의 선거에 관한 사항은 법률로써 정한다. ┌ 간접 선거(대통령)
제53조 대통령과 부통령은 국회에서 무기명 투표로써 각각 선거한다. 전항의 선거는 재적 의원 3분의 2 이상의 출석과 출석 의원 3분의 2 이상의 찬성 투표로써 당선을 결정한다.
제55조 대통령과 부통령의 임기는 4년으로 한다. 단, 재선에 의하여 1차 중임할 수 있다.
제102조 이 헌법을 제정한 국회는 이 헌법에 의한 국회로서의 권한을 행하며, 그 의원의 임기는 국회 개회일로부터 2년으로 한다.

최빈출 핵심 선지

- 남한만의 단독 선거 결정에 반발하여 일어난 봉기를 진압하는 과정에서 제주 4·3 사건이 일어났다.
- 1948년에 우리나라 최초의 보통 선거인 5·10 총선거가 실시되었다.
- 5·10 총선거에 따라 제헌 국회가 구성되었다.
- 제헌 국회의원의 임기는 2년이었고, 제헌 헌법을 제정하였다.
- 제헌 국회의 간접 선거를 통해 초대 대통령으로 이승만이 선출되었다.
- 제헌 국회는 친일파를 청산하기 위해 반민족 행위 처벌법을 제정하였다.
- 제헌 국회는 유상 매수·유상 분배 원칙의 농지 개혁법을 제정하였다.
- 제헌 국회는 일제 강점기에 일본 회사 소유의 재산을 처리하는 귀속 재산 처리법을 제정하였다.

★ (3) 제헌 국회의 활동

① 반민족 행위 처벌법(반민법) 제정(1948.9.)

배경	• 다수의 국민이 민족 반역자와 친일파 처단을 요구함 • 제헌 헌법에서 반민족 행위자를 소급 처벌할 수 있는 근거를 마련함
내용	• 일제 강점기의 반민족 행위 처벌, 재산 몰수, 공민권 제한 등의 조항 마련 • 반민족 행위 처벌법에 근거해 반민족 행위 특별 조사 위원회·특별 재판부·특별 검찰부 등 설치 └ 반민특위
활동 과정	친일 혐의자인 박흥식, 노덕술, 최린, 최남선, 이광수 등 체포·조사 → 이승만 정부는 반민 특위 활동에 소극적 태도를 보임 → 국회 프락치 사건, 반민 특위 습격 사태 등 친일파 청산을 방해함 → 반민 특위 활동 기간 축소로 약 1년 만에 해체되며 친일파 청산이 좌절됨 └ 반민법의 공소 시효가 1950년 6월에서 1949년 8월로 단축

> **국회 프락치 사건**
> 반민 특위 소속 국회 의원 일부가 공산당과 접촉했다는 이유로 구속된 사건입니다.

시험에 나오는 사료 | 반민족 행위 처벌법

제1조 일본 정부와 통모하여 한·일 합병에 적극 협력한 자, 한국의 주권을 침해하는 조약 또는 문서에 조인한 자와 모의한 자는 사형 또는 무기 징역에 처하고 그 재산과 유산의 전부 혹은 2분의 1 이상을 몰수한다.
제2조 일본 정부로부터 작위를 받은 자 또는 일본 제국 의회의 의원이 되었던 자는 무기 또는 5년 이상의 징역에 처하고, 그 재산과 유산의 전부 혹은 2분의 1 이상을 몰수한다.
제3조 일제하 독립운동자나 그 가족을 악의로 살상, 박해한 자 또는 이를 지휘한 자는 사형, 무기 또는 5년 이상의 징역에 처하고, 그 재산의 전부 혹은 일부를 몰수한다.

② 농지 개혁법 제정(1949.6.)

배경	• 일제 강점기를 지나며 지주 중심의 토지 제도가 고착화되어 토지 개혁에 대한 필요성 대두 • 소작농을 자작농화, 지주를 산업 자본가화하여 농업과 공업을 함께 발전시킬 필요성이 있었음
과정	1949년 농지 개혁법 통과 → 1950년 일부 개정·시행 → 6·25 전쟁으로 중단되었다가 전쟁 이후 재개 └ 농사 짓는 사람이 밭을 소유함
방식	• 남한에서는 '유상 매수, 유상 분배' 방식으로 개혁이 이루어짐 • 경자유전의 원칙에 따라 분배가 이루어졌고, 1가구당 3정보 이내로 토지 소유를 제한함
결과	지주 중심의 토지 소유 구조가 자영농 중심으로 변화하며 지주 계급이 소멸되고 자작농이 증가하였지만, 토지 매입금을 감당할 수 없는 영세 농민들은 몰락함
한계	• 농지 개혁이 지연되면서 법 시행 이전에 토지를 처분하는 지주들이 증가함 • 농민들이 다시 농지를 팔고 소작하는 경우가 적지 않았음

> **북한의 농지 개혁**
> 북한에서는 1946년부터 토지 개혁이 단행되었어요. 남한의 방식과 달리 '무상 몰수, 무상 분배' 방식으로 이루어졌지요. 또한 남한과 달리 '5정보' 이내로 제한하였다는 특징이 있어요.

③ 귀속 재산 처리법(1949.12.)

• 목적: 광복 직후 미군이 몰수한 한국 내 일본의 모든 공유 및 사유 재산을 적절하게 처리하기 위해 제정
• 과정: 미군정이 신한 공사를 두어 관리 → 대한민국 정부로 이관 → 귀속 재산 처리법 제정 → 민간 불하(1950년대에 대부분 처리됨) → 민간 기업 탄생

2 6·25 전쟁

(1) 배경

대외 정세	• 미국과 소련을 중심으로 한 냉전 체제가 점점 강화되는 상황 • 대한민국 정부가 수립된 이후 남한에서 미군이 철수하기 시작 • 중국의 공산화(1949) • 애치슨 선언(1950.1.): 미국이 태평양 지역 방위선에서 한반도를 제외하기로 한 선언을 발표

> **최빈출 핵심 선지**
> • 애치슨 선언이 발표되었다.
> • 국군과 유엔군은 인천 상륙 작전을 전개하여 서울을 수복하였다.
> • 흥남 철수 작전이 전개되었다.
> • 한·미 상호 방위 조약이 체결되었다.

한반도 상황	• 남한은 좌익 세력과 이승만 정부에 불만을 가진 세력들로 인해 정치적 혼란을 겪고 있었음 • 휴전선 근처에서는 지속적으로 남한과 북한의 크고 작은 교전들이 발생함 • 북한은 소련과 군사 비밀 협정을 체결하고, 중국의 지원으로 조선 의용군을 인민군에 편입하는 등 군사력을 강화함

★(2) 전개 과정

① 북한군 남침(1950.6.25.)
- 북한군의 기습 남침 3일 만에 서울 함락
- 남한군은 낙동강 전선까지 밀려 내려감

② 유엔군 참전
- **인천 상륙 작전**(1950.9.15.): 미국의 주도하에 유엔군 파견이 결정되어 국군과 유엔군이 낙동강 방어선을 구축하고 인천 상륙 작전을 전개
- 서울 수복(1950.9.28.): 인천 상륙 작전의 성공으로 서울 수복
- 압록강 유역 진격: 국군과 유엔군이 평양을 점령하고 압록강 유역까지 진출

③ 중국군 개입(1950.10.)
- **흥남 철수**(1950.12.15.): 중국군의 개입으로 전세가 불리해지자 함경남도 흥남에서 국군과 유엔군, 피란민이 철수함
- **1·4 후퇴**(1951.1.4.): 중국군의 공세에 밀려 서울이 재함락됨

④ 정전 회담
- 정전 회담 시작: 서울을 다시 수복한 뒤 38도선을 중심으로 전선이 교착된 상황에서 정전 협상에 돌입하였으나 휴전선 설정과 포로 교환 방식으로 대립
- **반공 포로 일부 석방**: 정전 협정에 불만을 품은 이승만 정부가 반공 포로를 일방적으로 석방함
  → 북은 강제 송환, 유엔군은 자유 송환 주장
- 정전 협정 체결(1953.7.27.): 군사 분계선을 확정하고 비무장 지대를 설정함

⑤ **한·미 상호 방위 조약 체결**(1953.10.): 한국과 미국 간에 한반도에 무력 충돌이 발생하는 경우 미국이 즉각 개입한다는 내용을 담은 한·미 상호 방위 조약이 체결됨

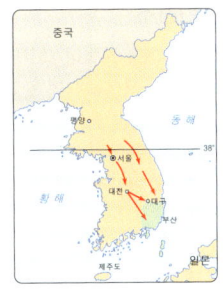
▲ 북한군의 남침

▲ 국군·유엔군의 반격

▲ 중국군의 개입

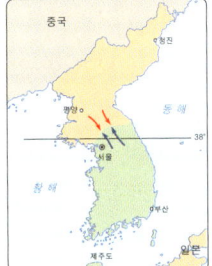
▲ 전선의 고착

(3) 결과

인적 피해	• 군인, 민간인 등 많은 사람이 다치거나 죽음 • 수많은 이산가족과 전쟁고아 등이 발생함
물적 피해	• 공장 등의 산업 시설과 주택, 학교, 도로 등 사회 기반 시설이 파괴됨 • 농토가 황폐화됨
사회적 변화	• 서로에 대한 적개심으로 인해 분단이 더욱 고착화되고, 반공 체제가 강화됨 • 남북 대치 상황을 이용해 남북한 각각에서 독재 체제를 강화함

20강 ① 이승만 정부~장면 내각

19~20강 현대 사회

주요 사건 흐름

- 1952 발췌 개헌
- 1954 사사오입 개헌
- 1958 진보당 사건
- 1960 4·19 혁명

1 이승만 정부 시기의 정치와 경제

(1) 발췌 개헌(1952.7.) → 6·25 전쟁 중 임시 수도였던 부산에서 기립 표결로 통과된 1차 개헌

① 배경: 제2대 국회 의원 선거(1950.5.) 결과 정부에 비판적인 무소속 출마자가 대거 당선되어 이승만 지지 세력이 급감함(국회 간접 선거로 이승만 대통령의 재선이 어려울 것으로 예상)

② 과정
- 자유당을 창당한 후 임시 수도 부산 일대에 계엄령을 선포함
- 헌병대를 동원해 야당 국회 의원을 연행한 후 헌법 개정안을 상정함(여당의 대통령 직선제 안과 야당의 내각 책임제 안을 발췌·절충)
- 국회에서 공포 분위기를 조성한 후 기립 표결로 개헌안을 통과시킴

③ 결과: 대통령 직선제 방식의 선거를 통해 이승만 대통령이 재선에 성공함(1952)

시험에 나오는 사료 — 발췌 개헌(1952)

- 제31조 입법권은 국회가 행한다. 국회는 민의원과 참의원으로써 구성한다. → 양원제 국회
- 제53조 대통령과 부통령은 국민의 보통, 평등, 직접, 비밀 투표에 의하여 각각 선거한다. → 대통령 직선제
- 제55조 대통령과 부통령의 임기는 4년으로 한다. 단, 재선에 의하여 1차 중임할 수 있다.

(2) 사사오입 개헌(1954.11.) → 2차 개헌

① 배경: 제3대 국회 의원 선거(1954)에서 자유당이 압승하며 이승만 대통령이 장기 집권을 시도함

② 과정: 초대 대통령에 한해 중임 제한 철폐 등의 내용이 담긴 헌법 개정안을 상정 → 개헌 통과 정족수에 1표가 부족해 부결됨 → 자유당이 사사오입의 논리로 개헌안 통과를 선언함

③ 결과
- 1956년 정·부통령 선거에서 대통령에 이승만, 부통령에 장면 당선(민주당 대통령 후보인 신익희는 선거 도중 사망)
- 사사오입 개헌을 반대하기 위해 범야당 모임인 호헌 동지회 결성

시험에 나오는 사료 — 사사오입 개헌(1954)

제55조 제1항 대통령과 부통령의 임기는 4년으로 한다. 단, 재선에 의하여 1차 중임할 수 있다. 대통령이 궐위된 때에는 부통령이 대통령이 되고 잔임 기간 중 재임한다.

부 칙 …… 이 헌법 공포 당시의 대통령에 대하여는 제55조 제1항 단서의 제한을 적용하지 아니한다. → 이승만
— 헌법 제3호 —

최빈출 핵심 선지

- **발췌 개헌**은 6·25 전쟁 중에 임시 수도 **부산**에서 통과되었다.
- **사사오입 개헌**으로 개헌 당시 대통령, 즉 **초대 대통령**에 한해 **중임 제한**이 **철폐**되었다.
- 이승만 정부는 평화 통일론을 주장한 **진보당의 조봉암**을 제거하였다.
- 4·19 혁명 당시 **대학 교수단**이 대통령 퇴진을 요구하며 **시위행진**을 벌였다.
- **4·19 혁명**으로 **이승만** 대통령이 **하야**하고 **허정 과도 정부**가 구성되었다.
- 4·19 혁명은 **양원제 국회**와 **장면 내각**이 출범하는 배경이 되었다.
- 이승만 정부 때 미국의 원조 물자를 기반으로 **제분·제당·면방직 공업**의 **삼백 산업**이 발달하였다.

▶ 직선제와 간선제

국민이 직접 선거를 통하여 대표를 선출하는 제도를 직선제(직접 선거 제도)라고 하고, 일반 선거인이 중간 선거인을 대표로 뽑아 그들로 하여금 대신 선거를 하도록 하는 제도를 간선제(간접 선거 제도)라고 합니다.

▶ 사사오입 개헌(1954)

개헌안이 국회에서 재적 인원의 3분의 2인 136표에서 1표가 모자란 135표의 찬성으로 부결되었어요. 하지만 이틀 후에 자유당은 203석의 3분의 2는 135.3333…인데, 이를 사사오입하면 135석이 된다는 논리를 내세워 개헌안을 통과시켰답니다.

(3) 이승만 정부의 독재 체제 강화

① 배경: 1956년 정·부통령 선거에서 야당인 민주당의 장면이 부통령에 당선, 무소속 조봉암이 유효 득표의 30%를 차지하며 돌풍을 일으킴 → 자유당 정부의 위기감 고조 (이후 진보당 창당)

② 내용
- **진보당 사건(1958)**: 진보당을 탄압하고 향후 유력한 대선 후보가 될 가능성이 있는 **조봉암을 간첩죄로 처형**함(1959)
- 신국가 보안법 제정(1958): 대공 사찰을 강화하고 언론을 통제
- 언론 탄압: 정부에 비판적인 성향을 보인 **경향신문을 폐간함**(1959)

> 조몽암

★ (4) 4·19 혁명(1960)

① 배경
- 미국의 원조 축소로 경기 침체 및 실업이 증가하고, 이승만 정부의 부정부패로 인해 사회적·경제적 불안감이 증폭됨
- **2·28 민주 운동(대구)**, 3·8 민주 의거(대전), 3·15 의거(마산) 등 이승만 정권의 부정부패에 저항하는 다양한 운동이 전국적으로 발생함
- **3·15 부정 선거**: 1960년 정·부통령 선거에서 자유당 정부가 부통령 후보인 이기붕을 당선시키기 위해 관권과 금권을 동원한 부정 선거를 자행함 (→ 4·19 혁명의 직접적인 도화선이 됨)

② 전개
- 부정 선거 규탄 시위를 경찰이 무력으로 진압함 → 마산 시위의 진압 과정에서 사망한 **김주열 학생의 시신이 발견**되어 시위가 전국적으로 확산됨
- 고려대 학생 시위 전개 및 피습(4.18.)
- 학생·시민 등이 대규모 시위 전개, 이승만 정부의 비상계엄령 선포(4.19.)
- **대학 교수단이 시국 선언을 하고 시위에 동참**함(4.25.)
- **이승만 대통령이 하야**를 발표하고 미국으로 망명함(4.26.) (→ '학생의 피에 보답하라'는 현수막을 들고 가두시위 전개)

③ 결과
- **허정 과도 정부가 수립**되고 이승만 정권의 각료와 자유당 간부 구속
- **제3차 개헌**(1960): **내각 책임제와 국회 양원제(참의원, 민의원)** 등을 골자로 한 개헌 단행 → 민주당 정부 수립(장면 내각)

> 4·19 혁명 당시 대학 교수들의 시위('학생의 피에 보답하라')

시험에 나오는 사료 4·19 혁명

상아의 진리탑을 박차고 거리에 나선 우리는 질풍과 같은 역사의 조류에 자신을 참여시킴으로써 이성과 진리, 그리고 자유의 대학정신을 현실의 참담한 박토(薄土)에 뿌리려 하는 바이다. …… 나이 어린 학생 김주열의 참혹한 시신을 보라! 그것은 가식 없는 전제주의 전횡의 발가벗은 나상(裸像) 밖에 아무것도 아니다.
― 서울대 문리대의 4·19 선언문 ―

1. 마산, 서울 기타 각지의 데모는 주권을 빼앗긴 국민의 울분을 대신하여 궐기한 학생들의 순수한 정의감의 발로이며 불의에는 언제나 항거하는 민족 정기의 표현이다.
3. 합법적이요, 평화적인 데모 학생에게 총탄과 폭력을 기탄없이 남용하여 공전(空前)의 민족 참극을 빚어낸 경찰은 자유와 민주를 기본으로 한 대한민국의 국립 경찰이 아니라 불법과 폭력으로 권력을 유지하려는 일부 정치 집단의 사병(私兵)이다.
5. 3·15 선거는 부정 선거다. 공명 선거에 의하여 정·부통령을 재선거하라.
― 대학 교수단 시국 선언문 ―

> **시험에 나오는 사료** 제3차 개정 헌법
>
> 제32조 양원은 국민의 보통, 평등, 직접, 비밀 투표에 의하여 선거된 의원으로써 조직한다.
> 제53조 대통령은 양원 합동 회의에서 선거하고 재적 국회 의원 3분의 2 이상의 투표를 얻어 당선된다.

(5) 이승만 정부의 전후 복구와 원조 경제
① 전후 경제 상황: 생필품이 부족해지고, 화폐 가치가 폭락하며 물가가 폭등함
② 미국의 원조: 한·미 원조 협정 체결(1948.12.)

내용	농산물을 비롯한 소비재 물품(밀가루·설탕·면화 등)을 원조 받아 이를 가공하는 삼백 산업(제분·제당·면방직)이 발달
문제점	• 농산물 가격이 폭락하고, 농가 소득이 축소되어 국내의 밀·면화 생산 등이 위축 • 원료의 국외 의존도를 높이는 문제가 발생 • 귀속 재산 불하, 원조 경제 과정에서 재벌 등장 → 정경 유착 발생
변화	1950년대 후반부터 미국의 원조가 감소하고, 무상 원조에서 유상 차관 방식으로 전환되며 경제 위기를 맞음

2 장면 내각 시기의 정치와 경제

최빈출 핵심 선지
• 정부 형태가 내각 책임제로 바뀌었다.

(1) 장면 내각의 수립 ┌→ 제3차 개헌(내각 책임제, 국회 양원제)에 의거한 총선거
① 국회 의원 선거(1960.7.)에서 민주당이 압승함
② 내각 책임제에 따라 윤보선을 대통령으로, 장면을 행정 수반(국무총리)으로 하는 장면 내각이 성립됨(1960.8.) └→ 국회에서 선출
③ 제4차 개헌(1960): 장면 내각이 3·15 부정 선거 주모자 처벌 등을 위한 개헌을 통해 소급법을 마련함

(2) 각계각층의 요구
① 민주주의의 운동의 확산: 노동 운동, 교원 노조 운동, 청년 운동, 학원 민주화 운동 등이 활발하게 전개되기 시작함
② 통일 운동
  • 진보 세력과 학생에 의해 남북 협상이 시도되고, 중립화 통일론이 제기됨
  • 장면 내각은 '선건설 후통일' 정책을 내세우며 통일 논의에 소극적이었음
    └→ 유엔 감시하에 남북한 총선거를 통한 통일 방안을 내세움

(3) 경제 개발 노력
① 대규모 국토 개발 사업을 추진
② 경제 개발 5개년 계획을 수립하였으나 실행되지는 못함

(4) 장면 내각의 한계
① 민주당 내 구파와 신파의 세력 다툼이 일어남
② 국민들의 다양한 요구를 수용하지 못함
③ 3·15 부정 선거 책임자를 처벌하는 등의 개혁에 소극적인 모습을 보임

20강② 박정희 정부

19~20강 현대 사회

주요 사건 흐름

- 1965 한·일 국교 정상화
- 1972 유신 체제 성립
- 1976 3·1 민주 구국 선언
- 1979 부·마 민주 항쟁

1 박정희 정부 시기의 정치

(1) 5·16 군사 정변(1961)
① 과정: 박정희 등 일부 군인이 정변을 일으켜 장면 내각을 붕괴시킴 → 군사 혁명 위원회를 조직하고, 반공을 국시로 하는 혁명 공약을 발표함
② 군정 실시
- 권력 기구로 국가 재건 최고 회의를 구성하고, 중앙정보부를 설치함 ← 군사 혁명 위원회 개칭
- 사회 정화 사업이라는 이름으로 불량배를 소탕하고 부정 축재자를 처벌함
- 농어촌의 부채를 탕감해 주고, 중기업에 대한 지원을 확대함
- 정치인의 활동을 금지시키고, 부정 선거와 관련된 사람을 처벌하는 등 통제 정책을 실시함
- 대통령 중심제, 국회 단원제를 골자로 하는 제5차 개헌을 단행함(1962) ← 대통령 직선제로 개헌
- 이후 민주 공화당 후보로 박정희가 출마하여 대통령에 당선되며 제3공화국이 출범함 ← 1963년 제5대 대통령 선거

★(2) 제3공화국 시기 주요 사건
① 한·일 국교 정상화(1965)
- 배경: 경제 개발에 필요한 자본을 마련하고, 한·미·일 안보 체제를 강화하고자 함
- 김종필·오히라 비밀 회담(1962): '독립 축하금' 및 차관 등에 대해서 합의하며 한·일 국교 정상화를 추진 ← 구호로 '민족적 민주주의 장례식'
  - "일제 36년간의 지배에 대한 보상으로 일본은 3억 달러를 10년에 걸쳐서 지불하되, 그 명칭은 '독립 축하금'으로 한다."
- 6·3 시위(1964): 식민 통치에 대한 사과나 배상은 제쳐 두고 차관 도입에만 집중한 굴욕적인 한·일 회담 및 대일 정책에 반대하며 시위가 일어남
- 정부는 계엄령을 선포해 시위를 탄압하고 한·일 협정을 체결(1965)하여 한·일 국교를 정상화함

② 베트남(월남) 파병(1964~1973)
- 배경: 우리나라는 경제 개발에 필요한 자본을 마련하고자 하였고, 미국은 반공 전선을 확고히 하려는 의도를 가지고 있었음
- 파병: 미국의 파병 요청에 따라 경제·군사적 지원 약속을 받은 후 파병을 결정함
- 브라운 각서(1966): 미국이 한국군 현대화, 한국 기업의 베트남 진출 지원, 산업화에 필요한 기술과 차관 제공 등을 약속함
- 결과: 많은 전사자와 고엽제 피해 등의 희생이 있었으나, 베트남 특수로 경제 성장에 기여함

최빈출 핵심 선지

- 박정희와 군부 세력은 정권을 장악한 이후 국가 재건 최고 회의를 구성하여 군정을 실시하였다.
- 박정희 정부의 굴욕적인 한·일 국교 정상화에 반대하여 6·3 시위가 전개되었다.
- 베트남 파병에 관한 브라운 각서가 체결되었다.
- 박정희 정부는 1969년에 대통령의 3회 연임을 허용하는 개헌안을 편법으로 통과시켰다.
- 박정희 정부가 만든 유신 헌법에 따라 대통령에게 긴급 조치권, 국회 해산권 등의 권한이 주어졌다.
- 1976년에 각계각층의 인사들이 3·1 민주 구국 선언을 발표하여 유신 체제에 저항하였다.

> **시험에 나오는 사료** 브라운 각서
>
> 한국에 있는 한국군의 현대화 계획을 위하여 앞으로 수년 동안에 걸쳐 상당량의 장비를 제공한다. ………
> 1965년 5월에 한국에 대해 약속했던 1억 5천만 달러 규모의 차관에 덧붙여 미국 정부는 적절한 사업이 개발됨에 따라 1억 5천만 달러 제공 약속에 적용되는 같은 정신과 고려하에 한국의 경제 발전을 돕기 위한 추가 AID 차관을 제공한다.

③ 3선 개헌(1969) → 6차 개헌
- 박정희 대통령의 집권 연장을 위해 <mark>대통령의 3회 연임을 허용하는 개헌안</mark>을 상정함
- 야당의 반대 속에 국회 및 국민 투표로 개헌을 확정함
- 개정된 헌법에 따라 치러진 대통령 선거(제7대)에서 박정희 후보가 야당(신민당)의 김대중 후보를 근소한 차이로 누르고 당선됨(1971)

▶ 3선 개헌 반대 시위

★ (3) 유신 체제의 성립(1972)

① 배경
- 닉슨 독트린 발표(1969) 등 냉전 체제가 완화되는 조짐이 보임
- 경제 불황으로 국민의 불만 증대 → 정권 위기감이 고조됨

② 과정: <mark>10월 유신 선포</mark>(비상계엄령 선포, 국회 해산, 정치 활동 금지) → 헌법 개정안 의결·공고(비상 국무 회의) → 국민 투표 통과 → <mark>통일 주체 국민 회의에서 박정희를 대통령으로 선출</mark>(제8대)
└ 박정희 대통령 특별 선언(1972.10.17.)

③ 유신 헌법(제7차 개헌) 내용 ┌ 대통령 간선제
- <mark>통일 주체 국민 회의</mark>에서 <mark>대통령</mark>을 <mark>선출</mark>하도록 함(임기 6년, 중임 제한 없음)
- <mark>국회 의원 3분의 1 추천권</mark>, <mark>긴급 조치권</mark>, <mark>국회 해산권</mark>, 법관 인사권 등 대통령 권한을 비정상적으로 강화하여 영구 집권 체제를 가능하게 함
  └ 대통령의 추천으로 선출된 국회 의원들로 유신 정우회가 조직됨

④ 유신 체제에 대한 저항과 탄압
- 저항: 개헌 청원 100만 인 서명 운동(1973), <mark>3·1 민주 구국 선언(1976)</mark> 등
- 탄압: 긴급 조치 발동, 민청학련 사건·<mark>인민 혁명당 재건 위원회 사건</mark> 등
  └ 인혁당 재건위 사건

▶ 긴급 조치권

유신 헌법에 근거한 대통령 권한으로, 헌법에 규정되어 있는 국민의 자유와 권리를 잠정적으로 정지할 수 있었어요. 박정희 유신 체제하에서 긴급 조치가 1호부터 9호까지 내려졌답니다.

▶ 인민 혁명당 재건 위원회 사건

전국 민주 청년 학생 연맹(민청학련)의 배후에 북한과 연계하여 국가 전복을 꾀하는 인민 혁명당 재건 위원회(인혁당 재건위)가 있다고 조작하여 수많은 사람을 구속·기소하고 그중 8명은 사형에 처하였어요. 이들은 2007년 재심에서 모두 무죄 판결을 받았답니다.

> **시험에 나오는 사료** 3·1 민주 구국 선언(1976)
>
> - 이 나라는 민주주의 기반 위에 서야 한다. 민주주의는 대한민국의 국시다.
> - 경제 입국의 구상과 자세가 근본적으로 검토되어야 한다. …… 현 정권은 경제력이 곧 국력이라는 좁은 생각을 가지고 모든 것을 희생시켜 가면서 경제 발전에 전력을 쏟아 왔다.
> - 민족 통일은 오늘 이 겨레가 짊어진 최대의 과업이다.

⑤ 유신 체제의 붕괴 ┌ 1978년 제10대 국회 의원 선거   ┌ 가발 공장
- 야당 득표율이 여당보다 앞서고, 제2차 석유 파동 등 경제 불황이 지속되는 상황
- <mark>YH 무역 사건(1979)</mark>: 회사의 폐업에 항의하던 YH 무역의 노동자 중 한 명이 경찰의 강제 진압 과정에서 사망 → 노동자들이 신민당 당사에서 농성 → 경찰의 강제 진압 → <mark>신민당 총재 김영삼의 의원직 제명</mark>
- 부·마 민주 항쟁(1979): 부산·마산 지역에서 유신 체제 반대 시위가 벌어짐 → 정부는 계엄령과 위수령 선포로 대응, 유신 체제 몰락의 계기가 됨
- 10·26 사태(1979): 박정희가 중앙정보부장(김재규)에게 피살당함, <mark>유신 체제 붕괴</mark>

▶ YH 무역 사건

2 박정희 정부 시기의 경제

(1) 제1차(1962~1966), 제2차(1967~1971) 경제 개발 5개년 계획

배경	• 이승만 정부 시기에 7개년 계획으로 처음 수립 → 장면 내각에서 5개년 계획으로 수정 • 5·16 군사 정변 이후 군사 정부에서 실시함(1962)
특징	• 경공업 위주로 정책을 추진, 소비재 수출 산업을 육성함 • 의류·가발·합판 산업 등 노동 집약적 상품을 중심으로 함 • 경부 고속 도로 개통(1970) 등 사회 간접 자본을 확충함
결과	• 의의: 소득과 수출이 증대되고, 지속적인 경제 성장을 달성함 • 한계: 대외 의존도가 심화되고, 외채가 증가하는 등 1960년대 말 경제 위기가 도래함

└ 국제 경기 악화와 원리금 상환 부담으로 위기를 맞게 됨

(2) 제3차(1972~1976), 제4차(1977~1981) 경제 개발 5개년 계획

배경	1960년대 말 경제 위기를 타개하기 위해 추진됨
특징	• 경공업에서 중화학 공업(철강·화학·기계·조선 등) 중심으로 전환됨 • 포항 제철을 준공·가동하고(1973), 조선·자동차·정유 단지 등을 조성함 • 제1차 석유 파동(1973)은 건설업의 중동 진출로 극복함 • 2차 산업(제조업) 비중이 1차 산업(농업, 어업 등)을 초월하는 구조가 됨
결과	• 의의: 수출액 100억 달러를 달성하고(1977), 산업 구조가 고부가 가치 산업 위주로 개편됨 • 한계: 저임금·저곡가 정책과 재벌 중심의 경제 구조로 빈부 격차 심화, 노동 운동 탄압, 제2차 석유 파동(1978)을 극복하지 못하고 경제 위기 가중

시험에 나오는 사료 수출액 100억 달러 달성(1977)

1962년만 하더라도 우리나라의 수출 실적은 겨우 5천여만 불의 미미한 것이었으며, 그나마도 대부분이 농수산물과 광산물 등 1차 산품이었습니다. 그로부터 불과 15년이 지난 오늘, 이제는 단일 업체가 6억 불 수출을 하게 되었는가 하면, 1억 불 이상 수출한 업체만도 17개사가 넘는 등 엄청난 기록들을 세웠습니다. 그리하여 우리는 당초 목표를 4년이나 앞당겨 100억 불 수출을 무난히 실현하였습니다.
– 1977년 12월 100억 불 수출의 날 대통령 연설 –

(3) 새마을 운동

① 배경: 농촌과 도시 간 격차가 벌어짐에 따라, 농촌 인구가 감소하고 고령화되기 시작함
② 추진: 1970년부터 근면·자조·협동을 바탕으로 한 지역 사회 개발 운동을 추진함
③ 내용
- 농촌 소득 증대 사업 및 생활 환경 개선 → 전국적인 의식 개혁 운동으로 확산됨
- 농촌 근대화 표방
- 관련 기록물이 유네스코 세계 기록 유산에 등재됨

④ 한계: 농촌의 외형 변화에 치중하였고, 체제를 유지하는 데 이용되었다는 평가가 있음

(4) 노동자 해외 파견: 서독에 광부와 간호사 파견 → 외화 획득

(5) 1970년대 사회 통제·억압: 사회악과 퇴폐 풍조를 없앤다는 명목으로 미니스커트·장발을 단속함

최빈출 핵심 선지

- 박정희 정부는 1960년대에 자립 경제 구축을 목표로 제1차 경제 개발 5개년 계획을 추진하였다.
- 박정희 정부 시기인 1970년에 서울에서 부산을 잇는 경부 고속 국도가 개통되었다.
- 박정희 정부는 1970년대에 제3·4차 경제 개발 5개년 계획을 추진하여 중화학 공업을 육성하였다.
- 박정희 정부는 1970년부터 농촌 근대화를 표방한 새마을 운동을 전개하였다.
- 제2차 석유 파동으로 경제 불황이 심화되었다.

▶ **경부 고속 도로 준공**

▶ **미니스커트와 장발 단속**

박정희 정부 시기인 1970년대에는 기성세대에 대한 반발과 분노를 드러내는 방법으로 미니스커트와 장발 등이 유행했어요. 박정희 정부 시절 행해지던 각종 금지와 통제 아래에서 조금이라도 자유를 만끽하고픈 젊은이들의 저항 의식이 발동한 것이에요. 박정희 정권은 미풍양속을 보호한다는 명목으로 미니스커트와 장발을 단속하였지만 큰 효과를 거두지는 못했어요.

20강 ③ 전두환 정부~현재

19~20강 현대 사회

정부별 주요 사건

- 전두환 정부: 5·18 민주화 운동 (1980)
- 전두환 정부: 6월 민주 항쟁 (1987)
- 김영삼 정부: 금융 실명제 실시 (1993)
- 노무현 정부: 한·미 자유 무역 협정 체결

1 전두환 정부 시기의 정치와 경제

(1) 신군부의 등장과 서울의 봄

① 신군부의 등장
- 10·26 사태(박정희 피살) 이후 계엄령이 선포되고 통일 주체 국민 회의에서 최규하 대통령이 선출됨(1979.12.6.)
- 12·12 사태(1979): 전두환 등 신군부가 정변을 일으켜 군사권 장악 → 비상계엄령하에 정치적 영향력 확대

② 서울의 봄(1979~1980)
- 유신 헌법 폐지, 신군부 퇴진 등 민주화에 대한 요구가 거세짐 → 서울역 시위에서 최절정
- 신군부는 비상계엄을 전국으로 확대하고, 정치 활동 금지 조치를 내림

★(2) 5·18 민주화 운동(1980)

① 배경
- 신군부가 민주화 운동을 지속적으로 탄압함
- 5월 17일 비상계엄이 전국으로 확대되고 국회 폐쇄, 정치 활동 금지, 대학 폐쇄, 파업 금지, 언론 검열 강화, 정치인 체포 등이 이루어짐

② 전개: 전라남도 광주에서 비상계엄 확대 저항 시위가 일어남(5.18.) → 계엄군이 투입되어 무차별적으로 시위를 진압함 → 시민들이 이에 대항하여 시민군을 편성하는 등 무장하여 전남도청에서 끝까지 저항함 → 계엄군의 진압으로 다수의 사상자가 발생하고 시민들이 희생됨

③ 의의
- 군부 독재에 저항하는 민중 의식의 표출
- 아시아 여러 나라의 민주화 운동의 토대가 됨
- 5·18 민주화 운동 기록물이 유네스코 세계 기록 유산에 등재됨(2011)

> **시험에 나오는 사료** 민주시민회보 제9호 1980.5.26.
>
> 우리 다 같이 애도합시다. …… 계엄 당국과 협상 중이니 …… 시민군을 믿고 적극 협조합시다. 시민군은 우리 시민의 안전을 위해 불철주야로 고생하고 있습니다.
> - 매일 오후 3시 도청 앞 광장에서 민주 수호 범시민 총궐기 대회를 개최합니다.
> - 행방불명자를 파악하고 있습니다.
> - 질서 회복에 다 같이 노력합시다.
>
> 광주 시민 일동

최빈출 핵심 선지

- 5·18 민주화 운동 관련 기록물은 유네스코 세계 기록 유산으로 등재되었다.
- 전두환 정부는 언론 통폐합, 언론 기본법 제정, 삼청 교육대 설치 등의 정책을 펼쳤다.
- 6월 민주 항쟁 당시 시위에 참여한 사람들은 '호헌 철폐, 독재 타도' 등의 구호를 내세웠다.
- 6월 민주 항쟁의 결과 대통령 직선제 개헌을 수용한다는 6·29 민주화 선언이 발표되었다.
- 전두환 정부 때 3저 호황으로 물가가 안정되고 수출이 증가하였다.

▶ 대한민국 헌법의 주요 변천 과정

구분	주요 특징
제헌 헌법 (1948)	대통령 간선제
1차 개헌 (1952)	발췌 개헌, 대통령 직선제, 양원제
2차 개헌 (1954)	사사오입 개헌, 초대 대통령에 한해 중임 제한 철폐
3차 개헌 (1960)	의원 내각제, 양원제
4차 개헌 (1960)	3·15 부정 선거 관련자 처벌
5차 개헌 (1962)	대통령 직선제, 국회 단원제
6차 개헌 (1969)	3선 개헌, 대통령 3선 연임 허용
7차 개헌 (1972)	유신 헌법, 대통령 간선제(임기 6년, 무제한 연임)
8차 개헌 (1980)	대통령 간선제(7년 단임)
9차 개헌 (1987)	대통령 직선제(5년 단임), 현행 헌법

(3) 전두환 정부의 수립

① 집권 과정
- 5·18 민주화 운동을 진압한 뒤 국가 보위 비상 대책 위원회를 구성하여 입법·사법·행정 3권 장악 → 언론 강제 통·폐합, 언론인 강제 해직 및 삼청 교육대 운영
  - '사회악 일소'를 명분으로 시민과 학생을 군대식 기관에 수용하면서 폭력적 교육 실시
- 최규하 대통령 사임 → 통일 주체 국민 회의를 통해 제11대 대통령으로 전두환이 선출(1980)
- 대통령 간접 선거, 대통령 임기를 7년 단임으로 한 제8차 개헌을 제정(1980)
- 대통령 선거인단을 통한 간접 선거를 통해 제12대 대통령으로 전두환 선출(1981)

② 정책
- 민주화 운동과 인권 탄압, 정치 활동 금지, 언론인 강제 해직, 언론사 통폐합, 삼청 교육대 운영 등의 탄압 정책을 추진함
- 정권이 안정된 후에는 제적 학생 복교, 민주화 인사 복권, 교복과 두발 자유화, 야간 통행금지(통금) 해제, 해외여행 자유화 등 다양한 유화 정책을 추진함
- 프로 야구·프로 축구 출범, 86 서울 아시아 경기 대회 개최, 88 서울 올림픽 대회 유치 등 스포츠 활성화 정책을 폄

★(4) 6월 민주 항쟁(1987)

① 배경
- 야당 국회 의원 다수 당선
- 1985년 총선 이후 대통령 직선제 개헌을 위한 운동이 적극적으로 추진됨
- 부천 경찰서 성 고문 사건(1986), 박종철 고문치사 사건(1987.1.) 등이 일어나 인권 유린에 대한 국민 불만이 고조됨
- 전두환 정부는 4·13 호헌 조치를 발표하며 대통령 직선제 개헌을 거부함(1987.4.)

② 전개
- 이한열(연세대 학생)은 그해 7월 5일에 사망함
- 개헌 요구 시위 중 최루탄에 맞은 이한열 학생이 의식 불명 상태에 빠짐
- 시민과 학생이 6·10 국민 대회를 개최하여 선언문을 발표하고, 전국 주요 도시에서 대대적 시위가 전개됨('호헌 철폐, 독재 타도' 등을 구호로 외침)

③ 결과
- 6·29 민주화 선언(1987): 민주 정의당(여당) 대표이자 대통령 후보였던 노태우가 대통령 직선제 개헌 요구를 수용하는 시국 수습 방안을 발표
- 제9차 개헌(1987.10.): 여야 합의를 통해 대통령 직선제, 5년 단임제로 헌법이 개정됨(현행 헌법)
- 개헌에 따른 대통령 선거(1987)에서 야당의 후보 단일화 실패로 여당인 민주 정의당 노태우 후보가 당선됨

(5) 1980년대 경제 성장

① 위기: 1970년대 말 중화학 공업에 과잉 투자, 제2차 석유 파동(1978), 국내 정치 불안 등의 요소로 경제 위기가 옴
② 극복: 중화학 공업 구조 조정, 1980년대 중반 이후 3저 호황(저유가·저금리·저달러)이 유지되며 위기를 극복함
  - 10% 이상 높은 성장률 기록

> **박종철 고문치사 사건**
> 1987년 1월에 서울대학교 학생인 박종철이 경찰에 연행되어 고문을 받다가 숨진 사건입니다. 정부는 이를 은폐하려고 하였으나, 결국 사실이 세상에 드러나게 되면서 정부에 대한 국민들의 불신이 크게 증폭되었지요.

> **6월 민주 항쟁**

> **6·29 민주화 선언 주요 내용**
> - 대통령 직선제 개헌을 통한 평화적 정부 이양 보장
> - 대통령 선거법 개정을 통한 공정한 경쟁 보장
> - 김대중 사면 복권과 시국 관련 사범 석방
> - 지방 자치 및 교육 자치 실시
> - 정당의 건전한 활동 보장

2 노태우 정부 이후 정치와 경제

(1) 노태우 정부
① 여소야대 국회(1988): 총선에서 야당이 국회의 과반수 의석을 확보 → 야당 주도의 5공 청문회로 이어짐
② 3당 합당(1990): 민주 정의당(노태우 주도, →여당)이 야당인 통일 민주당(김영삼 주도), 신민주 공화당(김종필 주도)과 합당하여 민주 자유당을 창당하고 정치 주도권 확보 (→거대 여당 출범)
③ 주요 정책: 북방 외교(소련, 중국, 헝가리 등 공산 국가와 수교), 88 서울 올림픽 대회 개최(1988)

★(2) 김영삼 정부(문민 정부)
① 개혁 정책: 고위 공직자 재산 등록, 역사 바로 세우기 운동, 금융 실명제 실시(1993, →금융 거래를 실제 거래자 이름으로 하는 제도), 지방 자치제 전면 실시(1995) 등 다양한 개혁 정책을 추진함
② 시장 개방: 시장 개방 가속화, 경제 협력 개발 기구(OECD) 가입(1996)
③ 외환 위기(1997): 경제 위기 상황에 봉착하여 국제 통화 기금(IMF)의 금융 지원·관리를 받음
   (→우루과이 라운드 타결, 세계 무역 기구(WTO) 출범)

(3) 김대중 정부(국민의 정부)
① 정권 교체: 선거에 의한 평화적 여야 정권 교체를 통해 최초로 선출된 대통령
② 외환 위기 극복: 금융 기관과 대기업 구조 조정, 노사정 위원회 구성, 금 모으기 운동 등을 통해 국제 통화 기금의 지원 자금을 조기 상환함(2001)
③ 대북 정책: 대북 햇볕 정책을 추진하여 교류와 협력 증대 추구
④ 민주주의와 인권을 향한 투쟁과 6·15 남북 공동 선언을 이끌어 내어 한반도 긴장 완화에 기여한 공로를 인정받아 노벨 평화상 수상
⑤ 국민 기초 생활 보장 제도 실시
⑥ 2002 한·일 월드컵 대회, 부산 아시아 경기 대회 개최
⑦ 한국·칠레 자유 무역 협정(FTA) 체결

(4) 노무현 정부(참여 정부)
① 행정 수도 건설 특별법 제정: 헌법 재판소의 위헌 판결로 수도 이전은 하지 못함
② 권위주의 청산 노력, 과거사 정리 사업 추진
③ 호주제 폐지 및 가족 관계 등록법 시행
④ 경부 고속 철도(KTX) 개통, 질병 관리 본부 설치
⑤ 한국·칠레 자유 무역 협정(FTA) 발효, 한·미 자유 무역 협정(FTA) 체결
⑥ 아시아·태평양 경제 협력체(APEC) 개최(2005)
⑦ 헌정 역사상 첫 탄핵 소추(탄핵 기각되어 대통령 직무 복귀)

(5) 이명박 정부
실용주의 노선 지향, 한·미 자유 무역 협정 발효, G20 정상 회의 개최
(→노무현 정부 때 국회 비준에 실패한 후 재협상하여 이명박 정부 때 양국 국회에서 통과되었고, 2012년에 발효됨)

(6) 박근혜 정부
중국과 FTA 체결, 헌정 역사상 첫 탄핵 대통령

최빈출 핵심 선지
- 김영삼 정부 때 대통령 긴급 명령으로 금융 실명제가 시행되었다.
- 김영삼 정부 때 경제 협력 개발 기구(OECD)에 가입하였다.
- 김영삼 정부는 외환 위기를 맞아 국제 통화 기금(IMF)에 구제 금융 지원을 요청하였다.
- 김대중 정부 때 대통령 직속 자문 기구인 노사정 위원회가 구성되었다.
- 노무현 정부 때 한·미 자유 무역 협정(FTA)이 체결되었고, 이명박 정부 때 발효되었다.

▶ 역사 바로 세우기 운동
김영삼 정부는 1995년 전두환·노태우 전 대통령이 쿠데타를 일으킨 사실과 재벌 총수들로부터 거액의 뇌물을 받은 사실을 입증하여 재판에 회부하였어요. 이때 전두환 전 대통령은 사형이, 노태우 전 대통령은 징역 22년 6개월이 선고되었지만 이후에 사면되었어요.

▶ 호주제
호주를 중심으로 가족 구성원들의 신분 변동을 기록하는 제도입니다. 헌법재판소의 호주제 헌법 불합치 결정과 여성계를 중심으로 한 거센 폐지 요구에 따라 2005년 폐지되었으며, 현재는 가족 관계 등록부 제도가 시행되고 있어요.

20강 ④ 통일을 위한 노력과 사회 변화

19~20강 현대 사회

정부별 통일 정책

박정희 정부	전두환 정부	노태우 정부	김대중 정부
7·4 남북 공동 성명 (1972)	이산가족 고향 방문 (1985)	한반도 비핵화 공동 선언 (1991)	제1차 남북 정상 회담 (2000)

1 남북 관계와 통일을 위한 노력

(1) 이승만 정부
① 상황: 6·25 전쟁 이후 상호 적대감이 증폭되면서 민족 분단 체제가 고착화됨
② 반공 정책: 철저한 반공 정책을 추진하며 북진 통일(멸공 통일)을 주장함

(2) 장면 내각
① 4·19 혁명 이후 통일 논의가 활성화됨
② 민간: 혁신 정당과 학생들이 중립화 통일론 등 주장, 남북 학생 회담과 학생 친선 체육 대회 제의
③ 정부: '선건설 후통일', 유엔 감시하 남북한 총선거 등을 제시함 └ 소극적 통일 정책 추진

★ (3) 박정희 정부
① 1960년대에는 1·21 청와대 습격 사건(1968), 미국 함정 푸에블로호 나포 사건(1968) ┌ 미 해군 정보 수집함, 울진·삼척 무장 공비 침투 사건(1968) 등 북한의 군사 도발에 맞서 반공 정책을 강화함
② **7·4 남북 공동 성명(1972)**
- 배경: 닉슨 독트린의 발표로 냉전 체제가 완화됨에 따라 이산가족 상봉을 위한 **남북 적십자 회담(1971)**이 개최됨
- 내용: 3대 통일 원칙(자주, 평화, 민족 대단결)에 합의, 평화 통일 실무 협의를 위한 **남북 조절 위원회**를 구성
- 한계: 통일을 위한 선언이 남북 양측의 체제 강화에 이용됨
③ 6·23 평화 통일 선언(1973): 남북한 유엔 동시 가입에 대한 내용과 모든 국가에 대한 문호 개방 제시 → 북한의 거부 및 남북 대화 중단 선언

시험에 나오는 사료 | 7·4 남북 공동 성명(1972)
1. 쌍방은 다음과 같은 조국 통일 원칙들에 합의를 보았다.
   첫째, 통일은 외세에 의존하거나 외세의 간섭을 받음이 없이 자주적으로 해결하여야 한다.
   둘째, 통일은 서로 상대방을 반대하는 무력행사에 의거하지 않고 평화적 방법으로 실현하여야 한다.
   셋째, 사상과 이념·제도의 차이를 초월하여 우선 하나의 민족으로서 민족적 대단결을 도모하여야 한다.
6. 쌍방은 이러한 합의 사항을 추진시킴과 함께 남북 사이의 제반 문제를 개선·해결하며 또 합의된 조국 통일 원칙에 기초하여 나라의 통일 문제를 해결할 목적으로 이후락 부장과 김영주 부장을 공동 위원장으로 하는 남북 조절 위원회를 구성·운영하기로 합의하였다.

최빈출 핵심 선지
- 박정희 정부 때 7·4 남북 공동 성명이 발표되었다.
- 박정희 정부 때 남북 조절 위원회가 구성되었다.
- 전두환 정부 때 최초로 이산가족 고향 방문과 예술 공연단 교환이 이루어졌다.
- 노태우 정부 때 남북한이 유엔에 동시 가입하였다.
- 노태우 정부 때 남북 기본 합의서와 한반도 비핵화 공동 선언을 채택하였다.
- 김대중 정부 때 최초로 남북 회담을 개최하고, 6·15 남북 공동 선언을 채택하였다.
- 김대중 정부 때 개성 공단 조성 사업을 추진하기로 하였다.

▶ **장면 내각 시기의 통일 운동**
장면 내각 시기에 학생과 진보 세력을 중심으로 남북 협상론, 중립화 통일론 등이 제기되면서 통일 운동이 활발하게 일어났어요.

(4) 전두환 정부: 민족 화합 민주 통일 방안 제시(1982), <mark>이산가족 고향 방문(최초)</mark>과 <mark>예술 공연단의 교환 방문</mark>(1985)

★ (5) 노태우 정부
① 7·7 특별 선언(1988): 북한을 공동 번영을 추구하는 민족 공동체 일원으로 인식한다고 발표하며 북방 외교 정책 추진
② 한민족 공동체 통일 방안 제시(1989): 자주·평화·민주의 원칙하에 남북 연합이라는 중간 단계를 설정하여 민주 공화제의 통일 국가를 수립하고자 함
③ <mark>남북한 유엔 동시 가입(1991)</mark>
④ <mark>남북 기본 합의서 채택(1991)</mark>: 남북한이 상호 체제를 인정하고, 상호 불가침에 합의한 남북한 최초의 공식 합의서
⑤ <mark>한반도 비핵화에 관한 공동 선언 발표(1991)</mark>: 남북한이 핵무기의 실험·제조·생산 금지를 약속한 공동 선언을 발표함

(6) 김영삼 정부
① 북한이 핵 확산 금지 조약 탈퇴 선언을 하면서 남북 관계가 냉각됨
② 남북 정상 회담 개최를 준비하던 중 김일성이 사망하면서 회담이 무산됨(1994)
③ 3단계 통일 방안 발표(1994): '화해와 협력 → 남북 연합 → 통일 국가'의 단계로 통일을 이루자는 민족 공동체 통일 방안을 발표함
④ 북한 경수로 건설 사업을 지원함

(7) 김대중 정부
① <mark>대북 화해 협력 정책</mark>(햇볕 정책)을 추진하여 <mark>해로를 통한 금강산 관광 사업(1998)</mark> 등 추진
② <mark>제1차 남북 정상 회담(2000)</mark>
  • 분단 이후 <mark>최초로 남북 정상 회담</mark>이 개최된 후 <mark>6·15 남북 공동 선언</mark>을 발표함(평양)
  • <mark>경의선 복구 사업</mark>(착공: 노무현 정부), <mark>개성 공단 건설에 합의</mark>, 이산가족 상봉, 금강산 육로 관광(2003년 노무현 정부 때 시작) 등을 추진함

> **시험에 나오는 사료** 6·15 남북 공동 선언(2000)
> 1. 남과 북은 나라의 통일 문제를 그 주인인 우리 민족끼리 서로 힘을 합쳐 자주적으로 해결해 나가기로 하였다.
> 2. 남과 북은 나라의 통일을 위한 남측의 연합제 안과 북측의 낮은 단계의 연방제 안이 서로 공통성이 있다고 인정하고 앞으로 이 방향에서 통일을 지향시켜 나가기로 하였다.
> 3. 남과 북은 올해 8·15에 즈음하여 흩어진 가족, 친척 방문단을 교환하며, 비전향 장기수 문제를 해결하는 등 인도적 문제를 조속히 풀어 나가기로 하였다.

(8) 노무현 정부
① 김대중 정부의 대북 화해 협력 정책을 계승하여 대북 포용 정책을 추진함
② <mark>제2차 남북 정상 회담(2007)</mark>
  • 평양에서 제2차 남북 정상 회담이 개최된 후 <mark>10·4 남북 공동 선언</mark>을 발표함
  • 군사적 긴장 완화, 경제 협력 사업 활성화 등 다양한 조항에 합의함
③ 북핵 문제 해결을 위한 6자 회담을 추진함

▶ **최초의 이산가족 고향 방문**

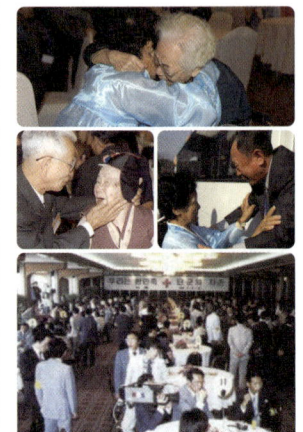

▶ **금강산 관광**
1998년 김대중 정부 시기에 해로를 통해서 금강산 관광이 시작되었고, 2003년 노무현 정부 시기에는 육로를 통한 금강산 관광이 시작되었어요.

▶ **제1차 남북 정상 회담**

2 산업화와 사회 변화

(1) 산업화: 경제 개발 추진 과정에서 농업 중심의 전통 사회에서 공업 중심의 산업 사회로 변화

(2) 도시화
① 산업화의 진전으로 농촌 인구가 대거 도시로 이주
② 주택, 교통, 빈곤, 실업, 빈민 문제 등 발생
③ 광주 대단지 사건(1971): 도시 개발 과정에서 쫓겨난 빈민의 생존권 문제 대두

(3) 노동 운동
① 급속한 산업화로 인하여 저임금과 장시간 노동 등 열악한 노동 환경 문제가 대두됨
② 전태일 분신 사건(1970)으로 인해 노동 운동에 대한 관심이 높아졌고, 이후 본격적인 노동 운동이 전개됨
③ YH 무역 사건(1979)은 유신 체제가 몰락하는 계기가 됨
④ 6월 민주 항쟁(1987) 이후 노동 운동이 활발해지면서 노동조합 결성이 확산되었으며, 전국 민주 노동조합 총연맹(1995) 등이 결성되고, 노사정 위원회가 구성됨(1998)
  └→ 민노총   └→ 김영삼 정부   └→ 김대중 정부

(4) 농민 운동
① 정부의 농업 정책에 맞서 함평 고구마 피해 보상 운동(가톨릭 농민회, 1976) 등을 전개
② 1980년 이후 농산물 시장 개방에 따른 저항 운동을 전개(개방 반대, 농산물 제값 받기 운동 등)

(5) 시민운동: 6월 민주 항쟁 이후 시민운동 단체 결성 및 활동 증가

(6) 사회 제도 변화
① 노태우 정부: 남녀 고용 평등법 제정(1987)
② 노무현 정부: 호주제 폐지(2005), 가족 관계 등록법 시행(2008)

(7) 사회 보장 정책
① 전두환 정부: 최저 임금법 제정(1986), 국민연금 제도 시행(1988)
② 김영삼 정부: 고용 보험 제도 시행(1995)
③ 김대중 정부: 국민 기초 생활 보장법 제정(1999), 국가 인권 위원회 설립

(8) 교육 제도
① 박정희 정부: 국민 교육 헌장 선포(1968), 중학교 무시험 진학 제도(1969), 고교 평준화 제도(1974), 학도 호국단 부활(군사 교육 실시) 등
② 전두환 정부: 과외 전면 금지 및 본고사 폐지(1980), 대학 졸업 정원제 실시, 중학교 의무 교육 최초 실시, 학도 호국단 폐지
③ 김영삼 정부: 대학 수학 능력 시험 도입
④ 김대중 정부: 중학교 의무 교육 전면 실시

최빈출 핵심 선지

- 박정희 정부 시기인 1970년에 전태일이 근로 기준법 준수를 요구하며 분신하였다.
- 김영삼 정부 때 전국 민주 노동조합 총연맹이 창립되었다.
- 전두환 정부 때 저임금 근로자의 생활 보호를 위한 최저 임금법이 제정되었다.
- 박정희 정부 때 국민 교육 헌장이 발표되었다.
- 박정희 정부 때 중학교 입시 제도를 폐지하고 무시험 추첨제를 실시하였다.

▶ 광주 대단지 사건(1971)

서울시가 빈민가 정비 및 철거민 이주 사업의 일환으로 약 10만여 명에 이르는 사람들을 경기도 광주군 일부에 지정된 광주 대단지로 이주시켰어요. 이에 1971년 경기도 광주에서 주민 5만여 명이 정부의 무계획적 도시 정책에 반발하여 저항한 사건입니다.

▶ 전태일 분신 사건(1970)

1970년 서울 평화 시장 노동자 전태일이 근로 기준법 준수를 요구하며 분신 자살한 사건입니다. 전태일은 '바보회'라는 이름의 노동 조직을 결성해 노동운동을 전개하는 등 노동자들의 근로 조건 개선을 위한 활동을 하였어요. 전태일 분신 사건은 정부의 산업화 과정에서 희생당하던 노동자의 삶이 사회 문제로 크게 부각되는 계기가 되었고, 이후 한국 노동 운동과 민주화 운동, 학생 운동에 큰 영향을 주었어요.

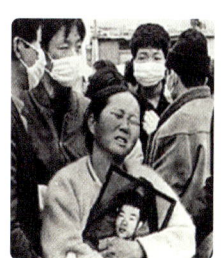

19~20강 현대 사회

19❶ 8·15 광복과 통일 정부 수립 노력

대표기출문제

01 다음 성명이 발표된 이후에 있었던 사실로 옳지 않은 것은?
[심화 49회]

> 북위 38도 이남의 조선에는 오직 한 정부가 있을 뿐이다. …… 자천자임(自薦自任)한 관리라든가 경찰이라든가 국민 전체를 대표하였노라는 대소 회합이라든가 조선 인민 공화국이라든지 조선 인민 공화국 내각은 권위와 세력과 실재가 전혀 없는 것이다.
> – 미군정 장관 육군 소장 아놀드 –

① 조선 건국 동맹이 결성되었다.
② 좌우 합작 7원칙이 발표되었다.
③ 유엔 한국 임시 위원단이 설치되었다.
④ 반민족 행위 특별 조사 위원회가 출범하였다.
⑤ 귀속 재산 처리를 위해 신한 공사가 설립되었다.

02 (가), (나) 사이의 시기에 있었던 사실로 옳은 것은?
[심화 57회]

> (가) 본관(本官)은 본관에게 부여된 태평양 미국 육군 최고 지휘관의 권한을 가지고 조선 북위 38도 이남의 지역과 주민에 대하여 군정을 설립함. 따라서 점령에 관한 조선을 다음과 같이 포고함.
> 제1조 조선 북위 38도 이남의 지역과 동 주민에 대한 모든 행정권은 당분간 본관의 권한하에서 시행함.
>
> (나) 대한민국 임시 정부는 28일 김구와 김규식의 명의로 '4개국 원수에게 보내는 결의문'을 채택하고, 각계 대표 70여 명으로 신탁 통치 반대 국민 총동원 위원회를 결성하였다. 여기서 강력한 반대 투쟁을 결의하고 김구·김규식 등 9인을 위원회의 '장정위원'으로 선정하였다.

① 카이로 선언이 발표되었다.
② 조선 건국 동맹이 결성되었다.
③ 모스크바 삼국 외상 회의가 개최되었다.
④ 좌우 합작 위원회에서 좌우 합작 7원칙을 합의하였다.
⑤ 유엔 총회에서 인구 비례에 따른 남북한 총선거를 결의하였다.

03 (가), (나) 사이의 시기에 있었던 사실로 옳은 것은?
[심화 48회]

> (가) 1. 조선의 민주 독립을 보장한 3상 회의 결정에 의하여 남북을 통한 좌우 합작으로 민주주의 임시 정부를 수립할 것
> 3. 토지 개혁에 있어 몰수, 유조건 몰수, 체감 매상 등으로 토지를 농민에게 무상으로 나누어 주며 시가지의 기지와 큰 건물을 적정 처리하며 중요 산업을 국유화하며 …… 민주주의 건국 과업 완수에 매진할 것
>
> (나) 3. 외국 군대가 철퇴한 이후 하기(下記) 제 정당·단체들의 공동 명의로써 전 조선 정치 회의를 소집하여 조선 인민의 각층각계를 대표하는 민주주의 임시 정부가 즉시 수립될 것이며 국가의 일체 정권은 정치, 경제, 문화생활의 일체 책임을 갖게 될 것이다.

① 유상 매수, 유상 분배 원칙의 농지 개혁법이 제정되었다.
② 남한만의 단독 정부 수립을 주장한 정읍 발언이 제기되었다.
③ 유엔 총회에서 인구 비례에 의한 남북 총선거가 의결되었다.
④ 여운형이 중심이 되어 조선 건국 준비 위원회를 조직하였다.
⑤ 국가 보안법 개정안을 통과시킨 이른바 보안법 파동이 발생하였다.

04 다음 자료의 상황이 나타나게 된 배경으로 적절한 것은?
[심화 58회]

> 우리는 조국 흥망의 관두(關頭)*에서 이 위기를 극복하기 위해 오직 민족 자결 원칙에 의하여 조국의 남북통일과 민주 독립을 촉진해야겠다. 우리 민족자주연맹 중앙집행위원회는 김구 선생과 김규식 박사의 제안에 의하여 실현되는 남북 정치 협상을 전적으로 지지하며, 아울러 그 성공을 위하여 적극적으로 협력할 것을 결의한다.
> *관두: 가장 중요한 지점

① 허정 과도 정부에서 헌법이 개정되었다.
② 통일 주체 국민 회의에서 대통령이 선출되었다.
③ 유엔 소총회에서 남한만의 단독 총선거가 결의되었다.
④ 유상 매수, 유상 분배 원칙의 농지 개혁법이 제정되었다.
⑤ 국가 보안법 개정안을 통과시킨 보안법 파동이 일어났다.

01 8·15 광복과 정치 상황

자료에서 38도 이남을 통치하는 정부는 오직 하나의 정부라고 하는 점, 조선 인민 공화국을 부정하고 있는 점, 미군정 장관이 발표한 성명이라는 점 등을 통해 1945년 9월에 한반도에 들어온 미군의 성명임을 알 수 있다.

미군은 9월 초에 한반도에 진주하여 북위 38도선 이남 지역에 대한 직접 통치를 선포하였다. 이에 따라 대한민국 임시 정부는 정부의 자격을 인정받지 못하였다. 또한 미군정은 일제 강점기 관리들을 그대로 기용하고 조선 총독부의 행정 체제를 활용하는 현상 유지 정책을 실시하였다.

▶ 선지분석

✓ 조선 건국 동맹이 결성되었다.
  ➡ 조선 건국 동맹은 여운형의 주도하에 1944년에 국내에서 비밀리에 결성되었다.
② 좌우 합작 7원칙이 발표되었다.
  ➡ 1946년의 사실이다.
③ 유엔 한국 임시 위원단이 설치되었다.
  ➡ 1947년의 사실이다.
④ 반민족 행위 특별 조사 위원회가 출범하였다.
  ➡ 1948년의 사실이다.
⑤ 귀속 재산 처리를 위해 신한 공사가 설립되었다.
  ➡ 1946년의 사실이다.

02 8·15 광복과 정치 상황

(가) '38도 이남에 대하여 군정 설립' 등을 통해 미군이 한반도에 입성하면서 미군정을 선포한 1945년 9월임을 알 수 있다.
(나) '신탁 통치 반대' 등을 통해 1945년 12월에 열린 모스크바 3국 외상 회의 이후 신탁 통치 반대 운동이 전개되고 있는 상황임을 알 수 있다.

▶ 선지분석

① 카이로 선언이 발표되었다.
  ➡ 1943년의 사실이다.
② 조선 건국 동맹이 결성되었다.
  ➡ 1944년의 사실이다.
✓ 모스크바 삼국 외상 회의가 개최되었다.
  ➡ 광복 이후 미국과 소련은 한반도를 분할 점령한 후, 한반도 문제를 논의하기 위하여 1945년 12월에 모스크바 3국 외상 회의를 개최하였다.
④ 좌우 합작 위원회에서 좌우 합작 7원칙을 합의하였다.
  ➡ 1946년의 사실이다.
⑤ 유엔 총회에서 인구 비례에 따른 남북한 총선거를 결의하였다.
  ➡ 1947년의 사실이다.

03 통일 정부 수립 노력

(가)는 좌우 합작 7원칙이다(1946.10.). 제1차 미·소 공동 위원회의 결렬과 이승만의 정읍 발언으로 분단에 대한 위기감이 고조됨에 따라, 이를 극복하기 위한 방안으로 좌우 합작 운동이 전개되었다. 하지만 좌우 합작은 실패로 돌아갔고, 한국 문제 결정권을 이양받은 유엔이 남북 총선거를 결정하였으나 북한 측의 거부로 사실상 총선거가 어려워졌다. 이에 김구, 김규식은 분단을 막기 위해 평양을 방문하여 김일성, 김두봉을 만난 후 (남북 협상) (나)의 내용(남북 조선 정당·사회 단체 공동 성명서)을 발표하였다(1948.4.).

▶ 선지분석

① 유상 매수, 유상 분배 원칙의 농지 개혁법이 제정되었다.
  ➡ 1949년의 사실이다.
② 남한만의 단독 정부 수립을 주장한 정읍 발언이 제기되었다.
  ➡ 1946년 6월의 사실이다.
✓ 유엔 총회에서 인구 비례에 의한 남북 총선거가 의결되었다.
  ➡ 한반도 문제 결정권을 이양받은 유엔은 총회를 열어 남북 총선거를 결정(1947년)하였다.
④ 여운형이 중심이 되어 조선 건국 준비 위원회를 조직하였다.
  ➡ 1945년의 사실이다.
⑤ 국가 보안법 개정안을 통과시킨 이른바 보안법 파동이 발생하였다.
  ➡ 1958년의 사실이다.

04 통일 정부 수립 노력

자료의 '김구, 김규식, 남북 정치 협상' 등을 통해 제시된 자료가 남북 협상에 대한 자료임을 알 수 있다.

▶ 선지분석

① 허정 과도 정부에서 헌법이 개정되었다.
  ➡ 1960년 4·19 혁명 이후의 사실이다.
② 통일 주체 국민 회의에서 대통령이 선출되었다.
  ➡ 1972년 이후의 사실이다.
✓ 유엔 소총회에서 남한만의 단독 총선거가 결의되었다.
  ➡ 1948년 2월에 유엔이 소총회를 열어 남한만의 단독 선거를 결정하자 김구와 김규식은 남북 협상을 감행하였다.
④ 유상 매수, 유상 분배 원칙의 농지 개혁법이 제정되었다.
  ➡ 1949년의 사실이다.
⑤ 국가 보안법 개정안을 통과시킨 보안법 파동이 일어났다.
  ➡ 1958년의 사실이다.

> 정답 01 ① 02 ③ 03 ③ 04 ③

19~20강 현대 사회

19강 ② 대한민국 정부 수립과 6·25 전쟁

대표기출문제

01 (가) 사건에 대한 설명으로 옳은 것은? [심화 53회]

제주도에서 발생한 (가) 당시 토벌대는 남한만의 단독 선거에 반대하는 세력을 진압한다는 명분으로 초토화 작전을 벌였고, 이 과정에서 무고한 사람들이 희생되었습니다. 법원은 오늘 이 사건으로 억울한 옥살이를 했던 피해자 335명에 대해서, 재심을 통해 무죄 판결을 내렸습니다.

(가) 옥살이 335명, 70여 년 만에 재심에서 무죄

① 허정 과도 내각이 성립되는 배경이 되었다.
② 전개 과정에서 3·1 민주 구국 선언이 발표되었다.
③ 희생자들의 명예 회복을 위해 특별법이 제정되었다.
④ 귀속 재산 처리를 위한 신한 공사 설립의 계기가 되었다.
⑤ 관련 기록물이 유네스코 세계 기록 유산으로 등재되었다.

02 (가), (나) 발표 사이의 시기에 있었던 사실로 옳은 것은? [심화 55회]

(가) 우리는 다음 달에 입국할 유엔 한국 임시 위원단을 환영하는 동시에, 그들로 하여금 우리가 원하는 자주독립의 통일 정부를 수립하는 임무를 완수하도록 최선을 다하여야 할 것이다. 우리는 어떠한 경우든지 단독 정부는 절대 반대할 것이다.

(나) 올해 10월 19일 제주도 사건 진압 차 출동하려던 여수 제14연대 소속 3명의 장교 및 40여 명의 하사관들은 각 대대장의 결사적 제지에도 불구하고 남로당 계열 분자 지도하에 반란을 일으켰다. 동월 20일 8시 여수를 점령하는 한편, 좌익 단체 및 학생들을 인민군으로 편성하여 동일 8시 순천을 점령하였다.

① 제1차 미소 공동 위원회가 결렬되었다.
② 모스크바 삼국 외상 회의가 개최되었다.
③ 좌우 합작 위원회에서 좌우 합작 7원칙이 발표되었다.
④ 유상 매수, 유상 분배 원칙의 농지 개혁법이 시행되었다.
⑤ 우리나라 최초의 보통 선거인 5·10 총선거가 실시되었다.

03 (가), (나) 사이의 시기에 있었던 사실로 옳은 것은? [심화 51회]

(가) 북한군의 공격에 밀려 낙동강 방어선으로 후퇴한 제1사단은 다부동 일대에서 북한군 제2군단의 공세에 맞서 8월 3일부터 9월 2일까지 치열한 전투를 벌였다. 이 전투에서 제1사단 12연대는 특공대를 편성, 적 전차 4대를 파괴하는 등 중요한 역할을 수행하며 전투를 승리로 이끌었다.

(나) 개성에서 열린 첫 정전 회담에서 UN군 대표단은 어떠한 정치적 또는 경제적 문제의 논의를 단호히 거부하는 동시에 침략 재발의 방지를 보장하는 화평만이 전쟁을 종식시킬 수 있다고 공산군 대표단에게 경고하였다.

① 애치슨 선언이 발표되었다.
② 흥남 철수 작전이 전개되었다.
③ 여수·순천 10·19 사건이 일어났다.
④ 한·미 상호 방위 조약이 체결되었다.
⑤ 부산에서 발췌 개헌안이 통과되었다.

04 교사의 질문에 대한 학생의 답변으로 적절하지 않은 것은? [심화 68회]

이 우표는 6·25 전쟁이 발발하고 북한군에 점령당했던 서울을 되찾은 것을 기념해 만들어졌습니다. 9월 28일 서울 수복 이후에 벌어진 상황에 대해 말해 볼까요?

우표로 보는 현대사

① 반공 포로가 석방되었어요.
② 한미 상호 방위 조약이 체결되었어요.
③ 흥남에서 대규모 철수가 이루어졌어요.
④ 유엔군이 인천 상륙 작전을 전개하였어요.
⑤ 비상계엄이 선포된 가운데 발췌 개헌안이 통과되었어요.

대표기출해설

01 대한민국 정부 수립과 제헌 국회

자료에서 '제주도', '남한만의 단독 선거에 반대하는 세력 진압' 등을 통해 (가) 사건이 제주 4·3 사건임을 알 수 있다.

▶ 선지분석

① 허정 과도 내각이 성립되는 배경이 되었다.
  ➡ 4·19 혁명에 대한 설명이다.
② 전개 과정에서 3·1 민주 구국 선언이 발표되었다.
  ➡ 유신 체제 저항에 대한 설명이다.
✓ 희생자들의 명예 회복을 위해 특별법이 제정되었다.
  ➡ 2000년에 제주 4·3 사건으로 희생된 사람들의 명예 회복을 위한 특별법이 제정되었다.
④ 귀속 재산 처리를 위한 신한 공사 설립의 계기가 되었다.
  ➡ 광복 후 귀속 재산 처리에 대한 설명이다.
⑤ 관련 기록물이 유네스코 세계 기록 유산으로 등재되었다.
  ➡ 5·18 민주화 운동에 대한 설명이다.

02 대한민국 정부 수립과 제헌 국회

(가) '유엔 한국 임시 위원단', '단독 정부는 절대 반대' 등을 통해 유엔 소총회에서 남한만의 단독 선거가 결정된 이후에 발표된 성명문임을 알 수 있다. 1947년 12월, 김구는 5·10 총선거를 감독하기 위한 유엔 한국 임시 위원단의 방문을 앞에 두고 단독 선거에 반대한다는 성명을 발표하였다.

(나) '10월 19일', '제주도 사건 진압', '여수 제14연대', '반란', '좌익' 등을 통해 여수·순천 10·19 사건(1948년 10월)에 관한 자료임을 알 수 있다. 이승만 정부가 여수에 주둔하던 국방 경비대를 제주로 파견하여 제주 4·3 사건을 진압하려 하자, 여수 주둔 병력 내의 좌익 세력이 무장봉기를 일으켰다.

▶ 선지분석

① 제1차 미소 공동 위원회가 결렬되었다.
  ➡ 1946년 5월의 사실이다.
② 모스크바 삼국 외상 회의가 개최되었다.
  ➡ 1945년 12월의 사실이다.
③ 좌우 합작 위원회에서 좌우 합작 7원칙이 발표되었다.
  ➡ 1946년 10월의 사실이다.
④ 유상 매수, 유상 분배 원칙의 농지 개혁법이 시행되었다.
  ➡ 1950년 5월의 사실이다.
✓ 우리나라 최초의 보통 선거인 5·10 총선거가 실시되었다.
  ➡ 1947년 11월, 유엔 총회는 남북한 총선거를 통한 정부 수립을 결의하였으나 소련이 이를 거부하자, 다시 소총회를 열어 선거 감시가 가능한 지역(남한)에서만 선거를 실시할 것을 결의하였다. 이에 따라 1948년 5월, 우리나라 최초의 보통 선거인 5·10 총선거가 실시되었다.

03 6·25 전쟁

(가) '낙동강 방어선으로 후퇴', '다부동 일대' 등을 통해 1950년 8월에 전개된 다부동 전투에 대한 자료임을 알 수 있다.
(나) '개성에서 열린 첫 정전 회담'을 통해 1951년 7월 개성에서 처음 개최된 정전 회담임을 알 수 있다.

▶ 선지분석

① 애치슨 선언이 발표되었다.
  ➡ 1950년 1월의 사실이다.
✓ 흥남 철수 작전이 전개되었다.
  ➡ 1950년 12월 중국군의 반격에 밀린 국군과 유엔군은 흥남 철수 작전을 전개하였다.
③ 여수·순천 10·19 사건이 일어났다.
  ➡ 1948년 10월의 사실이다.
④ 한·미 상호 방위 조약이 체결되었다.
  ➡ 1953년 10월의 사실이다.
⑤ 부산에서 발췌 개헌안이 통과되었다.
  ➡ 1952년 7월의 사실이다.

04 6·25 전쟁

1950년 6월에 6·25 전쟁이 발발하자 유엔 안전 보장 이사회는 유엔군을 파병하였고, 낙동강 지역까지 밀렸던 국군과 유엔군은 1950년 9월 15일에 인천 상륙 작전을 전개하여 서울을 탈환하고, 압록강 일대까지 진격하였다.

▶ 선지분석

① 반공 포로가 석방되었어요.
  ➡ 6·25 전쟁 중이던 1953년에 휴전 협상이 이루어졌고, 이 과정에서 휴전에 반대한 이승만 정부가 반공 포로 일부를 일방적으로 석방하였다.
② 한미 상호 방위 조약이 체결되었어요.
  ➡ 6·25 전쟁에 대한 정전 협정이 체결된 이후인 1953년 10월에 한·미 상호 방위 조약이 체결되었다.
③ 흥남에서 대규모 철수가 이루어졌어요.
  ➡ 인천 상륙 작전 성공 이후 승기를 잡은 국군과 유엔군은 압록강 일대까지 진격하였지만 중국군의 개입으로 후퇴하여 1950년 12월에 흥남 철수 작전을 전개하였다.
✓ 유엔군이 인천 상륙 작전을 전개하였어요.
  ➡ 1950년 9월에 국군과 유엔군은 인천 상륙 작전에 성공하면서 서울을 수복하였고, 이후 압록강 일대까지 진격하였다.
⑤ 비상계엄이 선포된 가운데 발췌 개헌안이 통과되었어요.
  ➡ 6·25 전쟁 중이던 1952년에 이승만 정부는 임시 수도 부산에 비상계엄을 선포하고 발췌 개헌안을 통과시켰다(1차 개헌).

▶ 정답 01 ③ 02 ⑤ 03 ② 04 ④

20① 이승만 정부~장면 내각

대표기출문제

[01~02] 다음 자료를 읽고 물음에 답하시오.

> (가) 제31조 입법권은 국회가 행한다. 국회는 민의원과 참의원으로써 구성한다.
> 제53조 대통령과 부통령은 국민의 보통, 평등, 직접, 비밀 투표에 의하여 각각 선거한다. ……
> 제55조 대통령과 부통령의 임기는 4년으로 한다. 단, 재선에 의하여 1차 중임할 수 있다. ……

> (나) 제7조의2 대한민국의 주권의 제약 또는 영토의 변경을 가져올 국가 안위에 관한 중대 사항은 국회의 가결을 거친 후에 국민 투표에 부하여 민의원 의원 선거권자 3분지 2 이상의 투표와 유효 투표 3분지 2 이상의 찬성을 얻어야 한다.
> 제55조 대통령과 부통령의 임기는 4년으로 한다. 단, 재선에 의하여 1차 중임할 수 있다. ……
> 부칙 …… 이 헌법 공포 당시의 대통령에 대하여는 제55조 제1항 단서의 제한을 적용하지 아니한다.

01 (가), (나) 헌법에 대한 설명으로 옳은 것은? [심화 50회]

① (가) – 제헌 국회에서 제정되었다.
② (가) – 계엄령 아래 국회에서 기립 표결로 통과되었다.
③ (나) – 대통령의 국회 의원 1/3 추천 조항을 담고 있다.
④ (나) – 대통령 선거인단에 의한 간접 선거제를 규정하였다.
⑤ (가), (나) – 호헌 동지회 결성 이후 개정되었다.

02 (가), (나) 사이의 시기에 있었던 사실로 옳은 것은? [심화 50회]

① 중화 인민 공화국과 국교를 수립하였다.
② 경제 협력 개발 기구(OECD)에 가입하였다.
③ 미국의 요청에 따라 베트남 파병이 시작되었다.
④ 판문점에서 6·25 전쟁 정전 협정이 조인되었다.
⑤ 미국과 한·미 상호 방위 원조 협정이 체결되었다.

03 밑줄 그은 '선거' 이후의 사실로 옳은 것은? [심화 58회]

① 국회에서 국민 방위군 사건이 폭로되었다.
② 평화 통일론을 내세우던 진보당이 해체되었다.
③ 경찰이 반민족 행위 특별 조사 위원회를 습격하였다.
④ 조선 건국 준비 위원회 지부가 인민 위원회로 개편되었다.
⑤ 초대 대통령에 한해 중임 제한을 폐지하는 개헌안이 통과되었다.

04 밑줄 그은 '이 사건' 이후에 있었던 사실로 옳은 것은? [심화 52회]

① 조봉암을 중심으로 진보당이 창당되었다.
② 반민족 행위 특별 조사 위원회가 설치되었다.
③ 허정을 수반으로 하는 과도 정부가 수립되었다.
④ 귀속 재산 관리를 위해 신한 공사가 설립되었다.
⑤ 자유당이 정권 연장을 위해 직선제 개헌안을 통과시켰다.

01 이승만 정부 시기의 정치와 경제

(가) 대통령과 부통령을 국민의 직접 선거로 선출한다는 점, 국회를 민의원과 참의원으로 구성된 양원제로 운영한다는 점 등을 통해 1952년의 발췌 개헌임을 알 수 있다.

(나) 부칙에서 헌법 공포 당시의 대통령에 대해서는 중임 제한을 두지 않는다는 것으로 보아 1954년의 사사오입 개헌임을 알 수 있다.

▶ 선지분석

① (가) - 제헌 국회에서 제정되었다.
  ➡ 제헌 헌법에 대한 설명이다.

✔ ② (가) - 계엄령 아래 국회에서 기립 표결로 통과되었다.
  ➡ 발췌 개헌(제1차 개헌)은 6·25 전쟁 중인 1952년에 임시 수도 부산에서 계엄령 아래 기립 표결로 통과되었다.

③ (나) - 대통령의 국회 의원 1/3 추천 조항을 담고 있다.
  ➡ 유신 헌법(제7차 개헌)에 대한 설명이다.

④ (나) - 대통령 선거인단에 의한 간접 선거제를 규정하였다.
  ➡ 제8차 개헌(전두환 정부)에 대한 설명이다.

⑤ (가), (나) - 호헌 동지회 결성 이후 개정되었다.
  ➡ 호헌 동지회는 사사오입 개헌(제2차 개헌)의 반대를 위해 결성되었다.

02 이승만 정부 시기의 정치와 경제

(가) 발췌 개헌은 6·25 전쟁 중인 1952년 7월 부산에서 이루어졌다.
(나) 이승만 대통령의 장기 집권을 목적으로 행해진 사사오입 개헌은 1954년 11월에 이루어졌다.

▶ 선지분석

① 중화 인민 공화국과 국교를 수립하였다.
  ➡ 1992년의 사실이다.

② 경제 협력 개발 기구(OECD)에 가입하였다.
  ➡ 1996년의 사실이다.

③ 미국의 요청에 따라 베트남 파병이 시작되었다.
  ➡ 1964년의 사실이다.

✔ ④ 판문점에서 6·25 전쟁 정전 협정이 조인되었다.
  ➡ 1953년의 사실이다.

⑤ 미국과 한·미 상호 방위 원조 협정이 체결되었다.
  ➡ 1950년의 사실이다.

03 이승만 정부 시기의 정치와 경제

자료의 '현 대통령의 3선, 조봉암, 이승만' 등을 통해 밑줄 그은 '선거'가 1956년에 있었던 제3대 대통령 선거임을 알 수 있다.

▶ 선지분석

① 국회에서 국민 방위군 사건이 폭로되었다.
  ➡ 1951년의 사실이다.

✔ ② 평화 통일론을 내세우던 진보당이 해체되었다.
  ➡ 제3대 대통령 선거에서 조봉암이 많은 표를 획득하자, 이승만 정부는 1958년에 진보당을 해체하고 조봉암에게 간첩 혐의를 씌워 사형에 처하였다.

③ 경찰이 반민족 행위 특별 조사 위원회를 습격하였다.
  ➡ 1949년의 사실이다.

④ 조선 건국 준비 위원회 지부가 인민 위원회로 개편되었다.
  ➡ 1945년의 사실이다.

⑤ 초대 대통령에 한해 중임 제한을 폐지하는 개헌안이 통과되었다.
  ➡ 1954년의 사실이다.

04 이승만 정부 시기의 정치와 경제

자료에서 부정 선거를 규탄하는 시위에 가담하였다가 실종된 김주열 학생이 마산 앞바다에서 발견되었다는 점, 이 사건을 계기로 시위가 전국으로 확산되었다는 점을 통해 밑줄 그은 '이 사건'이 4·19 혁명임을 알 수 있다.

1960년 3·15 부정 선거에 항의하는 국민 시위가 전국에서 벌어지자 경찰은 이를 무차별하게 진압하였다. 이 과정에서 실종된 김주열 학생이 마산 앞바다에 참혹한 시신으로 떠오르자 분노한 학생과 시민들은 다시 시위를 전개하였다. 이에 정부는 계엄령을 선포하고 군대를 동원하여 시위를 진압하려고 하였다. 4월 25일에 대학교수단은 시국 선언문 발표 및 시위를 벌였고, 국민의 저항은 더욱 거세졌다. 결국 이승만 대통령은 하야하고, 미국 하와이로 망명하였다.

▶ 선지분석

① 조봉암을 중심으로 진보당이 창당되었다.
  ➡ 1956년의 사실이다.

② 반민족 행위 특별 조사 위원회가 설치되었다.
  ➡ 1948년의 사실이다.

✔ ③ 허정을 수반으로 하는 과도 정부가 수립되었다.
  ➡ 1960년 4·19 혁명으로 이승만 대통령이 하야한 뒤 허정 과도 정부가 구성되었다.

④ 귀속 재산 관리를 위해 신한 공사가 설립되었다.
  ➡ 1946년의 사실이다.

⑤ 자유당이 정권 연장을 위해 직선제 개헌안을 통과시켰다.
  ➡ 1952년의 사실이다.

▶ 정답 01 ② 02 ④ 03 ② 04 ③

20강 ② 박정희 정부

01 (가), (나) 사이의 시기에 있었던 사실로 옳은 것을 <보기>에서 고른 것은?
[심화 49회]

> (가) 국군 장교가 위원으로 선출되었으며, 3권을 장악하고 국회의 권한을 행사하는 최고 통치 기구인 국가 재건 최고 회의가 출범하였다.
>
> (나) 국민의 직접 선거로 대의원이 선출되었으며, 통일 정책을 최종 결정하고 대통령 선거권 등을 행사하는 통일 주체 국민 회의가 발족하였다.

<보기>
ㄱ. 장기 집권을 위한 3선 개헌안이 통과되었다.
ㄴ. 제2차 석유 파동으로 경제 불황이 심화되었다.
ㄷ. 베트남 파병에 관한 브라운 각서가 체결되었다.
ㄹ. 대통령 긴급 명령으로 금융 실명제가 실시되었다.

① ㄱ, ㄴ ② ㄱ, ㄷ ③ ㄴ, ㄷ
④ ㄴ, ㄹ ⑤ ㄷ, ㄹ

02 다음 판결이 있었던 정부 시기의 사실로 옳은 것은?
[심화 57회]

> ○ 김○○ 씨가 모 다방에서 동석한 사람들에게 "정부가 물가 조정한다고 하면서 물가가 오르기만 하니 정부가 국민을 기만하는 것이 아니냐.", "중앙정보부에서 모 대학교수를 잡아 조사를 하다 죽이고서는 자살하였다고 거짓 발표하였다." 등의 발언을 하여 유언비어를 유포했다는 이유로 징역 5년을 선고받았다.
>
> ○ 사상계 전 대표 장준하, 백범 사상 연구소 소장 백기완이 함석헌, 계훈제 등과 개헌 청원 100만인 서명 운동에 대해 논의하고 긴급 조치를 비판하였다는 이유로 각각 징역 및 자격정지 15년, 12년을 선고받았다.

① 한일 월드컵 축구 대회가 개최되었다.
② 농촌 근대화를 표방하는 새마을 운동이 추진되었다.
③ 외환 위기 극복을 위한 금 모으기 운동이 전개되었다.
④ 금융 거래 투명성을 실현하고자 금융 실명제가 시행되었다.
⑤ 한미 자유 무역 협정(FTA) 체결에 반대하는 시위가 벌어졌다.

03 밑줄 그은 '정부' 시기에 있었던 사실로 옳은 것은?
[심화 47회]

① 경제 협력 개발 기구(OECD)에 가입하였다.
② 미국과 자유 무역 협정(FTA)을 체결하였다.
③ YH 무역 노동자들의 농성을 강경 진압하였다.
④ 대통령 긴급 명령으로 금융 실명제가 실시되었다.
⑤ 대통령 직속 자문 기구인 노사정 위원회가 구성되었다.

04 교사의 질문에 대한 학생의 답변으로 옳은 것은?
[심화 51회]

① 경부 고속 도로가 개통되었어요.
② 귀속 재산 처리법이 제정되었어요.
③ 경제 협력 개발 기구(OECD)에 가입하였어요.
④ 미국과 자유 무역 협정(FTA)을 체결하였어요.
⑤ 대통령의 긴급 명령으로 금융 실명제가 실시되었어요.

01 박정희 정부 시기의 정치

(가) 국가 재건 최고 회의는 5·16 군사 정변으로 정권을 장악한 박정희가 1961년에 설립한 군정 기구이다.
(나) 통일 주체 국민 회의는 박정희 정부가 1972년에 발표한 유신 헌법을 계기로 만들어진 헌법 기관으로, 대통령을 선출하는 역할을 하였다.

> **선지분석**

☑ ㄱ. 장기 집권을 위한 **3선 개헌안**이 통과되었다.
　➡ 박정희 정부는 경제 성장 성과를 앞세워 **1969년**에 대통령의 3회 연임을 허용하는 3선 개헌안을 통과시켰다(제6차 개헌).
ㄴ. **제2차 석유 파동**으로 경제 불황이 심화되었다.
　➡ **1978년**의 사실이다.
☑ ㄷ. **베트남 파병**에 관한 **브라운 각서**가 체결되었다.
　➡ 박정희 정부는 경제 개발 자금을 마련하고자 미국의 베트남 파병 요청을 받아들이고, **1966년**에 브라운 각서를 체결하여 한국군의 현대화와 경제적 지원을 약속받았다.
ㄹ. 대통령 긴급 명령으로 **금융 실명제**가 실시되었다.
　➡ **1993년**의 사실이다.

02 박정희 정부 시기의 정치

자료의 '중앙정보부', '긴급조치', '개헌 청원 100만인 서명 운동' 등을 통해 제시된 자료가 박정희 정부 시기의 사실임을 알 수 있다.

> **선지분석**

① **한일 월드컵 축구 대회**가 개최되었다.
　➡ **김대중 정부** 시기의 사실이다.
☑ ② 농촌 근대화를 표방하는 **새마을 운동**이 추진되었다.
　➡ **박정희 정부**는 1970년부터 도시와 농촌 간 균형 발전을 목표로 '근면, 자조, 협동' 구호를 내걸고 새마을 운동을 추진하였다.
③ 외환 위기 극복을 위한 **금 모으기 운동**이 전개되었다.
　➡ **김대중 정부** 시기의 사실이다.
④ 금융 거래 투명성을 실현하고자 **금융 실명제**가 시행되었다.
　➡ **김영삼 정부** 시기의 사실이다.
⑤ **한미 자유 무역 협정(FTA) 체결**에 반대하는 시위가 벌어졌다.
　➡ **노무현 정부** 시기의 사실이다.

03 박정희 정부 시기의 경제

자료에서 수출 100억 달러를 달성하였다는 사실이 제시된 점을 통해 밑줄 그은 '정부'는 박정희 정부임을 알 수 있다.
우리나라는 박정희 정부 때인 1977년에 수출 100억 달러를 달성하였다.

> **선지분석**

① **경제 협력 개발 기구(OECD)**에 **가입**하였다.
　➡ **김영삼 정부** 시기의 사실이다.
② **미국과 자유 무역 협정(FTA)**을 **체결**하였다.
　➡ **노무현 정부** 시기의 사실이다.
☑ ③ **YH 무역 노동자**들의 **농성**을 강경 진압하였다.
　➡ **박정희 정부** 시기에 YH 무역의 노동자들은 회사의 불법적인 행위에 맞서 야당인 신민당 당사에서 농성을 벌였다. 이를 진압하는 과정에서 노동자가 희생되는 사건이 발생하였고, 이는 이후 유신 체제가 붕괴하는 계기가 되었다.
④ 대통령 긴급 명령으로 **금융 실명제**가 실시되었다.
　➡ **김영삼 정부** 시기의 사실이다.
⑤ 대통령 직속 자문 기구인 **노사정 위원회**가 구성되었다.
　➡ **김대중 정부** 시기의 사실이다.

04 박정희 정부 시기의 경제

자료에 제시된 제2차 경제 개발 5개년 계획은 박정희 정부 시기인 1967년부터 1971년까지 추진되었다.
1962년부터 1970년대 초까지 시행된 제1·2차 경제 개발 5개년 계획은 기간산업의 육성, 도로·항만 등 사회 간접 자본의 확충과 수출 위주의 경공업 발전에 주력하였다. 이 시기에는 외국에서 끌어들인 자본과 국내의 값싼 노동력을 결합한 수출 중심의 경제 정책이 추진되었다.

> **선지분석**

☑ ① **경부 고속 도로**가 개통되었어요.
　➡ 제2차 경제 개발 5개년 계획이 시행되던 **1970년(박정희 정부)**에 경부 고속 도로가 개통되었다.
② **귀속 재산 처리법**이 제정되었어요.
　➡ **1949년(이승만 정부)**의 사실이다.
③ **경제 협력 개발 기구(OECD)**에 **가입**하였어요.
　➡ **1996년(김영삼 정부)**의 사실이다.
④ **미국과 자유 무역 협정(FTA)**을 **체결**하였어요.
　➡ **2007년(노무현 정부)**의 사실이다.
⑤ 대통령의 긴급 명령으로 **금융 실명제**가 실시되었어요.
　➡ **1993년(김영삼 정부)**의 사실이다.

> **정답**　01 ②　02 ②　03 ③　04 ①

20강 ③ 전두환 정부~현재

대표기출문제

01 (가) 민주화 운동에 대한 설명으로 옳은 것은? [심화 48회]

> □□신문
> 제△△호　　　　　　　　　2020년 ○○월 ○○일
> ### 경찰관 부당 징계 취소
> 경찰청은 ┌(가)┐ 40주기를 맞아 신군부의 명령을 거부하고 시민들을 보호했다는 이유 등으로 부당하게 징계를 받은 퇴직 경찰관 21명의 징계 처분을 직권 취소했다고 밝혔다. 당시 경찰관에 대한 징계는 국가 보위 비상 대책 위원회의 문책 지시에 따라 이루어졌다.
> 경찰청은 징계 처분이 재량권을 남용한 하자가 있는 행정 처분이라고 판단하였고, 중앙 징계 위원회를 개최하여 심의·의결을 거쳐 징계 처분을 직권 취소하게 되었다.

① 박종철과 이한열의 희생으로 확산되었다.
② 호헌 철폐와 독재 타도 등의 구호를 내세웠다.
③ 관련 기록물이 유네스코 세계 기록 유산으로 등재되었다.
④ 대통령 중심제에서 의원 내각제로 바뀌는 계기가 되었다.
⑤ 대통령 하야를 요구하며 대학 교수단이 시위행진을 벌였다.

02 다음 기사에 보도된 민주화 운동의 결과로 옳은 것은? [심화 49회]

> □□신문
> 제△△호　　　　　　　　　○○○○년 ○○월 ○○일
> ### 민주 헌법 쟁취를 위한 국민 대회 열려
> 경찰이 사상 최대 규모인 5만 8천여 명의 병력을 동원하여 전국 집회장을 원천 봉쇄한다는 방침을 밝힌 가운데 서울을 비롯한 전국 20여 개 도시에서 국민 대회가 열렸다.
> 민주 헌법 쟁취 국민운동 본부는 "국민 합의를 배신한 4·13 호헌 조치는 무효임을 전 국민의 이름으로 선언한다."라고 발표하면서 민주 헌법 쟁취를 통한 민주 정부 수립 의지를 밝혔다.

① 국가 보위 비상 대책 위원회가 설치되었다.
② 신군부가 비상계엄을 전국으로 확대하였다.
③ 5년 단임의 대통령 직선제 개헌이 이루어졌다.
④ 허정을 수반으로 하는 과도 정부가 수립되었다.
⑤ 조봉암이 혁신 세력을 규합하여 진보당을 창당하였다.

03 다음 뉴스가 보도된 정부 시기에 있었던 사실로 옳은 것은? [심화 69회]

① 굴욕적인 대일 외교에 반대하는 6·3 시위가 일어났다.
② 북방 외교를 추진하여 사회주의 국가인 소련과 수교하였다.
③ 통일 방안을 논의하기 위해 남북 조절 위원회를 설치하였다.
④ 경제적 취약 계층을 위한 국민 기초 생활 보장법을 시행하였다.
⑤ 역사 바로 세우기를 내세우며 옛 조선 총독부 건물을 철거하였다.

04 다음 연설문을 발표한 정부 시기에 있었던 사실로 옳은 것은? [심화 55회]

> 지난 5년 동안 우리 국민은 세계가 놀라워하는 업적을 이룩해 냈습니다. 외환 위기를 맞이하자 우리 국민은 '금 모으기'를 전개하여 전 세계를 감동시켰습니다. …… 금융, 기업, 공공, 노사의 4대 개혁을 고통과 희생을 감내하면서 지지하고 적극 협력함으로써 우리 경제는 3년을 앞당겨 IMF 관리 체제에서 벗어날 수 있었습니다. …… 고용 보험, 산재 보험, 건강 보험, 국민연금 등 4대 보험의 틀을 갖추고 국민 기초 생활 보장법을 시행한 것을 비롯해 선진국 수준의 복지 체제를 완비했습니다.

① G20 서울 정상 회의가 개최되었다.
② 미국과의 자유 무역 협정(FTA)이 체결되었다.
③ 금융 실명제가 대통령 긴급 명령으로 실시되었다.
④ 8·3 조치로 사채 동결 등의 특혜가 기업에게 제공되었다.
⑤ 남북 경제 교류 증진을 위한 경의선 복원 공사가 시작되었다.

대표기출해설

01 전두환 정부 시기의 정치와 경제

12·12 사태(1979)로 권력을 장악한 전두환 등 신군부는 시민과 학생들의 민주화 운동을 탄압하고 비상계엄을 전국으로 확대하였다. 이에 광주 지역에서 비상계엄 철회 및 민주 헌정 체제 회복을 요구하며 시위를 벌였는데, 이것이 5·18 민주화 운동이다.

▶ 선지분석

① 박종철과 이한열의 희생으로 확산되었다.
  ➡ 6월 민주 항쟁에 대한 설명이다.
② 호헌 철폐와 독재 타도 등의 구호를 내세웠다.
  ➡ 6월 민주 항쟁에 대한 설명이다.
✓③ 관련 기록물이 유네스코 세계 기록 유산으로 등재되었다.
  ➡ 5·18 민주화 운동은 이후 전개된 민주화 운동의 기반이 되었으며, 관련 기록물이 2011년에 유네스코 세계 기록 유산으로 등재되었다.
④ 대통령 중심제에서 의원 내각제로 바뀌는 계기가 되었다.
  ➡ 4·19 혁명에 대한 설명이다.
⑤ 대통령 하야를 요구하며 대학 교수단이 시위행진을 벌였다.
  ➡ 4·19 혁명에 대한 설명이다.

02 전두환 정부 시기의 정치와 경제

자료에서 '4·13 호헌 조치' 등을 통해 6월 민주 항쟁에 대한 기사임을 알 수 있다.
전두환 정부 시기에 시민들은 대통령 직선제 개헌과 민주화를 요구하는 시위를 지속적으로 전개하였다. 하지만 전두환 정부는 기존 헌법을 고수하겠다는 4·13 호헌 조치를 발표하였고(1987) 이에 민주화 운동 진영과 야당은 6·10 국민 대회를 개최하였는데, 시위를 벌이던 이한열이 최루탄에 맞아 중태에 빠지는 사건이 일어났다. 이를 계기로 국민들의 민주화 요구는 더욱 확산되어 전국 각지에서 시위가 일어났고, 결국 여당 대표 노태우가 6·29 민주화 선언을 발표하여 직선제 개헌을 약속하였다.

▶ 선지분석

① 국가 보위 비상 대책 위원회가 설치되었다.
  ➡ 5·18 민주화 운동 진압 이후의 사실이다.
② 신군부가 비상계엄을 전국으로 확대하였다.
  ➡ 5·18 민주화 운동의 배경이다.
✓③ 5년 단임의 대통령 직선제 개헌이 이루어졌다.
  ➡ 6월 민주 항쟁으로 6·29 민주화 선언이 발표되면서 5년 단임의 대통령 직선제 개헌이 이루어졌다.
④ 허정을 수반으로 하는 과도 정부가 수립되었다.
  ➡ 4·19 혁명의 결과이다.
⑤ 조봉암이 혁신 세력을 규합하여 진보당을 창당하였다.
  ➡ 1956년(이승만 정부)의 사실이다.

03 노태우 정부 이후 정치와 경제

자료의 '군 내부의 사조직을 해체하려는 문민정부'를 통해 김영삼 정부 시기임을 알 수 있다.

▶ 선지분석

① 굴욕적인 대일 외교에 반대하는 6·3 시위가 일어났다.
  ➡ 박정희 정부 시기에 굴욕적인 한·일 국교 정상화에 반대하는 6·3 시위가 전개되었다.
② 북방 외교를 추진하여 사회주의 국가인 소련과 수교하였다.
  ➡ 노태우 정부 시기에 북방 외교가 추진되어 소련, 중국 및 동유럽의 사회주의 국가와 수교하였다.
③ 통일 방안을 논의하기 위해 남북 조절 위원회를 설치하였다.
  ➡ 박정희 정부 시기에 남북한은 7·4 남북 공동 성명을 발표하였고, 이에 따라 남북 조절 위원회를 구성하였다.
④ 경제적 취약 계층을 위한 국민 기초 생활 보장법을 시행하였다.
  ➡ 김대중 정부 시기에 국민 기초 생활 보장법을 시행하여 경제적 취약 계층에게 생계비, 의료비 등을 보조하였다.
✓⑤ 역사 바로 세우기를 내세우며 옛 조선 총독부 건물을 철거하였다.
  ➡ 김영삼 정부 시기에 역사 바로 세우기 운동의 일환으로 일제가 경복궁 안에 설치한 조선 총독부 건물을 철거하였다.

04 노태우 정부 이후 정치와 경제

자료에서 금 모으기를 전개하여 국제 통화 기금(IMF) 관리 체제에서 벗어날 수 있었다는 점, 국민 기초 생활 보장법을 시행했다는 점 등을 통해 연설문을 발표한 정부가 김대중 정부임을 알 수 있다.

▶ 선지분석

① G20 서울 정상 회의가 개최되었다.
  ➡ 이명박 정부 시기의 사실이다.
② 미국과의 자유 무역 협정(FTA)이 체결되었다.
  ➡ 노무현 정부 시기의 사실이다.
③ 금융 실명제가 대통령 긴급 명령으로 실시되었다.
  ➡ 김영삼 정부 시기의 사실이다.
④ 8·3 조치로 사채 동결 등의 특혜가 기업에게 제공되었다.
  ➡ 박정희 정부 시기의 사실이다.
✓⑤ 남북 경제 교류 증진을 위한 경의선 복원 공사가 시작되었다.
  ➡ 김대중 정부 시기에 있었던 6·15 남북 공동 선언에 따라 경의선 복원 공사가 시작되었다.

▶ 정답 01 ③   02 ③   03 ⑤   04 ⑤

19~20강 현대 사회

20강 ④ 통일을 위한 노력과 사회 변화

대표기출문제

01 다음 기사의 사건이 일어난 정부 시기의 통일 정책으로 옳은 것은? [심화 50회]

○○신문

제△△호 ○○○○년 ○○월 ○○일

광주 대단지 주민 5만여 명, 대규모 시위

지난 10일, 경기도 광주시 중부면 광주 대단지에서 5만여 명의 주민들이 차량을 탈취하여 대규모 시위를 벌였다. 이번 시위는 서울 도심을 정비하기 위하여 10만여 명의 주민들을 경기도 광주로 이주시키는 과정에서 발생하였다. 서울시가 처음 내건 이주 조건과 달리, 상하수도나 교통 등 기반 시설이 갖추어지지 않은 채 강제로 이주시켰기 때문이다. 시위 과정에서 관공서와 주유소 등이 불에 탔고, 주민과 경찰 다수가 부상을 입었으며, 일부 주민들이 구속되었다.

① 남북한이 유엔에 동시 가입하였다.
② 10·4 남북 공동 선언을 발표하였다.
③ 남북한이 한반도 비핵화 공동 선언에 서명하였다.
④ 남북 조절 위원회를 설치하여 통일 방안을 논의하였다.
⑤ 남북한의 교류 협력을 위한 개성 공업 지구 건설에 착수하였다.

02 (가) 정부의 통일 노력으로 옳은 것은? [심화 51회]

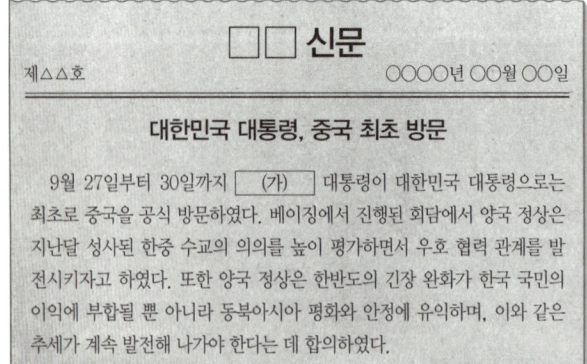

① 남북 기본 합의서를 채택하였다.
② 7·4 남북 공동 성명을 발표하였다.
③ 남북 정상 회담을 처음으로 성사시켰다.
④ 이산가족 고향 방문을 최초로 실현하였다.
⑤ 경제 협력을 위한 개성 공단 건설을 추진하였다.

03 밑줄 그은 '정부'의 통일 노력으로 옳은 것은? [심화 49회]

① 금강산 관광 사업을 시작하였다.
② 남북한이 유엔에 동시 가입하였다.
③ 제1차 남북 적십자 회담을 개최하였다.
④ 한반도 비핵화 공동 선언을 채택하였다.
⑤ 남북 간 이산가족 상봉을 처음 실현하였다.

04 (가)에 들어갈 내용으로 옳은 것은? [심화 47회]

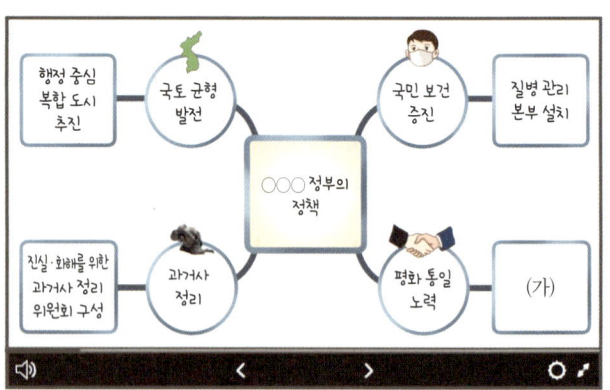

① 남북 기본 합의서 서명
② 남북 조절 위원회 구성
③ 10·4 남북 정상 선언 발표
④ 한반도 비핵화 공동 선언 채택
⑤ 이산가족 고향 방문 최초 성사

01 남북 관계와 통일을 위한 노력

자료에서 광주 대단지 주민 5만여 명이 대규모 시위를 전개하였다는 점으로 보아 1971년에 있었던 광주 대단지 사건임을 알 수 있다. 광주 대단지 사건은 박정희 정부 때 서울시 판자촌 주민들을 경기도 광주(지금의 성남) 지역으로 강제 이주시키는 과정에서 발생한 대규모 시위이다.

> **선지분석**

① 남북한이 유엔에 동시 가입하였다.
  → 노태우 정부 시기의 사실이다.
② 10·4 남북 공동 선언을 발표하였다.
  → 노무현 정부 시기의 사실이다.
③ 남북한이 한반도 비핵화 공동 선언에 서명하였다.
  → 노태우 정부 시기의 사실이다.
✓ 남북 조절 위원회를 설치하여 통일 방안을 논의하였다.
  → 박정희 정부 시기인 1972년에 남북한은 7·4 남북 공동 성명을 발표하고 남북 조절 위원회를 설치하였다.
⑤ 남북한의 교류 협력을 위한 개성 공업 지구 건설에 착수하였다.
  → 노무현 정부 시기의 사실이다.

02 남북 관계와 통일을 위한 노력

자료의 '대통령으로는 최초로 중국을 공식 방문', '한·중 수교'를 통해 (가) 정부가 노태우 정부임을 알 수 있다.
노태우 정부는 소련, 중국 등 공산주의 국가와 외교 관계를 맺어 교류를 확대하는 북방 외교를 추진하였다. 1991년에는 남북한 유엔 동시 가입과 '남북한 사이의 화해와 불가침 및 교류 협력에 관한 합의서(남북 기본 합의서)'를 채택하는 성과를 이루었다.

> **선지분석**

✓ 남북 기본 합의서를 채택하였다.
  → 노태우 정부는 1991년 '남북한 사이의 화해와 불가침 및 교류 협력에 관한 합의서(남북 기본 합의서)'를 채택하였다.
② 7·4 남북 공동 성명을 발표하였다.
  → 박정희 정부 시기의 사실이다.
③ 남북 정상 회담을 처음으로 성사시켰다.
  → 김대중 정부 시기의 사실이다.
④ 이산가족 고향 방문을 최초로 실현하였다.
  → 전두환 정부 시기의 사실이다.
⑤ 경제 협력을 위한 개성 공단 건설을 추진하였다.
  → 김대중 정부 시기에 남북한은 개성 공단 건설에 합의하였고, 이후 노무현 정부 시기에 완공되어 남북 간 경제 교류가 이루어졌다.

03 남북 관계와 통일을 위한 노력

자료에서 '금 모으기 운동', '노사정 위원회', 'IMF 극복' 등을 통해 밑줄 그은 '정부'가 김대중 정부임을 알 수 있다.
김대중 정부는 금 모으기 운동 등의 국민적 지원과 국제 통화 기금(IMF)의 구제 금융을 바탕으로 강도 높은 경제 개혁을 추진하여 외환 위기를 조기 극복하였고, 사회 민주화에 힘을 기울였다. 또한 2000년에는 평양을 방문하여 6·15 남북 공동 선언을 발표하는 등 남북 관계 개선에도 노력하였다.

> **선지분석**

✓ 금강산 관광 사업을 시작하였다.
  → 김대중 정부는 대북 화해 협력 정책(햇볕 정책)을 추진하여 남북 간 다양한 문화 예술 교류를 진행하는 한편, 금강산 관광 사업을 시작하였다.
② 남북한이 유엔에 동시 가입하였다.
  → 노태우 정부 시기의 사실이다.
③ 제1차 남북 적십자 회담을 개최하였다.
  → 박정희 정부 시기의 사실이다.
④ 한반도 비핵화 공동 선언을 채택하였다.
  → 노태우 정부 시기의 사실이다.
⑤ 남북 간 이산가족 상봉을 처음 실현하였다.
  → 전두환 정부 시기의 사실이다.

04 남북 관계와 통일을 위한 노력

자료에서 행정 중심 복합 도시를 추진하였다는 점, 진실·화해를 위한 과거사 정리 위원회를 구성하였다는 점 등으로 보아 노무현 정부 시기의 사실임을 알 수 있다. 따라서 (가)에는 노무현 정부 시기의 통일 노력이 들어가야 한다.

> **선지분석**

① 남북 기본 합의서 서명
  → 노태우 정부 시기의 사실이다.
② 남북 조절 위원회 구성
  → 박정희 정부 시기의 사실이다.
✓ 10·4 남북 정상 선언 발표
  → 노무현 정부는 2007년에 제2차 남북 정상 회담을 실시하였고, 그 결과 10·4 남북 정상 선언을 발표하였다.
④ 한반도 비핵화 공동 선언 채택
  → 노태우 정부 시기의 사실이다.
⑤ 이산가족 고향 방문 최초 성사
  → 전두환 정부 시기의 사실이다.

> **정답** 01 ④ 02 ① 03 ① 04 ③

단원 마무리
19~20강 현대 사회

통일 정부 수립 노력

제1차 미·소 공동 위원회	한국에 임시 민주 정부를 수립하기 위해 개최 → 회의에 참여하는 단체의 범위를 소련은 외상 회의 결정을 지지하는 단체로 한정할 것을 주장, 미국은 이에 반대 → 무기 휴회
좌우 합작 운동	• 배경: 신탁 통치 문제로 좌우 대립 심화, 이승만의 남한만의 단독 정부 수립 주장 • 중도 좌파 여운형과 중도 우파 김규식이 좌우 합작 위원회 결성
한국 문제의 유엔 상정	제2차 미·소 공동 위원회 결렬 → 유엔 총회에서 인구 비례에 따라 남북 총선거 실시 결의 → 소련과 북한의 총선 거부 → 유엔 소총회에서 남한 지역만의 총선거 결의
남북 협상	남한의 김구, 김규식이 방북하여 김일성, 김두봉 등 북측 지도자와 만남 → 남북 조선 정당·사회 단체 공동 성명서 발표 → 남북한이 각각의 정부를 수립하며 통일 정부 수립 좌절

6·25 전쟁의 발발

배경	• 미국과 소련의 긴장 격화 • 중국의 공산화(1949) • 미국의 애치슨 선언(1950.1.) • 북한의 남침 준비, 38도선 일대 크고 작은 교전의 지속
전개 과정	북한의 남침(1950.6.25.) → 서울 함락 → 유엔군 파병 결정 → 국군·유엔군의 낙동강 방어선 구축 → 인천 상륙 작전(9.15.) → 서울 수복(9.28.) → 평양 탈환 → 중국군 개입(10.19.) → 국군·유엔군의 최대 북진(11.25.) → 1·4 후퇴(1951.1.4.) → 서울 재수복 → 38도선 중심으로 전선 교착 → 정전 협정 체결(1953.7.27.) → 한·미 상호 방위 조약 체결(1953.10.)
결과	• 심각한 인적·물적 피해 • 분단의 고착화 • 남북한 독재 체제의 강화

4·19 혁명

배경	• 미국의 원조 축소로 인한 경제 침체 및 실업 증가 • 이승만 정부의 부정부패 → 사회·경제적 불안감 증폭 • 3·15 부정 선거의 발생
전개 과정	마산에서 3·15 부정 선거에 대한 항의 시위 발생 → 김주열 학생의 시신 발견(마산), 시위의 전국 확산 → 대학교수들의 시국 선언문 발표(1960.4.25.) → 이승만 대통령 하야 발표(1960.4.26.)
결과	• 허정 과도 정부 수립 • 이승만 정권의 각료와 자유당 간부 구속 • 내각 책임제와 국회 양원제 등의 헌법 개정

유신 체제의 성립

유신 헌법 내용	• 통일 주체 국민 회의에서 대통령 선출(임기 6년, 중임 제한 없음) • 대통령에게 국회 의원 3분의 1 추천권, 긴급 조치권, 국회 해산권 부여
붕괴	YH 무역의 여성 노동자가 강제 진압 과정 중 사망(YH 무역 사건) → 부·마 민주 항쟁 → 박정희 피살(10·26 사태)

5·18 민주화 운동

배경	• 신군부가 민주화 운동 탄압 • 5월 17일 비상계엄이 전국으로 확대
전개	전남 광주에서 비상계엄 확대 저항 시위가 일어남 → 계엄군의 무차별적 시위 진압 → 다수의 사상자 발생
의의	• 군부 독재에 저항하는 민중 의식 표출 • 5·18 민주화 운동 기록물이 유네스코 세계 기록 유산에 등재

6월 민주 항쟁

배경	• 박종철 고문치사 사건 • 전두환 정부의 4·13 호헌 조치 발표(대통령 직선제 개헌 거부)
전개	개헌 요구 시위 중 이한열 학생이 의식 불명 상태에 빠짐 → 전국 주요 도시에서 대대적 시위 전개(호헌 철폐, 독재 타도, 민주 헌법 쟁취)
결과	• 대통령 후보였던 노태우가 6·29 민주화 선언 발표 • 대통령 직선제, 5년 단임제로 제9차 헌법 개정

역대 정권의 통일을 위한 노력

박정희 정부	• 남북 적십자 회담 개최(1971) • 7·4 남북 공동 성명 발표(1972) → 통일을 위한 자주, 평화, 민족적 대단결의 3대 기본 원칙에 합의
전두환 정부	최초로 이산가족 고향 방문 및 예술 공연단 교환(1985)
노태우 정부	• 남북한 유엔 동시 가입(1991) • 남북 기본 합의서 채택(1991) → 남북한 상호 체제 인정, 상호 불가침 합의 • 한반도 비핵화 공동 선언 발표(1991)
김영삼 정부	3단계 통일 방안 발표(1994) → 화해 협력, 남북 연합, 통일 국가
김대중 정부	• 햇볕 정책 추진(금강산 해로 관광 사업 시작) • 제1차 남북 정상 회담(2000) → 6·15 남북 공동 선언 • 남북 교류 및 협력 활성화(경의선 철도 복원 및 개성 공단 건설 추진)
노무현 정부	• 김대중 정부의 햇볕 정책 계승 • 제2차 남북 정상 회담(2007) → 10·4 남북 공동 선언

개념+
테마 한국사

1. 독도와 간도, 지역사
2. 세시 풍속, 민속놀이, 조선의 궁궐
3. 유네스코 등재 세계 유산

512	774	1270	1377	1610
우산국 복속	석굴암 완공	삼별초, 진도 항쟁	직지심체요절 간행	허준, 동의보감 완성

| 기출로 보는 키워드 | 3개년 평균 출제 비중 |

1위 강화도
2위 부산
3위 직지심체요절
4위 독도
5위 조선왕조실록

2.6문항
5.2%

1712
백두산정계비 건립

1796
정조, 화성 완공

1885
거문도 사건

1907
국채 보상 운동 시작

1929
원산 총파업

1950~1953
6·25 전쟁

01 독도와 간도, 지역사

개념⁺ 테마 한국사

주요 지역과 사건

독도	개성	간도	신안
우산국 정복 (512)	만적의 난 (1198)	백두산정계비 건립 (1712)	암태도 소작 쟁의 (1923~1924)

1 독도와 간도

(1) 독도: 『세종실록지리지』, 『동국문헌비고』, 『만기요람』 등의 한국 측 사료 외에도 일본 측 기록인 「삼국접양지도」, 태정관 지령문 등에도 독도가 한국 영토임을 언급하고 있음

시기	내용
512년 (지증왕 13)	신라 지증왕 때 이사부가 우산국 정복 후, 울릉도(독도)가 신라에 귀속 → 지금의 울릉도에 있던 소국
1693, 1696년 (숙종 19, 22)	동래 어부 안용복이 울릉도 근해에서 왜인을 발견하고 퇴거시킴 → 안용복이 일본으로 가서 항의 → 일본 에도 막부가 일본인의 울릉도와 독도 불법 출항을 금지하겠다는 문서를 보냄
1900년	대한 제국 칙령 제41호 공포 1. 울릉도를 울도로 고쳐 부르고, 강원도 울진현에 속해 있던 울릉도와 그 부속 도서를 고쳐서 하나의 독립된 군으로 설치한다. 2. 군청의 위치는 태하동으로 정하고, 구역은 울릉 전도와 죽도 및 석도를 관할한다. ┌ 독도
1905년	러·일 전쟁 중에 일본이 독도를 무주지라며 '시마네현 고시 제40호'를 통해 독도를 '다케시마'로 개칭하고 시마네현에 편입시킨 후 1906년에 일방적으로 통보함
1906년	울릉도 군수인 심흥택 보고서에 독도가 우리 땅인 기록 존재
1952년	'인접 해양의 주권에 대한 대통령 선언'을 통해 독도가 우리 영토임을 분명히 밝힘
1953년	울릉도 주민 33명으로 구성된 독도 의용 수비대 결성
1956년	한국 경찰 독도 상주(의용 수비대 해산)
1981년	독도 최초 주민(최종덕) 전입, 헬리콥터 이·착륙 시설 설치
1997년	독도 박물관 건립(울릉도 도동), 독도에 접안 시설 설치

시험에 나오는 사료 독도가 우리 땅인 근거 자료

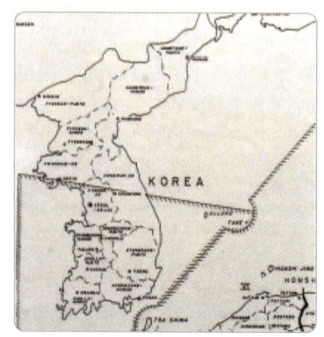
▲ 연합국 최고 사령관 각서

- 『세종실록지리지』: "우산(독도), 무릉(울릉도) 두 섬은 거리가 멀지 않아 날씨가 맑으면 서로 바라보이고, 신라 때 우산국이었다."라고 기록
- 「삼국접양지도」(1785): 일본 지도로 울릉도와 독도가 조선 영토로 표시됨
- 태정관 지령문(1877): 일본 국가 최고 기관인 태정관에서 울릉도와 독도는 조선의 영토이고 일본과 관계없는 땅임을 관리들에게 주지시키는 내용
- 연합국 최고 사령관 각서(SCAPIN): 독도가 일본 영토가 아니라 한국 영토임을 명시

최빈출 핵심 선지

- 조선 숙종 때 안용복은 일본에 건너가 독도가 우리 영토임을 확인받고 돌아왔다.
- 러·일 전쟁 때 일본은 독도를 불법으로 자국 영토로 편입하였다.
- 조선 숙종 때 간도 지역에 청과 국경을 정하는 백두산정계비를 세웠다.

울릉도와 독도

우리나라의 가장 동쪽에 위치하고 있는 독도는 울릉도로부터 87.4km 떨어져 있으며, 동도와 서도라는 2개의 큰 섬과 여러 개의 작은 섬으로 이루어져 있어요. 숙종 때 안용복은 울릉도와 독도가 우리 영토임을 일본 막부가 인정하도록 하였으며, 1900년에는 대한 제국이 칙령 제41호를 반포하여 우리 영토임을 분명히 하였답니다.

(2) 간도

① 위치: 압록강 북쪽 쑹화강과 토문강의 동쪽 지역

② 간도를 둘러싼 영토 분쟁

백두산정계비 건립 (숙종, 1712)	조선과 청 사이에 국경 문제가 발생하자 백두산정계비를 세워 양국의 경계를 정함 → 서쪽은 압록강, 동쪽은 토문강을 경계로 함
간도 관리사 임명 (고종, 1903)	간도를 두고 청과 영유권 문제가 생기자, 대한 제국은 1903년 간도 관리사로 이범윤을 임명함(간도를 함경도 행정 구역에 편입)
간도 협약(1909)	창춘 이남의 철도에 대한 권리 획득 대가로 일본이 간도를 청에 넘김

└ 을사늑약(1905)으로 외교권을 일제에 빼앗긴 상태였음

▶ **백두산정계비의 위치**

시험에 나오는 사료 　백두산정계비

청의 오라총관 목극등 등과 조선 관원들이 백두산 일대를 현지 답사한 후에 세워졌다. 비석의 내용은 다음과 같다.

"오라총관 목극등이 황제의 뜻을 받들어 변경을 답사해 이곳에 와서 살펴보니 서쪽은 압록이 되고 동쪽은 토문(土門)이 되므로 분수령 위에 돌에 새겨 기록한다."

2 지역사

강릉	오죽헌(신사임당과 율곡 이이)
강진	• 백련사(요세가 백련 결사 운동을 전개한 곳), 고려청자 도요지 • 정약용의 다산 초당(『경세유표』 저술)
강화도	• 참성단(단군에게 제사를 지낸 곳), 고인돌 유적(세계 유산) • 몽골 침략 시 임시 수도(고려궁지), 삼별초의 항쟁(강화도에서 시작) • 정족산 사고(『조선왕조실록』 보관), 강화학파(정제두) • 병인양요(양헌수, 외규장각 약탈), 신미양요(어재연), 강화도 조약 체결
개성	• 고려의 도읍지(개경), 만적의 난, 선죽교(고려 시대의 돌다리), 정몽주 피살 • 송상 • 개성 공단 건설
거문도	• 거문도 사건(1885~1887, 영국이 거문도를 불법으로 점령) • 임병찬 순지비
거제도	6·25 전쟁 때 포로 수용소 설치
경주	신라의 도읍지(금성), 황룡사 9층목탑 소실(몽골의 침입), 경주 역사 유적 지구(세계 문화유산)
고령	대가야(후기 가야 연맹의 중심), 지산동 고분군(대가야의 고분군)
공주	• 석장리 유적(구석기 시대) • 백제의 도읍지(웅진, 475년 문주왕이 웅진으로 천도), 무령왕릉(벽돌무덤), 김헌창의 난(신라 헌덕왕 때 일어난 반란) • 망이·망소이의 난(공주 명학소에서 발생) • 우금치 전투(제2차 동학 농민 운동)
광주	• 광주 학생 항일 운동(일제 강점기) • 5·18 민주화 운동

최빈출 핵심 선지

• [개성] 만적을 비롯한 노비들이 신분 해방을 도모하였다.
• [신안] 지주 문재철의 횡포에 맞서 소작 쟁의가 일어난 곳을 찾아본다.
• [평양] 강주룡이 을밀대 지붕에서 고공 농성을 벌였다.

논산	• 황산벌 전투(지금의 논산 일대에서 계백이 이끄는 백제군과 신라군이 벌인 전투) • 관촉사 석조미륵보살입상(고려 시대), 개태사지 • 돈암 서원(김장생)
대구	• 공산 전투 • 국채 보상 운동 시작(김광제, 서상돈 등 주도)
보은	법주사 팔상전(조선 후기)
부산	• 왜관 설치, 부산진에 일본군 상륙(임진왜란) • 개항장(강화도 조약 당시 부산 외 원산과 인천 개항), 부산 절영도 조차 요구(러시아), 경부선 부설 • 임시 수도(6·25 전쟁), 부·마 민주 항쟁(부산과 마산에서 일어난 유신 반대 시위)
부여	백제의 도읍지(사비, 538년 성왕이 사비로 천도), 백제 금동 대향로 출토, 정림사지 5층 석탑, 부소산성, 능산리 고분군
수원	수원 화성(장용영 외영 설치)
신안	암태도 소작 쟁의(문재철의 횡포)
안동	• 봉정사 극락전(주심포 양식), 공민왕의 피란(홍건적 침입 때 안동으로 피란함) • 도산 서원(이황), 하회 마을(세계 유산)
연해주	신한촌(한인 거주 지역), 권업회, 대한 광복군 정부
영주	• 부석사(의상 창건), 부석사 무량수전(주심포 양식, 배흘림기둥) • 백운동 서원(소수 서원, 최초의 사액 서원)
예산	오페르트가 남연군 묘 도굴 시도(덕산)
완도	청해진(장보고)
용인	처인성 전투(몽골 침입 때 김윤후가 적장 살리타 사살)
울산	• 반구대 암각화(선사 시대의 암각화) • 통일 신라 국제 무역항 • 효심의 봉기(무신 집권기)
원산	• 개항장(강화도 조약), 원산 학사(최초의 근대 교육 기관) • 경원선 부설(일제 강점기), 원산 노동자 총파업
의주	• 강동 6주 획득(거란의 1차 침입 때 서희의 외교 담판) • 선조 피란(임진왜란), 위화도 회군(이성계), 대청 무역(만상의 근거지) • 경의선 부설(신의주)
익산	미륵사지 석탑(백제 무왕), 안승의 보덕국, 백제 역사 유적 지구(왕궁리 유적, 미륵사지 유적)
인천	• 개항장(강화도 조약), 개항 이후 조계 설정, 제물포 조약(임오군란의 결과), 경인선 부설 • 인천 상륙 작전(6·25 전쟁)
전주	• 후백제 도읍지(당시 완산주) • 무신 정권 시기 관노의 난 • 전동 성당(신해박해), 전주 화약(동학 농민 운동)
제주	• 고산리 유적(신석기 시대), 삼별초의 항쟁(김통정 주도) • 탐라총관부(원 간섭기), 하멜 일행의 표류, 김정희 유배지, 상인 김만덕(조선 후기의 거상, 백성 구휼) • 알뜨르 비행장, 제주 4·3 사건
진도	삼별초 항쟁(배중손 주도, 용장산성)
진주	• 진주 대첩(임진왜란), 진주 농민 봉기 • 조선 형평사 창립(형평 운동, 백정들의 신분 해방 운동)
천안	아우내 장터(유관순 열사), 독립 기념관, 망향의 동산

▶ 영주 부석사 무량수전

▶ 미륵사지 석탑

철원	후고구려의 도읍지(궁예)
청주	• 두루봉 동굴 • 흥덕사지(『직지심체요절』), 상당산성 • 청남대
충주	• 충주 고구려비, 충주성 전투(김윤후, 몽골의 침략 격퇴) • 신립의 탄금대 전투(임진왜란, 배수의 진을 치고 항전)
평양	• 고구려의 도읍지(장수왕의 평양 천도), 안동 도호부 설치(고구려 멸망 후 당이 설치) • 묘청의 서경 천도 운동, 조·명 연합군의 평양성 탈환(임진왜란) • 제너럴셔먼호 사건, 대성 학교(안창호 설립), 물산 장려 운동 시작(조만식 주도), 강주룡의 을밀대 지붕 농성 • 남북 정상 회담
평창	평창 월정사 8각 9층석탑
합천	해인사 장경판전(팔만대장경)
화성	화성 제암리 사건
화순	• 고인돌 • 화순 쌍봉사 철감선사탑(신라 말)
흑산도	『자산어보』(정약전이 귀양지에서 저술)

02 세시 풍속, 민속놀이, 조선의 궁궐

개념+ 테마 한국사

월별 주요 세시 풍속

3월 삼짇날 — 5월 단오 — 7월 칠석 — 8월 추석

1 세시 풍속

1년을 주기로 계절에 맞추어 해마다 일정한 시기에 관습적으로 행해지는 행사를 말하며, 대개 큰 명절이나 절기를 중심으로 전해져 내려옴

월·일(음력)		명칭	주요 풍속
1월 (정월)	1일	설날	• 이른 아침에 '조리'를 사서 벽에 걸어 '복조리'라고 함 • 세찬(歲饌)과 세주(歲酒)를 마련하여 차례를 지내고 세배를 함 • 윷놀이, 널뛰기, 연날리기 등을 하고 떡국을 먹음
	15일	정월 대보름	• 밤, 호두, 잣 등을 깨무는 부럼 깨기를 하며, 귀가 밝아지며 좋은 소식만 듣게 된다는 귀밝이술을 마시고, 오곡밥을 지어 먹음 • 줄다리기, 지신밟기, 달맞이 놀이, 달집태우기, 쥐불놀이 등을 함
2월 (2월 또는 3월)	–	한식	• 동지에서 105일째 되는 날(양력 4월 5일경)로 불을 사용하지 않고 찬 음식을 먹음 • 조상의 산소에서 제사를 지낼 때 묘가 헐었으면 떼를 다시 입힘
3월	3일	삼짇날	• 이날 머리를 감으면 머리카락이 아름다워진다고 하여 부녀자들이 머리를 감음 • 진달래꽃으로 전을 부쳐 먹는 화전(花煎)놀이를 함
4월	8일	초파일	석가모니가 탄생한 날로 '부처님 오신 날'이라 하여 불교 신자들은 절에서 큰 재를 올리고 각 전각에 등불을 킴
5월	5일	단오	• 수리·천중절·중오절·수릿날이라고도 함 • 부녀자들은 창포 삶은 물로 머리카락과 얼굴을 씻고 창포 뿌리를 깎아 비녀를 만들어 머리에 꽂고 그네뛰기와 널뛰기를 하며, 남자들은 씨름을 즐김 • 임금이 신하들에게 부채를 나누어 주었으며, 수리취떡을 나누어 먹음
6월	15일	유두	• 더운 날씨에 맑은 냇물을 찾아 목욕을 하고 머리를 감음 • 햇밀가루로 국수·떡을 마련하고 참외·수박으로 차례를 지냄
7월	7일	칠석	• 견우와 직녀가 만나는 날로 알려져 있음 • 부녀자들은 직녀성을 보며 바느질 솜씨가 좋아지기를 빌고, 청년들은 학문 연마를 위해 밤하늘에 별을 보며 소원을 빌었음 • 여름옷을 빨아 챙겨 두고 책을 널어 말리는 풍속도 있음
	15일	백중	호미 씻는날·머슴날이라 불림, 농민들의 여름철 축제로 음식과 술을 나누어 먹으며 백중놀이를 즐겼으며, 힘든 농사일을 앞두고 머슴들을 쉬게 함
8월	15일	추석	• 가배·가위·한가위 또는 중추절이라고도 함 • 새로 수확한 곡식이나 과실로 차례를 지내고 성묘를 가서 벌초를 함 • 송편, 시루떡, 토란단자, 밤단자를 만들어 먹고, 저녁에 달맞이를 함 • 신라 유리왕 때 길쌈 시합을 한 뒤 잔치를 연 것에서 기원했다고 전해짐

최빈출 핵심 선지

• 삼짇날의 유래를 알아본다.
• 단오날에 즐기는 민속놀이를 찾아본다.
• 칠석날의 전설을 검색한다.

▶ **달집태우기**
생솔가지나 나뭇더미를 쌓아 달집을 짓고 달이 떠오르면 불을 놓아 액을 멀리하고 복을 기원하는 풍속입니다. 이 놀이는 풍요의 상징인 달과 사악한 기운을 없애는 불을 통해 질병과 근심이 없는 한 해를 보내고자 하는 염원을 담고 있어요.

▶ **삼짇날**
봄을 알린다는 삼짇날은 답청절(踏靑節)이라고도 하여 들판에 나가 꽃놀이를 하고 새 풀을 밟으며 봄을 즐기는 날이에요. 삼짇날에는 노랑나비 날리기, 진달래꽃으로 장식한 화전 부치기, 풀각시놀이 등을 한답니다.

▶ **추석의 유래**
신라의 유리 이사금 때 6부가 두 편으로 나뉘어 여자들이 길쌈 시합을 한 후 진 편이 술과 음식을 내어 노래하고 춤추며 놀이를 즐겼다는 『삼국사기』의 기록이 있습니다.

9월	9일	중양일 (중양절)	국화를 따서 술을 빚은 국화주를 마시고, 국화 꽃잎을 따서 찹쌀가루와 반죽하여 국화전을 만들어 먹음 → 양력 11월 7일 또는 8일 무렵
10월	–	입동	• 24절기 중 열아홉 번째 절기, 겨울이 시작된다는 의미 • 김장을 담그거나, 노인들을 위로하기 위해 음식을 대접함(치계미)
11월 (동짓달)	–	동지	• 양력 12월 22~23일경으로 낮의 길이가 가장 짧고, 밤의 길이가 가장 긺 • 팥죽을 쑤어 먹음
12월 (섣달)	–	–	• 연말이 가까워지면 세찬(歲饌)이라 하여, 마른 생선, 육포, 곶감, 사과, 배 등을 친척 또는 친지들 사이에 주고받음 • 그믐날(12월 31일) 밤에는 해 지킴이라 하여 집 안팎에 불을 밝히고, 새벽이 될 때까지 자지 않고 밤을 새웠음

시험에 나오는 자료 동지

일 년 중 밤이 가장 길고 낮이 가장 짧은 날로 알려져 있어요. 이날에는 팥죽을 쑤어 함께 나누어 먹었어요. 팥죽에는 찹쌀로 된 단자를 넣었는데, 이 단자는 새알만 한 크기로 만들었기 때문에 새알심이라 부른답니다.

2 민속놀이

옛날부터 민간에 전승되어 오는 여러 가지 놀이로서 향토색을 지니며, 전통적으로 해마다 행해져 오는 놀이를 말함

최빈출 핵심 선지
• 그네뛰기
• 씨름

명칭	특징
윷놀이	• 대개 정월 초하루부터 보름날까지 즐김 • 도, 개, 걸, 윷, 모는 각각 돼지, 개, 양, 소, 말 등의 동물을 가리킴. 이는 부여의 마가(말), 우가(소), 저가(돼지), 구가(개)에서 유래한 것으로 추측하기도 함
연날리기	• 바람을 이용해 하늘에 띄우는 놀이 기구인 연을 날림 • 주로 초겨울에 시작되어 이듬해 추위가 가시기 전까지 행해짐. 본격적인 놀이 시기는 음력 정월 초부터 대보름 사이임
지신밟기	• 정월 보름날 마을에서 운영되는 풍물패가 주축이 되어 집집마다 돌면서 행하는 집터 닦기 • 마을과 주민 집의 지신(地神)을 밟아서 진정시키고 잡귀를 쫓아서 연중 무사와 만복이 깃들기를 빎
차전놀이 (안동)	• 정월 대보름을 전후하여 안동 지방에서 행해지던 민속놀이로 동채싸움이라고도 불림 • 유래에 대하여 정확한 기록은 없으나 후백제의 견훤과 고려 태조 왕건의 싸움에서 비롯되었다는 설이 전해짐 → 고창 전투
쥐불놀이	정월 들어 첫 번째 드는 쥐날, 즉 상자일이나 대보름날 밤 농촌에서 논두렁이나 밭두렁에 불을 놓는 놀이
그네뛰기	• 남성의 씨름과 더불어 단오의 가장 대중적인 여성의 놀이 • 중국의 한·당 시대에 있었던 것이 우리나라에 들어와 고려 시대에는 궁중이나 상류층에서 즐김. 이후 조선 시대에는 민중 사이에 크게 유행함
씨름	• 각저·각력·각희·상박이라고도 함 • 단오절, 중추절 등에 행해짐 • 삼국 시대 이전부터 실시된 것으로 추측됨. 고구려 고분 각저총과 장천 1호 무덤에는 씨름을 하는 모습을 묘사한 벽화가 있음

▶ 그네뛰기

투호	병을 놓고 일정한 거리에서 병 속에 화살을 던져 넣는 놀이
백중놀이 (밀양)	바쁜 농사일을 끝내고 고된 일을 해 오던 머슴들이 음력 7월 15일경 지주들로부터 하루 휴가를 얻어 흥겹게 노는 놀이
놋다리밟기	• 단장한 젊은 여자들이 공주를 뽑아 자신들의 허리를 굽혀 그 위로 걸어가게 하는 놀이 • 고려 공민왕이 홍건적의 난을 피해 노국 공주와 안동 지방으로 피난을 가던 중 개울을 건널 때 마을의 소녀들이 나와 등을 굽히고 그 위로 공주를 건너게 한 데서부터 시작되었다고 함
강강술래	• 주로 진도를 비롯해 전라남도 해안 일대에서 성행하던 민속놀이 • 노래와 무용, 놀이가 혼합된 부녀자들만의 집단 가무 • 추석이나 정월 대보름, 백중 같은 명절날 밤에 마을의 넓은 마당에서 서로 손을 잡고 둥글게 돌며 춤을 추는 원무가 기본 형태임

3 조선의 궁궐

최빈출 핵심 선지
• 창덕궁 후원에 왕실 도서관인 규장각이 있었다.
• 덕수궁은 인목 대비가 광해군에 의해 유폐된 장소이다.
• 일제는 창경궁 안에 동물원을 설치하였다.

경복궁	• 조선 태조 때 한양으로 천도하면서 처음 지어진 조선의 법궁 • 정도전이 궁궐과 주요 전각의 명칭을 정함 • 임진왜란 당시 불에 탐 → 고종 때 흥선 대원군이 왕실의 권위를 세우고자 중건 • 을미사변(명성 황후가 일제에 의해 시해)이 일어난 장소 • 일제가 조선 물산 공진회 장소로 이용, 조선 총독부 건물 세워짐
창덕궁 (동궐)	• 태종 때에 경복궁 동쪽에 지은 이궐 • 1997년 유네스코 세계 유산에 등재 • 후원에 왕실 도서관인 규장각이 있음
창경궁 (동궐)	• 성종 때에 수강궁을 수리하여 지은 이궐 • 일제에 의해 동물원, 식물원이 설치되고, 창경원으로 격하 → 1980년대 복원
덕수궁 (경운궁)	• 인목 대비가 광해군에 의해 유폐된 곳 • 고종이 아관 파천 이후 환궁한 곳 • 고종이 강제 퇴위된 후 경운궁에서 덕수궁으로 개칭 • 을사늑약이 체결된 중명전이 있음 • 미·소 공동 위원회가 개최된 석조전이 있음 • 가장 오래된 서양식 건물인 정관헌 등이 있음

▲ 경복궁(근정전)

▲ 창덕궁

▲ 창경궁

▲ 덕수궁

03 유네스코 등재 세계 유산

개념⁺ 테마 한국사

시대별 주요 유산

고려 시대	조선 시대	조선 시대	현대
직지심체요절	동의보감	조선왕조실록	5·18 민주화 운동 기록물

1 세계 유산

최빈출 핵심 선지

• 창덕궁 후원에 왕실 도서관인 규장각이 있었다.

해인사 장경판전(1995)

조선 초기에 합천 해인사에 건립되어 팔만대장경을 보관하고 있는 건물로서, 대장경을 보존하기 위해 환기, 온도, 습도 조절에 탁월하도록 설계된 과학적인 건축물이다.

종묘(1995)

조선 왕조의 역대 국왕과 왕비의 신주를 모신 사당이다. 태조가 한양으로 천도한 이후 곧바로 착공했으며, 임진왜란 때 불타버렸으나 광해군 때 복원하였다.

석굴암과 불국사(1995)

통일 신라 경덕왕 때 김대성이 창건하여 혜공왕 때 완성하였다. 당대의 수학적, 과학적 기술이 접목된 고도의 건축 기술과 뛰어난 조형 감각을 보여주는 불교 예술이다.

창덕궁(1997)

조선 시대 태종에 의해 세워졌으며, 임진왜란 이후 흥선 대원군이 경복궁을 복원하기까지 가장 오랜 기간 동안 정궁으로 사용되었다. 창덕궁은 자연환경과 건축물이 완벽하게 조화를 이루고 있다고 평가된다.

화성(1997)

조선 시대 정조가 개혁 정치의 중심지로서 건설하였다. 정약용이 제작한 거중기를 사용하였으며, 성곽의 전돌, 건축물의 기와 등이 독특하다. 축조 과정을 정리한 『화성성역의궤』가 오늘날까지 남아 있다.

고창·화순·강화의 고인돌 유적(2000)

청동기 시대에 만들어진 무덤과 장례 의식의 기념물로, 세계 곳곳에서 발견된다. 특히 우리나라에는 고인돌이 전 세계에서 가장 많이 밀집되어 있다.

 경주 역사 유적 지구(2000)	경주는 신라의 천년 고도로서, 신라의 역사를 살펴볼 수 있는 유적들이 다양하게 분포하고 있다. 남산 지구, 월성 지구, 대릉원 지구, 황룡사 지구, 산성 지구로 구성되어 있으며, 대표적인 유적으로는 대릉원, 월성, 황룡사지, 동궁과 월지 등이 있다.
 조선 왕릉(2009)	조선 시대의 능으로서 유교의 예법을 충실히 구현하여 공간 및 구조물을 배치하였다. 북한에 있는 2기를 제외한 40기가 유네스코 세계 유산에 등재되었다.
 한국의 역사 마을: 하회와 양동(2010)	안동의 하회 마을(풍산 류씨의 집성촌)은 양반 주거 문화의 원형을 그대로 보존하고 있고, 경주의 양동 마을(월성 손씨·여강 이씨 종가)은 서백당과 무첨당 및 관가정이 있다.
 남한산성(2014)	삼국 시대부터 백제와 신라의 군사적 요충지였으며, 조선 시대의 행궁과 사찰 등 산성 마을의 형태가 역사적 기록과 함께 남아 있다. 특히 병자호란 때 인조가 청에 저항한 곳으로 잘 알려져 있다.
 백제 역사 유적 지구(2015)	공주 공산성(웅진 시대 백제의 도성), 무령왕릉을 포함한 공주 송산리 고분군, 부여 관북리 유적, 부소산성(사비 시대 수도의 방어성), 부여 능산리 고분군, 부여 정림사지, 부여 나성, 익산 왕궁리 유적, 익산 미륵사지 등으로 475~660년 사이의 백제의 역사를 보여 주고 있다.
 산사, 한국의 산지 승원(2018)	산사, 한국의 산지 승원은 오늘날에 이르기까지 유형과 무형의 문화적 전통을 지속하고 있는 살아 있는 불교 유산이다. 양산 통도사, 영주 부석사, 안동 봉정사, 보은 법주사, 공주 마곡사, 순천 선암사, 해남 대흥사 등 산사를 구성하는 7개 사찰은 모두 불교 신앙을 바탕으로 하여 종교 활동, 의례, 강학, 수행을 지속적으로 이어 왔으며 다양한 토착 신앙을 포용하고 있다.
 한국의 서원(2019)	한국의 서원은 조선 시대 성리학 교육 시설의 한 유형으로, 16세기 중반부터 17세기 중반까지 향촌 지식인인 사림에 의해 건립되었다. 총 9개의 서원(영주 소수 서원, 함양 남계 서원, 경주 옥산 서원, 안동 도산 서원, 장성 필암 서원, 대구 도동 서원, 안동 병산 서원, 정읍 무성 서원, 논산 돈암 서원)이 함께 등재되었다.

2 세계 기록 유산

훈민정음 해례본 (1997)	세종의 반포문을 포함하여 훈민정음의 해설과 용례를 덧붙여 쓴 해설서
조선왕조실록 (1997)	• 조선 태조~철종까지의 25명의 왕, 470여 년간을 기록한 역사서 • 사초, 시정기 등을 바탕으로 편찬
직지심체요절 (2001)	1377년 7월 청주의 흥덕사에서 인쇄한 현존하는 세계 최고의 금속 활자본
승정원일기 (2001)	승정원에서 국왕의 일상을 기록한 것
조선 왕조 의궤 (2007)	• 조선 왕실 의례를 글과 그림으로 기록 • 외규장각 의궤는 병인양요 때 프랑스군에게 약탈당했다가 2011년 임대 형식으로 반환
고려대장경판 및 제경판 (2007)	13세기 몽골의 침입을 막기 위해 목판에 새긴 대장경(팔만대장경판)
동의보감(2009)	1610년 허준이 편찬한 백과사전식 의서
일성록(2011)	정조가 왕위에 오르기 전부터 쓴 일기에서 유래, 즉위 후 규장각에서 집필
5·18 민주화 운동 기록물 (2011)	5·18 민주화 운동과 관련한 문서·사진·영상 등의 기록물
난중일기 (2013)	이순신이 임진왜란 중 기록한 친필 일기
새마을 운동 기록물 (2013)	1970~1979년까지 전개된 새마을 운동에 대한 문서·사진·영상 등의 기록물
한국의 유교책판 (2015)	조선 시대에 718종의 서책을 간행하기 위해 판각한 책판
KBS 특별생방송 '이산가족을 찾습니다' 기록물 (2015)	1983년 KBS의 '이산가족을 찾습니다'라는 방송에 사용된 문서·사진·영상 등의 기록물
조선 왕실 어보와 어책 (2017)	왕의 정통성과 권위를 나타내는 어보(금·은·옥), 옥책·죽책·금책 등 왕실의 보물
조선 통신사에 관한 기록 (2017)	조선에서 일본으로 파견되었던 외교 사절단에 관한 자료(1607~1811)
국채 보상 운동 기록물 (2017)	나라의 빚을 갚기 위한 국채 보상 운동의 모든 과정을 보여 주는 기록물(1907~1910)

최빈출 핵심 선지

• 조선왕조실록은 사초, 시정기 등을 바탕으로 편찬하였다.
• 5·18 민주화 운동 관련 기록물이 유네스코 세계 기록 유산으로 등재되었다.
• 청주 흥덕사에서 직지심체요절이 간행되었다.

▶ 5·18 민주화 운동 기록물

개념+ 테마 한국사

01 독도와 간도, 지역사

대표기출문제

01 다음 지역에 대한 탐구 활동으로 적절한 것은? [심화 49회]

① 장용영의 외영이 설치된 곳을 알아본다.
② 성왕이 새롭게 수도로 정한 지역을 조사한다.
③ 배중손이 삼별초를 지휘하였던 근거지를 찾아본다.
④ 한성근 부대가 서양 세력에 맞서 항전한 장소를 검색한다.
⑤ 남북한 경제 협력 사업으로 설치된 공단의 위치를 파악한다.

02 (가) 지역에서 있었던 사실로 옳은 것은? [심화 48회]

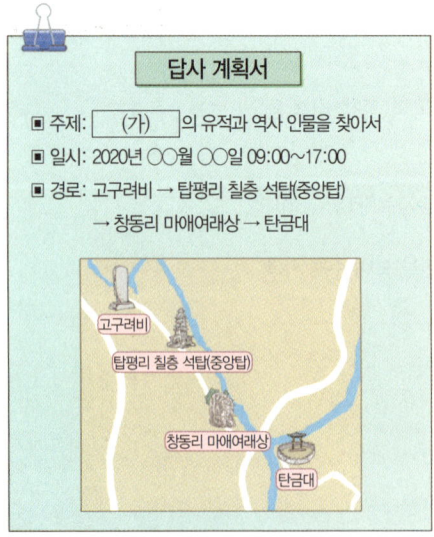

① 직지심체요절이 금속 활자로 간행되었다.
② 오페르트가 남연군 묘 도굴을 시도하였다.
③ 신립이 배수의 진을 치고 왜군에 항전하였다.
④ 명 신종의 제사를 지내는 만동묘가 건립되었다.
⑤ 만적을 비롯한 노비들이 신분 해방을 도모하였다.

03 다음 답사가 이루어진 지역을 지도에서 옳게 찾은 것은? [심화 47회]

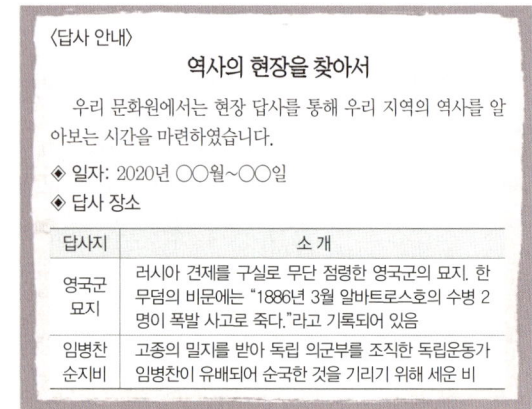

① (가)
② (나)
③ (다)
④ (라)
⑤ (마)

04 (가) 지역에 대한 설명으로 옳은 것은? [심화 57회]

노래로 읽는 한국사	[해설]
황성옛터(荒城옛터) 황성 옛터에 밤이 되니 월색만 고요해 폐허의 설운 회포를 말하여 주노나 아 외로운 저 나그네 홀로 잠 못 이뤄 구슬픈 벌레 소리에 말없이 눈물져요	이 곡은 전수린이 고향인 (가)에 들렀다가 옛 궁터인 만월대를 보고 작곡한 노래로, 일제에 국권을 빼앗긴 설움을 대변하여 장안의 화제가 되었다. 이 곡의 배경인 (가)의 만월대에서는 2007년부터 남북 공동 발굴이 이루어져 금속 활자를 비롯하여 기와 및 도자기 등 다양한 유물이 출토되었다.

① 조선 형평사 창립총회가 개최된 곳이다.
② 동학 농민군과 정부 사이에 화약이 체결된 곳이다.
③ 서희가 소손녕과의 외교 담판을 통해 확보한 곳이다.
④ 장수왕 때 국내성에서 천도하여 도읍으로 삼은 곳이다.
⑤ 유엔군과 공산군 사이의 첫 번째 정전 회담이 열린 곳이다.

01 지역사

자료에서 백제의 왕성인 부소산성과 백제의 궁궐터로 추정되는 관북리 유적이 제시된 점, 백제의 대표적 석탑인 정림사지 5층 석탑이 있는 정림사지가 제시된 점 등을 통해 해당 지역이 충남 부여임을 알 수 있다.

▶ 선지분석
① 장용영의 외영이 설치된 곳을 알아본다.
　➡ 수원 화성에 대한 탐구 활동이다.
✓ 성왕이 새롭게 수도로 정한 지역을 조사한다.
　➡ 웅진 천도 이후 백제는 동성왕이 피살되는 등 정치적 혼란이 계속되었다. 이에 성왕은 수도를 사비(오늘날 부여)로 옮겨 백제의 중흥을 이끌었다.
③ 배중손이 삼별초를 지휘하였던 근거지를 찾아본다.
　➡ 진도에 대한 탐구 활동이다.
④ 한성근 부대가 서양 세력에 맞서 항전한 장소를 검색한다.
　➡ 문수산성(강화도)에 대한 탐구 활동이다.
⑤ 남북한 경제 협력 사업으로 설치된 공단의 위치를 파악한다.
　➡ 개성에 대한 탐구 활동이다.

02 지역사

자료의 '고구려비', '탄금대' 등을 통해 (가) 지역이 충북 충주임을 알 수 있다.
충주 고구려비는 고구려 장수왕이 남진 정책으로 한강 유역을 확보한 후 이를 기념하기 위해 세운 비석으로 추정된다. 또한 조선 시대에는 신립이 충주 탄금대에서 배수의 진을 치고 왜군에 맞서 싸우기도 하였다.

▶ 선지분석
① 직지심체요절이 금속 활자로 간행되었다.
　➡ 청주(흥덕사)에서 있었던 사실이다.
② 오페르트가 남연군 묘 도굴을 시도하였다.
　➡ 예산에서 있었던 사실이다.
✓ 신립이 배수의 진을 치고 왜군에 항전하였다.
　➡ 신립은 임진왜란 발발 직후 왜군이 부산을 함락하고 한양으로 진격해 오자, 충주 탄금대에서 왜군과 맞서 싸웠지만 패배하고 말았다.
④ 명 신종의 제사를 지내는 만동묘가 건립되었다.
　➡ 괴산에서 있었던 사실이다.
⑤ 만적을 비롯한 노비들이 신분 해방을 도모하였다.
　➡ 개성에서 있었던 사실이다.

03 지역사

자료에서 러시아 견제를 구실로 영국이 무단으로 점령한 지역이라는 점, 임병찬이 유배되어 순국한 것을 기리는 비가 있다는 점 등을 통해 해당 지역이 거문도임을 알 수 있다.

▶ 선지분석
① (가)
② (나)
✓ (다)
　➡ 러시아의 남하를 견제한다는 명목으로 영국은 거문도를 불법 점령하였다(1885~1887).
④ (라)
⑤ (마)

04 지역사

자료의 '옛 궁터', '만월대' 등을 통해 (가) 지역이 개성임을 알 수 있다.
만월대는 북한 황해북도 개성시 송악산에 있는 고려의 궁궐터로, 919년에 창건되었다.

▶ 선지분석
① 조선 형평사 창립총회가 개최된 곳이다.
　➡ 진주에 대한 설명이다.
② 동학 농민군과 정부 사이에 화약이 체결된 곳이다.
　➡ 전주에 대한 설명이다.
③ 서희가 소손녕과의 외교 담판을 통해 확보한 곳이다.
　➡ 압록강 일대(강동 6주)에 대한 설명이다.
④ 장수왕 때 국내성에서 천도하여 도읍으로 삼은 곳이다.
　➡ 평양에 대한 설명이다.
✓ 유엔군과 공산군 사이의 첫 번째 정전 회담이 열린 곳이다.
　➡ 6·25 전쟁 당시 1951년 7월 유엔군과 공산군은 개성에서 첫 정전 회담을 가졌다. 이후 1953년 7월 27일 정전 협정이 체결되었다.

> 정답　01 ②　02 ③　03 ③　04 ⑤

개념+ 테마 한국사

02 세시 풍속, 민속놀이, 조선의 궁궐

대표기출문제

01 다음 세시 풍속에 대한 탐구 활동으로 가장 적절한 것은? [심화 58회]

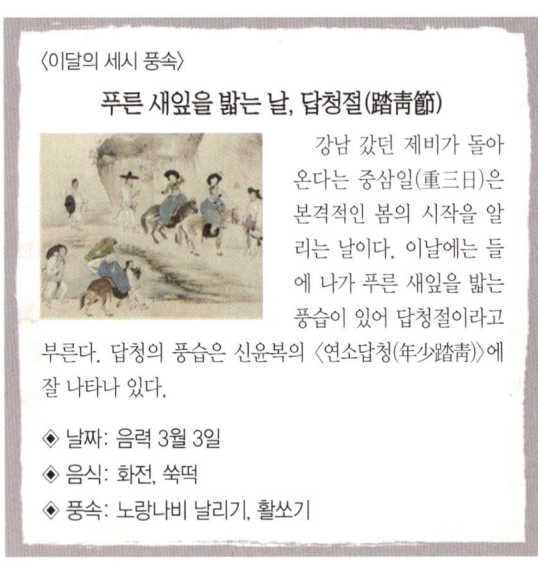

〈이달의 세시 풍속〉

푸른 새잎을 밟는 날, 답청절(踏靑節)

강남 갔던 제비가 돌아온다는 중삼일(重三日)은 본격적인 봄의 시작을 알리는 날이다. 이날에는 들에 나가 푸른 새잎을 밟는 풍습이 있어 답청절이라고 부른다. 답청의 풍습은 신윤복의 〈연소답청(年少踏靑)〉에 잘 나타나 있다.

◆ 날짜: 음력 3월 3일
◆ 음식: 화전, 쑥떡
◆ 풍속: 노랑나비 날리기, 활쏘기

① 칠석날의 전설을 검색한다.
② 한식날의 의미를 파악한다.
③ 삼짇날의 유래를 알아본다.
④ 동짓날에 먹는 음식을 조사한다.
⑤ 단오날에 즐기는 민속놀이를 찾아본다.

02 (가)에 들어갈 세시 풍속으로 옳은 것은? [심화 56회]

(가)에 대해 검색해 줘.

검색 결과입니다.

1. 개관
   음력 5월 5일로 수릿날이라고도 한다. 1년 중 양기가 가장 왕성한 날이라 여겼다. 무더위를 잘 견디라는 의미로 왕이 이날 신하들에게 부채를 선물하였다는 기록이 있다.

2. 관련 풍습
   • 씨름, 그네뛰기
   • 수리취떡 만들어 먹기
   • 창포물에 머리 감기

① 한식 ② 백중 ③ 추석
④ 단오 ⑤ 정월 대보름

03 (가) 궁궐에 대한 설명으로 옳은 것은? [심화 53회]

조선의 역대 왕들이 가장 많이 머문 궁궐, (가)

서울 종로구 율곡로 99

부용정과 부용지(정원과 연못)
후원 입구
연경당(접견실)
인정전(정전)
돈화문(정문)

① 도성 내 서쪽에 있어 서궐로 불리었다.
② 제1차 미소 공동 위원회가 개최되었다.
③ 왕실 도서관인 규장각이 설치된 곳이다.
④ 조선 물산 공진회 개최 장소로 이용되었다.
⑤ 인목 대비가 광해군에 의해 유폐된 장소이다.

01 세시 풍속

자료의 '답청절, 화전, 음력 3월 3일' 등을 통해 제시된 세시 풍속이 삼짇날임을 알 수 있다.

> **선지분석**

① 칠석날의 전설을 검색한다.
  ➡ 견우와 직녀가 1년에 한 번 만나는 날로 음력 7월 7일이다.
② 한식날의 의미를 파악한다.
  ➡ 동지로부터 105일 째의 날이다.
✓ 삼짇날의 유래를 알아본다.
  ➡ 삼짇날은 음력 3월 3일을 가리키는 말이다. 삼짇날에는 활터에 모여 편을 짜 활쏘기 대회를 열었으며, 화전이나 쑥떡을 만들어 먹었다. 이날 호랑나비나 노랑나비를 보면 그 해 운수가 좋다고 여겼으나, 흰나비를 보면 그 해에 상복을 입게 된다고 하여 불길하다고 생각했다.
④ 동짓날에 먹는 음식을 조사한다.
  ➡ 양력 12월 22~23일경으로, 팥죽을 쑤어 먹었다.
⑤ 단오날에 즐기는 민속놀이를 찾아본다.
  ➡ 음력 5월 5일로, 그네를 타거나 씨름을 하였다.

02 세시 풍속

자료의 '음력 5월 5일', '수릿날', '창포물에 머리 감기' 등을 통해 (가)에 들어갈 세시 풍속이 단오임을 알 수 있다.
단오는 음력 5월 5일로 수리취떡 만들어 먹기, 창포물에 머리 감기, 씨름하기, 그네뛰기 등을 하면서 하루를 보내는 날이다.

> **선지분석**

① 한식
  ➡ 동지에서 105일째 되는 날로, 조상의 산소를 찾아 제사를 지내고 찬 음식을 먹는 풍습이 있다.
② 백중
  ➡ 음력 7월 15일로, 머슴들에게 일손을 쉬게 하고 돈을 주어 하루를 즐기게 하는 풍습이 있었다.
③ 추석
  ➡ 음력 8월 15일로 한가위, 중추절이라고도 한다. 이날에는 송편을 먹고 햇과일을 상에 올려 차례를 지내는 풍습이 있다.
✓ 단오
  ➡ 음력 5월 5일로, 모내기를 끝내고 풍년을 기원하는 제사이기도 하며 수릿날, 천중절이라고도 한다.
⑤ 정월 대보름
  ➡ 음력 1월 15일로 부럼 깨기를 하고, 귀밝이술을 마시며, 오곡밥을 지어 먹는 풍습이 있다.

03 조선의 궁궐

자료의 '조선의 역대 왕들이 가장 많이 머문 궁궐', '인정전', '돈화문' 등을 통해 (가) 궁궐이 창덕궁임을 알 수 있다.
창덕궁은 1405년(태종 5)에 경복궁의 동쪽에 지어졌다. 1592년 임진왜란 때 소실되어 조선 선조 말~조선 광해군 때 복구가 이루어졌으나 인조반정 때 대부분의 전각이 소실되었고, 이후 방치되다가 1647년에 복구되었다. 조선의 역대 왕들이 가장 많이 머물면서 경험한 다양하고 복잡한 왕실 생활이 담겨 있기 때문에 유네스코 세계 유산으로 등재되었다.

> **선지분석**

① 도성 내 서쪽에 있어 서궐로 불리었다.
  ➡ 경희궁에 대한 설명이다.
② 제1차 미소 공동 위원회가 개최되었다.
  ➡ 덕수궁에 대한 설명이다.
✓ 왕실 도서관인 규장각이 설치된 곳이다.
  ➡ 조선 정조는 창덕궁 후원 부용지 주변에 왕실 도서관인 규장각을 세웠다.
④ 조선 물산 공진회 개최 장소로 이용되었다.
  ➡ 경복궁에 대한 설명이다.
⑤ 인목 대비가 광해군에 의해 유폐된 장소이다.
  ➡ 덕수궁에 대한 설명이다.

> 정답 01 ③ 02 ④ 03 ③

03 유네스코 등재 세계 유산

01 다음 검색창에 들어갈 교육 기관에 대한 설명으로 옳은 것은? [고급 46회]

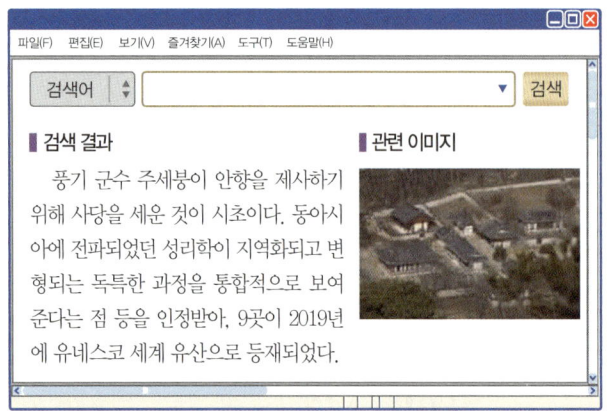

검색 결과
풍기 군수 주세붕이 안향을 제사하기 위해 사당을 세운 것이 시초이다. 동아시아에 전파되었던 성리학이 지역화되고 변형되는 독특한 과정을 통합적으로 보여 준다는 점 등을 인정받아, 9곳이 2019년에 유네스코 세계 유산으로 등재되었다.

① 전국의 부·목·군·현에 하나씩 설립되었다.
② 입학 자격은 생원, 진사를 원칙으로 하였다.
③ 중앙에서 교관인 교수나 훈도가 파견되었다.
④ 유학을 비롯하여 율학, 서학, 산학을 교육하였다.
⑤ 국왕으로부터 편액과 함께 서적 등을 받기도 하였다.

02 (가)에 대한 설명으로 옳은 것은? [심화 54회]

국외 소재 우리 문화유산을 찾기 위해 헌신한 박병선 박사를 조명하는 다큐멘터리가 방영될 예정입니다. 그녀는 청주 흥덕사에서 금속 활자로 간행된 (가) 을/를 프랑스 국립 도서관에서 발견하였습니다. 또한 외규장각 의궤의 반환을 위해서도 노력하였습니다.

① 군주의 도를 도식으로 설명하였다.
② 세금 수취를 위해 3년마다 작성되었다.
③ 유네스코 세계 기록 유산으로 등재되었다.
④ 거란의 침략을 물리치기 위해 제작하였다.
⑤ 충신, 효자, 열녀를 알리기 위해 간행하였다.

03 다음 검색창에 들어갈 문화유산에 대한 설명으로 옳은 것은? [심화 51회]

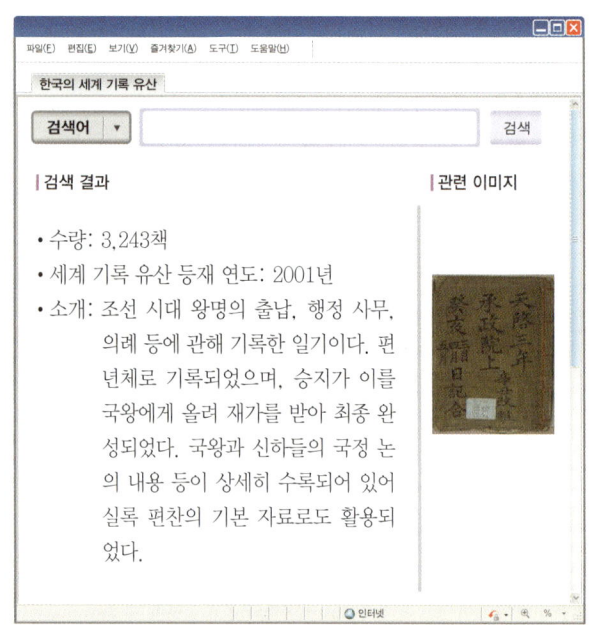

한국의 세계 기록 유산

검색 결과
- 수량: 3,243책
- 세계 기록 유산 등재 연도: 2001년
- 소개: 조선 시대 왕명의 출납, 행정 사무, 의례 등에 관해 기록한 일기이다. 편년체로 기록되었으며, 승지가 이를 국왕에게 올려 재가를 받아 최종 완성되었다. 국왕과 신하들의 국정 논의 내용 등이 상세히 수록되어 있어 실록 편찬의 기본 자료로도 활용되었다.

① 비국 등록이라고도 불렸다.
② 국왕의 비서 기관에서 작성하였다.
③ 세가, 지, 열전 등으로 구성되었다.
④ 우리나라 최고(最古)의 역사서이다.
⑤ 정조가 세손 시절부터 쓴 일기에서 유래하였다.

01 세계 유산

자료에서 풍기 군수 주세붕이 안향을 제사하기 위해 사당을 세운 것이 시초라는 점, 성리학의 지역화를 보여 준다는 점, 9곳이 2019년 유네스코 세계 유산으로 등재되었다는 점 등을 통해 해당 교육 기관이 서원임을 알 수 있다.

> **선지분석**

① 전국의 부·목·군·현에 하나씩 설립되었다.
  ➡ 향교에 대한 설명이다.
② 입학 자격은 생원, 진사를 원칙으로 하였다.
  ➡ 성균관에 대한 설명이다.
③ 중앙에서 교관인 교수나 훈도가 파견되었다.
  ➡ 향교에 대한 설명이다.
④ 유학을 비롯하여 율학, 서학, 산학을 교육하였다.
  ➡ 고려 국자감에 대한 설명이다.
✓ 국왕으로부터 편액과 함께 서적 등을 받기도 하였다.
  ➡ 서원은 풍기 군수였던 주세붕이 안향을 기리기 위해 백운동 서원을 세운 것이 시초이다. 서원은 국왕으로부터 편액과 함께 서적 등을 받아 사액 서원이 되기도 하였다.

02 세계 기록 유산

자료에서 '국외 소재 우리 문화유산'이라고 한 점, '박병선 박사가 프랑스 국립 도서관에서 발견'하였다는 점, '청주 흥덕사에서 금속 활자로 간행되었다'는 점 등을 통해 (가)가 『직지심체요절』임을 알 수 있다.
『직지심체요절』은 청주 흥덕사에서 간행한 현존하는 세계 최고(最古)의 금속 활자본으로, 프랑스 국립 도서관에서 박병선 박사에 의해 발견되었다.

> **선지분석**

① 군주의 도를 도식으로 설명하였다.
  ➡ 『성학십도』에 대한 설명이다.
② 세금 수취를 위해 3년마다 작성되었다.
  ➡ 신라 촌락 문서에 대한 설명이다.
✓ 유네스코 세계 기록 유산으로 등재되었다.
  ➡ 『직지심체요절』은 가치를 인정받아 유네스코 세계 기록 유산으로 지정되었다(2001).
④ 거란의 침략을 물리치기 위해 제작하였다.
  ➡ 초조대장경에 대한 설명이다.
⑤ 충신, 효자, 열녀를 알리기 위해 간행하였다.
  ➡ 『삼강행실도』에 대한 설명이다.

03 세계 기록 유산

자료의 '왕명의 출납 등을 기록', '편년체', '승지' 등을 통해 해당 문화유산이 『승정원일기』임을 알 수 있다.

> **선지분석**

① 비국 등록이라고도 불렸다.
  ➡ 『비변사등록』에 대한 설명이다.
✓ 국왕의 비서 기관에서 작성하였다.
  ➡ 유네스코 세계 기록 유산인 『승정원일기』는 국왕의 비서 기관인 승정원에서 왕명의 출납, 제반 행정 사무 등을 기록한 일지이다. 현재 1623년(인조 1)부터 1910년(순종 4)까지의 기록이 남아 있다.
③ 세가, 지, 열전 등으로 구성되었다.
  ➡ 『고려사』 등에 대한 설명이다.
④ 우리나라 최고(最古)의 역사서이다.
  ➡ 『삼국사기』에 대한 설명이다.
⑤ 정조가 세손 시절부터 쓴 일기에서 유래하였다.
  ➡ 『일성록』에 대한 설명이다.

> **정답** 01 ⑤   02 ③   03 ②

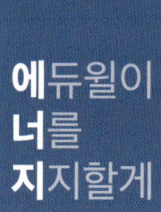

잘 시작하는 것은 중요합니다.
잘 마무리하는 것은 더 중요합니다.

– 조정민, 『인생은 선물이다』, 두란노

**여러분의 작은 소리
에듀윌은 크게 듣겠습니다.**

본 교재에 대한 여러분의 목소리를 들려주세요.
공부하시면서 어려웠던 점, 궁금한 점,
칭찬하고 싶은 점, 개선할 점, 어떤 것이라도 좋습니다.

에듀윌은 여러분께서 나누어 주신 의견을
통해 끊임없이 발전하고 있습니다.

에듀윌 도서몰 book.eduwill.net
- 부가학습자료 및 정오표: 에듀윌 도서몰 → 도서자료실
- 교재 문의: 에듀윌 도서몰 → 문의하기 → 교재(내용, 출간) / 주문 및 배송

2026 에듀윌 한국사능력검정시험 한권끝장 심화

발 행 일	2025년 9월 15일 초판
편 저 자	에듀윌 한국사연구소
펴 낸 이	양형남
개 발	정상욱, 김민서
펴 낸 곳	(주)에듀윌
등록번호	제25100-2002-000052호
주 소	08378 서울특별시 구로구 디지털로34길 55 코오롱싸이언스밸리 2차 3층
I S B N	979-11-360-3921-7(13910)

* 이 책의 무단 인용 · 전재 · 복제를 금합니다.

www.eduwill.net
대표전화 1600-6700